Jean Yanne

à rebrousse-poil

DU MÊME AUTEUR

Louis de Funès de A à Z, Tana, 2012.
Cheikh Raymond. Une histoire algérienne, First, 2011.
Les chansons qui ont tout changé, Fayard-France Info, 2011.
Juliette Gréco, une vie en liberté, Plon-Perrin, 2011.
Brassens ?, Flammarion, 2011.
Maudits métis, JC Lattès, 2011.
Sans contrefaçon (avec Pascal Nègre), Fayard, 2010.
Ces chansons qui font l'histoire, Textuel-France Info, 2010.
Lise et Lulu (avec Lise Lévitzky), First, 2010.
Les Miscellanées de la chanson, Fetjaine, 2010.
Juliette Gréco. L'invention de la femme libre, Textuel, 2009.
Louis de Funès, grimaces et gloire, Grasset, 2009.
Gainsbourg en dix leçons, Fayard, 2009 ; Pocket, 2010.
Oposito ou l'Art de la tribulation urbaine (avec Anne Gonon), L'Entretemps, 2009.
L'Extravagante Épopée du Printemps de Bourges, Hugo, 2007.
La Chanson française pour les Nuls, First, 2006.
Gréco, les vies d'une chanteuse, JC Lattès, 2001.

Bertrand Dicale

Jean Yanne

à rebrousse-poil

FIRST
Editions

60, rue Mazarine
75006 Paris – France
Tél. : 01 45 49 60 00
Fax : 01 45 49 60 01
Courriel : firstinfo@efirst.com
Internet : www.editionsfirst.fr

ISBN : 978-2-7540-1722-0
Dépôt légal : novembre 2012
Imprimé en France

Ouvrage dirigé par Benjamin Arranger
Secrétariat d'édition : Capucine Panissal
Correction : Ségolène Estrangin
Mise en pages : Reskator

« J'aime beaucoup écrire des articles sur moi-même. Ça me change de toutes les bêtises qui sont écrites sur moi quand ce n'est pas moi qui les écris. Il faut dire que tous ceux qui écrivent des articles sur moi sont évidemment moins au courant que moi des choses qui me concernent. Et même si certains sont au courant des choses qui me concernent, ils ne connaissent ces choses que parce que je les ai mis moi-même au courant. Mais, forcément, même très au courant des choses qui me concernent, ils ne peuvent pas être aussi concernés que moi. Donc, ils écrivent sur moi, mais moins bien que moi. Moi, je peux écrire sur moi pendant des heures. »

Jean YANNE, *L'Événement du jeudi*, 2 mai 1985

Avant-propos

Nîmes, 1958. Aux arènes antiques, un jeune homme au visage poupin est assis au centre de la scène, derrière un guide-chant nasillard, un minuscule harmonium électrique comme on en entend le dimanche dans les petites paroisses catholiques ou dans les répétitions des chorales. Il a annoncé, en commençant son tour de chant : « Je voudrais réconcilier le clergé et la classe ouvrière. » On s'est regardé avec des yeux ronds, on a haussé les épaules. Quelques-uns ont éclaté de rire. Quelques-uns.

Il n'est pas la vedette de la soirée et il passe en « anglaise », avec une demi-douzaine de chansons en fin de première partie du spectacle. La vraie vedette, la seule dont la photo paraît sur les affiches, est Dalida. Ce genre de soirée est une loterie pour les artistes qui n'ont pas la chance d'avoir ce statut : soit le public manifeste chichement son plaisir, soit il manifeste son indifférence. Donc, on n'applaudit pas beaucoup ce jeune homme.

Et on sent même une sorte d'électricité. Dans la salle, des pieds raclent le sol, des murmures réprobateurs se font entendre. Il attaque d'un ton morne une chanson dont il annonce qu'elle s'appelle *Le Mambo du légionnaire* :

> « Sur un piano systématiquement faux
> Un légionnaire énigmatiquement beau
> Jouait, jouait pour oublier ses tourments
> La toccata qu'il aimait tant. »

En ce temps-là, en Algérie, des unités de la Légion se battent, d'autres sont parties à la conquête des cœurs – la guerre coloniale, en somme. Les légionnaires de 1958 n'ont peut-être pas énormément le sens de l'humour. Ils sont quelques dizaines dans les arènes, en uniforme de ville, chaussures noires et képi blanc immaculé. Et ils n'aiment pas la chanson de Jean Yanne.

Si on l'écoute soigneusement, il n'y a rien à redire. Pas d'outrage au drapeau, pas de propos insultant pour la Légion, pas de profession de foi antimilitariste. Mais cette chanson prend à rebrousse-poil les légionnaires venus écouter Dalida. Tout y est absurde, étroit, dérisoire, anecdotique. C'est pire qu'injurier ces « héros de Camerone et frères modèles » dont *Le Boudin*, l'hymne des légionnaires, dit : « Nos anciens ont su mourir/Pour la gloire de la Légion/Nous saurons bien tous périr/Suivant la tradition. »

Il ne s'agit pas de mourir, il s'agit… de rien. Une fantaisie absconse avec « un souple tanagra », des moustiques, des chameliers, et ce légionnaire au piano. À la fin de la chanson, Jean Yanne annonce : « Gag désopilant. » Sur l'air d'*Ah ça ira, ça ira*, il chante :

> « Au Sahara, Sahara, Sahara
> Tant que les mousmés et les légionnaires
> Au Sahara, Sahara, Sahara
> Pourront faire des fugues et des toccatas. »

Ce n'est pas une attaque frontale, c'est pire. Les légionnaires posent leurs képis blancs sur leurs sièges et se lèvent en braillant. En quelques instants, ils sont au pied de la scène. Leurs intentions sont sans ambiguïté. Le chanteur n'a pas besoin qu'on le rappelle en coulisses. Il se lève rapidement, sort de scène.

Dans la salle, on crie, on siffle, on applaudit, dans la confusion des protestations dont on ne sait si elles visent le tour de chant interrompu ou ses perturbateurs. Mais on se calme vite, un peu comme l'eau efface les remous après la chute de la pierre. En cette année où la IVe République s'effondre et où la Ve émerge des convulsions algériennes, les esprits sont échauffés.

Mais l'esprit de Jean Yanne a agi. Au cours de la même tournée, à Brive-la-Gaillarde, le service d'ordre doit empêcher des spectateurs de lui faire un mauvais sort parce que, sur l'air de l'*Ave Maria* de

Gounod, il chante « avec Maria, on va danser la java ». Rien qui proclame que Dieu n'existe pas ou que l'Église catholique doit être détruite, mais une plaisanterie oblique, absurde, qui parle de la Sainte Vierge comme d'une gentille bonne femme fiancée à un ouvrier d'usine. Ce n'est pas l'œuvre d'un hérétique sérieux qui attaque le dogme, mais une farce d'affreux jojo qui pisse dans le bénitier.

Jean Yanne pissera dans tous les bénitiers. Il injuriera la police à la télévision et passera une nuit au poste pour avoir volé un sabot de Denver, il mettra Napoléon sur un vélo et chiffonnera le consensus sur le 14 Juillet, il fera la fortune des radios périphériques et les traînera dans la boue avec le film *Tout le monde il est beau, tout le monde il est gentil*, il défendra le droit de se garer n'importe où et vomira la civilisation de la bagnole…

Jean Yanne prend tous et chacun à rebrousse-poil, un jour ou l'autre. C'est ce qui a fait sa gloire et c'est ce qui l'a rongé pendant des années : ne prendre les idées et ne prendre les hommes ni par leur pente naturelle, ni par la pente inverse. Cet homme n'aime ni les conservateurs ni les contestataires, n'aime ni la tradition ni la révolution, n'aime ni la bienséance ni le vacarme.

Un anarchiste ? un réactionnaire ? un moraliste ? un nihiliste ? Rien de tout cela et tout ensemble. Mais on ne peut définir, non plus, ce qu'il est. Humoriste, acteur, chanteur, cinéaste, homme de radio et de télévision, il a toujours prétendu ne vouloir qu'amuser ses contemporains. Mais son humour est grave, et même désespéré. Et ses plaisanteries laissent souvent un goût de cendres – les passants saisis par « La caméra invisible » réalisent qu'ils n'ont pas les moyens d'acheter ces bijoux à plusieurs millions, les syndicats de *Moi y'en a vouloir des sous* ne peuvent vivre sans le patronat, les artistes de *Chobizenesse* meurent sur scène…

Et il faut regarder ses rôles au cinéma. Des personnages bouleversants, magnifiquement humains. Des salauds à bout de nerfs, des perdants cruels, des patriarches blessés, des hommes qui ne sourient jamais, des yeux infiniment tristes.

Car cet homme qui a autant agacé la France qu'il l'a fait rire, cet homme qui a foulé aux pieds les grands symboles pour que l'on respire mieux, cet homme vit sa vie à rebrousse-poil. Il se dit égoïste mais pratique peu le bonheur. Il fait profession de cynisme mais ne sera jamais du côté des gagnants. Son histoire est celle d'un esprit singulier qui s'est toujours refusé à la docilité. Il a été renvoyé de toutes les radios dans lesquelles il a travaillé, renvoyé de la télévision, voué aux gémonies par le chœur des gardiens de tous les temples. Et il reste aimé. Il reste indispensable. Comme si nous n'avions jamais assez d'être pris à rebrousse-poil.

1. – Douce bohème

(des Lilas aux cabarets, 1933-1953)

Jean Gouyé est né vers 1 heure du matin, le 18 juillet 1933, au 54 rue de la Liberté, aux Lilas. Le travail a commencé la veille mais sa mère a voulu attendre, puisque son propre frère est né un 18 juillet. L'accouchement est opéré par le médecin de famille, qui avait déjà fait naître la mère du petit garçon.

Nourrisson sans problème, il est baptisé le 13 mai 1934. La commune des Lilas, qui alors appartient au département de la Seine, a encore quelque chose d'un village. Des alignements de petites maisons, des crémiers et des bouchers qui ne se fournissent pas aux Halles mais dans des fermes des environs, une rue principale dénommée rue de Paris. Au bout de celle-ci, à l'entrée de la capitale, les barrières d'octroi de la porte des Lilas sont toujours installées, même si l'on ne les ferme plus chaque soir. Elles seront démontées pendant l'Occupation, pour leur poids de métal réquisitionné par l'Allemagne.

Les Lilas sont néanmoins une petite ville principalement ouvrière. L'accent n'y est pas celui des communes rurales de l'Île-de-France, mais bien l'accent parigot semé d'accents circonflexes et propice à l'interjection gouailleuse.

André Gouyé, le père, travaille dans une petite imprimerie où il est ouvrier lithographe. Il rapporte le soir de grandes feuilles encrées – les essais, les réglages, la passe de lithos de Fernand Léger ou d'illustrations de Benjamin Rabier… Le petit Jean griffonne et peinturlure joyeusement ces grandes pages, sur lesquelles il apprend à dessiner, mais que sa mère utilise aussi pour éponger l'eau quand elle lessive son pavillon.

Aimée, la mère de Jean, est couturière mais ne s'est pas installée à son compte. Elle travaille à Paris, où elle est petite main, notamment chez Jeanne Lanvin. Jean Yanne dira plus tard que sa mère, à l'époque où l'essentiel de la lingerie féminine est faite sur mesure, a réalisé les déshabillés de Danielle Darrieux pour le film *Katia*, de Maurice Tourneur, sorti fin 1938 – un présage ?

La famille Gouyé est une de ces familles typiques de la banlieue de l'entre-deux-guerres, avec un mélange de malthusianisme et d'enracinement dans le catholicisme, de mentalité d'artisan et d'intérêt pour la modernité. Un signe : l'oncle et parrain de Jean, Roger Bonabeaux, est sellier, mais il fabrique des sièges pour automobiles...

Le nom Gouyé vient de Bretagne. Dans le livre qu'il a consacré à son ami, *Jean Yanne, ni Dieu ni maître (même nageur)*, paru en 2005 aux éditions du Cherche midi, Gilles Durieux raconte comment Jean-Baptiste Gouyé, né le 4 mai 1873 à Liffré (Ille-et-Vilaine), artisan sabotier, a bravé les conseils et les colères de sa famille pour venir s'établir à Paris. À l'aube du XXe siècle, il ne s'agit plus seulement de tailler sabots et galoches : il fabrique des mannequins, des têtes pour les modistes et perruquiers, des enseignes de magasin... Mariage en 1900 avec une jeune Alsacienne de Belleville, naissance de deux fils, André et Georges. En 1916, drame romanesque : un boucher du quartier, pris d'une crise de démence, poignarde le sabotier. Quand sa veuve demande secours à sa belle-famille, en Bretagne, les Gouyé lui répondent qu'ils acceptent de prendre les deux garçons mais qu'ils ne l'accueilleront pas. Une Alsacienne, mon Dieu !

Son père avait migré ? André Gouyé est un sédentaire du Nord-Est parisien. Il se marie aux Lilas en 1932 avec Aimée Bonabeaux, née dans la commune. Ses parents, tous deux nés à Paris, sont de petits boutiquiers dont l'horizon ne dépasse pas quelques pâtés de maisons. Mais ils sont de cette France urbaine dans laquelle les enfants doivent s'instruire à l'école et les femmes travailler. C'est à ce prix que l'on espère une ascension sociale. Aimée travaille donc et, avec son époux, elle rêve d'une vie meilleure pour son fils unique.

Quand la guerre éclate, André Gouyé se souvient des obus de la Grosse Bertha tombant sur Paris pendant la guerre d'avant – il est né en 1909. Il expédie les deux grands-mères, son épouse et son fils le plus loin possible, à la Celle-sur-Belle, dans les Deux-Sèvres. La bourgade est à la fois une étape sur le chemin de Saint-Jacques-de-Compostelle et un haut lieu du protestantisme poitevin. Le séjour s'éternisera tant que les trois femmes emmèneront même le petit Jean au temple, où il découvrira les cantiques d'une liturgie tout en français, et aussi que le pain de la communion calviniste est meilleur que l'hostie catholique.

Car, après les longs mois d'attente de la « drôle de guerre » viennent les années d'isolement pour la famille. André, mobilisé dans l'infanterie, a été fait prisonnier, comme son frère et son beau-frère. Les trois hommes de la famille comptent parmi les 1,8 million de prisonniers de guerre de l'Allemagne. La Celle-sur-Belle, mille quatre cents habitants en temps de paix, est occupée par la Wehrmacht. Le petit garçon perçoit la différence entre l'armée en déroute aux uniformes dépenaillés et aux groles poussiéreuses, et l'armée des vainqueurs, tellement mieux habillés et défilant en ordre. Il a sept ans et découvre le chapeau chinois en usage dans les fanfares allemandes, l'accordéon des soldats au repos, les bonbons donnés aux enfants... Années d'attente dans la France assommée de l'Occupation.

En 1943, les trois femmes et le petit garçon rentrent aux Lilas. On chante *Maréchal nous voilà* dans les écoles, certains enfants portent une étoile jaune sur leur blouse, on écoute Radio Londres le soir, on élève un lapin dans les toilettes pour améliorer l'ordinaire. On attend, on espère, on protège le petit des angoisses des grandes personnes. La liesse de la Libération permet surtout à Jean de voir l'instituteur qui chantait la gloire du Maréchal arborer fièrement un brassard FFI.

André Gouyé est libéré en 1945 et retrouve une France où le progrès n'attend pas. Les imprimeries passent à l'offset. Il abandonne la lithographie et rejoint son frère, Georges, dans son atelier d'ébénisterie. Les deux artisans, installés près du boulevard Davout, dans le 20e, font des meubles, des jouets, puis se spécialiseront dans le coffrage des postes de télévision, qui peu à peu s'installent chez les Français mais restent un objet de luxe – au 1er janvier 1957, 440 000 récepteurs de télévision sont recensés en France, donc dans seulement 3,3 % des foyers. Cela explique que les Gouyé ont très tôt la télévision, que les voisins viennent regarder chez eux.

La famille a retrouvé sa quiétude et une vie sans cahots. Mais la navigation scolaire de Jean Gouyé n'est pas vraiment rectiligne. Après le primaire dans l'enseignement privé catholique aux Lilas, il mène des années de collège sans grand éclat. Il se maintient dans le gros du peloton. Seule singularité : il est continûment privé de prix de bonne conduite. Il est vrai qu'il jouit du charisme et de l'inventivité qui conviennent pour devenir un meneur de chahuts. Renvoyé en sixième du lycée Turgot, il parvient jusqu'au brevet des collèges au lycée Chaptal.

Ce n'est pas un collégien timide qui termine sa troisième. Il roule déjà en Motobécane 125, il se passionne pour les filles et il décide qu'il ne poursuivra pas ses études. Il préfère entrer en apprentissage. Chez un ébéniste, par exemple. Mais au bout de quelque temps, son oncle lui explique que les affaires ne vont pas très bien dans l'ébénisterie et que les frères Gouyé ne peuvent assumer la charge d'un apprenti, fût-il leur neveu et fils.

Il lui faut un métier. Et, pour cela, il doit vraiment trouver des études qui lui plaisent. Or, dans cette France qui se modernise – et pour reprendre une formule célèbre –, le journalisme n'est plus une occupation mais un métier. Le Centre de formation des journalistes a été créé par Philippe Viannay, dirigeant du mouvement de résistance Défense de la France et du journal clandestin du même nom, qui sera le berceau de *France-Soir*. Il est convaincu que le redressement de la France libérée passera aussi par la création d'une presse de qualité, soucieuse de déontologie – ce qui est déjà une révolution par rapport à la presse de l'avant-guerre – mais aussi de professionnalisme. Le 11 juillet 1946 est officiellement fondé le CFJ. Le recrutement des étudiants est original : aucun diplôme requis mais un entretien avec les dirigeants de l'école, puisqu'un de ses objectifs est de fournir une formation aux anciens résistants, déportés ou prisonniers de guerre, qui, par définition, n'ont pas un cursus universitaire classique. En outre, le CFJ recherche des esprits libres, curieux, originaux, et non la conformité à un moule.

À la rentrée 1950, Jean Gouyé intègre le CFJ. Les promotions ont un effectif réduit (quatorze diplômés en 1952, qui sont entrés à l'école en même temps que lui) et sont alors d'une diversité qui s'effacera peu à peu. Contrairement à ce que prétendent beaucoup de sources, il n'appartient pas à la promotion de Philippe Bouvard, entré au CFJ en 1948. Il apprécie l'enseignement plutôt généraliste du CFJ, où l'on fait approcher aux étudiants toutes les disciplines du métier, de la sécheresse de la dépêche d'agence au lyrisme du reportage sportif. De son entretien d'admission jusqu'aux exercices quotidiens, il aime que tout l'enseignement soit fondé sur la maîtrise de la langue – et donc sur son pouvoir. Car, depuis toujours, Jean aime parler, discuter, discourir, baratiner. Enfant, il n'a pas eu des parents qui le faisaient taire et il a toujours négocié avec ses professeurs ou ses amis ce qu'il n'obtenait pas par ses notes ou par la force physique. Il sait le pouvoir des mots.

L'étudiant en journalisme aime le folklore de la presse, le vacarme des « marbres » des quotidiens parisiens que visitent les élèves du CFJ, la petite poussée d'adrénaline de l'article improvisé à toute allure – et en retard – sur la machine à écrire, les discussions de journalistes semées de jugements à l'emporte-pièce sur les affaires du monde ou du Tout-Paris… Il est moins passionné par les cours d'économie que Philippe Viannay a imposés aux élèves, mais il goûte avec passion les conversations sur la littérature. Ce n'est pas dans une enfance à la bibliothèque municipale ou grâce à un aïeul lettré que Jean Yanne connaîtra les grands écrivains, mais par sa passion de jeune homme pour les livres. Il découvre dans le désordre et avec gourmandise Jean Cocteau, Edgar Allan Poe, Alfred Jarry et, surtout, Victor Hugo, qu'il dévore avidement. Il aime la langue hugolienne, il aime le souffle, le romanesque, l'imagination du grand maître du XIXe siècle.

Mais il découvre aussi que la plume d'un journaliste peut – et doit – être souple. Il apprend à écrire à la manière du *Figaro* ou de *L'Humanité*, à comprendre comment doser l'émotion mais aussi comment l'écriture peut biaiser une information, la tordre, la maquiller sans jamais mentir vraiment.

Journaliste, Jean Yanne ne le sera jamais tout à fait. Et certainement parce qu'il est autant fait pour ce métier-là que pour être archevêque. D'après les archives de l'école, il n'y reste pas plus de cinq mois. Dans les années 1960, il construira une légende de reportages ratés à partir d'une brève mais spectaculaire expérience pour RTL : une interview de l'empereur d'Éthiopie Hailé Sélassié, à qui il demande s'il dessine lui-même les uniformes de sa garde, une rencontre avec le père de l'indépendance du Kenya, Jomo Kenyatta, qui refuse de lui parler politique, des bidonnages sans vergogne çà et là… À l'époque, Jean Yanne aura trente ans révolus et choisira d'être un humoriste, et bientôt un acteur. Ces reportages, dont il avoue le caractère pathétique, seront ses adieux définitifs à une profession abordée sans conviction une dizaine d'années plus tôt.

Mais, dans l'immédiat, l'étudiant au CFJ apprend aussi les paradoxes de la vie de pigiste, où l'on se fait souvent proposer des travaux à mille lieues de ses centres d'intérêt et même de ses compétences. Il passe par *L'Aurore*, *Paris-Presse*, *L'Écho de la mode*, place quelques textes à *L'Humanité dimanche*, pige au hasard des offres de magazines improbables. Il signe même quelques reportages à l'étranger. Rien d'impérissable. Il alterne les disciplines purement journalistiques et des formes plus libres, comme le billet d'humeur ou la nouvelle, mais lui-même sera très vague sur ces années de journalisme désordonné, voire donnera de fausses indications les concernant, comme pour éviter que l'on retrouve ses premiers textes. Le journalisme purement factuel ne le passionne manifestement pas. « J'avais trop envie de mettre mon grain de sel », dira-t-il plus tard, lors d'un échange sur le journalisme avec Philippe Bouvard aux « Grosses têtes ».

Le jeune homme découvre aussi les plaisirs de l'indépendance, même s'il vit toujours au 28 rue Henri-Barbusse aux Lilas, chez ses parents. Il commence à gagner sa vie et peut librement vivre les agréments du Paris nocturne en payant son addition. Le cœur de la ville bat à Saint-Germain-des-Prés. Si le Flore et les Deux Magots sont déjà partagés entre touristes et aristocrates de l'édition, les bars du quartier restent des points névralgiques de la vie intellectuelle et mondaine, même pour un aspirant journaliste d'à peine plus de vingt ans. Il a ses habitudes, rue Saint-Benoît, au Montana, dont Simone de Beauvoir écrit que c'est un « petit enfer rouge et fumeux ». Au rez-de-chaussée de l'hôtel qui jouxte le Flore, on croise les amis de Sartre qui animent la revue *Les Temps modernes*, des cinéastes, des critiques, des intellectuels communistes qui ont gardé leurs habitudes depuis que l'équipe d'*Action* tenait là ses réunions de rédaction… Au début des années 1950, le Montana utilise comme publicité une phrase extraite des *Lettres persanes*, de Montesquieu : « Il y a une maison où l'on apprête le café de telle manière qu'il donne de l'esprit à ceux qui en prennent. »

Ce n'est pas principalement de café que s'abreuve le jeune Jean Gouyé dans ses soirées au Montana. Entre autres rencontres, il y fait connaissance d'un comédien qui dissimule son nom ronflant de vieille noblesse occitane – Jean-Henri du Pac de Marsoulies – sous un pseudonyme claquant comme un alias d'agent secret, Bob du Pac. Il est apparenté à Maurice du Pac de Marsoulies, avocat qui contribua à donner une respectabilité et une façade légale et moderne aux activités de la mafia chinoise de Shanghai dans les années 1920. Son père est un personnage haut en couleur, noble décavé qui fut l'amant de Lucienne Boyer et alterne mouise et munificence.

Bob du Pac a six ans de plus que Jean Gouyé. Sa première scène a été le théâtre aux armées de Saigon, pendant son service militaire en Indochine. Depuis, il court les cabarets de la rive gauche avec quelques chansons et quelques sketchs. Car, depuis l'ouverture de la Rose Rouge, du Tabou ou du Club Saint-Germain, en 1947-1948, il éclot partout de petits lieux où l'on chante, déclame, improvise. Certains sont créés par de vrais amoureux de la chanson, d'autres sont des cafés ou des restaurants qui flairent la bonne affaire sous la mode de Saint-Germain-des-Prés. On se produit dans des caves étouffantes, dans des couloirs baptisés « théâtre », sur des scènes minuscules. Le cachet est dérisoire et se réduit parfois même à un repas ou quelques bouteilles. Mais le dessus du panier vit plutôt bien dans des établissements puissants comme l'Arlequin, boulevard Saint-Germain, ouvert jusqu'à 3 heures du matin et qui propose, pour la Saint-Sylvestre 1953, un réveillon avec Léo Ferré, Catherine Sauvage et Pierre Dac.

Bien plus bas dans l'échelle sociale des cabarets, Bob du Pac et Jean Gouyé rigolent beaucoup ensemble. Le comédien admire l'humour du journaliste. Gouyé a le sens de la repartie, il brode facilement sur une phrase saisie au vol, il campe instinctivement des personnages délirants. Bob du Pac lui recommande de coucher sur le papier ses plaisanteries. Pourquoi pas, mais pour quoi faire ?

L'occasion tangible se présente quand Bob du Pac est engagé par un patron de boîte. Il s'agit de monter un spectacle pour un nouveau cabaret « rive gauche », mais situé rive droite. Car la naissance de l'Académie des Vins n'est pas motivée par l'amour de l'art. Il s'agit même d'une arnaque.

Les touristes ont envie de voir ce Paris dont l'exotisme existentialiste est au moins aussi troublant que celui de peuplades primitives. Tout a commencé avec l'explosion de renommée du Tabou, par la grâce d'un seul article dans le magazine *Samedi soir* du 3 mai 1947 (au tirage de quatre cent vingt-quatre mille exemplaires). En une, une grande photo verticale montre un jeune homme tenant une bougie et une jeune femme aux cheveux sombres et au regard mélancolique, debout dans un escalier. Au-dessus, une courte légende : « Je voudrais renaître en catastrophe de chemin de fer. » En dessous : « Toute une jeunesse aime, dort et rêve de Bikini dans les caves de Saint-Germain-des-Prés. Lire notre reportage en page 6 ». Ces deux jeunes gens seront bientôt célèbres, puisqu'il s'agit de Juliette Gréco et Roger Vadim. Et, en page six, un reportage au ton sensationnaliste proclame : « Il ne faut plus chercher les existentialistes au café de Flore. Ils se sont réfugiés dans des caves. Après les caves du Vatican, celles de Saint-Germain-des-Prés. C'est là que les existentialistes, sans doute dans l'attente de la bombe atomique, boivent, dansent, aiment et dorment désormais. »

D'abord le Tout-Paris, puis les provinciaux et, en quelques semaines, tous les touristes étrangers se doivent de passer le soir par la rue Dauphine pour y humer un peu de l'atmosphère « existentialiste ». Saint-Germain-des-Prés est lancé. Or l'industrie du tourisme se structure et la pratique du car de touristes visitant à toute allure la Ville lumière s'impose. Dans chaque car, quelques dizaines d'Américains, de Scandinaves ou de provinciaux sont promenés de site en site : la tour Eiffel, l'Arc de Triomphe, les Invalides, la place de la Concorde, le Moulin Rouge… Dans les tours de Paris *by night* sont indispensables la descente des Champs-Élysées illuminés, Pigalle, les Grands Boulevards… et Saint-Germain-des-Prés.

La naissance de l'Académie des Vins est directement liée à l'exploitation des touristes et de leur crédulité. Car son fondateur dirige aussi une agence de visites nocturnes de Paris en autocar. Après le coup d'œil à la façade de l'Opéra ou un passage éclair dans les bals de la rue de Lappe, à Bastille, et avant la place de la Concorde ou la montée vers Pigalle, les cars peuvent s'arrêter devant le 130 rue de Rivoli. Le guide annonce que l'on est à Saint-Germain-des-Prés et on fait descendre à toute allure les touristes.

Ils s'engouffrent donc dans un cabaret existentialiste dont Bob du Pac est chargé de réaliser le spectacle.

Il a demandé à l'ami Jean de lui écrire quelques sketchs. En une nuit, c'est fait. Le lendemain, Bob les présente au tenancier. Accepté. La revue s'intitule *Pan dans les strips* et s'inspire de la toute nouvelle vogue du strip-tease, qui commence à changer la physionomie de la nuit parisienne. Il faut tout monter très vite. Les deux compères trouvent deux aspirantes comédiennes dans des boîtes de Pigalle, choisissent les costumes et bricolent la scénographie. Il y a deux rôles masculins. Bob du Pac prendra le premier. Il contacte quelques copains comédiens qui déclinent son offre. « Et pourquoi pas toi ? » propose-t-il à son ami.

Pourquoi pas, après tout? Le jeune homme débute donc à la scène dans ses propres textes. Jean Yanne dira toujours que ce n'est pas une vocation. L'écriture était son seul fantasme artistique. Il monte d'autant plus légèrement sur scène que *Pan dans les strips* n'est pas un vrai spectacle.

Quand l'autocar des touristes s'arrête, on lance un cri depuis l'entrée. Quelques jeunes couples se mettent alors à danser le be-bop (enfin, la danse que les Français appellent « be-bop » et que les Américains ont baptisée *lindy hop*) et le spectacle commence. Selon la durée du tour de Paris qu'ils ont réservé, les plus chanceux ont le temps de boire un ballon de rouge devant le spectacle avant que leur guide ne les presse pour les faire remonter au plus vite dans leur car. Ils n'ont sans doute pas compris grand-chose aux sketchs et chansons qu'ils ont entendus, mais ils pourront dire qu'ils ont vu une cave de Saint-Germain-des-Prés. Comme quelques touristes demandent *« Where is Jean-Paul Sartre ? »*, on engage un vieux bonhomme qui écrit à une table, dans un coin de la salle.

Ce n'est pas Sartre, mais le spectacle n'est pas non plus vraiment un spectacle. Il n'a ni début ni fin, puisque les touristes sont censés arriver et repartir en cours de représentation. Les comédiens ne présentent qu'une vingtaine de minutes de sketchs et de chansons, mais jusqu'à dix ou douze fois par soirée, selon le nombre de cars de touristes. Les filles montrent un peu d'épaules nues, les garçons jouent des personnages dessinés à gros traits – notamment avec un costume de bain années 1920, un canotier et de grosses moustaches postiches – et les visiteurs prennent plaisir à s'esclaffer bruyamment.

Le symbole est rétrospectivement savoureux : c'est dans un faux spectacle, qui lui-même est en bonne partie un pastiche, que débute Jean Yanne. À la fois la parodie et l'imposture…

D'ailleurs, à l'Académie des Vins, il ne s'est peut-être pas encore donné le nom de Jean Yanne. Rue de Rivoli, il n'y a pas d'affiche et pas de programme. Mais Bob du Pac et lui s'amusent beaucoup. La chronologie des événements est assez décousue, mais il semble bien que les deux complices mettent le cap sur Montmartre, en même temps ou après qu'ils jouent à l'Académie des Vins. Là-haut, sur la butte, pullulent les cabarets, à l'ombre du prestige du Lapin Agile : Chez ma Cousine, Le Pichet du Tertre, La Mama, Le Poulailler, Le Sully…

Le moment est décisif. Jean va faire des rencontres majeures et définir sinon la direction de sa carrière, mais du moins sa polarité, son humeur, son aura. Ce n'est certainement pas rue de Rivoli mais à Montmartre qu'il devient Jean Yanne. Un nom de scène, c'est important, et ce n'est certainement pas Jean-Henri du Pac de Marsoulies alias Bob du Pac qui va le contredire. Il s'appelle Gouyé et, depuis l'enfance, il se trouve toujours un plaisantin pour le rebaptiser Couillé. En outre, il n'a pas encore abandonné tout à fait le journalisme, même s'il a délaissé la scolarité au CFJ au bout de quelques mois, dès février 1951. Il n'est donc pas absurde qu'il choisisse de porter un nom d'artiste également par discrétion.

Il devient Jean Yanne tout naturellement parce que son père reste breton, même s'il est fâché avec les Gouyé d'Ille-et-Vilaine, et qu'il appelle souvent son fils Yann. Il suffit d'un *e* terminal pour que le prénom breton, devienne un nom de famille – un faux patronyme pléonastique.

Il sera désormais Jean Yanne, même si personne ne le connaît encore hors de la piétaille des cabarets. Il se sent bien dans ce monde-là. Chanteurs, comiques, mimes, « visuels », ils partagent un quotidien rude mais léger. Une soirée de cabaret dure au moins trois ou quatre heures, avec cinq, huit, dix, quinze numéros parfois jusqu'à 3 heures du matin dans certains lieux. Des débutants pour une ou deux chansons en lever de torchon, puis des numéros de plus en plus consistants, mais qui ne dépassent jamais la demi-heure. Aussi l'ambition des artistes se limite-t-elle souvent à « doubler »,

« tripler », « quadrupler » en passant dans plusieurs cabarets dans la même soirée – il faut alors courir dans les rues ou sauter dans un taxi en costume de scène, faire son entrée en scène encore essoufflé de la course…

Le monde des cabarets est un curieux prolétariat artistique. On se prépare dans des loges exiguës, pour peu qu'il y ait des loges et que l'on ne doive pas se maquiller dans un coin de la cuisine ou sous un escalier. On dépense souvent son cachet tout entier en allant souper et boire quelques verres avec d'autres artistes. Mais la camaraderie et la solidarité sont particulièrement fortes. Car un artiste de cabaret n'est pas un comédien ou un chanteur ordinaire. Sa proximité physique avec le public, l'atmosphère de ces lieux étroits, le fait de jouer tard dans la soirée, tout exige des capacités singulières. Surtout, il y a le public. Le meilleur et le pire public du monde. Il y a des passionnés qui sont chaque soir au spectacle, comme le futur homme de cinéma et de théâtre Jean-Claude Carrière, ou un jeune ingénieur qui, un soir, saute le pas et monte sur scène pour deux chansons, Guy Béart.

Mais il y a aussi les noctambules qui boivent, mangent, fument comme des sapeurs, parlent, plaisantent entre eux pendant le spectacle. Chacun a vu l'industriel de province en goguette lutinant une poule au premier rang, le fanfaron qui apostrophe les artistes pour faire rire sa tablée, le bourgeois qui s'énerve dès qu'une blague n'est « pas convenable ». Et puis il y a les militaires en permission et les anciens combattants : en 1956, à la Colombe d'Or, un spectateur furieux saisit la guitare de Colette Chevrot après son tour de chant trop antimilitariste à son goût et la lui casse sur la tête. Mais les artistes savent se venger. Jean Richard peut tenir dix minutes sur scène en imitant le fou rire d'un spectateur, Patachou coupe les cravates des messieurs avec de grands ciseaux…

On sait dans l'argot des cabarets que l'artiste peut être très bon mais que, parfois, « ils sont mauvais ». On monte souvent sur scène sans qu'un spectateur ne regarde, dans l'indifférence absolue de noceurs ou de businessmen qui continuent à parler affaires pendant le spectacle. Il faut alors trouver en soi-même de quoi éveiller l'attention puis la conserver. Les plus expérimentés expliquent aux plus jeunes que l'on ne fera rire un cabaret que si l'on a envie de rire soi-même, contrairement à un monsieur Jourdain de la

Comédie-Française qui fera rire tous les soirs à la même réplique, qui d'ailleurs fait rire tous les soirs depuis que Molière l'a écrite.

Entre artistes, on dîne, on boit, on s'aime. Les amitiés et les amours du cabaret se soudent après le spectacle. On a l'habitude de commenter chaque soir la performance de chacun, sans vanité ni hiérarchie. Ainsi, les témoins raconteront les soupers après les spectacles de Patachou ou des Trois Baudets où Georges Brassens ou Jacques Brel demandent conseil à des débutants dont la postérité a oublié jusqu'au nom.

Après avoir mythifié la révolution d'après 1968 et l'insouciance d'avant le sida, notre époque oublie que la liberté sexuelle apparaît dans les années 1950, précisément dans ces milieux d'artistes, de journalistes, de « nuiteux » qui, à Paris, n'ont guère de mal à trouver chaque soir des bras accueillants. Si l'époque ne théorise pas cette liberté, elle la pratique. La société ne considère plus les stripteaseuses comme des prostituées, le clergé catholique a perdu sa fonction de contrôle social dans l'immense Paris, la frénésie de plaisir qui a saisi la ville à la Libération n'est jamais vraiment retombée…

Jean Yanne racontera plus tard la bonne fortune dont il jouit, ajoutant souvent qu'il est pourtant loin d'être un don Juan, s'il se compare à quelques-uns de ses camarades. Il aime les femmes, il aime la liberté, il aime la séduction. Artistes, stripteaseuses, étudiantes, rencontres au hasard des bars et des cabarets, son appétit est insatiable et ne s'encombre pas d'autre morale que de ne pas faire de mal à sa partenaire d'une nuit ou de quelques semaines. Cette bohème est bien douce…

Après la rue de Rivoli, donc, Jean Yanne présente avec Bob du Pac un numéro en duo chez Attilio, au Pichet du Tertre. Il y côtoie Charles Aznavour, dont la carrière n'en finit pas de démarrer. Il rencontre plusieurs chanteuses, comme Florence Véran, qui, avec Aznavour, a écrit *Je hais les dimanches*, grand succès de Juliette Gréco, et Ginette Garcin, qui chante les classiques de la chanson réaliste mais aussi des fantaisies Belle Époque à la Fragson.

Celle-ci a une amie inséparable, une amie comme on n'en a qu'une seule dans une vie, Jacqueline Allard. C'est une autre « petite chanteuse » de cabaret, qui chante quatre ou cinq titres d'Aristide Bruant en milieu de programme. Accent parigot traînant, aplomb de légionnaire, voix ferme, beauté parisienne… Jacqueline Allard est dans un circuit classique : Chez ma Cousine ou au Pichet du Tertre à Montmartre, le Club des Cinq près des Grands Boulevards, et, rive gauche, le Collège Inn de la rue Vavin. Garcin et Allard partagent un petit appartement au cœur de Paris, rue Saint-Martin.

Beaucoup d'autres personnages de la carrière future de Jean Yanne apparaissent à ce moment-là. À l'Académie des Vins, rue de Rivoli, Bob du Pac et lui jouent en alternance avec d'autres spectacles de sketchs, dont celui de Maurice Vamby, qui sera un complice fidèle à la radio. Chez Attilio se produit un comédien qui joue par ailleurs dans tous les spectacles de Pierre Dac et Francis Blanche, Lawrence Riesner. Au Collège Inn, le pianiste accompagnateur est Jean Baïtzouroff, que ses copains appellent déjà Popoff…

Très vite, l'attelage de l'Académie des Vins est devenu une association régulière : Bob du Pac met en scène et Jean Yanne écrit. Il expliquera plus tard que c'est dans les petits cabarets qu'il a appris l'efficacité : il ne sert à rien de construire un personnage en détail et en nuances puisque, souvent, le spectateur le jaugera d'un seul coup d'œil distrait avant de replonger dans son assiette ou dans sa conversation. Pas de longues tirades, pas de mises en scène subtiles mais des répliques coups de poing, des flashs visuels qui suscitent immédiatement le rire. Il apprend aussi à écrire vite parce qu'il ne sert à rien de fignoler.

Il a des facilités, un peu de paresse et le sens très aigu de ce à quoi va servir ce qu'il écrit : on ne sert pas de psychologie ni même de poésie dans ces cabarets où la plupart des spectateurs viennent pour l'ambiance. Il découvre la veine du décalage, de l'anachronisme, de l'absurde. Rien n'a été enregistré ou conservé de ces premières productions, mais Jean Yanne comme les témoins de l'époque diront qu'il s'agit toujours de surprendre par l'inattendu dans lequel il plonge ses personnages. Les sketchs sont griffonnés sur des feuilles volantes que l'on égare sans regret. De toute manière, aucun de ces textes n'est déposé à la SACD ou à la Sacem, puisque les cabarets ne paient pas les droits d'auteur. La quasi-totalité de la production de cette époque s'est ainsi perdue…

Jean Yanne et Bob du Pac créent officiellement une troupe, la Compagnie de la Main. Celle-ci ne produira qu'un seul spectacle sans succès, dans le cabaret d'Agnès Capri. Quelques chansons, quelques numéros d'ensemble, quelques sketchs, avec notamment une jeune femme mannequin et chanteuse, Odile Grand, avec qui se noue une belle amitié amoureuse à laquelle ils resteront l'un et l'autre fidèles quand elle sera devenue une journaliste de cinéma respectée.

Ayant abandonné le journalisme, Jean Yanne accepte des boulots alimentaires entre deux engagements au cabaret. Il est ainsi brièvement serveur lors des dîners-spectacles du Lido. Quand il sera célèbre, une quinzaine d'années plus tard, un chroniqueur parisien se souviendra obligeamment l'avoir vu renverser un homard thermidor sur la robe d'une cliente américaine, ce qui provoqua son renvoi malgré l'accord du rose de la sauce et du rose de la robe. Et de gloser sur la possible inspiration lointaine que cet événement aurait pu apporter à sa bande dessinée *La langouste ne passera pas*…

Il est aussi figurant dans quelques films : *Nez de cuir*, d'Yves Allégret, *Il est minuit docteur Schweitzer*, d'André Haguet, *Le Chemin de Damas*, de Max Glass… Il prend plus de plaisir à regarder travailler réalisateurs et acteurs qu'au maigre cachet qu'il y gagne. Au hasard des rencontres et des opportunités, il travaille chez un distributeur de films, écrit des sketchs pour un cabaret de Beyrouth, entreprend de monter des tournées d'artistes de cabaret en Allemagne…

Pour monter un spectacle chez Attilio il a besoin d'une chanteuse et Ginette Garcin, qui y travaille au même moment, lui envoie Jacqueline Allard. L'interprète de Bruant ne décroche pas le rôle, mais il l'invite à dîner. Coup de foudre. Il ne faut pas longtemps pour que le jeune homme s'installe dans l'appartement de Jacqueline Allard et Ginette Garcin, rue Saint-Martin. La frénésie d'amours rapides est mise entre parenthèses. C'est l'amour, le vrai.

2. – Au guide-chant

(des Trois Baudets à Barclay, 1953-1958)

Le plus influent des cabarets est situé au pied de la butte Montmartre. À l'angle de la rue Coustou et du boulevard de Clichy, en bas de la pente de la rue Lepic, le théâtre des Trois Baudets a été ouvert en 1947 par Jacques Canetti. Deux cent soixante-quinze sièges, une scène de trois mètres sur cinq avec le piano dans la salle et une légende inégalable. Une célèbre photo de famille prise dans les années 1950 dans la salle des Trois Baudets est édifiante : on y voit Juliette Gréco, Boris Vian, Pierre Dac, Jacques Brel, Georges Brassens, Serge Gainsbourg, Christian Duvaleix, Ricet Barrier, Pierre-Jean Vaillard, Guy Béart, Darry Cowl, Jean-Claude Darnal, les Quatre Barbus, Aglaé, les Garçons de la rue, Francis Lemarque, Raymond Devos, les Trois Horaces, Gérard Séty, Catherine Sauvage, Philippe Clay, Lucienne Vernay, Fernand Raynaud, Mouloudji, Pierre Dudan, Francis Blanche, Patachou, Robert Lamoureux… Il est même plus simple de dénombrer, parmi les artistes qui ont compté dans le spectacle français de cette décennie, les quelques-uns qui ne sont jamais passés aux Trois Baudets.

À partir de 1950 et pendant une douzaine d'années, les Trois Baudets jouent à guichets fermés. Chaque soir, le spectacle est en deux parties : une grosse heure de chanson et de rire avec quatre ou cinq artistes, puis une pièce de théâtre ou une revue. C'est le seul cabaret où les critiques se précipitent à chaque nouveau programme. Même les pianistes des Trois Baudets deviendront des célébrités : le plus célèbre « metteur en ondes » de la radio Pierre-Arnaud de Chassy-Poulay, la future star comique Darry Cowl, le grand arrangeur et compositeur de variétés André Popp, l'orchestrateur de Brel et immense compositeur François Rauber…

Le maître des lieux, Jacques Canetti, a la réputation d'avoir l'œil, l'oreille et le flair les plus aiguisés du métier. Il est vrai qu'avant-guerre il a convaincu Marlene Dietrich d'enregistrer en France et qu'il conduit Édith Piaf dans un studio d'enregistrement. Directeur artistique des disques Philips, la plus grosse maison française, il a signé les Frères Jacques, Henri Salvador, Georges Brassens, Dario Moreno, Robert Lamoureux, Francis Lemarque… en attendant Jacques Brel ou Serge Gainsbourg.

Fin 1953, Bob du Pac et Jean Yanne demandent à passer une audition aux Trois Baudets. Le verdict de Canetti est mitigé. Il n'est pas convaincu par le numéro des deux jeunes comédiens. Mais il aime bien les textes. Il se trouve que s'il n'a pas besoin de Bob du Pac, il perçoit chez Jean Yanne un potentiel qu'il pourrait utiliser à remonter le programme de deuxième partie de soirée, *Allez vous rhabiller !*, écrit par le dessinateur Jacques Faizant. Le 6 février 1954, la nouvelle version du spectacle, intégrant des gags et des inventions visuelles de Jean Yanne, est présentée au public. Personne ne se lève avant la fin. C'est un succès. Les premiers jours, le nouvel auteur reste dans les coulisses. Puis il intègre la distribution d'*Allez vous rhabiller !*, stupéfiant ses partenaires, qui le voient griffonner assis dans la loge quelques minutes avant le début du spectacle et entrer en scène avec un sketch tout neuf. Le grand chansonnier Pierre-Jean Vaillard, qui joue dans le spectacle, est admiratif et le fait savoir. Les autres artistes – Catherine Sauvage, Philippe Clay, les Trois Ménestrels, Souris et Bernard Régnier – ne se retiennent pas de rire depuis les coulisses. Pour l'équipe des Trois Baudets, il en éclipse même les débuts à la scène du chanteur Jean-Claude Darnal, nouvelle découverte de Jacques Canetti pour les disques Philips.

Sans Bob du Pac et face au public des Trois Baudets – le meilleur de Paris –, Jean Yanne commence à fixer son personnage de scène. Il se rase de très près, se coiffe sagement, rentre la tête dans les épaules pour accentuer son aspect de bon garçon bien rond. Il parle d'une voix monocorde, sans sourire, comme s'il débitait mécaniquement un boniment de guide touristique.

Comme prévu, *Allez vous rhabiller !* termine sa carrière à la fin avril. Jacques Canetti a demandé à Boris Vian une reprise de

Cinémassacre, pièce fantaisiste écrite avec Pierre Kast et créée par Yves Robert et sa compagnie en 1952 à la Rose Rouge. Vian sera à l'affiche de la première partie puisqu'il y fera ses débuts de chanteur sur scène. La première est prévue le 1er mai, mais un des comédiens, Jacques Hilling, fait défection. Canetti propose à Yanne de prendre sa place. Il sera sur scène avec Rosy Varte, Philippe Clay (qui reprend les parties tenues par Yves Robert à la Rose Rouge), Édouard Tamiz et Bob du Pac. Il s'ébat avec plaisir dans la pièce de Vian qui, de son vivant, a eu le plus de succès. Il s'agit de satires de films : scènes de gangsters, péplum, faux Carné avec Jean Gabin, Michèle Morgan et Michel Simon, film d'aventures exotiques... C'est un plaisir d'épouser successivement plusieurs caricatures de personnages de film, à la fois dans le jeu théâtral et en découvrant la technique d'écriture de Boris Vian. Pour la première fois, Jean Yanne est comédien. Comédien et bidasse.

* * *

La République s'est rappelée au jeune Jean Gouyé pour ses vingt ans, aux derniers beaux jours de 1953. Il n'a pas charge de famille, il n'est pas étudiant, il ne présente pas d'infirmité justifiant dispense ou réforme : il est donc bon pour le service.

Mais la conscription s'accommode d'un certain nombre d'aménagements. Jean Yanne vient de signer pour entrer aux Trois Baudets. Et, parmi ses autres travaux d'écriture, il écrit des saynètes pour Jean-Jacques Vital, homme de radio et scénariste de cinéma qui, après avoir participé au feuilleton *La Famille Duraton*, est l'animateur du jeu « Cent francs par seconde » sur Radio-Luxembourg. Le patron d'Air Production, gros sous-traitant de la radio périphérique, a demandé à Jean Yanne de lui écrire des dialogues pour « Au café du coin », courte émission avec Bourvil sponsorisée par Cinzano.

Canetti et Vital s'adressent aux autorités militaires, insistent sur le fait que Jean Yanne est irremplaçable à son poste et ne doit pas quitter Paris. L'armée, obligeamment, aménage son service militaire et on lui offre une planque à la caserne Dupleix, en plein Paris. Il commence par faire ses classes pendant quelques semaines au camp de Frileuse, dans les Yvelines, les longues soirées d'ennui des conscrits se remplissant grâce aux bouteilles de gros rouge fournies chaque jour par l'ordinaire. Il entre dans les bonnes grâces de la hiérarchie en organisant la fête du bataillon, à laquelle il convainc deux grandes vedettes de participer : l'homme de radio, de télévision et de chanson Jean Nohain et le fantaisiste Champi.

Début 1954, il est donc versé dans l'arme du train à la caserne Dupleix, dans le 15e arrondissement de Paris. Il est libre de ses mouvements dès que sonne la fin du travail, vers 17 heures, avec pour seule obligation d'être de retour pour le lever des couleurs, tôt le matin. Le séjour pourrait se dérouler comme un petit fleuve tranquille, mais c'est sans compter la hiérarchie militaire.

Un jour que le ministre de la Défense passe en revue les troupes, le conducteur de première classe Gouyé se permet de l'interpeller à propos de son pantalon trop petit et dont la toile ne résiste pas à sa rondeur. Il y gagne un premier séjour aux arrêts de rigueur. Puis il écope d'une nouvelle punition de trois semaines pour s'être lancé dans une imitation délirante d'un adjudant qui l'a pris en grippe, et surtout pour avoir été surpris par celui-ci en pleine représentation devant ses copains de chambrée. À l'époque, les punis sont de garde tout le temps qu'ils ne sont pas en cellule. Plus tard, le comédien Popeck, lui aussi encaserné à Dupleix, racontera avoir vu Jean Yanne au poste de garde, à bout de nerfs et disant « Ou je le flingue, ou je me flingue ».

Le jeune homme se défend avec ses armes. Il a développé un baragouin qui amuse beaucoup ses camarades, une sorte de langue arabe abstraite. En cellule, il hurle en « arabe » mêlé de français, criant qu'on lui a écrasé les doigts, qu'il a les yeux crevés, qu'on le torture… C'est embarrassant sans pour autant constituer un scandale : la guerre d'Algérie ne s'est pas encore emballée et les rumeurs de recours à la torture n'ont pas commencé à circuler. De plus, le conducteur Gouyé dispose d'un incontestable « piston ». Son chef de corps décide de s'en débarrasser et il est muté au fort de Vincennes, au service historique des armées.

Là, il doit d'abord trier des archives que l'armée française rapatrie d'Allemagne. Il est scandalisé par le tri effectué par les officiers qui envoient au feu tout ce qui n'a pas directement trait aux affaires militaires, comme des centaines de livres dans de superbes éditions anciennes. Puis il est affecté à une recherche menée par un général tout proche de la retraite, et qui poursuit d'une haine implacable le ministre de la Guerre André Maginot, responsable de la construction de la ligne de fortifications qui porte son nom. Le conducteur Gouyé est censé copier tous les documents à charge contre l'homme politique – pourtant mort en 1932 –, qui, pendant la Première Guerre mondiale, n'avait pas dépassé le grade de sergent.

Si, le soir, Jean Yanne mène sa vie de comédien et de revuiste, Jean Gouyé s'ennuie fermement toute la journée. Comme, de plus, il joue un texte de Boris Vian, il se trouve avec la plume libre et sans mission. Alors, après quelques essais sans lendemain au cabaret, il tente d'écrire des chansons.

Après tout, il n'est monté sur scène que parce qu'il ne trouvait personne pour jouer ses sketchs au côté de Bob du Pac. Alors pourquoi ne parviendrait-il pas à gagner sa vie comme parolier ? Justement, chaque soir aux Trois Baudets, il partage la scène avec Philippe Clay. Avec son mètre quatre-vingt-dix-neuf et son visage en lame de couteau, Clay est un artiste en vue dans le monde du spectacle. En 1953, il fait un tube avec *Le Noyé assassiné*, de Charles Aznavour, et il cherche des chansons nouvelles. On va bientôt le voir, aussi, dans le film *French Cancan*, de Jean Renoir, dans lequel il incarnera un très spectaculaire Valentin le Désossé. C'est pendant ses journées interminables au fort de Vincennes que Jean Yanne écrit pour lui *La Gamberge*. Il a vingt-deux ans et signe une chanson qui parle de ses vingt ans perdus, mais elle va coller à la voix et à la personnalité de Philippe Clay, qui en fera, d'abord, une chanson de scène avant de l'enregistrer en 1957. *La Gamberge* évoque les rêves grandioses et mirobolants que l'on fait à vingt ans et qui, l'âge venu, ne sont que poussière et occasions perdues : « À tant rêver j'ai gâché mes vingt berges/La gamberge, la gamberge/A fait de moi un pauvre homme de plus ». Jean Yanne demande à Jean Baïtzouroff, qui accompagne Jacqueline Allard au Collège Inn, de l'aider pour les musiques. De fait, il compose lui-même les mélodies mais refuse de s'astreindre à les transcrire sur partition et plus encore à les harmoniser. Il en charge Popoff, qui dépose les chansons à la Sacem en tant que compositeur.

« Moi je rêvais d'être un héros
Et voulais m'en aller faire le mirliflore
Connaître la faune et la flore
Faire une arche de mon bateau
Je rêvais d'être un conquérant
Et je voulais partir, tout comme Don Quichotte
Tant sur terre que sur la flotte
Par les mers et les continents
Si je voyais une guenille
J'en voulais faire un étendard
Je l'ai compris beaucoup trop tard :
Je regardais trop ce qui brille. »
Premier couplet de *La Gamberge*, paroles de Jean Yanne, musique de Jean Baïtzouroff.

Et, pour les années de collaboration qui suivront, il en sera en général de même.

Jean Gouyé est enfin rendu à la vie civile. Il a vécu un service militaire dérisoire et absurde. Il parlera souvent, plus tard, du test d'aptitudes qu'on lui fait passer et qui lui attribue un QI de 21 – le « QI d'une huître ». Mais, plus sérieusement, il en dira : « Ça a été la période la plus honteuse de ma vie. J'ai appris à me cacher, à me dissimiler, à être faux cul, à mentir. C'est une bonne arme pour le retour à la vie civile. »

Avant son incorporation, Jean Yanne n'aimait pas particulièrement l'armée. Désormais, il la déteste. Un jeune homme farceur et un peu potache arrive sous les drapeaux. Quand il est libéré, il est en colère non seulement contre les militaires, mais contre l'ordre public et tout ce qui s'en réclame. Son service militaire est le creuset de sa révolte.

Il déteste cette période parce qu'il ne peut échapper à l'absurdité et à l'arbitraire qu'en mentant, en dissimulant, en intriguant, en falsifiant. Et il est désormais convaincu à la fois du caractère intrinsèquement liberticide de l'armée, de la police et des corps constitués, mais aussi de leur foncière hypocrisie. Du caporal au général, il a vu toute la hiérarchie se permettre de petits accommodements avec le règlement, contourner les règles pour complaire aux puissants – il en a profité, d'ailleurs – et pratiquer avec naturel le double langage.

Jean Yanne considère l'armée comme une aberration, notamment parce qu'elle ne correspond pas à l'idée qu'il se fait de ce que devrait être une institution au service des gens. Car sa réflexion politique ne va jamais s'articuler loin au-delà de ce critère central : il n'y a de justice que dans la liberté. L'ordre public doit le moins possible empiéter sur la liberté de chacun et tout abus de la contrainte est par définition mauvais. Son service militaire est l'archétype de tout ce qu'il va désormais prendre pour cible : il a été enfermé pendant un an dans des casernes, il a la certitude de n'avoir rien apporté à la société et d'avoir été contraint à être malhonnête pour retrouver un minimum de sa liberté de mouvement.

Mais cette révolte n'est pas révolutionnaire, même en un temps où les désirs de table rase sont très répandus. Jean Yanne ne veut pas renverser l'ordre ancien ; il veut qu'on lui foute la paix. Il ne se révolte pas contre son milieu d'origine. Au contraire, même. Il n'en rejette pas les valeurs. Ce n'est pas le monde d'où il vient qu'il va prendre à rebrousse-poil. Il a été élevé dans une mentalité de petit artisan qui aime le travail bien fait mais n'emploie pas d'ouvriers, dans un bain de religion catholique quotidienne et sans excès, dans une solidarité familiale sans faille…

On peut d'ailleurs rapprocher la posture anarchisante de Jean Yanne de celle d'un autre artiste né neuf ans avant lui, Georges Brassens. Comme lui, il vient de ce que les sociologues appellent une « classe intermédiaire » : ni commerçants, ni bourgeois, ni prolétaires, leurs parents à l'un et l'autre insistent dans leur éducation sur une morale individuelle et sur la nécessaire indépendance de chacun. Ils n'appartiennent pas à des syndicats ou à des castes dont ils intérioriseraient l'idéologie ou les égoïsmes. Brassens comme Yanne sont d'un anarchisme qui les laisse libres de brocarder le flic, le curé, le grossium mais aussi l'ouvrier, le paysan, le petit boutiquier, et surtout le troupeau, fût-ce un troupeau d'opprimés. Leur respect et leur irrespect de telle ou telle catégorie est libre de toute solidarité personnelle.

L'un comme l'autre sont des contempteurs des conservatismes, mais également de bons fils. Jusqu'à la mort de son père et de sa mère, Jean Yanne les verra toutes les semaines, les invitera à ses spectacles ou à lui rendre visite sur ses tournages. Et ni lui ni Brassens ne feront figurer à leur tableau de chasse des pères caricaturaux et des mères abusives, tout simplement parce que, dans leur vie personnelle, nul conflit avec leur famille n'a été fondateur de leur anticonformisme et parce que, malgré tout, ils n'ont jamais eu à se révolter contre le milieu d'où ils venaient.

Jean Yanne va se révolter contre à peu près tout le reste. Ce qui fait du monde…

* * *

À son retour du service militaire, il retrouve les scènes des cabarets. Mais, désormais, il chante. Il est allé proposer les chansons écrites dans son bureau du service historique des armées à un éditeur de musique particulièrement puissant alors, Loulou Gasté. Le compositeur, époux de Line Renaud, accepte de verser au catalogue des éditions Micro les chansons que lui apporte Jean Yanne, avec l'intention de les proposer à un interprète. Mais il faut aussi que leur auteur les défende sur scène. Et il ne s'agit pas de chansons d'une forme et d'un fond ordinaires.

La première chanson qu'il ait chantée en public – ou du moins la première dont se souviennent les témoins – est *Avec Maria.* Il la fait précéder de quelques phrases récitées d'un ton monocorde et volontairement désinvolte : « Je voudrais vous chanter une chanson qui a pour but de réconcilier le clergé et la masse ouvrière. » Et, après quelques digressions à géométrie variable, il annonce qu'il va chanter l'ouvrier P3 (ouvrier très qualifié, selon la nomenclature française), « très belle catégorie d'ouvrier spécialisé dont on parle de temps à autre à l'occasion des remises de décorations du travail ou pour le prix Cognac, mais qu'on ne choisit jamais comme héros de roman ou de chanson. Mais à mon avis c'est une erreur grossière parce que les P3 sont des ouvriers, et les ouvriers, ça vaut largement les druides. C'est pourquoi j'ai voulu réparer cette injustice en écrivant tout spécialement *La Complainte du P3* ».

Cette *Complainte du P3* s'intitule en fait *Avec Maria.* La chanson commence par l'autoportrait de l'ouvrier : « Du début jusqu'à la fin de la semaine/Je suis P3 chez Citroën/C'est un bon petit boulot/Avec cantine et avantages sociaux [...] À la chaîne des boîtes de vitesses/Je suis heureux comme un roi. » Il est d'autant plus heureux, dit-il, que le samedi et le dimanche, « avec Maria, on va danser la java ». Les deux premiers mots de ce dernier vers épousent la mélodie de l'*Ave Maria* de Charles Gounod et les cinq derniers accélèrent sur un rythme de java parigote. La chanson se poursuit sur la beauté de leurs amours et sur la naissance de leur enfant, un fils qui s'appelle Irénée – et il chante « Irénée le divin enfant » sur l'air du cantique *Il est né le divin enfant.*

« Maria c'est la jouvencelle
Chez qui je vais tous les midis
Pour faire chauffer ma gamelle
Dans son petit bain-marie
Je l'ai connue l'année dernière
Au bal de la RATP
Où ce que travaillait son frère
Comme prêtre-ouvrier
Et ce soir-là messieurs dames
À la salle Wagram
Avec Maria on a dansé la java. »
Deuxième couplet d'*Avec Maria*, paroles de Jean Yanne, musique de Jean Baïtzouroff.

Lors de ses premières prestations au Collège Inn, à Montparnasse, il s'accompagne lui-même au piano. Il veut pouvoir s'interrompre dans le chant, improviser des digressions, maîtriser les temps et les rythmes, ce qui exclut de faire appel à un accompagnateur. Or il est impossible de jouer du piano en chantant tout en restant face au public – on le sait depuis Fragson, qui, à l'aube du XXe siècle, fut la première vedette du caf' conc' à s'accompagner lui-même. Concentré sur le piano, apparaissant en profil perdu, Jean Yanne perd vite l'attention des spectateurs. Il fait une autre tentative à l'Amiral, dans le quartier de l'Étoile. Le premier soir, le résultat est pire encore : il commence son numéro debout sur scène, avant d'en descendre pour s'asseoir au piano, qui est dans la salle.

Jean Yanne a pratiqué l'harmonium à l'église des Lilas, quand il était enfant de chœur, et a toujours plus ou moins joué du piano. Il n'a pas suivi d'éducation musicale soutenue et ne dépasse pas le niveau scolaire en solfège. Mais il aime les deux instruments, alternant piano et orgue suffisamment « pour ne bien jouer aucun des deux », comme il le dira plus tard dans une interview. Il achète semble-t-il dans les années 1950 son premier orgue et il en possédera toute sa vie. Et il continuera à fréquenter suffisamment le piano pour qu'on l'entende jouer de mémoire une *Gymnopédie*, d'Erik Satie, en attendant le direct sur un plateau de télévision à la fin des années 1960.

Dans l'immédiat, au milieu des années 1950, on ne monte pas sur une scène de cabaret pour deux ou trois chansons avec un orgue, meuble qui pèse couramment quelques centaines de kilos. En revanche, un petit guide-chant électrique avec trois octaves fait bien l'affaire et il peut se placer face au public pour chanter. Dans tous les esprits, cet instrument est associé à la musique d'église la moins solennelle et la plus quotidienne, et l'utiliser sur scène est en soi une posture absurde.

Et c'est ainsi qu'à l'Amiral, semble-t-il à la rentrée 1957, Jean Yanne commence à chanter en s'accompagnant au guide-chant. Ses chansons vont d'autant plus surprendre et choquer que leur accompagnement musical est singulier.

À bientôt vingt-trois ans, il ne sort pas efflanqué des casernes de l'armée française. Sans atteindre un embonpoint très prononcé, le jeune artiste est un peu dodu et il a conscience d'avoir une image de bon garçon à qui l'on donnerait le Bon Dieu sans confession. Aussi cherche-t-il à accentuer les contrastes par un rire d'autant plus saignant que lui-même a l'air innocent. Le jeu est savoureux pour un jeune comédien qui ne souffre pas du trac et se maîtrise bien sur scène.

Outre l'Amiral et les Trois Baudets, il passe à la Fontaine des Quatre Saisons, rue de Grenelle, le cabaret de Pierre Prévert – le frère de Jacques. Il y chante aussi *Avec Maria* et *Le Soufre et le Bénitier*, qui glose sur l'impossible choix entre le vice et la vertu – « Car que l'on tombe dans le gouffre/Ou que l'on soit au ciel jugé/On risque bien des deux côtés/D'être brûlé par le soufre/Ou noyé dans le bénitier. » Il découvre aussi que le public rit souvent plus aux introductions qu'il donne à ses chansons qu'aux chansons elles-mêmes.

Si la chanson n'est pas son unique centre d'intérêt ni son unique activité, elle domine sa carrière pendant deux ou trois ans et va lui apporter sa première reconnaissance dans les médias et sa première renommée. Mais, s'il écrit beaucoup pendant cette période – et nous allons y revenir –, il ne semble pas être d'une prolixité inépuisable en tant qu'auteur-compositeur. Il est vrai que le système des cabarets n'est pas forcément favorable à une production soutenue : si l'on chante chaque soir, on chante peu de chansons devant peu de spectateurs. Aussi semble-t-il traverser plusieurs années avec une poignée de chansons, *Avec Maria*, *Le Soufre et le Bénitier*, *Le Légionnaire*, *Histoire triste*, *La Légende orientale*, *Du pain pour les oiseaux*, *La Gamberge*, *Conseils aux filles*…

Guide-chant oblige, une bonne partie de son inspiration simule des soucis moraux du bon catholique, comme dans *Conseils aux filles* (« Filles au teint clair/Craignez les flammes de l'enfer, de l'enfer/Les clins d'yeux et les bonnes mines/Les ronds de jambe et de poitrine/Et tous les artifices dont/Vous attisiez les passions »), ou dans l'introduction du *Légionnaire*, dans laquelle il évoque sa rencontre avec monseigneur au festival de musique liturgique de Bourges.

Ces couleurs d'encens et de cierge sont aussi un bon vecteur pour cultiver son goût de l'absurde. Pour *Histoire triste*, il se lance dans une longue introduction de deux minutes et vingt secondes pour quarante secondes de chanson. Après avoir noté que la chanson, à ce moment, penche « de plus en plus vers le social », il affirme : « Je suis assez qualifié pour cette tâche parce que depuis très longtemps je m'intéresse à la psychologie, à la sociologie psychologique, à la psychologie démonologique, à la démonologie sociale et parapsychique et j'ai effectué une assez grande quantité de voyages. Je suis allé notamment dans la Sarthe, qui est un département vinicole. Et dans la Sarthe j'ai couru les librairies, car il n'y a pas énormément de casinos. Et je me suis rendu compte d'une chose effarante, c'est que dans la Sarthe, Malraux se vend très mal. » De fil en aiguille, il en vient à regretter que Rouget de Lisle n'ait jamais « touché le dancing » parce que sa musique n'était pas assez commerciale. Et sa courte chanson explique comment une dame de charité voulant apprendre le piano ne trouve pas de professeur à Rio de Janeiro.

Là, il se place dans la lignée qui, depuis Dranem et Charles Trenet, passera par Jean Constantin pour aboutir à Boby Lapointe – des associations de mots imprévisibles, des images poétiques savamment irréalistes, un imaginaire aux amarres larguées…

Mais il appartient à une époque dans laquelle la langue est soigneusement tenue et il choisit plutôt le camp de la chanson poétique que le parler quotidien des variétés. Il pratique avec gourmandise la poésie d'inspiration classique, par exemple dans *La Légende orientale*, qui commence par « Des poissons d'or et d'émail jouaient dans le camail d'une fontaine perse/Sur des tapis des velours bien faits pour l'amour en des danses perverses » pour s'achever par la prise de contrôle des puits de pétrole de l'émir. Il aime d'ailleurs le décalage entre les parfums de XIXe siècle de l'écriture et l'irruption de la plus simple trivialité dans ses chansons. Dans *La Gloriole*, il chante : « Au pays de la révolte/Le peuple était ulcéré/Des détours et virevoltes/D'un monarque périmé/Il plantait le long des grilles/Le cou des fils de famille » et enchaîne sur une interjection de titi parisien – « Eh Danton ! Tu perds la tête ? »

Le fond de ses premières chansons est souvent grave. Ainsi, *Du pain aux oiseaux* marque tous ceux qui l'ont entendue à l'époque. Elle est sans doute écrite pendant le service militaire de Jean Yanne. Sur le même ton que *La Gamberge*, elle évoque de lointains vingt ans. Elle commence par le souvenir d'avoir « donn[é] du pain pour les oiseaux » et « ramass[é] le chien qui buvait au ruisseau ». Puis lorsque vient l'ordre de prendre l'uniforme et « le droit de tuer sans châtiment », le jeune homme refuse. Il passe en conseil de guerre et se trouve emprisonné. Si la chanson est écrite en 1954 ou 1955 au fort de Vincennes, on dispose d'un enregistrement réalisé le 17 juillet 1957. Comment serait-elle publiée telle quelle à ce moment-là ? On n'est plus en 1954, lorsque *Le Déserteur*, de Boris Vian, est chanté en public et enregistré par son auteur et par Mouloudji alors que la France vient de perdre à Diên Biên Phu la guerre d'Indochine. Le contexte a radicalement changé en 1955 lorsque de premiers appelés du contingent ont participé aux opérations de « maintien de l'ordre » en Algérie, puis avec le décret du 12 avril 1956 qui prolonge la durée du service militaire. Désormais, on ne plaisante plus : la France exige de ses enfants qu'ils la servent. Un tel disque serait évidemment interdit de diffusion à la radio, il pourrait également tomber sous le coup de la loi. La maison le publiant serait alors poursuivie et pourrait être lourdement condamnée, au-delà de la saisie du phonogramme.

« Pour avoir refusé l'uniforme à mon dos
À vingt ans dépassés, j'ai passé le falot
Des hommes médaillés du bas-ventre au képi
Pour ce fait, ont jugé que j'avais mal agi

Moi qui rêvais de ciel et de bateaux
Me voici enfermé au fin fond d'un cachot
Ma cellule est bien triste et n'a pas de hublot
Mais au mur un artiste a gravé quelques mots

Je chanterai encore et chanterai toujours
Car même si la mort ou le manque d'amour
Font tomber le malheur ou la terre sur mon dos
J'ai donné tout mon cœur et du pain aux oiseaux. »
Trois derniers couplets du *Pain aux oiseaux*, paroles de Jean Yanne, compositeur inconnu.

Est-ce pour cela que cet enregistrement du 17 juillet 1957 réalisé par la maison Philips n'a aucune suite ? Jacques Canetti accueille Jean Yanne en ses Trois Baudets mais ne le signe pas pour la maison de disques dont il dirige le catalogue. Cette bande d'essais qui porte le n° 2188 dans l'inventaire Philips contient huit chansons : *La Gamberge*, *Le Légionnaire*, *La Légende orientale*, *Histoire triste*, *Les Hussards*, *L'alcool est un vilain défaut* (en fait il s'agit de *L'Absinthe*, qui sera enregistrée plus tard par Ginette Garcin), *La Corde au cou* et *Du pain aux oiseaux*.

« Fallut qu'à vingt ans je décide
Du rôle que j'allais jouer
Dans la vie car le temps trucide
Ceux qui ne savent pas le tuer
J'avais beaucoup trop de conscience
Pour être juge au tribunal
Quant à devenir général
J'avais bien trop d'intelligence
J'avais une trop fine allure
Pour porter l'habit du prélat
Je me fis brigand par la
Force de ma bonne nature. »
Premier couplet de *La Corde au cou*, paroles de Jean Yanne, compositeur inconnu

Il s'agit d'essais en studio destinés à présenter ses chansons sans doute autant aux décideurs de Philips qu'à d'éventuels interprètes au sein de la même maison. Sur cette bande où Jean Yanne est accompagné au piano, on trouve le seul témoignage des *Hussards*, chanson qui évoque les beaux cavaliers des guerres du XIXe siècle, dont la mélodie et la forme rappellent irrésistiblement l'art de Georges Brassens (« Y a pas de place pour l'amour/Sous la tunique à brandebourgs »), ou de *La Corde au cou*, chanson de brigands vaguement anarchisante. L'une et l'autre chanson cèdent avec bonhomie à la vague d'intemporalité voire d'archaïsme qui traverse la chanson des années 1950, du *Galérien*, chanté par Yves Montand ou les Compagnons de la chanson, aux multiples chansons d'Ancien Régime reprises par Cora Vaucaire ou les Quatre Barbus. Seules les quatre premières chansons (*La Gamberge*, *Le Légionnaire*, *La Légende orientale* et *Histoire triste*) seront enregistrées lorsque, les 10 et 18 juin 1958, Jean Yanne gravera neuf titres pour les disques Barclay.

Entre-temps, sa renommée commence à dépasser les cabarets. Le 31 janvier 1958, il passe dans « Le music-hall de demain », émission de télévision qui a vocation à présenter des artistes en devenir. Présenté par l'imitateur Jean Valton, camarade des cabarets montmartrois, Jean Yanne passe entre un acrobate chinois et une sorte de Marilyn chantant avec l'accent allemand. Assis derrière son guide-chant, il chante *Avec Maria*, précédé de *L'Absinthe*. Il n'enregistrera pas cette dernière, qu'il a donnée à Ginette Garcin, qui l'enregistrera en 1959. C'est une parodie de chanson réaliste qui commence par « Dans un taudis dont l'amour d'une mère/Ne peut cacher l'atroce pauvreté ». Le père de famille alcoolique est poignardé par la mère, mais il survit et devient président de la Ligue antialcoolique.

Puis il est au programme d'une des émissions les plus regardées de la télévision, « La boîte à sel ». Sous la direction des chansonniers Jacques Grello et Robert Rocca se succèdent des numéros souvent venus des meilleurs cabarets. Le 20 avril, il y chante *Avec Maria*. Quelques jours plus tard, il a droit à sa première interview dans la presse quotidienne. Dans *L'Humanité*, Edmond Gilles note : « Son attitude et son visage évoquent un peu Sancho Pança. Mais, plus que Cervantès, Alphonse Allais l'eut aimé et en eut fait un "personnage". Il s'appelle Jean Yanne depuis qu'il reçut le baptême, il y a vingt-cinq ans. »

La chronologie est un peu bousculée puisqu'on lit qu'il a été libéré moins d'un an plus tôt du service militaire et a débuté « en décembre à Paris ». Et Jean Yanne explique, à propos de ses chansons : « J'aime bien saisir tout ce qui est ridicule au premier coup d'œil. Je ne veux pas être un messager, je me moque peut-être, mais je veux amuser. Il y a trop de choses drôles au détour d'une rue, partout. Alors j'en profite et je brode mes chansons. C'est tout. »

Il n'est pas étonnant que, pour le disque, il ait signé avec l'homme qui sera le plus flamboyant magnat du disque français, Eddie Barclay.

Édouard Ruault – c'est son vrai nom – a grandi dans le bistrot de ses parents, près de la gare de Lyon. C'est à la fois un titi et un dandy, un amoureux de la musique et un commerçant avisé. Pour le meilleur et pour le pire, c'est un homme de coups. S'il pense souvent à long terme (par exemple, avec son légendaire contrat de trente-trois ans renouvelables avec Jacques Brel quand celui quittera Philips), il est capable de décider d'un disque au déjeuner, de le mettre en chantier dans l'après-midi et de superviser la séance de studio à minuit.

Il voit bien quelles sont les réactions quand Jean Yanne chante dans les cabarets : des spectateurs sont indignés et d'autres étouffent de rire mais personne n'est indifférent. On peut imaginer qu'il en sera de même chez les disquaires et auprès des programmateurs de la radio…

Barclay profite du passage de Jean Yanne à l'Olympia en « vedette anglaise » d'Édith Piaf (c'est-à-dire en dernier artiste de la première partie, juste avant l'entracte) pour l'enregistrer en plublic au mois d'avril 1958. Cela fournira la matière du disque 33 tours 25 cm *Chansons bonnes ou mauvaises*, qui sortira à la rentrée. On y trouve *Avec Maria*, *Le Légionnaire*, *Histoire triste*, *Le Soufre et le Bénitier* et une longue *Préface* de plus de trois minutes enregistrée en studio. On aura donc témoignage de « l'austérité et la haute rigueur morale qui caractérise les humbles » avec laquelle il présente ses chansons au public.

Huit jours plus tard, accompagné par un orchestre dirigé par Popoff, Jean Yanne enregistre en studio les quatre chansons plus poétiques de son répertoire, *La Gamberge*, *La Légende orientale*, *Conseils aux filles* et *La Gloriole*. Répertoire plus conventionnel, moins âpre, moins polémique, plus « rive gauche » qui paraît dès l'été en 45 tours quatre titres – le format EP qui domine le marché à l'époque.

Les deux premiers disques de Jean Yanne ne sont pas un écrasant succès. Au vu de l'actuelle rareté de son premier 33 tours, il est vraisemblable qu'il n'en ait pas été vendu plus de quelques centaines. Le 45 tours est plus courant mais sans pour autant que les spécialistes aient le sentiment d'un tirage dépassant quelques milliers d'exemplaires.

Déception ? Sans doute. Mais la déception est peut-être plus forte encore pour le parolier. Dans un entretien télévisé, à l'aube des années 2000, Jean Yanne reviendra sur ce moment : « Je faisais des chansons et on me disait qu'elles étaient bien. Moi je croyais qu'on allait m'en commander, qu'on allait me demander d'en faire dix, cinquante, cent. Eh bien non. »

Car pour beaucoup de professionnels, Jean Yanne est d'abord l'auteur de *La Gamberge*, dont Philippe Clay fait un succès discographique en 1957. Or, outre quelques autres chansons de Yanne qu'il n'a pas enregistrées, son répertoire contient aussi *La Chanson de Clopin*, écrite sur mesure après qu'il a incarné Clopin Trouillefou, roi des mendiants de la Cour des miracles dans *Notre-Dame de Paris* de Jean Delannoy. L'écriture pastiche de manière très classique l'idée que l'on se fait à l'époque du Moyen Âge.

Et, de manière tout aussi « standard », Jean Yanne écrit *Mon cœur au Portugal*, qu'enregistre Line Renaud en 1957 après que Loulou Gasté lui a donné une musique : « Si j'ai laissé mon cœur au Portugal/Si j'ai changé le souvenir banal/Des autres cieux des autres séjours/Pour ne garder que cet amour [...] C'est que le vent/Un soir de carnaval/A emporté mon cœur au Portugal. » C'est un petit succès, la chanson passe à la radio. Jean Yanne s'entend si bien avec le compagnon et compositeur d'une des plus grandes stars françaises du moment que Loulou Gasté se porte caution du crédit quand le jeune homme achète sa première voiture – une Renault Dauphine.

Avec deux chansons remarquées pour Philippe Clay et une autre pour Line Renaud, il ne commence pas pour autant une florissante carrière de parolier. À son grand étonnement, son carnet de commandes ne se remplit pas. Il commençait une carrière dans la chanson. Il ne l'interrompt pas, mais il va se consacrer à d'autres manières de faire rire.

3. – Un second père

(des cabarets à Europe n° 1, 1955-1960)

Au sortir du service militaire, Jean Yanne dessine son personnage. Chez lui, la satire passe par l'absurde, par la fantaisie des situations décrites plus que par l'outrance du jeu ou l'hyperbole de la forme. Dans les cabarets où il se produit avec son guide-chant, on découvre dans ses introductions de chansons une veine anticléricale qui se fonde non sur l'attaque frontale mais sur une ironie d'autant plus cruelle qu'elle joue sur le dérisoire. Tout le monde retient le slogan « Le pape fait des bulles grâce à Persavon », dont Jean Yanne prétend s'indigner, ou sa phrase surréaliste : « Le pape n'est pas du tout ennemi des choses spirituelles ; c'est même son violon d'Ingres. »

Après presque une décennie de prospérité, les cabarets entrent en crise. La formule des longs spectacles de bric et de broc s'épuise, le public n'a plus la même appétence pour la chanson poétique et la satire, les boîtes à strip-tease sont d'un rapport beaucoup plus profitable pour leurs exploitants. Par exemple, un lieu comme l'Amiral, près de l'Étoile, port d'attache de Roger Pierre et Jean-Marc Thibault, a de plus en plus de difficultés financières. Fin 1957, Bob du Pac en reprend les rênes. Depuis plusieurs années, il se consacrait surtout à ses activités de parolier pour les variétés et avait abandonné le circuit des cabarets. Il décide de transformer l'Amiral en boîte de strip-tease.

La formule de la revue fédérant des talents devient incontournable pour espérer survivre, plutôt qu'une suite de numéros sans lien les uns avec les autres. De nouveaux lieux tiennent maintenant le sommet de la hiérarchie du spectacle noctambule. La Galerie 55 a ouvert au printemps 1956, créée par un des fondateurs de la première Écluse, René Legueltel. Constatant que la chanson qu'il aime est en train de mourir sous les coups de boutoir des maisons de disques et l'appât du gain des music-halls (il hait notamment Bruno Coquatrix et Georges Brassens), il installe un cabaret dans une galerie d'art qu'il possède rue de Seine. Très vite, la critique et le Tout-Paris des premières se précipitent à la Galerie 55. Le dessinateur Siné (lui-même ancien chanteur au sein des Garçons de la rue) y expose en permanence et, le soir, y projette ses dessins. Lancé par ses dessins-jeux de mots sur les chats, Siné est aussi un enragé de la politique et, avec la guerre d'Algérie, son coup de crayon est celui d'un artiste militant.

Si la chanteuse Colette Renard a fait ses débuts à la Galerie 55, le lieu s'est peu à peu spécialisé dans l'humour avec Francis Blanche, Pierre Doris, les Frères ennemis et, évidemment, Jean Yanne. Venu pour quelques chansons en s'accompagnant au guide-chant, il sympathise avec Siné. Ils ont la même façon de rire des militaires, des curés et des flics, mais avec la nuance que Siné rêve de révolution et d'un potentiel monde meilleur. Jean Yanne, lui, s'en fout. Ils vont néanmoins travailler ensemble à Montmartre.

Là-haut, en 1957, a ouvert Chez Plumeau. Le cabaret a été créé par Jean Méjean, un des maîtres de la nuit parisienne. Au fond d'un jardin surplombant Paris, il veut exporter l'esprit «rive gauche» vers la place du Tertre, notamment avec Léo Ferré. Il propose à Jean Yanne et Siné de monter une revue d'abord intitulée *J'y va-t-y j'y Vatican* puis *Ça fait des bulles*. Le dessinateur va projeter ses dessins avec une lanterne magique mais a aussi mis son grain de sel – ou plutôt de soufre – dans le texte vigoureusement anticlérical de Jean Yanne.

Les deux hommes se sont lancés dans un grand délire iconoclaste où les apparitions de la Vierge sont organisées à l'avance par une agence artistique dépendant du Vatican et où le pape est élu par les représentants syndicaux du clergé. Les décors de Siné mélangent imagerie industrielle et décorum catholique, la distribution compte Richard Marsan (qui abandonnera la scène pour devenir directeur artistique en maison de disques, notamment pour Léo Ferré), Caroline Cler, Fred Orbec et surtout Jacqueline Allard et Paul Mercey. Ce dernier va devenir un des complices les plus fidèles de Jean Yanne.

Citoyen suisse né en Yougoslavie, c'est un travailleur modeste du spectacle. Il apparaît dans des dizaines de films comme agent de police, brave barman ou quidam présentant ses condoléances à la veuve. Second rôle (et même souvent moins) au cinéma, second rôle au théâtre, second rôle au cabaret, Mercey a le même genre d'humour, à la ville, que Yanne sur scène. Entente immédiate.

Jean Yanne écrit ensuite *Les Trois Mousquetaires*, revue dont les Frères ennemis sont les premiers rôles. Eux aussi seront souvent à ses côtés dans le futur : Teddy Vrignault, le chevelu, et André Gaillard, le chauve, se sont associés dans les cabarets depuis 1953 et se sont fait une spécialité d'un délire verbal débité à toute allure. Le rôle de la reine est tenu successivement par Caroline Cler, Nicole Croisille et Jacqueline Allard.

Puis Jean Yanne déménage tout près de là pour jouer chez Attilio, au Pichet du Tertre, une parodie de roman noir, *Pas de sucettes pour les gros vilains*, montée avec Lawrence Riesner et Ginette Garcin. Outre les représentations parisiennes, le spectacle part en tournée en Suisse. Et pour *Les Blagueurs*, revue avec Pierre Doris et Richard Marsan présentée Chez ma Cousine, à deux pas de la place du Tertre, il partage encore l'affiche avec Jacqueline Allard.

Le couple que forment Jean Yanne et Jacqueline Allard est solide. Ils s'entendent bien dans leur quotidien amoureux, et tout aussi bien dans leur vie d'artistes de cabaret. Ils vivent ensemble aux Lilas, tout près d'André et Aimée. Quand il doit enchaîner les cabarets dans la soirée, elle l'attend au volant de la voiture. C'est aussi elle qui négocie les contrats, avec beaucoup plus de conviction et d'efficacité que lui. Mais elle continue à chanter. On la voit même à la télévision, en 1957, dans l'émission-concours de variétés « Sept villes une chanson » que signe Robert Beauvais.

Écrivain, journaliste, homme de radio et de télévision, celui-ci approche des cinquante ans et, depuis quelques années, il vit avec Ginette Garcin, qui a presque vingt ans de moins que lui. Jean Yanne et lui s'apprécient beaucoup. Le cadet a pardonné à son aîné une négligence coupable : alors qu'il n'avait pas vingt ans et se cherchait une voie, Jean Gouyé avait écrit à Robert Beauvais une lettre pleine d'admiration ainsi qu'une offre de services. Il est vrai que Beauvais avait alors un énorme succès, notamment avec son émission « French cancans », dans laquelle des chanteurs de variétés interprètent des parodies de leurs propres chansons écrites par des chansonniers à propos de l'actualité, ou « Silence… antenne », qui accueille les artistes-interprètes les plus délirants du début des années 1950 (dont le Régisseur Albert, alias Pierre Cour, auteur et interprète du *Tagala a popo les plumettes*, qui est le mont Everest de la chanson absurde).

Ayant l'un et l'autre quelque tendance à avoir le panier percé, Jean et Jacqueline pensent à acheter un petit bien. Ils vivent dans un confort raisonnable et sans charge d'enfant et, lorsque tombe une substantielle répartition de droits d'auteur de la Sacem, Yanne y voit l'occasion d'acheter une maison de campagne. Ils profitent d'une invitation de Jacques Canetti à Saint-Cyr-sur-Morin, près de La Ferté-sous-Jouarre, pour chercher dans la campagne champenoise aux alentours. À moins de quarante kilomètres de la maison du fondateur des Trois Baudets, ils dénichent une maison passablement délabrée, mais entourée d'un grand terrain et surtout à un prix très abordable.

Sa maison de Morsains deviendra sa marotte, son refuge et sa danseuse. Bricoleur, il s'attaque à la réfection de la bicoque avec son père et son oncle. Au rythme de travaux effectués le week-end et de loin en loin pendant les vacances, elle mettra quelques années à prendre sa forme définitive – un corps de ferme traditionnel en pierre du pays. Jean Yanne savoure aussi les plaisirs du jardinage, plantant peu à peu des arbres dans l'ancien champ qui entoure la maison. La mort du père de Jacqueline, obligeant sa famille à vendre un château dont il venait de faire l'acquisition, apporte à Morsains de beaux meubles et des tableaux qui décorent les pièces alors que l'humoriste, au départ, rêvait d'une maison aux murs nus.

Les deux artistes finissent par se marier, au bout de plusieurs années de vie commune, le 19 mars 1960, à la mairie des Lilas. Ginette Garcin est le témoin de Jacqueline Allard, et Philippe Clay celui de Jean Yanne.

* * *

Jean Yanne est toujours tenté par le cinéma. Il est figurant dans *Les Carnets du major Thompson*, de Preston Sturges, et semble avoir tourné dans d'autres films dont la mémoire s'est perdue.

En 1955, peu après qu'il a été libéré des obligations militaires, Alain Bernardin l'engage dans son Crazy Horse Saloon, dont les somptueuses danseuses dévêtues attirent principalement une clientèle de touristes. Il doit présenter des intermèdes entre les numéros de charme et prend un bide pendant quelques semaines avec un numéro de dressage de pastilles Valda.

Quelques années après cette brève expérience au Crazy Horse Saloon, il retrouve le strass et les plumes d'autruche quand Bruno Coquatrix lui propose de travailler sur la revue *Paris mes amours*, de Joséphine Baker, qui sera le plus grand événement de l'année 1959 à l'Olympia. La trame du spectacle est un récit de la vie et de la carrière de la star depuis *La Revue nègre* en 1925, et jusqu'à la Seconde Guerre mondiale et l'action de la chanteuse au service de la France libre.

La mise en scène a été confiée à l'homme de théâtre Michel de Ré. Les textes sont surtout la charge d'André Hornez, quinquagénaire aux solides états de service pour le music-hall classique, puisqu'il est par exemple le parolier de *Ça vaut mieux que d'attraper la scarlatine* de Ray Ventura et ses Collégiens, *Avec son tralala* de Suzy Delair, ou *C'est si bon* sur une musique d'Henri Crolla. Jean Yanne se voit confier des scènes de liaison entre les numéros chantés.

La star a cinquante-trois ans et accepte de ne plus porter le pagne de bananes qui fit sa légende dans *La Revue nègre* en 1925. Elle tient néanmoins à des tenues suggestives, comme le collant et le justaucorps noirs qui feront la superbe affiche du spectacle. Elle n'est pas particulièrement friande de comédie et, semble-t-il, refuse une bonne partie de ce que propose Jean Yanne.

Est-ce très grave? Après le Crazy Horse Saloon, il voit de l'intérieur la production d'un énorme spectacle de music-hall. Les costumes sont somptueux, Joséphine Baker descendant le grand escalier au final avec une spectaculaire aigrette de plumes blanches, un immense manteau de satin et de fourrure et des myriades de strass. La trentaine de danseurs et danseuses (dont la jeune Nicole Croisille, rencontrée à Montmartre) sont dirigés par Georges Reich, dont les ballets HO sont alors au sommet de leur gloire. La distribution comprend le grand *tap dancer* américain Harold Nicholas, le vieux routier de l'opérette et du music-hall Fernand Sardou... Le faste de la production est étourdissant, avec des quintaux de paillettes – jusque sur le micro de Joséphine Baker –, des régiments de danseurs et quelques belles poitrines nues… Beaucoup de ce qu'il apprend sur *Paris mes amours* se retrouvera plus tard dans les numéros de music-hall sur *Chobizenesse.*

Le spectacle est un événement : la télévision et les actualités cinématographiques viennent filmer les répétitions, la première du 27 mai 1959 voit se presser Jean Marais, Renata Tebaldi, Charles Trenet, Zizi Jeanmaire, Gloria Lasso, Paul Meurisse, Jean Sablon, Jacqueline Joubert, Marcel Amont… *Standing ovation. Paris mes amours* sera joué deux cent cinquante fois à guichets fermés, jusqu'en janvier 1960. Cela représente une jolie somme pour le *lyricist* Jean Yanne, même si Bruno Coquatrix « oublie » de lui payer ses droits sur les représentations du spectacle à l'étranger.

* * *

En 1959, à vingt-six ans, Jean Yanne fait une rencontre décisive : Robert Beauvais lui présente Gérard Sire. Cet homme sera non seulement un employeur, mais aussi le guide et le mentor de l'humoriste. C'est par lui qu'il va entrer à la radio, c'est avec lui qu'il tentera l'aventure du cinéma, c'est de lui qu'il sera professionnellement orphelin lorsqu'il tentera de relancer sa carrière après un incident de parcours. Pendant presque vingt ans, Gérard Sire sera au centre de la vie de Jean Yanne.

« La radio est une drogue dont je ne peux pas me passer : dans la vie, je ne dis jamais rien. C'est ma façon à moi de me défouler. » C'est ainsi que, dans une de ses dernières interviews, peu avant sa mort prématurée en 1977, Gérard Sire résume le principal paradoxe de son existence. Cet homme parle peu, et toujours à bon escient. Carré, le sourcil épais, il compte parmi les Français de cette époque que l'on ne voit jamais sans une cigarette allumée. Il est entré à la Radiodiffusion française à dix-huit ans, à un moment où celle-ci est à la fois audacieuse et protégée. Il se présente à Jean Thévenot, secrétaire général de la radio et pionnier d'un média moderne, avec un projet singulier : demander à diverses personnalités des arts, de la culture et de la société civile comment elles imaginent le monde tel qu'il sera dans trente ans. Le sujet est un peu glissant en un temps où le monde bascule dans la terreur nucléaire et où les prophéties communistes annoncent la fin toute proche du capitalisme et de la société bourgeoise… On lui refuse son émission de prospective et d'imagination, mais on lui met le pied à l'étrier en lui demandant une adaptation radiophonique de *Lumière d'août*, de William Faulkner. Le Club d'essai – l'ancêtre de France Culture – lui confie dès lors l'écriture de « dramatiques » pour la radio : d'autres adaptations littéraires puis ses propres créations.

C'est un esprit disponible qui aime inventer face à la contrainte ou face à l'urgence. Dès 1946, entre 7 et 9 heures du matin, il présente « La vie qui va », réinventant ce que l'on appelle alors une « émission de disques » selon une formule appelée à devenir plus que classique : musique et petites remarques sur l'air du temps. Gérard Sire a dix-neuf ans et la direction de la Radiodiffusion française reçoit ses premières lettres de protestation d'auditeurs : de sa chaude voix un peu désinvolte, le jeune homme se permet quelques fantaisies et persiflages…

Gérard Sire ne quittera plus ni le stylo ni la radio. Mais il a aussi un « vrai » métier : enfant de Méridionaux « montés » à Paris, il s'oriente vers la fonction publique. Après sa licence en droit, il passe par l'École nationale des impôts. Devenu « polyvalent », il rencontre un certain Pierre Le Royer. Les deux jeunes gens sympathisent et partagent leurs rêves d'art, de culture, de littérature – Gérard en prose, Pierre en vers. Après avoir brièvement été chanteur en duo avec son beau-frère, le futur compositeur Frank Gérald, Pierre commence à placer des chansons dès 1948 sous le nom de Pierre Delanoë. Il deviendra un des plus prolifiques auteurs de tubes du XXe siècle, notamment pour Gilbert Bécaud, Michel Sardou, Joe Dassin, Michel Polnareff, Gérard Lenorman…

Mais, comme Gérard Sire, il prend son temps avant de sauter le pas. Ces deux boulimiques de travail et de création vont toujours souffrir d'une curieuse peur du lendemain. Ils n'imaginent pas un instant qu'ils pourraient cesser un seul jour d'écrire et courent toujours d'une activité à l'autre. C'est ensemble, en s'encourageant et en se rassurant l'un l'autre, que Pierre Delanoë et Gérard Sire se mettent en disponibilité de la fonction publique en 1955. Si le premier conservera toujours son pseudonyme, le second reprend son nom d'état civil après avoir signé beaucoup de ses créations sous le nom de Louis Fine.

Gérard Sire écrira jusqu'à sa mort, atteignant le chiffre incroyable de cinq mille émissions de sa plume : des centaines de contes, des feuilletons de tous les styles, des émissions documentaires… Il signera aussi des feuilletons pour la télévision (*Un taxi dans les nuages*, *Château Espérance*, *La Famille Cigale*, *Les Hommes de Rose*, *Le Vérificateur…*) et des scénarios pour le cinéma (*Comme un pot de fraises*, de Jean Aurel, avec Jean-Claude Brialy, outre cinq films de Jean Yanne), produira des émissions de variétés et construira des dizaines de « spéciales »…

Quand il rencontre Jean Yanne, il a créé Pilote Productions, dont la diversité d'activités correspond bien à son tempérament. Un peu par hasard, il a commencé à tourner des documentaires pour des entreprises industrielles. Devant envoyer une équipe tourner sur un site protégé de l'armée, il découvre au dernier moment qu'il ne dispose que d'un seul laissez-passer. Qu'à cela ne tienne : il prend lui-même la caméra. Il est aussi fournisseur des Scopitone, ces appareils à sous installés dans les lieux publics et qui diffusent de petits films musicaux qui, parfois, dépassent la seule mise en images d'une chanson. Pilote Productions filme ainsi Sheila, Henri Salvador, Charles Aznavour et nombre de vedettes instantanées des années yé-yé. Parmi les jeunes réalisateurs qui tournent à la chaîne ces films dont ils n'imaginent pas qu'ils passeront à la postérité, un certain Claude Lelouch…

Surtout – et c'est pourquoi il engage Jean Yanne –, Gérard Sire profite d'un système qui existe pour quelques années encore à la radio avant de devenir une inépuisable source de polémiques dans l'univers de la télévision : il produit pour les stations des émissions prêtes à diffuser. Son principal client est Europe n° 1.

La station a été créée le 7 janvier 1955. Son ambition est de faire pièce à Radio-Luxembourg, qui, réalisée en France pour des auditeurs français, est pourtant une radio « étrangère » puisque ses émetteurs sont au grand-duché. Dès le départ, Europe n° 1 (qui ne deviendra Europe 1 qu'en 1974) vise à rajeunir le public de la radio par l'information, la musique et l'animation. L'information a un ton nouveau, moins officiel et cérémonieux, et utilise tous les nouveaux outils, à commencer par le Nagra, qui permet de multiplier les reportages et les sons pris sur le vif. Lucien Morisse a la haute main sur la musique : il invente le « matraquage », qui consiste à passer la même chanson plusieurs fois par jour, et promeut de nouvelles vedettes, au premier rang desquelles Dalida, qu'il finira par épouser. La cible est, au départ, le public des moins de cinquante ans. Puis, très vite, l'équipe dirigeante perçoit que viser les moins de trente ans est beaucoup plus profitable, notamment en termes de publicité. Dans le monde des médias, on dit couramment que quand un Français meurt, c'est un auditeur de moins pour Radio-Luxembourg et que, quand un Français naît, c'est un auditeur de plus pour Europe n° 1.

Le ton de l'animation a aussi beaucoup changé avec Europe n° 1. On n'entend plus les longs textes ampoulés qui introduisent chaque émission sur la radio nationale ou sur Radio-Luxembourg, les billets pleins de mépris pour la modernité et la jeunesse, la célébration du sabot-dondaine et de tous les âges d'or possibles et imaginables… L'ambition est d'avoir une radio passionnée, moderne, qui ressemble à la vie quotidienne des Français – l'usage du subjonctif dût-il en souffrir.

Pilote Productions livre donc à Europe n° 1 des émissions de flux. Et, pour cela, il lui faut des plumes et des voix. Son équipe est un phalanstère. Mais un phalanstère de déconneurs. Si l'on se souvient surtout aujourd'hui des centaines de sketchs et de chansons drôles écrites par le patron de Pilote Productions et ses éléments les plus célèbres, Jean Yanne et Jacques Martin, il ne faut pas oublier l'énorme production « sérieuse » de ces auteurs : chroniqucs dc la vic dcs animaux, petites nouvelles remarquables de l'actualité, faits divers étonnants, anecdotes historiques racontées aux enfants… Sirc appliquc aux émissions documentaires et au comique les mêmes méthodes : le flair d'isoler l'élément intéressant, l'efficacité de l'écriture et surtout une absence absolue de vanité d'auteur. Son intention est toujours tendue vers un but unique, qui est de proposer à l'auditeur un instant de détente. Et il est prêt à accepter toute proposition qui améliorera le texte et le rapprochera de son objectif.

L'esprit Gérard Sire devient l'esprit Pilote Productions, puis plus tard une composante majeure de l'esprit des émissions de Jean Yanne : un flux tendu de créations diverses, une stimulation collective, la conscience d'un travail éphémère, le souci constant du divertissement. Pierre Vassiliu, qui a vingt-trois ans en 1960, compte parmi les jeunes recrues de Gérard Sire, qu'il considère volontiers comme son « deuxième père ». Il nous a raconté l'ambiance du groupe : « J'avais été un enfant balloté à droite et à gauche à cause du divorce de mes parents et j'étais arrivé dans cette bande très bienveillante. Quand on travaille avec Gérard Sire, et que ce soit Jean Yanne, Remo Forlani ou plus tard Jacques Martin, l'un commence une phrase, l'autre la continue et le troisième la termine. Sire lance toute l'équipe et ça improvise, ça revient en arrière, ça a l'air de partir n'importe où mais il ne perd jamais le fil. Il est capable d'écrire un sketch en une demi-heure ; puis il distribue les pages et tout le monde entre en studio juste à temps pour l'émission. La production est énorme et tout a l'air de sortir sans le moindre effort. De temps en temps, j'en sors une et on me félicite chaudement. »

Pour Claude Lelouch également, qui n'a pourtant que dix ans de moins que lui, « Gérard Sire a été notre papa à tous. Je garde de cet homme un souvenir ému parce que c'est la première personne à comprendre que j'ai quelque chose à dire dans le cinéma. Il me commande des Scopitone et il est enthousiasmé par ma façon de filmer. C'est sa manière d'être : il vous parle comme si vous étiez un génie, comme si l'idée que vous avez est la meilleure idée du siècle – en plus, c'est lui qui l'a eue. Cela en fait une locomotive qui tire tout le monde. On ne peut pas lui dire "non", même quand il propose une connerie, même si l'on n'y croit pas. Quand il vous parle, il vous dit que vous êtes le plus grand de votre spécialité et que votre talent va changer l'histoire du monde. Il le dit à tout le monde et tout le monde y croit. C'est un vrai coach, un fédérateur de talents ».

La méthode de travail de Gérard Sire est éruptive. Vingt fois par jour, il commence une phrase par « J'ai une idée géniale... » et il faut la mettre en œuvre. Tous ceux qui travaillent avec lui ont souvenir de coups de téléphone en pleine nuit ou à l'aube du dimanche pour exposer un projet qu'il faut concrétiser toutes affaires cessantes. C'est d'ailleurs pour cela que, dans les bureaux de la rue des Petits-Champs, sont installés à demeure deux ingénieurs du son.

Comme Pilote Productions réalise aussi des films publicitaires, Claude Lelouch est également mis à contribution selon la technique Gérard Sire, comme il nous l'a raconté : « Il m'appelle la veille au soir pour me dire "Demain, on a rendez-vous à 9 heures à telle adresse, c'est pour une pub de lessive". Dans l'ascenseur en montant au rendez-vous, il me dit : “On voit la direction de Paic. Tu leur proposes un scénario marrant.”

— Mais Gérard, je n’ai rien préparé, tu aurais pu me prévenir.

— J’ai oublié.

« Et quand on se trouve devant l’état-major de Paic, Gérard Sire dit avec un flegme impeccable : “Claude a eu une idée géniale et je suis ravi qu’il vous l’explique.” Alors j’improvise en regardant la tête que font les mecs. S’ils sourient, je continue ; sinon, je change de direction. En sortant, Gérard me tape dans la main en disant “On les a eus !” En fait, il est un peu notre parrain : il a une vision, on est obligés de le suivre. Mais on sait qu’en cas de pépin il sera là. »

Dans les bureaux de Pilote Productions travaillent une dizaine de personnes sans compter les pigistes, les pique-assiette, les impétrants qui ne seront pas retenus et les copains comme Jacques Brel. Le comptable ajoute à la couleur locale en harcelant sans cesse Gérard Sire pour qu’il trouve de l’argent frais pour faire face aux échéances. La production de toute l’équipe porte toujours la marque plus ou moins profonde de Sire. Claude Lelouch se souvient : « Il écrit toute la journée. Il aurait pu écrire un livre extraordinaire s’il y avait consacré un an de sa vie. Mais il écrit cinquante livres par jour et des idées fabuleuses partent dans des feuilletons de merde. »

Quant à la reconnaissance littéraire et au respect des critiques, ce polygraphe forcené (et père de famille nombreuse) dira sa vérité intime quelques mois avant sa mort : « La grande littérature demande d’avoir une fortune personnelle. Moi, j’ai sept personnes à nourrir. » On est loin de la fierté d’écrivain…

Tous les créateurs passés par Pilote Productions ont en commun d’être hautement productifs. Claude Lelouch le confirme : « Nous étions des hommes d’action. Nous n’étions pas des intellectuels. Il fallait *faire*. C’est pour ça aussi que quelqu’un de plutôt prudent comme Jean Yanne admire profondément Gérard Sire : avec lui, tout est rapide. Il est capable d’écrire vingt minutes de radio en cinq minutes. Il travaille souvent en bouche-trou pour Europe nº 1 et le talent qu’il y met fascine tous ceux qui travaillent avec lui. Ce n’est pas un hasard si tous les deux appelleront leur émission « Les bouche-trous ». Gérard est ravi de travailler avec Jean, qui le fait beaucoup rire. Mais s’il fait des déclarations d’amour à Jean,

Jean ne lui en fait pas – je ne l'ai jamais entendu lui dire un mot gentil, même si c'est l'homme qu'il admire le plus au monde. »

Avant d'avoir son émission sur Europe nº 1, Jean Yanne est déjà à l'antenne. Pilote Productions doit en effet fournir chaque jour des émissions de divertissement plus ou moins léger et une demi-douzaine de feuilletons de dix minutes. Un coursier vient prendre livraison des bobinos qui, souvent, arrivent à la régie de la rue François-Ier quelques instants avant la diffusion.

Car la radio est encore le premier divertissement des Français et, à la maison, à l'atelier ou au bureau, des millions d'auditeurs ne ratent pas des feuilletons qui sont, aussi, de grosses sources de revenus pour les radios périphériques. Le feuilleton policier *Ça va bouillir* avec Zappy Max sur Radio-Luxembourg est truffé de publicités pour la lessive Sunil, le feuilleton *Du beau, du bon, du bonheur* est parrainé par l'apéritif Dubonnet (tout comme *Le Jeu du bonnet*), *L'Homme à la voiture rouge* est patronné par Esso. Les stylos à bille Bic patronnent sur Europe nº 1 le jeu *Bic et Bic et colegram* et un feuilleton, *Les Aventures de Dick Lapointe* – puisque à l'époque on parle couramment de *pointe* Bic. Pendant plusieurs saisons, le coureur automobile héros du feuilleton sera incarné par Sacha Distel, entouré par Jean Yanne, Gérard Sire, Jacques Martin, Pierre Vassiliu et divers copains de Pilote Productions appelés au micro selon les péripéties.

Les programmes sérieux réalisés par Pilote Productions sont de tous ordres et Jean Yanne reprend la posture du journaliste pour de longs reportages sur les secrets d'un métier, ce qui lui donne l'occasion de promener son micro derrière les cages du zoo de Vincennes mais aussi dans les coulisses du Crazy Horse Saloon... qu'il connaît bien. Il travaille également à une éphémère émission de la RTF, « L'Europe baroque », pour laquelle Alexandre Vialatte – romancier, premier traducteur de Kafka et plus singulier talent de la presse avec ses chroniques dans *La Montagne* – rédige un horoscope, tandis que Guillaume Hanoteau, Michel de Ré ou Jean Poiret viennent présenter des textes plus ou moins loufoques.

Au cabaret, Jean Yanne avait appris à écrire vite. Chez Pilote Productions, il apprend à écrire beaucoup. La production est d'un volume ahurissant et il reconnaîtra volontiers que tout n'est pas d'un niveau dont il doit être fier. Mais c'est un flot constant : pour

Les Aventures de Dick Lapointe, il écrira neuf cents parodies de chansons interprétées par toutes les vedettes du moment, que Sacha chantera tous les soirs. L'humoriste qui créait au hasard des propositions devient un boulimique de création et un bourreau de travail. Ce qui est souvent la pente qu'empruntent les vrais paresseux.

4. – « C'est pas un flic qui va faire la loi »

(de la Galerie 55 à Europe n° 1, 1961-1963)

À l'aube des années 1960, la Galerie 55 est devenue l'endroit où l'on rit le mieux à Paris. Ce n'est pas seulement parce que la programmation est magnifique, mais aussi parce que le maître des lieux, René Legueltel, se comporte en imprésario de tous les artistes qui passent chez lui. Il s'est installé une chaise longue dans la coulisse et il n'a pas besoin de voir le public pendant la représentation : il l'entend, il le sent, il le devine. Il a toujours un commentaire à faire aux artistes qui sortent de scène et, souvent, les prend par le bras pour de longues conversations sur le trottoir de la rue de Seine. Quelques-uns se sentent un peu encombrés par ses velléités d'auteur, mais, dans l'ensemble, il est de bon conseil. Sa doctrine générale est que, si le public a toujours raison, il faut quand même le tenir par la main pour l'emmener là où l'on veut. Et il pense que, pour cela, deux comédiens valent mieux qu'un seul.

Si des duos comiques comme celui de Roger Pierre et Jean-Marc Thibault, de Michel Serrault et Jean Poiret ou des Frères ennemis sont alors déjà florissants, il suscite des rencontres et des collaborations sporadiques. Ainsi, les spectacles de la Galerie 55 sont constitués à la fois de numéros joués ou jouables ailleurs, mais aussi de rencontres inédites, puisque Legueltel accueille dans son cabaret beaucoup de comédiens qui, après avoir joué au théâtre, viennent présenter quelques sketchs « pour payer le lait Guigoz », selon l'expression de Philippe Noiret.

En 1961, alors que son stylo fonctionne à plein régime pour Pilote Productions, Jean Yanne s'installe à la Galerie 55. À l'affiche, il côtoie Jacques Dufilho (qui a enregistré là, en 1959, un mémorable disque en public avec notamment *La Visite du château*), qui présente certains sketchs avec Hubert Deschamps, les débutants Victor Lanoux et Pierre Richard, les Frères ennemis, Philippe Noiret et Jean-Pierre Darras qui, en perruque XVIIIe, incarnent Louis XIV et Racine pour mieux viser le général de Gaulle et son ministre de la Culture, André Malraux…

Jean Yanne n'a plus son guide-chant et présente une partie de son imposante production sur la petite scène. Il y a évidemment des textes nés uniquement pour la scène, mais aussi des idées dont Gérard Sire ou lui-même pressentent qu'elles ne sont pas utilisables telles quelles à l'antenne d'Europe n° 1 ou de la RTF.

Pour son grand plaisir, la Galerie 55 lui offre pléthore de partenaires. Il va ainsi jouer avec Jean-Pierre Marielle un sketch mettant en scène un brocanteur maladroit qui casse tout ce qu'il touche dans sa boutique, à la grande gêne d'un client qui cherche un cadeau pour sa femme. Des années plus tard, ce sketch sera remployé par Jean Yanne dans un « Sacha Show » avec Sacha Distel et Sophie Desmarets dans le rôle de l'antiquaire.

Il joue avec André Gaillard des Frères ennemis, avec André Gille, mais aussi avec ses deux copains Paul Mercey et Lawrence Riesner. C'est avec eux et à la Galerie 55 qu'au début des années 1960 il crée ses sketchs les plus célèbres, qui deviendront ensuite des classiques télévisuels et radiophoniques. Parmi ces trois grands succès, deux se fondent sur le décalage entre des personnages et leur dialogue.

Dans *Les Routiers*, Jean Yanne et Paul Mercey sont deux camionneurs dans la cabine de leur poids lourd en pleine nuit. Ils pestent contre les scooters ou contre les phares qu'un automobiliste ne baisse pas, tout en commentant le programme « Route de nuit » à la radio. Quand passe du Bach, Mercey dit « Qui c'est qui joue là ? C'est François Chombier, ça, hein ? » Yanne s'esclaffe : « T'as vraiment pas de feuille ! François Chombier ! Mais tu reconnais pas l'attaque ? C'est Adrienne Flombart. Chombier, il est plus délié dans les aigus. » Les deux camionneurs échangent des propos de connaisseurs de la musique classique avant que Yanne ne commence à lire du Péguy. Alors Mercey se met à pleurer d'émotion. Le sketch sera tourné en 1964 pour l'émission « 1 = 3 » et, depuis, régulièrement rediffusé. Il sera aussi cité dans *Voyage au centre de la c...ulture*, seconde bande dessinée de Jean Yanne et Tito Topin.

Avec Lawrence Riesner, Jean Yanne va créer *Le Permis de conduire*. Il profite du timbre singulier de son partenaire, qui sait donner à sa voix les accents à la fois solennels et candides des speakers radiophoniques d'avant-guerre, ce qui l'a notamment rendu familier aux auditeurs de *Signé Furax*, le feuilleton de Pierre Dac et Francis Blanche dans lequel il incarne de multiples personnages officiels et hiérarques du Conseil supérieur des Barbus. Riesner est un examinateur du permis de conduire qui va se trouver face à un candidat particulièrement rogue. Quand il lui demande ce qu'il fait si sa voiture ne démarre pas, celui-ci explique qu'il massacre le moteur à coups de clé à molette « parce que je ne suis pas du genre à me laisser emmerder par un tas de ferraille ». Si un policier lui fait signe de s'arrêter : « Je passe ! Et puis je me débrouille pour l'attraper avec mon aile gauche et j'y roule sur le buffet et, au passage, j'ouvre ma portière et j'y balance un bon coup de latte dans la gueule, par la même occasion. Parce que ce n'est pas un flic qui va faire la loi, non ! » Créé semble-t-il dès 1962 ou 1963, le sketch n'est joué à la télévision et enregistré en disque qu'en 1966, sur un 45 tours Barclay, avec en face B *La Circulation*.

Comme un prélude au festival d'anachronismes du film *Deux heures moins le quart avant Jésus-Christ*, ce sketch créé en 1962 transpose en latin de cuisine un accrochage entre deux chars romains. Jean Yanne est Messala, Paul Mercey est

Bébert. – Tu connais Tutur ?
Frédo. – Je vois pas, non.
– Tutur ! Le grand rouquin, qui fait Paris-Strasbourg avec son onze-tonnes !
– Ah ouais, ça y est, je vois...
– Dans un routier, j'y avais réparé son démarreur, eh ben pour me remercier, il m'a filé tout Péguy.
– Ben il s'est pas foutu de toi, hein !
– T'as raison, douze volumes. Qu'est-ce que je me régale !
– Dis donc, Bébert, tu serais chouette, tu sais ce que c'est que tu ferais ?
– Non.
– Tu m'en lirais un peu tout haut.
– Ben si tu veux. « Je suis la servante du Seigneur », dit Jeanne la Pucelle. « Je suis fidèle comme le roseau caressé par les vents. Je suis un ciboire dressé vers le royaume des ombres. »
Bébert (Jean Yanne) et Frédo (Paul Mercey) dans *Les Routiers*.

L'examinateur. – Bon maintenant, vous êtes sur une route départementale...
Le candidat. – Ah, ça m'étonnerait, alors !
– Qu'est-ce que vous dites ?
– Je dis ça m'étonnerait que je sois sur une route départementale. J'y vais jamais, sur les routes départementales, c'est plein de boue et ça sent mauvais.
– Oui, j'entends bien, monsieur, mais c'est une supposition, vous êtes sur une route départementale...
– Non, je suis pas sur une route départementale, je viens de vous dire que j'y mettais jamais les pieds sur les routes départementales. Je hais les routes départementales. Les routes départementales, rien que de m'en causer, ça me donne envie d'envoyer des mandales dans la tronche à tout ce qui remue.
– Mais... Mais en admettant...
– Aaaah ! Je vais me le farcir ! Ah, je vais être obligé de me le farcir, le petit asticot !
L'examinateur (Lawrence Riesner) et le candidat (Jean Yanne) dans *Le Permis de conduire*.

Ben Hur et Lawrence Riesner est l'agent de la circulation appelé à régler le litige – le *flicum*, en « latin ». Le texte s'amuse évidemment des anachronismes dans les situations mais aussi dans la langue, Jean Yanne ayant directement transformé des expressions argotiques en faux latin : « Non mais des fouam, otonare tuam permissionem de conduirare per pistonem, ou dans unim pochetum surprisum ! »

Autrement, c'est une situation qui survient des centaines de fois chaque jour dans les rues françaises : deux automobilistes s'enguirlandent dans un embouteillage et le policier qui intervient verbalise celui qui se prétendait victime dans l'incident. Tournée pour le premier « Sacha show », fin 1963, la scène sera également un classique de la télévision régulièrement rediffusé.

Flicum. - Eh là ! Eh là ! Quand discutionnem ? Qued se pasetiloum ?
Ben Hur. - Agentus temoinem : imbecilum enfoncem parechocum !
Messala. - Ah... Conduisus comme un mancheum !
Ben Hur. - Faisoum exprem !
Messala. - Mais boucham la rue avec son gros ventrum !
– Attentionem, repetum...
– Gros ventrum !
– Repetum !
– Gros ventrum !
– Approcham ! Arracham les oreillus !
– Eh ben essayam !
Flicoum. - Oh, oh, calmous !
Messala. - Obsedum sexualis !
Ben Hur. - Injuriam !
Flicoum. - Selienceum ! Reculare. Constatem degatum.
Flicum (Lawrence Riesner), Ben Hur (Paul Mercey) et Messala (Jean Yanne) dans *La Circulation*.

Ces sketchs créés pour la scène à la Galerie 55 constituent à la fois le legs le plus important du Jean Yanne des cabarets et son chant du cygne. Il va déserter cet univers au profit de la radio, notamment, mais il sera, auparavant, l'artificier des derniers feux des Trois Baudets. Car, épuisé par des années de surchauffe professionnelle, sentant venir la fin d'une époque chez Philips, atteint par les morts de Boris Vian et d'Odette Pilloix, sa plus proche collaboratrice aux Trois Baudets, Jacques Canetti abandonne la direction de son cabaret à Jean Méjean. Celui-ci se souvient des plus belles années de Chez Plumeau et demande à Jean Yanne de prendre la tête d'affiche des Trois Baudets. La première de la revue *Cinq colonnes à la cinq* a lieu en octobre 1962. C'est une reprise augmentée et modifiée de *Ça fait des bulles* avec Paul Mercey, Lawrence Riesner, Jacqueline Allard, les Frères ennemis, Nicole Croisille, Caroline Cler, Pierre Perret... Mais la salle n'est plus aussi pleine.

* * *

À l'aube des années 1960, les années d'apprentissage et de débrouille sont terminées. Jean Yanne est un professionnel du rire qui, peu à peu, dit adieu à quelques-uns des terrains de jeu qu'il a fréquentés les dernières années. Sa dernière chanson de mercenaire des variétés, *Au grand bal de l'amour*, paraît en 1961 dans deux versions, par Annie Cordy et par Yvette Giraud. Si seule la première est encore commercialisée aujourd'hui, c'est la seconde qui est la meilleure affaire pour le parolier Jean Yanne, notamment à cause de la renommée de Giraud au Japon. La chanson est une commande, puisqu'il pose sur un succès allemand, *Sie war nicht älter als 18 Jahr'*, des paroles ivres de bonheur : « Tout chantait/Pour moi tout dansait/L'amour m'avait fait dire oui/Tout tournait le ciel éclatait/Le printemps m'avait éblouie. » Au refrain : « Au grand bal/Au cortège de carnaval/Où ton cœur/Faisait danser mon cœur. »

Ses autres incursions dans la chanson sont toutes loin de l'inspiration de *La Gamberge* et *Du pain aux oiseaux*. La plupart de ses disques du début des années 1960 sont des coups, qui parfois ratent leur cible. Ainsi, alors que Bob Azzam fait un énorme succès avec *Mustapha*, Jean Yanne participe à une des multiples opérations opportunistes qui se greffent sur l'engouement du public français pour cette chanson d'étudiants du Caire, mêlant arabe, français, italien, espagnol, anglais et hébreu. Aussi curieux que cela puisse paraître aujourd'hui, la gloire de *Mustapha* et de ses improbables paroles (« Chérie je t'aime, chérie je t'adore, *como la salsa de pomodoro* ») n'est pas pour commencer celle d'un gros tube populaire, mais d'une chanson que, plus tard, l'on dirait « branchée ». Le musicien libanais Bob Azzam et son producteur Eddie Barclay visent et touchent d'abord le public élégant buvant du whisky dans des boîtes de nuit cosmopolites sur la Riviera.

Or, malgré l'enlisement de la guerre d'Algérie, *Mustapha* est un succès dès sa sortie, en décembre 1959. Très vite se multiplient les versions de chanteurs plus ou moins fantaisistes (Dario Moreno, Henri Génès…) et d'orchestres de danse (Jacques Hélian, Georges Jouvin, André Verchuren…). Au printemps 1960, un énigmatique 45 tours d'Aladin et ses Joyeux Lampistes paraît chez Fontana. Tout petit budget mais, dans ce monde des variétés de grande consommation, on sait combien une plaisanterie réussie peut rapporter.

La version de *Mustapha* jouée par Aladin et ses Joyeux Lampistes est un instrumental sur lequel on entend une interview dévoilant la vérité sur la chanson. Les paroles ont été remplacées par « Alouette, gentille alouette, je te plumerai le dos» et Jean Yanne explique avec une sorte d'accent oriental qu'il s'agit d'un refrain chanté en allant chercher de l'eau (on a soif parce que «le plat national chez nous au Japon, c'est le hareng saur avec la purée de marrons»), corvée qui risque de changer parce que les Américains fournissent maintenant de l'eau déshydratée («Il suffit d'ajouter un petit peu d'eau pour avoir beaucoup d'eau»). Jean Yanne apparaît en Aladin avec de grosses lunettes noires à la Oum Kalsoum dans l'émission «Discorama» du 3 juin 1960, mais cela ne suffit pas à faire décoller les ventes. Notons au passage que jamais sa participation à Aladin et ses Joyeux Lampistes n'avait été rappelée jusqu'à présent.

Plusieurs indices incitent à penser que le vrai Aladin est le chef d'orchestre et compositeur Norman Maine, parodiste musical aux multiples pseudonymes (il signera notamment *Maine Kampf*). Et, en août 1960, Jean Yanne apparaît sur le 45 tours *Allô Brigitte ? Ne coupez pas !*, qui paraît chez Barclay avec la mention de Norman Maine. Sur un vague air de cha-cha-cha, un téléphone sonne et des voix d'hommes successives demandent à parler à Brigitte. Jean Yanne répond, de plus en plus excédé, qu'il n'y a pas de Brigitte à ce numéro, jusqu'à hurler «Brigitte elle est morte!» Quand le téléphone sonne une dernière fois, une voix de femme demande : «Allô, c'est Brigitte, il n'y a pas de message pour moi?» Il va faire la promotion de la chanson au moins une fois à la télévision à l'automne 1960, en tricot de corps : il répond au téléphone en découpant, collant et posant à toute allure du papier peint et finit à bout de nerfs, torse nu, de la colle à tapisserie sur la figure…

Dans un autre titre du même 45 tours, *Scotch cha cha*, il est le maître d'hôtel d'un restaurant et mène un dialogue paresseusement absurde avec Henri Salvador. Sur les deux autres titres de l'EP, on entend parler la délicieuse Gillian Hills et Henri Salvador. Guère de succès non plus…

Jean Yanne apparaît sous un autre alias pour son 45 tours suivant. Il est devenu Honzlagur Pompernickel et sa Dame pour enregistrer *Suivez le veuf* et trois autres titres. Pour ce disque chez Fontana, il s'est associé avec Gérard La Viny, efficace inventeur d'airs à danser consommés des deux côtés de l'océan qui sépare la Guadeloupe de sa métropole. Venu à Paris faire Sciences-Po, il y est devenu musicien professionnel. Il a popularisé en France des airs tropicaux comme *Ban mwen on ti bo* et écrit des chansons de fête écervelée comme *Bois un coup et va au lit* sur un texte de Boris Vian ou *Sans chemise sans pantalon*. Évidemment, rien ne prévient Jean Yanne que Gérard La Viny, quelques lustres plus tard, composera coup sur coup *Bienvenue président* en l'honneur de Valéry Giscard d'Estaing et *C'est le président qu'il nous faut* pour Omar Bongo.

La pochette du disque proclame qu'il s'agit du « disque le plus triste de l'année ». La chanson *Suivez le veuf* est construite sur quelques calembours : « Y a deux jours qu'la défunte/Doucement s'est éteinte/Elle est dans la tombe et ne reviendra plus/Le veuf a dû faire une croix d'ssus/Pour cet anniversaire/Le veuf se tape des bières/Depuis que sa femme a rejoint les ténèbres/Le veuf fait la bombe funèbre. »

Les trois autres chansons du 45 tours ne sont guère des prodiges. *Si tu n'en veux pas* est une chanson-gag dans laquelle une voix de femme (qui pourrait bien être celle de Jacqueline Allard) hésite devant un objet en parlant de sa longueur et de ses poils. Puis elle dit « non » et Jean Yanne explose : « Alors c'est la dernière fois que je t'emmène chez le fourreur. » Dans *Psychose*, il brode sur les effets que produit sur les nuits et le sommeil des spectateurs la vision du film *Psychose*, d'Alfred Hitchcock. Dans *Allô Sacha*, il délire au téléphone sur les promesses d'une soirée avec Sacha et de très belles filles faciles, mais sans entendre les indications de son interlocuteur sur l'endroit où ils doivent se retrouver.

Une seule des quatre chansons d'Honzlagur Pompernickel est soumise à l'appréciation du comité d'écoute émanant de la Commission des variétés. Cet organisme très officiel veille à la qualité artistique comme à la haute tenue morale – voire politique – des disques diffusés sur les antennes de la radio nationale. La traduction des décisions négatives – et souveraines – du comité d'écoute est l'apposition d'un petit cachet rond et violet sur la pochette du disque, sur l'étiquette ronde du vinyle et sur les fiches cartonnées lui correspondant dans les classeurs de la discothèque de la RTF. Le cachet est toujours accompagné de la date de la décision d'interdiction et – souvent – d'une précision d'importance : « Ne pas diffuser avant 22 heures. » Ces chansons-là sont celles que l'on réserve au « public averti », aux heures où les enfants sont censés dormir.

La censure telle qu'elle est organisée à la radio nationale française a deux particularités peu connues. D'abord, il ne s'agit pas seulement de chasser les contenus politiquement subversifs ou l'immoralité, mais aussi la mauvaise musique. Des dizaines de chansons sont tout simplement bannies parce que mal écrites, mal enregistrées, mal chantées. Et le cachet est de la même couleur que pour *Le Gorille*, de Georges Brassens... Ensuite, la censure n'est pas exercée par des fonctionnaires, mais par des artistes. Parmi les quinze membres du Comité des variétés de la RTF, on compte seulement trois salariés de la radio pour douze « personnalités qualifiées ». Et, en 1961, ce ne sont pas des petits calibres : le président du comité est le chansonnier et acteur Paul Coline, son vice-président est le dramaturge Louis Ducreux. Autour d'eux, Germaine Montero, immense interprète des chansons de Pierre Mac Orlan ou Léo Ferré, Agnès Capri, qui a inventé le cabaret « rive gauche », l'arrangeur André Popp, le compositeur des Branquignols Gérard Calvi, le parolier Michel Vaucaire (celui de *Je ne regrette rien*), le comédien-français Pierre Bertin... Au moins deux fois par semaine, deux membres du comité se retrouvent pour écouter une pile de nouvelles parutions et leur attribuer une note de 0 à 4. Les mauvaises notes sont accompagnées de lettres explicatives : A pour « mauvaise interprétation ou manque de qualités musicales », B pour « indigence du texte », T pour les « défauts techniques », M pour l'atteinte à la morale, P pour « inopportunité » (mais cette lettre est aussi l'initiale de « politique »), R pour « publicité » (autrement dit, « réclame »), V pour « vulgarité ».

À la séance d'écoute du mercredi 4 janvier 1961 arrive *Si tu n'en veux pas (C'est la dernière fois)*, interprété par Honzlagur Pompernickel et ses Dames. La note attribuée par Germaine Montero et Pierre Bertin est nette et sans bavure : 1VT. Le règlement est clair : toute note inférieure à 2 déclenche une deuxième écoute, voire une écoute plénière du comité au complet en cas de litige entre ses membres délégués à la séance de notation. Donc le 45 tours Fontana 460.739 ME passe devant une autre commission d'écoute dès le surlendemain, 6 janvier, en ouverture de séance. La note change : de 1 pour vulgarité et défauts techniques, on rétrograde à 0MV – morale et vulgarité. Fermez le ban ! *Si tu n'en veux pas (C'est la dernière fois)* ne passera pas à la RTF.

Commercialement, Jean Yanne va avoir un petit peu plus de chance avec son alias suivant, Johnny « Rock » Feller et ses « Rock » Child – fin 1961, on peut encore massacrer impunément la syntaxe anglaise sur les pochettes de disque. Paru sur le label Fontana Danse, ce nouvel EP présente sur la pochette la photo d'un clochard typique, assis sur le sol, un kil de rouge à la main.

Comme d'habitude, tout repose sur la première des quatre chansons. En l'occurrence, il s'agit d'une reprise de *Je n'suis pas bien portant*, qui fut un énorme succès de Gaston Ouvrard en 1932. Avec une voix qui emprunte quelques-uns des tics des Elvis Presley ou Gene Vincent, il reprend sur un rythme de rock'n'roll : « J'ai la rate/Qui s'dilate/J'ai le foie/Qu'est pas droit/J'ai le ventre/Qui se rentre/J'ai l'pylore/Qui s'colore »... La transposition d'un univers à l'autre, l'anachronisme insolent : il y a là quelques éléments *a priori* séduisants. Mais la chanson ne décolle pas vraiment, malgré un *airplay* semble-t-il conséquent.

On va voir Jean Yanne endosser au moins une fois à la télévision la défroque du clochard au chapeau informe et à la grosse hargne anti-rock, le lundi 8 janvier 1962, dans un show présenté par Jean-Pierre Marielle et Annie Cordy. Il s'agit là de promouvoir *J'aime pas le rock*. Au début, un chœur joyeux chante : « Le rock est impeccable/Le rock est remarquable/Le rock est appréciable/Le rock est adorable/Le rock est admirable/Le rock est délectable/Le rock est estimable » et Jean Yanne répond méchamment « J'aime pas l'rock », avant d'enchaîner « Le rock est haïssable/Le rock est détestable/Le rock est exécrable/Le rock est lamentable/Le rock est déplorable/Le rock est méprisable/Le rock est imbuvable/Le rock est effroyable ». Les deux autres titres ne sont pas conçus avec une grande conviction. *Saint rock* est la énième parodie de *La Marseillaise* : « Allons enfants de la patrie/Le jour du rock est arrivé/Avec nous de la mélodie/Le tempo minable est changé [...] Dansons, dansons/Et que le rock abreuve nos microsillons. » *Le Rock coco* est encore plus sommaire : le cœur chante *ad libitum* « Aimes-tu le rock, coco ? » et une voix de perroquet répond seulement « Oh oui, il aime le rock, coco ! » Certes, la performance commerciale est meilleure qu'avec ses précédents 45 tours, mais Jean Yanne va rester plusieurs années sans enregistrer.

* * *

Jean Yanne abandonne donc peu à peu le cabaret et la chanson. Mais il est prêt à tenter autre chose. Ainsi, en mars 1961, il accepte une proposition de Bob du Pac, qui a repris la direction de La Tomate, cabaret plutôt littéraire de la rue Notre-Dame-de-Lorette. Il s'agit du *Théâtre forain*, de Jean Cocteau. Le spectacle rassemble trois actes, *Le Pauvre Matelot*, *L'École des veuves* et *L'Épouse injustement soupçonnée*, montés par Pierre Richy, compagnon de route de Jean-Louis Barrault, qui après un succès en tournée a obtenu de l'auteur de jouer au théâtre de l'Alliance française, à Paris, pendant quelques semaines autour du Jour de l'an 1961. Le poète a écrit de nouveaux textes de liaison entre les trois petites pièces et, quand il est question de trouver un autre lieu pour le *Théâtre forain*, il suggère lui-même Jean Yanne, qu'il a vu dans un cabaret.

La distribution est étrange, avec notamment Pauline Carton et Alice Sapritch. Jean Yanne est ravi de son rôle de maître de cérémonie et narrateur, et il ne cache pas sa fierté lorsqu'il pose pour une photo en compagnie de Jean Cocteau. Il est très flatté d'avoir été choisi et de recevoir par courrier des recommandations de l'auteur, mais il découvre qu'il n'aime pas la discipline du théâtre, qui consiste à dire tous les soirs les mêmes mots et à faire les mêmes gestes. Est-il absolument chagriné de l'échec du *Théâtre forain* à La Tomate ? Au bout de quelques semaines, le rideau tombe. Et Bob du Pac, pour la deuxième fois, transforme un cabaret en boîte à strip-tease.

Mais Jean Yanne va vivre une première expérience de succès au théâtre, sans savoir évidemment que ce sera la dernière. En 1960, l'écrivain Pierre Daninos a sorti *Un certain monsieur Blot*. Depuis l'énorme succès des *Carnets du major Thompson* en 1954, l'auteur est un des écrivains les plus prospères de son temps et, en quelques mois, son roman a été lu par tous les critiques, éditorialistes et intellectuels français – deux cent soixante-dix mille exemplaires vendus, annonce l'éditeur. Une fois de plus, il navigue entre fable et sociologie : M. Blot est un anonyme peut-être encore plus anonyme que les autres, jusqu'à ce qu'il emporte le gros lot de la loterie nationale. Et l'argent change tout.

Le chansonnier Robert Rocca entreprend de transposer le roman en pièce de théâtre. M. Blot sera entouré de quatorze personnages et il y aura soixante-quatre changements de décor en deux heures sur la petite scène du théâtre Gramont, dans le quartier de l'Opéra.

La pièce est mise en scène par le directeur du théâtre, René Dupuy. Le rôle-titre sera tenu par Michel Serrault.

Ancien séminariste qui a préféré devenir comédien plutôt que prêtre, celui-ci est un athlète de la scène qui a régulièrement croisé Jean Yanne dans les coulisses des cabarets. Formé au théâtre classique, il est aussi doué d'exceptionnelles capacités d'improvisation rodées avec son complice Jean Poiret sur les meilleures scènes parisiennes après avoir frayé avec les Branquignols de Robert Dhéry.

Tout au long des trois actes, M. Blot est confronté à des situations très différentes, dans l'autobus, le train, son bureau, la Poste puis, quand il a touché le gros lot, face aux médias et aux mondains. L'imposante troupe rassemblée par René Dupuy passe donc d'un rôle à l'autre, change de costume, entre et sort à une folle vitesse qui contraste avec la patience inquiète, candide et lunaire de Michel Serrault.

Jean Yanne est ainsi, successivement, un voyageur sur la plateforme de l'autobus, un commis voyageur dans un compartiment de train, un cadre obséquieux dans une réunion avec le P-DG, un client de la Poste, un cardinal sur un plateau de télévision, un mondain… Très vite, le naturel et la technique des routiers du cabaret prennent le dessus. Michel Serrault glisse des variantes dans son texte, joue sur les temps pour déstabiliser ses partenaires… et Jean Yanne embraie. Ils se donnent comme objectif de faire piquer des fous rires à Robert Destain, qui incarne le directeur général de l'entreprise où travaille Blot. Dans une scène où ils sont tous les deux face à leur patron, ils doivent essayer d'entrer dans ses bonnes grâces et, côte à côte, multiplient les grimaces et les gestes inattendus pour faire craquer leur partenaire.

Dans les coulisses du journal d'informations télévisées, un cardinal se comporte de manière non conventionnelle, appelle tout le monde « mon pote » et fait un clin d'œil à Blot en disant de la maquilleuse : « Elle est bien roulée, la môme ! » Revêtu de la pourpre cardinalice, Jean Yanne transforme un rôle de quelques répliques en un solo de soupirs et grognements. Et il garde son costume pour faire resurgir le cardinal dans une réception où Blot surnage dans un monde factice qui l'effare. Sa performance est délirante. D'ailleurs, le critique de *Paris-Presse*, Max Favalelli, évoque « le redoutable pince-sans-rire Jean Yanne qui a trouvé le moyen d'apaiser une nostalgie refoulée en revêtant la robe cardinalice » – une des rares mentions dans la critique d'un autre comédien que Michel Serrault, couronné unanimement de lauriers touffus. *Le Figaro*, par exemple, évoque « cette espèce de Charlot français, de Chaplin jeune ».

Un certain monsieur Blot est aussi l'occasion d'une première rencontre entre Jean Yanne et un comédien qui trouve là son premier emploi à la sortie du conservatoire, Daniel Prévost. Il est machiniste de télévision, photographe ou contrôleur de la SNCF – son premier court dialogue avec Jean Yanne, qui incarne un commis voyageur hâbleur, roublard et terriblement Français moyen. Dans cette scène, Jean Yanne écoute son transistor avec un petit écouteur et se met à chantonner – faux, évidemment – sur la musique qu'il est seul à entendre. Il reprendra le même jeu dans *Le Bal des casse-pieds*, d'Yves Robert, trente ans plus tard. Un peu plus loin dans la pièce, il pèle une orange avec virtuosité. Paul Le Person, qui joue le rôle d'un vieux monsieur, lui tend à son tour son orange. Puis, un autre jour, une pomme, un citron... jusqu'à lancer à Jean Yanne un poulet cru en lui demandant de le vider.

La première a lieu le 19 septembre 1961 et *Un certain monsieur Blot* est un gros succès pour ce petit théâtre. À la rentrée suivante, Jean Yanne ne reprend pas sa place dans la distribution pour la reprise de la pièce. Il continue à jouer à la Galerie 55, il travaille pour Pilote Productions, mais il est surtout devenu une vedette d'Europe n° 1.

* * *

En 1962, les dirigeants de la rue François-Ier annoncent une mauvaise et une bonne nouvelle à Gérard Sire. D'une part, ils ne vont plus sous-traiter leurs émissions auprès de sociétés extérieures de production. D'autre part, ils lui proposent un contrat d'un an pour plusieurs émissions dont une heure d'antenne le dimanche matin, en lieu et place de l'émission « Bonjour chez vous », que Francis Blanche a décidé d'interrompre.

Maurice Siegel, le directeur d'Europe n° 1, apporte dans la corbeille de mariage un jeune homme très doué mais un peu provincial, et qu'il n'a pas encore trouvé à employer à la mesure du talent qu'il pressent chez lui. C'est ainsi que Jean Yanne rencontre Jacques Martin, né le 22 juin 1933, vingt-sept jours avant lui.

Sa destinée est déjà un roman. Il est lyonnais et son père, soyer, a été ruiné par ses extravagances. Enfermé à six ans dans un pensionnat religieux, il en conserve une haine tenace pour le clergé catholique et toute autorité. À quinze ans et trois mois, il « monte » à Paris pour se lancer dans le théâtre, suit les cours de Dussane, massacre *Le Cid* devant des publics de scolaires, fait tous les métiers entre la Belgique, la Grèce, la Turquie, l'Égypte et le Liban, atterrit à Strasbourg, où, pendant cinq ans, il chante à l'Opéra du Rhin et anime une émission de radio, puis de télévision régionale, « Pas très show ». Quand il postule pour l'émission de Francis Blanche sur Europe n° 1, on le trouve trop littéraire, mal dégrossi. On l'emploie avec réticence et parcimonie. Siegel propose d'atteler Gérard Sire et ces deux garçons de vingt-neuf ans.

Ensemble, Gérard Sire, Jean Yanne et Jacques Martin fabriquent un humour nouveau. Plus de quarante ans après, à la mort de son complice, Martin dira de lui : « Jean m'a déniaisé. » Il est vrai que, la tête emplie de milliers d'alexandrins et d'airs d'opérette, puisant dans la littérature le réconfort après une enfance massacrée, venu à la radio et à la télévision dans une petite station régionale de la Radiodiffusion française, il n'a pas le même humour qu'un esprit parigot trempé pendant des années dans les meilleurs cabarets. Mais Jacques Martin est lui aussi un boulimique de travail, de plaisir et d'invention. Il peut chanter n'importe quelle mélodie avec une voix de professionnel de l'opérette, il peut improviser de longues tirades en alexandrins, il connaît par cœur tous les monuments du théâtre et de la chanson populaire, ce qui fait de lui un inépuisable inventeur de pastiches. Et Jean Yanne le pousse. Sa culture classique n'a pas l'ampleur de celle de Jacques Martin, mais il ose tout dire, tout attaquer.

Ce n'est pas à la radio de Strasbourg que Jacques Martin aurait pu plaisanter sur le pape. Et Jean Yanne ne savait pas assez de Bossuet pour le pasticher efficacement… Ensemble, les deux jeunes gens sont capables de construire un « à la manière de » absurde et saignant en quelques minutes. Et c'est justement en quelques minutes qu'ils travaillent.

Leur émission du dimanche matin, « L'Équipe n° 1 » est un délire comme aucune radio n'en a jamais diffusé : pendant une heure, les deux duettistes parodient sur Europe n° 1 les émissions d'Europe n° 1 ! Jacques Martin commence l'émission en se présentant comme Bernard Lepédant. Tout le monde reconnaît le timbre, le phrasé et le snobisme de Bernard Gavoty, critique de musique classique du *Figaro* et de l'unique chaîne de télévision. La station diffusant massivement des chansons italiennes, espagnoles ou américaines, son directeur de la programmation Lucien Morisse a créé le concours du Coq d'or, qui récompense une chanson écrite par des Français et interprétée en français par un artiste français : en réponse, Yanne et Martin inventent le Saucisson d'argent, qui sera décerné à la plus mauvaise chanson envoyée par les auditeurs. Frank Ténot anime « Pour ceux qui aiment le jazz » ? Ils lancent « Pour ceux qui aiment les riches »...

Au passage, ils disent n'importe quoi sur les flics, les curés, les percepteurs et quiconque leur déplaît pour une quelconque raison – les plombiers, les avocats, la Sarthe, les officiers de marine... On ne parle pas encore de « politiquement correct », à l'époque, mais ils sont résolument incorrects. Un jour, ils se lancent, à l'antenne, dans un inventaire des meilleures méthodes pour renverser sur la route les gens que l'on n'aime pas.

Maurice Siegel est horrifié. La veille, quand le trio lui fait écouter les maquettes de l'émission, il refuse telle ou telle séquence. Le lendemain matin, Sire, Yanne et Martin lui montrent des textes. Il refuse encore. Quand l'émission commence, les trois hommes commencent à improviser et c'est pire que tout ce qu'il avait entendu la veille. Ils ne respectent qu'un seul interdit : le président et le gouvernement. Ils ne citent pas un nom de ministre, mais aucun corps de la fonction publique n'échappe à leur veine iconoclaste.

Les animateurs de « L'Équipe n° 1 » sabotent régulièrement les messages publicitaires lus pendant leur émission, mais les annonceurs ne retirent pas leur publicité. Siegel se fait des cheveux blancs, mais les auditeurs d'Europe n° 1 rigolent. C'est un succès, un beau succès.

Gérard Sire écrit le feuilleton *Les Mystères de Paris 62*, dans lequel Jean Yanne est Dédé la Syntaxe, ex-maître d'école et gibier de potence. Au bout d'une saison, Jacques Martin part à la concurrence, à Radio-Luxembourg. Jean Yanne et Gérard Sire migrent vers l'après-midi du dimanche, avec deux heures d'émission – « Les bouche-trous ». Veine satirique et contes express d'une absurdité parfois franchement poétique, grandes sorties virulentes et massacre régulier des chansons les plus niaises qui passent à l'antenne… L'aventure dure une saison et les bouche-trous sont priés d'aller boucher ailleurs. Pour la première fois, Jean Yanne est renvoyé d'une radio. C'est le début d'un des plus beaux feuilletons des coulisses des médias français.

5. – Cinéma et censure

(de *La Vie à l'envers* à *La Femme spectacle*, 1963-1965)

Si Jean Yanne a plusieurs fois été figurant au cinéma, il ne rêve pas plus d'être acteur que n'importe quel Français. Simplement, en tant qu'homme de spectacle et de radio, il en envisage l'hypothèse sans plus d'inquiétude que d'envie. Nombre de ses camarades des cabarets apparaissent dans des films ou, même, en réalisent – à commencer par Yves Robert –, mais ce n'est pas de là que viendra la première occasion d'apparaître à l'écran.

Son premier rôle lui échoit dans un premier film, *La Vie à l'envers*, d'Alain Jessua. Le jeune cinéaste connaît évidemment Jean Yanne pour son numéro de chansons à la Galerie 55, mais il lui a découvert d'autres qualités en allant assister à un spectacle de cabaret présenté au théâtre Fontaine. Alain Jessua se souvient : « Il joue le rôle du maître de cérémonie et je le trouve formidable parce qu'il se rend compte que le spectacle est très mauvais et n'en tire pas avantage. Il pourrait jouer d'une sorte de complicité avec le public, faire comprendre qu'il n'a rien à voir avec les nuls qu'il présente. Mais non, il a une belle attitude en n'enfonçant pas les autres. Je lui trouve beaucoup de gentillesse naturelle. »

Âgé d'à peine plus de trente ans, Jessua a pourtant déjà beaucoup d'expérience, puisqu'il a été assistant sur *Casque d'or* de Jacques Becker, *Mam'zelle Nitouche* d'Yves Allégret, *Lola Montès* de Max Ophuls, ou *Terrain vague* de Marcel Carné. Son unique court métrage, *Léon la lune*, a reçu le prix Jean-Vigo : sa caméra suit sans paroles la journée ordinaire d'un clochard dans Paris, avec quelques mots de préface écrits par Jacques Prévert et sur une musique délicieuse du guitariste Henri Crolla. À cette époque où chaque séance de cinéma comporte un court métrage, le succès de *Léon la lune* lui permet de monter son premier long métrage en étant son propre producteur.

L'action de *La Vie à l'envers* se déroule sur deux mois et raconte la rupture d'un certain Jacques Valin avec le monde qui l'entoure. Employé au Gai Logis, petite agence immobilière à Montmartre, vivant en couple avec une ravissante jeune femme qui pose pour des publicités, il a tout pour être heureux. Or, peu à peu, il rompt : il se découvre un curieux attrait pour la solitude, il se marie mais déserte le repas de noces… Peu à peu, il parvient à vivre comme si le monde autour de lui n'existait pas. Il est renvoyé de son travail, sa femme le quitte après avoir tenté de se suicider. Il finit par être interné. Alors, seul devant le mur blanc, il raconte son histoire à un magnétophone. Et on l'entend prononcer ces derniers mots : « Je les ai bien eus. »

Pour incarner son héros, Alain Jessua engage Charles Denner, qui vient d'être encensé par la critique pour son rôle de Landru dans le film de Claude Chabrol. Dans ses interviews, Jean Yanne dira plus tard avoir été choisi par le jeune réalisateur « pour jouer le rôle d'un homme terrorisé par sa femme ». Ce résumé amuse Jessua, qui a choisi le maître de cérémonie généreux du Fontaine pour être M. Kerbel, le patron de Valin : « Il n'a pas tort. Dans le film, on sent que c'est sa femme qui a le fric. Il travaille dans l'agence immobilière avec elle parce qu'il faut bien qu'il se rende utile. C'est elle qui décide de virer Valin. Il est navré mais il ne peut pas faire autrement. »

Kerbel. – Bravo, mon petit Jacques. Je suis heureux de vous voir au travail de si bonne heure. Vous savez vous montrer digne de notre confiance. Je vous assure que vous ne le regretterez pas. Grâce à nos efforts conjugués, le Gai Logis deviendra bientôt la première agence de Montmartre. Et ce n'est qu'un début. D'un côté, la tête qui synchronise, de l'autre…
Valin. – M. Kerbel, voyons. Votre femme n'est pas là, il n'y a pas de client. Ne vous fatiguez pas.
Mme Kerbel. – Bonjour, Jacques.
Valin. – Bonjour, madame.
Mme Kerbel. – Pierre, tu ne crois pas que tu pourrais t'habiller, hum ?
M. Kerbel (Jean Yanne), Valin (Charles Denner) et Mme Kerbel (Yvonne Clech) dans *La Vie à l'envers*.

La première scène dans laquelle l'acteur Jean Yanne apparaît au cinéma le montre avec un visage poupin, ouvert, d'une quiétude satisfaite. Il entre en robe de chambre dans le bureau où Valin vient de commencer à travailler. Il se met à pérorer sur les grands espoirs qu'il fonde sur le jeune employé, mais celui-ci le coupe, lui faisant remarquer qu'il peut économiser ses discours puisqu'ils ne sont que deux dans la pièce.

Un trait fondamental du jeu de Jean Yanne est déjà là : sa capacité à faire apparaître comme exagéré tout ce qu'il prononce. Il joue avec naturel le manque de naturel, il montre avec vérité ce qui n'est pas vrai dans son personnage.

Quand il a renvoyé Valin, le directeur de l'agence le rattrape alors que celui-ci s'est installé au flipper. Il veut s'expliquer, se dédouaner, glisser de l'argent dans la poche du jeune homme. Celui-ci lâche : « Monsieur Kerbel, je ne vais pas vous consoler de m'avoir foutu à la porte. » Jean Yanne déploie avec empressement une aménité embarrassée et un pauvre sourire mou, tout à l'urgence de compenser d'une manière ou d'une autre le renvoi de Valin.

L'humanité du personnage fait d'ailleurs écho à la simplicité de Jean Yanne dans son approche de son nouveau métier. Alain Jessua raconte : « Il est venu me voir sur le tournage pour lire le scénario – je crois qu'un autre acteur m'avait fait défection. Il lit et il me dit : "Peut-être que ça ne plaira pas aux paysans de la Brie, mais c'est très bien." Et on tourne au pied levé sa première scène, peut-être une heure plus tard. Et il est aussitôt très bien. »

Sans que rien soit prémédité, apparaître dans *La Vie à l'envers* est un bon choix pour le nouvel acteur. Film singulier en marge des écoles et des clans du cinéma français, la première œuvre d'Alain Jessua bénéficie d'un intérêt particulièrement aigu des médias. En février 1964, le public ne l'a pas encore vu qu'il reçoit sa première récompense avec le prix Femina du cinéma, nouvellement créé. Un jury composé notamment de Marguerite Duras, Françoise Giroud, Christiane Rochefort, Anne Philipe, Florence Malraux et Micheline Presle le distingue, entre autres, face à *Adieu Philippine*, de Jacques Rozier. À Cannes, le film reçoit le prix des écrivains de télévision et de cinéma. En septembre, le film fait partie de la sélection française à la Mostra de Venise, d'où il rapporte le Grand Prix de la presse italienne et le prix de la première œuvre. *La Vie à l'envers* sort dans deux petites salles parisiennes fin juin 1964, pour 5 006 spectateurs en première semaine. Ce n'est pas du cinéma populaire, mais « voilà bien ce que l'on appelle un film d'auteur », comme le dit Robert Chazal dans *France-Soir*.

***

En juillet, alors que *La Vie à l'envers* mène une discrète carrière de film « intello », *Le Film français* vend sa une à une publicité qui annonce Jean Yanne comme premier rôle masculin dans *L'Amour à la chaîne*, de Claude de Givray. Le film vient d'entrer en production et il ne sortira qu'en août 1965. Ce sera la première confrontation de Jean Yanne avec la censure au cinéma.

Le début de carrière de Claude de Givray est rapide et prometteur. Après le passage obligé par le journalisme aux *Cahiers du cinéma*, il coréalise son premier film avec François Truffaut, *Tire-au-flanc 62*, nouvelle adaptation de la pièce de théâtre dont Jean Renoir avait tiré un célèbre long métrage en 1928. Puis, avec un scénario et des dialogues écrits avec Truffaut, mais seul à la réalisation, il signe *Une grosse tête*, en 1962, avec Eddie Constantine dans le premier rôle. Et, en 1963, il réalise *Un mari à prix fixe*, avec Roger Hanin (qui signe également le scénario) et Anna Karina. Il veut réaliser ensuite un film inspiré de son service armé en Algérie, mais son producteur ne veut pas le suivre, découragé par les distributeurs. Or l'époque aime les films de fiction fortement thématisés, traitant par exemple de la condition ouvrière, de la crise du mariage bourgeois ou du conflit des générations à travers des personnages et une intrigue inspirés de faits réels. Le producteur lui demande de faire un film sur la prostitution.

Fort de cette commande, Claude de Givray attaque le sujet avec son coscénariste Bernard Revon, également proposé par le producteur. Il ne veut pas aller sur les pas de *Vivre sa vie*, de Jean-Luc Godard, sorti à l'automne 1962 et qui raconte la manière dont une petite vendeuse qui rêve de cinéma glisse vers la prostitution. En revanche, il s'imprègne profondément de *La Rue de la honte*, ultime film de Kenji Mizogushi, sorti en 1957. Il prend le parti de faire un léger pas de côté en racontant l'histoire d'un proxénète. Il s'inspire lointainement de *La Résistible ascension d'Arturo Ui*, de Bertolt Brecht, et de textes de Sade – c'est du Divin Marquis que viennent les considérations de son héros sur la morale s'alliant au proxénète.

Évidemment, ce sont les filles qui intéressent le plus le producteur. En outre, pour des raisons de coproduction, le premier rôle féminin doit être tenu par une actrice italienne. Givray, avec un peu de malignité, choisit Valeria Ciangottini, image de la pureté face à Marcello Mastroianni dans la dernière scène de *La Dolce Vita*, de Federico Fellini.

Quant au proxénète, Claude de Givray nous explique ses intentions : « Je ne veux pas d'un maquereau pittoresque avec un nom américain, un vocabulaire folklorique, un costume spectaculaire. » Son héros s'appellera Pornotropos, du nom du fonctionnaire qui, dans l'Athènes antique de Solon, collectait l'argent des bordels au profit de l'État. Ce maquereau se comporte justement comme un cadre, avec la même rationalité et la même efficacité que s'il fabriquait de l'électroménager. Son dialogue emprunte beaucoup à la langue des cadres supérieurs qui, en 1964, commence à se distinguer vraiment du parler des Français ordinaires. Mais le producteur préfère que le proxénète ressemble un peu plus au julot conventionnel et demande que le dialogue soit réécrit en argot.

Pour interpréter Pornotropos, Claude de Givray pense d'abord à Guy Bedos, qui, alors, sent un peu le soufre. Artiste de cabaret, de théâtre et de cinéma (notamment avec *Dragées au poivre*, de Jacques Baratier), il colore de sombre ironie tous ses rôles. Mais Bedos refuse *L'Amour à la chaîne*. Claude de Givray se tourne alors vers Jean Yanne, dont le profil n'est pas très éloigné. La première remarque de l'homme de radio est que le personnage et le film seraient beaucoup plus intéressants si ses longues tirades n'étaient pas en argot. Givray sort alors la version originale de son texte, qui convient beaucoup plus à Yanne. Celui-ci lance : « Je vous préviens, je vais le jouer à la Lino Ventura. » Cette gravité et cette rondeur que l'acteur mettra à incarner Pornotropos vont paradoxalement handicaper le film lorsqu'il sera confronté à la censure. « On nous reprochera par exemple qu'il dise de manière aussi convaincante à la fille, quand elle essaie de le quitter : "Je suis un débouché." La censure nous dira que c'est une publicité pour la prostitution », se souvient Claude de Givray.

Les deux scénaristes se sont nourris d'un imposant travail de documentation. Catholique, Bernard Revon les conduit vers des associations confessionnelles comme Le Nid, où on leur donne à lire un grand nombre de transcriptions d'interviews de prostituées.

Ils vont aussi s'inspirer de l'action réellement menée par les proxénètes pour obtenir la réouverture des maisons closes, fermées par la loi de 1946. Claude de Givray découvre un curieux lobbying : « Des proxénètes organisaient des bagarres et des incidents dans les rues où racolaient les prostituées pour que les honnêtes gens eux-mêmes demandent la réouverture des maisons. Ils avaient sciemment lâché dans la nature des filles qu'ils savaient atteintes de maladies vénériennes. Ils avaient même constitué une caisse de communauté pour financer des opérations de propagande souterraine pour la réouverture. »

Pour la rencontre du prêtre et de la jeune femme qui va se prostituer, au début du film, ils consultent le frère de Bernard Revon, qui est dominicain. Il les aide à construire un discours ecclésiastique « vrai ». Ils bénéficient aussi des indications d'un ami comédien dont la mère tient une maison close clandestine. Il leur raconte la manière dont un proxénète gère la mort embarrassante d'une personnalité dans la chambre d'une fille : il suffit que celle-ci affirme que l'homme a été pris d'un malaise sur le trottoir devant la maison et qu'elle l'a transporté jusqu'à sa chambre pour qu'il se remette. Dans le film, Givray va transformer l'épisode en faisant mourir le client non lors de l'acte de chair, mais en écoutant une histoire drôle racontée par la jeune femme – cet homme respectable sera le très digne Jacques Destoop, de la Comédie-Française.

« Bien sûr, nos maisons, quoique formellement interdites, continuent de fonctionner sous forme de bars, restaurants, meublés, cabarets... Mais il vrai que 15 % de nos hôtels ont été livrés aux étudiants pour se loger. Ils mériteraient, par représailles, qu'on installe notre commerce à la Cité universitaire. Chaque jour, un ou plusieurs de nos établissements tombent ou font l'objet d'une procédure. On envoie au dépôt les gérants responsables. On appose des scellés sur nos portes. Il y a quelques années, nous faisions cent soixante milliards d'anciens francs de bénéfices. Ce chiffre est tombé de moitié. Bref, nous sommes en pleine récession économique. Pourquoi ? Parce que la loi a pratiquement émancipé les filles, qui ont maintenant tendance à travailler pour leur compte, dans des locaux bien à elles. Il faut donc rouvrir les maisons, que l'État nous restitue le monopole que nous avons perdu. »
Discours de Pornotropos (Jean Yanne) dans une scène de *L'Amour à la chaîne* coupée par la censure.

Le réalisateur ne cache pas des opinions parfois très virulentes sur la société française et ses inégalités. Il tient à faire comprendre les réalités économiques qui conduisent des jeunes femmes à la prostitution et une certaine complicité objective entre le patronat et les proxénètes. Il ne veut pas faire un film à thèse pour autant et consent volontiers à faire usage de maintes ficelles sentimentales conventionnelles.

Il racontera donc l'histoire de Catherine, qui, après que son amant l'eut obligée à se faire avorter, décide de se prostituer. De toute façon, elle gagne trop peu d'argent avec son CAP de couturière pour vivre décemment et secourir son père, ancien artisan sans vraie retraite. Elle tombe dans les rets de Pornotropos, proxénète qui s'est mis en tête de fédérer sa profession pour obtenir la réouverture des maisons closes.

Lorsqu'elle veut échapper à la prostitution et décide de reprendre un travail conventionnel, il la ramène à son lupanar, moitié par intérêt, moitié par amour – car il l'aime... Mais Thanatos, le frère de Pornotropos, est choqué par cette mésalliance. Il l'assassine et lui succède dans ses beaux bureaux, dans lesquels trône désormais la photo de Pornotropos barrée d'un crêpe noir. Le dernier plan est celui d'une nouvelle prostituée arrivant dans la maison. Sa ressemblance avec Valeria Ciangottini est frappante et elle marche lentement, décidée, vers la caméra – un plan emprunté à *La Rue de la honte*, de Mizogushi.

L'Amour à la chaîne est un film sans grands moyens et se tourne en seulement cinq semaines de l'été 1964. La coproduction franco-italienne a une conséquence artistiquement intéressante pour le réalisateur : comme Valeria Ciangottini dit son dialogue en français avec un accent à couper au couteau, le film est postsynchronisé. Dès lors, Givray peut ne pas s'encombrer de rails de travelling sur son plateau et tourne beaucoup à la Caméflex trente-cinq millimètres à chargeur de cinq minutes – la caméra à main typique de la Nouvelle Vague.

L'ambiance de tournage est assez détendue. Jean Yanne est joyeusement empressé et protecteur pour sa partenaire italienne qui, âgée de dix-neuf ans et donc mineure, est toujours accompagnée par son frère aîné. Il s'amuse aussi beaucoup avec les frères jumeaux qui incarnent les gardes du corps accompagnant partout Pornotropos – Jean-Pierre et Jean-Paul Janssen, qui deviendront des cadreurs très respectés.

Avant le tournage, la commission de censure annonçait à la lecture du scénario qu'elle s'orientait vers une très conventionnelle interdiction aux spectateurs de moins de dix-huit ans. Le film terminé, elle prononce une interdiction totale. Il est vrai que, depuis 1961 et une série de dispositions réglementaires nouvelles, la censure cinématographique s'est renforcée et repose tout entière entre les mains de fonctionnaires qui ne sont guère motivés par le respect des œuvres et la défense de la création. Une bonne partie de la critique et les professionnels n'ont de cesse de dénoncer une censure d'un autre âge. En l'occurrence, les censeurs pointent une longue série de griefs contre *L'Amour à la chaîne* qui, tous, convergent vers l'idée que le film présente la prostitution sous un jour trop favorable. Ainsi, pour tourner les scènes dans le bureau de Pornotropos, Claude de Givray a utilisé le bureau de son producteur sur les Champs-Élysées. Que les fenêtres d'un proxénète donnent sur l'Arc de Triomphe est inadmissible pour la commission, qui n'accepte pas plus un langage trop proche de celui des capitaines d'industrie et des banquiers. Si au moins tout ce monde parlait argot dans les parages de la place Pigalle… Or Jean Yanne donne une apparence de respectabilité à la prostitution par sa rondeur, sa faconde et la sympathie qu'il suscite – plusieurs critiques, employant un adjectif particulièrement à la mode, le trouveront « relax ».

Aussi, pour permettre la sortie de son film, Claude de Givray doit-il passer sous les fourches caudines de la censure et taille largement. Ce nouveau montage du film devrait permettre sa sortie, mais la commission prononce l'interdiction d'exportation de *L'Amour à la chaîne*. Le réalisateur doit couper encore des scènes. Le film est au total amputé d'un quart d'heure.

Il faut couper tout ce qui pourrait accréditer l'idée que la prostitution et le proxénétisme sont des activités « normales », à commencer par les discours de manager tenus par Pornotropos. Il faut couper une phrase inspirée du *Deuxième Sexe*, de Simone de Beauvoir, lorsque Catherine dit qu'« entre celles qui se vendent par le mariage et celles qui se vendent par la prostitution, il n'y a pas de différence ». Cette maxime est d'ailleurs si parlante qu'elle se retrouvera en 1990 à Hollywood, dans *Pretty Woman*.

Quand Pornotropos dit « Nous allons placer, dans les lieux les plus passagers de Paris et des villes de province, des femmes contaminées », le censeur écrit en marge du script : « Supprimer "femmes contaminées" ou reprendre le texte primitif en langue verte. » Il faut couper impérativement quand la patronne d'une maison close clandestine dit : « J'ai de très hautes relations. »

Le réalisateur procède par coupes franches, sabrant des scènes entières. Quand il faut couper seulement une phrase ou quelques mots, il « écrase » la bande-son avec des bruits stridents de scie électrique, solution radicale qui signale clairement au spectateur l'action de la censure.

« Mes copains des *Cahiers du cinéma* ont été bien gentils », dit Claude de Givray, bien conscient de ce que la censure de son film, même si elle pose de vraies questions de principe, n'est pas de nature à susciter une imposante campagne de presse – « Les journalistes n'allaient pas se faire brûler vifs pour un petit film, pas loin de la série B. » *Les Cahiers*, où Claude de Givray a écrit, comme la plupart des autres cinéastes de la Nouvelle Vague, publient sur quatre pages l'intégralité des scènes coupées de *L'Amour à la chaîne*. Elles ne seront rétablies qu'une vingtaine d'années plus tard, lorsque Claude-Jean Philippe proposera à Claude de Givray de rétablir le montage originel pour son « Ciné-Club » sur France 2.

Mais, dans l'immédiat, peu de plumes s'élèvent avec une grande vigueur pour défendre le cinéaste en butte à la censure. Il est vrai que *L'Amour à la chaîne* n'est pas du bois dont on fait les symboles. Le film sort très discrètement le 11 août 1965 au Midi-Minuit, cinéma spécialisé dans les films comiques.

La critique n'est pas tendre, et les quelques plumes qui font exception à la sévérité d'ensemble, comme Henry Chapier dans *Combat*, ne manquent pas de condescendance. Et beaucoup soupçonnent Claude de Givray d'intentions ambiguës qui sont plutôt celles de son producteur. Celui-ci, d'ailleurs, produira le film suivant de Valeria Ciangottini, *Les Deux Orphelines*, un mélo pur sucre. Même si ses camarades Jacques Demy et Jean-Luc Godard classeront *L'Amour à la chaîne* parmi leurs dix films préférés, Claude de Givray ne réalisera plus de long métrage pour le cinéma. Mais, une vingtaine d'années plus tard, il retrouvera Jean Yanne.

« Puisqu'il faut construire l'Europe
Et des pays faire l'union
Il faudra bien qu'on développe
Le tourisme dans la nation
Ah ! que celui qui nous dirige
Agisse donc avec raison
Car le Marché commun l'oblige
À faire rouvrir les maisons. »
Dernier couplet de *Rouvrez les maisons*, chanson de Jean Yanne et Jean Baïtzouroff.

En attendant, tous les discours et toutes les idées qu'agite Pornotropos semblent avoir inspiré Jean Yanne. À l'été 1965, alors que le film de Claude de Givray sort enfin, il publie un nouveau 45 tours chez Barclay : *Rouvrez les maisons*. Sur une musique de Jean Baïtzouroff, il démarre : « Jadis les filles étaient heureuses/Avant qu'on ferme les maisons/Sérieuses et bonnes travailleuses/Elles honoraient la profession. » Au refrain, un chœur de jeunes femmes adoptent les voix tonitruantes qui font les succès des Parisiennes ou des Gam's. Elles glapissent : « Ah rouvrez les maisons/Rouvrez les maisons/Rouvrez les maisons/Qu'on dérouille. » Et Jean Yanne dévide l'argumentaire en faveur de l'abrogation de la loi interdisant les maisons closes, quelque part entre le discours rationnel de Pornotropos et l'outrance bouffonne des plaidoyers portés par les personnages de maints films dialogués par Michel Audiard – par exemple dans *Les Bon vivants*, film à sketchs réalisé par Georges Lautner et Gilles Grangier, qui va sortir à l'automne 1965.

* * *

Dans ses multiples activités, Gérard Sire n'a pas toujours la même chance ni la même réussite. Il se trouve devoir à Claude Lelouch une somme rondelette malgré le succès de leurs publicités et de la centaine de Scopitone tournés par le jeune réalisateur – Dalida en casque de combat sur les dunes des plages normandes, Johnny Hallyday dans la poussière d'un faux désert ou Claude François gambadant dans la neige...

Or Sire arrive un jour chez Pilote Productions avec une magnifique petite Mercedes décapotable. Colère du jeune cinéaste : il est entravé dans le montage de son prochain film et même dans sa vie quotidienne par les retards de Sire. « Tu as raison. Combien je te dois, déjà ? demande le patron. – Cinquante mille francs. – Eh bien c'est ce que m'a coûté ma voiture. Tiens, voilà les clés, elle est à toi. »

Lelouch proteste, mais rien n'y fait. Il repart avec la Mercedes. Il se souvient aujourd'hui : « Elle m'a vraiment rendu service. Dans ce monde d'apparence qu'est le cinéma, elle donnait confiance. Quand je prenais un rendez-vous, je disais "Je suis très pressé, puis-je passer vous prendre ?" Quand on voyait ma voiture, on se disait "Ce Lelouch, il a du répondant". C'est comme ça que j'ai monté la production d'*Un homme et une femme.* »

Gérard Sire sera le récitant ou la voix off de tous les films de Lelouch, jusqu'à sa mort, en 1977. Et son fils Antoine Sire sera celui d'Anouk Aimée dans *Un homme et une femme*.

Mais, tout en travaillant pour Pilote Productions, Claude Lelouch a été appelé, un an plus tôt, par le légendaire producteur Pierre Braunberger, qui a commencé sa carrière avec Jean Renoir en 1927 et qui compte parmi les soutiens les plus efficaces de la Nouvelle

Vague. Il a sorti *L'Amérique insolite*, de François Reichenbach, long métrage documentaire qui explore la face cachée des États-Unis. Il voudrait user de la même méthode sur un sujet français. Il propose une commande à Claude Lelouch : la femme. Le jeune cinéaste avoue que le sujet est certainement celui qui pourrait le plus l'enthousiasmer. « La femme, c'est mon spectacle. – Parfait, parfait, tu as ton titre : *La Femme spectacle.* » Producteur et réalisateur tombent d'accord : Lelouch fera un film « sur les femmes que l'on n'a pas envie d'épouser ». Aujourd'hui, il dit de ce long métrage : « C'est mon film dont j'ai le plus honte ; j'y ai trahi les deux choses que j'aime le plus au monde : les femmes et le cinéma. »

Il fait se succéder les portraits de femmes qui, pour une raison ou une autre, ne lui semblent pas dignes que l'on vive le grand amour avec elles : des stripteaseuses, des jeunes filles qui vont se faire refaire le nez… Et il mêle quelques sketchs de fiction aux éléments de réalité. Ainsi, il fait appel à Jean Yanne pour un petit rôle de présentateur de la télévision qui, dans une sorte de générique prolongé, donne la réplique à Gérard Sire en parlant du film qui va suivre.

Au montage, Lelouch se rend compte de la violence misogyne qu'exhalent les séquences tournées. Et il est un des rares cinéastes à oser affirmer que la censure, en s'en prenant à son film, a raison : la commission tranche quarante-cinq minutes de *La Femme spectacle* – des scènes d'opération chirurgicale ou des interviews de prostituées expliquant et mimant ce que leurs clients leur demandent de faire… Lelouch s'attelle alors à un second montage de son film, moins cruel dans le choix des séquences. Le film a une sortie discrète en 1964, hors du circuit des salles d'exclusivité et des statistiques du *Film français*, dans le circuit des salles d'art et d'essai et des ciné-clubs. Il rentrera tout juste dans ses frais. Jean Yanne ne retrouvera Claude Lelouch qu'en 1986 pour *Attention bandits.*

Ses amitiés apportent à Jean Yanne une autre aventure singulière, *Jaloux comme un tigre.* Sous ce titre, Darry Cowl réalise son premier film. Cela devait finir par arriver, après des années de succès comiques seul en haut de l'affiche ou en *guest star* dans des dizaines de comédies. Son unique réalisation, dont il cosigne également le scénario et la musique, est un film curieux dont la force tient à son casting plus qu'à son synopsis : Darry Cowl est un jeune marié extrêmement jaloux de sa jolie épouse (Rolande Ségur), qu'il espionne et suit partout de peur qu'elle ne le trompe. Mais son patron (Michel Serrault) décide d'embaucher la jeune femme comme secrétaire, ce qui complique la surveillance qu'il exerce sur elle, et d'autant plus qu'un psychiatre fantasque (Jean Poiret) lui donne des conseils absurdes. Darry Cowl a appelé les copains. On voit dans son film Francis Blanche, Dany Saval, Jean Richard, Pierre Tornade et, donc, Jean Yanne. Avec de grosses lunettes en cul de bouteille, son rôle est épisodique et farfelu, puisqu'il provoque chez Darry Cowl des saisissements spectaculaires qui le jettent à terre. Mais *Jaloux comme un tigre* prouve une fois de plus une loi classique du cinéma : il ne suffit pas d'une vedette ni même de quelques dizaines de vedettes pour assurer le succès d'un film. Darry Cowl ne reviendra pas à la réalisation.

6. – « T'en fais pas, Napo »

(de « 1 = 3 » à « 3 14 116 », 1964-1965)

Le jeudi 30 janvier 1964 à 20 h 56, la première chaîne de télévision présente une nouvelle émission. Et, comme c'est encore l'usage dans l'audiovisuel français, ses producteurs commencent par la présenter et l'expliquer aux téléspectateurs. Jean Yanne et Jacques Martin apparaissent donc, en costume et cravate.

Jean Yanne. – Mesdames et messieurs, bonsoir, nous allons ce soir vous présenter la première émission d'une série qui doit en comporter en principe deux cent soixante-seize. Deux cent soixante-seize à raison d'une par mois, ça fait environ vingt-trois ans.

Jacques Martin. – Donc pendant vingt-trois ans nous allons vous proposer des images. C'est-à-dire jusqu'en 1987 environ. Certaines de ces images sont anodines. D'autres par contre sont franchement insoutenables.

Jean Yanne. – Oui mais il existe des documents, des documents que nous ne pouvons vraiment pas ne pas vous montrer, comme ceci par exemple, qui est franchement abominable. »

Jacques Martin présente alors à la caméra une photographie de Pierre Loti, de l'Académie française, et ajoute : « Je dirais même que c'est immonde. »

Les deux hommes gardent quelques secondes le silence. Et Jean Yanne reprend : « Alors nous n'insisterons pas plus longtemps. Sans plus tarder nous allons vous présenter notre première rubrique. » L'image bascule sur un décor de boucherie, avec une file de clients devant l'étal. C'est le premier sketch de « 1= 3 », qui brode sur la cherté de la viande et la possibilité d'y remédier en attendrissant le boucher – Jacques Martin, en l'occurrence, qui sanglote en entendant les récits dramatiques que lui font les clients pour obtenir des baisses de prix.

L'émission va être un choc. Si l'on connaît déjà Jean Yanne à la radio et au cabaret, il est jusqu'à présent hors de vue d'une bonne partie des Français. Quand Jacques Martin se fait proposer une émission mensuelle d'environ quarante minutes dans le cadre de la refonte des programmes consécutive à la naissance de la deuxième chaîne, fin 1963, il fait aussitôt appel à son complice d'Europe 1. Ensemble, ils vont porter leur humour à l'image. Autour d'eux, nombre de leurs complices de la radio ou du cabaret : Lawrence Riesner, André Gaillard, Paul Mercey, Maurice Vamby, Jean Baïtzouroff, Teddy Vrignault et, évidemment, Jacqueline Allard.

Féroces et absurdes, les sketchs se suivent, qui montrent de vieux politiciens dansant la valse ou le dialogue des routiers qui, dans la nuit, écoutent Beethoven et lisent Péguy (Jean Yanne est là en compagnie de Paul Mercey). Dans la séquence titrée « Expérience humaine », un jeune homme joué par Jacques Martin raconte qu'il a travaillé deux mois dans l'usine de son père « avec de vrais ouvriers comme ceux que je commanderai plus tard ». Il en ramène une comédie musicale façon *West Side Story* (le film de Robert Wise et Jerome Robbins est sorti en France en mars 1962). En salopette à paillettes, il chante sur un air d'opérette marseillaise : « Creusot, terre des aciéries, pays des poteries, tu m'as donné le jour/Merveilleux Creusot, tu as tout pour nous plaire, tes tas de mâchefer et de charbon chaud. »

Le sketch suivant s'intitule « Les Intoxiqués ». Le regard grave, Jean Yanne explique : « 1 694 756. Ce chiffre est affolant. Il existe en France 1 794 656 (*sic*) personnes qui se rongent les ongles. Bien sûr, vous penserez que c'est une innocente manie et qu'en dehors de l'aspect inesthétique cela n'a rien de grave. Et c'est grave, pourtant. Car l'ongle est un poison, au même titre que l'héroïne, la morphine, l'opium ou la mort-aux-rats. Et nous nous devions de vous mettre en garde contre cette drogue aussi dangereuse qu'inconnue, l'ongle. » Le Pr Arzecourt Moeldeu du Tramouard, chef du service des recherches à l'Institut helvétique des doigts, confirme alors que « la rognure d'ongle est en effet une drogue excessivement dangereuse. L'habitude de se ronger les ongles est originaire de Chine et elle a été introduite en France par des marins qui au XVIIe siècle commerçaient avec des mandarins chinois. » Témoignent un père blanc revenu des colonies, un ouvrier, un officier qui avoue : « J'ai commencé dans les tranchées pour lutter contre la peur, pour me doper. »

Pourtant, le premier numéro de « 1 = 3 » n'est pas encore à plein régime. Rétrospectivement, il semble que les deux compères ont retenu leurs coups. Le jeudi 27 février, pour l'ouverture de la deuxième émission, Jean Yanne et Jacques Martin apparaissent en plan serré, en contre-plongée, une coiffe à la Bécassine sur la tête. Ils sont les nourrices des téléspectateurs et Yanne annone : « Comme ils étaient nombreux à nous regarder avec leurs gros zyeux-zyeux les téléspectateurs. » Il recommande d'approcher du téléviseur les bébés qui ne sont pas encore parvenus à s'endormir et Jacques Martin commence à hurler une berceuse dissonante.

Dès lors, de mois en mois, les deux hommes visent leurs cibles favorites avec une violence inédite à la télévision française. Jean Yanne propose des dispositifs pour lutter contre les contraventions, dont un sabre et une faux à gendarmes, des éboueurs jettent un contractuel dans un camion à ordures… En général à moustache et une nuée d'étoiles sur le képi, Yanne donne l'accolade à chacun des soldats d'un rang de décorés ; quand il arrive à une jeune femme sous l'uniforme, celle-ci lui passe les bras autour du cou et ils échangent un baiser langoureusement amoureux – après tout, c'est Jacqueline Allard. Alors que la guerre d'Algérie s'est achevée moins de deux ans plus tôt, « 1 = 3 » représente la vie dans les casernes : l'adjudant Yanne cire obligeamment les chaussures d'un conscrit (il s'agit du chanteur Lucky Blondo) tandis que le colonel Martin endort un autre soldat en lui racontant l'histoire du Petit Poucet.

Le premier vrai scandale surgit dans la troisième émission, diffusée le 26 mars 1964. Un sketch montre la fin de l'étape Iéna-Waterloo du Tour d'Europe cycliste. En cuissard de tissu synthétique et grand uniforme chamarré de l'Empire avec bicorne, les équipiers Masséna (Lawrence Riesner), Cambronne (Jacques Martin) et Murat (Paul Mercey) entourent le leader de l'équipe de France, Napoléon avec chapeau classique, joué par Jean Yanne. Les quatre hommes pédalent, talonnés par les Anglais qui se rapprochent puis doublent les Français. Mais galvanisés par Cambronne et malgré les hésitations de Napoléon, qui attend les consignes du directeur sportif Talleyrand avant de se décider à lancer l'attaque, les Français reprennent la tête. Mais, en vue de Waterloo, une crevaison survient. Napoléon espère que le cycliste que l'on voit arriver au loin derrière sera Grouchy, qui lui donnera sa roue. Mais non, c'est Blücher. Alors tout le monde repart et, malgré un sprint désespéré, c'est l'Autrichien qui remporte l'étape de Waterloo – « Premier : Blücher ; deuxième : Napoléon ; troisième : Masséna », annonce le speaker. « Le Tour d'Europe, c'est râpé. J'ai plus qu'à raccrocher mon vélo », lâche Napoléon, écœuré.

On n'a pas l'habitude de voir traiter ainsi l'Empereur. Devant leur téléviseur, la plupart des spectateurs rigolent ou, au pire, haussent les épaules. Mais quelques-uns piquent une crise. Ainsi, un certain prince Murat, descendant du maréchal, porte plainte contre Jean Yanne, Jacques Martin, l'ORTF et, pour faire bonne mesure, contre le ministre de l'Information, Alain Peyrefitte. Il demande aux tribunaux de faire droit à la mémoire de l'Empereur, salie par le sketch de « 1 = 3 ». Le juge déboute le plaignant, car, s'il est descendant du roi de Naples fusillé en 1815, il n'est pas descendant de Napoléon Ier et n'est donc pas fondé à défendre sa mémoire posthume devant la justice. La France yanno-martinienne rigole derechef.

Il n'y a pas d'épisode de « 1 = 3 » en avril 1964. Le quatrième numéro est diffusé le 28 mai. Sur un ton solennel, Jacques Martin et Jean Yanne parlent successivement pour lancer un « appel déchirant ». Il s'agit d'une réclamation faite à la Belgique pour la restitution à la France du Manneken-Pis. En ombre chinoise, un homme apparaît et explique qu'il a été modèle d'un sculpteur dans sa prime enfance sans jamais voir la statue réalisée, et qu'à l'occasion d'un voyage à Bruxelles il a découvert la statue et s'est reconnu dans l'enfant exhibant son sexe pour uriner sans fin. La lumière se fait et on découvre qu'il s'agit de Sacha Distel, qui supplie pour que soit retirée de la vue des passants cette statue « incompatible avec ma dignité de membre de la Société des auteurs, compositeurs et éditeurs de musique [Sacem] », avant de fondre en sanglots.

Quelques menues provocations semblent étudiées pour agacer tous les proviseurs de France, comme une carte de géographie évoquant l'histoire de la saucisse de Strasbourg, dans laquelle sont jetées au petit bonheur la chance sur l'Hexagone les villes de Strasbourg, Toulouse, Lion (*sic*), Lile (*re-sic*) et Morto (*re-re-sic*).

Et Jean Yanne s'offre au passage un court numéro qui le fera accuser de cracher dans la soupe par le courrier des lecteurs de *Télé 7 jours* : il campe un homme ordinaire qui confesse tout faire dans sa vie ainsi que le prescrit la télévision – « messages d'intérêt public » comme publicités commerciales – et, par conséquent, doit admettre : « Je m'emmerde. » Mais plus de flics ou de militaires ridiculisés...

> « Je m'appelle Antoine Duval. Je suis un Français moyen, j'ai quarante ans, je mesure un mètre soixante-dix, je pèse quatre-vingts kilos. Je suis fonctionnaire, je suis marié, j'ai deux enfants. J'habite un appartement de trois pièces que j'ai obtenu grâce au Crédit foncier, j'ai souscrit une police d'assurance-vie, je possède la télévision équipée 2e chaîne, j'ai un compteur bleu et tous mes meubles portent l'estampille NF. Je n'aime que la cuisine au beurre, je mange du pain d'épice. Quand je fais cuire des nouilles à la semoule de blé dur, je les goûte, je les goûte souvent, je bois de la chicorée, je fais la cure orange, je bois du jus de raisin, je bois du jus de pommes, je fais la pause-café, je mange du fromage en portions. Enfin, je fais tout ce que la télévision me conseille de faire. Et je m'emmerde. »
>
> Jean Yanne dans *La Confession d'un homme*, sketch de « 1 = 3 », émission du 28 mai 1964.

Un cinquième numéro de « 1 = 3 » est diffusé le 25 juin. Il est beaucoup moins violent encore, va chercher le comique dans les vieux ressorts de l'absurde, comme lorsque Jacques Martin et Paul Mercey discutent de milliards à la sortie d'une réunion. Le second dit : « Ça ne vous ennuierait pas de me déposer ? » Martin accepte avec un sourire et Mercey lui saute à califourchon sur le dos... On voit aussi des bourgeois aux mines graves qui, avec des airs de conspirateurs, s'enfoncent dans le bois de Boulogne : « On se déshabille ? » dit l'un d'eux. Et ils se mettent à jouer à Thierry la Fronde avec de grands cris d'enfants.

Il semble bien que les deux dernières émissions soient en liberté plus ou moins surveillée. Plus de flics, plus de militaires, plus de gloires nationales malmenées. Plus tard, Jean Yanne dira que « 1 = 3 » a été supprimé à cause d'un sketch sur le Dr Schweitzer... qui n'apparaît dans aucune des émissions diffusées. Peut-être était-il dans l'émission tournée pour le mois d'avril, qui aurait été déprogrammée. Alors, « 1 = 3 » aurait continué à condition de changer de ton – ce qui est manifeste...

On sait aussi que d'autres sketchs n'ont pas été tournés, comme une idée de Jean Yanne qui mettrait en scène Foch et Gamelin, qui furent généralissimes de l'armée française lors des deux guerres mondiales. Les deux généraux jouent aux dames et, chaque fois que l'un avance un pion, on voit à l'écran des soldats français qui montent en ligne sous la mitraille et la canonnade. Or il faut commander des images d'archives et la demande ne partira jamais, si complice soit l'équipe de salariés de l'ORTF qui travaillent avec Yanne et Martin. Ni pour « 1 = 3 » ni pour aucune des occasions que lui offrira plus tard la télévision, Jean Yanne ne parviendra jamais à tourner ce sketch.

Le bilan de « 1 = 3 » est largement positif pour Jean Yanne, et pas uniquement en termes de célébrité. En cinq émissions, il a acquis un savoir-faire et déjà mieux que des rudiments d'écriture télévisuelle. Il n'a certes pas la capacité d'invention d'un Jean-Christophe Averty, dont l'émission « Les raisins verts », autre scandale de la saison télévisuelle 1963-1964, était nourrie du cinéma surréaliste autant que d'une féroce passion pour toutes les nouvelles techniques de l'image et du son. Mais on voit déjà dans les séquences écrites par Jean Yanne des ressorts comiques qu'il utilisera pendant toute sa carrière d'homme d'images. Ainsi de l'anachronisme : dix-huit ans avant *Deux heures moins le quart avant Jésus-Christ*, la troisième émission de « 1 = 3 » montre Jean Yanne en Ben Hur, délégué du personnel sur une galère romaine, qui exige que l'on ne rame pas plus de quarante heures par semaine et que l'on ait double ration de choucroute, les jours de grand vent…

***

Si en 1964 la France des pisse-froid honnit « 1 = 3 », elle ne trouve guère à redire aux débuts d'une émission qui lance un genre d'une prospérité continue jusqu'à aujourd'hui, « La caméra invisible ». Et Jean Yanne participe à cette joyeuse saga potache et populaire.

S'il faut remonter très loin, l'histoire de « La caméra invisible » commence dans un minuscule cabaret, le Vernet. Début 1951, pour soixante-quinze spectateurs, une quinzaine de comédiens y présentent *Bouboute*. C'est la bande des Branquignols de Robert Dhéry, Colette Brosset, Jacques Legras… et Louis de Funès, qui incarne notamment un spectateur odieux qui bouscule tout le monde et finit par se faire écraser un gros tas de crème Chantilly en pleine figure. Et Legras arrive en uniforme de policier, s'installe au bar et parvient à se faire offrir un coup de blanc par le garçon, provoquant un mélange d'amusement et d'indignation chez les spectateurs. Pierre Tchernia, pionnier de la télévision française et ami des Branquignols (il va écrire et réaliser avec Dhéry le film *La Belle Américaine*), va garder en tête ce personnage extraordinaire qui fait évoluer jusqu'à leur paroxysme des situations absurdes tout en les contrôlant parfaitement par sa gentillesse et sa bonhomie. Quelques années plus tard, Tchernia engage Legras pour une séquence improvisée devant une caméra dissimulée derrière une palissade : ce faux policier provoque, par sa maladresse embarrassée, un embouteillage sur les Champs-Élysées.

Mais la direction de la télévision ne veut pas aller plus loin. Pendant des années, Jacques Legras passe beaucoup de temps en Grande-Bretagne et aux États-Unis avec les longues tournées des Branquignols. Et il étudie dans le détail tous les ressorts de « Candid Camera », émission américaine pionnière qui, depuis 1948, rassemble les familles devant le téléviseur et invente des centaines de situations délirantes qui peuvent aisément être transposées en France.

En 1963, Jacques Rouland lance sur Europe 1 l'émission « Gardez le sourire ». Il présente les impostures de Jacques Legras, qui, chaque jour, entre chez un commerçant et se comporte en client insupportable mais toujours délicieusement gentil. Le succès est énorme et permet enfin que, après plusieurs tentatives infructueuses auprès de la direction de l'ORTF, Jacques Rouland lance « La caméra invisible », le 30 avril 1964, douze jours après l'inauguration de la toute nouvelle deuxième chaîne désormais accessible théoriquement pour tous les Français. D'abord présentée par Pierre Bellemare, « La caméra invisible » est immédiatement un succès.

Jean Yanne en devient un pensionnaire régulier. Il est vrai qu'il aime le canular et qu'il parvient facilement à conserver son sérieux en toutes circonstances. Il va constituer plusieurs fois un duo avec Jacques Balutin : en chapeau mou, gabardine et regard sévère, ils jouent les policiers en civil ou les agents secrets, « cuisinent » des passants ou leur font croire qu'ils ont surpris une conversation dangereuse pour leur sécurité. Seul, il se présente avec un Solex et une minable valise d'aluminium devant un grand hôtel à Monaco et demande au voiturier de s'occuper de son cyclomoteur. Il reste extrêmement calme et humble mais si insistant qu'il finit par attirer l'attention de policiers monégasques qui font comme tous les policiers du monde en pareilles circonstances : ils demandent à contrôler son identité.

L'émission du 17 novembre 1964 sera la plus spectaculaire et restera dans les mémoires. Les moyens sont imposants et, pour une fois, « La caméra invisible » dispose de trois caméras qui, d'ailleurs, sont disposées au vu et au su de tout un chacun. Car, à la gare de Bièvres, en Seine-et-Oise, un comité d'accueil, emmené par le maire (Jean Yanne), son premier adjoint (Jacques Legras) et une rosière (Dominique Page), attend sur le quai. La fanfare est prête à jouer, un vin d'honneur a été installé dans le hall et une grande banderole proclame : « Bienvenue à notre grand ami ». Quand le train s'arrête, les deux faux édiles se jettent sur un brave quidam qui en descend et un reporter tend son micro. Fanfare, mots d'accueil, baiser et bouquet de la rosière. On conduit l'homme un peu étonné vers le buffet. On lui tend une coupe de champagne, Jean Yanne prononce un vibrant discours et invite le « grand ami » à prononcer quelques mots. L'homme dit simplement : « Je remercie tous ces messieurs et dames de votre gentillesse. » Nouvelle accolade, et Jacques Legras révèle enfin : « Vous êtes le centième candidat de “La caméra invisible”. » Sa flûte à la main, l'homme ne semble pas particulièrement étonné. Jean Yanne lui demande : « Vous vous en doutiez ? » Il répond : « Non, c'est rare que j'arrive à cette heure-là. J'arrive plutôt vers six heures et demie. » Et il ajoute : « Je vous dois rien ? » Les complices renouvellent le gag à toutes les arrivées, mais les deux autres séquences diffusées – un monsieur un peu sourd et une vieille dame charmante – n'ont pas la placidité sereine de leur première victime.

L'autre « superproduction » de « La caméra invisible » à laquelle participe Jean Yanne est présentée le 28 avril 1966. Devant un grand restaurant, Jacques Legras aborde un passant en costume, environ la quarantaine. Il lui explique que des amis et lui se trouvent à l'intérieur et ne peuvent commencer leur déjeuner, car ils seraient treize à table. Si ce monsieur veut bien avoir l'obligeance de se joindre à eux, ils seraient quatorze et ils n'auraient plus à braver une superstition. La séquence diffusée dure une vingtaine de minutes, au cours desquelles l'homme – un cadre de l'industrie chimique, apprendra-t-on – se décompose peu à peu en découvrant que ses hôtes reviennent de l'enterrement d'un de leurs amis, et appartiennent à deux bandes rivales de gangsters, l'une emmenée par Moustache (Jacques Legras), l'autre par Jojo (Jean Yanne), qui est assis en face de lui. Les yeux derrière de grandes lunettes noires, le visage grave, le parler lent et lourd de sous-entendus, Jojo en vient à lui proposer un travail nettement plus lucratif que la chimie… Invité ensuite en plateau et interviewé par Jean Poiret, le pigeon reconnaîtra avoir été particulièrement embarrassé, voire angoissé. Et surtout n'avoir pas reconnu Jean Yanne, qu'il avait pourtant déjà vu à la télévision.

Le chef-d'œuvre de la participation de Jean Yanne à « La caméra invisible » est diffusé le 15 décembre 1964 et constitue sans doute un des sommets de toute l'histoire de cette émission. Il s'est installé derrière un étal sur les grands boulevards, à Paris, et se lance dans un numéro de camelot non pour vendre quelque invention inutile ou de la bimbeloterie, mais pour proposer un lot de bijoux sertis de pierres précieuses pour « 15 millions », c'est-à-dire 150 000 francs (presque 200 000 euros aujourd'hui). Il affirme que c'est une vente exceptionnelle organisée par le Comité de la joaillerie française pour les fêtes de fin d'année. Il a des comparses : Jacques Legras et Dominique Page forment un couple posté devant son étal ; elle insiste pour qu'il achète des bijoux et son « mari » cède, après que le camelot a ajouté à son lot un bracelet de brillants baguettes d'une valeur de douze mille francs. Les spectateurs sont pour la plupart interloqués et muets, mais deux jeunes femmes s'étonnent bruyamment, et même avec une certaine véhémence, notamment quand Jean Yanne enveloppe les bijoux dans un papier journal pendant que Jacques Legras rédige son chèque. Ce sketch n'est pas seulement loufoque : il est une terrible cruauté pour les badauds qui regardent, interdits, un camelot qui leur demande s'ils n'ont pas quelques millions sur eux.

« Nous avons ici un lot : ce bracelet saphirs et brillants, valeur 6,4 millions, un bracelet brillants et rubis, valeur sept millions, nous avons ici quatre clips d'un million chacun, et le collier de perles en plus. Eh bien tout ça si vous le voulez, grâce à la vente réclame du Comité de la joaillerie française, vous l'emportez pour combien ? Pas pour vingt millions, pas pour dix-neuf millions, pas pour dix-huit millions, pas pour dix-sept millions, pas pour seize millions, mais pour quinze millions seulement. Quinze millions d'anciens francs seulement les deux bracelets, les quatre clips et le collier en perles naturelles. C'est une affaire, hein monsieur, c'est une affaire ? […] Et je vous fais même à titre exceptionnel et jusqu'aux fêtes du réveillon, je vous fais cadeau d'une bague, une bague saphirs et brillants montés sur platine. Le tout pour quinze millions, qui en veut ? Il n'y en aura pas pour tout le monde. »
Le boniment du camelot Jean Yanne dans « La caméra invisible » du 15 décembre 1964.

* * *

Cette année 1964 est une période particulièrement stimulante pour l'humoriste, qui explore des directions nouvelles. Alors qu'il expérimente les possibilités nouvelles de la télévision, il participe aussi à une sorte de reconstitution historique : la reparution de *L'Os à moelle*, de Pierre Dac.

Comme tous les artistes faisant profession du rire, Jean Yanne n'ignore pas qui est Pierre Dac ni quelle révolution fut la création de son magazine, *L'Os à moelle*, en 1938. Cet hebdomadaire se proclamant loufoque publie Jean Effel, Robert Moisan ou le jeune Francis Blanche avant que la défaite ne le fasse disparaître. Pendant la guerre, Dac sera une des voix les plus écoutées de la France libre sur Radio Londres, avant de reprendre du service sur scène et à la radio. Il signe ainsi avec Francis Blanche le feuilleton *Malheur aux barbus* en deux cent treize épisodes en 1951 et 1952 sur Paris Inter, puis les deux hommes poursuivent avec les mêmes personnages pour *Signé Furax* en mille trente-quatre épisodes sur Europe 1. Alors que l'on commence à oublier Pierre Dac et que celui-ci peine à donner un second souffle à sa carrière, une série de rencontres avec des cadets amoureux de son humour lui permet de réaliser un rêve : le 23 avril 1964 sort le premier numéro de *L'Os à moelle* ressuscité. Jean Yanne y participe.

Il a rencontré le fameux « maître soixante-trois » au hasard des cabarets, quelques années plus tôt et ils se croisent de loin en loin. En 1962, Jean Baïtzouroff a arrangé des chansons écrites à Londres pendant la guerre et que Pierre Dac a exhumées pour enregistrer le 33 tours *Quand les Français parlaient aux Français.* Dac et Yanne ont une certaine sympathie mutuelle. Mais l'un et l'autre sont plutôt timides…

Ils travaillent enfin ensemble pour *L'Os à moelle.* Jean Yanne croise le gotha de l'humour au sein de la rédaction de l'hebdomadaire : Jacques Martin, Francis Blanche, Pierre Doris, Maurice Biraud, René Goscinny, Roger Pierre et Jean-Marc Thibault, Pierre Tchernia, Robert Beauvais, José Artur… On retrouve les petites annonces loufoques qui firent tant pour la gloire de *L'Os à moelle* d'avant-guerre ou les légendaires communiqués sur la pharmacie Lopez, de garde dimanche prochain à Santiago du Chili (ce sera un *running gag* qui, de numéro en numéro, conduira le pharmacien jusqu'à une audience avec le général de Gaulle à l'Élysée).

Les débuts de l'hebdomadaire sont un vrai succès : deux cent mille exemplaires en moyenne, qui ne sont pas seulement des nostalgiques d'une loufoquerie contemporaine des accords de Munich. Beaucoup d'auteurs écrivent dans *L'Os à moelle* sur leur pente habituelle, et quelques-uns déploient même une créativité sans frein, comme Goscinny, qui écrit *Les Aventures du facteur Rhésus, ou la bouleversante épopée d'un héros postal*, avec des illustrations d'une jeune dessinatrice nommée Claire Bretécher, qui sera bientôt de l'aventure de *Pilote*, l'hebdomadaire dirigé depuis 1963 par le génial scénariste d'*Astérix le Gaulois.*

Jean Yanne compte parmi les rédacteurs les plus assidus dans les quatre pages grand format du journal de Pierre Dac. Dès le premier numéro, il publie un long article titré : « Les pouvoirs publics impliqués dans un gigantesque scandale ». Sa plume brode longuement sur un de ses sujets favoris : les contraventions. En l'occurrence, il a été verbalisé pour « stationnement unilatéral non respecté », établi dans la nuit du 30 avril au 1er mai à 23 heures, une heure avant que sa voiture ne soit réellement en infraction. Contestant cette contravention, il apprend que, par un arrêté préfectoral concernant le stationnement, le dernier jour du mois prend fin à 21 heures. Aussi clame-t-il : « De quel droit un préfet de police peut-il fouler aux pieds les décisions d'un pape ? De quel droit un arrêté préfectoral peut-il modifier le calendrier grégorien admis par tous les pays du monde, y compris l'Angleterre, en faisant débuter le premier jour du mois la veille à 21 heures, c'est-à-dire trois heures avant le chiffre fixé par la division de l'année solaire. Trois heures en moins ! Savez-vous ce que cela fait ? Cela fait que l'année scolaire est de 365 jours 5 heures 48 minutes et l'année préfectorale de 365 jours, 2 heures, 48 minutes seulement. Alors, songez aux conséquences de cette décision funeste, monsieur le préfet de police. De quoi faire s'écrouler la France ! » Et il détaille toute la richesse produite par la France dans ces trois heures, en tonnes de charbon et en salaires cumulés…

De semaine en semaine, il plaisante sur tout l'espace gaspillé pour la culture du blé et qui pourrait servir de parkings, sur sa conviction que le Tour de France sert de couverture à des équipes d'espions étrangers qui, sur leur vélo, essaient de saisir des secrets stratégiques, ou sur les méfaits du soleil et de l'inactivité pendant les vacances, sur la nécessaire invention de « roues de clous » évitant que les pneus ne soient crevés par des clous égarés sur la chaussée…

Il réagit aussi à l'actualité, comme lorsque Jean-Paul Sartre refuse le prix Nobel de littérature (« Sincèrement, franchement, simplement, je le dis et je le répète, j'en veux bien, moi, du prix Nobel »), lors d'une conférence de presse du général de Gaulle ou du lancement du programme des Maisons de la culture (il préfère la réouverture des maisons closes) ou lorsque Johnny Hallyday est appelé au service militaire…

Tout naturellement, à l'automne 1964, Jean Yanne est engagé par Pierre Dac pour participer à une courte émission comique d'un quart d'heure présentée le dimanche à 13 h 15 sur France Inter. Roland Dhordain, chargé de la refonte des programmes de France Inter et admirateur de Pierre Dac, pense que ce retour en grâce peut se prolonger à l'antenne tout en damant le pion à Europe 1, qui avait laissé s'échapper le grand esprit loufoque après le dernier épisode de *Signé Furax*.

L'émission s'intitule « 3 14 116 » et est annoncée comme étant « une émission de Pi R Dac ». Plusieurs générations sont au micro autour de Pierre Dac, tout comme dans les colonnes de *L'Os à moelle* : Jean Bardin, Robert Nahmias, Roger Carel, Lawrence Riesner, Pierre Doris, Héléna Bossis, René Goscinny et Jean Yanne. Comme *Signé Furax*, l'émission est « mise en ondes » par le légendaire Pierre-Arnaud de Chassy-Poulay, ami de Dac depuis Radio Londres et qui, après avoir été pianiste des Trois Baudets, est également l'inventeur des spectacles son et lumière, dont il créera une centaine en France et à travers le monde. « 3 14 116 » fait se succéder quelques sketchs autour d'un éditorial loufoque de Pierre Dac. Jean Yanne intervient tous les dimanches. La première fois, le 25 octobre, il clame : « Toutes les

« Que souhaite le gouvernement ? Diriger un peuple d'êtres avachis à l'œil terne, à la langue pendante, au regard tiède et au vote orienté. Un peuple d'individus fabuleusement bêtes à qui l'on pourra prendre ses sous, que l'on pourra faire travailler pour un salaire médiocre, que l'on pourra "télévision-gouverner" à loisir, que l'on pourra nourrir de slogans et de poulets français ! Un peuple d'andouilles à qui l'on pourra faire prendre des vessies pour des avantages sociaux ! Alors, messieurs, du gouvernement ! Avez-vous vu le public de Johnny ? N'a-t-il pas toutes les caractéristiques de cet ensemble que vous souhaitez mener à la baguette ?

« Que manque-t-il au yé-yé qui twiste ? Une pioche entre les mains et sans s'en rendre compte il vous abat deux tonnes de charbon par da dou ron ron ! Une courroie autour du ventre et en "surfant" il vous alimente une centrale électrique pendant deux heures. Des machines-outils marchant au carburant musical, voilà ce que vous prépare Johnny. Une génération entière de zombies à 33 tours. Ce qu'il est en train de faire des adolescents de 1964, c'est ce que vous cherchez à faire de nous, les adultes, depuis la nouvelle Constitution. Alors laissez-le vous mâcher le travail. Libérez Johnny et servez-vous de son mythe. C'est votre nouvelle ligne Maginot. »

Article « Messieurs les gouvernants, notre jeunesse s'étiole », de Jean Yanne, dans *L'Os à moelle*, n° 14 du 23 juillet 1964.

semaines, seul dans ce studio, seul devant ce micro, seul face à l'opinion, je commenterai pour vous l'actualité sans peur et sans hésitation. Je vous dirai tout ce que l'on n'ose pas vous dire et quelles que puissent en être les conséquences, je crierai ce que l'on vous chuchote. » Et il poursuit dans une série de prétéritions savoureuses, annonçant des révélations saisissantes qu'il remballe aussitôt que Pierre Dac, derrière lui, fait mine de craindre qu'il aille trop loin.

Dans un faux reportage sur la compétition spatiale internationale, il tient le rôle de Frédo, carrossier de Courbevoie qui fabrique la fusée française avec des matériaux de récupération : « L'avant c'est une 2 CV, le corps c'est le châssis d'un quinze-tonnes bâché, le réservoir de carburant c'est une carrosserie d'Estafette, j'ai remplacé les vitres par de la tôle ondulée pour l'étanchéité. »

Début novembre, il présente pour la première fois une idée qu'il va développer peu après pour « La caméra invisible » sur la deuxième chaîne de télévision : il incarne un camelot qui vend dans la rue des bijoux de grand prix. Dans ses dernières participations à la série, il contrefait sa voix pour incarner un chroniqueur fat et embrouillé, Frédéric Ringard, qui pérore sur tout et n'importe quoi…

Si l'on n'en souffle mot dans « 3 14 116 », *L'Os à moelle* consacre une large place au MOU. Il ne s'agit pas seulement d'un gag, mais aussi d'une tentative pour relancer les ventes de l'hebdomadaire quand, en février 1965, il passe à un format tabloïd plus moderne. En une, rien de moins que l'annonce de la candidature de Pierre Dac à l'élection à la présidence de la République au nom du Mouvement ondulatoire unifié, le MOU.

À la suite du référendum de 1962 instituant l'élection au suffrage universel direct du président de la République, le premier scrutin de ce type doit se tenir les 5 et 19 décembre 1965 – neuf mois plus tard. Pierre Dac est le premier comique, longtemps avant Coluche et quelques autres, à prétendre participer à l'élection majeure de la vie politique française. Il convoque une conférence de presse dans un grand restaurant, flanqué notamment de Jean Yanne, supposé devenir son Premier ministre. Dac répond avec une loufoquerie assassine ou rêveuse aux questions très sérieuses des journalistes politiques. Quand on lui demande par exemple « Que pensez-vous du ministère de l'Éducation nationale ? », il répond : « Il entre dans nos intentions d'en créer un. » Les journalistes s'étouffent de rire…

Mais deux événements grippent la machine. D'abord, les aventures du MOU ne parviennent pas à redresser les résultats de *L'Os à moelle.* Ensuite, Pierre Dac reçoit un bref rappel à l'ordre venu de l'Élysée. N'a-t-il pas été la voix de la France libre, ce qui lui valut d'être promis – par contumace – au peloton d'exécution ? N'a-t-il donc pas été un fidèle compagnon du général de Gaulle dans les heures les plus noires, etc. ? Pierre Dac met fin aussitôt à la plaisanterie, non sans manifester sa fidélité à ses idées politiques dans un dernier communiqué du MOU : il annonce que sa candidature loufoque n'a plus aucun sens maintenant que Jean-Louis Tixier-Vignancourt a annoncé la sienne. L'ancien avocat du maréchal Pétain, chantre de l'Algérie française et héraut de l'extrême droite, est tout ce que hait Dac…

L'Os à moelle n'est plus qu'en survie, avec environ quarante mille exemplaires par semaine. Il cesse de paraître fin juillet 1965. Et, le 4 octobre, Pierre Dac présente le premier numéro d'une nouvelle émission sur France Inter, « À Ronceveaux, rien de nouveau ». L'horaire reste le même, le dimanche à 13 h 15, mais il n'est plus qu'en compagnie d'Héléna Bossis. Exit Jean Yanne, comme toutes les autres plumes et voix de « 3 14 116 » et de *L'Os à moelle.*

7. – Rue Bayard

(de *La Vie à l'envers* à RTL, 1965-1968)

Jean Yanne n'a pas renoncé à la chanson. Après le dernier de ses disques-gags chez Fontana en 1962, il est revenu chez Barclay en 1965. La pochette du premier 45 tours de son nouveau contrat reprend une photo de spectacle de cabaret, le chanteur lisant un texte de conférence derrière son fameux guide-chant. Mais, en studio, il est accompagné par un orchestre.

Le premier titre de la première face est *L'Eunuque*, conte oriental dont le seul but est d'amener à ce que le calife veuille faire couper la tête du gardien de son harem, qui lui dit, à la toute fin de la chanson : « Je suis eunuque de métier alors daigne considérer/Qu'un eunuque décapité, ça n'a vraiment ni queue ni tête. » Au passage, Jean Yanne ne rate pas une occasion d'un coup de pied de l'âne à l'Église catholique : « Le monarque était perverti jusqu'au bout des talons/Et tous les jours dans des orgies dignes d'un étalon/Tout comme ceux qu'on éduque chez les Jésuites en carême/Il préférait les eunuques aux filles de son harem. »

C'est aussi l'enjeu de *Mon cher Albert*, chanson d'amour qui, dès le deuxième couplet, ne cache pas qu'il s'agit d'une passion homosexuelle : « Lorsque tous deux, ensemble nous vivons/Mon ventre sur ton dos formant un édredon/Que j'ai donc du plaisir à contempler ta nuque. » Cette liberté d'expression est exceptionnelle pour 1965. Contrairement à l'entre-deux-guerres, qui s'amusait souvent d'amours entre hommes ou entre femmes (Maurice Chevalier avec *C'était une fille*, Fortugé avec *Le Petit Rouquin du faubourg Saint-Martin*, Jean Gabin avec *Léo, Léa et Élie*, Édith Piaf avec *La*

Garçonne, O'Dett avec *Le Tsoin-tsoin...*), la chanson française ne fait plus allusion à l'homosexualité que pour s'en moquer ou même la réprouver explicitement (comme Guy Béart avec *Qu'on est bien*). Et Jean Yanne décrit complaisamment un « amour unique » avant de conclure : « Je vais pourtant encore te demander/Une dernière grâce pour mieux me contenter/Lorsque tu viens m'aimer, garde donc ta soutane. » Avec délectation, c'est ajouter le blasphème au scandale...

Mais *Mon cher Albert* ne fait guère scandale : il n'y a plus de comité d'écoute à la radio nationale et une solide autocensure est tout aussi efficace. En revanche, Jean Yanne passe plusieurs fois à la télévision avec *Pourquoi m'as-tu mordu l'oreille ?*, pastiche du réalisme psychologique de Charles Aznavour : « Nous sommes les victimes à jamais séparées/D'un phénomène qui dissocia notre couple/Et comme l'araignée contemplant le fil souple/De sa toile qu'un vieux balai vient de crever/Nous voyons se dresser le souvenir tragique/De ce qui fut pour nous un amour extatique. »

La quatrième chanson du super-45 tours Barclay 70741 est une parodie plus faible, *Si tu t'en irais*, qui maltraite la syntaxe et la métrique dans une sorte de charge contre la chanson sentimentale de grande consommation : « Si tu t'en irais/Si tu m'laisserais seul au monde/Des fois qu't'aurais eu connu/Quelqu'un qu't'aimerais encore mieux... »

« Comment décrire Camille
Qu'a ni cul, ni seins, ni dos ?
On dirait une chenille
Ou un dessin de Picasso
C'est comme un intestin grêle
Avec une tête au milieu,
Un gros triangle isocèle
Boursouflé jaune et visqueux.
Chaque nuit avec Camille,
Je m'envole vers les cieux,
Je suffoque et m'écarquille,
Je plane, je suis heureux.
C'est vraiment l'apothéose
Des voluptés de l'amour,
Mais la meilleure des choses
Ne peut pas durer toujours ! »
Deuxième couplet de *Camille*, texte de Jean Yanne, musique de Jean Baïtzouroff.

Outre *Rouvrez les maisons*, que nous avons évoqué au chapitre 5, la chanson la plus surprenante du super-45 tours Barclay 70784, sorti peu après, est une chanson d'amour, *Camille*. Là, l'imagination cavale : Jean Yanne évoque des délices sexuelles d'une passion brûlante, mais décrit l'objet de sa passion comme « une amygdale/Aux extrémités fourchues ». Et il reprend deux chansons connues de ses spectateurs au cabaret, *Avec Maria* et *Le Pauvre Blanc*. Cette dernière chanson, enrichie d'arrangements modernisés, chante entre gospel et rhythm'n'blues le malheur des Occidentaux qui n'ont pas le sens du rythme et ne savent pas jouer de jazz – « Le pauvre Blanc sait qu'un jour/Enfin vous aurez pitié/Et que vous lui accorderez/

Le tempo tant désiré/Pour qu'il puisse vous louer/Et chanter un éternel/Blanco spirituel.»

Sortis à quelques mois d'intervalle en 1965, ces deux disques ne sont pas des succès spectaculaires. Jean Yanne n'imagine plus sérieusement faire carrière dans la chanson. En revanche, il continue à être chanté, mais désormais par son amie Ginette Garcin.

La compagne de Robert Beauvais est passée du cabaret au music-hall et elle fait usage de sa voix agile dans un répertoire qui, en ce début des années 1960, ne séduit pas en priorité la jeunesse en blouson noir. Elle enregistre *L'Absinthe* dès 1959 et, surtout, en 1965, *La Médication de Thaïs*, également connue sous le titre *Cresoxipropanediol en capsule*, chef-d'œuvre délirant sur les noms de médicaments, que la chanteuse interprète avec une virtuosité surnaturelle.

«Du trisilicate anhydrique de magnésium
Du quadrisulfogaiacolate de potassium
Du glycérohydrato monoamoniacal
Du bichlorhydrate milenicophysidal
De l'orthodioxybenzenotocophérol
Du cresoxipropanediol, en ampoule
De l'aminophénisulfonacophétamide
De l'hexachlorocyclohexanysculoside
De l'acitalmine isopropyl orbiturique
De l'etabenzyl amoniocodiphosphorique
De l'acetylameniphenylarcinazole
Du cresoxipropanediol, en capsule.»
Refrain de *Cresoxipropanediol en capsule*, chanté par Ginette Garcin, paroles de Jean Yanne, musique de Jean Baïtzouroff.

* * *

Jean Yanne fait ses classes d'acteur, sans beaucoup d'esprit de suite ni de discernement. Il accepte ce qu'on lui propose, sans nécessairement chercher à construire une carrière ou même une identité de comédien. Il tourne quand on l'appelle et qu'il est libre. On le voit coup sur coup dans quatre films d'action, *Dis-moi qui tuer* d'Étienne Périer, *Monnaie de singe* d'Yves Robert, *Le Saint prend l'affût* de Christian-Jaque, et *Le vicomte règle ses comptes* de Maurice Cloche, sortis en salles entre novembre 1965 et avril 1967.

Le premier est un film curieux qui réunit Michèle Morgan, Dario Moreno, Jean-Roger Caussimon et Rellys sur la Côte d'Azur autour de l'épave engloutie d'un avion allemand abattu pendant la Seconde Guerre mondiale avec à son bord un énorme trésor. Le projet ne manque pas d'ambition mais manque de tout le reste. Jean Yanne court un peu dans un second rôle épisodique. À sa sortie, *Dis-moi qui tuer* attire 40 357 spectateurs dans les cinémas parisiens sur la seule force d'attraction des yeux de Michèle Morgan. Comme ils ne sont que 18693 la semaine suivante, le distributeur arrête les frais et le film s'enfonce dans les limbes du circuit B.

Avec *Monnaie de singe*, Yves Robert fait mieux : 280071 entrées en dix semaines d'exclusivité à Paris. Réalisé entre *Les Copains* et *Alexandre le Bienheureux*, ce film sera néanmoins récusé, plus tard, par son réalisateur. Il s'agit en effet d'un film de commande : le producteur Carlo Ponti avait acheté les droits du livre *La Veuve de Modane* pour sa femme, Sophia Loren, mais veut le faire tourner avec Robert Hirsch dans le rôle principal. Il faut donc réécrire l'histoire de ce génial peintre copiste qui, sous l'impulsion d'un faux baron (Jean-Pierre Marielle), fabrique de la fausse monnaie. Jean Yanne est un comparse des truands et endosse plusieurs déguisements pittoresques, dont la cornette d'une bonne sœur. C'est surtout sa première rencontre avec Robert Hirsch, sociétaire de la Comédie-Française et immense comédien qui aborde avec la même démesure et la même intensité tous les répertoires, de la tragédie classique à la farce la plus volatile.

Ses deux longs métrages suivants, *Le Saint prend l'affût* et *Le vicomte règle ses comptes,* sont destinés à la consommation paresseuse dans les salles de quartier. Ces films saturés de clichés et de figures imposées sont réalisés par de vieux routiers des plateaux de tournage qui mettent dans la boîte cinq à dix minutes de film utile par jour de tournage.

Le Saint prend l'affût est écrit d'après un roman de la série à succès de Leslie Charteris, avec Jean Marais dans le rôle-titre, quelques années après que Roger Moore lui a donné ses traits dans un légendaire feuilleton télévisé. Le Saint, prodigieux gentleman cambrioleur, vient au secours de son ami Chartier, qui a essayé d'escroquer les services secrets allemands et américains en leur vendant de faux documents. Dans la course aux dollars, le truand oriental Slimane (c'est Dario Moreno), des mafiosi italiens et des agents secrets américains unissent leurs efforts à ceux d'espions allemands emmenés par Müllerstrasse (Jean Yanne), personnage mêlant résolution sadique et hystérie bureaucratique. Dans cet univers perclus de clichés, Jean Yanne sert avec docilité un personnage tracé à gros traits et sans autre nuance qu'un tout petit peu de fair-play vaguement chevaleresque sous la parfaite noirceur d'intentions – ce qui est après tout le cliché de l'officier allemand *korrekt* que l'on croise dans cent films. De toute manière, la caméra de Christian-Jaque est tout à la dévotion de Jean Marais, héros invincible et porteur de tous les bons mots du dialogue d'Henri Jeanson, proche de la fin de carrière, vingt-huit ans après son « atmosphère, atmosphère, est-ce que j'ai une gueule d'atmosphère » d'*Hôtel du Nord* pour Marcel Carné. Le meilleur mot d'auteur du *Saint prend l'affût* survient quand Jean Marais écrase sur le visage de Dario Moreno un gâteau à la crème et signe son geste en disant : « Le Saint. Honoré. »

Müllerstrasse. – Bonjour monsieur Simon Templar. Bonjour le Saint. Nous allons enfin pouvoir bavarder un peu... Gentiment, si possible.
Le Saint. – Je ne suis pas très causant en général.
– Avec moi, on en dit toujours plus qu'on ne voudrait.
– Peut-être avez-vous un sujet de conversation.
– J'en suis plein ! Vous avez de la chance de tomber sur moi. Je suis une très bonne nature. Je pourrais vous supprimer... Mais je n'aime pas les cadavres.
– Voilà au moins un dégoût que nous avons en commun.
– Je te demande donc comme un service de ne pas m'obliger à t'exécuter, bien que j'en aie la possibilité. Un autre profiterait de l'occasion. Moi... non.
– Vous feriez une mauvaise affaire. Je serais un mort récalcitrant et peu négociable.
– Qu'est-ce que tu fous avec la fille de Chartier ?
– Un voyage d'agrément.
– Non, un voyage d'intérêt ! Tu sais où sont les dollars. Et si tu le sais et si elle ne le sait pas... Je veux savoir ce que tu sais.
– Comment dites-vous ? Répétez cette dernière phrase, elle est très amusante.
(*Müllerstrasse gifle le Saint quatre fois.*)
Müllerstrasse (Jean Yanne) interroge le Saint (Jean Marais), ligoté, dans *Le Saint prend l'affût*.

Jean Yanne tourne ensuite avec Maurice Cloche, qui a réalisé son premier long métrage en 1937 et, depuis, alterne films moraux d'inspiration catholique et séries B. *Le vicomte règle ses comptes* est une adaptation du roman policier *Bonne mesure*, de Jean Bruce, également auteur du cycle OSS 117. D'ailleurs, c'est l'interprète des aventures d'Hubert Bonnisseur de la Bath devant la caméra d'André Hunebelle, Kerwin Matthews, qui joue le rôle d'un play-boy invincible, Clint de la Roche. Chasseur de primes pour le compte d'une compagnie d'assurances, il est flanqué d'un acolyte, Billette, particulièrement niais mais titi parisien (« Laissez-moi le ramollir, patron », dit-il en pleine bagarre) et porté sur l'alcool (« Tu dépenses tout ton argent en liquides », lui dit le vicomte). Jean Yanne incarne Billette sans grande conviction, au milieu d'une distribution poussive qui ne parvient pas à donner chair et sens à une série d'entourloupes entre bandes de malfrats compliquée par la possession d'un laser ultramoderne capable de dissoudre instantanément un corps humain (ce sera d'ailleurs – quelle surprise ! – le destin du méchant en chef). Certainement rêvé par ses instigateurs comme devant être le premier d'une série, *Le vicomte règle ses comptes* restera sans postérité.

Mais Jean Yanne ne travaille pas seulement pour un vieux cinéma à l'agonie... Il a également été appelé par Claude Chabrol pour *La Ligne de démarcation.* Considéré comme le fondateur de la Nouvelle Vague avec son premier long métrage, *Le Beau Serge*, en 1958, Chabrol est devenu à la fois un observateur caustique des travers et obsessions de la société français avec des films respectés par les cinéphiles (*Les Bonnes Femmes*), mais aussi un efficace fabricant de films de genre (*Le Tigre aime la chair fraîche* et *Le Tigre se parfume à la dynamite* avec Roger Hanin). Réalisateur tantôt ouvertement commercial, tantôt obsédé par la refonte des formes cinématographiques, il est celui qui, dans la génération des *Cahiers du cinéma*, tourne le plus et suscite le moins d'exégèses savantes.

La Ligne de démarcation est l'adaptation du plus célèbre roman du colonel Rémy, agent secret de la France libre pendant l'Occupation. Il ne s'agit pas de prendre la moindre distance à l'égard du récit absolument dominant à l'époque sur la Seconde Guerre mondiale en France. Au générique, un carton va dédier le film « aux innombrables Français et Françaises qui se firent « passeurs » au prix de leur liberté et souvent de leur vie », le long de la ligne séparant la zone libre de la France occupée par les Allemands. Le scénario fleure bon le bleu-blanc-rouge et la croix de Lorraine. Dans le Jura, un officier français blessé de guerre (Maurice Ronet) rentre chez lui après une longue convalescence et découvre son village séparé par la ligne de démarcation qui passe le long d'une rivière. Son château (puisqu'il est comte) a été transformé en kommandantur. Il découvre que sa femme, née britannique (Jean Seberg), penche du côté de la Résistance, ce qu'il réprouve résolument. Des agents travaillant pour les Alliés et pour la Résistance étant traqués par les Allemands, il veut d'abord interdire à sa femme de les aider. Mais il comprend qu'il a tort d'être légaliste quand son épouse est arrêtée. Il va se sacrifier en abattant deux agents de la Gestapo pour permettre à un agent de la France libre de passer la ligne de démarcation.

Claude Chabrol tourne là un épisode du récit national, dans lequel les quelques collaborateurs sont odieux et dans lequel tous les Français sont résistants de cœur sinon d'action : le médecin trafiquant du marché noir qui aide la Résistance (Daniel Gélin), le bistrotier socialiste ancien combattant (Noël Roquevert), le garde-chasse qui guide les fugitifs (Mario David), le curé du village (Pierre Gualdi), l'instituteur laïcard (Jean Yanne)...

Dans ce rôle, Yanne épouse les clichés avec conscience, moustache et cheveux gominés comme dans les années 1940 : il lance un «croa croa» classique quand le curé entre dans une pièce, il accable un petit soldat allemand de sarcasmes («La Manche, vous l'avez pas encore pompée? *England nicht kaputt!*»), il supporte une perquisition de la Gestapo avec une dignité flegmatique et, lorsque le comte est tué par les Allemands, c'est lui qui lance *La Marseillaise* que la foule reprend en cœur. Il n'est encore que neuvième nom au générique, mais on va beaucoup voir Jean Yanne : *La Ligne de démarcation*, avec 1 369 742 spectateurs en France, est le plus gros succès de la carrière de Claude Chabrol, même s'il est loin derrière les deux autres grands films français revenant, cette même année, sur la Seconde Guerre mondiale, *La Grande Vadrouille*, de Gérard Oury (qui atteindra 17 millions d'entrées) et *Paris brûle-t-il?*, de René Clément (4,9 millions). Cela donne un contrepoint sérieux et grave à une carrière qui va bientôt se muer en une belle gloire d'humoriste.

* * *

Les manœuvres des politiciens ont souvent des conséquences imprévues. Déjà maître de l'audiovisuel public, l'État contrôle également Europe 1, Radio-Monte-Carlo et Sud Radio grâce à la Sofirad, société nationale créée en 1942. Une seule radio périphérique échappe à la mainmise de l'État, Radio-Luxembourg. Or, si elle n'est pas juridiquement une entreprise française émettant depuis la France, ses studios sont installés à Paris, rue Bayard, dans le 8e arrondissement, et la quasi-totalité de ses activités sont tournées vers le territoire français. Or le Premier ministre, Georges Pompidou, homme attentif à toutes les modernités, sait bien quel est le pouvoir de la radio et entreprend de grandes manœuvres dans la coulisse pour faire entrer la Sofirad au capital de Radio-Luxembourg. Outre ses évidentes arrière-pensées politiques, il tient un argument : ce qui faisait de RTL une radio puissante dans les années 1940 et 1950 fonctionne beaucoup moins bien. La France des campagnes et des personnes âgées continue d'écouter le jeu « Reine d'un jour » et le feuilleton *La famille Duraton*, mais les citadins et les jeunes préfèrent « Salut les copains » sur Europe 1 ou les programmes régulièrement rénovés de France Inter.

À Luxembourg, les administrateurs entendent bien ces arguments mais ne veulent pas laisser l'État français s'installer à leur table. Ils se tournent vers un capitaine d'industrie du Nord, Jean Prouvost, qui possède une petite minorité du capital. Depuis que, tout jeune homme, il a créé la Lainière de Roubaix, ses entreprises n'ont cessé de prospérer. Il a peu à peu étendu ses activités à la presse avec le même flair et la même audace. Possédant des journaux prospères – *Le Figaro*, *Paris Match* et *Marie-Claire* – il propose au conseil d'administration de Radio-Luxembourg de faire usage du même savoir-faire pour rénover et relancer la station.

En mai 1966, il obtient le contrôle total de la radio et sa première décision est de donner à la station un directeur audacieux qui partage ses vues. Or, dans un premier temps, il faut tirer l'oreille de ce dernier. Rédacteur en chef de *Paris Match*, Jean Farran n'a aucune envie d'aller s'enterrer dans une station de radio qui lui semblait déjà vieillotte quinze ans plus tôt. Il obtient de s'installer rue Bayard avec les pleins pouvoirs et deux autres transfuges de *Paris Match*, Raymond Castans et Robert Barrat. Les « rois *Match* », comme on les appelle aussitôt, arrivent avec beaucoup d'idées et un chéquier grand ouvert. Par dizaines, journalistes, animateurs ou réalisateurs sont remerciés. Le 11 octobre, Radio-Luxembourg devient RTL, la grille de programmes est totalement chamboulée… et *La Famille Duraton* s'exile sur Radio Andorre.

Jean Farran a l'intuition que l'auditeur de 1966 a besoin qu'on lui parle normalement. Les nouvelles voix de l'antenne de RTL ne doivent pas lire des textes ampoulés et surchargés de formules vieillottes, ne doivent pas raconter perpétuellement les bienfaits du bon vieux temps ni aligner des blagues éventées depuis le président Fallières. Il faut du quotidien, du réel, du familier. En même temps qu'Anne-Marie Peysson, Georges de Caunes ou Jean Bardin, Jean Yanne arrive à RTL. Il y a des nouveaux partout : de jeunes journalistes, des éditorialistes venus de la presse écrite et à qui Farran demande de parler sans fard (Raymond Aron, Raymond Cartier, Jean Ferniot, Gilbert Cesbron, Maurice Clavel, Roger Priouret…), une nouvelle génération d'animateurs de variétés (Fabrice, Sophie Garel, Jean-Bernard Hebey, Évelyne Pagès, Gérard Klein)...

Rue Bayard, on abat des murs, on perce des cloisons, on tapisse les couloirs de moquette jaune, orange et violette. On construit un studio automatique pour Mike Prescott, alias Président Rosko, animateur de la station pirate Radio Caroline débauché par RTL. En virtuose, il passe des disques sur deux platines, improvise une animation délirante et lance à tout bout de champ des jingles tonitruants – les premiers jingles de la radio en France. Le bureau de Jean Farran est un prodige de design moderne dans des couleurs aveuglantes. Dans un coin, une tirelire : on est à l'amende si l'on a frappé avant d'entrer ! Le règne de Farran durera douze ans. Douze ans d'innovations, d'audaces et de soucis perpétuels avec toutes les autorités du corps social. Car la France a de mauvaises habitudes. Institutions, syndicats, entreprises, élus de tous échelons et associations de tous ordres ont les oreilles fragiles et depuis très longtemps décrochent leur téléphone dès qu'un propos les chagrinant a été prononcé sur les ondes. Et RTL échappant au contrôle direct de l'État, Jean Farran n'a même pas le paratonnerre d'un ministre pour se protéger. Son seul credo est simple : « L'antenne est faite pour le public, avec le public. » Où les puissants se placent-ils sur ce planisphère ?

Jean Yanne arrive à RTL avec deux émissions. La première est une tranche d'animation le samedi. Pendant deux heures, il feuillette les journaux en commentant titres et articles, il accueille plusieurs jeux animés par d'autres voix de la station et il passe des disques. C'est un choix de Jean Farran : certains animateurs doivent avoir la même possibilité que l'amateur de musique recevant ses amis chez lui : faire écouter de nouvelles acquisitions, sortir une rareté, passer du coq à l'âne... Aussi Jean Yanne commence-t-il à recevoir chez lui des 33 tours et 45 tours en quantités d'autant plus spectaculaires que ses goûts sont larges, éclectiques et l'inclinent souvent à privilégier l'inattendu et le paradoxe. Il diffuse ainsi des faces B improbables, des merveilles inconnues et des chansons pitoyables, de la musique d'orgue et des chansons antimilitaristes, les disques des copains et le pire de ses têtes de Turc...

Mais cette tranche du samedi est presque un échauffement. Sa grande affaire est l'émission du dimanche matin de 10 h 30 à 13 heures, « Quand j'entends le mot culture, je sors mon transistor ».

Le titre détourne une phrase célèbre de la pièce *Schlageter*, écrite par le dramaturge nazi Hanns Johst et créée en 1933 pour l'anniversaire du Führer. Le personnage dit littéralement « Quand j'entends parler de culture, je retire la sécurité de mon Browning », ce qui a été traduit et répandu en français sous la forme presque proverbiale : « Quand j'entends le mot culture, je sors mon revolver. » D'ailleurs, Jean Yanne avait déjà joué avec cette citation, en titrant un article de *L'Os à moelle* : « Quand j'entends le mot culture je sors mon zizi ».

Flanqué de ses compères Gérard Sire et Maurice Vamby, Jean Yanne se lance. Il est censé avoir écrit une huitaine de sketchs, mais, dans les faits, il arrive au studio avec très peu de textes réellement écrits. Venu présenter à Jean Yanne un 45 tours de chansons produit par l'ami Pierre Vassiliu chez Decca, se présente Daniel Prévost. Né à Garches, élevé à Vincennes et à Belleville par une mère seule, il fait partie de cette confrérie de destins bancals d'où viennent tant de grands comiques. Il a la gouaille du Parigot, l'œil observateur de l'enfant solitaire des cours de récréation, la fringale de culture du prolétaire qui s'est senti écrasé par l'inégalité devant le savoir. Il a tout fait pour être réformé et échapper à la guerre d'Algérie, alors qu'il ignore que son père naturel est, justement, un ouvrier kabyle enterré depuis des années au bled. Dans la chimie de sa personnalité, il est presque un jumeau de Jean Yanne : la même rage désespérée devant l'autorité, la même méfiance devant le mensonge officiel, la même furie d'activités et d'expériences, le même sens de la bande et de l'aventure collective.

Arrivé au Conservatoire national d'art dramatique de la rue Blanche après mille détours, il en sort en 1961 avec un premier prix et de belles appréciations de ses professeurs. Mais il accepte la première offre qu'on lui fait : *Un certain monsieur Blot* avec Michel Serrault dans le rôle titre et Jean Yanne au sein de la nombreuse distribution. Sa voie est tracée. Comme il dira plus tard, « si j'avais croisé Jean Vilar, je serais devenu Jean Vilar. Il passe par le cabaret, par *Les Raisins verts*, de Jean-Christophe Averty, passe même sporadiquement chez Jean Yanne à Europe 1 avant de rejoindre l'équipe de « Quand j'entends le mot culture, je sors mon transistor », en 1966.

Avec Daniel Prévost prenant place à la table avec Jean Yanne et Maurice Vamby, Gérard Sire s'installe de l'autre côté de la vitre. Désormais réalisateur à temps plein, il règne sur la musique, les jingles, les enchaînements. L'émission y gagne en nervosité, en fantaisie, en imprévisibilité et – ce n'est pas un détail – en modernité.

Parfois, lorsque commence « Quand j'entends le mot culture, je sors mon transistor », Jean Yanne ne dispose que du point de départ d'un sketch, parfois seulement de sa chute. Ce peut être l'histoire lue dans la presse d'un CRS qui s'est cassé le poignet en frappant un mur alors qu'il voulait donner un coup de matraque à un manifestant, ce peut être l'aventure d'un bandit nommé Zinière cerné par la police pour le seul plaisir de la réplique « Rends-toi, tu es cuit, Zinière ! »... Les trois hommes racontent l'histoire du traître Ganelon, châtié après Roncevaux par l'empereur des Francs parce que « Charlemagne a une mémoire d'olifant » et Jean Yanne ajoute, « Ah, la culture, ça fait du bien par où ça passe ! »

Depuis l'arrivée de Jean Yanne à RTL, Jean Farran ou un de ses adjoints est censé jeter un coup d'œil sur ses sketchs avant diffusion. Or, le samedi, presque rien n'est écrit. D'ailleurs, une bonne partie de ce qu'il prépare avant l'émission disparaît purement et simplement au profit de l'inspiration du dimanche matin. Et, souvent, Jean Yanne lance, dans l'instant, une chute cent fois plus assassine que le texte présenté la veille.

Fumant cigarette sur cigarette, il écrit pendant les chansons diffusées à l'antenne, faisant parfois signe à la régie d'en passer deux à la suite quand il n'a pas terminé son texte. Il ne cache pas aux auditeurs son impréparation, dont les conséquences sont parfois savoureuses à partager lorsque l'on est à l'écoute devant son transistor : les soudaines illuminations, les hésitations, les fous rires des compères.

Au début de l'émission, Jean Yanne cherche son rythme, annonce quelques-uns des thèmes sur lesquels il reviendra, débite quelques remarques griffonnées tout au long de la semaine sur des morceaux de papier. Puis il monte en régime, écrit à toute allure des squelettes de sketchs sur lesquels ses deux compagnons d'antenne embrayent avec vivacité. Les messages publicitaires sont lus par Sophie Garel, souvent interrompue par Jean Yanne qui ajoute son grain de sel et provoque fréquemment ses fous rires. Venue de Télé-Monte-Carlo avant d'entrer à Europe 1, elle a été engagée à

RTL en même temps que l'animateur et leurs relations ne resteront pas uniquement professionnelles.

Il invente aussi de faux sermons de Bossuet, fasciné par l'éloquence de l'aigle de Meaux. Dans ces textes joyeusement anachroniques, il use de la langue du XVIIe siècle pour dénoncer les puissants du XXe. Ils sont assez véridiques pour qu'un employé de la SACD s'y laisse prendre et refuse de lui verser des droits d'auteur sous l'argument que ces textes ne sont pas de Jean Yanne mais de Jacques-Bénigne Bossuet, qui n'est pourtant pas inscrit comme sociétaire.

Jean Yanne se sent très à l'aise dans l'exercice du direct à RTL. Il s'en prend avec constance à l'armée, aux curés et à la police, mais élargit sans cesse ses cibles. Un dimanche, il déplore que la reine Elizabeth II soit si mal habillée et invite les auditeurs à lui envoyer des robes. Et des colis de vêtements adressés de France arrivent effectivement à Buckingham Palace !

Il sort parfois des questions farfelues du courrier des auditeurs, comme de savoir comment faire durer plus longtemps les piles électriques d'un poste de radio. Il suggère de mettre le transistor allumé dans une baignoire remplie d'eau… Quelques naïfs, évidemment, essaient.

Les lettres de protestations furibondes s'amoncellent. Le lundi matin, la secrétaire de Jean Farran reçoit à la première heure les coups de téléphone venus de très haut : ambassades, grandes entreprises, présidents de conseils généraux et, régulièrement, le cabinet du ministre de l'Information. Plus tard dans la journée arrivent les messages du même ordre transmis par le bureau de Jean Prouvost, car certaines cibles de Jean Yanne pensent que, pour obtenir réparation, il vaut mieux s'adresser au Bon Dieu qu'à ses saints. Et le siège luxembourgeois de RTL fronce les sourcils chaque fois que Jean Yanne s'en prend aux têtes couronnées, puisque le grand-duc, Jean de Luxembourg, est plus ou moins apparenté à toutes les familles régnantes d'Europe.

Le directeur de RTL doit parfois encaisser sans broncher d'humiliantes remontrances. Mais Jean Yanne est un des plus sûrs atouts de la station en termes d'audience. La radio française, le dimanche matin, se contentait jusqu'alors d'émissions mielleuses et douces. Il donne soudain du nerf, du jarret et même de l'acidité aux heures où la plupart des catholiques pratiquants sont à la messe. Ce n'est d'ailleurs pas un hasard si des chansonniers vont, à partir de mars 1968, s'installer le dimanche matin sur France Inter dans « L'oreille en coin ».

Les dimanches matin de Jean Yanne, par leur drôlerie et leur liberté, sont pour RTL un atout qui compense amplement les colères des puissants. En décembre 1967, « Quand j'entends le mot culture, je sors mon transistor » est couronné par le prix Triomphe, décerné par l'Association nationale des amis de la radio et de la télévision.

L'émission est un lieu de liberté dans une France encombrée de censures, de fausses pudeurs et de conformismes tiédasses. Des lettres furieuses reprochent à Jean Yanne de « ne rien respecter ». Or c'est sa force. Aucune bienséance ne le retient, alors qu'autour de lui on vit au garde-à-vous devant les corps constitués, les héros de toutes les guerres, la classe ouvrière, le prestige de la culture française ou les intérêts sacrés de l'industrie et du commerce…

Rétrospectivement, on dira de cette époque que quelque chose est dans l'air, et qui annonce de grands bouleversements. Jean Yanne fait donc partie des précurseurs de Mai 68 comme d'autres personnalités des médias, de la chanson, du cinéma ou du théâtre. Et les événements qui agitent Paris puis la France à partir du 22 mars ne lui enlèvent rien de son alacrité – au contraire. Car s'il aime rire des CRS, il trouve beaucoup à se moquer des slogans des étudiants et des rêveurs qui vont faire la légende de Mai. Yanne lance ainsi des slogans qui lui passent par la tête : « Ni Dieu ni maître, même nageur », « Du beau, du bon, du boniment », « Il est interdit d'interdire »… Eh oui : « Il est interdit d'interdire », que mille témoins jureront des années plus tard avoir vu écrit sur un mur de la Sorbonne occupée est clamé au micro par Jean Yanne puis repris dans la rue.

Il est d'autant plus entendu, ces dimanches de Mai 68, que l'ORTF est en grève et que la France entière est à l'écoute des stations périphériques. RTL et Europe 1 envoient leurs voitures et leurs motos de reportage au cœur des événements du Quartier latin. La police les accuse de guider les manifestants (les policiers appellent RTL « Radio émeutes ») et plus d'un journaliste ou technicien reçoit son comptant de gaz lacrymogène, de pavés et de bouteilles. Mais les radios périphériques racontent en direct les barricades, les violences, les bavures policières, les voitures incendiées par centaines dans les rues de Paris… La France entière écoute, le souffle coupé. Révolution ou chienlit ? Les journalistes essaient de ne pas prendre parti. Et, instinctivement, Jean Yanne non plus. Il exècre les flics, tout autant les adolescents convaincus qu'en trois nuits de barricades ils construiront en France une nouvelle Chine populaire, un nouveau Cuba ou un nouveau Kronstadt.

Mais il gagne aussi de solides inimitiés en ne faisant pas grève. Il dit ouvertement qu'il travaille pour gagner sa vie. L'argument, pour être d'un certain bon sens et franchement apolitique, n'en indispose pas moins beaucoup des confrères ou des artistes que, par ailleurs, Jean Yanne fait rire. Quand le chanteur Leny Escudero débarque en pleine émission dans son studio à RTL et le traite de « jaune » parce qu'il travaille alors que les radios du service public sont en grève, il l'envoie paître. Et il reprend le cours de son émission, qui inclut désormais chaque dimanche « Le tirlipot du CRS », parodie du jeu de Guy Lux qui deviendra « Le schmilblick » en 1969 : « Est-ce que le CRS peut tirlipoter un étudiant ? – Oui, monsieur. À quoi pensez-vous ? – À matraquer. » Contempteur autant du conservatisme que de la contestation, il ravit et agace à égalité.

Aux événements de Mai et à la grande peur des bien-pensants succède le retour à l'ordre. Un discours du général de Gaulle, une immense manifestation sur les Champs-Élysées, la dissolution de l'Assemblée nationale, des élections qui donnent une majorité absolue des sièges à l'UDR gaulliste... Cet été-là, les radios ne diffusent pas de chansons révoltées : on entend *Petite fille de Français moyens* de Sheila, *Vive la France* de Stone, et le premier 45 tours d'un trio grec qui a enregistré à Londres parce que les studios parisiens étaient paralysés par la grève générale, Aphrodite's Child. Et *Rain and Tears*, chanson à la fois céleste et cotonneuse, semble organiser la torpeur d'un début d'été normalisé.

Jean Yanne ne se relâche pas pour autant. Georges Pompidou laisse le poste de Premier ministre à Maurice Couve de Murville ? Il l'appelle désormais « Couille de Murville » et en fait une de ses cibles favorites. Le chef d'un gouvernement qui fonde son action sur le retour de l'autorité de l'État est traité comme un niais dérisoire par l'animateur de RTL, qui lit à l'antenne de petits messages pour sa femme : « Je finirai tard à l'Assemblée, mets-moi du ragoût de mouton au chaud. » Les auditeurs rient toujours autant, mais Jean Farran beaucoup moins. Les lundis matin du directeur de la station deviennent impossibles...

8. – Vedette

(des *Revendications d'Albert* au « Sacha Show », 1966-1967)

« Ma mère m'a dit "Antoine, fais-toi couper les ch'veux"/Je lui ai dit "Ma mère, dans vingt ans si tu veux/Je ne les garde pas pour me faire remarquer/Ni parce que j'trouve ça beau mais parce que ça me plaît" ». Quelques notes d'harmonica et un certain « Oh yeah ! » : *Les Élucubrations* d'Antoine constituent une des plus belles cartes postales des années 1960.

La chanson est l'œuvre d'Antoine Muracciolli, fils d'ingénieur et élève de Centrale, grande école qui ouvre la voie des carrières prestigieuses et du pouvoir. Mais, après un été à voyager en auto-stop et à chanter aux terrasses des bistrots pour assurer le gîte et le couvert, il est engagé par Christian Fechner. Celui-ci n'est pas encore le magnat du cinéma populaire français. Tout jeune producteur de disques, il flaire chez Antoine quelque chose qui correspond à une nouvelle France – les cheveux longs, la chemise à fleurs, la parka militaire achetée dans un surplus… Antoine enregistre un premier 45 tours de quatre titres qui lui apporte quelques passages à la radio et à la télévision mais surtout la certitude qu'il n'est pas seul à ne plus vouloir de la chanson de papa sans pour autant accepter d'être pris pour un niais par les petits refrains des yé-yé.

Un matin, il est réveillé par un accordéon s'échappant de son poste de radio laissé allumé la veille au soir. Il l'éteint et se recouche avec, dans la tête, une phrase s'en prenant à la reine de l'accordéon musette, Yvette Horner, qui l'a réveillé : « Ton accordéon me fatigue, Yvette. » Au bout de quelques minutes, il prend sa guitare et compose un premier couplet : « L'autre jour j'écoute la radio en me réveillant/C'était Yvette Horner qui jouait de l'accordéon/Ton accordéon me fatigue, Yvette/Si tu jouais plutôt de la clarinette. » Antoine pense écrire un *talking blues* sur les traces du *Subterranean Homesick Blues* de Bob Dylan, avec des images surréalistes et des associations d'idées absurdes. Il ignore évidemment que ce sera une des chansons les plus importantes de la décennie.

Sorti en février 1966, le 45 tours des *Élucubrations* va se vendre à quatre cent mille exemplaires en trois mois, huit cent mille jusqu'à la fin de l'année. Antoine n'est pas le seul chanteur, à l'époque, à vendre autant de disques. Mais il est sans doute le seul qui fasse couler autant d'encre. *Le Monde* voit en lui un « guignol yé-yé déguisé en Françoise Hardy sans grâce », mais Maurice Chevalier proclame que le succès foudroyant d'Antoine le réjouit.

Les sujets de polémiques ne manquent pas dans cette seule chanson. Au sixième couplet, Antoine le hippie se paie la tête de Johnny le rocker en chantant que « Tout devrait changer tout le temps/Le monde serait bien plus amusant/On verrait des avions dans les couloirs du métro/Et Johnny Hallyday en cage à Medrano ». L'idée que le rocker national soit enfermé dans une cage de la ménagerie du cirque Medrano (d'ailleurs fermé depuis trois ans) suscite évidemment l'ire de ses fans. Et Johnny lui-même réplique très vite avec la chanson *Cheveux longs, idées courtes* : « Si les mots suffisaient/Pour tout réaliser/Tout en restant assis/Avec les bras croisés/Je sais que dans une cage/Je serais enfermé/Mais c'est une autre histoire/Que de m'y faire entrer/Da-da-da-da-dam/Da-da-da-da-dam/Car il ne suffit pas/D'avoir les cheveux longs. » Les paroles sont de Gilles Thibault (bientôt coauteur de *Comme d'habitude* avec Claude François) et Hallyday signe la musique, qui se révélera être un démarquage incontestable de *My Crucified Jesus*, de Ferre Grignard, chanteur belge anglophone et ouvertement acquis aux idées hippies – une autre polémique dans la polémique.

Les chansonniers s'en donnent à cœur joie au Caveau de la République et aux Deux Ânes en multipliant les parodies des *Élucubrations*, dont certaines sortent en disque, comme *Antoineries*, de Pierre Gilbert. La plus violente parodie vient d'ailleurs et s'intitule *Les Hallucinations d'Édouard.* Antoine y est croqué sous le nom de Léon : « Mon ami Léon il est un peu idiot/Il trouve toutes ses blagues dans l'almanach Vermot/Ça n'est pas qu'il veut s'faire remarquer/Mais parce qu'il trouve ça beau, mais parce que ça lui plaît. » Le prétendu Édouard apparaît en photo puis à la télévision avec le visage caché par une chevelure encore plus longue que celle d'Antoine – elle descend jusqu'aux orteils. La charge est sans nuance mais non sans défaut : Vogue, la maison de disques d'Antoine, attaque Édouard et CBS devant les tribunaux pour plagiat. On découvre qu'Édouard est en fait Jean-Michel Rivat, qui échoua dans la carrière de chanteur avant de devenir parolier pour France Gall ou Sylvie Vartan, et que le disque a été produit par Joe Dassin. Le juge ordonne la saisie de tous les exemplaires des *Hallucinations* dans les stocks, chez les disquaires et même dans les discothèques des stations de radio. Finalement, six semaines plus tard, la justice autorise la libre diffusion du disque litigieux.

Alors que l'affrontement entre Antoine et Édouard bat son plein, Jean Yanne et Jacques Martin entrent dans l'arène. Pas de pseudonyme, pas de photos mises en scène mais quatre nouveaux personnages, Alphonse, Anselme, Antime et Albert. Les disques Barclay sortent le 45 tours quatre titres fin mai 1966. Chacun des deux compères signe et chante deux chansons. Dans *Les Pérégrinations d'Anselme*, Jacques Martin raconte comment, Eddie Barclay lui demandant un tube, il se réfugie aux cabinets pour trouver l'inspiration. Écrivant de nombreux couplets à propos de sujets d'actualité sur le rouleau de papier-toilette, il fait « le geste qu'Antoine aurait dû faire/Je pris mon œuvre en main et m'la mis au derrière ». Dans *Les Préoccupations d'Antime*, Jacques Martin tire sur la ficelle de l'humour homophobe avec une petite voix efféminée : « "Antime, m'a dit ma mère, fais-toi couper les cheveux"/Je lui ai dit : "Mamie, je fais ce que tu veux"/Hélas le coiffeur était un maladroit/Il m'a coupé autre chose que je ne nommerai pas. »

« Aux dernières élections
Y a l'vieux père Magloire
On lui dit "Avant d'voter
Faut passer dans l'isoloir"
Quand il en r'ssort y dit
"C'est très bien installé
Mais l'malheur c'est qu'y
A pas assez d'papier." »
Sixième couplet des *Émancipations d'Alphonse*, chanson de Jean Yanne et Jean Baïtzouroff.

Jean Yanne choisit de jouer sur deux personnages dont il a déjà abondamment exploité le potentiel comique à la radio : un paysan dans *Les Émancipations d'Alphonse* et un syndicaliste CGT dans *Les Revendications d'Albert*. Dans le premier titre, il cite évidemment l'incipit des *Élucubrations* d'Antoine : « L'père il m'a dit "Alphonse/Fais-toi couper les ch'veux/T'auras ben tôt plus d'poils/Qu'en a au cul d'mes bœufs"/J'ai répondu "Hé, l'père/Plus qu'mes ch'veux y sont longs/Et moins j'lave c'qui a dessous/Et moins j'use de savon" ». Même accroche pour *Les Revendications d'Albert* : « Les camarades m'ont dit : "Laisse-toi pousser les cheveux/ Pour l'action syndicale, on fait rien de mieux/ Paraît même que maintenant pour s'inscrire au Parti/Il faut se mettre une chemise à fleurs et des bigoudis" ». Cette seconde chanson joue sur l'équivalence classiquement alléguée entre syndicalisme CGT et communisme inféodé à Moscou : il ne scande pas « Oh yeah » entre les couplets mais « Da da ! »

« Quand on veut faire connaître nos revendications
On ne manifeste plus place de la Nation
On prend nos faucilles, nos marteaux et comme des hommes
On va danser le jerk au Kremlin Palladium. »
Deuxième couplet des *Revendications d'Albert*, chanson de Jean Yanne et Jean Baïtzouroff.

Les deux plaisantins de RTL ont travaillé vite. Jean Baïtzouroff signe des musiques simplissimes – c'est du *talking blues*, après tout – et ils jouent également le jeu de la provocation judiciaire. Après une sortie « normale », le 45 tours porte rapidement la mention « À saisir au vol » et même, sur une partie du tirage, un bandeau proclamant : « Procurez-vous ce disque avant qu'il soit saisi ! » Et Jacques Martin clame partout qu'il n'espère rien tant qu'une saisie… qui arrive début juillet. Le camp Antoine clame que Jean Baïtzouroff a copié la musique des *Élucubrations*. « La musique ? Quelle musique ? » braille Jean Yanne à l'antenne.

Dans l'immédiat, le juge des référés accède à la demande de l'éditeur d'Antoine selon la même doctrine qui a fait saisir *Les Hallucinations* d'Édouard… Et de la même manière que ce dernier sera rétabli dans l'exercice de sa liberté d'expression, le disque de Yanne et Martin est autorisé quelques semaines plus tard par le juge statuant au fond. Cet enchaînement de décisions judiciaires spectaculaires et contradictoires va contribuer à l'émergence d'une jurisprudence plutôt libérale en matière de parodie, puisque les juges vont désormais être moins sensibles à l'accusation de plagiat dans les cas manifestes de satire. Mais cela, paradoxalement, ne fait pas les affaires du duo ni de Barclay. Car si la menace d'interdiction peut contribuer à rendre séduisant un objet culturel, le fait qu'il soit autorisé par la justice a presque l'effet inverse. Quand reviennent chez les disquaires *Les Émancipations d'Alphonse*, *Les Revendications d'Albert*, *Les Pérégrinations d'Anselme* et *Les Préoccupations d'Antime*, l'été est au beau fixe. La France écoute *L'Amour avec toi* de Michel Polnareff, *Yellow Submarine* des Beatles, ou *When a Man Loves a Woman* de Percy Sledge, et les parodies de Jean Yanne et Jacques Martin ne seront décidément pas des tubes.

* * *

Grâce à la radio, à la télévision et à ses premiers films, Jean Yanne est un personnage familier pour le grand public. Ainsi, il est engagé pour *Bang bang* quand Claude Carrère, mentor et producteur de Sheila, décide que la chanteuse doit faire du cinéma. Le film est tout entier construit pour mettre en valeur la chanteuse, à commencer par un titre qui reprend celui d'un de ses plus grands tubes.

La chanson *Bang bang* est sortie bien avant que le film ne soit tourné. Adaptation française d'une chanson de Sonny Bono enregistrée d'abord par Cher qui en fait un tube puis, notamment, par Nancy Sinatra, dont la version sera redécouverte et réévaluée des années plus tard. Enregistrée et sortie très rapidement par Sheila (dans une adaptation française signée de Claude Carrère), la chanson devient un des plus grands tubes français du printemps et de l'été 1966. Quand le tournage du film commence le 18 juillet pour deux mois, *Bang bang* est effectivement au sommet des hit-parades français.

Claude Carrère a confié la réalisation à Serge Piollet, jeune homme de trente ans qui a été premier assistant réalisateur de Gilles Grangier, notamment sur *Le cave se rebiffe* et *La Cuisine au beurre.* Ce sera d'ailleurs son unique réalisation pour le cinéma, Piollet signant quelques années plus tard un unique téléfilm avant de se consacrer aux émissions de flux de la télévision.

L'intrigue de *Bang bang* est typique des scénarios qu'Albert Simonin fournit au cinéma français comme, ces dernières années, *Les Tontons flingueurs*, *Tendre voyou*, *La Métamorphose des cloportes*, *Les Barbouzes*, *Une souris chez les hommes*, *Le Gentleman d'Epsolm*, *Le cave se rebiffe*... Avec des malfrats pour rire et une très désuète criminalité, le maître du polar drolatique à la française a écrit du sur-mesure pour Sheila. La jeune femme hérite de son tonton, brutalement disparu (Guy Lux, qui lui apparaîtra en songe), une agence de détectives privés. Elle part se former pendant plusieurs mois dans une institution anglaise où l'on enseigne aux jeunes filles l'art de tirer à la mitraillette et de tricher aux cartes. À son retour à Paris, lorsqu'elle prend la direction effective de l'agence, un truand pittoresque (Jean Yanne) vient lui demander de retrouver la trace de la femme de ses rêves qui s'est enfuie avec un certain Mario (Franco Fabrizzi), qui se révèle être un faux monnayeur recherché par toutes les polices – y compris par un lieutenant de police britannique (Brett Halsey) que Sheila a eu l'heur de croiser lors de son séjour anglais. Aventures policière et romantique se terminent également bien.

Après presque cinq ans d'une carrière particulièrement précoce, la jeune femme – qui fêtera ses vingt ans au cours du tournage de *Bang bang* – est la plus grande des vedettes féminines de la génération yé-yé, notamment auprès du jeune public populaire qui se reconnaît dans l'aventure de la petite vendeuse de bonbons sur les marchés. Si elle fera un succès avec une célébration des valeurs populaires dans *Petite fille de Français moyens* immédiatement après Mai 68, elle incarne aussi la prospérité d'une musique de consommation courante particulièrement efficace du point de vue commercial. Ne dit-on pas à la sortie de son film que sa chanson *L'école est finie* détient toujours le record de ventes pour un 45 tours français ? Quatre cents points de vente à travers la France ont ouvert des « boutiques Sheila » avec photos, bijoux, lingerie, chaussettes, sacs ou bottes qui en font un des premiers phénomènes commerciaux du star-system en France. D'ailleurs, le choix de ses tenues extrêmement variées dans *Bang bang* n'est pas innocent…

Bob la Rafale. - Quand je dis madame, c'est peut-être mademoiselle ?
Sheila. - Madame. Je suis divorcée.
– Ah ben chacun a ses tristesses. Oh, c'est pas compliqué, Geneviève elle m'a révélé, elle m'a révélé. J'ai été transporté dans un tourbillon de raffinement. C'est qu'il faut la voir étaler du caviar sur un toast. Un vrai velours, madame, un vrai velours. […] Alors moi quand je me suis senti lancé dans l'escalade de la distinction et du bon genre, j'ai pas voulu rester à la traîne.
– C'était prudent.
– Alors d'autor', j'ai attaqué les leçons de maintien. Pas avec n'importe qui : avec un ancien maître d'hôtel. Eh oui ! Et ça c'était qu'un hors-d'œuvre. Deuxième initiative, vu qu'Ginette - enfin, c'est comme ça qu'elle voulait que j'l'appelle dans l'intimité - c'était pas le genre de greluche à traiter dans les hôtelleries de Seine-et-Oise, je lui ai acheté notre petit nid, cent cinquante mètres carrés avenue Foch. […] Tenez, v'là 500 tickets d'avance et vous allez me la retrouver. Et par elle on aura son matou, çui qui m'l'a emballée. Il y en a un de nous qui est de trop sur terre. […] Moi j'ai un principe dans la vie : on a le droit de prendre son pognon à un homme, mais pas son petit bonheur. »
Bob la Rafale (Jean Yanne) engage Sheila (Sheila) dans *Bang bang*.

Jean Yanne incarne donc Robert Vaucamu, alias Bob la Rafale, brave mauvais garçon qui va alterner les sorties à la faconde toute simonienne et les situations de franc ridicule, notamment en tombant plusieurs fois à l'eau tout habillé. Ce n'est pas dans ces scènes de comédie burlesque qu'il est le plus à l'aise ni le plus convaincant.

En revanche, sa gouaille banlieusarde natale le sert bien dans sa composition de truand classique.

Outre Jean Yanne et Guy Lux, le film réserve quelques apparitions à des vedettes comme l'amuseur de music-hall André Valardy, le prestidigitateur Gérard Majax ou l'acteur Jean Richard. Tout est évidemment centré sur la capacité de Sheila à chanter, à danser (un joli ballet collectif sur *L'Heure de la sortie*), à courir et à jouer la comédie.

En bon connaisseur de son public et adossé au distributeur Valoria, solide spécialiste du cinéma populaire, Claude Carrère a décidé pour *Bang bang* d'une sortie décalée : dès la mi-février, le film sort à Nice puis, semaine après semaine, dans une trentaine de grandes villes de province. Le public de Sheila se mobilise pour ces aubaines rares et remplit les salles avec entrain, sans que la critique cinématographique nationale ait le loisir de hausser un sourcil.

Quand approche la sortie « officielle », c'est-à-dire parisienne, les journaux mesurent plutôt la violence des commentaires. *Le Monde* se dit « surpris par la spontanéité de l'idole » et *Le Figaro* note que « pour une comédienne sans expérience, elle se débrouille plutôt bien ». La bienveillante neutralité des critiques épargne évidemment Jean Yanne même si *Le Canard enchaîné*, après avoir stigmatisé « un spectacle effarant de vulgarité agressive et de niaiserie satisfaite », remarque que, s'il « joue volontiers les contempteurs du show-business devant les micros radiophoniques, il participe également à l'entreprise. À un moment, il glisse sur un toboggan. Comme s'il n'était pas tombé assez bas ».

La sortie parisienne du film a lieu sans éclat le 19 mai 1967. En première semaine, le film attire 20403 spectateurs, ce qui est certes la meilleure sortie de la semaine mais ne fait pas mieux que la quatrième place au classement hebdomadaire des cinémas parisiens. En deuxième semaine, 16701 spectateurs, et la messe est dite : *Bang bang* s'enfonce dans les profondeurs du classement. Le gros du public de Sheila était en province. La jeune vedette ne tournera plus de film.

* * *

Jean Yanne est aussi devenu une *guest star* avantageuse pour les fictions de l'ORTF, comme *Les Saintes Chéries*. La série créée par Nicole de Buron est un succès constant et met en scène les tracas d'un couple de Français un peu mieux que moyens, incarnés par Micheline Presle et Daniel Gélin. Beaucoup de comédiens apparaissent dans quelques épisodes des *Saintes Chéries* pour camper des personnages hauts en couleur, comme Jean Yanne, qui devient le camionneur Jeannot. Il est le plus souvent associé à son copain Bichet, le plombier que l'on voit de temps à autre dans la série et qui est incarné par Paul Mercey. Son personnage est vulgaire, mal embouché, lourdaud – un déménageur de cauchemar qu'il joue avec gourmandise.

Il apparaît ainsi dans un épisode savoureux d'octobre 1965, titré *Ève au volant*, qui joue avec délectation de tous les clichés sur les femmes en voiture. Entre autres personnages que croise Micheline Presle sur sa route (dont un minet en voiture de sport incarné par Jacques Higelin), il crée ce personnage de routier titi instinctivement odieux en casquette et douze-tonnes Saviem. Elle est en panne, il descend de son camion : « Vous avez de l'essence ? – De l'essence ? – Un liquide exprès qu'on met dans un trou à l'arrière. – Vous croyez que ça vient de l'essence ? – Au départ, ça vient surtout de vous. » Comme de juste, il est embarqué par la police à la fin de la saynète.

Son camionneur apparaît quand le couple change d'appartement, quand il s'installe dans sa maison de campagne, quand il pique-nique… Il se moque de l'ameublement d'Ève, ricane quand un vase se brise, fait entendre un accent parigot hâbleur qui tranche avec la politesse bourgeoise du couple. Dans un épisode de 1968, il embarque en auto-stop l'impressionnante Mary Marquet, qui joue la mère de Daniel Gélin et, avec la vieille dame, va s'encanailler au bistrot. Il s'agit d'une des rares séquences où l'on voit Jean Yanne au piano lorsque, après quelques verres, il chante *Les Hussards de la Garde*.

Les fictions de la télévision publique font largement usage de Jean Yanne. On le voit en sous-officier gueulard – mais en cuirasse et jupette antiques – dans *Deux Romains en Gaule*, fantaisie vaguement goscinnyenne réalisée par Pierre Tchernia. Il apparaît dans un des trois épisodes de *Max le débonnaire*, série écrite par Albert Simonin et Michel Audiard. Sous la direction d'Yves Allégret, il incarne un quidam qui a des relations et la langue bien pendue, et vient demander des comptes au héros, incarné par Paul Frankeur – une scène d'argot de concours et de grands gestes fiérots. Il fait partie du casting délirant de *Lapin de Noël*, film de vingt minutes écrit par Roland Topor avec, autour d'Haydée Politoff, Jean Rochefort, France Gall, les Charlots, Hugues Aufray, Françoise Hardy, Serge Gainsbourg, Régine, Fernando Arrabal et, donc, Jean Yanne, qui s'indigne de ce que Haydée Politoff ne ressemble pas à la princesse Anastasia.

Outre ses apparitions sporadiques dans « La caméra invisible », la fin de « 1 = 3 » n'a pas définitivement chassé Jean Yanne des émissions de flux de la télévision. Il appartient aux visages familiers que l'on invite d'autant plus régulièrement qu'il sait parfaitement se comporter face à la caméra. Tout naturellement, il appartient au noyau de l'équipe récurrente d'un divertissement qui profite des connivences, de l'expérience et du sens de l'improvisation des meilleurs routiers des cabarets, « Les grands enfants ». Créé en février 1967 par Maritie et Gilbert Carpentier, l'émission mensuelle dure une grosse demi-heure, le samedi peu avant 21 heures. Le maître de cérémonie est Francis Blanche et il s'agit de jouer, comme on joue dans certains salons, dans les pensionnats ou chez les scouts, par exemple en improvisant des saynètes à contraintes – prononcer une phrase, ne pas utiliser un mot interdit, etc. Les pensionnaires réguliers de l'émission sont Roger Pierre, Jean-Marc Thibault, Jean Poiret, Maurice Biraud, Sophie Desmarets et, donc, Jean Yanne. Plus ou moins régulièrement se joignent à eux Jacques Martin, Jean Richard (qui accueille les émissions d'été dans le parc de son château d'Ermenonville), Philippe Clay, Marcel Amont, Sacha Distel, Darry Cowl, Roger Carel, José Artur, Jacqueline Maillan... Tout ce monde est installé sur des canapés et des fauteuils face à un public de quelques dizaines de personnes que l'on ne voit jamais mais que l'on entend rire. À côté du salon, une petite scène tapissée de fausses reliures de livres, sur laquelle on improvise les sketchs selon l'énoncé lu par Francis Blanche.

Par exemple, Roger Pierre et Jean Yanne doivent jouer respectivement un petit garçon pêchant à la ligne et Victor Hugo en exil, sur les rochers de Guernesey. Le premier remonte son pantalon et fait un sourire niais, le second s'assied en mangeant sa soupe avec un accent paysan bougon. Quand le môme lui demande s'il préfère Jersey ou Guernesey, il répond : « J'aime mieux Jersey pour le tricot, Guernesey pour les vacances. » Et quand il envoie paître le gosse, Roger Pierre lance : « Vous n'êtes pas gentil, vous n'avez pas l'art d'être grand-père. » Le calembour fonctionne en pilotage automatique...

On joue aux bouts rimés, aux devinettes (un peu) littéraires, aux cadavres exquis, aux mimes, et même – le 1er avril 1967 – à « Je te tiens, tu me tiens par la barbichette ». À ce jeu-là, Jean Yanne gagne contre Philippe Clay.

Tout le charme de ces émissions tient, pour les téléspectateurs, à la simplicité des liens qui unissent les participants. Chacun fait montre tour à tour de talent et de maladresse, d'une forte personnalité et de sa capacité à se glisser à l'arrière-plan, exactement comme dans une soirée réussie entre amis. Francis Blanche est le meneur de jeu et, ayant davantage d'autorité, a droit à un surcroît de moqueries. Jean Yanne se tient dans une belle moyenne : il est à l'aise sans écraser les autres, il assume sans fausse honte les plaisanteries les plus bêta auxquelles se livrent « Les grands enfants ». Il va manquer peu d'épisodes de l'émission, qui va se poursuivre jusqu'en 1970. Mais il est vrai que personne n'est dupe, dans l'équipe, de sa qualité. Dans « Les grands enfants » du 9 mai 1969, on plaisante de ce que l'émission a été proposée pour le prix Nobel des ringards...

Cette émission mensuelle n'est pas la seule activité de Jean Yanne en tant que bon garçon du rire à la télévision. Il compte parmi les invités récurrents du « Sacha Show ». L'émission a été créée par Maritie et Gilbert Carpentier après un voyage aux États-Unis où ils ont vu le show de Dean Martin, qui reçoit avec décontraction d'autres stars dans un décor luxueux... À leur retour, en décembre 1963, ils créent le « Sacha Show », dans lequel Sacha Distel chante, danse, joue de la guitare et reçoit des artistes – qui sont tous ses amis – sur le plateau 17 des immenses studios de l'ORTF aux Buttes-Chaumont. L'ambiance est toute neuve pour la télévision française : strass, paillettes, grand orchestre mais aussi des mises en scène humoristiques et des rencontres exceptionnelles. On verra ainsi des séquences historiques comme *La Bise aux hippies* dans le « Sacha Show » du 1er novembre 1967, chanson inédite interprétée en duo par Brigitte Bardot et Sacha Distel, accompagnés mollement à la guitare électrique par son auteur, Serge Gainsbourg. Dans cette même émission, Jean Yanne lance à Sacha Distel : « Tu risques de faire hippie dans ta culotte. »

Dès la première du « Sacha Show », le 30 décembre 1963, Jean Yanne apparaît avec Paul Mercey et Lawrence Riesner dans le sketch en latin de cuisine sur la circulation dans la Rome antique. On commence à le voir plus ou moins régulièrement comme lorsque avec Sacha Distel, il rejoint sur le plateau Claude Nougaro qui chante *Je suis sous* pour effectuer un grand numéro d'ivrognes en habit de soirée. Il devient vraiment un familier de l'émission à partir de 1966. Il parle, chante, joue la comédie et, manifestement, écrit aussi. Comme Serge Gainsbourg à la même époque, il livre des textes de sketchs, d'intermèdes, de chansons...

Avec Sacha, Jean Yanne multiplie les petites conversations de transition entre deux numéros et se comporte même régulièrement en coprésentateur de l'émission, avec rondeur et naturel et, évidemment, participe aux mises en scène inattendues qui font la gloire du « Sacha Show ». Quand les Parisiennes chantent *Le Temps du tango*, qui raconte combien cette danse provoqua de lumbagos, il enfile une blouse de kinésithérapeute comme Sacha. Quand l'émission reçoit Roger Pierre et Jean-Marc Thibault, Jean Yanne et Sacha Distel reprennent devant les caméras un de leurs succès, *Nord-Sud.* Il chante *Cigarettes, whisky et p'tites pépées* avec Eddie Constantine, Sacha Distel et Jean-Pierre Cassel, entourés d'un aréopage de jeunes filles...

Le 9 octobre 1968, il est vêtu en soldat du XVIIIe siècle et joue du tambour sur la chanson *Trois jeunes tambours*, chantée avec Sacha Distel, Jacques Dutronc, Francis Blanche et Annie Girardot. Dans le même « Sacha Show », il reprend avec Francis Blanche un numéro que l'un et l'autre maîtrisent à la perfection, pour l'avoir pratiqué à la radio, à la télévision mais – contrairement à ce que dira Jean Yanne dans des interviews postérieures – jamais au cinéma : avec un fort accent d'Europe centrale et en martyrisant la langue française, ils s'accusent mutuellement d'être des métèques et font bruyamment protestation de leur nationalité française et de leur patriotisme. En l'occurrence, il s'agit de se battre autour du contrat d'exclusivité des spectacles de Sacha Distel, en négociant férocement autour de leur pourcentage respectif. La charge vise les producteurs véreux, mais, aujourd'hui, elle aurait quelque difficulté à se prétendre complètement innocente de toute intention xénophobe, avec deux personnages qui s'appellent Schwartzenberg et Klotzenpip.

Mais il propose aussi des plaisanteries d'une plus grande originalité, comme lorsqu'il apparaît derrière le pupitre de la régie du « Sacha Show » du 23 mars 1968. D'un ton docte, il explique aux téléspectateurs, qui voient tant d'émissions dont le générique indique qu'elles sont réalisées par Georges Folgoas, que ce Folgoas n'est pas un homme. « Ce sont des initiales. Folgoas, c'est une machine électronique que vous voyez maintenant. Et ces initiales désignent le fusible organigramique pour les liaisons générales optiques des appareils synchronisés – f, o, l, g, o, a, s, folgoas – mais entre nous, en argot de télévision, on appelle ça un Georges. C'est plus rapide. Un Georges est un appareil extraordinaire qui nous permet d'effectuer un certain nombre de trucages. Par exemple, Sacha Distel. Sous son apparence télévisée, c'est un joli garçon, il est très agréable, il a l'air très bien élevé, mais dans la réalité, il mesure un mètre cinquante-six. Nous allons vous le faire voir sous son apparence normale. »

Francis Blanche. - Moi je suis poli avec vous, monsieur.
Jean Yanne. - Et moi aussi, monsieur. Que vous vous énervez, c'est le comportement d'une grosse langouste que vous êtes.
– Et vous monsieur, une limace monsieur, une limace. Vous êtes une grosse limace exophtalmique.
– Et moi monsieur je discute avec vous, j'ai le regret de vous dire que je vous prends pour gros objet, voilà.
– Qu'est-ce que c'est? Vous êtes un bernard-l'hermite, monsieur. Vous êtes une coquille Saint-Jacques.
– Quoi, vous avez même pas le respect de votre pays, de la France qui est notre patrie qu'on aime et tout?
– Vous dis ça, vous dis ça, et peut-être que vous êtes un sale métèque.
– Je suis un sale métèque, moi? Mon père et ma mère et toute ma famille qu'ils sont nés à Nice. Que tu discutes avec moi et que je suis un pur méridional.
– Alors monsieur c'est différent.
– Dix francs c'est trop cher pour moi.
– Non, c'est différent, je dis. Entre Français, on va pas se déchirer, non.
– Si vous fais la paix, alors, d'accord.
Sketch des producteurs français avec Francis Blanche et Jean Yanne, « Sacha Show » du 9 octobre 1968.

La vedette apparaît alors rapetissée par un trucage vidéo. « Vous voyez. Pour faire une carrière normale, c'est très difficile. Nous sommes donc obligés de le corriger. Et grâce au folgoas, vous voyez le résultat. » Devant leur téléviseur, les Français du samedi soir s'amusent de ce que le beau gosse numéro 1 des variétés françaises apparaisse écrasé, étiré et déformé sur l'écran, et dans sa propre émission.

Comme dans « Les grands enfants », Jean Yanne est à l'aise, vif, complice, radieux, naturel. Le « Sacha Show » mensuel l'amène régulièrement chez M. et Mme Tout-le-Monde. Il est familier à tous les Français. Il est enfin vedette.

9. – Chez Godard

(*Week-end*, 1967)

Certes, Jean Yanne a été le héros de *L'Amour à la chaîne*, de Claude de Givray, plume et œil de la Nouvelle Vague. Mais son image est toujours, pour les gens de cinéma, celle d'un amuseur. C'est pour cela qu'il va jouer dans un film de Jean-Luc Godard. Pour le maître à penser de l'avant-garde cinématographique européenne, il est surtout le personnage populaire qui tournera *Week-end*, son prochain film, entre *Bang bang* avec Sheila et *Ces messieurs de la famille* de Raoul André. Godard pratique avec délectation le contre-emploi savant : il a déjà embarqué Eddie Constantine dans *Alphaville, une étrange aventure de Lemmy Caution* et, quelques années plus tard, engagera Johnny Hallyday dans *Détective*. Mais Jean Yanne ne compte pas parmi les intentions de départ de Godard pour *Week-end*, et d'autant moins que le film s'est d'abord construit autour de Mireille Darc.

Elle nous l'a expliqué : « J'étais alors en contrat avec le producteur Raymond Danon. Il m'a demandé ce dont j'avais envie. Comme j'étais dans les Audiard jusqu'au cou, j'ai voulu faire quelque chose – comme je disais – de plus intelligent. J'ai dit que j'aimerais tourner avec Godard. On lui a posé la question et il n'en avait pas spécialement envie. »

Mireille Darc est alors une des actrices les plus populaires du cinéma français. Depuis son premier rôle important, dans *Pouic pouic* avec Louis de Funès en 1963, son étoile n'a cessé de monter, notamment avec les premiers des treize films qu'elle tournera avec Georges Lautner – *Les Barbouzes*, *Galia*, *Ne nous fâchons pas*, *La*

Grande Sauterelle... Avec ses cheveux blond platine et la vertigineuse chute de reins qu'elle présente généreusement à la caméra, elle est à la fois un sex-symbol et une valeur sûre de la comédie populaire. Elle appartient à la « bande » des Lino Ventura, Francis Blanche, Bernard Blier, Michel Audiard, à mille lieues de Jean-Luc Godard. « Alors que je pensais que je ne l'intéressais pas, j'ai appris que j'étais engagée pour faire *Week-end* et, par la même occasion, que Godard souhaitait que je fasse couple avec Jean Yanne. Dans son esprit, Jean était une espèce de Français moyen et moi j'étais une Française moyenne en étant sa femme. »

Pour Godard, *Week-end* est « plus proche d'un cri » que d'un film. Son intention est de montrer la sauvagerie de la bourgeoisie, et le fait que seule une sauvagerie encore plus extrême peut lui faire rendre gorge. S'il y a énormément de tôle froissée dans le film, il ne s'agit pas directement d'une critique de la folie automobile qui saisit la France : Godard entre dans sa période maoïste, explicitement inaugurée par *La Chinoise*, son long métrage précédent.

« Le scénario faisait quelques pages à peine », se souvient Mireille Darc. Le film s'est monté très vite, le réalisateur devant même quitter le Festival de Venise sans assister à la projection de *La Chinoise*, pour terminer *in extremis* la préparation de *Week-end*.

Jean-Luc Godard pose donc un couple, Corinne et Roland Durand, vivant dans un décor de classes moyennes de la banlieue parisienne. Pour le rôle de l'homme, il avait d'abord projeté de prendre Michel Constantin. Peut-être y a-t-il renoncé pour des questions d'âge et d'image : ancien ouvrier chez Renault et journaliste sportif, Constantin a quarante-trois ans et un accent prolétarien clairement identifiable, alors que Jean Yanne a plus l'âge du rôle (trente-quatre ans face aux vingt-neuf de Mireille Darc) et une dégaine de bourgeois contemporain.

On comprend dès les premières répliques du film que Corinne et Roland se trompent l'un l'autre. Ils projettent de se plaquer et peut-être même de s'assassiner mutuellement. Pourtant, ils partent en week-end chez la mère de Corinne pour s'emparer de l'héritage de son père, qui vient de mourir. Leur chemin sera ponctué d'accidents, de crimes, de déchaînements de violence et de scènes d'un cynisme absolu, jusqu'à ce qu'ils n'aient plus de voiture et errent à pied le long de la route. Pendant qu'il essaie de se faire prendre en auto-stop, elle est violée dans un fossé sans qu'il fasse un geste. Puis ils tombent aux mains d'un groupuscule terroriste et dandy réfugié dans une forêt. Proclamant avec le président Mao qu'« il faut dépasser l'horreur de la bourgeoisie par plus d'horreur encore », les combattants du Front de libération de Seine-et-Oise assassinent Roland et invitent Corinne à manger sa chair. Elle reprend de son mari et le film se termine.

Les seuls acteurs présents en permanence à l'image sont Mireille Darc et Jean Yanne, tous les autres personnages apparaissant et disparaissant au gré de l'équipée du couple de route nationale en village reculé, de catastrophes automobiles en forêts hostiles – tous les extérieurs étant toutefois tournés dans un périmètre assez étroit en banlieue parisienne.

Une fois engagés, les deux acteurs vont aller d'énigme en énigme. Mireille Darc se souvient : « Godard n'explique pas les personnages. Il cherche. Il improvise. Et l'équipe technique attend. La veille du tournage, il m'appelle et me dit que, le lendemain, on va tourner une scène dans laquelle je raconte une partouze, nue sur un bar avec mon amant entre les jambes. Or il n'y a rien de plus difficile pour une actrice que de se trouver nue devant une équipe qu'on ne connaît pas. Je ne dis rien, je ne proteste pas. Le lendemain matin, il appelle : "On ne va pas tourner aujourd'hui, je n'ai pas écrit le texte. On verra demain matin." Ça a duré trois ou quatre jours. Le cinquième jour, on tourne autre chose et on ne parle plus de cette scène de nu. À la fin du tournage, il me dit : "On va tourner cette scène demain, mais chez moi. Pas la peine d'apprendre le texte, on le scotchera dans un coin." Le matin, j'arrive chez lui, sans sous-vêtements pour ne pas avoir de marques sur la peau. Mais il me dit que je vais tourner en soutien-gorge et culotte. Alors il faut que l'habilleuse aille en acheter… Tout est comme ça avec lui. Pendant le tournage, je crois qu'il me déteste. Mais c'est un jeu. Il joue à me faire craquer, je suppose. »

Roland. – Ça fait combien ? Quatre jours, maintenant ?
Corinne. – Oui, c'est jeudi.
– Il a sûrement crevé, ton vieux ? Au moins depuis lundi. On va se faire engueuler par ta mère, ça fait chier quand même, c'est injuste.
– Je parie que cette vieille salope aura transformé le testament ! Elle voudra plus partager.
– Y aura qu'à la torturer pour la faire changer d'avis. Quand j'étais lieutenant en Algérie, je m'en souviens, on nous avait appris des trucs.
– Regarde, c'est pas un camion qui vient ?
– Allez vite, vite, vite, retire ce pantalon. Retire ça et couche-toi au milieu de la route. Mais dépêche-toi, bon Dieu ! Voilà, lève les genoux. Mais écarte-les, imbécile !
– Vous allez en direction de Oinville ?
– Il nous emmène ?
Roland (Jean Yanne) et Corinne (Mireille Darc) cherchent un moyen de transport dans *Week-end*.

La première journée d'extérieurs est éprouvante et dérisoire à la fois. Les deux principaux acteurs se sont rencontrés pour la première fois dans la voiture qui les emmène sur le tournage. L'équipe est en forêt et, avant d'installer le plan, Godard montre une flaque de boue à ses acteurs et leur demande de se coucher dedans. Mireille Darc, qui craint que ses cheveux ne se mettent à friser, demande si elle doit y mettre la tête. Godard l'exige. « Puis il nous met au soleil jusqu'à midi, se souvient-elle. Jean est à la même sauce que moi. Nous sommes couverts de boue et, à mesure qu'on sèche, les croûtes de terre tombent. Et on ne voit plus que nous nous sommes couchés dans la boue. Mais Godard a une autre idée, une lecture ou un dialogue à dire. Il me donne l'impression d'un homme qui ne sait pas très bien ce qu'il va faire et qui gagne du temps. Comme c'est moi qui ai signé mon contrat la première, comme je suis la plus connue, comme je ne dis rien, Jean ne dit rien non plus. »

Les deux acteurs principaux de *Week-end* se construisent rapidement une complicité fondée sur la patience. L'ambiance n'est pas à proprement parler hostile, mais, comme le dit Mireille Darc, « il n'y a pas de chaleur, de tendresse, de sentiments. D'habitude, sur un film, on rentre chez soi avec le cœur qui palpite, on pense à la journée et aux personnes avec lesquelles on a des atomes crochus. Avec Godard, je sens une grande indifférence. Il n'y a pas de bagarre, non plus, mais Jean et moi sommes de notre côté, à l'écart ».

Pas une seule fois de tout le tournage le réalisateur ne déjeune ou ne dîne avec ses deux acteurs. Pourtant, Mireille Darc sympathise vraiment avec Anne Wiazemsky, qui vient d'épouser Jean-Luc Godard et réalise les photos de tournage de *Week-end*. Elle note : « Jean et moi ne nous sommes plaints ni l'un ni l'autre. On s'est tenu chaud sans s'expliquer. »

Yanne-Darc (le jeu de mots n'est certainement pas indifférent à Godard) se tiennent chaud, en effet. Lors des longues journées de tournage dans une forêt aux odeurs de décomposition fort naturelles en septembre-octobre, elle vient souvent renifler l'acteur dont elle aime l'eau de toilette. « J'admire qu'il ait les chaussures si bien cirées chaque matin. Et je crois qu'il les astique aussi parce que je le remarque. Il a une image de râleur, mais je me souviens de quelqu'un de très discipliné, très gentil, très soucieux d'être bien dans ses scènes. La presse vient sur le tournage, il a un grand rôle dans un film très en vue. C'est la première fois de sa carrière, je crois. »

Jean-Luc Godard leur fait tourner des scènes qui, aujourd'hui, semblent vraiment appartenir à un autre siècle, avec de longues prises de parole politique de représentants des peuples opprimés du tiers-monde ou avec des intrusions didactiques de Saint-Just ou d'Emily Brontë... À un moment, Jean Yanne s'emporte devant la caméra : « Ça fait chier ce film. On tombe que sur des malades. » Mireille Darc répond : « C'est de ta faute. Y a qu'à pas accepter. – Oh y a qu'à, y a qu'à, y a qu'à ! » La scène est écrite par Godard, mais le ton des deux acteurs est parfaitement naturel...

Tourner avec Jean-Luc Godard est cependant passionnant. Pendant plusieurs jours, il construit un impressionnant travelling de trois cents mètres, pour lequel il a commandé tous les rails disponibles chez les loueurs de matériel de tournage : Corinne et Roland remontent un interminable embouteillage à la fois bouffon et dramatique. On y voit un lion, des singes, un lama, une voiture sur le toit, une carriole à cheval, des enfants qui marchent en rang, une épave contre un arbre, des gosses qui jouent au ballon d'une voiture à l'autre, un camion-citerne Shell, un bateau et, tout au bout, trois voitures accidentées, des gendarmes et des cadavres ensanglantés sur le bas-côté – « Une expérience formidable, se souvient Mireille Darc. Et nous avons plusieurs fois, comme cela, un formidable plaisir avec Godard en directeur d'acteurs. »

L'un et l'autre pratiquent pour la première fois le plan-séquence : pendant deux, trois voire cinq minutes, ils jouent devant la caméra sans que le réalisateur coupe. Les acteurs sont en liberté, même si c'est une liberté surveillée, puisque la scène est expliquée par Godard et souvent répétée avec lui. Les séquences sont parfois complexes et demanderaient vingt ou trente plans chez un cinéaste conventionnel. Ainsi, la scène au début du film, lorsque le couple part en voiture et accroche une autre automobile en stationnement sur le parking en bas de l'immeuble. Un enfant déguisé en Indien hurle : « Maman, il a abîmé la Dauphine ! » Le gosse bande son arc miniature, ses parents surgissent, les deux couples échangent des invectives puis des coups, le père de l'enfant tire un coup de fusil sur la voiture qui s'éloigne.

Le rôle du gosse est tenu par le filleul de Godard, Christophe Bourseiller, qui a dix ans et mènera ensuite une triple carrière de comédien, d'écrivain et de journaliste. Familier du cinéaste, il est néanmoins désarçonné par ses méthodes. Il nous a raconté : « Avant le tournage, je lui demande comment je dois m'habiller. Il me répond : "C'est un film en couleurs ; mets des vêtements en couleur." Il n'y a pas de texte écrit et il me donne des indications que je ne comprends pas très bien. Il me dit : "Tu leur dis 'Sales communistes !' – Mais je croyais qu'on était communistes ? – Oui mais là, tu ne l'es plus." Godard déteste les acteurs et il les fait hurler pour être sûr qu'ils soient mauvais. Il a engagé Jean Yanne et Mireille Darc par mépris. Darc joue les putes dans des films de Lautner et, pour lui, elle est de droite. Jean Yanne c'est Europe 1 et le succès, c'est le bling-bling de l'époque et il déteste ça. »

À l'écran, la scène du parking apparaît comme un mélange de caricature outrée et de naturel saisi à ras d'humanité. Dans le feu de l'action, Mireille Darc donne même une gifle retentissante à Christophe Bourseiller, dont le jeu monte alors dans une impressionnante fureur d'enfant…

Les deux héros vivent une scène brièvement éprouvante quand leur voiture est coincée à la base d'un amas de véhicules auquel les assistants mettent le feu. Ils sont censés attendre l'ordre du réalisateur pour sortir, mais ils commencent à voir tomber des gouttes d'essence enflammée du brasier au-dessus d'eux. N'entendant aucun ordre du réalisateur, Mireille Darc jaillit de l'habitacle en tirant Jean Yanne par la main. Puis elle se retourne et hurle, dans l'inspiration de l'instant : « Mon sac ! Mon sac de chez Hermès ! » Le cinéaste ne la félicite pas sur le coup de génie que constitue ce cri, pas plus qu'il ne s'explique sur le retard qu'il a mis à faire sortir les deux acteurs de la voiture, qui allait s'embraser avec les autres.

De manière générale, Godard n'est pas ouvert aux propositions de ses interprètes. Ce qui l'intéresse est de les utiliser à contre-emploi. « Jean doit être un mari rigide et chiant, se souvient Mireille Darc. Godard nous demande à tous les deux d'être des râleurs. Or je suis une actrice de comédie et Jean est un amuseur. Il nous sort de nos rôles respectifs pour nous mettre dans des rôles éloignés de nous. Pour le reste, il ne laisse pas la porte ouverte. »

Et le réalisateur en rajoute volontiers dans les menues provocations envers ses acteurs. « J'ai l'impression que Godard essaie de nous faire craquer, se souvient Mireille Darc. Je prends le parti de ne pas céder. Quand nous choisissons les vêtements de mon personnage dans un magasin, il se trouve que tout me va, puisque je suis très mince. Mais il cherche des robes qui ne me vont pas. "Ça, c'est moche, on le prend. Ça aussi, c'est moche, on le prend..." Je me retrouve avec des vêtements que je n'aurais jamais portés, mais ce n'est pas pour ça que j'ai l'air d'une petite bonne femme... Un jour, pendant le tournage en forêt, son chien se traîne dans la boue et il l'enferme dans ma voiture, une petite Alfa Romeo blanche. À la fin de la journée, je trouve l'intérieur absolument dégoûtant et ce chien – un cocker, je crois – qui m'attend. Alors je le ramène chez moi, je le lave, je lui donne à manger et, le lendemain, je le laisse chez moi. Au bout de trois jours, Godard me demande si j'ai vu son chien. "Ah? C'est le vôtre? Je ne savais pas... Vous auriez dû m'en parler plus tôt." C'est un jeu entre nous.»

Jean Yanne affiche quant à lui une sorte de détachement narquois au spectacle de la cour de Godard et du tourbillon d'encens qui accueille ses films. Dans *Paris Jour*, il se livre quelques mois après la sortie du film à une désacralisation tranquille du réalisateur de *Week-end* : «Pour les gens qu'il dirige, Godard est un metteur en scène tout à fait classique. Je ne vois pas de différence, par exemple, entre Jean Girault et lui. C'est au montage que les genres diffèrent : des scènes qui pourraient être drôles avec Girault deviennent méchantes avec Godard.» Voici, sous une forme presque anodine, une relativisation particulièrement assassine...

Week-end sort le 29 décembre 1967 après avoir été monté rapidement, puisque le clap de fin a été donné le 11 octobre. Ce sera le quatrième long métrage de Godard en exactement quarante-huit semaines : *Made in USA* est sorti le 27 janvier 1967, *Deux ou trois choses que je sais d'elle* le 17 mars et *La Chinoise* le 30 août, sans compter ses contributions aux films collectifs *Le Plus Vieux Métier du monde*, sorti le 21 avril, et *Loin du Vietnam*, le 18 octobre.

Dans une interview d'une douzaine de phrases accordée à *Télérama*, le cinéaste prévient : «C'est un film qui déplaira sûrement à la majorité des spectateurs [...] parce que c'est très méchant, grossier, caricatural. C'est fait dans l'esprit de certaines bandes dessinées d'avant-guerre. C'est plus méchant que *Hara Kiri*. Ça rappelle un peu *Pim, Pam, Poum*. C'est plein de sang et d'injures. [...] Je crois que ça ne marchera pas. *Week-end* est un film d'ethnologue sur un monde imaginaire. »

La radicalité de Godard est flagrante dès les premières images de *Week-end*, avec des cartons proclamant successivement : « un film égaré dans le cosmos » et « un film trouvé à la ferraille ». Avec *Week-end*, le réalisateur amorce le mouvement qui se traduira, quelques années plus tard, par sa rupture avec le cinéma. Lui-même traverse une singulière crise morale qui le conduit, notamment, à sacrifier sa propre voiture pour en faire une épave que l'on verra dans le film.

La vision de la France comme enfer automobile ne va pas seulement marquer les spectateurs de *Week-end* : elle laissera des traces chez Jean Yanne. Godard montre les deux fléaux de la route : les embouteillages et les accidents. Dans un cas comme dans l'autre, il pousse le réel jusqu'à une grimace narquoise et terrifiante. Quand Roland apparaît à l'image, il est au téléphone, sur son balcon, regardant deux automobilistes se battre à mort après un accrochage. Au cours du film, il va précipiter un cycliste dans le fossé, pousser d'autres voitures, défendre de manière hystérique l'intégrité de son automobile, pratiquer le *carjacking*... Des accidents sont mis en scène avec un luxe de cadavres, de teinture rouge et de lambeaux humains qui annoncent les grands massacres du feuilleton radiophonique et du livre *L'apocalypse est pour demain* de Jean Yanne, mais aussi la tuerie des automobilistes dans l'exode des *Chinois à Paris*. Là où Godard prophétise l'aboutissement ultime de la violence bourgeoise, Yanne verra la destinée d'une civilisation rendue folle par son jouet à quatre roues. Là où l'un compose un roide discours à portée politique, l'autre va franchement se marrer. Mais si Godard touche intellos, cinéphiles ou militants – un public d'avance acquis à ses idées –, l'amuseur sarcastique va heurter de plein fouet le grand public, moins de deux ans plus tard, en clamant sa répugnance pour la civilisation automobile.

Dans l'immédiat, *Week-end* choque surtout par l'abjection généralisée de ses personnages. Bourgeois cyniques et homicides, prolétaires indifférents devant la souffrance au nom de leurs propres souffrances, jeunes écervelés et méchants, vieux recuits dans leurs rancunes et leurs frustrations, paysans odieux… Tous sont prêts à la violence physique, tous brandissent des discours hérissés de haine.

Et même la chair est d'une tristesse grimaçante. Dernière scène tournée mais deuxième scène du film, la longue confession érotique que fait Corinne à son amant va susciter l'ire des censeurs, choqués autant par la crudité des phrases prononcées par Mireille Darc que par « une impression globale de désordre intellectuel et moral qui constitue une contre-indication pour un public d'adolescents ». *Week-end* sera donc interdit aux moins de dix-huit ans bien que les phrases les plus crues soient masquées par des bruits stridents.

Le quatrième Godard de l'année sort entre Noël et le Jour de l'an, tout à fait à contre-courant de la fréquentation du moment et face à un contingent de blockbusters tous publics : la semaine précédente sont sortis le dessin animé *Astérix le Gaulois* ainsi que *James Bond 007 Casino Royale*, *Les Douze Salopards*, *La Symphonie des héros* et *Les Risques du métier*, une semaine après *Cendrillon* et un mois après *Les Grandes Vacances*, livraison trimestrielle de Louis de Funès. En première semaine, *Week-end* attire 22 740 spectateurs dans ses cinq salles à Paris, puis 17 890 en deuxième semaine, puis 14 761 en troisième semaine... Avec 69 784 entrées en cinq semaines d'exclusivité parisienne, Godard a attiré moins de spectateurs que *Will Penny le Solitaire*, western de série avec Charlton Heston, ou que la énième reprise en salles de *Jeux interdits*, mignon succès populaire de 1952.

Si ce film ne fait pas découvrir Jean Yanne à de nouvelles foules, il le place au cœur d'un imposant dispositif critique, car Jean-Luc Godard est scruté, analysé, décortiqué comme peu de cinéastes le sont alors. Quelques esprits forts cognent avec une sereine liberté sur le cinéaste le plus « intello » de l'époque. Dans *Le Canard enchaîné*, on lit : « Le petit Suisse veut nous faire honte de notre veulerie, de notre moutonnerie. Il ne réussit, j'en ai peur, qu'à épater le bourgeois qui prend ses gamineries pour de l'audace, va voir un Godard comme il allait naguère au Grand Guignol pour frémir, ou rue de Lappe pour s'encanailler. » Mais, séduits ou rebutés par son film, l'écrasante majorité des journalistes traitent le cinéaste suisse avec les précautions qu'inspire son prestige. *Le Monde* voit dans *Week-end* du Jérôme Bosch, *France-Soir* un flot « de talent, d'insolence, de cynisme et de délectation morose » et *L'Humanité* « quelque chose de nouveau dans un art cinématographique qui périclite et se montre pauvre en imagination ». Jean-Louis Bory, dans

Le Nouvel Observateur, trouve Yanne et Darc « admirables parce que, jusque dans leur physique, ils sont les représentants typiques de notre société puisqu'ils en sont, par métier, les vedettes, donc les idoles [...], reine et roi du divertissement bourgeois – cinoche de boulevard et gauloiserie montmartroise ». Et il constate que « le jeu parodique ou simplement excessif des acteurs concourt à l'irréalisme, ou plutôt à la déformation significative du réel ».

Pour un certain nombre de journalistes, la présence de Jean Yanne et Mireille Darc est comme une bouée de sauvetage. Selon *L'Aurore*, l'acteur « ne se départit jamais d'un certain flegme qui en fait plus un badaud perdu dans une bande filmée qu'un participant actif à des scènes dont il semble dire : mais que viendrais-je faire dans une telle galère ? »

Mais *Le Figaro* a une opinion sur le pourquoi de sa présence dans *Week-end*, puisqu'il est « toujours à son affaire quand il s'agit de collaborer aux plaisanteries les plus énormes ». On ne sait qui est ici le plus méprisé, de Jean-Luc Godard ou de Jean Yanne. Mais une chose est certaine : une certaine cohérence se dessine dans l'œil des clercs entre le poil à gratter de RTL et le personnage d'un brûlot d'avant-garde. Ce n'est pas encore un statut, mais c'est déjà une nouvelle réputation.

10. – Gloire et bide du BIDE

(*La langouste ne passera pas*
et *Voyage au centre de la c...ulture*, 1967-1969)

À l'automne 1967, dans le bureau parisien des éditions Casterman, rue Bonaparte dans le 6e arrondissement de Paris, Jean Yanne rencontre Louis Gérard, le directeur commercial du puissant éditeur, qui lui propose de se lancer dans l'aventure d'une bande dessinée. Il lui présente Tito Topin, le dessinateur qui devra faire équipe avec lui. Il ignore évidemment qu'ils vont mener à bien le projet mais également devenir des amis et des complices pendant des décennies. Tito Topin est alors inconnu du grand public mais pas des milieux de l'édition catholique. Il dessine dans *Formidable*, mensuel créé par le groupe La Bonne Presse pour faire pièce au succès colossal de *Salut les copains*. Il publie depuis plusieurs mois *Les Aventures de Sandra*, bande dessinée au trait moderne et aux couleurs ouvertement psychédéliques, qui évoque le show-business et l'actualité de la culture «jeune».

Né au Maroc, Tito Topin est passé par le Brésil avant d'arriver à Paris, où il devient illustrateur dans la publicité. Il dessine pour le Printemps, l'agence Havas et quelques autres travaux comme la réalisation du décor et des bulles d'onomatopées dans l'enregistrement télévisé de la chanson *Comic Strip* par Serge Gainsbourg et Brigitte Bardot.

Il se souvient aujourd'hui de l'ambition de l'éditeur : «Casterman avait l'idée – assez intelligente, il faut bien le dire – de faire entrer la BD dans le monde des adultes.» Ce que l'on désigne à l'époque comme «bande dessinée pour adultes» est souvent orienté vers l'érotisme, de manière plus ou moins avouée. Ainsi, *Barbarella* de Jean-Claude Forest, est à la fois une méditation sur la conquête de l'espace et sur la liberté des femmes, mais aussi le support d'innombrables rêveries érotiques en un temps où l'image sexuellement explicite est à peu près absente des kiosques à journaux.

Donc Casterman fait appel, pour inventer une nouvelle bande dessinée, à un scénariste qui apporte de belles audiences à RTL, radio proche des milieux conservateurs, et à un dessinateur du groupe catholique La Bonne Presse. Ni l'un ni l'autre n'a jamais réalisé de bande dessinée. Ils ignorent tous deux la discipline centrale de la conception d'un album, le découpage. Et c'est d'autant plus embarrassant que Casterman a vendu *La langouste ne passera pas*, avant même d'en connaître le titre, à *Télé 7 jours*. La négociation s'est faite entre un groupe qui dispose d'une force de frappe commerciale colossale (en 1968, Hergé sort *Vol 714 pour Sydney*, vingt-deuxième album des aventures de Tintin, immédiat succès de librairie) et l'hebdomadaire le plus lu de France. Ce sera donc à plusieurs millions d'exemplaires que la bande dessinée de Jean Yanne et Tito Topin va être diffusée en épisodes, à raison de deux planches par semaine.

Même si le chantier de *La langouste ne passera pas* s'étend sur toute l'année 1968, il est mené au pas de charge, à la planche à dessin comme dans les coulisses. Aussi, depuis l'appel à deux artistes respectés par leurs employeurs conservateurs, personne n'imagine vraiment ce que va être la bande dessinée de Jean Yanne et Tito Topin. Casterman fait confiance à des collaborateurs de RTL et *Formidable*; *Télé 7 jours* fait confiance à Casterman. L'accord a été signé avec une confondante ingénuité de part et d'autre. Tito Topin le dit aujourd'hui : « Ils ont pensé que nous étions deux personnes très convenables puisque nous travaillions dans des organes de presse tout à fait convenables, et que nous allions donc faire quelque chose de tout à fait convenable. Voilà comment j'ai rencontré Jean Yanne : sur un malentendu. »

Casterman va être estomaqué par ce que lui livrent Yanne et Topin. Ce dernier assure aujourd'hui : « Nous n'avons pas prémédité de faire quelque chose qui ne serait pas "convenable". Nous avons laissé parler notre nature. » Et la nature du scénariste est particulièrement sarcastique.

Jean Yanne s'inspire d'une de ces nombreuses crises de mutation que connaît la société française des Trente Glorieuses : les malheurs des langoustiers. Alors que l'on ne trouve plus assez de langoustes le long des côtes françaises, les ports spécialisés – notamment Douarnenez et Camaret – doivent faire face à une série de bouleversements géopolitiques. La Mauritanie, dont les eaux territoriales sont un éden langoustier, est indépendante depuis 1960 et étend peu à peu sa zone d'exclusion maritime, tout comme le Maroc. Et les chalutiers brésiliens mènent une concurrence forcenée aux langoustiers français, concurrence qui prend à l'occasion la forme d'une franche confrontation physique entre marins. En 1967, il ne reste que trente-trois navires spécialisés à Douarnenez. Les derniers seront désarmés en 1970.

Pour un esprit comme celui de Jean Yanne, il y a forcément quelque chose de savoureux à ce que l'on hisse l'oriflamme des intérêts français et de la défense du petit peuple des langoustiers à propos d'un produit de luxe. Enfant d'une banlieue populaire, il considère la langouste comme un des signes de l'opulence bourgeoise, ce qui rend encore plus paradoxale la compassion pour les prolétaires de la mer.

Donc, *La langouste ne passera pas* est annoncée comme étant le premier « Dossier du BIDE », puisque le contrat avec Casterman porte d'emblée sur quatre albums. Comme le dit un cartouche dans la troisième planche de la bande dessinée : « Le BIDE (Bureau d'investigation pour la défense des espèces) est la plus formidable organisation secrète du monde. Auprès d'elle, l'Intelligence Service, la CIA, le FBI, le NKVD ne sont que de minables, ridicules et risibles groupuscules dont la simple évocation fait pouffer. »

Les bureaux du BIDE sont installés dans le pilier nord de l'Arc de Triomphe et on y accède en appuyant sur un discret bouton placé à la pointe du glaive du bas-relief de *La Marseillaise* de Rude, qui ouvre un passage secret. Là s'affairent trois personnages hauts en couleur. Leur chef est le prince Vrougnard des Alfiges du Tarpoin-Bossuet « que les plus grandes personnalités mondiales nomment avec un infini respect : Monseigneur ». Mais il est, selon les mots de Jean Yanne dans une interview, « grand, beau et bête » – le troisième terme tranchant radicalement avec les James Bond, OSS 117, Coplan ou Bob Morane qui peuplent écrans de cinéma, présentoirs des librairies populaires ou rayons de bandes dessinées. Monseigneur a une haute idée de son sang : dès qu'il ressent une forte émotion, il ne s'exclame pas « Mon Dieu ! », mais lance des tirades provenant de l'œuvre de Bossuet, son ancêtre.

Les deux autres agents du BIDE sont taillés dans quelques clichés d'époque. Puisque tous les gauchismes s'inspirent d'une maxime du président Mao disant que « le révolutionnaire est dans le peuple comme un poisson dans l'eau », le spécialiste du camouflage Graffiti sera vêtu d'un treillis de guérillero assorti à une barbe et un cigare à la Che Guevara. La jolie Polly Esther est une blonde ravissante, habillée à la dernière mode et gourmande des potins de la presse, tout en étant exagérément émotive, secrètement amoureuse de Monseigneur et incommensurablement idiote.

Le quatrième héros est le secrétaire général de l'ONU, qui fait appel au BIDE et l'accompagne dans ses aventures. Le personnage d'Astra Khan est directement inspiré d'U Thant, le diplomate birman qui dirige l'organisation internationale depuis 1961. Négociateur fin et patient, c'est un homme respecté par quiconque s'intéresse de près aux relations internationales, évidemment dominées à l'époque par l'opposition entre les deux blocs. Mais il est souvent la cible des caricaturistes, justement pour ces mêmes raisons : spécialiste de la litote, de l'*understatement* et du compromis, il prononce souvent des phrases alambiquées qui inspirent les esprits ironiques. Pourtant, dans les faits, il n'hésite pas à défendre des positions qui heurtent l'une ou l'autre des deux superpuissances et se révélera souvent être un diplomate ferme, indépendant et déterminé.

Donc, au début de *La langouste ne passera pas*, Astra Khan vient dans les bureaux du BIDE découvrir quelle est « la composition de la vitamine de paix, susceptible de supprimer à jamais les querelles et les guerres ». La réponse doit être donnée par Tar 100, « l'ordinateur électronico-sensoriel le plus perfectionné qui se puisse concevoir. Ses circuits cortico-cycloniques sont auto-ignifuges, ses tempodes chromoséluriens possèdent une ditrabulation méridioplunique infranolludienne. De plus, ses fréludes computo-serviques contiennent du cortinazol », ainsi que l'explique Monseigneur.

Tar 100 se présente comme un flipper et, pour recueillir son oracle, Astra Khan doit glisser un jeton dans la fente et actionner la tirette à ressort pour lancer la boule – comme sur un billard électrique de café. L'ordinateur annonce donc que la vitamine de la paix est présente dans la langouste. Aussitôt, le monde entier se met à frénétiquement pêcher et consommer de la langouste. Le retour à la paix universelle n'empêche pas des bouleversements de l'ordre international qui prédisent une part de ce qui adviendra avec le choc pétrolier de 1973-1974.

Mais, à la dixième planche, rebondissement : il n'y a plus de langouste. Un à un, les bancs disparaissent et les pêcheurs ne rapportent plus rien. Le BIDE enquête et se trouve rapidement nez à nez avec des langoustes extraterrestres qui viennent sur la Terre délivrer leurs congénères condamnés à la mayonnaise. Car, sur Eogalnust, dans la constellation du Centaure, les crustacés ont suffisamment évolué pour créer une civilisation et dominer leur planète – exactement l'inverse de la situation terrestre, puisqu'ils consomment des humains primitifs en boîtes de conserve. L'ingéniosité des agents du BIDE vient à bout de l'invasion des langoustes extraterrestres grâce à des missiles à mayonnaise qui les mettent en fuite.

« Messieurs ! La langouste a modifié la notion de pays pauvre et de pays riche. C'est ainsi que quantité de pays d'Afrique dont les ressources naturelles étaient minimes risquent de devenir des superpuissances étant grands producteurs de langoustes, alors qu'en Europe certains pays comme la Suisse risquent de s'appauvrir car ils n'ont pas d'ouverture sur la mer. Ils deviennent des pays sous-langoustés. »
Discours d'Astra Khan à l'ONU dans *La langouste ne passera pas*.

Quand les deux auteurs commencent à travailler sur leur album, ils n'en savent que le nombre de planches – quarante-huit. Ils n'en connaissent pas la fin, ni la plupart des rebondissements par lesquels ils vont passer. « Nous étions totalement innocents, se souvient Tito Topin. Ni lui ni moi n'avions jamais fait d'album de bande dessinée. Je n'avais aucune idée de la manière de procéder et nous avons signé le contrat avec Casterman sans vraiment nous rendre compte de la quantité de travail que cela représentait. »

Venu de la publicité et de son langage graphiquement très agressif, Tito Topin est ravi d'une possibilité ouverte par les nouvelles machines d'impression offset, qui permettent d'employer non plus quatre mais six couleurs. *La langouste ne passera pas* va y gagner des couleurs criardes et tranchées. Les costumes et les décors sont éclatants et le dessinateur peut se permettre un ciel rose tyrien ou un océan vert pomme.

Les deux complices progressent de manière empirique, ce qui chez Jean Yanne revient à travailler sans aucune méthode. « Nous

nous retrouvions en général chez moi. On buvait des coups, on s'amusait. Tout en me parlant, il griffonnait à toute allure et me laissait ses gribouillis en partant. Ensuite, je me débrouillais. Il avait l'expérience d'un certain nombre d'années de cabaret et il écrivait tous les jours des sketchs pour la radio : il allait donc très vite. Mais nous n'avions aucune rigueur. On travaillait vraiment dans l'urgence, la veille pour le lendemain. Louis Gérard venait lui-même chez moi pour ramasser mon travail et l'amener à *Télé 7 jours*. Il a quelquefois dû attendre que j'aie fini pour foncer au journal. »

Les relations avec l'éditeur sont encore au beau fixe. En février 1969, la soirée de lancement de *La langouste ne passera pas* a lieu au Bal de la marine, un vrai bal populaire à l'ancienne sur le quai de Grenelle, dans le 15ᵉ arrondissement, là où le quartier de Beaugrenelle va bientôt sortir de terre. Le Tout-Paris des médias et de l'édition est là. On sert de la langouste en abondance.

Les planches paraissent dans *Télé 7 jours* à partir du 1ᵉʳ mars 1969, en lieu et place d'une des rubriques les plus appréciées des lecteurs, « La vie des animaux ». Avalanche de lettres indignées : à la place de pages distrayantes et instructives, le journal passe une bande dessinée à laquelle on ne comprend rien, subversive et mal dessinée... La direction du magazine résiste un moment puis interrompt la publication de *La langouste ne passera pas* à la mi-mai, après la parution de vingt-quatre planches seulement – la moitié de l'album. Il est vrai que la dernière page publiée représente une fanfare grotesque, menée par Salvador Dalí, avec André Malraux et Michel Simon au tambour.

La prépublication dans *Télé 7 jours* est pourtant un outil promotionnel extraordinaire : le premier tirage de *La langouste ne passera pas* est de cent mille exemplaires et il doit être rapidement suivi d'un retirage de cinquante mille exemplaires. La presse est séduite par un ouvrage à la modernité graphique incontestable et, surtout, par un ton tout à fait inédit dans la bande dessinée.

La question du caractère « adulte » de cette BD est centrale dans l'accueil qui est fait à *La langouste ne passera pas*. D'ailleurs, quand Jean Yanne passe avec Tito Topin à « Inter actualités », le long journal de 13 heures de France Inter, c'est le premier angle de l'interview. À la question de savoir si l'album est destiné à la jeunesse, il répond : « C'est un livre au départ pour la jeunesse.

Il y a des choses en filigrane que les jeunes ne comprendront pas et que les parents comprendront mieux. » Et il tente néanmoins de donner une fourchette « entre quinze et vingt-cinq ans » pour situer le public de l'album.

Il est vrai que Tito Topin et Jean Yanne se sont livrés à un jeu de têtes qui réjouit forcément plus les lecteurs habitués au *Canard enchaîné* qu'au *Journal de Tintin.* Le dessinateur se souvient : « Comme dans ses émissions de radio, il a des têtes de Turc et il me fait dessiner Alice Sapritch, Jacques Chazot, Paul Guth, l'Académie française en général et François Mauriac en particulier. » De page en page, on reconnaît le général de Gaulle, Georges Pompidou, Richard Nixon, Brigitte Bardot, Fidel Castro, Frank Sinatra, Moshe Dayan… Jean Yanne lui-même apparaît en contrôleur du train Istanbul-Quimper. Ils sont assez avancés dans l'album quand Jean Yanne a l'idée des « onomatopins » : au lieu des bruits habituels de la bande dessinée, tous les sons indiqués dans les cases sont remplacés par des noms d'écrivains. Alors les combats contre les langoustes venues de l'espace font « Swift », « Woolf », « Zweig », « Proust », « Vian »…

Malgré le succès commercial et le prix Gaulois décerné à ses auteurs, Casterman est consterné par *La langouste ne passera pas.* Passe encore pour les moqueries visant les hommes politiques (qui comme d'habitude chez Jean Yanne frappent autant à gauche qu'à droite) et pour diverses offenses au drapeau et aux corps constitués. Mais il y a aussi un certain nombre de moqueries directement dirigées contre l'Église, et qui chagrinent les catholiques fervents de la famille Casterman et de leur conseil d'administration. Ainsi, dans un texte en latin de cuisine, le pape autorise l'usage de la mayonnaise en pilule…

Quand sort le premier album des « Dossiers du BIDE », Yanne et Topin sont déjà au travail sur le suivant. *Voyage au centre de la c… ulture* est construit sur un argument à peine moins abracadabrant que *La langouste ne passera pas* : un scientifique a inventé un appareil qui peut désintégrer un corps humain et le reconstituer dans une autre dimension – l'infiniment bête. Or il se révèle que la bêtise se concentre surtout là où elle devrait avoir disparu : à l'Assemblée nationale, au Palais de Justice, à l'Académie française, à l'École polytechnique, à la Maison de la radio…

L'élan créatif des deux auteurs n'est pas aussi alerte que pour *La langouste ne passera pas*. Le scénario recycle ouvertement des idées voire des textes utilisés par Jean Yanne à la radio, à la télévision ou au music-hall. On revoit les camionneurs amateurs de musique classique ou de psychanalyse (Topin dessine d'ailleurs Jean Yanne dans le rôle), la dissertation sur l'ongle considéré comme une drogue dure, l'affirmation selon laquelle « un flic n'a rien d'humain »... On retrouve sa règle absconse de jeu de cartes publiée dans *L'Os à moelle* : « La vratouille se joue à deux avec une pamoise et un corbechin. Le joueur qui utilise la pamoise doit déclucher le corbechin de l'adversaire sans faire magreler son corzon... »

« Visite de l'ORTF. Jouez avec un dé, chacun à son tour. 1. Bellemare vous pique 10 F pour un bébé phoque. 2. Zitrone : un bon cheval ; rejouez. 3. Averty ; vous faites une crise de nerfs pendant deux tours. 4. Office religieux dominical ; un tour de sommeil. 5. Guy Lux vous pique 10 F pour l'opération Espoir. 6. Tchernia et Mickey vous font avancer d'une case. 7. Un Shadok ; quatre tours d'hôpital psychiatrique. 8. Télé-Soir ; danger ! rejouez ! 9. Mireille Mathieu vous retient un tour avec elle ; tant pis pour vous. 10. Interlude ; vous dormez un tour. 11. Censuré ; vous retournez à la case 0... »
Jeu de l'oie dans *Voyage au centre de la c...ulture*.

Jean Yanne prend soin d'attendre le second tour de l'élection du président de la République, le 15 juin 1969, pour achever avec Tito Topin le casting des personnalités politiques qui apparaîtront au hasard de *Voyage au centre de la c... ulture*. Et il brode déjà, cinq ans avant *Les Chinois à Paris*, sur une invasion maoïste de la France. L'album est d'une teneur plus chansonnière que *La langouste ne passera pas*, avec encore plus d'allusions à l'actualité. Notamment, Jean Yanne frappe à coups redoublés sur la radio et la télévision d'État. Ainsi, l'ordinateur Tar 100 affiche le logo de l'ORTF en affirmant : « Ce sigle représente la bêtise. » Une planche est consacrée à un jeu de l'oie dans lequel sont caricaturés Pierre Tchernia, Pierre Bellemare, Mireille Mathieu ou les « enzymes gloutons » de la lessive Ala (une star de la publicité bien qu'enzyme fût censé être féminin)...

La publication de *Voyage au centre de la c...ulture* est l'occasion pour Jean Yanne de jouer un nouveau tour de potache à l'establishment : comme le livre doit sortir peu avant la saison des prix littéraires, en octobre 1969, il décide de le présenter au Goncourt, au Renaudot, à l'Interallié, au Médicis et au Femina, accompagné d'une recommandation expresse d'un évêque certifiant sa conformité à la morale catholique. La proposition agace Louis Gérard : chez Casterman, on ne plaisante pas avec la hiérarchie ecclésiastique.

Le ton monte entre les deux hommes et la conversation s'achève par une porte qui claque à toute volée. C'est la rupture.

Néanmoins, il faut bien sortir *Voyage au centre de la c...ulture. Le Figaro, France-Soir* ou *Paris Jour* consacrent de beaux articles à la deuxième bande dessinée de Jean Yanne. De lui-même, l'auteur envoie le livre à tous les membres de l'académie Goncourt. Il argue du fait que le testament des frères Goncourt évoque, parmi les critères d'attribution du prix, la nécessité de « récompenser une étude de mœurs évoquant un milieu dans ses véritables couleurs et son véritable langage » – et *Voyage au centre de la c...ulture* est en couleurs ! Le 17 novembre, Tito Topin et lui apparaissent dans les parages du restaurant Drouant, où le jury délibère. Il parade devant les journalistes – dont beaucoup sont des amis – en disant qu'il est absolument sûr de recevoir la récompense suprême de la saison littéraire, non seulement parce que son livre est le meilleur, mais aussi parce qu'il a envoyé un chèque au juré Armand Lanoux et que Tito Topin a promis de repeindre la cuisine d'Hervé Bazin, président de l'académie Goncourt. Certains journalistes sont heureux de cette animation inattendue dans le protocole rituel du prix, mais le Tout-Paris des lettres se pince le nez.

« Nous avons présenté cet ouvrage aux Goncourt uniquement pour savoir s'ils étaient capables de donner ses lettres de noblesse à la bande dessinée. Parce que la bande dessinée finalement est un genre littéraire et graphique tout aussi honorable que le roman ou le théâtre. Là ils se sont dégonflés. Je dis qu'ils se sont dégonflés parce que vous vous doutez bien que nous nous sommes présentés au Goncourt que parce que nous étions pratiquement sûrs de l'avoir. En fait, il y a eu un problème avec Roland Dorgelès qui a reçu les livres chez lui et qui les a amenés à la dernière minute chez Drouant. Il les a amenés à midi et demi. Alors ils n'ont pas eu le temps de les lire. Je suis ravi que Félicien Marceau ait eu le Goncourt mais si les livres étaient arrivés quatre-cinq jours avant chez les académiciens, ça aurait changé quelque chose. [...] Après on a bu un verre de champagne avec Armand Lanoux et Hervé Bazin qui nous ont dit être des ardents défenseurs de *Charlie*, de *Hara Kiri* et de tout un tas de choses comme ça. »
Jean Yanne dans « Radioscopie », France Inter, 18 novembre 1969.

Le lendemain, Jacques Chancel reçoit dans sa fameuse « Radioscopie », sur France Inter, le vrai prix Goncourt, le romancier et dramaturge Félicien Marceau, couronné pour son roman *Creezy*. Au bout de quarante minutes d'une interview très calme et très conventionnelle, il signale aux auditeurs que Jean Yanne est derrière la vitre du studio. Après un court extrait de Mozart, le comédien s'installe au micro. Quand Chancel lui demande si sa « candidature » au prix Goncourt était un gag, il répond : « Ça n'a rien d'un gag. C'était tout à fait sérieux. » Et il brode sur la correspondance absolue entre *Voyage au centre de la c...ulture* et les prescriptions testamentaires des frères Goncourt.

À l'écoute de l'émission, on sent Félicien Marceau quelque peu crispé et Jean Yanne se faire assez accommodant derrière la provocation. Et, d'ailleurs, il rappelle qu'à l'académie Goncourt siègent Roland Dorgelès, qui, jeune homme, attacha un pinceau à la queue d'un âne pour mystifier les critiques et les amateurs d'art moderne, ainsi que Pierre Mac Orlan, qui fut un autre grand amateur de canulars.

L'émission n'est pas aussi tendue et spectaculaire que le raconteront plus tard quelques mémorialistes, mais elle est versée au dossier à charge concernant Yanne chez Casterman. L'éditeur belge a le sentiment que l'acteur en prend plus qu'à ses aises. À Tournai, siège de Casterman, il a même froissé la fierté nationale par sa désinvolture à l'égard de Félicien Marceau, né en Belgique.

Faut-il, dès lors, s'étonner que Casterman ne fasse aucune publicité pour *Voyage au centre de la c...ulture* et assure la commercialisation sans conviction ? Par rapport à celui de *La langouste ne passera pas*, quelques mois plus tôt, le tirage est dérisoire : dix mille exemplaires. Louis Gérard et Jean Yanne ne se parlent plus, les relations du scénariste avec la maison d'édition se bornant aux échanges avec le service comptabilité – échanges d'ailleurs très fructueux, après le succès du premier volume. Il a déjà en tête l'argument du troisième « Dossier du BIDE », *On a marché sur la saucisse* : pour faire face au surpeuplement de la planète, l'ONU décide de réduire tous les humains au tiers de leur taille grâce à un traitement médical révolutionnaire dilué dans l'eau potable ; mais, ne buvant jamais d'eau, un ivrogne français échappe au produit et, se trouvant trois fois plus grand que tous les autres humains, veut imposer sa volonté à la planète entière.

Mais le cœur n'y est plus. Tito Topin ne dessine pas la moindre image de ce scénario. L'aventure de Jean Yanne dans la bande dessinée est terminée. Cependant, l'échec de sa relation avec Casterman ne met pas fin au grand dessein de la maison de faire passer la bande dessinée chez les adultes. En 1975, l'éditeur de Tintin publie *La Ballade de la mer salée*, premier volume des aventures de Corto Maltese, dessinées par Hugo Pratt. Cette même année, trois nouveaux magazines de bande dessinée apparaissent : *Fluide glacial*, *Métal hurlant* et *Circus* tournent ouvertement le dos au public enfantin en s'ouvrant à une narration plus libre, à l'érotisme ou à un humour nouveau. Trois ans plus tard, Casterman lance la revue qui va révolutionner la bande dessinée d'expression française, *[À suivre]*. *La langouste* est passée trop tôt.

11. – « On était bien loin de se douter »

(*Ces messieurs de la famille*, *Un drôle de colonel*, *Érotissimo*, *Que la bête meure*, 1968-1969)

Outre sa présence tous les dimanches sur les ondes de RTL, l'événement commercial le plus important pour Jean Yanne en Mai 68 est son apparition dans *Ces messieurs de la famille*, film de Raoul André sorti au cours des « événements ». Il s'agit d'un film appartenant, toute honte bue, à un cinéma déjà démodé depuis des années. À la sortie du film, certains critiques notent avec lassitude qu'il s'agit de la survie d'un genre qui fit jadis le gagne-pain – sinon la prospérité – du cinéma de quartier. Le réalisateur en est un médiocre tâcheron, Raoul André, qui sévit déjà depuis belle lurette, par exemple en 1956 avec *L'Homme et l'Enfant*, film d'aventures faisant s'affronter Eddie Constantine et Juliette Gréco, ou, l'année précédente, *Les Pépées font la loi*, policier au féminin s'achevant par une bagarre générale dans laquelle une foule de catcheuses met une rouste à une bande de truands.

Ces messieurs de la famille joue à la fois de quelques-uns des ressorts de l'intrigue policière pour rire et de la comédie de mœurs. Un cadre supérieur (Michel Serrault) se voit confier la charge d'accueillir un important client américain (Francis Blanche) qui a la réputation d'être un puritain particulièrement sévère. Or sa famille est tout sauf un modèle de vertu chrétienne, entre un beau-frère qui accumule les conquêtes féminines (Jean Poiret), un cinéaste Nouvelle Vague raté (Darry Cowl) et une femme de chambre maoïste (Annie Cordy). Tout le monde se retrouve régulièrement au poste au grand dam d'un brigadier de police limité (Michel

Galabru) et croise d'accortes jeunes femmes qui ne sont pas taraudées par le désir de se vêtir chaudement. Jean Yanne incarne le mari d'une conquête de Jean Poiret, fort en gueule et bas du front. Sa composition est sommaire et plaisante, dans un aréopage de comiques populaires du moment. La réalisation sent la naphtaline, et le dialogue le sous-Audiard un peu laborieux. Mais *L'Aurore* ou *Le Soir* de Bruxelles se réjouissent de *Ces messieurs de la famille*, qui touche quand même 245 623 spectateurs pour son exclusivité parisienne. La formule est jugée assez efficace pour que Raoul André récidive l'année suivante, en compagnie de Francis Blanche, Michel Serrault et Jean Poiret, Darry Cowl et Annie Cordy, avec *Ces messieurs de la gâchette*.

Bernard Le Gall. - Qui êtes-vous?
Marco Broca. - Le mari. Alors mec ça va plus? Fini les ronds de jambe, les phrases à tiroir et les yeux en cinq à sept?
– Mais enfin, vous êtes le mari de qui?
– Oh, fais pas l'andouille, tu le sais très bien.
– Je ne sais rien du tout.
– Oh écrase. Ne te plains pas. Heureusement que j'ai besoin de toi, sinon il y a longtemps que tu serais en tas sur le tapis. [...]
– Encore une fois, vous êtes le mari de qui?
– Pourquoi? Il y a possibilité de confusion? Dans la vie, je connais deux catégories de gars qui meurent jeunes : les héros et les Casanova.
La rencontre de Bernard Le Gall (Jean Poiret) et Marco Broca (Jean Yanne) dans *Ces messieurs de la famille*.

L'année 1968 ne s'achève pas sans que Jean Yanne ait été appelé à participer à une autre entreprise cinématographique du même tonneau. Peu après le Jour de l'an 1969, il commence le tournage d'*Un drôle de colonel*, treizième long métrage réalisé par Jean Girault. Aujourd'hui, ce réalisateur est surtout célèbre pour avoir été le complice favori de Louis de Funès, et notamment pour le *Gendarme de Saint-Tropez* et les cinq films de la série qui suivra. « Il est le moteur, je suis le frein », dit Girault à propos de leur association, qui a donné douze films, de *Pouic Pouic* en 1963 au *Gendarme et les Gendarmettes* en 1982 (dernier film de Louis de Funès, au cours duquel le réalisateur succombe à la tuberculose). Mais, en 1968, on n'oublie pas encore que Jean Girault est aussi le grand ordonnateur d'un prospère duo de comiques cinématographiques, Darry Cowl et Francis Blanche. L'un et l'autre étaient déjà des vedettes quand, en 1960, il les réunit avec profit pour *Les Pique-assiette*, bientôt suivis par *Les Livreurs* et *Les Bricoleurs*. Les succès sont tels que les producteurs demanderont à Jean Girault de proposer à Darry Cowl et à Francis Blanche le rôle principal du *Gendarme de Saint-Tropez* avant de signer le contrat avec Louis de Funès.

Si une bonne partie des plus de soixante millions d'entrées des films de Jean Girault sont concentrées sur ses succès avec de Funès, son savoir-faire profite et profitera encore à bien d'autres vedettes – les Charlots, Pierre Mondy, Francis Perrin, Louis Velle et même Jean Gabin. Sur des scénarios toujours écrits avec son ami d'enfance Jacques Vilfrid, il sait gérer plusieurs héritages à la fois : comme dans le théâtre de boulevard, il monte des situations simples qui se compliquent tout au long du film ; comme dans la comédie burlesque américaine, il joue sur le comique visuel ; comme dans le film d'action, il sait régler des poursuites de voitures ou de vraies bagarres spectaculaires. Et il aime que les comédiens improvisent librement devant la caméra. Chez Jean Girault, Darry Cowl fait du Darry Cowl, Francis Blanche fait du Francis Blanche et Louis de Funès fait du Louis de Funès…

Donc on n'attend pas autre chose d'*Un drôle de colonel* (d'abord annoncé comme *Kali-Kali*) qu'un double numéro de Jean Yanne et Jean Lefebvre. Le scénario est farfelu à souhait : Barton (Jean Yanne) et Cuterfeet (Jean Lefebvre) sont des personnalités à part dans le Londres des bandits ; parfaitement inséparables, ils sont aussi parfaitement idiots ; chaque fois qu'ils montent un coup, ils sont doublés par l'Ange. Quand ils convoitent un diamant, ils arrivent quand l'Ange a volé le diamant, quand ils s'attaquent à une banque, elle a déjà été cambriolée par l'Ange… Or l'Ange se cache dans la maison d'un colonel parti depuis des années pour l'armée des Indes. Barton se déguise en colonel plus vrai que nature, avec breloques sur la poitrine et grosse moustache postiche, tandis que Cuterfeet se transforme en mage hindou. Et ils débarquent en faisant croire à un retour du colonel…

Girault tourne en six semaines en janvier et février 1968 pour avoir le temps de monter *Un drôle de colonel* avant d'aller prendre ses quartiers de printemps à Saint-Tropez, fin mai, pour le début du tournage du *Gendarme se marie*. On reconstitue des extérieurs britanniques juste crédibles à Verrières-le-Buisson, Girault fait courir et crier ses duettistes sur un rythme vif, mais *Un drôle de colonel* marque l'adieu de Jean Yanne au bon gros comique de grande consommation. À la sortie, le 24 avril 1969, le public suit mollement : 58 424 entrées en trois semaines pour l'exclusivité parisienne du film – le chiffre clé pour les professionnels du cinéma. C'est certes honorable en termes financiers, mais le duo Yanne-Lefebvre n'est pas une poule aux œufs d'or comparable à de Funès, aux 648 081 entrées en exclusivité parisienne des *Grandes Vacances* (pour presque 7 millions d'entrées au total pour toute l'exploitation du film) ou aux 448 236 entrées du *Gendarme se marie* (et aussi presque 7 millions au total), films de Jean Girault précédant et suivant *Un drôle de colonel*. Jean Yanne quitte sans regret ce cinéma-là. Il n'y reviendra plus.

***

Jean Yanne, s'il n'est pas véritablement un éditorialiste à la radio, y est un peu plus qu'un bouffon. Il se marre, certes, mais il commente aussi le monde autour de lui. Mais, au cinéma, il n'est encore employé que pour sa capacité à faire rire, à l'exception de Claude de Givray, dont *L'Amour à la chaîne* est passé à peu près inaperçu, et de Jean-Luc Godard, qui l'a employé comme le cultivateur utilise l'épouvantail.

Il va commencer à aligner enfin ses deux carrières, à exprimer au cinéma une sensibilité, un regard sur le monde et – lâchons le mot – un talent. Sans l'avoir prémédité, il va se trouver au centre d'une des plus jolies histoires du cinéma français en 1969, *Érotissimo*. « Film de Nicole de Buron réalisé par Gérard Pirès », selon le générique, il s'agit d'un mélange de constat sociologique et de satire acide, de divertissement souriant et de méditation inquiète sur le présent de la société française. Alors qu'une bonne partie de la critique et du public ne s'en doutait pas, Jean Yanne va y révéler son talent d'acteur.

On parle depuis des années de « société de consommation » et, çà et là, on en fustige mille aspects variés. Nicole de Buron, écrivaine et scénariste à succès du feuilleton *Les Saintes chéries* pour la télévision, décide d'écrire sur le curieux trouble qui saisit la France depuis quelques années : sans cesse, les femmes apparaissent plus déshabillées dans les publicités, et jusque pour des produits *a priori* dénués de toute sensualité. Elle imagine même un spot publicitaire pour une huile de table : « L'huile Érotissimo est jeune, elle est pure, elle est excitante et surtout, elle est vierge. » Dans le film à venir, ce sera Jacques Martin, en présentateur de supermarché, qui vantera cette huile.

Elle rencontre une préoccupation de beaucoup de commentateurs et d'éditorialistes face à ce qu'un journaliste de *La Croix* appelle

« cette forme prééminente de la sottise de nos contemporains : l'érotisation de la publicité. [...] Si l'on réunissait les placards de la presse, les spots télévisés, les affiches du métro, les plaques des autobus et les vitrines des boutiques de lingerie, il y aurait de quoi occuper, pendant des mois, un juge spécialisé dans les outrages aux bonnes mœurs ».

Nicole de Buron explique qu'« il s'agit de dénoncer un mal qui répand la terreur chez les femmes. La publicité, les magazines féminins, la radio, le cinéma font vivre les femmes dans la hantise de ne pas être assez sexy. On les conditionne pour l'érotisme. Alors, comme l'héroïne de mon film, un jour ou l'autre elles se posent la question : "Suis-je vraiment à la hauteur ?" »

Donc, *Érotissimo* met en scène un couple moderne avec des problèmes modernes. Philippe dirige Baby Service, fabricant de couches et de vêtements pour bébé. Annie, son épouse, n'a pas ses journées moins occupées, bien qu'elle ne travaille pas : un appartement meublé dans un design parfait, une employée de maison incapable, un frère bon à rien et toujours fauché et, surtout, des problèmes de femme moderne. Philippe, quant à lui, doit affronter le contrôle d'un agent du fisc qui vient éplucher sa comptabilité et devient son obsession. Devant l'indifférence de son mari, Annie veut savoir si elle est assez sexy, assez femme, assez épouse, ou du moins conforme à tout ce que lui montrent la publicité et la presse féminine. Elle cherche des solutions dans la presse et dans les livres à la mode, elle interroge ses amies, elle change de vêtements et de coiffure, elle essaie même de prendre un amant...

Philippe. – C'est pas croyable, tout le monde est à plat ventre. Nous vivons une époque de lâcheté générale. Quand il m'a demandé de lui donner mon carnet de chèques, je lui ai dit « mais Monsieur, c'est des méthodes de gangster, ça ! »
Annie. – Dis donc !
– J'ai raison, non ?
– Réponds-moi franchement. Mais fais attention à ce que tu vas dire. Comment tu trouves mes seins ?... Ils sont pas un peu en pommes ? Demain, je sers le petit déjeuner toute nue. Une serveuse américaine s'est rendu compte qu'elle vendait deux fois plus de petits déjeuners depuis qu'elle les servait toute nue.
– Mais j'ai pas besoin de deux petits déjeuners, moi. Un seul me suffit.
– Ben où tu vas ?
– Au bureau.
– À cette heure-ci ?
– Ben figure-toi que mon polyvalent m'a donné rendez-vous à huit heures vingt-cinq. Tu parles d'un fumier.
– Tu m'embrasses pas ?
– Ah non pas le temps mon petit vieux, pas le temps, hein, oh là là !
Dialogue entre Philippe (Jean Yanne) et Annie (Annie Girardot) dans *Érotissimo*.

Le réalisateur du film est un jeune homme à la mode, puisque Gérard Pirès est notamment un des réalisateurs vedettes de l'émission « Dim, Dam, Dom ». Mais le budget du film est extrêmement serré. Aujourd'hui, Gérard Pirès reconnaît volontiers qu'un des enjeux du casting est de trouver « deux acteurs pas chers. À ce moment-là, Girardot était un peu au creux de la vague… » Amplement respectée depuis la fin des années 1950 (Luchino Visconti la met en scène plusieurs fois au théâtre et dans *Rocco et ses frères* au cinéma), elle reconnaît volontiers s'être un peu perdue en tournant trop et trop vite. On s'amuse de ce que cette actrice française soit présente à Cannes dans deux films italiens et un film yougoslave… Elle est donc à la recherche d'un second souffle.

Pirès connaît Jean Yanne par la radio et Buron l'a vu en camionneur dans ses *Saintes chéries*. Mis à part *Week-end*, il n'a guère été remarqué que dans des films comiques. Cet élément intervient sans doute dans la négociation, l'acteur étant motivé par l'expérience d'un film moins creux. À l'époque, Gérard Pirès dit à la presse : « On voudrait faire de Jean Yanne un autre Louis de Funès. Moi je vois en lui une sorte de Mastroianni. »

Dans les années 1960, c'est souvent le distributeur d'un film qui apporte la majorité de son financement, de la même manière que certaines chaînes de télévision aujourd'hui. Et le distributeur insiste pour que ce soit Francis Blanche qui tienne le rôle du polyvalent. Pirès doit s'incliner. Mais il va demander à l'acteur de ne pas aller vers sa pente habituelle de grimaces et de grands cris… ce qui le ravit ! Face à Jean Yanne, Francis Blanche va jouer plutôt *mezza voce*, dans une sorte d'affrontement symbolique entre la jubilation tatillonne de l'Administration et l'élan créatif du citoyen au travail. Bientôt, Yanne reprendra ce duel dans *Êtes-vous fiancée à un marin grec ou à un pilote de ligne ?*

Le budget est tout mince. Gérard Pirès et Nicole de Buron apportent accessoires et bibelots de chez eux, le bureau qu'occupe Jean Yanne dans le film est celui du producteur Pierre Braunberger. Le ton du film devra beaucoup à un découpage très original en séquences courtes montées souvent sans amorce, sur un tempo extrêmement rapide et souvent ludique – le même ton que celui de Gérard Pirès à la télévision. Il est vrai que le réalisateur n'a que vingt-six ans. Il explique, aujourd'hui : « Je venais du court métrage et je n'avais jamais dirigé de vrais acteurs. Comme je manquais totalement de confiance, je n'imaginais pas qu'un acteur puisse parler deux minutes devant une caméra. Alors je faisais des plans très courts. »

Pirès garde aujourd'hui le souvenir d'un Yanne très docile et très souple : « Il acceptait tout. Il n'avait l'air surpris de rien. Il m'a seulement demandé de jouer un peu de musique à un moment dans le film en me disant que ça lui ferait des droits Sacem. Alors il chante "Je les emmerde" en s'accompagnant à l'orgue, à un moment où il parle des fonctionnaires du ministère des Finances. Il se peut qu'il ait un peu improvisé aussi. »

Mais c'est râpé pour les droits Sacem : le générique ne porte pas mention d'une composition de Jean Yanne, l'ensemble de la bande originale étant crédité à William Sheller. Mais il semble bien qu'il mette son grain de sel au dialogue, comme lorsqu'il lance, alors qu'il est dans sa baignoire : « Peuvent pas trouver des savons rugueux qui tiennent bien dans la main ? Au lieu de dépenser des sous dans leur force de frappe, ils pourraient faire de la recherche sur le savon. »

Gérard Pirès fait son miel de toutes les icônes modernes : les mises en pages de *Vogue* ou *Elle*, la blancheur froide d'un intérieur mêlant Formica et métal poli, l'esthétique de l'émission télévisée « Dim, Dam, Dom » quand il fait chanter et danser Annie Girardot sur *La Femme faux-cils* (musique de Michel Polnareff, texte de Jean-Loup Dabadie)…

Le jeune réalisateur demande au dessinateur Wolinski de réaliser l'affiche de son film et trouve un slogan au cynisme délicieux : « Un film bassement commercial ». La critique est – comme on dit dans les publicités – unanime, de *La Croix*, qui voit dans *Érotissimo* « de la belle ouvrage bien française », à *L'Aurore*, qui salue « un cinéaste de talent qui sait jusqu'où on peut aller trop loin », et au *Canard enchaîné*, qui prédit : « Ça plaira. » Personne n'imagine encore à quel point… Sorti le 6 juin 1969, *Érotissimo* fait un bon démarrage : 37 276 entrées en première semaine dans quatre salles parisiennes, juste derrière le western spaghetti *Colorado*. Ce n'est sans doute pas la critique à elle seule qui entraîne l'augmentation de la fréquentation en deuxième semaine, à 48 370 entrées, avec une salle en plus pour faire face au bouche-à-oreille. En troisième semaine, *Érotissimo* trône solidement au sommet du classement, à 61 062 entrées, presque le double de *La Sirène du Mississippi*, de François Truffaut, avec Jean-Paul Belmondo et Catherine Deneuve (34 870 entrées) et la reprise très médiatisée du *Jour le plus long*

(29 480 entrées). C'est ce que les journalistes appellent un « phénomène de société » : *Érotissimo* s'installe dans les classements pour des mois, ne cédant la première place qu'à sa dixième semaine d'exploitation, début août. Son score sera de 485 421 entrées en dix-sept semaines d'exclusivité parisienne. Ce sera même le douzième meilleur score des films sortis en 1969, avec 2,1 millions d'entrées dans toute la France.

Quant à Jean Yanne, c'est une révélation pour l'ensemble de la critique. Henry Chapier, dans *Combat*, s'extasie : « On était bien loin de se douter du charme, de la finesse et de l'aisance de Jean Yanne. Derrière sa légende de vedette de la radio, derrière ses fameux calembours, il y avait donc des ressources inexploitées d'excellent comédien ! » Même si la formule « on était loin de se douter » n'est pas tout entière un compliment, Yanne ne peut que goûter le changement de ton. Pas une fausse note dans la critique. Il est adoubé.

* * *

Chapier parlait de « ressources inexploitées ». Elles ne le restent pas bien longtemps… En mars et avril 1969, entre le tournage et la sortie d'*Érotissimo*, il tourne dans un des rôles principaux de *Que la bête meure*, de Claude Chabrol. Depuis qu'il a été Tricot dans *La Ligne de démarcation*, en 1966, le réalisateur ne l'a pas perdu de vue, plus attentif à sa voix radiophonique qu'à ses performances chez Raoul André ou Maurice Cloche.

Au bout d'une décennie au cours de laquelle il réalise en général deux films par an, la palette de Chabrol s'élargit encore et son cinéma assume de plus en plus ouvertement ses propres ambiguïtés et ses propres paradoxes culturels. Il est à la fois ancré dans la nostalgie d'une France qui jouit sans mauvaise conscience des plaisirs de la vie, et animé d'une féroce détestation de la bourgeoisie et de son règne. Il avoue ainsi, dans une interview : « Je mange beaucoup. Il n'empêche que je suis révolutionnaire. J'ai même un tempérament quasi anarchiste. Et je crois vraiment que la révolution anarchiste n'est pas que tout le monde ait du pain et de l'eau, mais que tout le monde ait du caviar et du foie gras. Dès qu'il y a un ordre établi, je suis contre. Je ne peux pas supporter les décorations, les remises de prix, les discours. Or on ne peut supprimer tout ça qu'en changeant radicalement la société. Mais ce n'est pas en Russie où les gens sont couverts de médailles que je vais trouver mon bonheur. J'étais très favorable à mai 1968. J'étais comme un poisson dans l'eau. C'était extraordinaire, ces jeunes gens que la société embête qui inventaient chaque jour des choses pour embêter la société. Brûler les commissariats et les perceptions, c'est formidable, non ? Et puis c'était joyeux. »

En cette fin des années 1960, on sent dans le cinéma de Claude Chabrol la même passion qu'Alfred Hitchcock pour l'intrigue réglée comme une folle horloge, et la même ambition secrète que chez Fritz Lang de porter au jour une mythologie pour son siècle. Ses personnages sont à la fois archétypaux et singuliers, banals et extraordinaires.

Il décide de s'attaquer à *Que la bête meure*, roman policier qu'il a lu à l'adolescence. Son auteur est Nicholas Blake, auteur de polars de forme très classique mais avec des personnages très singuliers. En fait, il s'agit du pseudonyme de Cecil Day-Lewis, ancien militant communiste et volontaire des Brigades internationales, devenu quelques lustres plus tard le « poète lauréat » de la cour britannique (et père du futur comédien Daniel Day-Lewis). Chabrol a attendu presque vingt ans pour reprendre *Que la bête meure*. Mais il en fait, selon ses propres mots, « une adaptation fidèle par omission ; on retranche l'intrigue policière traditionnelle comme on enlève le gras dans un rôti ».

Un après-midi, un enfant est fauché par une voiture dans un village désert. Il n'y a pas de témoin. Le père de l'enfant jure qu'il tuera le coupable. Alors qu'il ne dispose d'aucun indice pour l'identifier, une extraordinaire coïncidence le met sur la voie du chauffard, ou plutôt de sa belle-sœur, passagère de la voiture au moment de l'accident. Il décide de la séduire et celle-ci l'introduit dans la famille du chauffard. Il se révèle que celui-ci est un être abject, qui a fait sa fortune en usant de procédés malhonnêtes et qui écrase sa famille de ses injures et de sa brutalité. Comment éprouver un quelconque remords à tuer une telle ordure ?

Mais le justicier n'est pas une brute comme l'est sa victime. Il suit à la lettre la manière dont un lied de Brahms paraphrase les mots du chapitre 3, verset 19 de l'Ecclésiaste : « Car le sort des fils de l'homme et celui de la bête sont un même sort ; comme meurt l'un, ainsi meurt l'autre, ils ont tous un même souffle, et la supériorité de l'homme sur la bête est nulle ; car tout est vanité. » Que la bête meure, donc ; mais que meure aussi l'homme…

Claude Chabrol choisit Michel Duchaussoy pour incarner le père de l'enfant. Visage froid, regard impénétrable, gestes calmes, il va méthodiquement tisser la toile dans laquelle se prendra l'assassin, notamment en conquérant Caroline Cellier, séduisante agnelle blonde. Pour jouer le chauffard, le réalisateur pense d'abord à Philippe Noiret, qui décline l'offre. Claude Chabrol propose alors à Jean Yanne d'être Paul Decourt. Ce sera un garagiste de Quimper, grossier et méchant. Le spectateur le découvre vraiment à la moitié du film. La première scène où il apparaît est un repas de famille. Il commence par se plaindre violemment de la qualité du ragoût, braillant au passage qu'il dépense « cent mille balles » de viande par mois, avant de se moquer avec une terrible cruauté de son épouse et de son fils. Dans le journal intime du père, que l'on entend en voix off, celui-ci se réjouit de ce que l'homme qu'il veut tuer soit aussi ignoble…

Paul Decourt. – Eh bien ce ragoût est tout simplement dégueulasse. La sauce c'est de la flotte. Pourquoi tu n'as pas fait réduire ?
Jeanne Decourt. – Je l'ai fait bouillir quatre heures.
– Eh bien cinq heures, six heures, je m'en fous ! Je te l'ai déjà dit vingt fois : quand la viande est cuite, tu la tiens au chaud. Et la sauce tu la fais réduire à part, dans une casserole. À part, dans une casserole ! Je l'ai dit ou je l'ai pas dit ?
– Oui.
– Vous êtes une fine gueule, vous ?
Charles Ténier. – Ah oui, à mes heures, oui.
Paul Decourt. – Eh bien vous me comprenez alors ! C'est vrai, on m'accuse toujours de râler mais on fait tout pour ça. J'aime pas qu'on gâche la marchandise, moi. Vous savez pour combien j'en ai de viande ici tous les mois, rien que de boucher ? Cent mille balles. Et la cuisine c'est le seul art qui ne mente pas. On peut se gourer sur la musique, sur la peinture, mais sur la bouffe, pas d'histoire, c'est bon ou c'est mauvais.
Première rencontre de Paul Decourt (Jean Yanne), Jeanne Decourt – son épouse – (Anouk Ferjac) et Charles Ténier (Michel Duchaussoy) dans *Que la bête meure*.

Chabrol dira, à la sortie du film : « Ce personnage, on l'a peaufiné. Je voulais un salaud complet, un abject, un pourri total. Yanne et moi on a ciselé amoureusement cette silhouette d'imbécile cruel et lâche. Le but final, c'était de donner à tout spectateur normalement constitué l'envie d'éventrer une aussi répugnante ordure. » Mais sa construction n'est pas seulement à charge. Avec son physique solide, son grand sourire et une goinfrerie de plaisirs qu'il n'a pas de mal à incarner à l'écran, Jean Yanne fabrique un Paul Decourt qui aime la vie, la bouffe et les femmes, qui est seul à travailler dans une famille de personnalités médiocres et fragiles, et qui met à gagner de l'argent une vitalité et une rouerie confondantes. S'il n'était un tel salaud, il serait vraiment sympathique…

Et, pourtant, Chabrol n'a aucun doute quant au personnage : « C'est vraiment l'individu qui pourrit tout ce qu'il touche. C'est un pestiféré. C'est la bête de l'Ancien Testament », martèle-t-il à la sortie du film. Une caricature ? « C'est un grossissement systématique du trait, et encore pas tellement. On trouve plus souvent qu'on ne pense ce genre d'énergumène. Il y en a même beaucoup. » Car si le jeu de Michel Duchaussoy montre un homme à la détermination hors norme, celui de Jean Yanne est au contraire tendu vers l'ordinaire, le commun, la banalité. Il dessine le portrait de la parfaite ordure, mais une parfaite ordure bien dans sa peau et largement répandue dans la société française.

Puisque les tournages de Claude Chabrol sont toujours complétés par une exploration méthodique des bonnes tables des parages, le réalisateur et ses acteurs passent beaucoup de temps ensemble. Avec Jean Yanne, il réfléchit explicitement à l'hypothèse d'une humanisation de Decourt en insistant sur ses aspects les plus agréables. Mais, finalement, le garagiste restera tout uniment du côté de la Bête même si, de cette tentation, « il reste peut-être quelque chose », avouera Chabrol à la sortie de *Que la bête meure*.

Ce décalage apparaît de manière presque subliminale. Ainsi, avant qu'il arrive, la famille de Paul Decourt donne le spectacle pitoyable d'une conversation niaise et étriquée. En surgissant, le garagiste anéantit l'harmonie du groupe, mais cette harmonie était misérable. Tout au long du film, chaque personnage est enfermé dans ses peurs, sa dépression ou son indécision, seuls la Bête et l'Homme se détachant par leur volonté. Ils s'insèrent curieusement bien, l'un et l'autre, dans les belles lumières de la côte bretonne qui écrasent les autres silhouettes. D'ailleurs, chaque fois que Jean Yanne et Michel Duchaussoy sont ensemble à l'image, ils apparaissent en contre-plongée ou en plongée, comme si leur affrontement dépassait l'humaine condition. En revanche, tous les autres personnages sont filmés à hauteur d'homme.

À la sortie du film, le 5 septembre 1969, la critique est assez partagée. Henry Chapier, dans *Combat*, évoque « un travail de sape raffiné et habile, mêlant l'émotion, la tendresse et l'extrême cruauté » tandis que Louis Chauvet du *Figaro* ne voit qu'« un méli-mélo d'invraisemblances. Et le mélo tout court n'en est pas absent ». Avant d'être considéré de nos jours comme d'un classicisme chabrolien de la plus pure eau, *Que la bête meure* embarrasse car n'appartenant à aucun genre en particulier tout en les englobant tous. *Les Cahiers du cinéma* y voient un « récit dérivant entre le policier raté, le burlesque paysan, la caricature sociale, le mélodrame anglais, le romantisme allemand, le tragique grec ». Et, dans *Le Nouvel Observateur*, un ancien critique des *Cahiers du cinéma*, Michel Mardore, cogne à bras raccourcis : « À trop bien décrire la bêtise et les folies bourgeoises, on finit, un beau jour, par les vivre. Sans guère de distance et d'humour. De l'intérieur. Claude Chabrol vient d'avoir quarante ans. C'est un peu tôt pour prendre sa retraite. »

Un des rares éléments du film à faire l'unanimité est le jeu de Jean Yanne. « C'est peut-être injuste pour ses partenaires mais c'est tout de suite de [lui] qu'il faut parler », écrit Robert Chazal dans *France-Soir*. Après l'avoir trouvé « prodigieux », Henry Chapier proclame dans *Combat* : « Son interprétation dans le film de Chabrol est au niveau des plus grands acteurs américains : il est époustouflant dans sa manière de résumer un caractère à partir de quelques attitudes, sans jamais risquer de passer la mesure. » Et, çà et là, on se délecte de la continuité entre ce personnage et le vrai Jean Yanne : « Incarner un personnage répugnant, d'une vulgarité d'âme à faire frémir, accepter de polariser sur sa tête l'aversion et le mépris, voilà qui a dû emplir d'aise un homme comme Jean Yanne, provocateur par excellence », lit-on dans *L'Express*, tandis que *Le Canard enchaîné* se réjouit : « On sent qu'il éprouve pleinement le bonheur d'incarner un personnage aussi dégueulasse, on devine qu'il en a rajouté et qu'il regrette de ne pas pouvoir se déculotter à table, pisser dans le potage ou faire manger un civet de chat à ses invités. Un affreux jojo quadragénaire, meurtrier d'occasion. »

Que la bête meure est un succès. Avec un million d'entrées dans toute la France, la réponse du public justifie amplement la décision de Claude Chabrol de refaire appel à Jean Yanne pour son film suivant, *Le Boucher*.

12. – « Eh bien, mon cher et vieux pays »

(France Inter, 1969-1970)

Pendant la trêve des confiseurs, fin 1968, la nouvelle paraît en tête des colonnes d'échos de la presse : Jean Yanne quitte RTL. La crise couvait depuis un moment et Jean Farran a cherché une porte de sortie qui convienne à ses annonceurs et au pouvoir sans trop blesser l'animateur du dimanche matin. Il propose que tous les sketchs de « Quand j'entends le mot culture, je sors mon transistor » soient regroupés en une seule longue séquence de rire qui durerait quarante-cinq minutes. Ce faisant, les auditeurs que Jean Yanne insupporte ne seraient dissuadés d'écouter Radio Luxembourg que pendant un temps plus court. Et, surtout, les annonceurs seraient plus tranquilles et le service commercial de la radio n'aurait plus à faire des promesses que Yanne ne tiendra pas.

Quand il fait remarquer qu'une bonne partie de ses sketchs sont plus ou moins improvisés et qu'il ne faut pas espérer qu'il ramasse toutes ses idées de la semaine en trois quarts d'heure menés tambour battant, on réplique à Jean Yanne qu'il lui suffira d'enregistrer ses sketchs à l'avance. Et que c'est même la meilleure des solutions, puisqu'il pourra passer autant de temps que nécessaire en studio pour enregistrer ses quarante-cinq minutes « utiles »... Sa réplique est brève : « Je ne fais pas de surgelé. »

Le sous-texte de part et d'autre est limpide : on peut contrôler une émission enregistrée et, même si l'on ne censure pas directement, on peut au moins « déminer » les conséquences des sorties les plus embarrassantes pour la direction. Mais, pour Jean Yanne, la manœuvre est claire : il s'agit de l'empêcher de nuire.

Dans l'immense bureau de Jean Farran, la discussion tourne rapidement à l'orage. Raymond Castans, second du directeur (et son futur successeur), monte le ton avec toute sa faconde méridionale. Entre accent héraultais et gouaille des Lilas, on atteint rapidement des sommets dans les paroles définitives. Quelques jours plus tard, Jean Yanne reçoit son chèque d'indemnités de licenciement. Il déboule dans le bureau de Farran – on ne frappe toujours pas. Il déchire le chèque et en jette les morceaux à la figure de son ancien patron.

À l'extérieur de la station, les deux parties donnent une version allégée de leur rupture. Jean Yanne ne se drape pas dans les grands mots et ne brandit pas le péché capital de censure. Au contraire, il explique sobrement que ramener son émission à un enchaînement de sketchs durant seulement quarante-cinq minutes l'obligerait à changer radicalement sa manière de travailler. Il précise à un journaliste : « J'ai l'habitude de "perdre" une demi-heure avec les auditeurs. Disons que je trouve le ton et que je crée un climat. Pendant l'heure qui suit, les phrases s'enchaînent et je fais du bon boulot. Puisqu'on ne me laisse plus carte blanche, je n'ai pas voulu continuer la partie. »

Après le départ de Jean Yanne, RTL propose la tranche du dimanche de 8 heures à 12 h 30 à Roger Couderc, célèbre pour ses commentaires de matchs de rugby à la télévision. Ce sera un échec rapide. Alors la station crée une émission au cours de laquelle les auditeurs choisissent s'ils veulent entendre une deuxième chanson d'un artiste, puis une autre encore, ou passer à un autre chanteur. « Stop ou encore » existe toujours, le dimanche matin sur RTL.

Jean Yanne trouve rapidement un nouvel employeur, France Inter. La station publique lui propose d'être sur l'antenne de 18 à 19 heures, du lundi au vendredi. Il n'arrive pas avec des intentions tièdes. Son émission est titrée : « Eh bien, mon cher et vieux pays, nous voici réunis tous les deux face à face ». Ce détournement de la formule célèbre du général de Gaulle, prononcée après la semaine des barricades à Alger en janvier 1960 (« Mon cher et vieux pays, nous voici donc ensemble, encore une fois, face à une lourde épreuve »), n'augure pas d'un contenu soyeux et sucré.

L'équipe qui arrive à la Maison ronde est solide : Gérard Sire est à la réalisation, Jean Yanne, Daniel Prévost et Maurice Vamby sont au micro. Dès la première émission, en janvier 1969, l'auditeur découvre la même férocité et la même liberté que sur RTL.

Dès les premiers instants de sa première heure d'émission, il lance, comme une référence à ses années dans les radios privées : « J'ai tellement eu l'habitude de faire de la publicité pendant longtemps, j'ai du mal à m'en défaire. Je voudrais me défouler tout de suite. » Il prend sa voix mielleuse bien connue sur RTL et il commence, alors qu'une musique suave monte et descend derrière lui : « Madame, le temps court à grands pas, vous aussi courez vite pour ne pas qu'il vous rattrape. Refusez de vieillir, de vous abandonner. Gardez le teint rose de vos vingt ans et la souplesse de vos muscles faciaux grâce à la paire de baffes quotidienne ! Mise au point depuis des années par divers spécialistes, clowns, catcheurs ou responsables d'associations scoutes féminines, la paire de baffes supprime les rides et tonifie la peau ! N'oubliez pas, petite madame, une paire de baffes chaque matin, c'est la santé jusqu'à demain. »

Et il s'amuse encore des obligations du service public avec un feuilleton. Pendant quelques minutes, les trois complices font toutes les voix du récitant et des divers personnages du *Syndicat du grime*, équivalent français des *Incorruptibles*, les aventures d'Elliott Ness triomphant alors à la télévision. Cela commence par le rapt devant la Maison de la Radio de la 28 740e maquilleuse de l'ORTF enlevée depuis quelques mois (mais Maurice Vamby lit un communiqué de la direction rassurant, puisqu'il en reste 74 000). Jean Yanne dit qu'il s'agit donc d'un coup du Syndicat du grime et il enchaîne : « Que faisaient-ils des maquilleuses ? Vous voudriez bien le savoir ? Hein, vous voudriez bien le savoir ? Ça vous plairait, hein, ça vous défoulerait ? Vous aimez ça, les histoires de crime ? Les cadavres de femmes qui sanglotent ? Tas de sadiques ! Et vous croyez que nous, à l'ORTF, nous sommes là pour alimenter vos goûts pervers ? Hé, vous croyez qu'on est là pour exciter vos sentiments morbides ? Non mais ça va pas la tête, bande de névropathes ! Y a des stations privées pour ça ! Nous on est là pour vous éduquer, pour vous élever. La preuve : voici le *Concerto grosso* en *sol* mineur – c'est-à-dire dans la région de Lille, Charleroi – opus 6 numéro 8 par l'Orchestre de chambre de Vienne sous la direction de ce malheureux Anton Heiler. » Et on passe le disque de Corelli…

Comme sur RTL, Jean Yanne et ses complices baguenaudent d'improvisation en sketch écrit, de pure fantaisie en commentaire plus ou moins direct de l'actualité. Il fait flèche de tout bois, ce qui amène des délires savoureux. Le commandant Cousteau, le défenseur de toutes les mers, s'insurge de ce que le Commissariat à l'énergie atomique a décidé d'immerger au large d'Antibes des caissons de béton contenant des déchets radioactifs. Un représentant de l'organisme chapeautant tout le nucléaire civil lance à la radio une formule maladroite en disant que les caissons sont étanches et que la mer au large de la Côte d'Azur ne sera pas plus radioactive que le sous-sol de l'Auvergne. Jean Yanne s'enflamme : si le sous-sol de l'Auvergne est radioactif, il faut isoler le Massif central derrière un mur de plomb étanche aux radiations, mais aussi tous les Auvergnats, y compris les bougnats de Paris. Et il brode sur les combinaisons nécessaires désormais pour entrer dans un café auvergnat…

Quelques présidents d'associations publient des communiqués vengeurs, quelques politiciens locaux lancent de hauts cris, des offices de tourisme parlent d'action en justice, des bougnats envoient des lettres furibondes à France Inter… mais d'autres trouvent la plaisanterie excellente. Elle est suivie de bien d'autres : Jean Yanne adresse de sévères piques au ministre de la Culture, André Malraux, au romancier et chroniqueur Paul Guth, à la haute fonction publique, au dernier tarif postal…

Le ton est nouveau à l'ORTF. Et la grande maison n'est pas peu fière de sa nouvelle recrue. Les caméras de la télévision se sont invitées dans le studio pour le premier numéro d'« Eh bien, mon cher et vieux pays nous voici de nouveau face à face » qu'elles filment pour le magazine d'autopromotion de l'ORTF, *Micros et caméras*, qui sera diffusé quelques semaines plus tard.

Jean Yanne. – Je suis celui qui parle le plus. Je sais parfaitement ce que je veux dire et je sais parfaitement ce que je voudrais que les autres disent pour m'aider.
Gérard Sire. – Enfin, quand tu dis « pour Médée », ça peut aussi être le Minotaure…
– Je leur explique avant l'émission et eux n'en tiennent pas compte. Par contre eux qui ont souvent des idées, ils me les soumettent et je ne les retiens jamais. En outre, Gérard Sire, qui réalise, a l'intention de donner une certaine couleur à cette émission et il ne peut pas y arriver.
Jean Yanne explique le fonctionnement de son émission sur France Inter dans le magazine télévisé « Micros et caméras ».

Et, dès ses premiers jours dans la Maison, on invite Jean Yanne à participer à une dramatique diffusée par France Culture le 4 février, *L'Attentat en direct*. Il s'agit d'une transposition de l'assassinat de John

Fitzgerald Kennedy en novembre 1963 dans le contexte français (le chef de l'État assassiné est désigné comme « l'amiral »). Puisque la pièce de Claude Ollier est en bonne partie constituée de programmes radiophoniques, Jean Yanne a enregistré des spots de publicité d'une verdeur politique stimulante, comme « Réévaluez vos ambitions, ménagez vos réserves, participez au grand boum de l'austérité. Pensez bien pour penser moins ! L'Universelle du rêve déconnectera vos facultés ».

Pour son émission sur France Inter, Jean Yanne, aiguillonné par l'ami Gérard Sire, se lance dans un vrai feuilleton. Si le genre a aujourd'hui presque totalement disparu du paysage radiophonique, il a connu de grandes heures avec des créations romanesques plus ou moins littéraires (l'adaptation des *Thibault*, de Roger Martin du Gard, par le Club d'essai de la Radiodiffusion française à partir de 1948 ou les trente ans de présence de *La Famille Duraton* sur les ondes) mais aussi avec les extraordinaires créations comiques de Pierre Dac et Francis Blanche, dont le célébrissime *Signé Furax* sur Europe 1, ou de Pierre Dac et Louis Rognoni sur France Inter avec *Bons baisers de partout*, qui a démarré en 1965.

Justement, Jean Yanne ne veut pas faire double emploi avec le feuilleton burlesque de son ancien « patron » de *L'Os à moelle* : il a une ambition à la fois fantaisiste et diablement sérieuse. Bien sûr, il a aussi en tête de varier le rythme au cours de son heure d'antenne sur France Inter tout en se ménageant au moins une plage de relative sérénité en lisant un texte écrit à l'avance et qui soit totalement indépendant de l'actualité. Il s'en prend à l'automobile. Il ne raconte pas la vie sur les routes ou dans les embouteillages de la France de 1969, mais développe une vision prophétique d'une noirceur sans nuances. Car, comme c'est l'usage dans la science-fiction depuis qu'elle existe, *L'apocalypse est pour demain* raconte un futur d'autant plus possible qu'il sera enfanté par le présent.

Le feuilleton raconte la vie de Robin Cruso, que l'on découvre automobiliste parisien lambda et qui sera le guide de l'auditeur dans le futur d'un monde soumis à la voiture, jusqu'à la destruction de celui-ci. Le premier épisode décrit évidemment un embouteillage à Paris. Mais cet embouteillage n'est pas seulement un amas de voitures circulant au pas. C'est l'état normal de l'humanité dans un futur proche. Au temps que décrit Robin Cruso, le héros de Jean

Yanne, la journée de travail ne dure plus qu'une demi-heure – et une fois par mois seulement –, le reste du temps étant consacré au transport. Tout ce qui pourrait apparaître comme un progrès dans le confort est de fait un nouvel outil d'oppression de l'automobiliste, même s'il annonce de manière plus ou moins réaliste la télévision embarquée, le télépaiement ou le GPS. Il n'imagine pas seulement la voiture du futur et les conséquences de la congestion automobile dans Paris (quinze jours de trajet pour aller de l'Alma à la Porte d'Orléans), mais aussi le fonctionnement de toute une civilisation. D'atroces mécanismes massacrent les conducteurs (lasers, machines broyeuses, jets d'acide, injections de métal en fusion dans les habitacles…) tandis que, à l'échelle mondiale, des guerres programmées réduisent sciemment la surpopulation. Il n'y a plus sur Terre que des routes, des bâtiments et l'océan.

Ayant survécu à une tuerie programmée, Robin Cruso est sélectionné pour appartenir à l'élite de collaborateurs du Grand Maître régnant sur la Terre. Et, d'épisode en épisode, il découvre des inventions toujours plus épouvantables et cyniques pour opprimer les humains dans une société tout automobile, mais aussi qu'une rébellion troglodytique se bat sous terre contre l'ordre établi – les Piétons, de hideux résistants dont l'anatomie s'est transformée dans leurs basses galeries… Et le héros trouve mille solutions dans sa lutte contre le Grand Maître en utilisant des pilules d'accélération qui produisent en quelques instants les mêmes effets que des siècles.

« J'écoutais le préfet s'adresser à la nation : "Chiens d'automobilistes. Vous vous obstinez à rouler. Sachez que tout cela n'aura qu'un temps. Déjà les dispositifs que j'ai mis en place détruisent 40 % des conducteurs par an. Mais d'autres projets sont à l'étude. Lèpre de la civilisation, répugnants cloportes à quatre roues…" Le Préfet continuait à parler. Mais je n'écoutais pas. J'évaluai les chances qui me restaient de pouvoir traverser le carrefour avant que les feux ne passent au rouge. Le changement de feux s'effectuait toutes les trois heures. Tant qu'ils étaient verts, on pouvait passer. À l'orange, un laser se mettait à fonctionner. Il détruisait automatiquement toutes les voitures qui n'avaient pas eu le temps de franchir le carrefour, afin de ne pas gêner les automobiles qui roulaient dans l'autre sens. »
Extrait du premier épisode de *L'apocalypse est pour demain*.

D'ailleurs, les inventions de Jean Yanne débordent parfois de la science-fiction pour emprunter les voies d'un imaginaire proche de Raymond Roussel. La noire anticipation devient un intense délire aux amarres larguées. Ainsi, en visitant les installations du Grand Maître, il voit des femmes « nues, à plat ventre, ramp[ant] à même le sol sur de grandes plaques de verre ». Ces femmes, enceintes, ont été nourries avec de la sève de fougère, dont l'importante teneur en carbone s'est transmise à leur enfant. À la fin de leur grossesse, l'accélérateur les a fait vieillir de cinquante millions d'années. Le carbone de la fougère devenant carbone pur, elles ont mis au monde des diamants ! Et le cordon ombilical étant aussi de diamant, elles utilisent leur nombril pour couper le verre indispensable aux édifices du Grand Maître...

S'il commence la diffusion de *L'apocalypse est pour demain* avec quelques épisodes d'avance, Jean Yanne se laisse vite reprendre par ses habitudes de procrastination et de quasi-improvisation. Il lui arrive d'écrire la fin de l'épisode du jour pendant que l'on passe un disque à l'antenne, au cours de l'émission.

L'arrivée de Jean Yanne sur le service public fait évidemment grincer des dents. Si aujourd'hui France Inter a plutôt une image d'antenne « de gauche », la station est toujours, pour beaucoup de ses auditeurs, la voix officielle de la France – et donc du gouvernement. Y entendre un homme qui s'en prend chaque jour à la police, aux politiciens ou au clergé devrait faire évidemment tousser plus fort que lorsqu'il s'exprimait sur une antenne périphérique. Mais l'ORTF vient de subir une terrible purge. Le pouvoir a répliqué par le glaive à la grève dans l'audiovisuel public : des centaines de journalistes, de producteurs et d'animateurs ont été purement et simplement renvoyés. Si Yanne agace certains auditeurs, il apparaît donc suspect à d'autres. C'est le fond d'un article de Clément Ledoux dans *Le Canard enchaîné* du 5 mars 1969.

Grande plume de l'hebdomadaire satirique (et dernier journaliste vivant à avoir connu le fondateur Maurice Maréchal), Ledoux écrit notamment la rubrique télévisée « La boîte aux images », dans laquelle il fait un sort à la fois à l'homme de télévision des « Grands enfants » et à l'animateur de France Inter, sous le titre « Peau d'Yanne » : « L'humour de M. Jean Yanne est toujours suspect de goujaterie. [...] La grossièreté ne me choque pas : je suis de la famille. La vulgarité me dégoûte. Et quand elle se croit fine, elle m'horripile. » Au début de l'article, après l'avoir qualifié d'« amuseur de lavedus » (le terme argotique est vieillot aujourd'hui, et désigne un minable, un cave, un boulaire, un bolosse), il décoche une méchante attaque par sous-estimation, procédé d'une cruauté imparable : « Il a comme qui dirait l'audace soporative. Chaque fois qu'il brise une vitre, on entend que ça ne casse rien. Ce petit sourire de fanfaronnade aux dents froides, c'est du rire aux larmes de crocodile.» Puis il clôt son article par une chute typique du *Canard* : «Et c'est en toute impunité que ce drôle de drôle peut faire l'Yanne pour avoir du son.»

***

Mais il y a quand même un camp de la modernité, de l'insolence et de la liberté à l'œuvre à l'ORTF. Le 1er février 1969, après le journal de 20 heures, Jean Yanne apparaît dans le premier numéro d'une nouvelle émission, «Les Français écrivent aux Shadoks». Premier exemple d'une émission consacrée à une autre émission, ce petit module de trois à cinq minutes revient sur les polémiques et affrontements provoqués neuf mois plus tôt par la première série des *Shadoks*.

Il est vrai que la diffusion de ce dessin animé est un événement majeur de l'histoire de la télévision en France. Créés au Service de la recherche de l'ORTF, *Les Shadoks* ont connu une première série de cinquante-deux épisodes de deux minutes à partir du 29 avril 1968. Dans une France que va bientôt échauffer la crise de Mai, c'est une bataille d'Hernani. L'histoire de ces oiseaux méchants et idiots qui essaient désespérément de se rendre sur Terre a de quoi exaspérer les pisse-froid : les Shadoks sont moches, la voix de Claude Piéplu commentant leurs aventures est pontifiante, la musique de Jean Cohen-Solal est abstraite, les seuls personnages jolis sont les odieux Gibis, à qui tout réussit… Mais l'autre moitié de la France se délecte des Shadoks, de leurs malheurs hilarants et de leurs proverbes délicieux : «Pourquoi faire simple quand on peut faire compliqué ?», «Il vaut mieux pomper même s'il ne se passe rien que risquer qu'il se passe quelque chose de pire en ne pompant pas.»

À peine un an plus tard, le Service de la recherche de l'ORTF, Jacques Rouxel et Claude Piéplu se préparent à remettre le couvert. Dès que le retour des Shadoks a été annoncé, les lettres de protestation affluent et la presse orchestre complaisamment la polémique. Et la télé elle-même embraie en créant «Les Français écrivent aux Shadoks», petite pastille qui tient autant de l'autopromotion que du plaisir de jeter de l'huile sur le feu alors que la diffusion de la nouvelle série des *Shadoks* est prévue pour l'automne 1969 (mais ne débutera finalement qu'en juin 1970). Le nouvel animateur de France Inter est l'homme tout trouvé pour porter à l'antenne une idée amusante, écrite en noir sur un carton de la plus belle teinte orange dans le générique : « Toutes les lettres lues par Jean Yanne sont authentiques. » Il y a des lettres furibondes de toutes teneurs (« On paye des employés de l'ORTF à ne pas nous donner satisfaction. Un vrai patron ne tolérerait pas ça », « Nous voulons des jeux, des concours instructifs », « En espérant les voir bientôt disparaître, sincères amitiés »), des lettres d'enfants (« Je m'appelle Dominique, j'ai douze ans, ma sœur quatorze, mes parents quarante et ma grand-mère, soixante-dix-huit ans. L'émission des Shadoks n'amuse personne. Quel âge faut-il avoir pour être intéressé par cette émission ? »), des téléspectateurs qui témoignent de l'intérêt que chats et chiens prennent pour les Shadoks…

La réalisation de la petite émission quotidienne est confiée à des réalisateurs « modernes » de l'ORTF, au premier rang desquels Gérard Pirès, qui brode sur une lettre disant « Les malades mentaux sont capables de faire mieux – et de loin ! » en faisant défiler images du pape Paul VI, de l'assemblée générale des Nations unies ou du leader soviétique Nikita Khrouchtchev et en truffant la bande-son d'explosions de bombes ou d'extraits de discours politiques en diverses langues…

Daniel Prévost vient donner parfois la réplique à Jean Yanne. Un soir, ils se livrent à un exercice ionescien annoncé au générique par le carton : « Le Service de la recherche garantit que les adjectifs et substantifs lus dans cette séquence sont extraits des lettres des téléspectateurs. » Et les deux compères affrontent les listes des « pour » et des « contre » : horrible, loufoque, bonne santé morale, somnifère, *full of spirit*, massacre télévisuel, tordu, tordant, rien dans le chou, maxi drôle, agressivement idiot, c'est du Voltaire, logique, équilibrant, intolérant, apothéose de la crétinerie, meilleur que du Shakespeare, lamentable, lugubre, du rutabaga, honte nationale, imagination débridée…

Un autre soir, rebondissant sur une lettre demandant si c'est par manque de moyens que les Shadoks sont si mal dessinés, Jean Yanne part en reportage au Service de la recherche de l'ORTF : c'est une décharge publique où un Daniel Prévost quémande des crayons, des gommes et du papier…

D'autres épisodes sont tournés avec les Charlots. Quand une lettre affirme qu'un téléspectateur, ayant constaté que son curé a la même voix que Piéplu, prend plus d'intérêt aux sermons du dimanche, les Charlots se déguisent en enfants de chœur et psalmodient « Donnez-nous notre Shadok quotidien ». Jean Yanne répond : « Amen. Et Inch Allah pour ne mécontenter personne. »

Le numéro le plus savoureux des « Français écrivent aux Shadoks » est certainement celui du 28 février 1969. Jean Yanne parcourt les rues de Paris avec une caméra de reportage de l'ORTF en demandant à des policiers leur avis sur les Shadoks. Un motard dit qu'il préfère voir un bon western, un gardien de la paix dit « Rengainez votre matériel sinon vous aurez des ennuis », un officier de gendarmerie dit qu'il les aime beaucoup et, en fin de séquence, un policier s'éloigne aussi vite qu'il peut et lance : « Je vais appeler la police. »

Mais la plaisanterie ne dure pas longtemps. « Les Français écrivent aux Shadoks » prennent fin le 25 mars, avec la présentation des créateurs par Jean Yanne. Et Jacques Rouxel donne un cours rapide pour expliquer comment dessiner un Shadok.

* * *

Devenu une des vedettes de la radio publique, Jean Yanne a un rendez-vous important à la télévision. Le 23 mars 1969 à 15 h 55, il est la tête d'affiche de « L'invité du dimanche » sur la deuxième chaîne. L'émission de Pierre-André Boutang et Daniel Costelle consiste à donner l'antenne à une personnalité pendant trois heures. Les dimanches précédents sont venus les acteurs Peter Ustinov et Françoise Rosay, le compositeur Pierre Schaeffer, les écrivains Alexandre Vialatte et Jean-Pierre Chabrol, l'avocat René Floriot…

Il s'agit, en trois heures de télévision, d'un autoportrait, et le plus complet et le plus libre que Jean Yanne a l'occasion de présenter depuis qu'il fait carrière. D'emblée, il porte le fer dans la plaie. Pour le début de son émission, les caméras de l'ORTF se sont glissées dans le studio de France Inter où, avec Daniel Prévost et Maurice Vamby, il présente l'émission « Eh bien, mon cher et vieux pays nous voici de nouveau face à face ». La séquence commence par un agacement de Yanne, conjointement dirigé contre les auteurs de lettres anonymes qui l'inondent et par rebond contre Clément

Ledoux, puisqu'il lit une lettre disant : « Monsieur Yanne, je me permets très humblement de vous faire remarquer que vous êtes un laquais du pouvoir. Permettez-moi de vous dire tout le mépris que j'ai pour vous d'être passé à l'ORTF et la conclusion de M. Clément Ledoux disant que vous êtes un laquais du pouvoir est encore trop faible. » Il lance au micro : « Nous sommes ici devant une cabine vitrée, qui a été placée par des vitriers du pouvoir, dans un studio dont les murs ont été peints par des peintres du pouvoir, nous avons les pieds sur une moquette posée par des moquettistes du pouvoir, nous avons des techniciens du pouvoir, organisés avec des disques impérialistes et du pouvoir, de la musique du pouvoir diffusée sur les ondes du pouvoir. »

« L'invité du dimanche » a pour présentateur Michel Péricard, qui réalise des allers-retours entre le journalisme télévisé et la politique active (à sa mort, en 1999, il sera président du groupe RPR à l'Assemblée nationale). Dès le début de l'émission, on le sent assez tendu à l'égard de Jean Yanne et soucieux d'éviter tout débordement. Plusieurs fois en interviewant l'homme de radio, il dit haut et fort se désolidariser de ses propos. Il lui demande : « Depuis quand êtes-vous un provocateur né ? » et annonce que les téléspectateurs peuvent téléphoner pour protester s'ils le veulent. Jean Yanne ajoute que les enfants peuvent aller jouer dans la cour pour protéger leurs oreilles, tandis que la régie finale de l'ORTF appose pour quelques instants le rectangle blanc en bas et à droite de l'écran. Le décor est planté…

Puis, en une demi-heure qui doit être éreintante pour les pisse-froid, Jean Yanne enchaîne les rappels de scandales et de provocations qui, depuis des années, constituent son passif : il chante *Avec Maria*, Ginette Garcin vient chanter *Lorsque papa*, de Jean Dréjac, dans un décor où de grandes photos de SS en uniforme de combat se devinent derrière la chanteuse. Il a invité Guy Breton à présenter son livre sur la chanson satirique, dont il tire des extraits de chansons contre Jean Casimir-Périer, Paul Deschanel ou Émile Loubet, beaucoup plus irrespectueuses que tout ce qu'il a pu écrire et dire contre le pouvoir gaulliste. Puis Marc Ogeret chante *L'anarchie va triompher*. On annonce alors qu'au standard de l'ORTF 95 % des appels sont contre Jean Yanne, les 5 % pour étant principalement des militaires consignés. Après que les Parisiennes, quatuor vocal jazzy-pop, a repris son *Rouvrez les maisons*, il annonce qu'il va frapper un grand coup pour parvenir à 100 % de « contre » et il lit une adaptation du poème de Rudyard Kipling *Tu seras un homme, mon fils*, qui prend à rebrousse-poil tous les pousse-au-jouir de la génération dite « contestataire » (le mépris des professeurs et des croulants, le catéchisme maoïste, les manifestations...).

« Si tu peux contester le plus incontestable
Si des poils t'ont poussé dans le creux de la main
Si tu veux profiter des plaisirs de la table
Sans même pouvoir payer le prix d'un bout de pain
Si tu sais défiler en un troupeau docile,
Et glapir sans erreurs la Bible des Chinois
Si lancer des pavés ou autres projectiles
Te paraît plus sportif que de lancer le poids
Si barbouiller les murs de tristes apophtegmes
Libère ton esprit et enrichit ton cœur
Si faire perdre aux flics le peu qu'ils ont de flegme
Te donne un court instant une âme de vainqueur
Si abattre les troncs des marronniers placides
Te semble plus normal qu'apprendre le latin
Si pour tes professeurs des pensées homicides
Meublent ton pur esprit du soir jusqu'au matin
Et si dilapider les trésors de la France
Au nom de nouveaux dieux pires que les anciens
Te paraît une fin, un but, une espérance
Si ce rêve-là ne débouche sur rien
Si tu n'as comme idées que celles qu'on fabrique
Du côté de Pékin dans de tristes offices
Si au Chateaubriand tu préfères les briques
Alors, tu seras contestataire mon fils. »
Poème de Jean Yanne lu dans « L'invité du dimanche » du 23 mars 1969.

Progressivement, l'émission glisse du show à une certaine gravité. Jean Yanne fait intervenir le révérend père Bruckberger, dominicain au prestige moral reconnu, et le rabbin Eisenberg. L'un et l'autre concèdent au comique que l'anticléricalisme n'est pas nécessairement offensant pour le véritable croyant. Puis il se transporte à Saint-Eustache, où le titulaire des grandes orgues, Louis Guillou, joue une transcription par Jean-Sébastien Bach d'une partition de Vivaldi. Une série de séquences décrivent l'univers amical et artistique de Jean Yanne : les bandes dessinées de Tito Topin, le théâtre de Remo Forlani (avec un extrait de sa pièce *Guerre et paix au café Sneffle* dont des passages sont couverts de sifflements aigus que Péricard justifie par la nécessaire censure du vocabulaire parfois ordurier des personnages), une discussion avec Gérard Sire sur les coulisses de leur émission à France Inter, un épisode du feuilleton *L'apocalypse est pour demain* mixée avec des images de *Metropolis* de Fritz Lang et *8 ½* de Federico Fellini...

Puis, au bout de deux heures d'émission survient la séquence la plus étonnante de cet « Invité du dimanche » : devant Jean Yanne sont réunis les trois directeurs des radios dans lesquelles il a travaillé, Maurice Siegel d'Europe 1, Jean Farran de RTL et Roland Dhordain, qui dirige les radios de l'ORTF. Quand Péricard demande à Siegel, qui lui a mis le pied à l'étrier, ce que faisait Yanne à l'époque, il répond :

« La même chose que maintenant. » Et l'amuseur glisse : « Je dois les remercier. Ils me rendent service quand il n'y a pas d'actualité. Taper sur la direction, c'est un moyen facile de faire des effets. »

Au bout de quelques minutes de politesses mutuelles arrive la vraie question : peut-on contrôler un homme de radio comme Jean Yanne ?

Roland Dhordain. – Il est chez nous depuis cinq ou six semaines, il y a entre lui et moi un accord tacite. Lorsqu'il s'est trouvé libre, nous nous sommes intéressés l'un à l'autre. Jean Yanne s'est dit : « Il va me demander des choses » ; moi, je me suis dit : « Il va me dire des choses. » Eh bien on ne s'est rien dit du tout. Et Jean Yanne m'a dit que beaucoup de journalistes lui avaient téléphoné après en lui demandant : « Tu as vu Dhordain, qu'est-ce qu'il t'a donné comme consignes ? » Je n'ai donné aucune consigne à Jean Yanne.

Maurice Siegel. – Ça ne sert à rien de toute façon.

Roland Dhordain. – Mais Gérard Sire m'a dit un jour : « J'ai eu une conversation avec Jean Yanne qui m'a dit : "En somme, ce qu'il faut que je fasse, c'est faire passer un souffle de liberté et non de révolte." » Dès lors que Jean Yanne a prononcé cette maxime, je me suis dit qu'il était inutile d'avoir une autre conversation avec lui. »

Le journaliste pose alors la question censée fâcher : que faire en cas de dérapage ?

Roland Dhordain. – J'ai été interpellé dans un de nos comités de programmes qui surveillent un peu notre action au sein de l'ORTF. J'ai dit tout simplement que j'assumais la responsabilité de Jean Yanne sur mon antenne. Lorsque Jean Yanne débordera, c'est moi qui en suis responsable et moi qui en assumerai les conséquences.

Jean Farran. – Dhordain soulève un problème qui est général à la radio, qui est que nous assumons, en tant que directeurs, la responsabilité de chaque mot qui est dit sur l'antenne, mais à la vérité…

Maurice Siegel. – Ça fait beaucoup de mots.

Jean Farran. – À la vérité nous n'en avons pas le contrôle pour des raisons matérielles. La radio, c'est du langage parlé. On ne peut pas censurer, on ne peut faire que des observations après coup. La liberté est techniquement obligatoire à la radio. »

L'essentiel a été dit : Jean Yanne peut alors porter l'estocade. Il se tourne vers la caméra et dit, sans sourire : « Je voulais cette mise au point pour faire savoir au public qu'il est beaucoup plus ennuyeux que les directeurs. » Et il se lance dans une féroce attaque de ce public qui rend impossible le travail du comique à la radio, à force de lettres de réclamation et de protestation. Le directeur de RTL fait remarquer que jamais Jean Yanne n'a outrepassé les limites, contrairement à ce qu'ont souvent proclamé les courriers furibonds adressés par les auditeurs ou par divers représentants d'organisations ou de collectivités. Et Yanne ajoute : « Les limites, on les a reculées au fur et à mesure. »

Plus tôt dans l'émission avait été diffusé un coup de téléphone furieux d'une téléspectatrice qui qualifiait Jean Yanne de « pauvre type sans esprit » et d'« infect taré ». Et évidemment, au cours de l'émission, les appels du standard de l'ORTF annonçant les opinions du public ont évolué jusqu'à 81 % de oui et 19 % de non… un « sondage » auquel personne évidemment ne peut croire.

Il y a avec tout cela la matière d'une belle polémique. Non seulement Jean Yanne a fait entendre une anthologie de ses créations les plus scandaleuses, mais il s'est en outre livré à une attaque du public – le sacro-saint public. La réplique ne tarde pas dans les rubriques de courrier des lecteurs et des téléspectateurs de la presse. Le bois vert est de la teneur habituelle, mais commence à se faire plus rare… Quand le scandale est rituel, c'est moins un scandale qu'un rite, et Jean Yanne commence à l'éprouver.

Les problèmes vont surgir d'ailleurs. Le 27 avril 1969, les Français ont répondu « non » au référendum sur la régionalisation proposé par le général de Gaulle. Il est vrai que le fond de la question importait peu. Il s'agissait ni plus ni moins que de permettre au président de la République de rester à l'Élysée ou de l'inviter à prendre sa retraite à Colombey-les-Deux-Églises. Le lendemain des résultats, le Général démissionne. La Constitution s'applique et l'intérim est désormais assuré par Alain Poher, président du Sénat.

Jean Yanne n'a jamais porté dans son cœur les sénateurs en général et leur président en particulier – surtout depuis que ce fauteuil n'est plus occupé par le très antigaulliste Gaston Monnerville. Et la réciproque est vraie. Qu'Alain Poher soit président de la République pour quelques semaines est une mauvaise nouvelle pour l'animateur de radio, mais elle est aggravée par le fait inattendu que ce politicien engoncé dans tous les conservatismes imaginables est également candidat à l'élection présidentielle.

Étant président en droit et en ambitions, Poher fait jouer tous les instruments de sa fonction – fussent-ils dévoyés. Il n'a pas à attendre longtemps le prétexte : Jean Yanne fait une de ses plaisanteries habituelles sur la Légion d'honneur et le cabinet du président de la République par intérim appelle la direction de l'ORTF. Début mai, sans en avoir été prévenu, l'animateur apprend par un communiqué de presse que son émission sera désormais hebdomadaire et sera diffusée le samedi. Explication de gravures dans un bureau directorial. Jean Yanne quitte l'ORTF. Il ne veut pas rester dans une maison où on va lui rationner sa liberté de parole et son terrain de jeu – l'improvisation, l'à-peu-près, le direct, le « n'importe quoi » fécond. Pour partir où ? Nulle part. Il arrête la radio.

C'est pourtant son principal métier depuis des années. Tant pis. Il tente l'aventure du cinéma et de tout ce qu'il trouvera pour faire bouillir la marmite. Il l'expliquera dans *L'Aurore*, en février 1970, à l'occasion de la promotion du film *Le Boucher*, de Claude Chabrol : « Je n'en fais pas de secret, j'ai des idées de gauche dans un confort de droite. Je trouve qu'il n'y a pas de mal à aimer avoir chaud, vivre dans une maison confortable et manger du saumon fumé. Cela dit, je peux parfaitement me passer de tout ça. »

Il ne va pas tout à fait s'en passer. Le cinéma lui fait de plus en plus de propositions. Mais il y a un court épilogue à l'affaire Poher, un épilogue que Yanne a raconté dans suffisamment d'interviews et de dîners pour qu'il en soit fait état sans risquer de flétrir l'histoire de la Ve République d'immondices nouvelles. Après qu'il a quitté France Inter et que le président Poher fut retourné en son Sénat, largement battu par Georges Pompidou à l'élection présidentielle, l'acteur se trouve avec quelque camarade en bordée virile dans une maison spécialisée de Paris. Et qui voit-il à quatre pattes, mangeant dans une écuelle poussée par le pied botté d'une hétaïre ? Alain Poher lui-même. Les deux hommes, étant là « en civil » s'expliquent sur l'épisode de 1969. Et Jean Yanne promet le secret. Cette promesse en valait d'autres…

13. – Un séduisant sadique

(*Le Boucher*, les sabots de Denver, 1969-1970)

Le Boucher est un film que Claude Chabrol doit à son épouse, Stéphane Audran. Lorsqu'elle le rejoint sur le tournage de *Que la bête meure* en Bretagne, elle est fascinée par la force brute de Jean Yanne. Elle pense que l'acteur peut, encore plus que dans son rôle de garagiste homicide, montrer un être primal. Elle suggère donc à son mari « un film à trois ». Peu après, alors que le cinéaste la rejoint à Étretat sur le tournage de *La Peau de Torpédo*, de Jean Delannoy, il reste à l'attendre, une nuit, dans leur chambre d'hôtel, tandis qu'elle est sur le plateau : « J'ai songé à une institutrice et à des gosses dans un village et, parallèlement, je me suis demandé si l'homme était toujours cromagnonesque. L'histoire s'est dessinée assez vite : tout de suite le côté cromagnonesque m'a été donné par le boucher, qui ne pouvait être interprété que par Jean Yanne. » Écrit d'une traite, la nuit, *Le Boucher* apparaît à son auteur comme « la transposition diurne de fantasmes nocturnes ».

À la sortie de *Que la bête meure*, quelques semaines après avoir écrit le scénario de son vingt et unième film, Chabrol en résume ainsi l'intrigue : « *Le Boucher*, ce sont les rapports entre un boucher et une institutrice. Pas des rapports amoureux, c'est plus compliqué que ça : l'institutrice fait du yoga et on se demande si le boucher n'a pas le goût du sang. » Présenté ainsi, le synopsis est passablement elliptique, mais Chabrol annonce quand même un « film de terreur ».

Au niveau symbolique, tout joue sur l'opposition entre la part la plus archaïque de la conscience humaine et les principes de la vie en société civilisée. Chabrol évoque une conversation avec le romancier Georges Simenon, dont il cite une phrase : « Qu'on le veuille ou non, nous vivons tous avec une mémoire ancestrale qui date au moins de Cro-Magnon. » Le réalisateur veut montrer l'évolution de l'esprit humain, de la grotte préhistorique à un niveau de conscience « supérieure » et infiniment civilisée : le boucher sera cromagnonesque, donc, et l'institutrice sera une femme instruite, cultivée, raffinée, qui pratique le yoga et qui a dompté son cœur en s'interdisant de tomber amoureuse depuis un échec sentimental – le sommet du contrôle de soi-même et de ses pulsions, ce qui est aussi un sommet d'égoïsme.

À l'occasion d'un mariage dans un village du Périgord, Mlle Hélène, institutrice et directrice de l'école, fait la connaissance de Popaul le boucher, revenu au pays après quinze ans dans l'armée (« L'Indochine, l'Algérie, Mourmelon », résume-t-il). La jeune femme est plutôt non conventionnelle et le boucher, empressé à sa manière. Il lui offre un gigot enveloppé dans un papier comme un bouquet de fleurs, elle l'invite à préparer avec elle le spectacle de fin d'année de l'école… Mais une jeune fille du village est retrouvée assassinée. Alors que Mlle Hélène emmène sa classe visiter une grotte préhistorique aux alentours, elle découvre un deuxième cadavre, celui de la jeune mariée, qui vient d'être lardée de coups de couteau. Elle trouve près du corps le briquet qu'elle avait offert à Popaul. Elle le prend et n'en parle pas à la police. Quand, le soir même, le boucher vient la voir, il sort son briquet… Mlle Hélène est soulagée.

Hélène. – Pourquoi on danse pas la valse ?
Popaul. – Vous dansez drôlement bien mais moi je suis un empaillé.
– Oh, vous êtes pas si empaillé que ça, vous.
– Mine de rien, en quinze ans j'ai pas dansé souvent. Ils sont braves les gens du bourg à côté des ordures qu'on rencontre partout.
– Pourquoi vous vous êtes engagé, alors ?
– J'm'en serais bien passé, seulement… Les gens du bourg ils sont braves sauf un seul qui l'était pas et ça j'peux vous le dire, c'est mon père. Mon père c'était un beau fumier. Depuis combien de temps vous êtes dans le pays ?
– Dix ans. J'ai bien connu votre père.
– C'était pas un beau fumier ?
– C'était un boucher.
– C'était même pas un bon boucher. Il coupait la viande n'importe comment et il tuait salement.
Dialogue d'Hélène (Stéphane Audran) et Popaul (Jean Yanne) au début du *Boucher*, de Claude Chabrol.

Mais, alors que l'institutrice doute de la culpabilité de Popaul, le spectateur comprend rapidement que c'est lui le criminel maniaque. Une nuit, elle entend appeler : « Mademoiselle Hélène ! Mademoiselle Hélène ! » C'est Popaul. Elle se barricade dans l'école mais oublie une porte. Il entre, se trouve face à elle dans sa salle de classe. Il sort son couteau et explique que le sang des hommes et le sang des bêtes ont la même odeur, et qu'il a trop vu couler le sang pour cesser de le répandre, et c'est pourquoi il assassine ces jeunes filles. Alors que l'on croit qu'il va tuer Hélène, il retourne son couteau contre lui. Elle le charge dans sa 2 CV et se précipite à l'hôpital. Mais il est trop tard : il meurt sur la table d'opération après lui avoir avoué son amour.

Pendant le tournage, Chabrol distille à la presse quelques prédictions quant à l'ambiance de son film : « S'agit-il de mon film le plus sanglant ? Je ne crois pas. On verra très peu de sang. Ce sera assez feutré et par là on aura peut-être plus peur. Et comme Jean Yanne fera des grimaces, ce sera par moments assez épouvantable. »

En tout cas, le tournage, en octobre et novembre 1969, est radieux. La Dordogne a la table généreuse et Chabrol trouve dans son équipe des partenaires pour de longues parties de tarot d'après-dîner. Le village de Trémolat s'est offert au réalisateur avec ses petites rues convergeant sur la place où l'église et l'école font face au monument aux morts. Le chef opérateur Claude Zidi (il deviendra réalisateur quelques années plus tard) donne à l'image des couleurs et des lumières à la fois parfaitement agrestes et intemporelles. Par une coïncidence troublante, l'école de Trémolat est exactement orientée comme sur le plan qu'avait dessiné Chabrol en écrivant son scénario sans avoir jamais vu le village réel.

Les villageois tiennent des rôles secondaires dans plusieurs scènes, à commencer par la noce au début du film, mélange de Breughel et de reportage contemporain, ou l'enterrement d'une des victimes du tueur – « Les gens s'y croyaient, comme à une vraie noce ou à de vraies funérailles. Jamais des figurants n'ont été plus prodigieux que ceux-là », dit le réalisateur. Jean Yanne exerce la profession de boucher dans la boucherie du village, avec les outils de l'artisan, qui va prendre le rôle de son commis. Quand Chabrol lui explique que prendra place à son étal un sadique qui poignarde des jeunes filles, le boucher de Trémolat dit simplement : « Ces choses-là, ça arrive. » Chabrol voit dans cette réponse une des preuves de ce que son choix est le bon : Trémolat appartient à une zone de la Dordogne depuis longtemps dégagée de l'emprise de l'Église catholique. Il assure que la présence des grottes préhistoriques y est sans doute pour quelque chose.

À la sortie du *Boucher*, le 25 février 1970, il évoque « un des films les plus agréables à faire » de sa carrière, et même « le film que je préfère parmi ceux que j'ai faits jusqu'à présent ». Puisqu'il joue pour la deuxième fois sous la direction de Chabrol, Yanne est plus souvent interviewé qu'à la sortie de *Que la bête meure*. Il est lui aussi ravi de l'ambiance de travail, et surtout de la méthode Chabrol : « Claude m'a fait lire le scénario en me disant qu'à partir de là je n'avais qu'à parler comme je voulais, choisir mon vocabulaire. Sa force, c'est de faire un cinéma qui ne soit pas essentiellement écrit, mais qui tienne compte du physique du comédien, de la peau, du contact entre les acteurs. » Et il ajoute : « Avec lui, j'ai l'impression de jouer comme je veux, mais si je suis mauvais, il le sait et il me le dit. » Cette entente est aussi manifeste aux yeux de la critique, lorsque sort *Le Boucher*.

L'enthousiasme de la presse est général. Henry Chapier, dans *Combat*, claironne : « C'est l'une des plus belles histoires d'amour du cinéma contemporain, un très beau poème grec sur les rapports mythiques de l'amour et de la mort transposé dans le décor d'une nouvelle de Balzac. [...] Il faut voir sans tarder *Le Boucher*, le chef-d'œuvre d'un cinéaste parvenu à la maturité et à la perfection de son art. » Et, au bout d'un long paragraphe d'éloge, il écrit : « Jean Yanne est une bête de cinéma qu'on désespérait de trouver en France. »

Chabrol n'est pas encore un cinéaste qui tient les sommets du box-office. Mais *Le Boucher* a une destinée commerciale qui en dit long sur le plaisir du public : 26 985 spectateurs en première semaine dans trois salles parisiennes, 30 991 en deuxième semaine. Le film va être le meilleur score du réalisateur depuis *La Ligne de démarcation* : 219 001 entrées en quatorze semaines d'exclusivité parisienne, 1 148 554 pour l'exploitation française entière.

Les spectateurs de 1970 sont fascinés par le trouble moral dans lequel Chabrol et Yanne plongent le spectateur. On comprend très vite que le boucher est coupable et le seul véritable suspense consiste à savoir s'il va ou non tuer l'institutrice. Quand celle-ci l'entend l'appeler dans la nuit, elle partage cette terreur sans que les cris de « Mademoiselle Hélène ! Mademoiselle Hélène ! » soient lancés sur un ton menaçant. Les aveux et le suicide de Popaul, son agonie dans la voiture, ses derniers mots sur le brancard à l'hôpital : tout cela émeut, apitoie, bouleverse. Pourtant, il s'agit d'un ignoble prédateur qui, en 1970, pourrait encore être condamné à la peine de mort.

Et lorsque Mlle Hélène, sur le chemin du retour, s'arrête au bord de la route pour réfléchir, rien ne transparaît de ses pensées ou de ses émotions dans les yeux de Stéphane Audran. Le spectateur réalise que ses propos et ses actes sont moins compréhensibles – et peut-être moins humains – que ceux du boucher. « Jolie performance : Chabrol et Yanne réussissent à nous faire *aimer* un assassin sadique », note Jean-Louis Bory dans *Le Nouvel Observateur.*

Cette performance est partout saluée. On évoque à son propos les grandes figures criminelles et trop humaines qui hantent l'histoire du cinéma, du tueur d'enfants de *M le Maudit* au prédicateur assassin de *La Nuit du chasseur.* Dans *La Croix*, Jean Yanne est considéré comme définitivement rédimé de ses outrages radiophoniques et de ses guignolades cinématographiques : « On attendait l'affreux Jojo gueulard et ravageur ; on trouve un homme éperdu d'amour, sans masque ni grimaces, affolé par la bête qui hurle en lui, et qui le tue et qui en meurt. »

Il y a une cohérence entre ce statut critique auquel accède Jean Yanne et son statut social d'acteur. Il est désormais une personnalité reconnue du cinéma français, puisqu'il commence à goûter aux plaisirs des voyages de promotion à l'étranger, comme en janvier 1970, lorsqu'il part dans la station balnéaire de Punta del Este, en Uruguay, pour présenter *Érotissimo* à la Semaine du cinéma français.

Et il semble bien parti pour appartenir à la « troupe » Chabrol. Il est question qu'il retrouve Stéphane Audran dans *Les Aveux les plus doux*, adaptation d'un roman de Georges Arnaud en compagnie de Roger Hanin. Mais, finalement, le projet sera réalisé par Édouard Molinaro, avec Roger Hanin et Philippe Noiret. Et Chabrol bifurque sur *La Décade prodigieuse* avec Michel Duchaussoy. Jean Yanne ne le retrouvera que vingt ans plus tard, pour *Madame Bovary.*

* * *

Le mariage de Jean Yanne et Jacqueline Allard bat de l'aile. À leur tour, ils sont frappés par cette sorte de malédiction qui touche beaucoup de couples d'artistes qui se sont unis « au temps des nouilles grises », pour employer une jolie expression de Louis de Funès. Mais si son étoile à lui n'a cessé de grimper, la comédienne ne travaille plus guère. L'étiolement de sa carrière a été d'autant plus pernicieux que son mari gagne toujours plus d'argent et lui garantit sans discuter le confort, sans les désagréments des petits rôles et des castings.

Elle dispose depuis plusieurs années d'un appartement place de l'Étang, à Cannes. Cette résidence d'été devient son domicile permanent. Elle y vit non loin de sa meilleure amie, Jacqueline Salvador, elle aussi cannoise d'adoption, adepte de la pétanque, des longues conversations en terrasse et des cigarettes fumées à la chaîne – une tabagie qui leur sera fatale à l'une et l'autre.

Dès lors, les époux Gouyé vivent dans la liberté mutuelle. Il est vrai que Jean Yanne fait largement usage depuis longtemps de cette liberté. De loin en loin, une aventure lui semble plus sérieuse que d'autres, par exemple sa rencontre avec la chanteuse Annie Philippe. Âgée d'à peine vingt ans, cette beauté blonde est devenue vedette de la chanson au milieu des années 1960 (*Baby Love*, *Ticket de quai*, *J'ai tant de peine*…). Quand ils se rencontrent, elle recherche un second souffle pour sa carrière. Il parle de lui écrire des chansons… Les intermittences du cœur ne lui en laissent pas le temps.

Mais Annie Philippe et le nouveau statut de célibataire presque officiel ont cette conséquence inattendue que l'acteur qui triomphe depuis quelques jours au box-office dans *Le Boucher* est aussi au centre d'une aventure qui fait de lui, pendant quelques jours, le héros de la France de la bagnole, de la France furieuse de ne pouvoir se garer où bon lui semble et lasse des tracasseries et amendes pour stationnement irrégulier.

En ce temps-là, la police et les automobilistes s'affrontent dans un combat dont la rationalité n'apparaît pas de manière flagrante au citoyen du XXIe siècle. Ainsi, au cours des années 1960, s'est répandu l'usage du sabot de Denver. Comme son nom l'indique, il vient d'une ville américaine qui fut la première à le mettre en usage, avec une logique qui tient plus de la loi du talion que de la recherche de l'amendement moral et civique de l'automobiliste. Il s'agit d'immobiliser des voitures en stationnement irrégulier.

Concrètement, en France, il s'agit d'un dispositif fabriqué par une petite entreprise de ferronnerie de la région parisienne, qui le facture 170 francs l'unité (l'équivalent de 175 euros) à la préfecture de police. Deux mâchoires d'acier pincent la roue avant de l'automobile et l'empêchent de tourner. Elles sont maintenues en position fermée par un verrouillage effectué avec une clé spéciale mais facile à confectionner pour un professionnel, comme les clés carrées des contrôleurs de la SNCF ou du personnel d'entretien de la RATP.

Pour être efficace, l'usage des sabots de Denver n'en est pas moins absurde. Si un automobiliste se gare, par exemple, le long du trottoir à un rond-point, il est évidemment verbalisé par une patrouille de police découvrant son véhicule. Les fonctionnaires posent alors un sabot de Denver sur la roue avant de la voiture et préviennent la fourrière. Or les Parisiens savent bien que, dans la pratique, la dépanneuse de la fourrière ne vient pas enlever immédiatement le véhicule. Les artères et les carrefours de Paris sont semés de voitures immobilisées par des sabots de Denver qui restent parfois des jours et des jours là où elles ont été verbalisées, c'est-à-dire là où elles constituent une gêne voire un danger pour la circulation.

Jean Yanne a laissé l'appartement de la rue de l'Assomption à Jacqueline pour ses séjours à Paris. Et il a emménagé, en garçon, au 6 rue d'Ormesson, à deux pas de la place du Marché-Sainte-Catherine, dans le Marais. Jean Yanne découvre les embarras du stationnement dans le centre de Paris et, un soir, sa Porsche rouge (sa « voiture de pompiers », comme il l'appelle) est immobilisée sur un bord de trottoir. Un quidam qui l'entend râler sort son couteau suisse et force la serrure du sabot de Denver tout en lui expliquant comment fonctionne l'engin.

Pragmatique, l'acteur embarque dans sa voiture le sabot de Denver dont il a été libéré et, le lendemain, se rend chez un serrurier du quartier. L'artisan va lui fabriquer une clé *ad hoc*. Et, dès lors, il ne se trouvera plus encombré de sabots de Denver et en fera profiter ses amis.

Mais Jean Yanne dispose toujours de complicités à la radio, et il en use. Sur RTL, il se lance dans une virulente attaque du principe et de la pratique du sabot de Denver, et notamment devant le secrétaire d'État auprès du Premier ministre, Jacques Baumel. Et personne n'ignore plus qu'il a subtilisé aux forces de l'ordre des sabots de Denver en utilisant une clé spéciale. Il martèle sa conviction que l'usage qu'en fait la police est contraire au respect de la propriété privée et à la liberté individuelle. Sans compter les dangers mortels qu'ils font courir lorsqu'un quidam veut reprendre sa voiture mal garée pour emmener accoucher sa femme ou pour conduire un enfant blessé aux urgences hospitalières.

Le 12 mars 1970, un article du *Figaro* est titré : « Jean Yanne invente une chaîne pour ouvrir les cadenas », raconte sa croisade et précise qu'un inspecteur de police a rendu visite à l'acteur pour lui demander de préciser les propos qu'il a tenus à l'antenne. L'humoriste aurait répondu, goguenard : « On n'a jamais demandé à un voleur de faire une déposition à domicile. On l'arrête d'abord et on l'interroge ensuite. » Et il explique qu'il va faire fabriquer des centaines de clés ouvrant les sabots de Denver pour que tous ses amis puissent, à leur tour, se lancer dans une collection d'ustensiles répressifs rendus inoffensifs. Comme la préfecture de police dispose de moins d'un millier de sabots de Denver, ceux-ci pourraient totalement disparaître des rues parisiennes dans un bref délai. En distribuant ses clés, Yanne créerait une « chaîne du bonheur » d'un genre particulier – d'où le jeu de mots du titre de l'article.

Le jour même, Jean Yanne passe la soirée avec Annie Philippe. Lorsqu'ils sortent de son nouvel appartement pour qu'il la raccompagne, tard dans la soirée, il découvre un sabot de Denver à la roue avant de sa Porsche en stationnement irrégulier place du Marché-Sainte-Catherine. Lorsqu'il sort sa clé spéciale pour l'ouvrir, deux inspecteurs de police en civil sortent de l'ombre. Cela s'appelle un « flagrant délit » et il est arrêté.

Il est conduit au commissariat du quartier Saint-Gervais, rue Vieille-du-Temple. Qu'il soit une vedette ne change rien au fait qu'il a été surpris en flagrant délit mais assouplit les conditions de sa garde à vue. Les policiers lui apportent obligeamment des croissants chauds et un café au lait, et l'humoriste doit prendre son mal en patience en attendant le commissaire. Il s'agit de son cinquième vol de sabot de Denver et, vers 13 h 20, il sort du commissariat pour se rendre chez lui, accompagné par la police. Il restitue trois sabots entreposés dans son appartement et un quatrième qu'il sort du coffre de sa voiture. Il s'engage par écrit à ne plus s'en prendre à ces appareillages, tandis que la police transmet le dossier au procureur de la République. Selon la lettre du Code pénal, il risque de huit jours à cinq ans de prison et de cinquante à cinquante mille francs d'amende. Il annonce faire appel à Me René Floriot, une des sommités du barreau de Paris, pour sa défense. Mais le parquet en restera là et Jean Yanne ne sera pas poursuivi. Il est vrai qu'il a remis sa clé à la police. Même s'il ne change pas de discours sur les agents de la force publique, qu'ils soient de chair humaine ou d'acier forgé, il a renoncé à violer les sabots de Denver. Force reste à la loi.

14. – La stagiaire en minirobe

(*Êtes-vous fiancée à un marin grec ou à un pilote de ligne ?*, 1970)

Jean Aurel n'est pas un cinéaste particulièrement célébré par la critique. Quand il fait appel à Jean Yanne, il a déjà réalisé quelques longs métrages sur des scénarios de l'écrivain Cecil Saint-Laurent : *Les Femmes* avec Brigitte Bardot, *Manon 70* avec Catherine Deneuve, *De l'amour* et *Lamiel* avec Anna Karina…

Sous le pseudonyme de Cecil Saint-Laurent se cache Jacques Laurent. L'écrivain, qui mourra membre de l'Académie française, est un pamphlétaire de droite sous son propre nom et, sous son nom d'emprunt, il écrit des romans à l'eau de rose à gros tirage et des scénarios volontiers sirupeux. Quand un critique écrira qu'*Êtes-vous fiancée à un marin grec ou à un pilote de ligne ?* est le premier film réussi de la carrière de Jean Aurel, il traduira un sentiment général devant le romantisme mielleux et faussement « libéré » de Cecil Saint-Laurent.

Cette fois-ci, Aurel s'affranchit de son scénariste habituel et entreprend l'adaptation du roman *La Marche du fou*, d'Henriette Jelinek, gros succès de librairie en 1967. Il invite Jean Yanne non seulement à jouer le premier rôle, mais aussi à travailler avec lui à l'adaptation du roman.

La trame, classique, est celle d'un mélo contemporain au dénouement très délicatement ambigu. Roger Blanchard est un haut fonctionnaire qui, pour échapper aux servitudes du couple, de la famille et du salariat, consacre énormément de temps et d'énergie à séduire des jeunes femmes. La romancière avait choisi le titre *La*

Marche du fou parce que son héros se laisse aller à ses tentations et, de femme en femme et de révolte en révolte, n'avance pas droit devant lui mais en diagonale, comme le fou d'un jeu d'échecs. Le titre de travail d'Aurel, quelques jours encore avant le tournage, est *Lui et elles*. Ce sera finalement la phrase par laquelle Blanchard entame ses manœuvres de séduction qui deviendra le titre du film : à la nouvelle secrétaire qui entre dans son bureau, il lance « Êtes-vous fiancée à un marin grec ou à un pilote de ligne ? » de la même manière que d'autres demandent « Habitez-vous chez vos parents ? »

Blanchard, donc, est attaché culturel au ministère des Loisirs. Il n'a pas grand-chose à faire, mais il est sous la coupe de M. Gambaud, chef de service odieux avec ses subalternes et servile avec ses supérieurs. Lorsque Blanchard quitte son ministère dans sa R16, alternativement écœuré ou furieux, il retrouve son intérieur confortable (meubles Directoire et moderne canapé clair, moulures anciennes et table basse à plateau de verre), une épouse tendre mais lasse après douze ans de mariage, et deux enfants jolis et turbulents. Alors, le samedi, il trompe sa femme. Et, le dimanche, il s'emmerde en famille. Une stagiaire arrive au bureau, superbe en polo blanc, mini-robe de cuir marron et bottes brunes. Blanchard lui fait son coup de l'« êtes-vous fiancée à un marin grec ou à un pilote de ligne ? » et il emporte le morceau face à Gambaud, qui guignait aussi la jeunette. Vengeance plate du chef de service, qui appelle chez son subordonné en faisant mine de s'attendre à l'y trouver – « Non, la réception des Arts et lettres, c'était hier soir. C'est curieux, je l'avais pourtant vu partir très tôt… » L'épouse décide de le quitter. Il part s'installer dans une garçonnière, mais les deux enfants du couple font une fugue. Blanchard rentre au bercail. Mais il n'est pas pour autant débarrassé de son appétit de jeunes femmes…

Aurel et Yanne s'éloignent allègrement du roman originel, notamment en redessinant la silhouette du héros. Il sera râleur, désinvolte, acide, anarchiste, contestataire, égoïste. La voix haute, il invoque le principe de Peter (depuis peu vulgarisé en France) à propos de son supérieur hiérarchique, s'en prend à la télé, à la censure, au pavillon français de l'Exposition universelle d'Osaka…

Jean Yanne écrit donc les dialogues… en laissant quelques blancs. S'il est précis sur le texte de ses partenaires, il se laisse une certaine marge pour l'inspiration du moment, comme à la radio. Il sait ce que doit dire Blanchard, mais pas encore comment il le dira. Il va improviser une bonne partie de son texte sur le plateau pendant les répétitions, avant de fixer son dialogue devant la caméra.

En 1970, même si les polémiques du temps de la Nouvelle Vague se sont apaisées, le cinéma français est toujours sinon un champ de bataille, du moins un champ d'expérimentation. Aussi se trouve-t-il toujours quelque raison de théoriser et de dessiner le cinéma du futur. Que l'amuseur Jean Yanne ait été invité à écrire les dialogues d'un film et ait choisi d'en improviser une bonne partie suscite la curiosité des journalistes spécialisés. Dans *Le Figaro* paraît un long article titré « Jean Yanne relance le dialogue en l'improvisant ». Il y explique sa méthode sur *Êtes-vous fiancée à un marin grec ou à un pilote de ligne ?* : « Je n'ai pris ni stylo ni papier. J'ai dit directement sur le plateau ce que j'avais envie de dire. Je n'ai pas de technique. Je ne possède qu'une bonne formation. Je parle de la même façon dans la vie et devant les caméras. » Le journaliste poursuit : « Ainsi le dialogue d'un film de long métrage qui nécessite ordinairement quatre mois de travail peut-il être entièrement terminé en deux jours ! Il est d'ailleurs à penser qu'à l'avenir les dialogues seront de plus en plus souples et de moins en moins signés par un seul homme. Plus que le tempérament d'un spécialiste, ils doivent désormais refléter à la fois la tradition orale et la conscience collective. Jean Yanne a parfaitement démonté le mécanisme de cette évolution : “Sur les plateaux, tout le monde donne son avis et change le texte au fur et à mesure. Chacun est d'ailleurs capable de pondre un dialogue. Les plus doués sous ce rapport étant certainement les machinistes.” »

Cette sorte d'ouvriérisme cinématographique, pour être dans l'air du temps, n'en est pas moins surprenant chez Jean Yanne. Mais il constitue presque un appel d'offres. Il ne cache pas avoir envie d'écrire des dialogues, et plus particulièrement pour Jean Gabin, Lino Ventura ou Jean Constantin, « parce qu'ils s'expriment au cinéma comme dans la rue et qu'ils suppriment facilement les répliques qui les gênent. »

Mais rien ne viendra. Ce sera d'ailleurs une déception pour Jean Yanne, qu'il commencera à exprimer dans ses interviews des années 1990 : jamais on ne va faire appel à lui pour écrire des dialogues. Et cela sera d'autant plus surprenant pour lui que, justement, la presse est dans l'ensemble très élogieuse pour ses dialogues d'*Êtes-vous fiancée à un marin grec ou à un pilote de ligne ?* Ceux-ci seront donc, mis à part les films qu'il réalisera lui-même, les seuls dialogues de cinéma qu'il écrira jamais.

Il est vrai que Jean Yanne n'appartient pas à l'école des Henri Jeanson ou des Michel Audiard, dialoguistes virtuoses en fausse langue populaire et généreux en mots d'auteur. Le paradoxe de ses dialogues, pour Jean Aurel ou pour ses propres réalisations, est que s'ils frappent le spectateur et restent en mémoire, ce n'est pas tant pour le tranchant des phrases ou pour le poli des formules que pour la force des idées. Ce n'est pas le mot qui frappe dans la langue cinématographique de Jean Yanne, mais l'image et le propos. D'ailleurs, il use volontiers de la langue la plus brutale, voire la plus brute – la libéralité avec laquelle il utilise le mot « con » en est un indice. Il le dit lui-même : « Je n'ignore pas que ce qui me va le mieux, c'est la vitupération. » Dans la presse, on confondra évidemment le personnage et l'acteur en évoquant le Jean Yanne qui « fait montre d'un franc-parler crevant de bon sens (à défaut d'être toujours de bon goût) », dans *La Croix*. Odile Grand, amie et journaliste à *L'Aurore*, résumera bien le Jean Yanne d'*Êtes-vous fiancée à un marin grec ou à un pilote de ligne ?*, acteur « d'un genre nouveau : il ne joue pas, il vide son sac ».

Annette. – Mlle Pinay vous envoie cette note.
Roger. – C'est bien gentil de sa part. Je vous connais pas. Vous êtes nouvelle ?
– Oui. On m'a envoyée faire un stage dans votre service.
– Oh ben vous allez en apprendre des choses… *(il décroche le téléphone)* Oui, une seconde je vous prie *(il fait signe à Annette de rester et de passer devant le bureau).* Oui mais bien sûr que je suis au courant, c'est évident. On ne parle que de ça, les Maisons de la culture, on a des dossiers qui s'accumulent… Mais si… Pas du tout, il ne faudrait pas déformer ma pensée, j'ai simplement dit que j'étais d'accord pour qu'on mette les billets à mi-tarif pour les étudiants mais qu'il fallait les mettre à quart de tarif pour les ouvriers parce que c'est eux qu'il faut faire venir dans les Maisons de la culture. C'est tout. C'est simple pourtant… Ouais… C'est ça, d'accord… Voir Chauvet *(il raccroche).*
– Qu'est-ce qu'il y a ?
– Vous êtes fiancée à un marin grec ou à un pilote de ligne ?
– Quelle drôle de question. Non.
– À qui alors ?
– Mais à personne, pourquoi ?
– Ben, pour savoir. Faut toujours savoir ce que font les gens.
La rencontre d'Annette (Nicole Calfan) et Roger (Jean Yanne) dans *Êtes-vous fiancée à un marin grec ou à un pilote de ligne ?*

Le rôle de Gambaud va à Francis Blanche, heureux de retrouver Jean Yanne dans un film où on ne leur demandera pas « les conneries habituelles », selon l'expression de ce dernier. Ils poursuivent le duel entamé dans *Érotissimo*, sans l'intention comique voire bouffonne de Gérard Pirès. L'épouse sera Françoise Fabian, un des plus beaux regards du cinéma français. La petite fille du couple est une comédienne de dix ans, Tina Kieffer, qui deviendra plus tard une journaliste respectée. L'écrivain Roger Peyrefitte va faire une composition étonnante et remarquée en ministre des Loisirs. Une fois choisie la maîtresse du samedi (la blonde Michèle Bompart), il faut que la troisième femme soit jeune, jolie et moins blonde.

En appelant Nicole Calfan, le producteur Pierre Braunberger lui dira que c'est Jean Yanne lui-même qui l'a remarquée dans *Le Grand Amour* de Pierre Étaix et dans *Borsalino* de Jacques Deray. Dans le premier film, elle est la jeune secrétaire dont tombe éperdument amoureux Pierre Étaix ; dans le second, on la voit au bras de Jean-Paul Belmondo.

La jeune femme est à la confluence de deux métiers d'actrice : elle est entrée à vingt et un ans, au cours de l'été 1968, à la Comédie-Française et, quinze jours plus tard, a signé son premier contrat au cinéma, pour *Le Grand Amour*. Jeune femme des beaux quartiers, elle a été engagée après deux ans de conservatoire par la maison de Molière, où elle tient l'emploi classique de la jeune première, en donnant un soupçon de malice à ses sourires d'ingénue – Lucile du *Bourgeois gentilhomme*, Henriette des *Femmes savantes*, Angélique du *Malade imaginaire*. Au cinéma, elle incarne la jeune femme candide, un peu hors du temps, mais prompte à faire se damner les hommes.

Quand elle rencontre Jean Yanne, elle a vingt-deux ans et demi, elle vit toujours chez ses parents et sa vie est rythmée par les règles strictes de l'alternance à la Comédie-Française, dont le respect conditionne tout engagement à l'extérieur : pendant le tournage d'*Êtes-vous fiancée à un marin grec ou à un pilote de ligne ?* elle jouera *L'Avare* et *Tartuffe* de Molière, *L'Apollon de Bellac* de Jean Giraudoux, et, en matinée classique du jeudi, *Le Barbier de Séville* de Beaumarchais. La jeune comédienne sait de réputation qui est Jean Yanne mais ne l'a jamais vu au cinéma. Le lendemain, elle voit *Le Boucher* au cinéma. Elle téléphone à son partenaire potentiel. Quand elle lui dit avoir vu le film de Chabrol, il répond : « Ce n'était pas la peine. » Et il lui donne rendez-vous le lendemain, entre la matinée de *Tartuffe* et la soirée de *L'Avare*, à l'entrée des artistes de la Comédie-Française. « J'aurai une auto rouge », prévient-il.

Sa première impression est favorable : cet homme est modeste ; il n'avait pas prévenu que l'« auto rouge » est une Porsche. Elle ignore qu'il vient d'assister à la représentation et s'est précipité vers la sortie du public puis vers le parking pour arriver très détendu au volant à l'entrée des artistes. Il emmène Nicole Calfan dans un bar d'hôtel à Opéra. Whisky et thé Earl Grey. Puis un deuxième whisky et un porto. Elle racontera dans un de ses livres de souvenirs (*Toi l'ours, moi la poupée*, aux éditions Michel Lafon) le charme de sa chemise jaune paille largement ouverte, de ses boots marron foncé à fermeture Éclair, de son *Monsieur* de Givenchy : « Il a le regard épagneul, la voix velours, de belles mains fortes et protectrices qui ponctuent et prolongent ses idées. » Ce charme agit. La jeune comédienne est troublée.

Le tournage commence quelques semaines plus tard, début mai 1970. Le film compte parmi les projets les plus attendus du moment. Les quotidiens populaires envoient leurs reporters sur le tournage et on voit ainsi Jean Yanne poser obligeamment torse nu dans un lit, cigarette entre les doigts et le bras autour du cou de la jolie Michèle Bompart, qui incarne sa maîtresse du samedi. Il va peu renouveler l'exercice : plusieurs remarques dans la presse sur sa « pilosité d'orang-outan » et sa tendance à la bedaine lui feront peut-être regretter la facilité avec laquelle il se montre torse nu, à plusieurs reprises, dans *Êtes-vous fiancée à un marin grec ou à un pilote de ligne ?*

Sur le plateau, il s'agit moins d'un film de Jean Aurel que d'un film de Jean Aurel et Jean Yanne. Celui-ci met l'œil au viseur de la caméra, s'intéresse aux éclairages, dirige lui-même beaucoup de scènes… Il est vrai que le scénario laisse ouvertes des séquences qui sont plus ou moins improvisées en répétition. Ainsi, Nicole Calfan est d'emblée touchée par un trouble singulier lorsqu'elle doit improviser un dialogue de séduction amoureuse avec Jean Yanne dans un restaurant du Marais – c'est leur première scène ensemble. Elle dira plus tard avoir le cœur chaviré dès la première prise.

Ces jours-là, elle découvre à la fois l'homme et son environnement, puisqu'il prête son duplex comme loge pour les comédiens – grands volumes peints de blanc, vieilles poutres apparentes, divans en plastique, tomettes médiévales, moquette bouclée…

Leur idylle coule de source. La jeune comédienne prend un petit appartement seule, boulevard Flandrin, dans le 16e arrondissement. Elle le décore de fleurs immenses au mur, de plastiques brillants et de formes modernes – « l'appartement témoin de Mary Quant », dira Jean Yanne en le découvrant.

Le soir de la projection du premier montage d'*Êtes-vous fiancée à un marin grec ou à un pilote de ligne ?* pour l'équipe du film, Nicole Calfan est ramenée à une réalité intangible : certes séparé de Jacqueline, Jean Yanne est toujours marié avec elle. L'épouse est venue de Cannes pour la soirée et repart le lendemain. Premiers pleurs de la jeune actrice, lorsqu'elle rentre seule à son studio avec la promesse que son amoureux l'appellera le lendemain matin.

Cet amoureux est attentionné. Il sème le quotidien de cadeaux, d'instants soyeux, de gestes qui tourneboulent la jeune femme, comme leur « mariage » dans un restaurant chinois, un dimanche de juillet. Elle s'amuse même que Claude François se lève de sa table voisine pour lui faire une bise de bons vœux... Le couple s'habille chez Western House, porte des santiags et des jeans à pattes d'éléphant, des bandanas indiens et des manteaux de peau retournée – à bientôt quarante ans, Jean Yanne ose être à la mode.

Le tournage parisien s'achève en juin. En juillet, sous la direction de Pierre Dux, la troupe du Français est suractive : Calfan joue sept pièces par semaine à la salle Richelieu, à l'Odéon et au théâtre des Champs-Élysées. En août, Jean Yanne, Nicole Calfan et Jean Aurel partent en vacances asiatiques. À Tokyo et Osaka, ils tournent les scènes de l'escapade amoureuse de Roger et Annette à l'Exposition universelle. Et, au retour, la jeune femme enregistre toutes les postsynchronisations de la radio qu'on entend dans le film : des bulletins météo, des publicités, des chansons, des informations routières...

Êtes-vous fiancée à un marin grec ou à un pilote de ligne ? sort le 11 novembre 1970. Dans les critiques, la parole de Jean Yanne plaît au moins autant que son jeu. On célèbre dans *L'Aurore* un acteur « tout à la fois tendre et féroce, maniant la rosserie et la gentillesse sans jamais se départir de son masque à la Buster Keaton, [qui] crève l'écran dans un rôle pourtant banal et dans un contexte qui frise le plus insipide des mélos. » Henry Chapier, dans *Combat*, évoque « l'extraordinaire Jean Yanne » dans son rôle de « don Juan empêtré dans ses élans libertins, doublé d'un cœur d'artichaut et d'une conscience de petit-bourgeois ».

Il est « époustouflant de vérité » dans *La Croix*, « très divertissant » dans *Le Figaro*, « un phénomène comique » dans *Les Lettres françaises*... Comment, dans ces conditions, pourrait-il ne pas apprécier avec jubilation l'antipathie qu'il continue à susciter çà et là ? Charge succincte de *L'Express*, qui juge que son « style et [son] physique ne conviennent pas forcément à l'idée que l'on peut se faire d'un attaché culturel. Digressions anticonformistes absolument déplacées ici ». Attaque *ad hominem* dans *Le Journal du dimanche*, qui, après avoir jugé son « torse aussi photogénique que celui de King Kong », évoque un « film-bidule qui ne semble répondre à aucune nécessité particulière, sinon les foucades de M. Jean Yanne ».

Sans faire de merveilles au box-office, *Êtes-vous fiancée à un marin grec ou à un pilote de ligne ?* est loin d'être un film à l'audience insignifiante : à sa sortie, le 11 novembre 1970, il ne parvient pas à détrôner *Le Cercle rouge*, de Jean-Pierre Melville, avec Alain Delon et Bourvil, sorti la semaine précédente, mais, à 65 159 entrées, le film de Jean Aurel fait un beau départ, à seulement 7 000 spectateurs de moins que le polar de l'année. Et le film tient bien, très bien : il fera 282 802 entrées en douze semaines d'exclusivité.

282 802 entrées à Paris : voici ce que vaut donc Jean Yanne. Car ce n'est pas le savoir-faire de Jean Aurel ni les yeux sublimes de Françoise Fabian qui suffisent à faire entrer dans une salle de cinéma d'exclusivité pour y voir *Êtes-vous fiancée à un marin grec ou à un pilote de ligne ?* Le public lui reconnaît une valeur propre que la critique ne lui conteste pas. Il est même vu comme un personnage de premier plan du show-business français. Selon *Les Nouvelles littéraires*, il est « décidément en train de devenir l'un des acteurs les plus considérables de notre cinéma ».

Et l'acteur considérable est considérablement amoureux. Il doit bien sûr composer avec sa fidélité de cœur pour Jacqueline, mais il est aux petits soins pour « la petite », comme il lui arrive souvent de désigner Nicole Calfan. Celle-ci raconte dans le livre qu'elle a consacré à Jean Yanne tous les efforts qu'il lui arrive de faire pour adoucir la rudesse de la situation qu'il lui fait vivre. Ainsi de leur premier Noël, pour lequel elle quitte à toute allure la salle Richelieu dès les saluts à la fin de la représentation du *Malade imaginaire* pour être boulevard Flandrin à l'heure pour leur réveillon à deux. Elle finit de dresser la table, sort les huîtres sur le balcon, allume les bougies, se change deux fois puis finit par se coucher. Il est trois heures et demie du matin quand son amant frappe à la porte.

Il dépose ses cadeaux et repart en coup de vent. Jacqueline voulait sa messe de minuit à Notre-Dame puis son souper de Noël.

Pour les mêmes raisons, ils fêtent le Jour de l'an à la russe, le 13 janvier. Ce soir-là à l'Alcazar, Jean présente à Nicole une amie de toujours, Ginette Garcin. La chanteuse et fantaisiste joue dans le spectacle, mais elle est aussi une des plus proches amies de Jacqueline Allard. Ces présentations sont une sorte de blanc-seing adressé par l'épouse des jours anciens à la jeunesse qui doit lui succéder.

La jeune comédienne écarquille les yeux devant la vie que lui présente Jean Yanne. Elle découvre les palaces et des personnages extraordinaires que, pour une raison ou l'autre, son compagnon connaît : le sculpteur César, le peintre Chagall, le magnat du show-business Eddie Barclay, l'actrice Simone Signoret… Jean Aurel n'avait pas tort en parlant de Jean Yanne dans une interview, au moment de la sortie d'*Êtes-vous fiancée à un marin grec ou à un pilote de ligne ?* : « Son charme, c'est son autorité. » Sans qu'il soit besoin de trop solliciter la psychanalyse, il est significatif que la jeune femme appelle « papa » son amour. Après tout, la figure est classique, même s'ils n'ont que quatorze ans de différence.

Pendant quelques mois, elle porte sa trousse de toilette d'un appartement à l'autre. Puis elle emménage rue d'Ormesson.

15. – Détours burlesques

(*Fantasia chez les ploucs*, *Laisse aller c'est une valse*, 1970-1971)

Le succès d'*Érotissimo* a mis Gérard Pirès sur orbite. Il est le jeune cinéaste à la mode de la saison et tous les obstacles semblent s'aplanir par miracle devant lui. Ainsi, il rêve de porter à l'écran un roman policier étonnant, *Diamond Bikini*, de Charles Williams, traduit et publié dans la « Série noire » par Marcel Duhamel en 1957 sous le titre *Fantasia chez les ploucs*. C'est l'histoire de deux bouseux du sud des États-Unis qui non seulement couvrent de ridicule le shérif de la ville voisine mais prennent aussi le meilleur sur des truands particulièrement endurcis. Le roman est d'autant plus original que le narrateur est un enfant de sept ans qui décrit tout ce qu'il voit arnaques, chasse à l'homme, crimes – comme un jeu palpitant et mystérieux.

Le roman fascine Gérard Pirès depuis toujours et il n'est pas le premier réalisateur à essayer de l'adapter au cinéma. Alors qu'il cherche un sujet pour embrayer directement sur le succès d'*Érotissimo*, ses producteurs Pierre Braunberger et Nat Bachsberger lui annoncent qu'ils ont obtenu les droits de *Diamond Bikini*. Sa première envie pour incarner l'aîné, Sagamore Noonan, est Raymond Devos. L'artiste de music-hall lui semble être un personnage assez décalé pour coller à la fantaisie du roman. Mais, après avoir hésité, Devos décline l'offre. Pirès fait alors appel à Lino Ventura. L'ancien catcheur devenu star du cinéma a déjà tourné des comédies, à commencer par l'historique *Tontons flingueurs* de Georges Lautner. Mais il va jouer à contre-emploi dans ce polar excentrique qui semble avoir été écrit sous stupéfiants.

Il sera Sagamore Noonan, bouilleur de cru clandestin installé dans une ferme au sommet d'une colline, que le shérif cherche à prendre sur le fait depuis des années. Chez lui vient se réfugier son frère Doc Noonan (Jean Yanne), bookmaker qui doit se mettre au vert après le dopage maladroit d'un cheval de course. Il arrive avec son fils Billy, sept ans (l'étonnant Georges Demestre), et sa Ford Mustang décapotable rouge. Ensemble, ils font face aux tentatives répétées des adjoints du shérif (Georges Beller et Rufus) à la recherche des preuves de leur trafic de whisky. Un jour, Doc loue un bout de leur terrain au mystérieux Severance (Nanni Loy), qui dit chercher un lieu tranquille où garer son mobil-home pour que sa nièce puisse soigner son anémie. Or, celle-ci est Caroline Tchoo-Tchoo (Mireille Darc), célèbre stripteaseuse qui commence à s'effeuiller dès qu'elle entend la musique de son numéro (la version pop de la *V^e^ symphonie* de Beethoven jouée par le groupe néerlandais Ekseption) et qui ne quitte jamais un slip serti de diamants – le butin d'un million de dollars d'un fric-frac mené par Severance. Alors que les frères Noonan essaient de subtiliser le slip de diamants, les tueurs de la pègre débarquent. Après plusieurs échecs, ils suppriment Severance, mais Caroline Tchoo-Tchoo disparaît dans les marais avec son slip. Les Noonan appellent un copain qui organise une énorme kermesse attirant des milliers de curieux et d'aventuriers, qui se lancent dans les marais à la recherche de la jeune femme… Les deux frères empochent les bénéfices de la fête foraine, tout en tenant cachés, près de leur alambic, Caroline Tchoo-Tchoo et son slip à un million de dollars…

Doc Noonan. – Je suis Doc Noonan, le père de Billy, qui était avec miss Tchoo-Tchoo quand les gangsters ont attaqué. C'est elle qui lui a sauvé la vie.
Un spectateur. – Ta gueule, un orchestre !
Doc Noonan. – Une seconde !
Un spectateur. – C'est des filles qu'il nous faut !
Doc Noonan. – Une seconde, une seconde, non ! Cette pauvre fille, éperdue, quasiment nue, perdue sur les terres de la ferme… Et je veux qu'on la retrouve. J'veux la retrouver pour la remercier. Elle a sauvé la vie de mon petit garçon, cette jeune, belle, ravissante jeune fille avec pratiquement rien comme vêtements sur elle, éperdue dans les marais sauvages. Les moustiques doivent dévorer son pauvre petit corps juvénile, les ronces doivent arracher ses pauvres jambes nues. Vous pouvez pas la laisser comme ça. Il faut la retrouver, les gars, il faut la retrouver, il le faut !
Discours de Doc Noonan (Jean Yanne) sur scène pendant la kermesse dans *Fantasia chez les ploucs*.

Jean Yanne est tout naturellement en tête de distribution. Gérard Pirès est fidèle à son héros d'*Érotissimo* (« son premier rôle valable », après avoir été « enlisé dans de petits films comiques vulgaires », rappelle *Combat*), même si son personnage sera tout à fait différent. Le réalisateur expliquera à la sortie du film : « Il a la tête de quelqu'un qui ne se fait jamais avoir et dans le film on l'arnaque très facilement. Je pense que cela doit lui arriver aussi dans la vie. »

Gérard Pirès a vingt-huit ans et il va se multiplier pour *Fantasia chez les ploucs* : il travaille à l'adaptation du roman, met en scène le film, conçoit des décors, s'installe à la caméra, réalise des cascades à moto, travaille au montage, dessine l'affiche du film et même les invitations pour le cocktail de lancement, à la sortie de *Fantasia chez les ploucs*. Et il aura fumé deux cent quatre-vingts paquets de Gitanes...

Mais il lui faut de l'aide pour les dialogues. Il fait appel à un jeune comédien déjà touche-à-tout, Georges Beller. Ayant débuté très jeune dans la pantomime comique à l'Échelle de Jacob, il a profité d'un engagement sur le paquebot « France » pour jouer aux États-Unis et suivre des cours à l'Actors Studio. Il a vingt-quatre ans et un esprit voisin de celui de Gérard Pirès. Par un hasard étonnant, il a passé une partie de sa jeunesse à Cannes et, quand il avait quatorze ans, s'est lié d'amitié avec une dame habitant place de l'Étang : Jacqueline Allard, l'épouse de Jean Yanne.

Le parti pris de Pirès et de ses comparses est de donner à *Fantasia chez les ploucs* un vif aspect burlesque en même temps qu'ils feront la peau aux grandes mythologies de l'Amérique. Les gangsters seront costumés en gangsters archétypaux, les voitures de police ne circuleront jamais autrement qu'à une allure de poursuite effrénée, la kermesse sera un résumé foudroyant de toutes les outrances de la société et de la culture américaines telles que vues depuis l'Europe... Il y aura des cascades spectaculaires et des pots de peinture qui tombent de l'échelle du peintre, des flics idiots et une stripteaseuse qui jouera de sa nudité avec ironie. Le réalisateur va chercher aux sources du burlesque cinématographique : Buster Keaton, Laurel et Hardy, les Marx Brothers, WC Fields... Comme il le dit dans une interview en 1970, Gérard Pirès veut « faire du cinéma de grand-papa, mais à ma façon, c'est-à-dire moderne ». Autrement dit, cela ressemblera autant à *Mais qui a tué Harry ?* qu'à *Helzapoppin'*.

Fantasia chez les ploucs doit être une superproduction, mais, affirme aujourd'hui Gérard Pirès, « ce n'était pas un budget de superproduction ». Le bruit court, pendant le tournage, d'un budget de 9 millions de francs (9,27 millions d'euros), même si les articles les plus raisonnables parlent de 5 millions (5,15 millions d'euros).

Braunberger et Bachsberger se sont associés à une société de production italienne, comme c'est souvent l'usage. Pour cette raison, le film sera tourné en Italie et Gérard Pirès parcourt quelques centaines de kilomètres à la recherche du lieu idéal avec de la montagne, une plaine pour la kermesse, des chemins de terre, des marécages et un lac… Car, au bord de ce lac, un prédicateur fou tonne contre la décadence du monde moderne et construit une arche en volant de ci, de là, toutes les planches qui passent à sa portée – une composition savoureuse de Jacques Dufilho.

Finalement, le site trouvé à une cinquantaine de kilomètres de Rome permet de presque tout réaliser dans un périmètre raisonnable, mais entasse l'équipe dans l'unique hôtel du village, ce qui n'incite pas aux nuits calmes. L'ambiance est plutôt joyeuse sur le tournage, qui débute pour six semaines en Italie le 1er juin 1970.

Les deux héros, Lino Ventura et Jean Yanne, s'entendent bien. Le premier est d'un naturel plutôt réservé et sérieux, avec des gestes d'une autre génération, comme de s'habiller toujours en chemise le dimanche. Quand il ne tourne pas, il part régulièrement vers les plages au sud de Rome. Les jours de repos, Mireille Darc dort, puisque le tatouage que Caroline Tchoo-Tchoo porte sur le sein gauche lui impose de longues séances de maquillage et un lever à 4 heures du matin.

Entre Georges Beller et Jean Yanne se noue une amitié qui durera une trentaine d'années. Ils prennent l'habitude de s'échapper à Rome dès qu'ils le peuvent. L'aîné connaît beaucoup de lieux de fête dans la capitale italienne et propose même une soirée « beurk » à Beller et Rufus, qui partagent la même chambre d'hôtel. Quand les deux comédiens s'enquièrent de ce dont il s'agit, Yanne réplique : « On me fait confiance, ou pas ? » De fait, il s'agit d'une tournée des pires lieux de plaisir de Rome, qui s'achève vers quatre heures du matin dans une boîte à strip-tease avec des femmes obèses sur scène et, dans la salle, une galerie de portraits de la pègre et des bas-fonds. « Le souvenir le plus trash de ma vie, garantit Georges Beller. Une vision pire que le Fellini le plus délirant. »

En outre, comme le dit Pirès, « il y a des aventures de tournage tous les jours » : bagarres, cascades, explosions, effets spéciaux, gros effectifs de figuration… Le réalisateur s'amuse à s'installer à bord de toutes les voitures que fait voler, tournoyer ou exploser le cascadeur Rémy Julienne.

Gérard Pirès a le souvenir d'un Jean Yanne discipliné et motivé. Même s'il n'en est qu'à sa deuxième réalisation, il n'entend pas partager son autorité et ses responsabilités, ce qui amène rapidement à des frictions avec Lino Ventura. Arrivés à la moitié du film, le réalisateur et le premier nom du générique ne se parlent plus, Pirès faisant passer ses consignes par son premier assistant, Gérard Miller. En revanche, selon ce que nous dit le réalisateur : « Jean n'est pas emmerdant. Il fait tout ce qu'il doit faire. Par exemple, il doit emboutir un arbre avec sa Mustang. L'arbre est censé être un pommier et on y a accroché cinq cents pommes qui tombent sur la voiture et lui quand il heurte le tronc. Il tourne la scène sans problème, sans demander à être doublé. »

Alain Delon vient rendre visite à Mireille Darc sur le tournage, et Gérard Pirès l'invite à apparaître quelques secondes à l'écran : lorsque les gangsters surgissent au sommet des collines et s'attaquent à la kermesse, c'est lui qui donne le signal de l'attaque.

Cette kermesse est la grande affaire du tournage. Pour un gros quart d'heure à l'image, il faudra presque deux semaines de tournage. Pirès mobilise un hélicoptère, une flotte de camions peints aux couleurs de l'entrepreneur de spectacles Burke et six cents voitures américaines – mais presque cinq mille ont été présentées par leurs propriétaires aux assistants pour sélection.

Pirès tournera aux studios de Boulogne le spectacle de music-hall présenté aux foules que les frères Noonan veulent lancer dans les marais. Réglé par René Goliard (le chorégraphe en chef des meilleures variétés télévisées, notamment pour l'émission « Dim, Dam, Dom »), le spectacle joue de toutes les icônes américaines du spectacle – Marilyn Monroe, Barbra Streisand, Sammy Davis Jr…

Mais, dans les montagnes italiennes, le chantier est titanesque. Certaines journées de tournage coûtent sept cent cinquante mille francs ! Il faut provoquer et maîtriser un grand désordre de voitures et de piétons sur des routes de terre. Il faut filmer la construction chaotique de l'immense scène et des baraques de la kermesse. Il faut diriger, du sol, les grands mouvements de foule filmés par hélicoptère, dans lesquels se croisent aventuriers, gangsters, policiers, membres encapuchonnés du Ku Klux Klan, troupeaux de voitures et chapelets d'explosions. Tout est maîtrisé, même si beaucoup d'éléments prévus manquent au réalisateur. Pirès a réclamé deux ballons dirigeables et deux canons de DCA montés sur camions. Malgré les promesses de la coproduction italienne, ceux-ci ne sont pas là le jour dit. En revanche, on lui avait amené au début du tournage une trentaine de figurants dont il n'avait pas besoin avec une forte « recommandation » des carabiniers locaux pour les utiliser…

Pour le réalisateur, la fin du tournage ressemble aux aventures de Doc et Sagamore Noonan. Depuis l'arrivée de l'équipe en Italie, les relations se sont dégradées continûment avec les coproducteurs italiens. C'est l'habituelle comédie des combinazione et des menues arnaques, de la mauvaise volonté face à l'étranger et du petit jeune que l'on essaie de tondre. Gérard Pirès est notamment exaspéré par ce qu'il advient de la ferme des frères Noonan, construite sur un site magnifique et difficilement accessible, et donc à grands frais. Dès que l'équipe abandonne ce décor pour tourner ailleurs, on retrouve la ferme vandalisée : la porte, des fenêtres, des éléments du décor ont été volés. Curieusement, une semaine avant la fin du tournage, trois gardiens s'y installent à demeure.

Gérard Pirès nous raconte ce qui arrive alors : « Ma petite amie du moment est italienne et elle surprend des conversations entre des types de la coproduction. En fait, ils veulent tourner un western spaghetti dans mon décor. C'est pour cela qu'il y a des gardiens pour protéger la ferme. Comme ils vont sans doute tourner très vite et sortir leur film à toute allure, mon décor sera défloré. Et puis je n'aime pas me faire arnaquer. Alors, le dernier soir, Gérard Miller et moi invitons les gardiens à boire un coup. On les saoule et on met un peu de somnifère dans le vin. Ensuite, pendant qu'ils cuvent, on monte à la ferme et on y met le feu. Et, pour faire bonne mesure, je fous la Mustang du film dans un ravin. Le lendemain, les coproducteurs italiens vont porter plainte contre X, mais en me désignant nommément. Alors je suis rentré en France par les petites routes, avec ma Porsche. »

À sa sortie, le 13 janvier 1971, *Fantasia chez les ploucs* démarre bien, avec 83 934 entrées en première semaine à Paris. Dès la semaine suivante sort un drame à grand spectacle, *Mourir d'aimer* avec Annie Girardot, qui le fait décrocher à la deuxième place. Au total, il va attirer 310 824 spectateurs parisiens en neuf semaines d'exclusivité. Ce n'est pas un score phénoménal, et cela ne procure pas aux producteurs la même marge bénéficiaire qu'*Érotissimo*. Gérard Pirès bat quand même *Le Distrait* avec Pierre Richard de quelques milliers d'entrées et *L'Homme-orchestre* avec Louis de Funès de presque cent cinquante mille spectateurs.

Dans la presse, la critique est mitigée, qui voit tantôt « une fête du non-sens, une véritable kermesse de l'absurde, une caricature écervelée du monde contemporain et ses mythologies » (*Combat*), tantôt une « pénurie de sens [qui] remplace le non-sens » (*Le Figaro*). Mais on ne dit pas grand-chose des comédiens. *Le Figaro* juge Jean Yanne « égal à lui-même » et *Les Nouvelles littéraires* qu'il « imite Jerry Lewis ». Il est vrai que la mise en scène et le montage de Gérard Pirès ne leur font pas la part belle, même si tous se sont beaucoup amusés. Dans une tribune écrite pour *Le Figaro*, à la sortie du film, le réalisateur ne dissimule rien de ce qu'il en pense : « Direction d'acteurs ? Wouaaark ! Je rigole. N'existe pas. La seule direction d'acteurs est de ne pas se tromper dans la distribution. Très important : ne pas prendre des charlots. Ce sont eux qui donnent du tracas. Choisir, de préférence, des comédiens chers, ils sont souvent bons. »

* * *

Le bruit court dans les colonnes d'échos, en fin d'année 1970, que Jean Yanne et Jean Aurel vont se retrouver pour l'adaptation cinématographique de *L'Homme pressé*. Mais, finalement, ce sera Édouard Molinaro qui réalisera l'adaptation du roman de Paul Morand, quelques années plus tard, avec Alain Delon et Mireille Darc. Nicole Calfan part quelques semaines en Grèce tourner dans *Le Casse*, d'Henri Verneuil, avec Jean-Paul Belmondo. Et son compagnon joue un nouveau rôle burlesque, après *Fantasia chez les ploucs*.

Le critique de *Paris Jour* a écrit, à la sortie d'*Êtes-vous fiancée à un marin grec ou à un pilote de ligne ?* : « On voulait en faire une réplique de Louis de Funès, il a dit "non" pour devenir un comédien émouvant, qui joue avec son cœur, sans tricher. » Jean Yanne devient acteur, en effet. Il est même très à l'aise dans la peau d'un professionnel du cinéma qui regarde de loin son ancien métier – « J'en ai eu marre de la radio », dit-il sans détour. Il assume que

Chabrol lui ait « rendu un sacré service. Il a persuadé les producteurs que je pouvais faire autre chose que des films de seconde catégorie. Mais aujourd'hui, c'est curieux, j'ai moins de propositions de films drôles ». Et, d'interview en interview, il tambourine : « Je ne suis pas un rigolo. » Il ne cessera de le répéter pendant des lustres…

Serge. – Dis donc, les vacances au soleil, on pourra quand même se les offrir. Dès que j'aurai récupéré les trois cents briques de bijoux.
Michel. – Tu les as ?
– Ben bien sûr.
– Eh ben dis donc, comme faux jeton, tu te poses un peu là. Oui mais dis donc c'est peut-être pas très honnête d'utiliser ce pognon-là.
– Ben non. Mais on va quand même pas se mettre à travailler.
Dialogue de Serge (Jean Yanne) et Michel (Michel Constantin) dans *Laisse aller c'est une valse*.

Pourtant, il tourne deux comédies coup sur coup. Il est vrai qu'après *Fantasia chez les ploucs*, il va retrouver Mireille Darc et que le réalisateur qu'il va rencontrer n'est pas un tâcheron du cinéma de quartier. Entre le 2 novembre 1970 et le 10 janvier 1971, il tourne donc *Laisse aller c'est une valse*, de Georges Lautner. L'intention du réalisateur n'est pas de produire un chef-d'œuvre cinéphilique mais une comédie tous publics avec dans les premiers rôles des acteurs populaires pour qui le réalisateur a de l'estime. Mireille Darc tourne là le huitième de ses treize films avec lui et Michel Constantin le retrouve pour la deuxième fois. La distribution voit se bousculer grands habitués des dialogues de Michel Audiard et silhouettes familières du cinéma ou de la télévision : Bernard Blier, Rufus, Paul Préboist, Daniel Prévost, Philippe Castelli, Venantino Venantini, Jean-Michel Ribes et même Coluche dans un court rôle de barman. Si beaucoup de ces acteurs sont des connaissances, voire des proches de Jean Yanne, il aborde pour la première fois deux univers singuliers et populaires à la fois : ceux de Georges Lautner et de Bertrand Blier. Le premier, déjà amplement couronné par le box-office (*Les Tontons flingueurs*, la série des *Monocle*, *Le Pacha*…), s'est associé avec le fils d'un de ses acteurs fétiches, Bernard Blier, pour écrire cette histoire d'un malfrat sortant de prison (Jean Yanne) qui, avec l'aide d'un complice surdoué de la gâchette (Michel Constantin), enlève sa femme qui l'avait trahi jadis (Mireille Darc), avec l'intention de la supprimer, bien qu'il ait un commissaire de police aux trousses (Bernard Blier). Sa quête de vengeance passe par un chapelet d'homicides commis par son comparse avec une efficacité surnaturelle, par la reconquête de son épouse et par la recherche du butin disparu du cambriolage qui l'a mené en prison.

En douze ans, Lautner a déjà dix-huit films et plus de cinq cents meurtres à son actif. Dans le respect de la tradition audiardienne du polar délirant avec grandes phrases et cadavres semés généreusement sur l'écran, *Laisse aller c'est une valse* est à la limite du film de genre. L'humeur présente du réalisateur l'incite à pousser encore ses habitudes jusqu'à un comique de bande dessinée : les gags visuels sont saccadés et accélérés à l'extrême, les fusillades sont totalement irréalistes, les acteurs jouent sans jamais miser sur la nuance et la demi-teinte. La Gaumont, productrice du film, n'investit guère dans les décors et la technique : le budget est dans les acteurs – comme on dit dans le métier –, avec Mireille Darc en poids lourd du cinéma populaire et deux comparses à la notoriété grandissante, Jean Yanne et Michel Constantin. Ce dernier a souvent promené son visage émacié, ses sourcils charbonneux et son œil dur dans des films dramatiques et il trouve là une nouvelle personnalité de comédie. Lautner prend un évident plaisir à adjoindre Yanne à sa troupe d'habitués et celui-ci le paie en retour en lui apportant un certain nombre d'idées. Car Lautner est un bon « acheteur » en cours de tournage si ses acteurs ont des propositions intéressantes à lui faire.

Le réalisateur et son couple de premiers rôles ont le même plaisir dans l'improvisation et la spontanéité. Georges Lautner aime que ses acteurs le surprennent, Jean Yanne et Mireille Darc aiment tourner en une ou deux prises – au-delà, ils commencent à s'ennuyer. Ils ajoutent beaucoup à leurs scènes ou suggèrent des détails de jeu à leurs partenaires. Et Yanne propose à Lautner des plans parfois très astucieux.

Ainsi, le scénario prévoit que, dans une ferme où ils sont isolés, le héros veut faire parler sa femme avant de l'abattre – sa tombe est déjà creusée dans le jardin. Or le couple est emporté par un retour d'amour. Mireille Darc se souvient : « Le scénario était écrit de manière un peu mièvre, un peu trop "chéri mon amour". Jean a beaucoup gambergé et il est manifestement arrivé avec l'intention de collaborer au film. C'est lui qui propose le plan où nous roulons l'un contre l'autre comme si le lit était interminable. Ça fait complètement exploser la scène d'amour et Georges est évidemment preneur. » Et la scène de réconciliation des deux époux devient une sorte de délire érotique au second degré, Mireille Darc tordant le fer forgé du lit et Jean Yanne lançant des cris de Tarzan.

Jean Yanne suggère de placer une caméra face à lui, debout contre le lit posé verticalement. Il explique à sa partenaire de scène d'amour : « Tu comprends, Mireille, tu fais deux pas en arrière et tu reviens vers moi. » Darc étant de dos et lui de face, le spectateur a l'impression d'une image prise en plongée, la jeune femme décollant au-dessus de son mari pour retomber lentement sur lui – une image érotique et burlesque à la fois. Lautner accepte la suggestion, on place deux assistants pour tenir le drap qui accompagnera l'actrice dans son envol et, dix minutes plus tard, on tourne. Le réalisateur Jean Yanne s'annonce. Mireille Darc, qui tourne pour la troisième fois avec lui après *Week-end* et *Fantasia chez les ploucs*, est certaine de ne jamais l'avoir entendu dire qu'il veut devenir cinéaste. Mais elle ne sera pas surprise qu'il le fasse. Sachant la part qu'il a prise dans l'invention des scènes d'amour avec Mireille Darc, il ne peut qu'être encouragé à penser à la réalisation par les remarques enthousiastes des critiques sur ce passage du film.

À sa sortie en avril 1971, la critique est d'ailleurs plutôt tendre avec *Laisse aller c'est une valse* : « Laissez-vous aller, c'est une très bonne valse », dit *L'Aurore*, « très drôle », dit *Le Canard enchaîné*. Chacun sait que ce film ne fera pas date dans l'histoire du cinéma, mais salue l'efficacité du réalisateur et le naturel joyeux de ses interprètes. Beaucoup d'articles prédisent des retrouvailles entre les deux hommes pour très bientôt, mais Georges Lautner et Jean Yanne ne travailleront plus ensemble. De toute manière, l'acteur se débat contre son image de rigolo. Il prend bien soin de se dégager de l'univers de la comédie commerciale quand un journal populaire lui demande à qui il est redevable de sa carrière : « D'abord à Claude de Givray, qui m'a fait sortir de mon emploi habituel. Puis à Jean-Luc Godard et à Claude Chabrol. » Il n'est plus guère question de Jean Girault. Jean Yanne a changé de comique.

16. – Un frère

(*Le Saut de l'ange*, Jean-Pierre Rassam, 1971)

Le cinéma policier règne sur le box-office et, à la notable exception de Louis de Funès, ce sont dans des polars que triomphent les plus grandes vedettes du cinéma français – Alain Delon, Jean Gabin, Lino Ventura… Mais ce n'est sans doute pas la seule raison qui fait accepter à Jean Yanne de courir sur des toits, de sauter par des fenêtres et de défourailler à tout va dans *Le Saut de l'ange*, d'Yves Boisset, qu'il tourne à partir de la fin du mois de mars 1971 : ce polar est ouvertement politique.

Boisset est auréolé du succès critique et commercial du *Condé*, son troisième long métrage, qui dévoilait les rapports malsains entre police et politique. Dans *Le Saut de l'ange*, il veut dénoncer la collusion entre politique et immobilier autant que la servilité de la police. Le scénario est tiré d'un roman de Bernard-Paul Lallier, qui a obtenu en 1958 le prix du Quai des Orfèvres. Et ce n'est qu'après le tournage que le film prend définitivement le même titre que le roman policier. Avant de devenir *Le Saut de l'ange*, il s'appelle *Cobra*, du nom du revolver utilisé par le héros.

À Marseille, donc, le clan Orsini règne sur les marchés immobiliers et tout ce qui s'en rapproche – trafic de main-d'œuvre immigrée, appels d'offres truqués, élections locales… En face, le promoteur Forestier décide de se présenter aux élections législatives en même temps qu'il entreprend de prendre par les armes la place des Orsini. Les chefs de la famille et un certain nombre de leurs hommes sont liquidés, en Corse comme sur le continent. Reste Louis Orsini, ancien aventurier qui s'est retiré sur une plantation en Extrême-Orient. Les tueurs le ratent mais assassinent sa femme et sa fille adoptive. Alors le dernier des Orsini arrive à Marseille et commence à faire le ménage, malgré les flingues du clan Forestier et ceux de la police, qui prétend protéger un citoyen honorable. Il a pour seul allié un policier américain déchu qui, quand il aura accompli sa vengeance, va devoir le tuer.

Mason. – Louis, ne te mêle de rien. Laisse la police faire son travail.
Louis Orsini. – La police…
Commissaire Pedrinelli. – On fait le maximum.
Louis Orsini. – Peut-être. Depuis que ça a commencé, tout ça, vous en avez arrêté combien ?
– On a interrogé près de cent personnes.
– Je vois ça d'ici. Cinquante Corses et puis cinquante types de la SAC pour faire la balance. Et ça a donné quoi ?
– Faut du temps.
– Et faut du doigté surtout, parce que les élections sont pas loin. Alors l'un est copain avec la municipalité, l'autre est un ancien ami du préfet. On marche sur des œufs et dès que ça craque un peu, on rétrograde.
– On fait le maximum.
– Ben voyons.
Dialogue entre Mason (Sterling Hayden), Louis Orsini (Jean Yanne) et le commissaire Pedrinelli (Daniel Ivernel) dans *Le Saut de l'ange*.

Ce dernier rôle sera tenu par Sterling Hayden, précédé par sa gloire de *Quand la ville dort* de John Huston, *Johnny Guitar* de Nicholas Ray, ou *Docteur Folamour* de Stanley Kubrick. Senta Berger sera la belle-sœur du héros, Daniel Ivernel un commissaire de police (qui a un portrait du maréchal Pétain dans son bureau) et Gordon Mitchell un tueur à gages…

L'engagement de Jean Yanne pour incarner Louis Orsini surprend les journalistes et, avant même le tournage, Yves Boisset explique : « Jean Yanne est mûr pour les premiers rôles américains à la Mitchum. Il possède un potentiel de violence étonnant. » En effet, il accomplit tous les prodiges qu'exige ce genre de scénario : il se bagarre, saute par des fenêtres, réfléchit à toute allure, manie un revolver (« Vous savez ce que c'est, ça ? Ça s'appelle un Cobra. Ça fait des trous larges comme des ronds de serviette ») et meurt ainsi que doivent mourir les héros.

Comme Jean-Pierre Mocky sur un sujet voisin dans *L'Albatros* (sorti le 8 septembre, trois semaines avant *Le Saut de l'ange*), Boisset ne cache pas ses intentions politiques : sous une présidence Pompidou marquée par diverses affaires politico-crapuleuses, il sème son film d'allusions à la droite au pouvoir. Le promoteur homicide est clairement identifié comme appartenant à la majorité, son entreprise de construction est désignée sous le sigle SAC, comme le Service d'action civique, organisation barbouzarde liée au parti gaulliste… Dans quelques titres de presse marqués à droite, on fera semblant de ne rien voir quand sortira le film, en octobre 1971 : *Le Journal du dimanche* parle d'un « film social sans portée ni crédibilité », *France-Soir* d'un « cinéma d'action pas tellement embarrassé de psychologie ». À l'autre bord, *Le Canard enchaîné* ou *Télérama* se réjouissent fermement que le cinéma français ose, comme le cinéma américain, dénoncer la corruption et les plus vilaines mœurs politiques. Le quotidien *Combat* parle d'« un cinéma populaire et lucide ».

La mutation de Jean Yanne en acteur de film d'action est diversement appréciée. Certains critiques sont résolument réticents. On lit dans *La Croix* que « ce n'est pas parce que Claude Chabrol sut employer Jean Yanne dans des emplois tragiques qu'il faut, à tout coup, réitérer ». Louis Chauvet du *Figaro* avoue : « Quelque effort que je fasse, je n'arrive pas à m'assimiler l'idée que Jean Yanne ait une vocation dramatique. » Mais d'autres critiques influents sont d'un tout autre avis, comme Robert Chazal de *France-Soir*, qui écrit à propos de l'acteur qui commença par faire rire avant de faire peur : « Rien d'étonnant, dira-t-on, il avait l'humour féroce. »

* * *

Alors qu'il s'impose peu à peu comme acteur, Jean Yanne poursuit un but : devenir réalisateur. L'idée lui trotte dans la tête avec insistance depuis plusieurs années. Il l'évoque régulièrement dans ses interviews de promotion, comme lorsqu'il tourne *Érotissimo*, début 1969, et qu'il affirme : « J'ai simplement besoin de techniciens et, surtout, de prendre mon temps. L'idéal serait d'inventer Ionesco au cinéma plutôt que Jerry Lewis. » Quand sort *Que la bête meure*, en septembre 1969, *L'Express* annonce qu'il dirigera « lui-même son propre film, un film bête et méchant qui mettra à nu la bêtise et la méchanceté de l'homme social contemporain ». En tournant *Le Saut de l'ange*, en 1971, il parle de l'écriture du scénario de son premier film, d'après Dostoïevski. Dans le même élan, il assure qu'il ne serait pas un réalisateur pénible pour son producteur : « Côté financier, mon film coûterait un peu moins cher que le devis... » En ce qui concerne cette dernière déclaration d'intention, il échouera...

Les professionnels connaissent donc ses envies et même ses intentions. Mais il va falloir qu'il rencontre Jean-Pierre Rassam pour avoir enfin le partenaire qui lui manquait, le producteur qui lui permettrait de réaliser un film comme il le souhaite. Car Jean

Yanne fait de la chanson, de la radio, de la télévision ou de la bande dessinée comme il l'entend et non comme les professionnels en ont l'habitude. Pour cela, il lui faudrait un producteur acceptant de lui donner sa chance en lui laissant la bride sur le cou. Et Jean-Pierre Rassam est ce producteur.

Il ne sera pas seulement un complice en affaires, mais un compagnon de rêve et de croisade, d'ivresse et de grandes conquêtes. Leur amitié sera de ces amitiés qui changent une vie, pour le meilleur et pour le pire. Mais, à sa mort, Rassam n'aura pas seulement laissé une empreinte durable sur la vie et la carrière de Yanne; il aura marqué l'histoire du cinéma des années 1970.

Jean Yanne et lui se rencontrent tard dans la soirée. L'acteur dîne avec Michel Duchaussoy chez Castel. Rassam surgit. Il est encore débutant dans ce métier mais tout annonce qu'il aura une carrière hors normes, tout simplement parce qu'il se refuse à penser comme les autres producteurs. Dans une interview à *Playboy*, en 1973, devenu le producteur français le plus en vue du moment, il confiera quelle est sa conception de son rôle : « Une fois qu'on a choisi d'éditer un auteur, il faut lui foutre la paix, le laisser travailler comme il l'entend. C'est lui le créateur, pas nous. On n'imagine pas un éditeur venant regarder par-dessus l'épaule d'un romancier si telle ou telle phrase lui convient. De la même façon, il n'est pas question que j'aille casser les pieds à un réalisateur pendant le tournage. L'artiste est seul devant son œuvre, je n'ai pas à m'en mêler; mon seul travail consiste à lui faciliter la tâche, à assumer toutes les questions matérielles pour lui permettre de réaliser son film et, à travers ce film, de se réaliser lui-même. »

On saura vite dans Paris que Rassam ne lit pas les scénarios. Il lui suffit que le réalisateur lui dise en quelques phrases quelle histoire il veut tourner. Un événement postérieur à *Tout le monde il est beau, tout le monde il est gentil* est significatif. Tard dans la nuit chez Castel, Marco Ferreri lui explique qu'il ne trouve personne pour produire un film pour lequel il a l'accord de Michel Piccoli, Philippe Noiret, Marcello Mastroianni et Ugo Tognazzi : quatre hommes s'enferment dans une maison pour se suicider en mangeant.

Alors que d'autres producteurs ont pris peur face au caractère scabreux de certaines scènes en lisant le scénario, Rassam perçoit en cinq minutes de conversation la puissance de polémique – et donc de succès commercial – de *La Grande Bouffe*. Il va mettre en scène ce scandale avec une jubilation d'adolescent et une efficacité de grand maître du marketing : il interdit le plateau de tournage aux journalistes, il refuse la confection et la diffusion d'un dossier de presse en bonne et due forme, il commande l'affiche du film au dessinateur Reiser (honni par les bien-pensants pour ses dessins dans *Hara-Kiri* puis *Charlie Hebdo*), il permet à Ferreri tous les dépassements de budget à condition que le film soit prêt pour le Festival de Cannes. Présenté sur la Croisette le 17 mai 1973, c'est évidemment un scandale dont Rassam se délecte. Mais *La Grande Bouffe* sera un des plus importants succès de l'année du cinéma français, avec 2,4 millions d'entrées en France. À Cannes, Rassam prend même le plaisir de déclarer à *France-Soir* : « Après mes études, je me suis longuement demandé dans quelle corporation on trouvait les gens les plus cons. Réponse : chez les producteurs de cinéma. Conclusion : c'est donc dans le cinéma que j'aurai le moins de mal à réussir. »

Morgue ? Vanité ? Orgueil ? Pas seulement. Jean-Pierre Rassam appartient à un lignage singulier de Français d'Orient, porteurs d'une double culture et de secrètes souffrances. On ne sait pas d'où vient la famille Rassam – d'un village d'Arménie, d'une province reculée de Perse ? Toujours est-il que les seules certitudes du récit familial mêlent l'Irak et la France dès que Thomas Rassam, le père de Jean-Pierre, arrive à l'aube des années 1940 à Bagdad. Épuisé, malade, il est recueilli et soigné dans un hôpital grâce à la solidarité des Français de la ville, capitale d'un Irak tiraillé entre allégeance à la Grande-Bretagne et tentations pronazies. Rien d'étonnant à ce que, dès 1942, il s'engage du côté de la France libre, non les armes à la main mais avec tout son entregent, son sens de la négociation et son instinct de négociant. La guerre terminée, il offre à la France le bâtiment qui abrite sa première légation en Irak, puis son consulat. De cette épopée survivront plusieurs fidélités : celle des Rassam envers la France et celle de divers hauts personnages du gaullisme envers les Rassam. C'est à Beyrouth que Thomas Rassam se marie avec une jeune bourgeoise de la bonne société chrétienne. Ils ont trois enfants, Paul, Jean-Pierre et Anne-Marie, sans imaginer que tous trois deviendront à des titres divers des personnages importants du cinéma français.

En 1949, alors que Jean-Pierre a huit ans, les enfants sont envoyés en France avec leur mère. Dès lors, ils vivront à Neuilly et ne verront plus leur père que deux fois par an. Le garçon a suffisamment vécu au Moyen-Orient pour se proclamer lui-même, plus tard, « métèque ». Mais toute sa formation a lieu en France. Très naturellement, il s'oriente vers Sciences-Po. Il y est un personnage hors normes, insolent et séduisant avec ses pairs comme avec ses professeurs. Il fournit régulièrement des certificats médicaux arguant de sa fragilité psychologique pour expliquer ses absences aux examens. Il épate ses camarades en exhibant les liasses de billets gagnées avec ses premières affaires en Bourse ou dans la fripe. Un de ses professeurs rédige cette appréciation : « Esprit brillant. Grande curiosité intellectuelle. Fort intelligent. Mais désordonné. Aucune méthode. Ses devoirs contiennent de grands moments mais aucun plan. Je souhaite son succès mais l'accident est probable. » Toute la vie de Jean-Pierre Rassam est là.

Les accidents ne tardent pas, d'ailleurs. Rue Saint-Guillaume, son grand oral au concours de l'ENA fait sensation. Il commente un texte de Charles Péguy avec brio et profondeur. Quand un des examinateurs le félicite pour sa connaissance de l'œuvre du grand poète, Rassam réplique : « Je n'ai jamais lu Péguy. » Recalé.

L'autre accident de sa jeunesse est plus tragique. Étudiant, il rencontre une lycéenne du nom d'Annie. Sur ses conseils, elle abandonne ses études pour se consacrer à la carrière de mannequin. Très amoureuse, mélancolique, fragile, elle s'accommode mal des longues soirées au cours desquelles Jean-Pierre disparaît avec ses amis. Une nuit qu'il aurait dû la rejoindre à la sortie du cinéma et s'attarde de bar en bar, elle se suicide. Elle avait vingt-trois ans, il en a vingt-six.

Il aime le cinéma et ne sait pas encore vers où diriger sa vie quand, au mariage d'un de ses amis, sa sœur, Anne-Marie, rencontre un jeune cinéaste qui se fait appeler Claude Berri. Le coup de foudre est irrésistible entre la jeune chrétienne d'Orient et le réalisateur juif dont les parents viennent d'Europe centrale. Jean-Pierre Rassam va œuvrer en coulisses pour permettre leur mariage. Claude Berri l'entraîne dans l'aventure du cinéma.

Jean-Pierre Rassam est d'une séduction irrésistible. Ce petit homme frisé exerce son pouvoir par le verbe. Il échafaude sans cesse des plans de puissance et de pouvoir qu'il fonde sur la promesse de ruptures, de révolutions, de cataclysmes fondateurs. Comme avant lui ses aînés François Truffaut ou Éric Rohmer, il se nourrit de films dans les salles du Quartier latin et à la Cinémathèque, mais il arrive après la Nouvelle Vague : son désir de table rase peine à s'exprimer clairement alors que le cinéma français vit depuis plusieurs années déjà des bouleversements d'une ampleur inédite. Il ne rêve pas d'être réalisateur – et encore moins acteur, malgré plus tard quelques apparitions sporadiques çà ou là. Il voudrait être producteur. Mais certainement pas comme Darryl Zanuck, le tyrannique fondateur de la 20th Century Fox, ou comme Georges de Beauregard, qui produit à la fois les films de Pierre Schoendoerffer et de Jean-Luc Godard. Bientôt, Rassam proclamera qu'il veut être producteur comme Gaston Gallimard est éditeur – travailler avec des artistes dans la durée et la fidélité, ne pas entraver leurs désirs créatifs...

Avec son débit vertigineux, ses envolées enflammées, ses rêves éveillés, c'est un personnage paradoxal qui peut vomir la Nouvelle Vague et défendre les œuvres les plus hermétiques avec la même passion, mépriser le cinéma commercial et donner raison par principe aux choix du public... Un de ses traits les plus singuliers, dans ces années 1960 où le drapeau rouge se porte volontiers en sautoir, est de ne pas cacher son envie de gagner de l'argent. De toute manière, il ne respecte aucune convenance, qu'elle soit de gauche ou de droite, moderne ou traditionnelle...

Dans un dîner, à une table de bistrot ou dans un cocktail, Rassam exige d'être au centre de l'attention. Pour cela, il est prêt à croiser le fer avec n'importe qui, à improviser une théorie spectaculaire, à s'inventer des fréquentations étourdissantes. Il lui arrive aussi d'aller trop loin et ses amis racontent tous des moments où Rassam se met en mauvaise posture – maris jaloux dans des restaurants, réalisateurs furieux... Mais, le plus souvent, c'est lui qui attaque. Il n'a pas l'éloquence précise et la cruauté froide des sujets brillants de Sciences-Po, mais une faconde virevoltante, haute en couleur, agressive, assassine. S'il est flamboyant, c'est alternativement au chalumeau et au cocktail Molotov.

Mais il n'est pas seulement un beau parleur. Il agit. Sa vie est faite de coups de fil interminables, de rencontres fortuites qui se transforment en séances de travail, d'emballements soudains, de réunions chaotiques. Il a toujours un contrat à signer, une position boursière à dénouer, un *business plan* à monter. À l'entendre parler, les gens raisonnables sont un peu effrayés ; mais il connaît assez de droit des affaires, de comptabilité des entreprises et de réalités précises du monde de la finance pour rassurer… jusqu'à ce qu'il oublie un rendez-vous décisif.

Car Jean-Pierre Rassam est à la fois un génie et un cancre, un visionnaire et un dilettante, un révolutionnaire et un amateur. Ses journées commencent le plus souvent à 17 heures, il ne rappelle jamais quand on n'arrive pas à le joindre au téléphone, il oublie la plupart de ses rendez-vous, il est prêt à sacrifier une négociation pour le plaisir de prononcer une phrase cruelle…

Quand Claude Berri commence à s'intéresser à lui en tant que partenaire potentiel, Jean-Pierre Rassam a le projet de produire une colossale adaptation de *Voyage au bout de la nuit*, de Louis-Ferdinand Céline, dont il a rencontré le propriétaire des droits lors d'une soirée très arrosée. Rassam a vingt-sept ans et Berri trente-quatre. Les deux hommes sont inséparables, « comme les trois doigts de la main » (selon l'expression de Claude Berri), puisqu'il y a toujours et partout Anne-Marie Rassam. Vacances, discussions de travail, fêtes de famille, projets cinématographiques, tout se confond.

Depuis le succès de son film *Le Vieil Homme et l'Enfant*, récit autobiographique sur un petit juif caché à la campagne sous l'Occupation, en 1966, Berri n'est certes pas encore le nabab du cinéma français que l'on connaîtra, mais il a des relations et quelques moyens. Il les met volontiers à la disposition de son beau-frère. Les débuts dans le métier de producteur de Jean-Pierre Rassam sont beaucoup plus modestes qu'une adaptation de *Voyage au bout de la nuit*. Il produit deux courts métrages de ses amis Charles Matton et Gérard Brach – deux films qui n'ont guère laissé de trace. Puis il produit *La Maison*, premier long métrage du même Gérard Brach, qui n'est pas encore le grand scénariste fidèle de Roman Polanski et Jean-Jacques Annaud. Le tournage est assez difficile, surtout quand Rassam est sur le plateau. Le film ne rencontre aucun succès, mais le jeune producteur récidive avec Brach l'année suivante, en 1971, avec *Le Radeau sur l'herbe*. Échec derechef et premier éclat public de Rassam. Lorsque le film est projeté au Festival de Cannes, il se plante devant la salle de projection pour dissuader les journalistes d'entrer pour le voir. Curieux producteur...

Berri est le coproducteur du film et, de fait, c'est lui qui supporte seul les pertes, puisque Rassam n'a aucune trésorerie. Mais ils restent complices dans la vie et dans le travail. Outre ce beau-frère qu'il commence à trouver encombrant, Jean-Pierre Rassam a désormais un frère possible, Jean Yanne.

Celui-ci n'a pas de problème de train de vie et ses cachets d'acteur lui permettent d'envisager la création d'une société de production. Aiguillonné par Rassam, il saute le pas. *A priori*, rien ne prédisposerait l'Oriental de Neuilly et Sciences-Po à se lier avec le gamin gouailleur des Lilas. Mais Jean Yanne et Jean-Pierre Rassam ont plus d'un point commun. Si on les installe de part et d'autre d'une table de restaurant, ils partagent le même verbe fort, dru, moqueur, la même manière de parler sans détour et de ne pas masquer leurs sentiments véritables.

Tous deux sont des boulimiques de culture à la mémoire impressionnante. Le bagage de l'un est plus littéraire et plus marqué par le music-hall que celui de l'autre, qui appartient à une génération d'encyclopédistes du cinéma. Mais ils ont la même manière de faire leur miel d'œuvres et de produits culturels que personne ne songerait à rapprocher. La manière dont ils ont construit leur culture personnelle est également hétérodoxe et désordonnée. Rassam a bien fréquenté la Cinémathèque, mais aux places du fond, loin des premiers rangs des esthètes proches des *Cahiers du cinéma*. En revanche, son amitié avec son fondateur, Henri Langlois, lui a procuré un sésame décisif : la conviction que le créateur et sa personnalité doivent être au centre de la genèse de l'œuvre.

En s'engageant avec Jean-Pierre Rassam, Jean Yanne va être un des premiers à bénéficier d'une audace tout à fait neuve dans la production cinématographique en France : miser à la fois sur plusieurs cinéastes, aussi risqué cela peut-il paraître, puisque si plusieurs films ne trouvent pas leur public, le succès d'un seul assurera la prospérité de l'ensemble. Ce faisant, Rassam contredit les deux manières « modernes » de penser : d'une part, les producteurs soutenant la Nouvelle Vague agissent avec une grande prudence financière, notamment en montant des coproductions qui fédèrent jusqu'à une douzaine d'entreprises ; d'autre part, le cinéma commercial commence à travailler selon la technique hollywoodienne de la « série B », avec des budgets serrés et des délais extrêmement raccourcis entre la décision de production et la sortie en salles, tout en limitant les risques par un conformisme artistique affirmé. Rassam rejette l'une et l'autre doctrines. Il rêve de cinéastes libres de tourner autant qu'ils le souhaitent, sans attendre les résultats d'un film pour mettre en chantier le suivant. Quand Jean Yanne évoque son désir de tourner un film, Rassam lui propose mieux : tourner *des* films. Et vite.

L'un est un acteur et un homme de radio non conventionnel. L'autre s'annonce être un producteur hors normes. L'un et l'autre ne conçoivent pas que leur singularité soit discrète ou timide. Ils aiment non seulement leur liberté, mais aussi que celle-ci contrevienne aux règles en usage – et que ça se voie bien !

Les deux hommes partagent une franche aversion pour les intellectuels, dont le poids dans les médias et dans l'arène publique n'a jamais été aussi fort et dont les prescriptions n'ont jamais été aussi impératives. Au langage ampoulé et précieux des intellos, Yanne et Rassam préfèrent les raccourcis abrupts d'un vocabulaire populaire, voire grossier. Leur anti-intellectualisme goguenard a plus d'importance qu'une simple déclaration de guerre aux clercs de l'époque ; c'est une déclaration d'indépendance, d'une audace plus folle qu'un assaut frontal. Séparément puis ensemble désormais, Yanne et Rassam affirment mener leur combat contre le système sans l'appui de rebelles autoproclamés dont les postures révolutionnaires font elles-mêmes partie du système. L'un et l'autre feront l'expérience des dangers de ce choix.

Mais, dans l'immédiat, ils prennent des bureaux au 33 avenue des Champs-Élysées, à l'angle de la rue de Marignan, dans un immeuble qui sent le neuf et où sont déjà installées plusieurs sociétés de production. Celle qu'a créée Jean Yanne s'appelle Ciné Qua Non – un calembour, du latin, c'est tout lui. Au 33, dans le même local, s'installe Mara Films, la société de Jean-Pierre Rassam. Deux hommes, une seule adresse. C'est une association, une alliance, un partenariat. Et aussi une fraternité.

17. – Le sale type

(*Nous ne vieillirons pas ensemble*, 1971)

Au début de l'été 1971, de Cannes, Jacqueline téléphone à son mari. Elle tousse, elle souffre, son médecin généraliste craint une pleurésie. Il survient ce que l'on craint quand il s'agit d'une personne qui fume trois paquets de cigarettes par jour depuis des lustres : Jacqueline Gouyé est atteinte d'un cancer du poumon.

Jean Yanne est frappé au cœur. Il cherche et trouve très vite une équipe médicale respectée qui puisse prendre en charge son épouse. Il la fait revenir à Paris et, le 17 juillet, Jacqueline est opérée à la clinique Hartmann de Neuilly. On lui retire la moitié d'un poumon, mais on découvre aussi des métastases. Les médecins sont d'un optimisme à tout le moins modéré, mais entreprennent la chimiothérapie. Le lendemain de l'opération sera la seule fois où les amis de Jean Yanne ne célébreront pas son anniversaire par une soirée de fête.

Dès qu'il a su la maladie de son épouse, il a parlé très simplement à Nicole Calfan. Ce qui arrive à Jacqueline est injuste. Elle a quarante-trois ans et a été à ses côtés pendant toutes ses années difficiles. Maintenant, elle doit se battre et elle ne se battra bien que s'il est près d'elle. Aussi la jeune femme quitte-t-elle le duplex du Marais et part s'installer chez ses parents. Quant à lui, il transporte sa valise rue de l'Assomption, dans le 16e arrondissement, où Jacqueline a conservé l'ancien appartement commun. Il va essayer de vivre avec elle comme si de rien n'était. Ils se disputent, ils plaisantent, ils voient ensemble leurs quelques amis les plus proches, ils font semblant d'avoir des projets. L'amie

Ginette Garcin a tout plaqué aussi pour passer ses journées avec Jacqueline.

Le 13 septembre, Jean Yanne doit partir en tournage. Il a signé depuis longtemps pour ce film et doit aller faire son métier. Jacqueline l'y encourage, d'ailleurs. Il s'agit de *Nous ne vieillirons pas ensemble* – un titre qui lui inspire sans doute quelques plaisanteries noires avec son épouse. La phrase est tirée d'un court poème de Paul Éluard, *Vingt-huit novembre mil neuf cent quarante-six* :

> « Nous ne vieillirons pas ensemble.
> Voici le jour
> En trop : le temps déborde.
> Mon amour si léger prend le poids d'un supplice. »

Ce que veut filmer Maurice Pialat, le réalisateur, n'est pas un poème. Il veut raconter une histoire de désamour – la sienne. Alors qu'il vivait de petits documentaires pour la télévision, il a rencontré par hasard Colette, secrétaire intérimaire avec laquelle il va vivre plusieurs années d'amour adultère. Il veut montrer, et non vraiment raconter de manière linéaire. Son film n'aura pas de trame dramatique avec une exposition de la situation, une montée de la tension puis un dénouement. Son ambition est de filmer la réalité d'une fin d'amour avec ses méandres de rancunes, de déballages, de pardons, de violence, de cruauté, de désespoir. Pialat résume : « Un type fait chier une fille, qui le quitte. » Ses deux héros vont s'affronter comme il s'est battu avec Colette, dans des chambres d'hôtel, des voitures, des rues bruyantes, des cabines téléphoniques, à Paris, dans de tristes banlieues, à Deauville ou en Camargue…

Nous ne vieillirons pas ensemble est d'abord un roman qui porte le même titre, signé de Maurice Pialat. À plus de quarante-cinq ans, il n'est pas alors reconnu comme un grand cinéaste. Sa carrière a été chaotique : d'abord artiste peintre, puis voyageur de commerce en produits pharmaceutiques ou comédien de boulevard, il a réalisé beaucoup de documentaires et de travaux de commande avant de mettre en scène un feuilleton télé, *La Maison des bois*, et un long métrage célébré par la critique mais boudé par le public, *L'Enfance nue*. Pour *Nous ne vieillirons pas ensemble*, il veut deux vedettes dans les rôles principaux, Marlène Jobert et Jean Yanne.

Il connaît bien l'actrice pour l'avoir souvent croisée alors qu'il vivait avec Arlette, la sœur de Claude Berri, alors en couple avec Marlène Jobert. Avec ses cheveux courts et ses tâches de rousseur, elle est une des actrices les plus populaires du moment, que ce soit pour son naturel faussement ingénu dans *Alexandre le bienheureux*, d'Yves Robert, en 1968, ou pour ses yeux affolés de victime de Charles Bronson dans *Le Passager de la pluie*, de René Clément, en 1969. Sa beauté très simple, ses yeux radieux, sa voix voilée, sa manière très singulière d'être à la fois fragile et indestructible, tout cela stimule les réalisateurs. *Nous ne vieillirons pas ensemble* sera un des cinq films qu'elle tournera en une période de quatorze mois. Outre que Marlène Jobert a connu la maîtresse de Maurice Pialat, elle incarne parfaitement une jeune fille issue d'un milieu populaire, fascinée par l'homme qui travaille à la télévision…

Maurice Pialat et Jean Yanne se ressemblent. Physiquement, leur parenté n'est pas dans le dessin du visage, mais dans la puissance physique et dans une sorte d'impavidité vaguement inquiétante. L'un et l'autre peuvent susciter le malaise par un mélange singulier de brutalité et de calme. D'ailleurs, leur rencontre n'est pas fortuite : à cette seule fin, Maurice Pialat a demandé à son ami Claude Chabrol de lui donner un rôle dans *Que la bête meure*. Il joue donc le commissaire de police qui arrive après la mort du garagiste et dialogue longuement avec Michel Duchaussoy. S'ils n'ont pas de scène en commun, il a eu tout le loisir de regarder travailler Jean Yanne et de discuter avec lui.

« T'es là, t'es molle et puis t'attends. Tout ce que j'essaie de faire pour toi, c'est la même chose. J'ai essayé de te faire travailler dans le cinéma, ben ça marche pas. Chaque fois y a rien à faire, rien ne t'intéresse. Tout ce que t'es, c'est une feignante. Une bonne feignante, voilà. Tu laisses tomber tout, tout de suite. Ah si, la seule chose qui te plaît : cover-girl. Madame veut être cover-girl avec le pif que t'as et tes taches de rousseur. T'es trop petite et t'es trop moche. Alors mets-toi une bonne fois dans la tête qu'il faut que tu trouves quelque chose mais pas dans cette catégorie-là. »
Maurice (Jean Yanne) pendant une scène de dispute dans la voiture, dans *Nous ne vieillirons pas ensemble*.

Le réalisateur devra attendre presque un an que ses deux interprètes principaux soient disponibles. Et il les paie au prix fort : 1,2 million de francs (1,17 million d'euros) pour Marlène Jobert, un peu plus de 500 000 francs (487 000 euros) pour Jean Yanne, pour un budget total de 5 millions de francs (4,87 millions d'euros).

Le montage financier du film est déjà une aventure. Claude Berri était assez naturellement le producteur de *L'Enfance nue*. Mais la famille et le métier ont parfois des exigences difficiles à concilier et, les choses s'envenimant entre les deux beaux-frères, Pialat a décidé de priver Berri de la production de son prochain film. Il trouve beaucoup moins délectable de faire appel à n'importe quel autre producteur ayant pignon sur rue qu'à Jean-Pierre Rassam, le jeune homme brillant et agité qu'il a souvent rencontré avec Berri.

La manœuvre est tout à fait typique de la perversité méthodique de Pialat, mais aussi du comportement de Rassam, qui ne met guère de pudeur à afficher son cynisme, professionnellement comme dans la sphère privée. Il saisit l'opportunité qui lui permet de s'affranchir de Claude Berri tout en lui signifiant qu'il compte désormais le supplanter dans le métier.

Rassam et Pialat créent Lido Film. La société de production de *Nous ne vieillirons pas ensemble* n'est pas nommée ainsi en souvenir de la plage vénitienne mais parce que c'est à la galerie du Lido, sur les Champs-Élysées, que le cinéaste avait rencontré sa Colette.

Aujourd'hui, Maurice Pialat est considéré comme un pionnier de l'autofiction dans le cinéma français. Or *Nous ne vieillirons pas ensemble* est en 1971 une entreprise sans précédent : le réalisateur ne vise rien de moins que la reproduction de l'histoire qu'il a vécue quelques années plus tôt avec Colette – qui s'appellera Catherine dans le film. Pialat veut même que son épouse, Micheline, joue son propre rôle. Soutenu par Jean-Pierre Rassam, Jean Yanne va obtenir qu'il engage plutôt une actrice professionnelle, Macha Méril.

Pialat tient à remettre ses pas de réalisateur dans ses pas d'amant. Il tourne sur les lieux mêmes où s'est déroulée son histoire d'amour – son propre appartement, les rues où il a marché avec Colette, les hôtels qui ont abrité leurs étreintes et leurs disputes… S'il n'obtient pas de Colette le droit de tourner chez elle, il va installer ses caméras un peu plus loin dans la même résidence. Il piquera une rage homérique quand il découvrira qu'un hôtelier a changé le papier peint d'une chambre…

Les dialogues, en revanche, sont extrêmement écrits. Pialat a longuement poli chaque réplique de manière à ce qu'elle ait l'air tout à fait naturelle à force de banalité, de maladresse, d'imprécision. Ces textes semblent improvisés, mais ils sont pesés au trébuchet.

Ses deux acteurs sont d'autant plus désarçonnés que Pialat tourne beaucoup en plans séquences et en scènes longues, les deux acteurs principaux étant presque toujours ensemble à l'écran.

Nous ne vieillirons pas ensemble ne comporte que cent cinq plans, soit cinq ou huit fois moins qu'un film standard de la même durée. Le film ne raconte pas une histoire, il montre des instants de vie qui n'ont pas la cohérence ou la logique d'un récit conventionnel – exactement comme dans une histoire d'amour réelle.

Si Maurice Pialat se projette manifestement dans Jean Yanne, Jean Yanne réalise très vite qu'il n'a aucune envie de devenir Maurice Pialat. Alors que leurs contacts avant le tournage étaient cordiaux, voire franchement complices, les deux hommes vont se heurter de front sur le plateau. Marlène Jobert nous a expliqué le conflit entre les deux hommes : « Jean ne voulait pas être Maurice dans la vie, avec ses faiblesses énormes et son comportement étrange vis-à-vis des femmes. Il ne voulait pas jouer comme Pialat le lui demandait. Pour tout dire, ça ne lui paraissait pas très intéressant. Il avait pourtant joué des monstres chez Chabrol, mais ce monstre-là lui semblait désagréable. Il essayait d'enjoliver, de rendre le personnage moins antipathique, mais Pialat ne voulait pas. C'était très lourd. Ils discutaient avant la prise, pendant la prise et après la prise. »

Le réalisateur demande souvent de faire « comme si ». Et Jean Yanne s'emporte : il ne peut pas faire « comme si », justement parce qu'à ce moment-là il ne se comporterait pas comme Maurice Pialat. « Comment tu ferais, toi ? – Je n'en sais rien, je ne suis pas l'acteur. » Alors Yanne essaie une improvisation, et Pialat se met soudain à hurler que ce n'est pas comme cela qu'il a fait… Ils ne sont d'accord sur rien. Pialat laisse Yanne choisir son costume et lui reproche ensuite de ne pas s'habiller comme lui-même l'était le jour où il a vécu la scène que l'on tourne. Et il affirme que l'acteur le fait exprès pour lui déplaire.

Jean Yanne se braque de plus en plus souvent sur un mot ou une phrase du dialogue, ce qui lance d'interminables disputes. Il ne se résout pas à incarner un homme dans ses aspects les plus médiocrement écœurants. Le Maurice qu'il doit jouer est mesquin, lâche, injuste, bas, inconstant, irrésolu, c'est-à-dire tout ce que n'est pas – ou ne croit pas être – Jean Yanne. Pialat raconte une histoire qui n'en finit pas de s'effilocher et de tourner en rond, ce qui est exactement à l'opposé de son tempérament. Il ne comprend pas son personnage et, puisque ce personnage de sale type est censé être le reflet exact du réalisateur, il prend en grippe l'un et l'autre.

Au bout de quelques semaines, Yanne et Pialat ne se parlent plus. L'acteur demande à ses partenaires Marlène Jobert et Macha Méril de transmettre ses refus au metteur en scène – « Dis-lui que je ne dirai pas cette phrase. » Pialat réplique de la même manière : « Vous direz à mon acteur principal que j'arrête le tournage… »

Le film a d'autres problèmes que la tension entre Jean Yanne et Maurice Pialat. Ce dernier n'a pas tourné depuis deux ans et il est toujours en proie à des doutes, des hésitations, de longs moments de réflexion suivis de brusques emballements autoritaires. Acteurs et équipe technique ont souvent l'impression qu'il improvise. Le film terminé, on se rendra compte qu'une bonne partie des scènes tournées ont disparu, dont certaines que le réalisateur affirmait être absolument indispensables au film.

Très vite, Jean-Pierre Rassam a pris fait et cause pour Jean Yanne, mais son combat contre le réalisateur est devenu une croisade personnelle. Les deux hommes s'agonissent d'injures et finissent par en venir aux mains un soir au bar. Pialat casse une bouteille sur la tête de Rassam. Quelques jours plus tard, des inconnus frappent en pleine nuit à la porte de la chambre d'hôtel du réalisateur ; quand il ouvre, ils fondent sur lui et le rouent de coups.

À la fin de la troisième semaine de tournage, la crise atteint son sommet. Marlène Jobert raconte : « Nous tournons vers Arles et je veux aller passer le week-end chez mes parents à La Seyne-sur-Mer. Le vendredi, Rassam me prend à part avec Jean, en me disant que ce n'est pas la peine que je revienne le lundi. Il m'explique qu'il est désolé mais qu'il s'est trompé : Pialat n'est pas capable de réaliser convenablement un film. Il m'annonce que le tournage s'arrête et ne reprendra pas avant d'avoir réglé le problème et peut-être même trouvé un autre réalisateur. J'y pense tout le week-end et, le lundi, je reviens quand même. Pendant la matinée, très progressivement, tout le monde arrive et, vers midi, toute l'équipe est là. Le tournage reprend. »

En revenant, Marlène Jobert a sauvé le film. Elle persiste à trouver attachant le scénario, même si travailler avec Pialat n'est pas simple. « Il se flagelle en permanence. Il n'a pas de talent, tout le monde est dégueulasse avec lui, il fait de la merde – c'en est agaçant. Mais il me fiche la paix, trop occupé par son conflit avec Jean. Nous avons quand même une engueulade quand il veut que je porte exactement le même maillot de bain que sa vraie petite amie – un horrible maillot en vichy bleu et blanc comme on n'en voit plus du tout. »

Maurice Risch, alors tout jeune comédien qui joue quelques scènes dans *Nous ne vieillirons pas ensemble*, conserve le souvenir d'un Jean Yanne en guerre qui « prend tout *a contrario* », dressé face à un Pialat qui, « de toute manière, ne réussit à sortir son génie que dans le conflit ».

En revanche, les relations de Jean Yanne avec ses partenaires sont très sereines. Il lui arrive souvent de s'excuser auprès de Marlène Jobert et Macha Méril de la violence avec laquelle il leur parle devant la caméra, violence qui le révulse et le met mal à l'aise sur le plateau – la seule fois de sa carrière, semble-t-il, où son personnage l'embarrasse à ce point.

Les dernières semaines de tournage sont particulièrement éprouvantes. L'acteur principal du film n'apprend plus son texte. Il le copie sur des feuilles de papier ou des cartons qu'il fixe dans les angles du décor hors du champ de la caméra. Lors de la terrible scène de rupture où Marlène Jobert et lui sont côte à côte à l'avant de la voiture, il a scotché son texte sur le tableau de bord. Pialat est outré par la désinvolture de Yanne. Et celui-ci en veut au réalisateur de profiter des circonstances pour saisir sur lui les signes du deuil et de la détresse.

« T'as jamais rien réussi et tu réussiras jamais rien. C'est tout. Et tu sais pourquoi ? Parce que t'es vulgaire, irrémédiablement vulgaire. Et non seulement t'es vulgaire, mais t'es ordinaire en plus. Toute ta vie, tu resteras une fille de concierge. Tu peux me regarder comme ça, ça change rien. Quand je pense que depuis que je te connais j'ai rencontré des filles formidables, j'aurais mieux fait de rester avec elles. Je me demande vraiment pourquoi je suis avec toi. Je reste par pitié, voilà. Par pitié, je reste. Tu t'accroches à moi depuis six ans. T'as aucune volonté, t'as aucun courage. Ton seul orgueil, c'est ta médiocrité. Je suis en train de gâcher ma vie avec toi. De gâcher ma vie, parfaitement. Tu sens pas que j'en ai assez de toi ? »
Maurice (Jean Yanne) pendant une scène de dispute dans la voiture, dans *Nous ne vieillirons pas ensemble*.

Car, depuis le début de *Nous ne vieillirons pas ensemble*, Jean Yanne prend régulièrement l'avion ou la voiture, selon le lieu de tournage, pour passer les week-ends et parfois même quelques heures de la nuit en compagnie de Jacqueline. Mais il est discret : Marlène Jobert, par exemple, ignore le drame qu'il est en train de vivre.

Épuisée par les bombardements de cobalt – comme on appelle alors la radiothérapie – et par la douleur, Jacqueline meurt le 16 octobre. Son amie Jacqueline Salvador mourra de la même maladie quelques mois plus tard.

De retour sur le plateau après l'enterrement de Jacqueline, Jean Yanne est d'une parfaite justesse de jeu. Brutal, cruel, parfois même ignoble, son personnage est totalement perdu. Pialat tourne la fin d'un amour et Yanne lui donne son regard de colosse blessé. Dans les dernières séquences du film, pantelant face à la femme qui ne l'aime plus, il se raccroche aux derniers feux de sa hargne. Son œil éteint et ses brusques abattements sont les meilleurs alliés d'un personnage qu'autrement sa violence verbale et son absence de retenue rendraient terriblement ordinaire. Ce monstre devient, par Jean Yanne, la statue de l'homme qui souffre d'amour.

Maurice Pialat fait son miel du souffle las et du regard verrouillé de Jean Yanne. Sciemment opportuniste ou pas, il éveille une curieuse rancœur chez son interprète. La mort de Jacqueline sert le film et cela semble une dernière indécence à son interprète.

Mais Jean Yanne s'ennuie plus sur ce tournage qu'il n'y est en colère. Dans *Nous ne vieillirons pas ensemble*, il doit jouer des scènes de la vie quotidienne, d'une vie quotidienne qui n'est pas la sienne, d'une vie quotidienne qui ne l'intéresse pas. Il a plus de mépris pour Maurice Pialat que de ressentiment. En terminant le tournage, il lui lance, comme un défi, que son premier film, qu'il va bientôt réaliser, fera plus d'entrées que *Nous ne vieillirons pas ensemble*.

18. – Réalisateur !

(*Tout le monde il est beau, tout le monde il est gentil*, 1972)

Jean Yanne n'a plus d'émission régulière, mais il est toujours un efficace homme d'audiovisuel. Comment résister à la tentation de faire appel à lui pour doper une audience ? Ainsi, on lui confie une séquence au cours de la première semaine de Télé Midi 72, la nouvelle émission de la première chaîne présentée par le journaliste Jean-Michel Desjeunes et l'animatrice Danièle Gilbert – un gros enjeu pour la nouvelle direction de la chaîne. À 12 h 30 se succèdent variétés, divertissements et artistes en promotion (Julien Clerc, Juliette Gréco, Rufus, Achille Zavatta, Jacques Chazot...), encadrant le journal télévisé de la mi-journée. Et il est décidé qu'un humoriste viendra cinq fois dans la semaine au cours de l'émission. Jean Yanne a enregistré ses cinq interventions de la première semaine de TM 72 en profitant d'une journée de repos sur le tournage de *Nous ne vieillirons pas ensemble.*

Dès le premier jour de la nouvelle émission, le lundi 3 janvier, il s'en prend à l'ORTF. Après un court extrait de l'*Alléluia* du *Messie* de Haendel – une menue provocation –, il apparaît assis à une table, flanqué de Daniel Prévost et Maurice Vamby. Il présente les prétendus « nouveaux statuts » édictés par le nouveau directeur de la première chaîne, nouveaux statuts dont il transmet obligeamment le texte à la « commère » Carmen Tessier, qui les publiera dans *France-Soir*, nouveaux statuts qui organiseraient officiellement le népotisme des nominations et des limogeages à l'ORTF et se terminent par ces mots qui vont faire rire jaune de haut en bas de la hiérarchie de l'audiovisuel d'État : « Tout type qui a été engagé par qui que ce soit peut faire virer qui que ce soit et éventuellement prendre sa place. »

« Article premier. Toute personne qui déplaît à quelqu'un pour quelque motif que ce soit, y compris une tête qui ne revient pas, est virée.
Article 2. Toute personne qui râle en disant "pourquoi on a viré mon pote" est virée à son tour.
Article 3. Quand quelqu'un a été viré, il peut être repris à une condition, que la personne qui l'a viré se soit fait virer.
Article 4. Tout mec qui a été viré et qui est repris peut faire réintégrer le pote qui avait pris sa défense au moment où il a été viré. »
Extrait des « Nouveaux statuts de l'ORTF », parus dans *France-Soir* le 22 juin 1972

Le deuxième jour, le thème est un recueil de lettres modèles que se préparerait à publier Daniel Prévost. Celui-ci annonce « une lettre à un CRS pour s'excuser de lui avoir envoyé un pavé en pleine poire ». Jean Yanne réplique : « Ça ne viendrait à l'idée de personne de s'excuser. » Daniel Prévost : « J'en ai une autre : lettre d'un CRS à un étudiant pour s'excuser de lui avoir envoyé des gaz lacrymogènes. » Jean Yanne : « Ah, mais faudrait qu'il sache écrire. »

Le mercredi, il évoque la Bible (« Un beau livre s'il est bien relié ») et plus particulièrement le personnage de Loth. Les trois comparses lisent tour à tour des passages parodiant l'Ancien Testament dans lesquels Loth erre dans le désert avec son chien Vinégra – « Ce qui veut dire "chien fidèle" en hébreu », assure Jean Yanne. Et, à la fin, « Vinégra lécha Loth ».

Le jeudi, le trio fait un sort à l'Épiphanie en chantant le nom de chacun des Rois mages et de son cadeau à l'Enfant, en finissant par brailler « avec la myrrhe, Bidasse, tagada tsoin tsoin » sur l'air d'*Avec Bidasse*, grand classique de Bach créé peu avant la Première Guerre mondiale. Et, enfin, le vendredi, Jean Yanne et ses complices présentent des nouvelles brèves : l'attribution du prix Nobel de charcuterie à un natif du Puy-de-Dôme, une série de remises de décorations à divers généraux (dont « général Isaac Zylbergoldstein, remise de 10 % ») et la composition de l'échantillon de Français qui servent aux sondages sur les programmes de l'ORTF : « Bedeaux, 456 253 ; nonces apostoliques, 2 ; sculpteurs sur ivoire, 71 ; proxénètes, interdits de séjour, alcooliques et critiques de télévision, 946 924, on n'a pas le détail ; derviches tourneurs, 3 ; directeurs de la télévision française, 146 722. »

On rit aux éclats sur le plateau de l'émission pendant la diffusion des magnétos de Jean Yanne. Et, évidemment, les courriers des lecteurs des journaux vont témoigner des habituelles protestations d'usage devant l'humour de Jean Yanne, même s'il n'est pas le seul personnage polémique à apparaître dans TM 72 – à commencer par Michel Polnareff montrant pour la première fois à la télévision sa coiffure blonde bouclée hirsute qui fera couler beaucoup d'encre. Mais ce passage dans l'émission de la première chaîne sera une des dernières incarnations de sa verve chansonnière radiotélévisée. Maintenant, sa vie est au « 33 ».

***

Dans les mêmes bureaux du 33 avenue des Champs-Élysées sont installées deux sociétés : Ciné Qua Non, société de production de Jean Yanne dans laquelle il a investi ses cachets d'acteur en attendant de rencontrer un partenaire, et Mara Films, la société de Jean-Pierre Rassam. Puis, dans l'évidence des faits comme en droit, les deux entreprises fusionnent. En quelque sorte, Jean Yanne devient producteur par complicité avec Jean-Pierre Rassam. Rassam donne à Yanne les moyens de ses ambitions de cinéaste tandis que, par le réinvestissement immédiat de ses bénéfices, Yanne permet à Rassam de produire d'autres films au même rythme qu'il produit les siens. De 1972 à 1974, les deux hommes produiront trois longs métrages de Jean Yanne et cinq autres films.

Leur association est assez singulière et assez *successful* pour que *Le Film français* interviewe longuement le cinéaste début 1974. Il explique notamment : « Je ne suis pas un homme d'affaires mais un homme d'affaires artistiques. Cela veut dire que je sais transformer de l'argent en spectacle et du spectacle en argent. Je sais gérer l'artistique, pas l'argent. C'est là-dedans que repose l'association Yanne-Rassam. Lorsque nous décidons de transformer de l'argent en spectacle, Jean-Pierre organise l'argent. Lorsqu'il s'agit de transformer le spectacle en argent, Jean-Pierre vend le spectacle. »

Jean Yanne exagère en disant que Jean-Pierre Rassam « organise l'argent ». Au contraire… Au troisième étage du 33 avenue des Champs-Élysées, les deux « maisons » sont installées de part et d'autre d'un couloir central, mais Rassam passe l'essentiel de son temps dans le bureau de Yanne. Il impulse l'atmosphère du « 33 », qui s'anime seulement en fin d'après-midi et ferme tard dans la soirée, à l'heure du dernier service dans les grands restaurants du quartier. Le quotidien de Ciné Qua Non est un mélange de munificence et de fins de mois difficiles : les meilleurs alcools coulent à flots et les rendez-vous n'ont lieu qu'à de bonnes tables, mais il faut aux directeurs de production et aux comptables des trésors d'ingéniosité et de diplomatie pour assumer les pharaoniques dépassements de budget qui frappent toutes les productions de Rassam.

L'exemple le plus caricatural en est *Lancelot du Lac* de Robert Bresson. Le maître du *Journal d'un curé de campagne* et de *Mouchette* porte depuis plusieurs années le projet de filmer le retour du chevalier de la Table ronde après sa quête infructueuse du Graal. Ce n'est pas tant le sujet qui rebute les producteurs que les méthodes du cinéaste, capable de dépassements de budget vertigineux. Jean-Pierre Rassam se lance dans l'aventure par admiration pour l'œuvre de Bresson. Mais, sur le plateau, tout dérape, et notamment à cause d'une situation qui se répète encore et toujours : à chaque plan, Bresson fait installer des rails de travelling, puis les fait déplacer, raccourcir et enfin supprimer pour tourner en plan fixe. Machinistes et acteurs sont épuisés par ce manège qui les laisse des journées entières à ronger leur frein. La révolte gronde sur le plateau et le directeur de production appelle Rassam à se déplacer sur le tournage. Quand le producteur arrive, il engueule copieusement et en public son représentant et lui enjoint d'accorder à Robert Bresson tout ce qu'il demande, alors même que les impayés s'accumulent sur son bureau au « 33 ».

Dans ce mélange de furie créatrice et de mépris pour les exigences comptables se déroule la genèse de la première réalisation de Jean Yanne. L'idée du scénario est tout entière une sorte de rêve éveillé qu'il partage avec Gérard Sire. Les deux hommes ont donné à plusieurs radios d'énormes succès d'audience et de réelles frictions avec les puissances de la société française. *Tout le monde il est beau, tout le monde il est gentil* montrera à quel point, sous des torrents de bons sentiments et de prétendu respect de l'auditeur, les grandes radios périphériques sont gouvernées avec un cynisme absolu.

Jean Yanne sera Christian Gerber, journaliste plutôt brave type dont l'honnêteté finit par lui jouer des tours. Il travaille pour Radio-Plus, grande station privée qui, depuis quelque temps, a donné à son antenne une couleur résolument catholique, en utilisant même pour ses publicités la figure d'un Christ à la silhouette et aux couleurs résolument pop. Gerber commence par se révolter, ce qui le mène au chômage. Mais un coup de théâtre le met à la tête de Radio-Plus, avec les pleins pouvoirs. Il en fait une radio totalement honnête qui ne ment plus à l'auditeur – y compris dans ses publicités ! Le châtiment tombe très vite : il est renvoyé et tout peut rentrer dans l'ordre à Radio-Plus.

Jean-Pierre Rassam entreprend le montage financier du film tandis que Jean Yanne se lance avec passion – et urgence ! – dans la préparation de son premier tournage en tant que réalisateur. Le projet sent quand même le soufre et le producteur éprouve quelques difficultés à constituer son tour de table. Yanne est un acteur respecté et on connaît bien la manière dont il transpose son esprit du cabaret à la radio et à la télévision. Mais de là à lui confier les rênes d'un film… Rassam peine également à financer le film parce que l'on attend aussi qu'il fasse vraiment ses preuves en tant que producteur : *Nous ne vieillirons pas ensemble* n'est pas encore sorti en salles alors que l'on sait qu'il a subi de gros dépassements de budget et personne n'escompte que *Tout va bien* de Jean-Luc Godard et Jean-Pierre Gorin – la première production de Mara Films –, fera un prodige malgré la présence d'Yves Montand et Jane Fonda au générique. Quand le tournage de Yanne commence, Rassam n'a rassemblé que 1,2 million de francs alors que la première estimation du coût du film tablait sur le triple.

Mais le duo du producteur et du réalisateur est confiant. Quand Jean Yanne commence à écrire le scénario de *Tout le monde il est beau, tout le monde il est gentil*, début 1971, Jésus est à la mode. Au printemps 1970 est sorti le 45 tours *Jésus-Christ*, de Johnny Hallyday. Le texte de la chanson, signé par Philippe Labro, fait un gros effet : « Banjo mexicain sur le dos/Autour de son front un bandeau/Il est barbu et chevelu/Il s'est battu à Chicago/Il aime les filles aux seins nus/Il est né à San Francisco. » Parue en face B du très rebelle *On me recherche*, l'échappée christique de Johnny s'impose rapidement comme un tube sur les ondes et sur les électrophones. Malgré ce qui peut à bon droit paraître un peu sacrilège, cette chanson rencontre le réel souci d'aggiornamento de beaucoup de fidèles de l'Église catholique, sur la lancée du concile Vatican II. Dans l'institution comme au dehors, on parle abondamment du besoin d'un nouveau langage et de la nécessité de s'adresser à une jeunesse beaucoup moins candide que celle des patronages de jadis.

Alors pourquoi pas un Jésus pop, un Jésus rock et même un Jésus kitsch, puisque le mot n'a pas, alors, la connotation franchement négative qu'il a aujourd'hui ?

Il se trouve qu'au même moment les deux génies de la comédie musicale, Andrew Lloyd Weber et son librettiste Tim Rice, ont écrit un opéra rock, *Jesus Christ Superstar*, très librement adapté du récit biblique des derniers jours de la vie du Messie tels que vus par les yeux de Judas Iscariote. L'œuvre est d'abord enregistrée en disque, avec notamment Ian Gillian, de Deep Purple, en Jésus et Murray Head en Judas sur le 33 tours qui paraît aux États-Unis au printemps 1971.

La frilosité des théâtres new-yorkais face aux froncements de sourcil des multiples dénominations chrétiennes américaines fait de l'adaptation de l'œuvre à la scène un feuilleton à épisodes dans lequel les défenseurs de la liberté d'expression soutiennent par principe un *Jesus Christ Superstar* dont les anachronismes et les allusions à l'époque contemporaine ont un attrait ouvertement politique. Aussi des amateurs montent-ils des versions « pirates » de la comédie musicale partout dans le pays au cours du printemps et de l'été. Le *musical* est officiellement créé à Broadway en octobre 1971 alors que les chansons de l'album s'entendent abondamment sur les ondes françaises depuis des mois. Ce sera un succès historique. Entre-temps, le 17 mai, dans un théâtre « off Broadway », a été créé *Godspell*, relecture hippie de la vie et de la prédication du Christ. Cette seconde comédie musicale christique restera six ans à l'affiche !

Godspell et *Jesus Christ Superstar* sont tous deux achetés par les producteurs de la version française de *Hair*, qui a connu scandale et triomphe à Paris depuis mai 1969. En janvier 1972, *Godspell* remplace *Hair* à l'affiche du théâtre de la Porte Saint-Martin, tandis que *Jésus-Christ superstar* est programmé à partir de la mi-avril au théâtre de Chaillot. Les chansons des deux œuvres ont toutes été adaptées par le prolifique Pierre Delanoë.

La comédie musicale *Jésus-Christ superstar*, outre l'album de la version originale en anglais, suscite deux disques en français : chez Philips, l'enregistrement par la troupe du spectacle et, chez Barclay, les mêmes chansons interprétées par des vedettes comme Eddy Mitchell, Nino Ferrer, Nicoletta, Dave, Joël Daydé ou Marcel Zanini…

On entend alors beaucoup parler de Jésus dans la variété, comme chez les Poppys, chœur pop de préadolescents qui chantent à pleine voix *Jésus révolution*. Et, par un phénomène classique de tautologie commerciale, cet engouement suscite des chansons sur l'engouement lui-même, comme l'étonnant *Jésus kitsch*, chanté par Dalida. Les paroles évoquent notamment l'attribution du prix Goncourt aux Évangiles et le refrain proclame dans des couleurs vivement pop : « Jésus kitsch, Jésus kitsch, oh Jésus/Tout est consommé/Jésus barbe et cheveux longs/Jésus lumière au néon/Il est né le dernier enfant de la consommation. »

De la même manière, *Tout le monde il est beau, tout le monde il est gentil* est à la fois au cœur et en marge de cette mode. Le film dénonce les délires d'un catholicisme « moderne », mais aussi des travers plus intemporels de la religion : Jean Yanne montre une confession en direct à l'antenne de Radio-Plus, fait entendre diverses positions modernistes ou traditionalistes caricaturales, représente les nouveaux marchands du Temple…

Les premiers échos paraissant dans la presse sur *Tout le monde il est beau, tout le monde il est gentil*, peu avant le tournage, évoquent explicitement une parabole moderne, la destinée du héros suivant aussi scrupuleusement que possible celle du Christ, mais sans jamais le citer directement. Gérard Sire, qui anime deux heures d'émission chaque après-midi à France Inter, récuse même à l'avance toute intention sacrilège : « Je suis catholique pratiquant, déclare-t-il à *Paris Jour*. Et, à ce titre, j'espère réveiller les consciences sur les erreurs de certains prêtres qui politicaillent, introduisent la pop'musique [*sic*] dans les églises et défraient la chronique par leur mariage. »

Si le film est une fable, ce n'est pas un conte. Beaucoup d'éléments du scénario visent à dévoiler des réalités de la radio commerciale que le grand public ignore. Pour cela, les studios de Radio-Plus sont équipés de matériel en état de marche. L'ambiance sonore de la station est celle d'une vraie radio dont les bureaux et les couloirs sont baignés par « l'antenne » – variétés, émissions et actualités écrites par Jean Yanne et Gérard Sire.

Les studios et les cabines techniques que l'on voit à l'écran fonctionnent réellement et le réalisateur est fier d'expliquer que le décor et le matériel ont coûté « 45 millions » (environ 413 000 euros) et qu'il suffirait de brancher Radio-Plus sur un émetteur pour bousculer le paysage radiophonique français – pure hypothèse d'école, une dizaine d'années avant la libéralisation des ondes sous la présidence de François Mitterrand.

Si les murs sont ornés de portraits d'un Jésus très pop, l'ameublement et l'aménagement de la station ressemblent à s'y méprendre à ceux d'Europe 1 et RTL. Ainsi, dans le bureau de la programmation musicale aux murs couverts de rayonnages de disques, on voit fugitivement des pochettes de 33 tours bien réels, comme celle de *La Solitude*, de Léo Ferré.

Malgré cette précision dans la représentation de la vie d'une radio, le scénariste, réalisateur et acteur Jean Yanne prend des libertés avec un quotidien que connaît pourtant parfaitement l'homme de radio Jean Yanne : il montre Gerber déboulant par surprise sur le plateau d'une émission ou du journal pour y mettre son grain de sel, et oublie parfois ses réflexes de studio en parlant à la cantonade à plusieurs mètres du micro…

Cela correspond bien à son personnage : dans *Tout le monde il est beau, tout le monde il est gentil*, Jean Yanne se donne l'emploi qui sera à peu de chose près celui qu'il jouera dans tous ses films. Il devient une sorte de justicier narquois, un redresseur de torts dubitatif, un Don Quichotte doué de quant-à-soi. Il chevauche les grands principes sans grands mouvements de cape et de chapeau à plumes, il venge l'honnêteté et la liberté bafouées avec les gestes et les mots de tous les jours, il sabre le mal sans rechercher d'autre panache que celui du bon mot et de l'insolence de bistrot. Il renverse une figure classique de la culture populaire française, pourtant omniprésente dans les histoires d'almanachs et les complaintes de l'Ancien Régime comme dans les bandes dessinées et les films d'espionnage des années 1960 : il est certes le héros, mais en même temps l'antihéros. S'il accomplit les mêmes prodiges que des héros surhumains, c'est en parlant comme tout un chacun. C'est Planchet remplaçant d'Artagnan.

Thulle. – Alors vous acceptez ?
Gerber. – Si vous me garantissez toute liberté.
– Il faudrait d'abord s'entendre sur le sens du mot « liberté ».
– C'est un terme qui par définition n'admet aucune restriction.
– OK, je prends le risque.
Dialogue entre le président Thulle (Bernard Blier) et Christian Gerber (Jean Yanne) dans *Tout le monde il est beau, tout le monde il est gentil.*

Quand il résiste au directeur de la station, quand il se bat contre les annonceurs, quand il affronte le président Thulle, propriétaire de Radio-Plus, son personnage de Christian Gerber ne parle guère une autre langue que celle d'un quidam se tenant au bout du bar. Partout ailleurs, sauf en quelques occasions à peine solennelles, c'est la gouaille qui prend le dessus avec beaucoup d'« ah les cons ! » et de « c'est de la merde ! » Le parler dru et vif de l'enfant des Lilas recuit par des années de cabaret et d'audiovisuel… Le même personnage agira et s'exprimera, avec quelques retouches de détail, dans tous les films qu'il signera comme réalisateur – *Moi y'en a vouloir des sous, Les Chinois à Paris, Chobizenesse, Je te tiens, tu me tiens par la barbichette, Deux heures moins le quart avant Jésus-Christ* et *Liberté, égalité, choucroute.* Il parlera avec plus ou moins de verdeur selon le film, mais il s'agira toujours du même personnage de Zorro sceptique.

Être sceptique ne l'empêche pas d'être un Zorro. Jean Yanne ne sera pas un cinéaste militant comme les années 1970 en voient s'exprimer par bataillons, de Costa-Gavras à Yves Boisset. Il va aborder néanmoins beaucoup de thématiques en vogue dans le cinéma de son temps : la soumission de la société aux impératifs du profit financier, la rapacité et la veulerie du patronat, les ambiguïtés des syndicats dans leur prétendue opposition au capitalisme, la collusion généralisée qui se dissimule derrière les conflits entre forces politiques…

Une fois, une seule fois, Gerber lâche ce qui pourrait sembler être une pétition de principe empesée de grandes idées, sinon de très grands mots. C'est le morceau de bravoure du film, et peut-être la seule tirade écrite dès la première version du scénario. Elle exprime le credo du Jean Yanne artiste de radio et de cabaret.

À ce moment de l'intrigue, las des bondieuseries de Radio-Plus, Gerber a enregistré une série de messages publicitaires dont l'outrance provocatrice est inadmissible pour Plantier, le directeur de la station. Quand celui-ci entre furieux dans le studio pour lui signifier son renvoi immédiat, le journaliste demande au technicien de lancer à l'antenne une bande préenregistrée. Il s'agit d'une déclaration écrite en alexandrins, qui brode sur la différence entre la grossièreté que Plantier reproche à Gerber et la vulgarité qui, selon Gerber, caractérise le comportement de Plantier. Spectateurs et critiques retiendront évidemment l'incipit de la tirade (« Plantier vous êtes con, vous me trouvez grossier/Et moi mon cher ami, je vous trouve vulgaire »), mais aussi la démolition des mœurs radiophoniques

– horoscope, courrier du cœur, bons sentiments… C'est une scène de comédie dans laquelle Jean Yanne résume et explique les intentions de *Tout le monde il est beau, tout le monde il est gentil*. Il dira à un journaliste de *L'Express* qui lui demande s'il est méchant : « J'aurais pu l'être dix fois plus. Faire sur les mœurs de la radio un film abominable. Montrer les gosses de seize ans paumées par les émissions style Ménie Grégoire, les scandales de la programmation, la farce des soirs d'élection. J'y ai renoncé. Je voulais faire rire. » C'est en voix off qu'on l'entend dire son fait à Plantier et, par-delà, à ses anciens employeurs des radios périphériques.

« Plantier vous êtes con, vous me trouvez grossier
Et moi mon cher ami, je vous trouve vulgaire.
Vous ne comprenez pas, je vais vous expliquer.
Dire "merde" ou "mon cul" c'est seulement grossier
Maintenant voyons tout ce qui est vulgaire.
Prendre une voix feutrée et, sur un ton larvaire,
Vendre avec slogans, aux bons cons d'auditeurs
Les signes du zodiaque ou le courrier du cœur
Connaissant son effet sur les foules passives
Faire appel à Jésus pour vendre sa lessive
Employer les plus bas et les plus vils moyens
Faire des émissions sur les vieux, sur la faim,
Sur le cancer, enfin, jouer sur le sentiment
Afin de mieux fourguer vos désodorisants.
Tout cela, c'est vulgaire, ça pue, ça intoxique
Mais cela fait partie du jeu radiophonique
Vendre la merde oui, mais sans dire un gros mot
Tout le monde est gentil et tout le monde est beau…
Mais là, pauvre Plantier, vous ne pouvez comprendre
Et dans un tel combat je ne puis que me rendre !
Alors, Plantier, salut, je préfère me taire.
Je crains en continuant de devenir vulgaire. »
Tirade de la démission de Christian Gerber (Jean Yanne) dans *Tout le monde il est beau, tout le monde il est gentil.*

Radio-Plus dirigée par Gerber dit la vérité, toute la vérité. On soumet un homme politique à une piqûre de sérum de vérité, on décide de tester tous les produits avant d'accepter les campagnes publicitaires les concernant, on refuse la bienséance des nécrologies hypocrites lorsque meurt un ancien ministre particulièrement antipathique… Cette utopie en actes amène à la station une audience plus spectaculaire que jamais, mais finit par agacer le propriétaire, qui fomente un attentat contre Gerber. Or celui-ci n'en peut déjà plus, puisque ses camarades ont profité d'une rumeur pour lancer une nouvelle campagne sur les ondes : Christian Gerber guérit les paralytiques !

Après l'échec de l'attentat à la bombe qui aurait dû le tuer, le journaliste est convoqué chez le président Thulle. Il se fait tancer : « Vous vous êtes pris pour le Jésus des temps modernes. Mais n'est pas le Messie qui veut. » Gerber prend son chèque, non sans avoir, discrètement, joué un dernier tour pendable à Thulle. En sortant, il croise Mme Thulle, qui lui propose de s'enfuir à deux. Il refuse et, cheminant seul sur le trottoir, passe au pied d'un calvaire. Une voix tombe de la statue du Christ en croix : « C'est dur, hein ? » Il répond : « C'est très dur. »

La puissance sacrilège de certaines images et paroles du film éclipsera forcément cette image finale, qui rappelle aux spectateurs les dialogues constants de Fernandel et d'un Christ de bois dans le cycle des *Don Camillo.* À cette image, Jean Yanne donne un sens précis : il est convaincu que Jésus aurait plus de motifs de colère dans la France censément catholique des années 1970 que, de son vivant, dans la Palestine romaine. D'ailleurs, est-ce seulement une plaisanterie de représenter Gerber, directeur de Radio-Plus, entouré de ses collaborateurs comme le Christ et ses apôtres dans la célèbre fresque de la Cène de Léonard de Vinci ? Jean Yanne endosse volontiers cette parenté dans le propos comme dans la destinée – la dénonciation radicale des maux de son temps, la trahison de Judas et le rejet de la société. Au cours de la promotion de *Tout le monde il est beau, tout le monde il est gentil*, lorsqu'il ne parle pas de la consommation qui est faite de Jésus par la mode ou du rejet que lui inspire l'Église catholique, il se laissera çà et là aller à quelques confidences inattendues, comme lorsqu'il déclare à *L'Express* : « Jésus je l'aime, c'est le type le plus exploité de tous les temps. »

19. – « Le bruit des matraques sur les crânes intelligents »

(*Tout le monde il est beau, tout le monde il est gentil*, 1972)

Le tournage de *Tout le monde il est beau, tout le monde il est gentil* commence le 10 janvier 1972. Pour sa première réalisation, Jean Yanne ne prend pas d'énormes risques avec le casting et ne choisit que des acteurs en qui il a pleine confiance, soit en raison de leurs liens d'amitié, soit qu'ils l'aient impressionné lorsqu'ils se sont croisés sur des plateaux de tournage. Dans cette dernière catégorie, on compte notamment Bernard Blier, dont le nom va suivre immédiatement celui de Jean Yanne au générique.

Remarqué comme acteur populaire dès *Hôtel du Nord*, de Marcel Carné, en 1938, le brave homme tout rond qui joue des rôles de méchant atteint des sommets de popularité grâce aux *Tontons flingueurs*, de Georges Lautner, ou au *Grand Restaurant*, avec Louis de Funès. Pour Jean Yanne, il incarne une sorte d'idéal d'acteur de cinéma, extrêmement professionnel et précis dans son jeu tout en affichant une distance et une décontraction uniques. Sur un tournage, Bernard Blier peut s'endormir dans son fauteuil entre deux prises, et en cela Jean Yanne reconnaît un frère – un grand frère. Il sera donc le président Thulle, propriétaire de Radio-Plus.

Son épouse à l'écran est le seul rôle pour lequel Jean Yanne fait appel à une actrice qui n'appartient à aucun de ses cercles affectifs, Marina Vlady. Elle se souvient aujourd'hui avoir été « très surprise qu'il me propose de faire un film. Il cherchait quelqu'un pour porter la zibeline. Mon rôle était celui d'une grande bourgeoise très représentative, une grande belle femme avec de longs cheveux blonds et de beaux bijoux (ils étaient vrais, d'ailleurs, et j'avais un garde du corps pour certaines scènes). Mon personnage était une femme très soumise à l'argent, une femme dans le pire sens du terme ».

Michel Serrault est le copain Jolin, viré quelques années plus tôt de Radio-Plus et recyclé dans le théâtre subventionné d'avant-garde. Jacques François incarne Plantier, le directeur de Radio-Plus. Jacqueline Danno campe son épouse, comédienne exaltée voire hystérique. Ginette Garcin est la scripte qui finit par pousser la chansonnette. Et on va voir, dans les couloirs et studios de Radio-Plus, Daniel Prévost (en odieux personnage d'animateur opportuniste et faux-cul), Jean-Roger Caussimon, Jean-Marie Proslier, les Frères ennemis… Et Gérard Sire ne peut résister au plaisir de jouer le vieux copain de Gerber qui, en poste à l'ORTF, l'éconduit avec chaleur quand il cherche du travail. On entrevoit même Jean-Pierre Rassam dans une boîte de nuit…

Le chef opérateur de *Tout le monde il est beau, tout le monde il est gentil* est Jean Boffety, chaleureusement recommandé à Jean Yanne par plusieurs amis et rencontré sur *Le Saut de l'ange*, et avec qui il tournera encore *Moi y'en a vouloir des sous* et *Les Chinois à Paris*. L'équipe technique est constituée avec une double exigence de compétence et de calme. Et, de fait, tous les témoins évoquent un plateau très serein. Marina Vlady garde par exemple le souvenir « d'un homme du métier qui n'a aucun problème et aucune hésitation, même si c'est son premier film comme réalisateur. » Au cours du tournage, l'actrice perd sa mère et se sent vraiment soutenue et entourée par Jean Yanne et son équipe.

Maurice Risch, que Jean Yanne a connu sur le tournage de *Nous ne vieillirons pas ensemble*, et qui incarne un membre de la rédaction de Radio-Plus, nous a confié avoir le souvenir d'un réalisateur qui « écrit tout en tournant. Il travaille à l'inspiration et on sent bien que, même quand il joue dans une scène, il a toujours le regard du réalisateur, mais aussi de l'auteur. En jouant, il est très ouvert à ce que l'on propose, il est prêt à modifier son scénario sur le plateau ».

* * *

Réaliser un film permet à Jean Yanne de faire appel à des copains ou à des artistes qu'il aime. Ainsi, il va commander les musiques de *Tout le monde il est beau, tout le monde il est gentil* à Michel Magne. Les deux hommes se sont rencontrés en 1962, lorsque Francis Blanche les avait invités l'un et l'autre pour une « carte blanche » à la radio. Aujourd'hui considéré comme un des plus grands compositeurs de l'histoire du cinéma français, celui-ci a presque quarante-deux ans quand il commence à travailler avec Jean Yanne.

On a commencé à parler de lui dans les années 1950, quand il incarne la pointe la plus extrémiste de la musique contemporaine en France. Au printemps 1955, son concert au Palais de Chaillot avec cent dix instrumentistes et deux cents choristes fait scandale : les discours de Hitler diffusés à l'envers suivis de bruits de chasse d'eau ou sa *Secousse sismique n° 2773 ter* sont vomis par la critique. Son ami Boris Vian le console. Mais il devient un personnage pittoresque et puissant de la musique, un pied dans l'innovation et la provocation, un autre dans la séduction et l'efficacité commerciale. Il accompagne Henri Salvador, compose des chansons pour Juliette Gréco sur des textes de Françoise Sagan, qu'il enregistre en se faisant aider par un copain de régiment, qui jouait du trombone et de la grosse caisse quand lui-même était timbalier dans une fanfare militaire, Claude Bolling... Au début des années 1960, Magne devient une référence de la musique de film en France : la série des *Angélique*, *Les Tontons flingueurs* ou *Les Barbouzes* de Georges Lautner, des *OSS 117* et les *Fantômas* d'André Hunebelle... C'est aussi un entrepreneur hors normes, qui crée au château d'Hérouville, dans le Val-d'Oise, le studio le plus moderne et luxueux d'Europe, et où enregistreront, entre autres, David Bowie, Elton John, Cat Stevens, Michel Polnareff, The Grateful Dead ou Jacques Higelin...

Magne et Yanne n'ont jamais formellement travaillé ensemble et le compositeur est forcément enthousiasmé par les intentions du nouveau réalisateur. Ayant déjà écrit des centaines de chansons et beaucoup chanté lui-même, Jean Yanne est convaincu que la musique de cinéma ne doit pas être un adjuvant sonore à une narration qui serait tout entière portée par l'image et le dialogue.

Alors il va semer son film d'interventions chantées. Il en parle longuement avec Michel Magne. Les deux hommes se retrouvent régulièrement à Hérouville, échangeant des idées autour du piano. Même la musique instrumentale devra avoir une fonction narrative, les chansons venant empiéter sur tous les mouvements de caméra qu'emploie en général un réalisateur pour balayer ses décors, suivre un personnage dans la rue ou faire sentir une ambiance…

La musique doit avoir la même qualité d'ironie que l'image et Michel Magne va multiplier les pastiches et les à-la-manière-de tout au long de l'intrigue. Ainsi, le gauchisme va se danser avec un refrain latino-américain allègre (« Ô Che, ô Che, ô Che, ô Che, Marx ou Lénine/Ô Che, ô Che, ô Che, ô Che, Fidel ou Mao ») et la publicité la plus vulgaire employer des séductions poétiques rusées (dans *Symphonie pour odeur et lumière*)…

Mais le morceau de bravoure pour Michel Magne est toute la panoplie des musiques liturgiques ou christophiles : une chanteuse blonde mime le rock *Jésus rends-moi Johnny* sur la voix d'Anne Germain, on entend un blues chanté par Lumba N'Dongo, *Jésus San Francisco*, Jean Yanne enregistre *Alléluia garanti*, qui s'amuse d'épisodes des Évangiles… Ginette Garcin chante un tango à la gloire de Jésus et Anne Germain une chanson parigote à l'ancienne, *Jésus java*, qui paraîtront l'un et l'autre en 45 tours pour accompagner la sortie du film.

Il faut aussi composer de la musique liturgique moderne pour une sorte de messe pop et Michel Magne réalise même, au passage, une *private joke* présentée au public en écrivant la *Symphonie Ciné Qua Non*, qui, dans le film, va devenir un tube par le seul caprice de l'épouse du propriétaire de Radio-Plus, allusion transparente au succès du *Concerto pour une voix*, de Saint-Preux, énorme tube de musique similiclassique de l'année 1970 qui exaspère beaucoup de « vrais » musiciens classiques en France…

« Jésus-Christ dit aux apôtres
Suivez-moi, marchez sur l'eau
Sans se mouiller les uns, les autres
Les voilà qui suivent aussitôt
Jésus-Christ a donc c'est comique
Inventé le ski nautique
Alléluia ! Alléluia ! »
Premier couplet d'*Alléluia garanti*, paroles de Jean Yanne et musique de Michel Magne, chanté par Jean Yanne.

« Les solitaires, les déracinés
Les traîne-misère, les abandonnés
Les laissés-pour-compte, tous les morts de honte
Ceux qu'ont plus rien à espérer
Les pauvres hères, les désorientés
Les Black Panthers, les traumatisés
Ceux qu'la vie dégoûte
Il faut qu'ils m'écoutent
C'est Jésus qu'il leur faut aimer. »
Extrait de *Jésus java*, paroles de Jean Yanne et musique de Michel Magne, chanté par Anne Germain.

« Dans les bras de Jésus
Maintenant tous les jours je danse
Et désormais mon existence
Vaut la peine d'être vécue
Dans les bras de Jésus
Maintenant tous les jours je chante
Pour moi la vie n'est plus méchante
Et de joie je suis éperdue
Dans les bras de Jésus. »
Extrait de *Jésus tango*, paroles de Jean Yanne et musique de Michel Magne, chanté par Ginette Garcin.

Aimant travailler dans des couleurs instrumentales et orchestrales très variées, Michel Magne est servi avec *Tout le monde il est beau, tout le monde il est gentil.* Il a même l'occasion de composer *Chanson bête et stupide,* parangon de vacuité que l'on entend au cours d'une scène assassine sur les rapports du show-business et des radios périphériques – « Les cheveux de mon amour/S'envolent, volent dans le vent/Et les bras de mon amour/Me bercent, bercent tendrement », avec beaucoup de « la la la » pour remplir...

Potache et méticuleux à la fois, Magne va signer là un de ses chefs-d'œuvre pour le cinéma, et aussi un de ses plus beaux succès discographiques. Il apparaît aussi brièvement à l'écran – « Une figuration intelligente », lui dit son ami – dans une scène de folie dans les locaux de Radio-Plus.

* * *

À l'époque, la plupart des affiches des grandes productions françaises sont réalisées par René Ferracci, génie travaillant à la chaîne, qui en signera plus de trois mille. Après avoir dominé le marché avec des affiches à la gouache sur fond noir, il est passé depuis quelques années au photomontage, technique qui va tout à fait dans le sens de la vedettisation du cinéma français. Ferracci est l'affichiste de la majorité des films français, mais Jean Yanne a trois raisons de ne pas faire appel à lui : il n'a pas particulièrement envie de voir son visage sur les murs de Paris, il pense que l'affiche de Wolinski a beaucoup fait pour le succès d'*Érotissimo,* il veut que ce soit son copain Tito Topin qui la réalise.

Jean-Pierre Rassam n'a évidemment aucune opposition à ce que Jean Yanne demande l'affiche de *Tout le monde il est beau, tout le monde il est gentil* au dessinateur de *La langouste ne passera pas.* Le film est à peine commencé que les deux complices cogitent déjà à son affiche, notamment parce que la promotion auprès des professionnels commencera des mois avant sa sortie. Le réalisateur griffonne une idée sommaire : deux jambes nues de femme se dressant en V de part et d'autre d'une tiare papale se dressant au-dessus de son entrejambe. Le dessinateur réalise une maquette très poussée à partir du dessin de son ami. « C'était une horreur qui jamais ne pourrait passer aujourd'hui, se souvient-il. Nous ne pensions pas au scandale que cela aurait pu provoquer de montrer le pape qui boulotte une fille : avec Yanne, tout était permis, il n'avait pas de limite. L'idée de l'affiche finale est venue, finalement, parce que Yanne ne savait pas comment terminer son film. »

Car, alors qu'il en achève le montage, le réalisateur trouve abrupte la fin du film après l'éclat de rire de Marina Vlady et le court dialogue avec le Christ en croix. Il a l'idée d'un petit film d'animation sur la chanson *Tout le monde il est beau, tout le monde il est gentil*, dont le spectateur a déjà entendu une partie de refrain lors du générique de début et à l'antenne de Radio-Plus. Peut-être a-t-il été impressionné par la puissance des chansons des Beatles illustrées en dessin animé dans *The Yellow Submarine*, sorti début 1969, et qui va susciter quelques autres adaptations pop sur le même médium. Par ailleurs, il connaît évidemment le travail d'animation de Tito Topin dans la publicité, comme pour Ajax WC ou Gaz de France. Le publiciste dispose d'une équipe avec des animateurs et des traceuses-gouacheuses. Aussitôt reçue la commande de son ami, il se lance dans une « charrette » de deux jours et deux nuits au cours desquelles il « crobarde » toutes les séquences qui vont coller au texte de la chanson dont, jusqu'à présent, le spectateur n'a entendu que le gimmick « Tout le monde il est beau, tout le monde il est gentil », qui clôt le refrain.

C'est Jean Yanne lui-même qui chante les couplets : « Quand les pavés volent/Comme de grands oiseaux gris/En plein dans la gueule/Des flics au regard surpris/Quand ça gay-lussacque/Lorsque partout l'on entend/Le bruit des matraques/Sur les crânes intelligents. » À l'image, Topin représente le CRS qui piétine le manifestant, les bombes au napalm tombant sur les Indochinois, le fedayin avec sa mitraillette à la hanche… Et, à chaque refrain apparaît la figure d'un Christ pop aux cheveux et à la barbe mauves, dans une tunique orange. Cette figure, parente visuellement de plusieurs représentations modernes de Jésus dans le film, sera l'affiche de *Tout le monde il est beau, tout le monde il est gentil.*

« Quand dans le ciel calme, l'avion par-dessus les toits
Verse son napalm sur le peuple indochinois
Quand c'est la fringale, lorsqu'en place d'aliment
Les feux du Bengale cuisent les petits enfants
Dans la douceur de la nuit, le ciel m'offre son abri
Et je pense à Jésus-Christ, celui qu'a dit :
Tout le monde il est beau, tout le monde il est gentil ! »
Deuxième couplet et refrain de la chanson *Tout le monde il est beau, tout le monde il est gentil*, paroles de Jean Yanne et musique de Michel Magne, chanté par Jean Yanne.

Curieusement, alors que Jean Yanne et Tito Topin s'amusent beaucoup de la vogue qui met des posters de couleurs vives sur tous les murs de France – des chambres d'adolescents aux bureaux des administrations –, personne n'a l'idée d'éditer les audacieuses créations originales visibles seulement dans les décors de Radio-Plus ou du Théâtre interurbain populaire. « Le marchandising n'existait pas encore », remarque le dessinateur. Mais ça va venir…

Le 45 tours de *Tout le monde il est beau, tout le monde il est gentil* et *Alléluia garanti* chantés par Jean Yanne est un joli succès. Sans monter très haut dans les hit-parades, la chanson du film est beaucoup diffusée en radio et devient, avec ses chœurs éclatants, un des chefs-d'œuvre de la pop du début des années 1970.

En revanche, l'adaptation en livre du scénario, signée de Gérard Sire et Jean Yanne, sort dans la collection « Filmothèque », créée quelques mois plus tôt par les éditions Seghers-Robert Laffont. *Tout le monde il est beau, tout le monde il est gentil* paraît peu après les livres de *Ça n'arrive qu'aux autres* de Nadine Trintignant, et *Églantine* de Jean-Claude Brialy. Outre tous les textes des chansons du film, le livre permet à Jean Yanne d'écrire noir sur blanc ce que pense Christian Gerber, qui s'exprime parfois implicitement à l'écran – moyen de régler leur compte aux dirigeants des radios, aux intellectuels ou d'affirmer qu'« il n'y a pas, sur la place de Paris, plus de vingt personnalités politiques, littéraires, artistiques, qui aient quelque chose à dire ; alors, les stations se les refilent par roulement et les pressent, chacune, comme un citron ». Mais il ne semble pas que la collection éditée par Seghers soit un grand succès : elle aura encore quelques parutions, jusqu'aux *Noces rouges* de Claude Chabrol et *Le Dernier Tango à Paris* de Bernardo Bertolucci, l'année suivante, avant de disparaître.

« Une station de radio est un foutoir où coexistent des dizaines, des centaines, voire des milliers d'individus dans la proportion – toujours constante – de deux tiers d'inutiles pour un tiers d'utiles. Ces individus se partagent quatre secteurs d'activité qui sont, dans l'ordre : l'administratif, le commercial, la technique et l'artistique. Il règne une incompatibilité fondamentale, donc une antipathie foncière, entre ces quatre secteurs, l'artistique supportant tout à la fois les incompétences de la technique, le laisser-aller du commercial et les exigences de l'administratif. Sans parler des mouvements d'humeur du public, bien qu'on se soucie, en vérité, assez peu de ce dernier, malgré les attentions qu'on affecte de lui prodiguer continuellement. La politique démagogique des stations de radiodiffusion n'est, en effet, qu'apparente. Elle ne s'appuie jamais sur le goût réel et profond des auditeurs, en vertu du principe que ces derniers sont tous des cons. »
Extrait de *Tout le monde il est beau, tout le monde il est gentil*, livre de Gérard Sire et Jean Yanne, éditions Seghers-Laffont.

* * *

Les sorties de films n'ont pas lieu, alors, dans les combinaisons de plusieurs centaines d'écrans que l'on connaît aujourd'hui. *Tout le monde il est beau, tout le monde il est gentil* sort en exclusivité dans douze salles parisiennes, contre quinze pour *Nous ne vieillirons pas ensemble*. Ce ne sont pas les seules sorties importantes du mercredi 3 mai 1972 : le nouveau Claude Lelouch, *L'aventure c'est l'aventure*, est le troisième film d'une semaine stimulante pour les cinéphages, après quelques semaines de disette. En effet, il n'y a plus eu de gros événement depuis *Orange mécanique* de Stanley Kubrick, et *Il était une fois la révolution* de Sergio Leone, sortis en mars et en avril.

La semaine précédente est sorti *Tout va bien*, le film de Jean-Luc Godard et Jean-Pierre Gorin, première production d'importance menée de bout en bout par Jean-Pierre Rassam. Le film a pris plus de six mois de retard après que Jean-Luc Godard a été très grièvement blessé dans un accident de moto rue de Rennes, à Paris. Quand le tournage commence, Yves Montand et Jane Fonda sont désarçonnés par le tournant qu'il prend par rapport au script originel. Ce qui devait être une fiction de gauche est devenu une œuvre décousue, hérissée de «prises de parole» politiques et de passages documentaires. C'est au cours d'une terrible dispute avec Yves Montand, fou de rage d'être traité par le mépris par Godard, sur le plateau comme à l'image, que le cinéaste lance sa phrase bientôt légendaire : «Tu ne vas pas frapper un infirme suisse ?»

Toujours est-il que *Tout va bien* est un échec : 33 204 entrées pour la première semaine d'exclusivité dans dix salles parisiennes, 78 533 à l'issue des six semaines d'exclusivité. Rassam proclame qu'il se fiche de l'argent perdu et que le plus important est d'être désormais le producteur de Godard, mais il doit quand même redresser la barre financièrement.

Donc, début mai, le Tout-Paris du cinéma s'intéresse à un match à trois entre Lelouch, Pialat et Yanne. Mais ce dernier ne pense qu'à la compétition avec *Nous ne vieillirons pas ensemble*. Dès le premier jour, il est ravi. Des fenêtres de Ciné Qua Non, au 33 avenue des Champs-Élysées, on voit à la fois la façade de l'Ambassade, cinéma installé au n° 50, presque en face, et le Colisée, au n° 38, un peu plus bas vers le rond-point. Jean Yanne et ses complices comparent les queues de spectateurs sur les trottoirs devant les deux salles. Pour le film de Pialat au Colisée, il y a beaucoup moins de monde qu'à l'Ambassade... Le score de première semaine le confirme : *Tout le monde il est beau, tout le monde il est gentil* a 123 859 spectateurs à Paris, suivi de *L'aventure c'est l'aventure* avec 107 974 spectateurs et *Nous ne vieillirons pas ensemble* avec 89 794 spectateurs. Mieux encore, Jean Yanne écrase également Maurice Pialat au taux de remplissage : au Saint-Germain-Huchette, 70,1 % des tickets disponibles pour *Tout le monde il est beau, tout le monde il est gentil* ont été vendus contre 62 % pour *Nous ne vieillirons pas ensemble* au Colisée.

Chaque semaine, Jean Yanne va se délecter des tableaux de chiffres du *Film français*, l'hebdomadaire corporatif du cinéma. Le remplissage du Saint-Germain-Huchette monte à 83,7 % en deuxième semaine d'exploitation de *Tout le monde il est beau, tout le monde il est gentil*, ce qui le console de perdre la première place des fréquentations face à *L'aventure c'est l'aventure*. En troisième semaine, son film attire 128 301 spectateurs – mieux que la semaine de sa sortie. En quatrième semaine, son film est toujours premier avec 101 879 spectateurs et *Nous ne vieillirons pas ensemble* dévisse jusqu'à la cinquième place avec 42 394 spectateurs, repoussé par deux nouvelles sorties, *Frenzy* d'Alfred Hitchcock, et *Les Feux de la Chandeleur* de Serge Korber. Yanne suit avec non moins de délectation la litanie des sorties en province, ville par ville, puisque l'on n'organise pas encore de sorties nationales : il prend la première place à Lyon au cours de la semaine du 17 mai, à Bordeaux, Nancy, Nice et Lille la semaine du 24 mai... Avec le dernier *Film français* de l'année, nouvelle fierté : *Tout le monde il est beau, tout le monde il est gentil* est en tête du classement des films sortis depuis le 1er janvier 1972, avec 1 118 563 entrées en quatorze semaines d'exclusivité parisienne. Mais la joie de Jean Yanne est aux dépens du seul Maurice Pialat : avec 427 825 entrées en douze semaines d'exclusivité, *Nous ne vieillirons pas ensemble* remplit aussi les caisses de Jean-Pierre Rassam et change la vie du réalisateur, désormais considéré avec respect par la profession.

Mais revenons à mai 1972, à la sortie de *Tout le monde il est beau, tout le monde il est gentil*. Dans chaque radio périphérique, on fait le compte des ressemblances et des dissemblances. Le studio de Radio-Plus ressemble à s'y méprendre au studio du « Journal inattendu» de RTL, mais telle régie est la copie conforme d'une régie d'Europe 1. Telle phrase de Plantier dans le film ressemble à une phrase de Maurice Siegel, telle autre à une phrase de Jean Farran… Comme Jean Yanne a fréquenté les deux maisons, on feint de croire à Europe 1 que le film vise surtout RTL, et à RTL qu'il s'inspire directement d'Europe 1. En tout cas, si les hiérarques de la rue Bayard sont blessés, ils ne sont pas rancuniers : peu après la sortie du film, une campagne de publicité de RTL proclame «Tout le monde il sait tout, tout le monde il écoute RTL».

Quant au regard de la presse sur *Tout le monde il est beau, tout le monde il est gentil*, Jean Yanne a pour lui de n'être pas un nouveau cinéaste ordinaire, puisqu'il est déjà célèbre. La plupart des critiques ne jugent pas *Tout le monde il est beau, tout le monde il est gentil* seulement pour ses qualités, mais aussi pour la manière dont le film est – ou non – conforme à l'idée que les journalistes de cinéma se font du personnage. Ainsi, Henry Chapier, qui, dans les colonnes du quotidien *Combat*, compte parmi les critiques les plus exigeants du moment, estime que le film révèle «un homme que son succès n'a pas muselé, et qui souhaite rester fidèle à sa rage et à son humour d'autrefois. Il faut au moins savoir respecter cet élan, sans hésiter à prendre plaisir à ce divertissement.»

C'est ce que font, dans l'ensemble, les critiques de la presse écrite. Ils s'amusent de la violence du «règlement de comptes» de Jean Yanne avec ses anciens employeurs de la radio commerciale et ils saluent la performance cabaretière du réalisateur et de sa distribution. Le quotidien catholique *La Croix* résume bien l'appréciation générale sur la méthode : «Sous prétexte de dénoncer, Yanne se défoule, sous prétexte de faire semblant d'en rajouter, il en rajoute sans faire semblant.» Bien sûr, il se trouve des journaux pour faire la fine bouche, comme *L'Aurore*, qui déplore «quelques redites qui auraient tendance à alourdir le propos. […] Il s'est laissé aller à la caricature alors que j'attendais de lui de l'humour».

Yanne entame aussi une longue chronique d'incompréhensions avec une certaine presse de gauche, incompréhensions dont il va régulièrement se délecter. Dans l'hebdomadaire communiste *L'Humanité dimanche*, le sévère Samuel Lachize écrit : «Jean Yanne, malheureusement, est un rêveur, un doux anar qui ne comprend rien aux problèmes politiques. […] Il va loin, très loin, et se heurte aux murs. Le rire, le rire seul ne résout rien. Mais Yanne est le seul, en France, à pousser le rire jusqu'à ce point, en touchant aux tabous. Avec un petit poil de conscience en plus, son film frisait le chef-d'œuvre, comme nous en donnent, parfois, les cinéastes américains et italiens. »

Et, du côté de la sensibilité « catho de gauche », *Télérama* remarque que l'« idée d'un christianisme enfantin, bénisseur et bêlant, est à l'arrière-plan du film. Avec une certaine nostalgie peut-être, comme celle qu'on éprouve pour les souvenirs d'enfance. En contraste, la réalité telle que la voit Jean Yanne : de nombreux crocodiles assez ignobles pataugeant dans le même marécage ».

S'il n'est pas reconnu comme un grand réalisateur pour cinéphiles engagés, Yanne est au moins reconnu comme réalisateur – et c'est le principal ! On ne lui dénie pas d'avoir voix au chapitre et de vouloir faire entendre son message singulier dans le paysage déjà densément peuplé du cinéma français. Même s'il dit haut et fort « se foutre éperdument » des critiques, cet assentiment de principe ne peut lui être indifférent.

Il lui importe manifestement plus qu'une récompense qui va lui échoir à son corps défendant et qui aurait comblé tout autre acteur que lui : le Festival de Cannes va lui décerner son prix d'interprétation masculine pour *Nous ne vieillirons pas ensemble*. Le film de Maurice Pialat est projeté le mardi 9 mai, alors que l'on sait déjà qu'il a été battu au box-office par la première réalisation de son acteur principal. Mais la Croisette vit selon son propre calendrier et sa propre météorologie. *Nous ne vieillirons pas ensemble* fait partie de l'imposante sélection française avec *Les Feux de la Chandeleur* de Serge Korber, et *Chère Louise* de Philippe de Broca, en compétition, alors que *L'aventure c'est l'aventure* de Claude Lelouch et *Johnny Days* de François Reichenbach sont projetés hors compétition.

Pialat commence là sa complexe histoire d'amour-haine avec le Festival de Cannes. Au journaliste du *Monde* qui lui demande s'il est satisfait que son film soit sélectionné, il répond « non ». *Nous ne vieillirons pas ensemble* compte parmi les quelques films qui échappent au tir de barrage de la critique, qui clame que jamais la sélection du festival n'a été aussi médiocre. Et, comme par compensation, le film bénéficie d'une critique volontiers sans nuance.

L'Aurore s'enthousiasme : « Nous sommes quelques-uns à penser que ce film est le meilleur film français depuis… depuis combien de temps ? Depuis Renoir peut-être. » *Variety*, le magazine du cinéma basé à Los Angeles, et qui décerne parcimonieusement ses satisfecit au cinéma européen, parle d'« un film extraordinaire ». *La Croix* s'interroge : « Est-il beau, est-il bon ? On n'a même pas envie de se poser la question tant sa vertu essentielle est de semer le vrai. Il se raconte comme la vie, à cru, à chaud, à coup de gueule, de poing, de cœur, hésitants, balbutiants, gauches. »

On trouve Jean Yanne « remarquable de présence, de sobriété, de naturel » dans *Le Parisien libéré* ou « ahurissant » dans *Le Canard enchaîné*, *France-Soir* lance qu'« on ne peut imaginer un autre acteur à sa place »… *Le Soir* de Bruxelles affirme : « Le coup de génie de Pialat, c'est d'avoir choisi pour incarner les amants las des archétypes : Jean Yanne, le bon gros chien, le Gabin de l'an 2000, et Marlène Jobert, quintessence de la petite Française qui lit *Elle*, qui a la pilule mais aussi un cœur. » L'actrice n'a pas le plaisir d'arriver au Palais des festivals en compagnie de son réalisateur. Pialat apparait au bras de son épouse légitime et c'est le réalisateur Sergio Leone qui est le cavalier de l'actrice. Pendant quelques jours, celle-ci connaît l'enivrement trompeur de la rumeur cannoise, qui lui promet le prix d'interprétation féminine, qui ira finalement à Susannah York pour *Images* de Robert Altman.

Toute la presse sait qu'il y a eu de terribles tensions entre Yanne et Pialat sur le tournage. Quelques semaines avant la sortie de *Nous ne vieillirons pas ensemble*, Maurice Pialat s'en ouvre à demi-mot : « Jean Yanne avait aimé le scénario. En revanche, je crois que le film l'inquiète un peu. Il ne croyait pas son personnage si mufle, si égoïste. Il a peur que cela nuise à son image de marque, car il a joué tellement vrai que l'on risque de le confondre avec son rôle. » Toute la presse évoque les tensions entre les deux hommes, et Pialat élude autant qu'il peut. À *France-Soir*, par exemple, il explique que Yanne était désarçonné par ses méthodes de tournage : « Je suis sans doute encore un peintre qui peint en bas et à droite de son tableau, puis qui passe soudain en haut et à gauche, ou au milieu. »

Jean Yanne évite toutes les obligations conventionnelles à Cannes. Ses relations avec Maurice Pialat ne se sont pas améliorées depuis la fin du tournage et il n'est pas question pour lui d'accompagner le réalisateur honni dans le maelström des conférences de presse, séances de photos et projections du film. Pour ne pas avoir ni à servir la soupe à Pialat, ni à torpiller une production de Rassam, il s'abstient radicalement : il n'assiste pas à la projection et, le jour de la clôture du festival et de la proclamation des résultats, il part en Israël avec Nicole Calfan, pour des vacances déguisées en repérages pour un projet nébuleux... Il évite ainsi toute situation embarrassante avec un des mille journalistes qui se pressent sur la Croisette. Mais il ne va pas tarder à régler ses comptes, non pas tant avec Pialat qu'avec le rôle que celui-ci lui a donné – ce qui ajoute à la cruauté de ses propos. Sa performance dans *Nous ne vieillirons pas ensemble* ? Il dira dans *L'Express* : « Faire bon, c'est à la portée de n'importe qui. C'est *vrai* qu'il faut être. [...] J'ai pas d'yeux. Quand je les baisse, j'ai l'air triste. Alors je les ai baissés tout le temps. »

Il a adressé un télégramme à Macha Méril : « Si ces charlots me donnent un prix, tu iras le chercher. » Le jury, présidé par le réalisateur Joseph Losey (et qui compte dans ses rangs Milos Forman, Alain Tanner, Bibi Andersson, Erskine Caldwell et Georges Auric), décerne le Grand Prix international (qui ne s'appellera « palme d'or » qu'à partir de 1975) à deux films italiens engagés, *L'Affaire Mattei* de Francesco Rosi, et *La classe ouvrière va au paradis* d'Elio Petri, suivis au palmarès par deux films du bloc socialiste, *Solaris* du Soviétique Andrei Tarkovski, Grand Prix spécial du jury, et *Psaume rouge* du Hongrois Miklos Jancso, prix de la mise en scène. Quand est annoncé le prix d'interprétation de Jean Yanne, on entend de vigoureux sifflets dans la salle. Le maître de cérémonie, Jean-Claude Brialy, hoche la tête et dit au micro à l'intention des protestataires : « Oui, oui, je le lui dirai. »

Jean Yanne rentre à Paris le 24 mai. Quelques jours plus tard, il raconte à *France-Soir* la manière dont, à Tel-Aviv, il a appris son couronnement cannois. Il met un peu de malignité à contrefaire la naïveté : « Dans mon courrier, il n'y a rien eu qui confirme le prix. Ça devrait arranger mes affaires, surtout pour les coproductions, à moins qu'un malin ne m'ait piqué ma médaille et qu'il se fasse passer pour Jean Yanne à l'étranger. En fait, je ne sais pas ce que je gagne, si c'est de l'argent, une breloque ou une statue de Samothrace. »

20. – Alléluia et « Internationale »

(*Moi y'en a vouloir des sous*, 1972-1973)

Jean Yanne s'est acheté une Mercedes 250 SL grenat dont l'avertisseur joue les premières notes du thème de *Tout le monde il est beau, tout le monde il est gentil.* Il a incontestablement le vent en poupe. Sa première réalisation a révélé un phénomène inattendu et jusqu'alors unique dans le cinéma français : cet acteur réputé a plus de succès en passant derrière la caméra qu'en jouant. La comparaison des scores de première exclusivité parisienne des films auxquels il a participé est édifiante : 58 424 entrées pour *Un drôle de colonel* de Jean Girault ; 69 784 pour *Week-end* de Jean-Luc Godard ; 145 587 pour *Le Saut de l'ange* d'Yves Boisset ; 203 843 pour *Que la bête meure* de Claude Chabrol ; 219 001 pour *Le Boucher* de Claude Chabrol ; 245 623 pour *Ces messieurs de la famille* de Raoul André ; 261 166 pour *Laisse aller c'est une valse* de Georges Lautner ; 282 802 pour *Êtes-vous fiancée à un marin grec ou à un pilote de ligne ?* de Jean Aurel ; 310 924 pour *Fantasia chez les ploucs* de Gérard Pirès ; 427 825 pour *Nous ne vieillirons pas ensemble* de Maurice Pialat ; 485 421 pour *Érotissimo* de Gérard Pirès, et 1 118 563 pour *Tout le monde il est beau, tout le monde il est gentil.* À lui seul, *Tout le monde il est beau, tout le monde il est gentil* a plus de spectateurs que les succès cumulés de Pialat et de Pirès ! Outre que la profession reconnaît le savoir-faire d'un nouveau réalisateur, elle constate qu'il est aussi celui qui sait tirer le meilleur parti commercial de son autre lui-même, cet acteur à la fois familier à tous les publics et couronné à Cannes pour sa performance d'interprète.

Puisque Jean Yanne et Gérard Sire pensent au cinéma depuis plusieurs années déjà, le nouveau réalisateur ne fait pas mystère de ce que serait son film suivant, *Les Sous*. Il expose ses intentions dans la presse en s'amusant à prophétiser les évolutions futures : « Sous peu, les radios et la tendance générale fleuriront sous le signe du capital. Des experts vous signaleront, à longueur de journée et d'antenne, comment en gagner puis comment le placer. Cela tari, on vous vendra la mort. Comment hiberner dans les plus belles conditions et comment vous réveiller dans un siècle, au milieu d'un monde meilleur. » Le synopsis de *Moi y'en a vouloir des sous* est de loin antérieur à *Tout le monde il est beau, tout le monde il est gentil* : Gérard Sire et Jean Yanne ont écrit le scénario en février 1968, alors que rien n'annonçait la puissance historique du grand maelström de mai. En février 1970, à la sortie du *Boucher*, Jean Yanne le raconte dans une interview : « C'est l'histoire d'un type de gauche, un vrai, presque un anar, qui devient milliardaire. Vous connaissez un gars qui refuserait deux milliards ? Même Krivine, je ne suis pas sûr. Parce que s'il en faisait don à son parti, il serait un saint, il entrerait dans la grande famille des dévoués, des missionnaires, et il se ferait vomir par les siens. Mais d'une autre manière, s'il garde son argent, il sera tenté de modifier son train de vie, d'acheter une nouvelle voiture et peut-être une maison, et il se fera vomir par les siens. Alors mon type va trouver une troisième solution. En se servant de son argent et de son intelligence, il va faire la révolution… » Ce résumé n'est pas très précis quant aux péripéties de *Moi y'en a vouloir des sous*, mais tout son esprit et ses dilemmes moraux y sont parfaitement condensés. Il les pose même de manière très abruptement post-soixante-huitarde, à la même époque, en disant : « C'est l'histoire d'un anarchiste à tendance fasciste. Chabrol dit qu'un fasciste est un type persuadé que tous les gens de son entourage lui sont inférieurs. Mon personnage réagit ainsi. »

Deux ans plus tard, Jean Yanne clame surtout son envie de se marrer – comme d'habitude. Mais il se fixe sinon une mission, du moins une certaine utilité, définie ainsi dans une interview du *Monde* à la sortie de *Tout le monde il est beau, tout le monde il est gentil* : « Je ne cherche pas à fâcher les gens ; juste à montrer ce que les autres voient moins bien que moi. Non, je ne me crois pas supérieur. Je suis simplement mieux exercé, comme d'autres sont doués pour dénicher les trèfles à quatre feuilles. Naturellement, je ne fais aucun effort pour envelopper les choses. »

On sent aussi, sous la trame de *Moi y'en a vouloir des sous*, une indignation que l'on qualifierait, dans notre vocabulaire actuel, de « citoyenne ». Il dira dans *France-Soir*, à la sortie du film : « Je suis sidéré par une énorme confusion des valeurs : tout le monde gueule contre tout avec la même violence, que ce soit pour ou contre l'avortement ou pour ou contre la démolition des pavillons de Baltard. »

En effet, il est effaré par la violence des discours de son temps, qu'ils soient prononcés par le camp de la révolution (prolétarienne, féministe ou picturale, peu importe) ou par celui de l'ordre. Le vocabulaire des extrémismes politiques reste cristallisé sur les oppositions héritées des années 1930-1940 (« fascistes » contre « bolcheviques » ou « staliniens »), revivifiées par le tiers-mondisme et la pittoresque phraséologie maoïste. Cette violence lui semble d'autant plus dérisoire qu'elle se plaque sur un monde obsédé par l'équilibre des forces. Comme tous les sceptiques, Jean Yanne voit surtout, dans une révolution, ce qu'elle ne change pas. Il contemple, goguenard, les complicités qui unissent tous les acteurs des conflits sociaux. Patronat, syndicats, organisations gauchistes, et même ceux que la police appelle « éléments incontrôlés » lui paraissent être de connivence – sinon, le monde changerait *vraiment*. Le seul mobile de cette collusion est évidemment pécuniaire. Tous sont unis par « les sous » : les patrons qui veulent en gagner, les ouvriers qui acceptent un joug imbécile pour l'argent, les syndicalistes prêts à toutes les bassesses pour enrichir leur organisation, la nébuleuse gauchiste qui guette les miettes tombant de la table et se vendant au plus offrant...

Et il se pose des questions très simples – trop simples ? – sur le fonctionnement du système politique. Il dit à *L'Express* : « Au lieu de faire construire par Niemeyer un superbe siège social tout en verre, pourquoi le Parti communiste n'a-t-il pas utilisé son fric à bâtir une usine modèle où les ouvriers seraient superbement heureux ? Et l'UDR ? Pourquoi ne crée-t-elle pas, aux environs de Paris, un microcosme idéal que l'on pourrait aller visiter le dimanche comme Disneyland ? Les hommes d'aujourd'hui sont des canards qui tendent le cou pour se le faire couper. C'est ça que je veux montrer. »

Moi y'en a vouloir des sous est donc écrit dans un grand éclat de rire, avec énormément de scepticisme quant à la sincérité de la grande comédie de la lutte entre capitalisme et révolution. Aussi le scénario va-t-il tranquillement distribuer les paires de gifles sur toute la largeur du spectre politique et social.

Son héros, Benoît Lepape, appartient à l'état-major du trust Chouras. Il prépare les acquisitions d'entreprises venant grossir cet empire industriel. Pour avoir suggéré l'achat d'un petit fabricant de bicyclettes, il est mis à la porte. Or son oncle est Adrien Colbart, secrétaire général de la Confédération générale interprofessionnelle, le plus grand syndicat ouvrier de France. Lepape propose que la CGI utilise les contributions de ses adhérents pour acheter l'entreprise. Grâce à une opportune grève des pompistes, les ventes de vélos grimpent en flèche et Lepape commence à bâtir à son tour un empire industriel dont l'expansion est stimulée par la paix sociale que la CGI lui garantit. Il construit un énorme bâtiment futuriste qu'il offre à son ami d'enfance curé. Et il séduit tour à tour les ouvriers, le patronat, le Marché commun, les rois du pétrole…

L'ascension de Lepape est phénoménale, mais sa quiétude est doublement menacée. D'une part, gauchistes et féministes mènent contre lui une bruyante guérilla d'agitation. D'autre part, il découvre que ses ouvriers ne souhaitent pas prendre le pouvoir dans l'entreprise et s'accommodent d'autant mieux du régime capitaliste qu'il procède régulièrement à de massives augmentations de salaire. Soutenu par la CGI et par l'Église, s'étant imposé aux sommets du capitalisme, Lepape veut abandonner son groupe pour en laisser la jouissance aux travailleurs. Ceux-ci refusent obstinément. Il faut qu'il se mette en grève pour enfin imposer à tous sa décision : il se retire à la campagne en compagnie de Nicole, une pasionaria féministe qu'il a « convertie ». Or, lorsqu'il plante un arbre dans le jardin de sa nouvelle maison à l'écart du monde, un flot de pétrole jaillit : il est condamné à la fortune. Fin.

Le film est semé d'images fortes jaillissant comme des contre-icônes de l'époque : un gradé de la CRS prend un pavé en pleine figure et tourne vers la caméra son visage ensanglanté en disant « Bobo ! », tous les responsables de la CGI s'alignent sur un palier de l'escalier en béton de leur nouveau siège avec des lunettes noires sur les yeux à la manière des hiérarques soviétiques lors des cérémonies officielles sur la place Rouge… Jean Yanne mêle là le plaisir de la transgression potache et une bonne dose de provocation symbolique. Chaque spectateur se sent tour à tour outragé et vengé de l'outrage…

Dans *Moi y'en a vouloir des sous*, ce n'est plus à la seule radio que s'en prend Jean Yanne : il s'attaque aux syndicats et à la police, au clergé moderne et aux gauchistes, aux féministes et aux Français moyens… Son ironie à large spectre n'épargne aucune évolution récente de la société française. Comme le remarquera *L'Express* à la sortie du film : « Il ne cherche pas à atteindre ses cibles au millimètre avec un fusil à lunette, il fait donner l'artillerie lourde et arrose le terrain. » Le propos est en effet aussi large que dense, sans que le film recherche une cohérence idéologique ou une clarté didactique telle que l'on en rencontre dans les œuvres « engagées » du moment. Gérard Sire précisera même : « On n'a rien voulu dire, on ne sait pas ce qu'on a dit. D'ailleurs, on n'a rien à dire. »

Autant qu'une charge tous azimuts, *Moi y'en a vouloir des sous* est un conte de fées apaisant droite et gauche, patronat et syndicat, révolutionnaires et conservateurs… Tous sont réconciliés par le génie créatif et la faconde de Lepape.

Optimisme ? Il est vrai que Jean Yanne est prospère dans un milieu euphorique. Pourquoi ne croirait-il pas que les vieilles oppositions peuvent s'éteindre dans la prospérité générale ? Car le cinéma français est pris d'un vertige : jamais autant de films français ou de coproductions internationales à majorité française n'ont été tournés qu'en 1972 – cent soixante-neuf films, soit quarante-deux de plus qu'en 1971. Et l'époque est au renouvellement : parmi les cent dix-huit réalisateurs de l'année, trente-deux ont tourné leur premier film. Un symbole est tombé : les recettes de l'année 1972 ont dépassé le milliard de francs (1 069 206 622 francs exactement, soit 981 millions d'euros en valeur), en augmentation de 16 % par rapport à 1971.

Dans ce contexte, le « 33 » est aussi en pleine surchauffe. Les bénéfices engrangés par *Tout le monde il est beau, tout le monde il est gentil* et *Nous ne vieillirons pas ensemble* sont mieux que réinvestis : ils permettent de lever des fonds pour lancer plusieurs productions en même temps, ce qui est la technique de Jean-Pierre Rassam et le tempérament de Jean Yanne. En même temps que

Moi y'en a vouloir des sous est mis en chantier *La Grande Bouffe* de Marco Ferreri.

Le producteur Jean Yanne permet donc beaucoup de choses au réalisateur Jean Yanne, qui a évidemment confié le rôle principal à l'acteur Jean Yanne. Le casting rassemble amis fidèles et vieilles connaissances : le secrétaire général de la CGI, Adrien Colbart, sera joué par Bernard Blier. Il est entouré de six responsables syndicaux familiers : Daniel Prévost, Maurice Vamby, les Frères ennemis, Jean-Marie Proslier et Jean Obé. L'ami d'enfance de Lepape est un curé incarné par Michel Serrault, et sa petite sœur, féroce féministe prête à se sacrifier pour la cause, est évidemment Nicole Calfan.

Beaucoup de copains de Jean Yanne étaient à l'affiche de *Tout le monde il est beau, tout le monde il est gentil* mais pas sa compagne. Elle racontera qu'il lui a dit : « Laisse-moi d'abord me faire la main. » Mais elle est bien sûr présente dans le film suivant, dans lequel son personnage porte son prénom. Son compagnon dessine une Nicole enthousiaste, passionnée, virulente et pourtant prompte à se laisser convertir. Elle n'est pas convertie par les idées, d'ailleurs, mais par les sens : pour mieux approcher l'ennemi, elle goûte à tous les charmes du capitalisme, du caviar au bridge, avant de fondre sous le charme de Benoît Lepape. Une féministe qui s'abandonne au mâle, une rebelle qui se soumet, c'est un certain programme…

Le tournage commence le 21 août 1972, toujours sous le titre de travail *Les Sous*. Jean-Pierre Rassam se montre peu, laissant Jean Yanne contrôler son film. Le budget est comparable à celui de *Tout le monde il est beau, tout le monde il est gentil*, autour de 4 millions de francs (3,7 millions d'euros). Il y a moins de décors, mais la figuration est

Nicole. - Un fourbe, un lâche, un requin, un exploiteur, un détritus du capitalisme. Mais ce petit tigre de papier n'est qu'un chat de gouttière en carton.
Lepape. - Bravo ! Je suppose que c'est après moi que mademoiselle en a. Elle est très forte, elle a gagné. J'ai le plaisir de vous annoncer que je double les salaires de tout le personnel.
– Qu'est-ce qu'on en a à foutre de ton sale pognon ! Les sous, les travailleurs les gagnent avec leur sueur, leur douleur, leur travail. Tu les achèteras pas avec ton sale argent. Ce qu'ils veulent, c'est le droit à la liberté d'expression, le droit de pouvoir être des hommes, le droit de tenir des réunions politiques sur leur lieu de travail quand ils le veulent.
Ouvrier 1. - Eh, minute ! Le pognon on s'en fout pas.
Ouvrier 2. - T'as raison. Si on nous augmente, c'est le principal.
Ouvrier 3. - Les réunions politiques, qu'est-ce qu'on en a à foutre ?
Ouvrier 4. - Pour se faire engueuler par nos gonzesses quand on rentre en retard.
Ouvrier 1. - Qu'est-ce qu'elle nous fait chier, celle-là, avec ses discours.
Ouvrier 3. - Le patron, il nous comprend, ce qu'on veut c'est des sous.
Ouvrier 2. - Ouais, des sous !
Ouvrier 4. - Va te faire baiser !
Les ouvriers. - Vive le tôlier ! Vive le tôlier !
Meeting de Nicole (Nicole Calfan) dans une usine de Lepape (Jean Yanne) dans *Moi y'en a vouloir des sous.*

imposante. Les nombreuses scènes de manifestations, de combats de rue et de l'inauguration de l'église futuriste sont chorégraphiées avec soin en transposant les codes du music-hall dans des décors du quotidien. Elles sont tournées en dix jours avec plusieurs fois de mille à mille cinq cents figurants.

Un des morceaux de bravoure du film est la répétition de la cérémonie de consécration de l'église. Lepape demande aux ouvriers travaillant aux finitions de servir de public et de chœur, alors que Colbart les pousse à la grève. Le tournage de cette séquence est l'occasion d'un bel incident qui, curieusement, échappe à la presse à potins de l'époque. Puisque Michel Magne joue aussi le rôle d'un ecclésiastique appartenant à la suite de l'évêque, il tourne en soutane noire. Or, en même temps que Jean Yanne réalise *Moi y'en a vouloir des sous*, Roger Vadim tourne *Don Juan 73* avec Brigitte Bardot, dont Michel Magne compose également la bande originale. Il se trouve qu'il doit faire enregistrer BB en fin de journée, le jour même où il est inscrit au plan de tournage de *Moi y'en a vouloir des sous* pour la scène de répétition avec l'évêque, dans laquelle il se cogne à un grand crucifix d'autel.

Et le tournage s'éternise, s'éternise, s'éternise… Alors, quand Jean Yanne dit « Coupez ! », Michel Magne saute dans sa Porsche blanche sans prendre le soin de se changer et démarre pied au plancher. Arrêté en excès de vitesse par la police sur le boulevard périphérique, il sort de son bolide en soutane de prêtre. Il commence à expliquer qu'il est compositeur, très pressé et attendu par Brigitte Bardot. « Et moi je suis la Pompadour », lui répond un policier. Magne, sans permis de conduire et sans les papiers de sa voiture, restés dans sa veste dans les loges de *Moi y'en a vouloir des sous*, est conduit au commissariat. Il faut que Roger Vadim se déplace en personne pour qu'il soit libéré et récupère les clés de sa Porsche.

Michel Magne, de toute manière, se surpasse pour *Moi y'en a vouloir des sous*. Jean Yanne est convaincu que la musique doit s'intégrer intimement à l'action du film. Il n'aime pas les musiques qui meublent la bande-son pendant que l'image suit un personnage marchant dans la rue ou une scène de foule dans laquelle seul un brouhaha est audible. Il préfère que l'on entende les paroles d'une chanson, paroles qui évidemment appuient, éclairent ou décodent l'action… Ainsi, plus encore que dans *Tout le monde il est beau, tout le monde il est gentil*, Jean Yanne retrouve sa verve chansonnière et écrit une série de chansons qui, à l'écran, deviendront des numéros de music-hall en décor urbain. Des féministes chantent sur un rythme brésilien (« MLF/Fini l'homme à qui la femme va s'offrir/MLF/L'homme infâme par les femmes va souffrir »), des manifestantes en tenue colorée dansent sur une barricade de pavés, un hymne pop célèbre le Marché commun (« Pour l'acier, le charbon, l'étain/Les crédits, les emprunts/Les avions, les camions, les trains/ Abaissons les prix de revient/De tous ces trucs tous ces machins/ Luttons pour le Marché commun »), les manifestations voient s'affronter *Marche des CRS* et *Marche des syndicats*…

« Vraiment, tous autant que nous sommes
Nous devons saluer les hommes
Qui veillent à nos sécurités
Chantons, cela en vaut la peine
La compagnie républicaine
De sécu
De sécu
De sécurité
De sécu
De sécucu
De sécurité
Vive la Compagnie républicaine de sécurité
Vive la Compagnie républicaine de sécurité. »
Refrain de la *Marche des CRS* dans *Moi y'en a vouloir des sous.*

Et la musique devient même enjeu symbolique lorsque, précisément, Colbart veut soulever les ouvriers dans le chantier de l'église futuriste bâtie par Lepape : un alléluia et *L'Internationale* se mêlent d'abord de manière inharmonieuse pour finir par s'accorder parfaitement – un blasphème musical qui réjouit autant le réalisateur que le compositeur. Jean Yanne a proposé à Michel Magne ce mariage lors d'une de leurs séances de travail détendues. Les deux complices essaient aussitôt le motif au piano. L'idée est savoureuse et Magne mettra tout son savoir-faire dans l'arrangement d'une pièce qu'il n'a pas composée, et qui sera la plus remarquée de la bande originale.

Autre sommet musical et chorégraphique du film, le ballet des manifestants gauchistes venus manifester devant le siège de l'empire de Lepape et des CRS qui se préparent à les affronter. La confrontation se transforme en une chorégraphie allègre et virtuose sur un air de *square dance*. À cette époque où les manifestations prennent presque systématiquement un tour violent, ce sera une des séquences les plus commentées à la sortie du film.

Musicalement, le film contient également une pépite rare : le groupe Magma joue devant l'évêque dans l'église futuriste, un jour que Benoît Lepape, cafardeux, rend visite à son ami d'enfance, un curé incarné par Michel Serrault. Le scénario parle de « cinq barbus aux défroques bizarres [qui] interprètent un *kyrie* déchirant », l'évêque (Jean-Roger Caussimon) s'exclamant, extatique : « Le pied ! » Visages masqués derrière des lunettes noires sur lesquelles est collé le célèbre logo de Magma en adhésif rouge, les six musiciens jouent *Dotz Hundin*, titre composé spécialement pour le film.

Le groupe du batteur Christian Vander ne se revendique pas comme groupe pop, mais comme le premier groupe zeulh, genre neuf à la confluence du jazz de John Coltrane, du rock progressif et de recherches chorales d'avant-garde. S'exprimant dans une langue imaginaire, le kobaïen, Magma connaît en 1973 son seul succès grand public avec le 45 tours *Mekanik Kommandöh*. Mais c'est un groupe qui incarne une stricte rigueur au carrefour du rock et du jazz le plus exigeant.

La présence de Magma dans *Moi y'en a vouloir des sous* symbolise bien les intentions et la posture de Jean Yanne, sarcastique avec le vieux monde et les vieilles puissances, goguenard envers la jeune contestation et les nouvelles idéologies. Un jeune spectateur peut être ravi de voir Magma dans ce film, mais est-il bien sûr que le groupe n'est pas également victime de l'ironie de Jean Yanne ?

21. – Le patron du garage

(*Moi y'en a vouloir des sous*, 1972-1973)

En préparant son film, le réalisateur pense aussi aux prolongements possibles en termes de merchandising (le mot est encore employé avec des guillemets dans la presse) : les chansons du film ont un évident potentiel, les visuels de Tito Topin sont audacieux et riches… Jean Yanne annonce ainsi : « J'ai monté ma maison d'éditions musicales qui va sortir le disque de *Moi y'en a vouloir des sous* pour la pochette duquel on utilisera l'affiche du film dessinée par Tito Topin, dont les dessins illustreront le livre *Moi y'en a vouloir des sous* que j'éditerai moi-même, ainsi que le jeu du même nom. »

Ce faisant, Jean Yanne ne peut esquiver les parallèles entre son personnage et lui-même, entre un Lepape conquérant l'économie européenne avec un sourire goguenard et le Jean Yanne qui produit ses films et conçoit son merchandising avec gourmandise. Il fanfaronne avec franchise : « Lénine lui-même n'a jamais été contre la réussite. J'ai voulu contrôler un certain nombre de choses, non par goût du pouvoir, mais pour deux raisons principales : être libre de produire ce qui m'intéresse et garder avec moi une équipe pouvant travailler en permanence au lieu de se disperser après un film. Mais je ne crois pas avoir changé. […] Je ne suis que le mécano devenu le patron du garage. »

Son désir de production ne se comprend qu'ainsi : il ne se voit pas en magnat d'une multinationale de l'industrie cinématographique, mais en artisan qui a assez de moyens pour rassembler autour de lui d'autres artisans. La solitude professionnelle de ses dernières années de carrière se comprend aussi par le rêve phalanstérien presque accompli de Ciné Qua Non. À ce moment-là, Jean Yanne atteint à une sorte d'idéal autant professionnel qu'amical. Il réussit presque mieux que Gérard Sire avec Pilote Productions : son activité ne consiste pas à enquiller des feuilletons à la va-vite pour boucher des trous à la radio, et il trône au sommet du box-office.

Même s'il prétend, comme beaucoup de cinéastes, ne pas se soucier des critiques, il ne peut lire sans délectation l'article d'Henry Chapier dans *Combat* à la sortie de *Moi y'en a vouloir des sous*, le 22 février 1973 : « L'immense réussite du nouveau film de Jean Yanne, c'est d'avoir résumé en moins de deux heures la comédie humaine qui se joue sous nos yeux, à tous les niveaux, et que l'auteur définit à peu près comme "la lutte des imbéciles contre les demeurés pour le maintien d'une société absurde". [...] Jean Yanne, c'est le bon sens de Molière revenu dans le siècle, avec ce que cela comporte de verve, d'imagination, de délire farfelu. [...] La mise en scène rappelle la poigne d'un Abel Gance, son sens de la direction des foules, et son écriture d'architecte, composant chaque plan comme une immense toile en mouvement. »

Chapier n'est pas seul à brandir les références majuscules à propos de *Moi y'en a vouloir des sous*. Pour *France-Soir*, c'est « du Molière de bonne santé et du Courteline sans idées noires » et, pour *Le Point*, « une énormité à la Céline ».

Mais, même si *La Croix* exagère en évoquant « une quasi unanime volée de bois vert », *Moi y'en a vouloir des sous* est voué aux gémonies par la majorité de la presse de gauche. Ainsi, *L'Humanité dimanche* tonne : « On ne met pas dans le même panier exploiteurs et exploités, même pour faire rire, à la manière des chansonniers de bas étage qui s'adressent à un public de bourgeois et de gavés. [...] Yanne se prend pour Jupiter. Du haut de son mépris, il distribue ses coups à droite et à gauche. Mais ça fait rire la droite, qui en a vu d'autres et participe au financement du film. » L'autre hebdomadaire du Parti communiste, *France nouvelle*, tranche dans le vif : « Disons que le film de Jean Yanne est le plus bête [...] mais qu'il est aussi ouvertement le plus directement conformiste dans son anticonformisme affiché. » Dans *Télérama*, on cloue au pilori « saint Jean-Yanne, celui qui sait tout et qui détient les clés du paradis. Lui seul est honnête, lucide, généreux, intelligent ». Et, ici ou là, on stigmatise le poujadisme du film et de son auteur. On néologise même, en parlant de « pouyannisme ».

Mais il ne fait plus de doute pour les observateurs que *Tout le monde il est beau, tout le monde il est gentil* n'était pas un triomphe sans lendemain et que Jean Yanne s'est taillé une place à part dans le paysage du cinéma français. Dans *Le Point*, le journaliste et historien du cinéma Pierre Billard se livre à une analyse historico-sociologique de son succès. Il écrit : « On peut dire que le cinéma français a vécu les années 60 sous un ministère de Funès, en train de céder la place, pour les années 70, à un ministère Yanne. » Car il est vrai que Louis de Funès incarne toujours un personnage de la France traditionnelle mis en danger : le gendarme pourchassant les nudistes, le directeur de « boîte à bac » confronté à l'avidité de liberté des adolescents, le chef d'entreprise dont le patrimoine et la toute-puissance sont menacés… De Funès incarne une société dont les habitudes sont attaquées de toutes parts, et le rire naît de ses tentatives désespérées pour parer ces attaques. En revanche, Jean Yanne personnifie le mouvement, le changement, l'audace. Son comique procède de la subversion des traditions et des positions établies. Il n'incarne pas la panique de la France de papa, mais l'intelligence sans complexe de la modernité.

Lepape. – Très bien. Puisque je ne peux pas décider d'augmentation sans avoir sur le dos les syndicats, le patronat et le gouvernement, je veux offrir, à la fin de l'année, une voiture à chaque membre du personnel. On ne peut tout de même pas m'empêcher de faire des cadeaux. Alors augmentez la cadence de production des usines de voitures. S'il le faut, lancez des OPA sur les marques concurrentes. Et ne me dites pas que c'est une mauvaise idée.
Delfau. – Au contraire, c'est excellent. Ça va faire faire un bond terrible à nos services de pièces détachées, ça va nous faire vendre de l'essence, et comme nous contrôlons les principales compagnies d'assurances…
– Mais enfin, c'est pas possible ! Je ne peux pas avoir la plus petite idée sociale, je ne peux pas tenter le moindre geste pour les travailleurs sans que ça me rapporte de l'argent ! Je suis vraiment condamné à avoir des sous.
– Qu'est-ce que vous voulez ! Vous avez en vous la dynamique de la richesse. Vous n'êtes pas fait pour être pauvre, c'est comme ça.
– Comment, c'est comme ça ? Non, c'est pas comme ça ! Je suis un lutteur, moi. J'ai voulu gagner des sous. J'en ai gagné. Mais si j'ai décidé d'en perdre, je vous garantis que je vais en perdre !
Dialogue entre Lepape (Jean Yanne) et son collaborateur Delfau (Jacques François) dans *Moi y'en a vouloir des sous*.

Comme le note Billard, « pas question, pour Jean Yanne, de cracher sur la société de consommation, de la fuir : il est, dans ses deux films, un forçat du travail et un acharné de productivité. Chaque problème, chaque indignation déclenche en lui non la fuite, le dégoût, mais le désir de vaincre. C'est un symbole de dynamique et d'efficacité ».

Son succès va donc être moderne, en phase avec le dynamisme satisfait des classes moyennes. Quand sort *Moi y'en a vouloir des sous*, le 22 février 1973, le fronton des cinémas d'exclusivité est un peu ronronnant. La semaine précédente, les films préférés des Parisiens sont *Quelques messieurs trop tranquilles* de Georges Lautner, *Dernier tango à Paris* de Bernardo Bertolucci, et *État de siège* de Costa-Gavras, sortis depuis plusieurs semaines, aucun ne dépassant plus les 72 000 entrées. Dans ce contexte, *Moi y'en a vouloir des sous* démarre en trombe : 133 330 entrées dans quatorze salles, soit plus de deux fois les entrées des suivants au classement, *Elle court elle court la banlieue* de Gérard Pirès (60 474 spectateurs en deuxième semaine), et *Le Silencieux* de Claude Pinoteau (60 129 entrées en première semaine). L'autre film important à sortir cette semaine, le « sulfureux » *Don Juan 73* de Roger Vadim avec Brigitte Bardot, est loin derrière à 43 101 entrées.

Au « 33 », Jean Yanne peut légitimement bomber le torse. Sa fierté est de longue haleine : *Moi y'en a vouloir des sous* tient quatre semaines la première place des classements, ne la cédant qu'à *L'Héritier* de Philippe Labro avec Jean-Paul Belmondo, le 21 mars. Et la lente chronologie de la conquête de la province par son film lui apporte partout la même satisfaction : toutes les grandes villes françaises lui donnent la première place. Au total, l'exploitation d'exclusivité parisienne de *Moi y'en a vouloir des sous* atteint 704 947 entrées en seize semaines. Même si cela représente 400 000 entrées de moins que *Tout le monde il est beau, tout le monde il est gentil*, le succès n'en est pas moins de tout premier ordre.

Jean Yanne a moins de chance avec sa panoplie novatrice de produits dérivés. Certes, toute la critique salue le travail de Michel Magne, comme Henry Chapier dans *Combat*, qui dégaine l'argument ultime du bon goût cinéphilique en évoquant, à propos de la musique, « la qualité des meilleurs films américains ». Mais le 45 tours est loin d'avoir le même succès que celui de *Tout le monde il est beau, tout le monde il est gentil*, notamment parce que les deux chansons choisies ne sont pas chantées par Jean Yanne, contrairement au générique du film précédent. Car, finalement, le réalisateur n'a pas créé de label discographique et fait paraître deux chansons du film en 45 tours chez Barclay. En face A, le faux cantique *Pour l'amour des sous* (« Pour ceux qu'ont des sous, *kyrie eleison*/Pour la Banque de France, *kyrie eleison*/Pour ceux qu'ont du fric, *kyrie eleison*/ Pour la banque arabe, *kyrie eleison*/Pour ceux qu'ont du blé, *kyrie eleison*/Pour les banquiers juifs, *kyrie eleison*») et, en face B, le chant gauchiste *Parle au patron ma tête est malade.*

Par ailleurs, le livre illustré du film n'est pas un grand succès de librairie. Reste le jeu « Moi y'en a vouloir des sous »... En ce début des années 1970, les jeux de société connaissent leur apogée commercial : les grands classiques (Monopoly, Scrabble, 1 000 Bornes, Cluedo, Risk...) règnent sur les dimanches après-midi familiaux et les vacances pluvieuses, tandis que l'inventivité des éditeurs donne naissance à des créations toujours plus proches des évolutions sociales et économiques : « Long cours » met en scène la navigation commerciale des cargos sur toutes les mers, « Les présidents-directeurs généraux » fait s'affronter de grandes marques automobiles pour le contrôle du marché mondial, « De la Terre à la Lune » brode sur la conquête spatiale...

Le jeu « Moi y'en a vouloir des sous » n'est pas d'un fonctionnement très compliqué et, pour tout dire, tient plus du jeu de l'oie ou du Monopoly très simplifié que du jeu de stratégie. La règle affirme en préliminaire : « L'idée de ce jeu prolétarien (de 3 à 6 joueurs) est bête à faire pleurer un phoque privé de son bébé : elle consiste à se faire un maximum de sous. » Chaque joueur dispose d'un pion représentant un ouvrier et se déplace sur un plateau de jeu dessiné par Tito Topin. Pour gagner le plus d'argent possible, il faut contrôler des entreprises et des syndicats (syndicat des cadres, syndicat des transports, syndicat des services, syndicat de l'intox) en profitant des multiples embûches et aubaines des cartes de loterie qui constituent le charme principal d'une partie de « Moi y'en a vouloir des sous » : « Tu fais de la publicité clandestine à l'ORTF. Ça te rapporte 500 F, mais tu es vidé et tu ne toucheras pas de salaire au prochain tour », « Tu colles des affiches de Polnareff. Tu es arrêté et accusé de pornographie. Tu vas en case Justice », « Tu fous une raclée à un mec d'Ordre Nouveau. Ça ne te rapporte rien mais ça te fait du bien »... La partie s'achève lorsqu'un des joueurs tombant sur la case Loterie tire la carte de grève générale. Chacun compte alors ses sous. Les ventes du jeu ne dépasseront pas le feu de paille de la promotion de *Moi y'en a vouloir des sous* et il n'entrera pas dans l'histoire des ludothèques.

***

Le 18 novembre 1972, toute l'équipe qui a tourné *Moi y'en a vouloir des sous* se retrouve à Hérouville, à la fois pour travailler et pour faire la fête. Ce jour-là, Michel Magne se marie. Il épouse Marie-Claude, à qui Jean Yanne a promis un cadeau original pour l'époque : le film de son mariage. Les cadreurs ont de quoi filmer. La cérémonie est costumée, chaque invité devant s'habiller en paysan. Le faire-part a été dessiné par Tito Topin, avec Marie-Claude en révolutionnaire à bonnet phrygien, entourée du slogan « Paysans de tous les pays, unissez-vous ! » Pour son mariage, la jeune femme est en paysanne roumaine et son époux en moujik russe. Leurs témoins respectifs sont Nicole Calfan et Jean Yanne. La journée est magnifique : le père Guy de Fatto, ancien contrebassiste de jazz et aumônier catholique des artistes, célèbre le mariage religieux, pompiers et majorettes de Pontoise apportent la liesse laïque et républicaine, des musiciens de jazz, de rock et de partout (Claude Bolling, des membres de Magma, une foule d'amis musiciens et de vrais orchestres de bal) jouent pendant l'office, l'après-midi et toute la nuit, on tire un feu d'artifice devant le château d'Hérouville... Puis le jeune couple part en voyage de noces au Sri Lanka. Au retour, il faudra s'atteler aux *Chinois à Paris*.

La complicité du cinéaste et du compositeur se double d'une franche amitié entre leurs deux compagnes, qui ont appris à se connaître et à s'apprécier pendant le tournage du film. Marie-Claude a dix-huit ans et Nicole vingt-cinq, et elles sont évidemment rapprochées par leur situation de jeunes femmes entraînées dans le maelström de création et de fêtes de ces artistes suractifs et nettement plus âgés qu'elles.

Yanne et Magne débordent l'un et l'autre d'activités et les gèrent de la même manière, sans trop se soucier d'assurer les arrières et d'anticiper les exigences du fisc. L'épouse du compositeur se souvient aujourd'hui : « Ils sont tous deux anarchistes et je-m'en-foutistes. Au fond, tout ce qui les intéresse, c'est de se marrer. »

Le raccourci, pour cruel qu'il soit, recouvre une réalité tangible : l'un et l'autre sont des artistes qui sont devenus chefs d'entreprise pour se donner les moyens d'un plaisir plus grand, plus libre, plus singulier. Ciné Qua Non pour Jean Yanne et la SEMM pour Michel Magne sont destinées à leur donner une autonomie et une souplesse qu'ils n'auraient pas en passant par des structures avec lesquelles il faudrait signer un contrat pour chaque projet.

Mais ils sont l'un comme l'autre trop naïfs dans leur perception des affaires et du droit. Ils vivent longtemps avec l'idée que l'essentiel est de payer tous les copains travaillant avec eux et que, pour le reste, la principale utilité de l'entreprise est de ramasser l'addition après un repas ou de payer deux billets d'avion en première classe pour le Sud, du jour pour le lendemain…

Ils vivent en pleine surchauffe et en plein plaisir. Ils ne se refusent rien, ni la création, ni l'audace, ni l'amour, ni un cigare après le dîner… Tout leur sourit, même la morale. Alors que les personnalités du cinéma, de la chanson et de la télévision commencent à souffrir des intrusions de la presse à potins dans leur vie, Jean Yanne emporte une victoire remarquée par le Tout-Paris : en décembre 1972, il obtient la condamnation de l'hebdomadaire *Spécial dernière*, qui, un an plus tôt, avait consacré un article larmoyant et sensationnaliste au drame qu'il avait vécu avec la mort de Jacqueline. Cinquante mille francs de dommages et intérêts (l'équivalent de 45 900 euros) : les amis saluent sa victoire sur les « charognards ».

Michel et Marie-Claude Magne ont un enfant, Michaël, le 6 avril 1973. Pour la première fois, on peut photographier Jean Yanne avec un bébé dans les bras. Il se laisse attendrir. Nicole Calfan espère qu'il se laisse bientôt fléchir…

Elle sait qu'elle sera dans son prochain film. Le couple est heureux, même si des tournages et des obligations professionnelles les séparent régulièrement. Ils vivent désormais à Neuilly-sur-Seine, 100 boulevard Maurice-Barrès. Les fenêtres de l'appartement donnent sur les arbres du Jardin d'acclimatation et, dans le silence des nuits où la circulation s'apaise, on entend les fauves et les éléphants de la ménagerie. Moquette blanche, canapés de cuir et meubles des designers scandinaves qui font fureur alors, téléphones à coque transparente, grandes plantes sur le balcon…

Début 1973, la pensionnaire de la Comédie-Française a dû prendre une décision grave. Depuis longtemps, le grand Raymond Rouleau lui a assuré qu'elle tiendra le rôle-titre dans la reprise d'*Ondine*, de Jean Giraudoux, qu'il rêve de mettre en scène pour la troupe du Français. Il faut le temps de la négociation avec les ayants droit du dramaturge, le bon créneau dans le programme chargé de la maison de Molière et des semaines de liberté pour le metteur en scène. Tant et si bien qu'on lui annonce qu'*Ondine* est décalée d'un an. Or Nicole Calfan se voit proposer de jouer dans la production internationale des *Trois Mousquetaires* que va tourner Richard Lester. Elle va côtoyer Charlton Heston, Raquel Welch, Michael York, Richard Chamberlain, Faye Dunaway, Christopher Lee... La proposition est plus qu'alléchante. Il lui faut donc choisir entre Giraudoux et Hollywood.

Jean Yanne n'a pas la moindre hésitation. Tourner dans une grande production internationale, ce n'est pas une proposition que l'on refuse. Et *Ondine* est peut-être une jolie pièce, mais elle ne sera vue que par le public de la Comédie-Française. Il ne manque pas de mots moqueurs pour ce public et ce répertoire, d'ailleurs. S'il maîtrise la culture classique, il l'a toujours abordée de l'extérieur, par ses propres lectures et guidé par ses seuls goûts. Il n'a pas grand respect pour les institutions qui perpétuent le respect de la haute culture dans les ors et les velours de la tradition – n'a-t-il pas couvert de sarcasmes l'Académie française dans les « Dossiers du BIDE » ? Le pygmalion encourage sa jeune créature à quitter l'institution où elle « se fait chier », pour employer son expression.

Quand Nicole Calfan annonce à Pierre Dux, l'administrateur de la Comédie-Française, son intention de quitter la compagnie, il est étonné : il comptait justement proposer qu'elle soit élue comme sociétaire. Elle entrerait dans la compagnie de Molière à vingt-six ans, mais le contrat est d'une durée de vingt ans. Cela signifierait qu'elle s'engage jusqu'à 1993 ! Elle démissionne, Jean Yanne l'envoyant à son avocat, Me Georges Kiejman, pour se préparer à la bataille judiciaire qui accompagne la plupart des départs de la Comédie-Française. Mais la séparation se déroule sans heurt. Le 26 juin, *Le Monde* publie un court communiqué : « Mme Nicole Calfan, pensionnaire de la Comédie-Française, ne renouvellera pas son contrat le 31 juillet, après cinq ans dans la maison de Molière. Elle se consacrera au cinéma, où on peut la voir actuellement dans le dernier film de Jean Yanne. »

Trente ans plus tard, quand dans son livre de souvenirs elle fera le bilan de son aventure avec Jean Yanne, elle dira que c'est une des pires erreurs de sa vie. Mais, dans l'immédiat, elle est libérée des vieilles règles et de la discipline quotidienne du Français. La vie du couple est une fête et elle se prépare à vivre l'aventure du troisième film de son compagnon. Le projet est plus ambitieux, plus vaste, plus stimulant encore que *Moi y'en a vouloir des sous*. Et son rôle est plus important.

Belles années. Peut-être les plus belles que vivra Jean Yanne, tant la réussite artistique et la quiétude amoureuse se liguent. Ni Michel Magne ni lui ne savent que les nuages n'ont pas besoin de s'amonceler longtemps avant que n'éclate l'orage. Personne ne se dépêche de monter le film du mariage à Hérouville. Il y a le temps… Il y a d'autres films à fabriquer, d'autres fêtes à vivre, d'autres souvenirs à fabriquer. Tous ignorent que les images du bonheur de Michel et Marie-Claude Magne seront bientôt perdues dans la débâcle de Ciné Qua Non. Pour l'instant, la maison de production de Jean Yanne s'attaque à son projet le plus ambitieux.

22. – « La clique Dassault-Yanne »

(*Les Chinois à Paris*, 1973-1974)

Jean Yanne s'en est pris aux travers de la société française qui lui semblent les plus flagrants dans son époque avec *Tout le monde il est beau, tout le monde il est gentil* et *Moi y'en a vouloir des sous*. Il s'attaque maintenant à un sujet dans lequel il évoquera à la fois l'histoire et les permanences du peuple français, tout en se posant un défi de cinéaste de dimensions plus ambitieuses que pour ses deux premiers films. Ce seront *Les Chinois à Paris*, fable sur le comportement des Français envahis par une armée étrangère, en l'occurrence celle de Chine populaire. Le chantier est énorme et complexe. Un temps, il a pensé profiter de la longueur de la préparation de ce film pour tourner « un film simple à quatre ou cinq personnages ». Il a même précisé à *France-Soir* : « J'ai l'embarras du choix avec quinze scénarios tout prêts dans mes tiroirs. » Mais il abandonne vite cette idée pour se concentrer sur le seul projet des *Chinois à Paris*.

Yanne et Rassam ont déjà côtoyé le maoïsme chic à la française. Le premier a tourné *Week-end* alors que la recherche politique et esthétique de Godard commençait à s'inspirer de la pensée révolutionnaire chinoise. Puis le second a produit *Tout va bien* de Godard associé à Gorin.

En préparant *Les Chinois à Paris*, ce qui intéresse Jean Yanne n'est pas tant de broder sur une idéologie et une phraséologie à la mode que de s'en prendre aux Français. C'est d'ailleurs le sens profond du roman *Quand les Chinois* de son ami Robert Beauvais, l'époux de Ginette Garcin, qu'il rêve d'adapter au cinéma depuis des années.

Paru en 1966, le roman s'intéresse aussi peu à la Chine populaire réelle que *Les Lettres persanes*, de Montesquieu, évoquent la vraie Perse. Il commence par ces mots : « Quand les Chinois pénétrèrent sur le sol français, le 14 mars 1998, le conseil de rédaction des dictionnaires Desbrosses se réunit en hâte, et décida de supprimer le mot "chinoiserie" des éditions à venir. »

Beauvais évoque une occupation au cours de laquelle les Français admirent la galanterie des Chinois, leur politesse, leur sens de l'ordre, leur discipline et leur connaissance de la langue et de la culture françaises... Évidemment, on voit des files d'attente devant les magasins, des tickets de rationnement, un couvre-feu et toutes les nuances de la compromission avec l'occupant, de l'adhésion idéologique bruyante aux stratégies financières des profiteurs. Ainsi, les Chinois comptent « beaucoup plus de ralliements qu'on aurait été tenté de le penser si l'on s'était fié au ton des journaux et des conversations pendant la première phase de la guerre. Ils eurent avec eux les communistes russophiles, parce que le sens de l'histoire se confond avec la raison du plus fort, la droite parce qu'un régime d'autorité militaire n'était pas pour lui déplaire, les patriotes parce que le patriotisme français consiste à être antirusse ou antiaméricain, beaucoup d'intellectuels parce que la haine de l'occupant est un mouvement naturel et qu'il est indigne d'un intellectuel de céder à un mouvement naturel, une partie de la bourgeoisie parce qu'il ne lui déplaisait pas de voir régner l'ordre et cesser l'agitation sociale, de nombreux libéraux dont les principes ne s'opposaient pas à leur ralliement puisque, précisément, ils étaient libéraux, et la plupart des anciens élèves de l'École polytechnique et de l'École nationale d'administration pour des raisons honorables ».

À sa sortie, *Quand les Chinois* n'a pas le même succès de librairie qu'*Histoire de France... et de s'amuser*, illustré par Chaval, le meilleur livre de Robert Beauvais. Mais il excite passablement Jean Yanne, qui y voit une idée brillante pour rappeler à la France ses résistants de la vingt-cinquième heure, son épuration brouillonne et ses collabos qui sont passés entre les gouttes à la Libération. En commençant l'adaptation, Jean Yanne, Gérard Sire et Robert Beauvais imaginent des scènes d'une grande puissance cinématographique, et notamment d'énormes mouvements de foule en uniforme dans le décor de Paris. Pour transformer les menus travers et les fautes mortelles des Français sous l'Occupation en un vaste théâtre comique, il suffit de remplacer les défilés *feldgrau* de la Wehrmacht sur les Champs-Élysées par des escouades de combattants en kaki chinois, et les affiches en allemand par des calicots en idéogrammes... Dès l'écriture du scénario, Jean Yanne et Jean-Pierre Rassam savent qu'ils n'ont pas de quoi produire seuls un film avec des milliers de figurants et de grandes scènes d'ensemble en extérieur. Il leur faut un partenaire, qui pourrait bien être un nouveau venu dans la production cinématographique, Marcel Dassault.

A priori, l'avionneur n'est peut-être pas le meilleur client pour le cinéma acide de Jean Yanne. Dassault préfère *My Fair Lady* ou *Le Docteur Jivago*. On sait dans Paris que, lorsqu'il a accepté d'aller voir *La Strada* de Federico Fellini, il s'est levé au milieu de la projection et a entraîné toute sa suite dehors, fulminant contre un film « épouvantable ».

Évidemment, le capitaine d'industrie est régulièrement approché par toutes sortes de producteurs plus ou moins bien intentionnés qui voudraient l'embarquer dans l'aventure du cinéma. Dassault ne s'y lance qu'en raison d'un enchaînement de circonstances. Sur l'avenue des Champs-Élysées, l'immeuble de *Jours de France*, son précieux hebdomadaire, jouxte un cinéma en perte de vitesse, le Paris. Quand l'immeuble est à vendre, l'avionneur n'hésite pas : il achète non seulement le cinéma, la brasserie et les bureaux qui l'entourent, mais il se lance aussi dans une luxueuse rénovation. À sa réouverture, au printemps 1973, le Paris est devenu un des cinémas les plus confortables de la capitale, avec de grands fauteuils en cuir, des toilettes en marbre et des ouvreuses en uniforme griffé. Il est aussi, rapidement, un des cinémas les moins fréquentés, car Dassault choisit lui-même les films qui y sont projetés. Et il aime les films « jolis » comme *Sissi impératrice*, *La Mélodie du bonheur* et d'autres grands spectacles optimistes et moraux. Au bout de quelques semaines, son analyse de l'insuccès du Paris est que les spectateurs des Champs-Élysées n'aiment pas les reprises. Il faut donc tourner des films nouveaux correspondant à ses goûts...

Marcel Dassault devient donc producteur. Il prend son ticket d'entrée dans la profession en créant sa propre société, Production 2000, puis en achetant 10 % du capital de la Gaumont. Pendant une douzaine d'années, il va investir sur un certain nombre de beaux succès du cinéma populaire français (*La Gifle* de Claude Pinoteau, *Le Téléphone rose* d'Édouard Molinaro, deux épisodes de *La 7e Compagnie* de Robert Lamoureux...), mais aussi de retentissants échecs comme l'inénarrable *Gloria* de Claude Autant-Lara, coûteuse adaptation d'un feuilleton paru dans *Jours de France*. Contrairement à la légende, d'ailleurs, Dassault ne perdra pas d'argent avec l'ensemble des dix films qu'il a produits seul et des quatorze coproduits avec la Gaumont. Le cinéma est pour lui un plaisir, mais pas une danseuse.

Les Chinois à Paris sont un de ses quelques films déficitaires. Quand il se lance officiellement dans le cinéma, en 1973, Yanne et Rassam comptent parmi les premiers producteurs à se présenter au guichet Dassault. L'avionneur fait ses classes et il n'a pas encore rencontré Alain Poiré, qui dirige la production à la Gaumont, et qui sera bientôt son conseiller et son complice dans le cinéma.

L'industriel est séduit par Jean Yanne, vigoureusement anticommuniste et régulièrement remonté contre les syndicats ou les intellos. De plus, l'ancien animateur de RTL a conservé des liens avec l'industriel Jean Prouvost, actionnaire de référence de la radio mais également propriétaire de *Paris Match*, concurrent de *Jours de France*, et le fréquente régulièrement. Dassault s'amuse des anecdotes du réalisateur sur son vieil ennemi. En revanche, il n'aime guère Rassam, qui juge rapidement plus prudent de laisser son associé aller seul aux rendez-vous avec Dassault. Celui-ci voit dans le scénario des *Chinois à Paris* une fantaisie réjouissante qui permettra de régler leur compte aux suppôts français du maoïsme avec finalement peu de risques de retombées industrielles négatives – la Chine populaire est un pays où l'on imagine difficilement pouvoir vendre des Mirage.

Si l'on veut faire défiler au pas des milliers de Chinois devant une caméra, le plus simple est encore de s'adresser à une armée asiatique. Aussi Jean Yanne et Jean-Pierre Rassam partent-ils aux frais de Marcel Dassault en Extrême-Orient, à la recherche de figurants, de studios et – pourquoi pas – de coproducteurs. Après une première déception en Corée du Sud, ils arrivent à Hong Kong, où ils rencontrent les frères Shaw, deux empereurs du cinéma chinois. Or le fils d'un des deux producteurs a été retenu contre son gré en Chine populaire l'année précédente et sa famille a dû payer aux autorités communistes ce qui s'apparente bien à une rançon pour qu'il recouvre sa liberté de mouvement. Ils ne peuvent donc s'engager dans une entreprise qui pourrait être considérée comme hostile par Pékin. Même réponse, avec quelques nuances, à Singapour et au Laos. À Taïwan, en revanche, on trouve le projet trop timidement anticommuniste.

Lors de l'étape à Vientiane, le prince héritier du trône laotien – qui est déjà plus que vacillant – leur demande si, pour la nuit, ils préfèrent les filles ou l'opium. «Les deux», dit Rassam. Comme on ne peut physiquement pratiquer en même temps ces vices incompatibles, ils préfèrent tenter la nouveauté et se laissent conduire dans une fumerie. «Pas plus de cinq pipes pour une première fois», leur enjoint-on. Jean Yanne s'en tient à la dose prescrite. Jean-Pierre Rassam en fume dix. Il va rester défoncé pendant deux jours, englué dans la molle hébétude de l'opium et incapable de tenir une conversation. Après un passage par Taïwan, retour à Hong Kong, où le producteur n'a de cesse que de renouveler l'expérience. Il rapporte même de l'opium à Paris et, très vite, découvre sa cousine la plus répandue dans les pays occidentaux : l'héroïne. Les événements qui vont suivre dans la vie – et la mort – de Ciné Qua Non doivent se comprendre à travers ce filtre : le comportement erratique du producteur est désormais aggravé par une énorme consommation de drogue dure. Certains témoins disent que, quelques semaines après son retour d'Asie, Jean-Pierre Rassam n'a déjà plus que quelques heures de lucidité par jour.

* * *

S'il est inspiré de *Quand les Chinois*, de Robert Beauvais, le scénario des *Chinois à Paris* en diffère cependant beaucoup. D'abord, l'histoire ne se déroule plus dans le futur mais dans la France contemporaine. Les héros ne seront plus de très jeunes gens (sauf Nicole Calfan, à qui Jean Yanne, galant, fait dire à l'écran «J'ai vingt-deux ans» alors qu'elle en a vingt-six). Le héros, Régis Forneret, gérant d'un sex-shop, va entrer dans les grâces des autorités d'occupation en participant à la sinisation de Paris, d'abord avec un restaurant asiatique puis avec une compagnie de taxis pousse-pousse, rebaptisés «podomètres». Il va devenir un fournisseur prospère des Chinois et Jean Yanne pousse la fable jusqu'à ce que son personnage suggère aux occupants de laisser les Français se livrer à leurs penchants naturels : l'alcool, les femmes, la bouffe... Ainsi, ils donneront au monde communisé l'image du mal absolu à ne surtout pas imiter. Formatés par l'austérité maoïste, les Chinois ne supportent pas cette vie de débauche et quittent la France, épuisés et écœurés. Le trafiquant garde ses milliards acquis dans la collaboration et va aussitôt proposer ses services aux nouvelles autorités françaises.

Autour de Régis gravitent des personnages qui incarnent tous les atermoiements d'une France occupée : ses amis Montclair (Michel Serrault) et Fontanes (Daniel Prévost) passent par toutes les étapes du refus ou de l'adhésion à l'idéologie de l'occupant, pour finir par prendre les mêmes poses que les FFI d'août 1944 sur les ailes d'une traction avant Citroën de collection au cours d'une « insurrection » survenant après le départ discret des troupes chinoises. Nicole Calfan incarne une jeune employée de Montclair dont tombe amoureux le commandant en chef des troupes chinoises, le général Pou-Yen. Ce dernier est incarné par un Japonais, Kyôzô Nagatsuka, jeune acteur formé au théâtre traditionnel kabuki venu à Paris pour étudier le théâtre classique français.

D'autres familiers de Jean Yanne sont à l'écran : Bernard Blier en président de la République pompeux, pleutre et distrait, Jacques François en chef du gouvernement français à la solde de l'occupant, Paul Préboist en ancien curé devenu membre de la « police civique » franco-chinoise...

Il fait encore appel à Michel Magne pour la musique, et notamment pour une adaptation sinisée du *Carmen* de Bizet. Car Jean Yanne a une brillante idée de music-hall : présenter une version « rouge » de l'opéra français le plus célèbre au monde. Il va réécrire dans la langue et les images des grands opéras chinois communistes les amours de la belle cigarière et du brigadier écartelé entre le devoir et la passion. Son *Carmeng* sera un hybride de *Carmen* et de l'imagerie de propagande maoïste telle que les Français les connaissent par des œuvres comme *Le Détachement féminin rouge*, ballet porté au cinéma en 1961 mais diffusé en France seulement en 1972.

Dans le film, *Carmeng* est présenté à l'Opéra de Paris pour une foule d'officiels chinois et de collaborateurs français, sur une idée de Régis Forneret-Jean Yanne. La façade du palais Garnier porte une grande banderole proclamant « La culture est pour les masses

© Pierre Fournier/Sygma/Corbis

1957. Chez Plumeau. « Le pape fait des bulles grâce à Persavon », affirme Jean Yanne dans la revue *Ça fait des bulles*, écrite avec Siné, sur la scène du cabaret Chez Plumeau.

1958. Le premier 45 tours. Le fantaisiste au guide-chant enregistre le 18 juin 1958 les quatre chansons de son premier 45 tours chez Barclay.

DR

DR

1960. Une farce musicale. Au printemps 1960, le 45 tours d'Aladin et ses Joyeux Lampistes compte parmi les premiers disques-canulars que Jean Yanne va enregistrer, sans toujours apparaître sous son nom.

© Jacques Haillot/Sygma/Corbis

1966. Le complice Jacques. D'abord à Europe 1, puis à RTL et à la télévision, la révélation de Jean Yanne auprès du grand public est indissociable du talent multiple de son ami Jacques Martin.

1964. *La Vie à l'envers.* Le premier rôle de Jean Yanne au cinéma – dans *La Vie à l'envers*, d'Alain Jessua –, agent immobilier falot et brave type, entre Charles Denner et Yvonne Clech.

DR

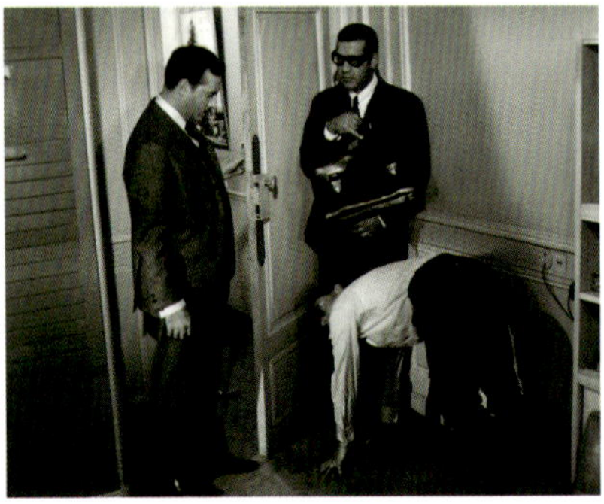

DR

1964. *Jaloux comme un tigre.* Derrière des lunettes prétendument amusantes, Jean Yanne est une des nombreuses vedettes apparaissant (ici face à Michel Serrault) dans *Jaloux comme un tigre*, unique réalisation de Darry Cowl.

© Gaumont

1966. *Le Saint prend l'affût.* Jean Yanne est Müllerstrasse, officier cruel mais korrekt des services secrets allemands, dans *Le Saint prend l'affût*, de Christian-Jaque.

DR

1967. *Ces messieurs de la famille.* Sous l'œil de Michel Galabru, Jean Yanne appartient à la brochette de personnages hauts en couleur de *Ces messieurs de la famille*, de Raoul André, avec Michel Serrault et Francis Blanche.

© Tony Frank/Sygma/Corbis

1969. L'âge d'or du « Sacha Show ».
8 janvier 1969 : le finale du « Sacha Show » avec une affiche de rêve : Johnny Hallyday, Juliette Gréco, Sacha Distel, Petula Clark et Jean Yanne.

DR

1967. *Week-end.* Sur un parking de résidence de banlieue, Jean-Luc Godard explique une scène à Mireille Darc et Jean Yanne pendant le tournage de *Week-end*.

DR

1969. *Un drôle de colonel.* Médaillé et moustachu, Jean Yanne dans l'uniforme de fantaisie d'*Un drôle de colonel*, comédie standard de Jean Girault.

DR

1969. *Que la bête meure.* Claude Chabrol dirige les protagonistes de *Que la bête meure*, Jean Yanne et Michel Duchaussoy.

1970. *Le Boucher.* Large sourire et grand couteau, Jean Yanne fait la connaissance de Stéphane Audran lors de la noce villageoise au début du *Boucher*, de Claude Chabrol.

DR

DR

1970. *Fantasia chez les ploucs.* Les frères Noonan de *Fantasia chez les ploucs*, de Gérard Pirès, dans la campagne italienne, Jean Yanne et Lino Ventura.

DR

1970. *Êtes-vous fiancée à un marin grec ou à un pilote de ligne ?* Jean Yanne et Nicole Calfan, le séducteur et la stagiaire d'*Êtes-vous fiancée à un marin grec ou à un pilote de ligne ?* de Jean Aurel.

1972. *Nous ne vieillirons pas ensemble.* Sous l'œil de Maurice Pialat, le couple déchiré de *Nous ne vieillirons pas ensemble*, Jean Yanne et Marlène Jobert.

DR

1972. *Tout le monde il est beau, tout le monde il est gentil.* Le réalisateur Jean Yanne dirige Bernard Blier dans son premier long métrage, *Tout le monde il est beau, tout le monde il est gentil.*

DR

1973. *Moi y'en a vouloir des sous.* Le défilé des masses reconnaissantes devant Lepape et Nicole (Jean Yanne et Nicole Calfan) dans leur nouvelle maison, à la fin de *Moi y'en a vouloir des sous.*

DR

1974. *Les Chinois à Paris.* Devant les grands magasins transformés en quartier général des forces d'occupation chinoises, le réalisateur Jean Yanne règne sur une armée d'acteurs, de techniciens et de figurants.

DR

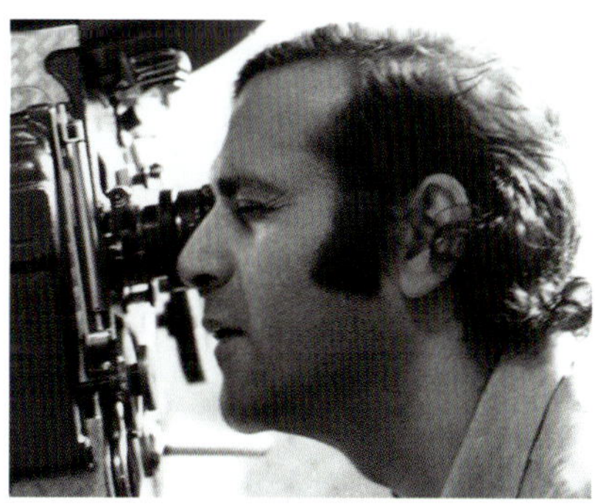

1973. *Moi y'en a vouloir des sous.* Jean Yanne n'est pas devenu réalisateur pour une autre raison que le plaisir de raconter des histoires qui l'amusent, mais il se passionne pour la direction de scènes spectaculaires.

DR

1975. *Chobizenesse.* Le compositeur écorché vif et son metteur en scène : Robert Hirsch et Jean Yanne dans *Chobizenesse*, comédie s'achevant en tragédie.

DR

1976. *Armaguedon.* Jean Yanne redevient acteur en retrouvant le réalisateur Alain Jessua pour *Armaguedon*, au côté de la star Alain Delon.

DR

1977. *L'Imprécateur.* Parmi une pléiade de vedettes du cinéma français, Jean Yanne est le seul personnage lucide dans *L'Imprécateur*, de Jean-Louis Bertucelli.

DR

1979. *Je te tiens, tu me tiens par la barbichette.* Retour à la réalisation pour le cinéaste-acteur Jean Yanne, avec sa comédie sur les tares de la télévision, *Je te tiens, tu me tiens par la barbichette*.

DR

1982. *Deux heures moins le quart avant Jésus-Christ.* Jean Yanne entre le nez de Cléopâtre-Mimi Coutelier et le pif de Ben Hur Marcel-Coluche.

1987. *Attention bandits.* Jean Yanne dans le piège tragique du traître, au début d'*Attention bandits*, film de ses retrouvailles avec Claude Lelouch.

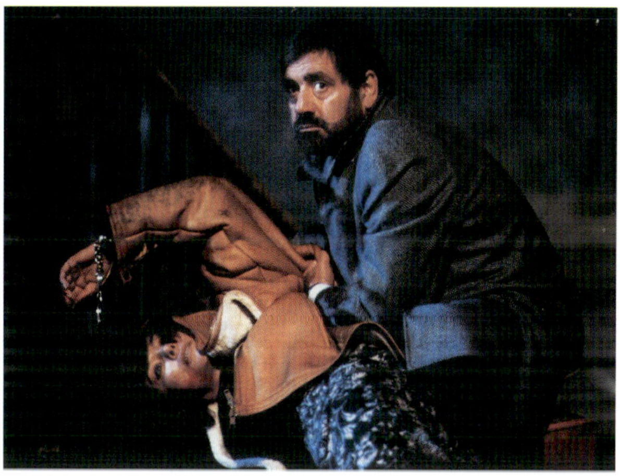

DR

1987. *Fucking Fernand.* Sous ses lunettes de soudeur, Jean Yanne est un assassin cynique mais dépassé par les événements dans le baroque *Fucking Fernand*, de Gérard Mordillat.

DR

DR

1991. *Madame Bovary.* Quatrième et dernière collaboration avec Claude Chabrol : Jean Yanne est le pharmacien Homais dans *Madame Bovary*, entre Jean-François Balmer et Isabelle Huppert.

DR

1992. *Indochine.*
Costume impeccable dans la touffeur asiatique, Jean Yanne est Guy Asselin, le chef de la police dans *Indochine*, de Régis Wargnier.

1993. *Pétain.*
Pierre Laval dans sa cellule : la composition de Jean Yanne dans *Pétain*, de Jean Marbœuf, est saluée comme une performance d'acteur.

DR

DR

1994. *Regarde les hommes tomber.*
Le personnage de Simon dans *Regarde les hommes tomber*, de Jacques Audiard, est une des plus éblouissantes réussites de Jean Yanne devant la caméra.

1998. *Le Radeau de La Méduse.*
Transporté vers sa chaloupe dans son fauteuil, le commandant Chaumareys dans *Le Radeau de La Méduse*, d'Iradj Azimi, film qui mettra onze ans à arriver sur les écrans.

DR

populaires une arme puissante de la révolution » et l'affiche de *Carmeng* est sous-titrée : « Opéra révolutionnaire à thème démocratique et contemporain ». L'argument de chaque tableau est présenté par un sous-titre de la plus pure logomachie maoïste, qui fait beaucoup pour l'intérêt de ce spectacle inclus dans le film.

Le tournage doit durer douze semaines, avec beaucoup de scènes en extérieur : la route de l'exode sur laquelle s'entre-tuent les Français paniqués, les longs cortèges de voitures réquisitionnées par les Chinois, l'installation de l'armée d'occupation dans Paris, le quotidien d'une ville où la circulation automobile est interdite, diverses cérémonies officielles…

La préfecture de Police ne fait rien pour faciliter les choses à Jean Yanne. De nombreuses autorisations de tournage en extérieur dans Paris sont refusées. Pas question de tourner sur les Champs-Élysées, aux Invalides ou même devant les Archives nationales, dont le perron figure dans des dizaines de films pour sa ressemblance avec celui de l'Élysée. Les pelouses du château de Vincennes sont obtenues de haute lutte, mais à l'aube, avec à peine quelques heures utiles pour les prises de vues. Et les immenses portraits de Karl Marx et Lénine ne peuvent rester placardés sur les façades des Galeries Lafayette, de part et d'autre de la rue de Mogador, que le temps de tourner tous les plans extérieurs du haut-commissariat chinois, un dimanche. Lors du tournage, Jean Yanne est déçu par le manque de réaction des badauds. Il s'attendait à ce que les Parisiens s'indignent de voir défiler une armée asiatique… Que nenni, ils vaquent à leurs occupations.

« Chantons et dansons pour exprimer la joie révolutionnaire que nous procure la pensée marxiste-léniniste.
J'apporte des nouvelles du comité du village. La patrouille du chef de section Don-Cho-Sey a anéanti une compagnie de diables impérialistes.
Voici le chef de section Don-Cho-Sey avec une prisonnière. Cette femme a été vue en compagnie des tigres de papier que sont les impérialistes pourris. Pour punir son crime contre l'idéologie, cette femme doit être jugée par le tribunal de l'armée populaire.
Don-Cho-Sey je me repens, je veux faire mon autocritique. – Vois l'avenir radieux que nous offre la révolution… La vache, elle s'est tirée !
Don-Cho-Sey est jugé pour avoir laissé s'échapper la traîtresse. Don-Cho-Sey est dégradé.
Recherchons le camp américain où la maudite traîtresse s'est sans doute réfugiée. Que vois-je ? Les soldats fantoches de l'armée américaine. »
Cartels des premières scènes de l'opéra *Carmeng*, dans *Les Chinois à Paris*.

Comme il s'est révélé impossible de tourner les scènes de défilé en Asie, les assistants de production ont couru tous les restaurants asiatiques et amicales d'étudiants pour constituer en France des régiments de Chinois. Ainsi, les « Chinois » du film sont-ils vietnamiens, cambodgiens, laotiens, coréens, japonais ou thaïlandais. Seule une poignée de Chinois feront partie de la distribution…

Il est vrai que, lors de toutes les scènes en extérieur, une voiture portant une immatriculation du corps diplomatique se gare à proximité du plateau. Il en sort des envoyés de l'ambassade de Chine populaire qui sortent des appareils photo et mitraillent méthodiquement décor, équipe et figurants. Leur présence est si régulière et si peu discrète que, un matin, Jean Yanne annonce qu'il ne tournera pas tant que la camionnette des Chinois n'est pas arrivée. Et il donne le « moteur » seulement quelques minutes plus tard, quand les espions officiels arrivent enfin.

Car Pékin prend le film très au sérieux. L'ambassadeur de France en Chine, Étienne Manac'h, est convoqué par Tchao Kuan-hua, vice-ministre des Affaires étrangères, qui proteste officiellement contre un film « injurieux pour l'Armée populaire, c'est-à-dire pour le peuple chinois, ce qui est intolérable ». À Paris, l'ambassade de Chine populaire multiplie les démarches de protestation au Quai d'Orsay pendant toute la préparation du film, puis auprès du ministère de l'Information, car la télévision française a consacré un reportage aux *Chinois à Paris*. Nouvelle protestation officielle à la sortie du film, notamment contre « le parallèle établi entre la Chine socialiste et l'Allemagne fasciste ».

Il s'agit certes de ce que le langage diplomatique appelle des « notes verbales », c'est-à-dire le premier niveau dans la savante gradation des protestations officielles, mais le ministre français des Affaires étrangères, Michel Jobert, manifeste quand même une inquiétude de circonstance, notamment à propos d'une exposition technique que la France doit présenter à Pékin le 24 mai – quatre millions de francs investis, deux mille mètres cubes de matériel et de marchandises acheminés vers la Chine... De toute façon, ce n'est pas tant l'image extérieure du pays qui importe aux autorités chinoises que l'usage qui peut en être fait dans la guerre entre factions au pouvoir dans ces dernières années de la révolution culturelle et du règne de Mao Zedong.

Mais le feu retombe vite. Tout juste annule-t-on la venue de quelques dizaines de militaires chinois pour une rencontre sportive avec des bidasses français. Pékin n'envisage pas de croiser le fer avec les autorités françaises à propos des *Chinois à Paris*, pas plus que sur *La Chine* de Michelangelo Antonioni, sorti en septembre 1973 et beaucoup plus embarrassant que la comédie de Jean Yanne. En effet, le cinéaste italien avait été invité très officiellement à venir filmer *in situ* la révolution culturelle et avait réalisé un documentaire très critique. Pragmatiques, les Chinois comprennent qu'il ne leur est pas possible d'obtenir des pays occidentaux qu'ils censurent leurs créateurs au nom du respect de la pensée du président Mao…

En revanche, les maoïstes d'Occident amusent la galerie. Fondateur du Parti communiste marxiste-léniniste de France, officiellement dissous depuis 1968, l'ancien résistant Jacques Jurquet écrit au président Georges Pompidou en signant de sa seule qualité de membre du comité de rédaction de l'hebdomadaire *L'Humanité rouge*. Le leader des maoïstes français soutenus par Pékin condamne un « film fasciste et raciste » et réclame : « En ma qualité de Français, je vous demande d'ordonner les mesures nécessaires pour que soit interdit et sanctionné l'outrage au peuple chinois que constitue ce film provocateur et odieux. […] Si vous invoquiez la prétendue liberté démocratique de notre système pour justifier le maintien à l'écran de cette production rigoureusement contraire à l'esprit et aux intérêts de notre pays et de notre peuple, vous vous rendriez complice, monsieur le président de la République, d'un mauvais coup contre la France, contre le prestige mondial du peuple français. »

Quand la presse se fait l'écho des manœuvres de l'ambassade de Chine, quelque temps avant la sortie, Jean Yanne se fait un plaisir de ricaner devant les micros : « Si mon film fait peur à huit cents millions de Chinois, c'est ennuyeux pour le président Mao. » Mais son ironie se fait plus profonde dans une interview à *Combat* : « Les Chinois représentés dans le film sont tous pacifiques puisque leurs armes sont des fleurs. J'aurais pu aussi bien prendre des Martiens car ce sont les Français qui m'intéressent, les profiteurs, les faux résistants, les collaborateurs, ceux qui ne songent qu'à profiter. […] Ce film aurait pu s'appeler *Les Français à Paris sous l'Occupation*. Il n'y a aucun message politique et idéologique mais, si les Chinois veulent me faire de la publicité, tant mieux. » Jean-Pierre Rassam se fait un plaisir de révéler que Jean-Luc Godard lui a reproché de produire un film antimaoïste et qu'il lui a répondu : « Tu oublies que c'est moi qui ai produit ton *Tout va bien*, promaoïste celui-là. Un point partout. »

Les Chinois à Paris n'ont pas seulement de quoi mécontenter maoïstes des deux côtés du monde. Jean Yanne ne se prive pas d'indisposer les gardiens de la mémoire officielle d'une France tout uniment résistante. Si, contrairement au livre de Robert Beauvais, il n'est jamais fait explicitement allusion dans le dialogue à l'occupation de 1940-1944, quelques allusions glacent le sang, comme lorsque Serrault est conduit à la police civique après avoir été raflé par une patrouille franco-chinoise : alors qu'il entre dans le Cirque d'Hiver réquisitionné par les Chinois, on entend le *Shema Israël.*

La télévision du nouveau régime diffuse une nouvelle émission, « Le pilori télévisé », qui propose de « haïr en toute indépendance d'esprit un mauvais citoyen coupable d'agissements contraires aux intérêts des masses populaires. » Et le speaker scande : « Haïssez Zylberstein David, crachez sur votre téléviseur ! »

De menues provocations peuvent hérisser le poil des gardiens du temple, à commencer par l'hymne des résistants, que Michel Magne compose à la ressemblance du *Chant des partisans* sur un texte qui le tourne en dérision : « Compagnon entends-tu c'est le cri du renard qui résonne/Compagnon entends-tu c'est le cri du canard qui frissonne/Dès demain les canards chasseront ces horribles renards. »

Mais, de ce côté-là, le film ne suscitera pas de polémique majeure. Il est vrai que, depuis *Le Chagrin et la Pitié*, de Marcel Ophuls, en 1973, la France ne se regarde plus uniquement dans le miroir rose du résistancialisme unanime. Le hasard veut que *Les Chinois à Paris* vont sortir sur les écrans un mois après *Lacombe Lucien*, qui met en scène un jeune garçon ordinaire que les circonstances conduisent à commettre les pires horreurs dans les rangs des collaborationnistes. Les polémiques qui accueillent le film de Louis Malle vont, d'une certaine manière, protéger Jean Yanne de l'accusation de blasphème historique.

- Les Chinetoques, les Chinetoques, pourquoi ne dis-tu pas les Chinois ou, à la rigueur, les troupes d'occupation ?
- Ma parole, tu milites, t'es complètement passé de leur côté.
- Tu peux parler, tu es à leurs ordres.
- Oui mais moi c'est uniquement pour leur piquer du pognon. L'argent n'a pas d'odeur, tu le sais.
- Mais tu n'as pas compris que l'argent est une notion complètement dépassée.
- Non parce que moi, tu vois, je suis un peu en retard, de ce côté-là.
- Toute ta vie, tu ne t'es livré qu'à des besognes honteuses : journalisme, publicité, films porno, relations publiques. Et maintenant que tu pourrais avoir une chance de te réhabiliter, tu passes encore du côté du profit. Eh bien tu me fais beaucoup de peine.

Dialogue de Montclair (Michel Serrault) et Forneret (Jean Yanne) dans *Les Chinois à Paris*.

* * *

Le montage est complexe, Jean Yanne étant partagé, comme toujours, entre ses envies de cinéaste et ses réflexes de polémiste. Les dialogues se sont rallongés à mesure du tournage et, même à l'image, il n'a pu se retenir de petites plaisanteries qui vont compliquer la mise au point de la version finale de son film. Ainsi, il représente la diversité française dans une fête proposée aux autorités occupantes sur l'esplanade du Trocadéro : long travelling sur les sonneurs de trompe en tenue de chasse à courre, les scouts de France, les Provençaux en costume… et les Bretons brandissent une pancarte « Breizh atao Tsé Toung » – collision de la devise bretonne et de la graphie pratiquée alors en France pour Mao Zedong.

Au bout du compte, le premier montage dure deux heures et vingt minutes, qu'il va ramener à une heure quarante-cinq, notamment au prix de grands sacrifices dans les scènes tournées en extérieur. Quand il arrive sur les écrans, le 28 février 1974, le film *Les Chinois à Paris* est, du point de vue médiatique, la grande affaire de la semaine, puisque le film est à la fois en une de *Jours de France*, l'hebdomadaire de Marcel Dassault, et de son principal concurrent, *Paris Match*. Dans la presse de gauche, la posture critique est souvent politique. Le tout jeune quotidien *Libération* appelle ouvertement au boycott : « Cela peut nous distraire mais en aucun cas cela ne nous oblige à entériner ces pitreries. Pour mettre en échec les industriels, le patronat, Dassault et ses larbins, il y a la grève, en l'occurrence pour ce film, la vôtre, celle des spectateurs. » *Le Nouvel Observateur* tranche : « C'est du poujadisme et de l'espèce la plus dégueulasse. » Robert Beauvais répliquera dans l'hebdomadaire par une tribune remarquant notamment que « poujadiste est devenu l'un des mots-clés de la polémique, l'étoile jaune des nouvelles ségrégations ».

Quand *Le Monde*, supposé de la plus froide objectivité parmi les quotidiens français, fait état de la protestation de l'ambassade de Chine, une petite note en caractères gras et entre crochets (la typographie des commentaires officiels de la rédaction) suit l'article et précise : « La fable du film de Jean Yanne […] décrit la Chine comme une puissance impérialiste, ce qui est absolument contraire à la doctrine constante du gouvernement de la Chine populaire. On comprend d'autant mieux l'irritation des autorités chinoises que la création artistique est, en Chine populaire, l'expression d'une volonté politique concertée et que des films tels que celui de Jean Yanne auraient peu de chances d'y être conçus. » Manifestement, *Le Monde* regrette qu'il n'en soit pas de même en France…

Pékin obtiendra en revanche gain de cause dans de nombreux pays, où *Les Chinois à Paris* ne trouvent pas de distributeur quand le film n'est pas purement et simplement interdit : dans la plupart des pays arabes, en Afrique, en Asie, en Amérique latine et même en Finlande, en Espagne ou dans le Portugal qui tourne la page de la dictature de Salazar. En revanche, la sortie du film aux États-Unis permettra à Jean Yanne de procéder à un nouveau montage qui taille dans les dialogues et les discours et réintroduit des scènes d'ensemble en extérieur coupées dans la version française, suivant en cela le correspondant en France du magazine hollywoodien *Variety*, qui suggérait de resserrer la seconde partie du film avant de conclure sa critique en parlant d'« une habile satire sur un sujet grave, qui parvient à délivrer des messages intelligents sur la nature humaine, et des perspectives politiques et sociales contradictoires ». Le public américain – et notamment sino-américain – s'amusera beaucoup des vues de Paris occupé, mais sans que *Les Chinois à Paris* soient un grand succès d'exportation.

Dans l'immédiat, en France, tout le monde aime *Carmeng*, salué tantôt comme l'idée la plus brillante de Jean Yanne, tantôt comme l'unique séquence que l'on peut sauver du film. Car, une fois mis de côté contexte et péripéties politico-diplomatiques, *Les Chinois à Paris* ne séduisent pas toute la critique. Certes Henry Chapier est enthousiaste dans *Combat* en affirmant : « Ceux qui l'ont suivi depuis le début ne l'aimeront que davantage. Un diable le gouverne, qui cherche à envoyer les autres en enfer. » Mais on lui reproche un scénario brouillon, un rythme trop erratique, un mélange complaisant de satire finaude et de lourde caricature. Surtout, on n'est pas sûr de ses intentions. Robert Chazal craint dans *France-Soir* que, « dans sa peinture d'une France occupée, Jean Yanne en arrive à donner l'impression qu'il épouse les travers dont il se moque ». Plus embarrassant, l'hebdomadaire d'extrême droite *Minute* recommande le film…

Heureusement, l'action des maoïstes français va assurer aux *Chinois à Paris* un utile coup de pouce. À la mesure du budget de production et du soutien de Marcel Dassault, la promotion du film est opulente. Outre les affiches de Tito Topin que l'on voit un peu partout, la sortie des *Chinois à Paris* est accompagnée d'une floraison originale d'autocollants que des escouades de petites mains zélées collent sur tous les trains de banlieue, imitant la manière des divers groupuscules gauchistes qui se manifestent ainsi dans le quotidien des travailleurs.

Surtout, Ciné Qua Non introduit dans la réalité une spectaculaire image du film, qui fait entrer dans une gare parisienne un train hérissé de drapeaux rouges et de calicots révolutionnaires. Un train promotionnel loué pour 250 000 francs (185 000 euros) va aller dans vingt-trois villes pour des premières exceptionnelles des *Chinois à Paris* en présence de l'équipe du film. Yanne et Rassam voient grand, évidemment : un wagon-restaurant avec un imposant buffet gastronomique (inspiré par les régions françaises traversées et non par la cuisine chinoise), des quantités astronomiques de bons vins et bons alcools, des compartiments particulièrement confortables pour le réalisateur et quelques-uns de ses acteurs. Une fois résolu le casse-tête de la coordination entre Ciné Qua Non, la SNCF et les cinémas où auront lieu les séances spéciales, le tour de France du train promotionnel est une belle partie de plaisir. Cocktails et conférences de presse ont lieu à bord.

Partout, on interroge Jean Yanne sur les réactions de la Chine populaire et sur le combat des maoïstes français contre son film. Les graffitis tracés au gros feutre sur les affiches des *Chinois à Paris* sont d'une tournure savoureuse : « Non aux menées contre-révolutionnaires de la clique Dassault-Yanne ! Lisez *L'Humanité rouge* ! » Les « maos » distribuent des tracts devant les cinémas, crient parfois des slogans hargneux. En général, Jean Yanne n'a guère l'occasion de rencontrer les contestataires : de petits groupes manifestent dans les villes où il passe... mais toujours en son absence. On les voit devant la préfecture ou la mairie, mais jamais près de son train. L'incident le plus sérieux a lieu à Bruxelles : la projection doit être interrompue après que des militants maoïstes eurent aspergé l'écran d'encre de Chine.

Très vite, il en vient à compter sur cette agitation pour soutenir la fréquentation des *Chinois à Paris*. La première journée d'exploitation à Paris a été tonitruante, le 27 février 1974, avec 20 531 spectateurs, très loin devant l'autre meilleure sortie de la semaine,

Magnum Force avec Clint Eastwood. Dans les vingt-neuf salles de première exclusivité de la capitale (dont évidemment le Paris de Marcel Dassault) et de sa banlieue, la première semaine totalise 174 865 spectateurs, soit beaucoup mieux que les 134 034 entrées du démarrage de *Moi y'en a vouloir des sous.*

Bonne deuxième semaine avec 128 328 entrées, toujours en première place du classement parisien, et première place dans les villes de province où sortent *Les Chinois à Paris* (Lyon, Nancy, Toulon, Nice, Strasbourg, Metz, Lille...). Mais la troisième semaine est mauvaise : 80 720 entrées et la deuxième place seulement, derrière *Le Mouton enragé* de Michel Deville. Le film de Jean Yanne est en tête à Bordeaux ou Lille pour sa première semaine, mais cède presque partout ailleurs la tête du classement.

D'une de ses étapes promotionnelles en province, le cinéaste appelle Tito Topin et lui commande une publicité. Il s'agit de mettre en scène les affrontements qui animent l'opinion à propos du film. Le dessinateur se souvient aujourd'hui : « Évidemment, c'était la veille pour le lendemain et, après avoir raccroché, il était injoignable. Il voulait que je fasse deux colonnes avec, d'un côté, des extraits des bonnes critiques et, de l'autre, des extraits des articles négatifs. Or il n'y avait pas assez de bons papiers pour faire deux colonnes égales. Alors j'ai inscrit du côté positif : « Un monument... », signé de Siclier du *Monde.* »

Or le critique de *Monde*, Jacques Siclier, avait écrit en conclusion de son article : « Malheureusement, il est peu probable que le public réponde par le mépris à ce monument de mépris et de bassesse morale élevé à coups de millions. » Peu après la parution de la publicité, Jean Yanne doit s'excuser lui-même auprès de l'auteur et de sa rédaction en chef et enguirlande copieusement son complice de *La langouste ne passera pas.*

De toute manière, cette offensive publicitaire de dernière minute ne peut rien contre la désaffection du public. Le score de la quatrième semaine d'exploitation des *Chinois à Paris* est en chute libre, notamment face à la sortie des *Valseuses*, de Bertrand Blier. En sixième semaine, *Les Chinois à Paris* ne sont plus que la quatorzième fréquentation à Paris, à 16 148 entrées. Cela s'appelle un échec.

Jean Yanne racontera plus tard que Marcel Dassault a déchiré devant lui les traites correspondant aux avances de trésorerie qu'il avait consenties à Ciné Qua Non. L'avionneur, d'après les estimations d'époque, aurait perdu 6 millions de francs (4,36 millions d'euros) sur un film ayant généré un peu plus de 8 millions (5,91 millions d'euros) de recettes. Il n'en tiendra pas rigueur au réalisateur mais ne travaillera plus avec lui. Mais il est vrai que *Les Chinois à Paris*, un des premiers films sur lesquels il a autant investi, l'ont enraciné dans l'idée qu'un producteur ne doit pas se laisser guider seulement par ses élans de sympathie personnelle, mais obtenir le contrôle sur le scénario de ses films. Et il est même possible que, désormais lié à Alain Poiré, Dassault ait joué un rôle dans les coulisses du plus grand échec de Jean-Pierre Rassam et Jean Yanne, l'affaire Gaumont.

23. – Défaite, souffrance et peine

(Affaire Gaumont, infarctus, séparation, 1974-1975)

Racheter Gaumont… Jean-Pierre Rassam a entraîné son ami dans cette énorme bataille qui va sonner le glas de ses ambitions mais aussi bouleverser la vie de Jean Yanne. Exploitant un parc de plusieurs dizaines de salles de cinéma tout en étant distributeur de films, la Société nouvelle des établissements Gaumont (la Sneg) est également un poids lourd du cinéma français grâce au talent d'Alain Poiré, qui a la haute main depuis une dizaine d'années sur son activité de production et a construit certains des plus grands succès de Louis de Funès, Pierre Richard ou Georges Lautner… Mais Gaumont appartient à un empire industriel, le groupe Schlumberger, dont elle est une activité presque marginale en termes de chiffre d'affaires. En outre, on trouve parmi ses actionnaires le groupe Havas, empire publicitaire qui n'a jamais cherché à exercer un quelconque contrôle sur ses activités.

Depuis toujours, la famille Schlumberger s'est tenue à l'écart des responsabilités opérationnelles de ses filiales. Or les temps changent. Jean Riboud, qui dirige le groupe, voit que les héritiers veulent intervenir de plus près dans la gestion. Il propose à Jérôme Seydoux, l'aîné, de prendre en main les Compteurs de Montrouge, entreprise en difficulté qui, pour des raisons historiques, détient la participation majoritaire du groupe Schlumberger dans la Gaumont. Contre toute attente, le jeune homme redresse rapidement la filiale. Mais un certain nombre de conservatismes de la maison l'empêchent d'étendre son contrôle à Gaumont. Il quitte le groupe Schlumberger et ne reviendra au cinéma que des années plus tard, en prenant la tête de Pathé, le concurrent historique de Gaumont.

Or cette dernière est une entreprise curieusement fragile. Fin 1971, l'insuccès de la superproduction *Boulevard du rhum* de Robert Enrico, avec Brigitte Bardot et Lino Ventura, met en danger les comptes de l'entreprise. Puis la vente du Gaumont Palace, le plus grand cinéma d'Europe, situé place de Clichy, aboutit à un scandale immobilier qui conduit un des dirigeants à la prison de la Santé. Donc, en 1972, le groupe Schlumberger décide de se débarrasser de la Gaumont. Les grandes manœuvres commencent.

Or il se trouve que Jean-Pierre Rassam est très lié à Henri Langlois, fondateur de la Cinémathèque française et familier des brillants dîners de Jean Riboud. Ami de Max Ernst, le patron de Schlumberger reçoit chaque semaine des artistes et des personnalités de la culture française. Avant même d'entrer dans le combat, Rassam est en quelque sorte adoubé par Riboud et ses amis parce qu'il professe pour la France plusieurs idées qui ont assuré la prospérité récente de grands studios américains : la primauté aux auteurs, le pari sur de jeunes acteurs talentueux que l'on peut transformer en stars en signant avec eux des contrats pour plusieurs films, la coordination entre la politique de production et la gestion des salles de cinéma…

Il compte donc parmi les premiers informés quand Riboud se décide à une vente en deux temps : il faut réorganiser Gaumont tout en préparant sa sortie de l'empire Schlumberger. Rassam se souvient de deux camarades de Sciences-Po : d'une part, un héritier Schlumberger, le jeune banquier Nicolas Seydoux, frère de Jérôme, et, d'autre part, un publiciste en vue chez Havas, Daniel Toscan du Plantier. S'il les convainc tous deux, un nouveau tour de table peut être constitué. Nicolas Seydoux (né en 1939), Daniel Toscan du Plantier et Jean-Pierre Rassam (tous deux nés en 1941) sont la nouvelle génération qui, une fois réglé le montage financier, n'aura devant elle qu'Alain Poiré (né en 1917) pour faire obstacle à ses projets. Et Rassam imagine que Riboud va tout faire pour faciliter la prise de pouvoir du jeune trio.

Tous les témoins l'attesteront plus tard, le jeune producteur est le moteur de la conspiration. Il théorise sur la ligne éditoriale future de la Gaumont, il galvanise Seydoux et Toscan, il prévoit des évolutions à plusieurs années et même la manière dont il prendra pied à Hollywood, il lance des promesses à des réalisateurs et à des producteurs. Une nouvelle structure est créée, en attendant la prise de pouvoir effective à la Gaumont. Au 17 rue de la Trémoille, à quelques centaines de mètres du « 33 », s'installe Syera, dont le nom unit Seydoux et Rassam et les structures englobent Ciné Qua Non. Si Jean Yanne ne participe pas souvent aux réunions avec le trio qui monte à l'assaut de Gaumont, il n'a aucun doute quant à l'issue de la bataille et s'en ouvre volontiers à la presse.

Il n'est pas le seul à se sentir en confiance. Depuis *Tout le monde il est beau, tout le monde il est gentil*, Tito Topin s'est embarqué dans l'aventure de Ciné Qua Non non seulement comme directeur artistique des films de son ami, mais aussi comme publicitaire. À l'époque, le matériel promotionnel du cinéma n'est pas normalisé comme il l'est aujourd'hui. Chaque façade de cinéma d'exclusivité a son propre format d'affiches en fonction de son architecture. Aussi lorsqu'un film sort dans douze cinémas parisiens faut-il décliner le visuel de l'affiche originale en douze combinaisons différentes, plus ou moins verticales ou horizontales, voire en panneaux perpendiculaires pour les cinémas installés à un angle de rue. Et il faut procéder au même travail en dimensions réduites pour épouser les multiples formats des modules de la presse écrite… Cela demande une infrastructure à la fois spécialisée et polyvalente.

Les films produits par Rassam occupent déjà beaucoup Topin et son atelier. Mais qu'en serait-il s'il devait gérer toutes les sorties de la Gaumont ? Le dessinateur se laisse entraîner au vertige ambiant et, avec Jean-Pierre Rassam et Jean Yanne, crée Ciné Qua Non Studio, qui centralisera tout le travail promotionnel des films Gaumont, puisque jusqu'à présent ce producteur, diffuseur et exploitant de salles n'a jamais créé de service publicitaire centralisé et fait appel à une foule de prestataires. Quand Topin trouve des locaux qui lui conviennent parfaitement, rue Lalande dans le 14e arrondissement, il se sent tellement en confiance qu'il signe le bail commercial en son nom propre. Il embauche, il installe des bureaux qui correspondent à ses ambitions.

Comment résister à l'euphorie rassamienne en ce printemps 1974 ? Il a chaque jour un nouveau projet : financer et filmer une gigantesque chasse au trésor aux Caraïbes, créer un complexe touristique aux Comores, lancer une multinationale de l'image de cinéma et de télévision à destination des pays arabes (son Liban natal ne s'est pas encore enfoncé dans la guerre et semble un eldorado), ouvrir des salles de cinéma au Brésil, lancer une grande série de films d'épouvante français, chambouler la presse magazine… Ce dernier projet naît d'une conversation avec Jean Yanne au « 33 » : *Jules* révolutionnera la presse magazine comme les émissions avec Gérard Sire ont révolutionné le rire à la radio. Topin assurera la direction artistique et toutes les plumes amies seront réunies : Gérard Sire évidemment, Remo Forlani, Robert Beauvais, Pierre-André Boutang, Gilles Durieux… *Jules* n'ira pas plus loin que quelques textes, des agapes bien arrosées aux Armes de Bretagne, avenue du Maine, et quelques articles dans la presse qui annoncent des filles déshabillées, un dossier vérité sur le président Richard Nixon, une étude sur l'intelligence des dauphins et un classement des critiques de cinéma établi par les réalisateurs français…

Il en est de même pour une maison d'édition qui devrait sortir des livres sur le thème du tour du monde en quatre-vingts jours et qui passe commande à quelques auteurs. Tout l'édifice repose sur la conquête de Gaumont. Rassam est certain d'avoir convaincu Riboud de vendre à Seydoux et lui les 40 % du capital de la Gaumont possédés par le groupe Schlumberger. Havas suivra Toscan et quelques autres actionnaires seront convaincus dans la foulée… Un nouveau directeur général sera nommé pour assurer la gestion au quotidien tandis que le triumvirat transformera la vieille dame du cinéma français en navire amiral d'une industrie culturelle française enfin audacieuse et résolument tournée vers l'exportation. En février 1974, Jean Yanne décrit dans une interview au *Monde* le mécanisme qui permettra à Jean-Pierre Rassam de prendre le contrôle de Gaumont. Personne ne dément. En avril, dans *Femme d'aujourd'hui*, une journaliste comprend suffisamment mal les explications du cinéaste pour écrire : « Il est aujourd'hui propriétaire du théâtre du Vieux-Colombier et il possède 40 % des parts de la Société Gaumont. Une réussite financière. »

Pourtant, Ciné Qua Non est fragile, terriblement fragile… En même temps que Jean Yanne tourne *Les Chinois à Paris*, pendant l'été 1973, Jean-Pierre Rassam a lancé une autre production pharaonique, *Touche pas à la femme blanche*, de Marco Ferreri.

Au commencement, le réalisateur de *La Grande Bouffe* a une idée un peu potache : tourner l'histoire du général Custer dans le trou des Halles, l'immense fosse laissée à l'abandon pendant une huitaine d'années avant que n'y soit construit le Forum. On verra le général américain massacrer les Indiens puis subir lui-même un sort dramatique lors de la bataille de Little Big Horn. Mais ce qui devait être un film métaphorique tourné avec des moyens légers dans un décor symbolique va devenir une épopée aux prétentions réalistes. Il faut toujours plus de chevaux, plus d'hommes de l'US Cavalry, plus d'Indiens, plus de costumes, plus de matériel de tournage… Et, malgré la présence à l'écran d'une pléiade de grands acteurs (Catherine Deneuve, Marcello Mastroianni, Michel Piccoli, Philippe Noiret, Ugo Tognazzi, Serge Reggiani…) et malgré une campagne promotionnelle exceptionnelle (une bande dessinée quotidienne de Jean Giraud, le créateur de Blueberry, dans *France-Soir*), le film de Ferreri est un échec commercial cuisant. Le verdict est flagrant dès le jour de la sortie de *Touche pas la femme blanche*, le 23 janvier 1974 : alors que son budget est celui d'une superproduction populaire, son écho public est celui d'un film d'art et d'essai.

Pour Rassam, cet échec et celui des *Chinois à Paris* ne devraient pas menacer la prise de Gaumont. Il n'imagine pas que ses plans puissent ne pas se concrétiser, et, avec lui, Jean Yanne, Tito Topin et toute la galaxie gravitant autour du « 33 ». Mais en septembre, le cataclysme survient : Nicolas Seydoux acquiert seul les actions Schlumberger. Syera est tenu à l'écart d'une transaction dont on murmure qu'elle a été annoncée à l'héritier le jour de son anniversaire par sa grand-mère, Anne Gruner Schlumberger. Peu après, Seydoux prend le pouvoir effectif chez Gaumont et appelle près de lui Daniel Toscan du Plantier. Et on reconnaîtra dans un certain nombre de leurs décisions quelques-unes des idées jadis jetées avec feu par Jean-Pierre Rassam.

Que s'est-il passé au sein du trio de comploteurs ? Rien de particulier, sinon des mois de travail avec Rassam. Rien de particulier, sinon la simple logique. Tout bouillonnant qu'il soit, Toscan n'a rien du caractère éruptif de son camarade. Tout jeune, visionnaire et anticonformiste qu'il puisse être, Seydoux n'a pas le tempérament tempétueux de Rassam. Si les deux hommes sont transportés par beaucoup de ses idées, ils sont régulièrement atterrés par ses lubies, ses volte-face, son irrationalité. Rassam est invisible avant la fin de journée et « travaille » jusque vers 2 ou 3 heures du matin. Mais, jusqu'à l'achat effectif des actions Gaumont, Seydoux est banquier chez Morgan Stanley… à des horaires de banquier.

Dans leurs préparatifs à la prise du pouvoir, Seydoux, Toscan, Riboud et leurs alliés dans les divers conseils d'administration rencontrent d'autres messieurs en costume et cravate que Rassam a nommément traités de vieilles merdes ou de vieux cons dans des dîners en ville. Chacun peut rapporter une grossièreté, une foucade, une lubie du jeune producteur. Mais l'on se raconte aussi les colossaux dépassements de budget de Bresson ou Ferreri et leur contrepartie comptable : Ciné Qua Non est au bout du rouleau, Ciné Qua Non court à la faillite, Ciné Qua Non a besoin pour survivre que son patron mette la main sur Gaumont… Et le public est cruel : alors que les films de Jean-Pierre Rassam ne triomphent plus, Alain Poiré fait voler Gaumont de succès en succès – *Le Grand Blond avec une chaussure noire*, *Quelques messieurs trop tranquilles*, *Mais où est donc passée la 7e compagnie ?*… D'un côté, un homme rationnel dont les décisions rationnelles restaurent le lustre de Gaumont ; de l'autre, un producteur qui cède aux caprices d'artistes certes prestigieux mais boudés par le public. Et il faudrait livrer les clés à Rassam, qui a ouvertement l'intention de chasser Poiré ?

Le moment arrive où les comploteurs n'ont plus besoin de l'inventeur du complot, lui-même toujours occupé à quelque autre folie et injoignable au téléphone. Tout se ligue : la loi familiale, le bon sens financier, le box-office, l'esprit de caste, les bienséances au sein du monde des affaires… Rassam ne peut même pas accuser Seydoux de trahison : tous ses alliés ont tourné casaque dans un ensemble saisissant. Bien sûr, on ne le jette pas à la porte. On lui propose de diriger une filiale chargée de travailler à ce que l'on appelle aujourd'hui les « nouvelles technologies », on lui propose un accord de coproduction très avantageux, on lui demande même ce qu'il souhaiterait… Mais on ne lui a réservé ni une part du capital, ni un poste exécutif à l'état-major de Gaumont.

Rassam est blessé, furieux, humilié. Il pique une colère homérique contre Seydoux la première fois que celui-ci le reçoit dans son nouveau bureau de vice-président de Gaumont. Il giflera même Toscan dans le hall du Carlton, pendant le Festival de Cannes 1975…

Il déclare dans une interview à *France-Soir* : « En France, il ne faut pas être arabe si on veut réussir. Et il ne faut surtout pas fréquenter d'héritiers de gauche. » Peu importent les gestes et les cris. Jean-Pierre Rassam est abattu. Les nouveaux maîtres de la Gaumont ne lui tiennent pas rigueur de ses injures. Ils le reçoivent volontiers, iront même lui rendre visite quand il ira mal. Ils citent souvent ses formules visionnaires mais ne lui accordent pas de place au *board*. Les quelque dix ans qu'il reste à vivre à Rassam seront des années chaotiques, entre la drogue, l'alcool, le ressentiment et le long chemin de croix d'une carrière de producteur qu'il ne finira jamais de remettre en route.

* * *

Peu avant l'été 1974 paraît le premier livre sur Jean Yanne. Il est l'œuvre d'un personnage singulier, Dominique de Roux. Fondateur des *Cahiers de l'Herne* et cofondateur des éditions Christian Bourgois, c'est un écrivain, journaliste et pamphlétaire aux activités multiples et aux passions kaléidoscopiques. Il invite Jean Yanne à lui parler, à se livrer, à se raconter, à dévoiler son regard sur l'époque... Mais le cinéaste est très réticent à accepter d'être l'objet d'un livre. Quand il est approché par Roux, il pense qu'il s'agit d'une interview au long cours pour un magazine ou une revue. Il n'est pas particulièrement satisfait d'apprendre que les quelques heures d'entretiens qu'il a accordés deviennent un livre chez Calmann-Lévy, titré en toute simplicité *La France de Jean Yanne*.

Quand il l'écrit, Dominique de Roux est engagé dans la création d'une nouvelle revue après avoir été évincé des *Cahiers de l'Herne*, dans les convulsions politiques qui, au Portugal et dans son empire colonial déliquescent, emporteront le régime de Salazar, dans des collaborations variées dans de nombreux médias...

Est-ce pour cela que ce texte est pour le moins curieux ? Mélange de pamphlet contre une France conservatrice, sans idéal et sans vertu, et de propos à bâtons rompus livrés dans la rudesse de la langue orale, *La France de Jean Yanne* est un livre halluciné qui ne ressemble pas à grand-chose de connu. Jean Yanne en signe néanmoins la préface, certainement composée également par Dominique de Roux à partir de bribes d'interviews, dont notamment un règlement de comptes avec *Le Monde* à propos des *Chinois à Paris*. On y lit ainsi : « Si une certaine France est un cadavre – patriotisme, institutions, paranoïa de classe, comment s'en débarrasser ? Il faut faire ce qu'on fait pour les cadavres. Attendre qu'il pourrisse, se putréfie, se transforme en bonne terre arable. Mais un cadavre n'occupe jamais toute la surface du champ sur lequel on le pose. Tout autour, même si l'odeur gêne, on peut labourer. »

Mais on entend bien distinctement la voix de Jean Yanne dans certaines phrases : « Aucun livre, de qui que ce soit, ne m'a jamais aidé à supporter quoi que ce soit. Sauf peut-être les longs voyages en chemin de fer. »

La France de Jean Yanne ne soulève pas grand intérêt dans la presse ni, semble-t-il, dans les librairies. Il est vrai que le héros de l'ouvrage ne manifeste pas un enthousiasme frénétique pour en assurer la promotion. Il a bien d'autres soucis, et des soucis qui vont aller en s'aggravant…

En septembre 1974, après une soirée très arrosée avec Rassam et quelques amis, puis une fin de nuit chez une jeune femme avec qui il entretient une relation sporadique, Jean Yanne se plaint d'une violente douleur dans la poitrine. Au matin, il a le temps de ranger quelques papiers dans son bureau au « 33 » avant de monter dans l'ambulance. Le diagnostic est rapide : quelques semaines après son quarante et unième anniversaire, il vient de faire un infarctus.

À l'hôpital, il s'amuse de ce que l'appareil de réanimation est fabriqué par Dassault, mais il doit accepter le verdict des médecins et suivre une stricte convalescence. On fait circuler à un journaliste complaisant de *France-Soir* une fable destinée à tranquilliser les partenaires de Ciné Qua Non : si Jean Yanne est depuis le 13 septembre à l'hôpital Broussais, c'est après « un accident de voiture bénin » survenu quarante-huit heures auparavant alors qu'il se trouvait en compagnie de Gérard Sire. « Le médecin généraliste le renvoya au service de cardiologie où l'on s'aperçut que l'état de Jean Yanne nécessitait repos et surveillance médicale. Son état n'est pas considéré comme très grave, mais le comédien, qui était surmené, devra respecter une assez longue période de repos. » L'article, paru le 24 septembre, conclut : « Les prises de vue de son prochain film, consacré au milieu du show-business, seront de ce fait retardées. » Il s'agit manifestement de rassurer les assureurs…

Sur son lit, le cinéaste ronge son frein. Nicole Calfan rentre d'un tournage en Grèce alors qu'il est encore à l'hôpital. Il a tenu à ce que personne ne la prévienne et, pour elle, le choc est rude quand un ami la conduit directement de l'aéroport à l'hôpital. Elle se transforme, dès lors, en garde-malade attentionnée d'un convalescent qui n'est pas toujours facile. Pour Jean Yanne et ses copains, cet infarctus est comme un coup de sifflet au milieu d'une récréation. Avec plus ou moins de conviction, on jure de ne plus picoler avec une telle furie, on parle d'arrêter de fumer… Il abandonne même ses Marlboro au profit de cigarettes sans tabac vendues en pharmacie. Ça ne durera pas.

Quand, début 1975, Claude de Givray tourne pour la télévision un long portrait de René Goscinny, le créateur d'*Astérix* lui dit avoir été très impressionné par l'infarctus de Jean Yanne. Les deux hommes s'étaient côtoyés dans l'entourage de Pierre Dac, notamment pour « 3 14 116 », et le scénariste de bande dessinée, né en 1926, éprouve une inquiétude amicale pour l'acteur-cinéaste. Mais c'est lui qui succombera le premier à un arrêt cardiaque, à l'âge de cinquante et un ans, en novembre 1977.

Il est à peu près interdit à Jean Yanne de travailler pendant quatre mois. Il les met à profit pour se laisser pousser la barbe et pour peaufiner trois projets cinématographiques, trois projets qui confirment son envie de se diversifier et qu'il décrit dans la presse quand il recommence à travailler, début 1975. Il veut tourner *Chobizenesse*, « une comédie méchante sur les milieux du spectacle ». Comme ce film comportera beaucoup de séquences dansées, il veut en utiliser également les chorégraphies pour « un film sur la mort traitée de manière assez rigolote » : soudain, beaucoup de gens qui jouaient avec l'idée de se flinguer passent vraiment à l'acte, ce qui conduit les autorités à essayer d'endiguer par tous les moyens cette épidémie de suicides. Enfin, il projette de tourner *Bizarre, bizarre*, annoncé comme un film de cinéma mais qui ressemble déjà à plusieurs projets d'émissions de télévision qu'il développera dans le futur : « Un film sur la bêtise humaine, sur l'exploit imbécile, comme celui du type qui tire une locomotive avec les dents. » Il veut tourner à travers le monde, sans doute sur une année entière, en fonction des cas extraordinaires qu'on lui signalera.

Beaucoup de projets ? En tout cas, un seul verra le jour, *Chobizenesse*. Mais il est vrai que les turbulences qui vont emporter Ciné Qua Non ne sont pas favorables à la multiplication des chantiers.

Et, pendant ce temps, ses amours entrent dans une période difficile. L'histoire de Nicole et Jean n'est pas une histoire tout à fait rectiligne. L'actrice n'ignore sans doute pas qu'il ne lui est pas tout à fait fidèle. Elle-même a « perdu sa fidélité », comme elle dit joliment dans son livre de souvenirs. Elle a succombé au charme d'un acteur grec, Lakis Komninos, avec qui elle tourne à Athènes au cours de l'été 1974 un film d'aventures qui ne sortira jamais en France, *Synomosia sti mesogeio* (*Dubious Agent* en anglais). Elle lui cède le jour où, à Paris, Jean Yanne est frappé par son infarctus. Découvrir ce qui est survenu en son absence n'en est que plus rude…

Si Jean Yanne, de l'avis médical, se remet bien de son infarctus, la jeune femme voit surtout un homme dont le visage est plus ombreux, les tempes plus grises. Il est moins gai, moins rieur, lance de plus en plus de phrases « aquoibonistes »… Mais il est aussi plus dépendant de sa compagne. Quand elle doit partir tourner en Autriche au cours de l'hiver, il lui dit clairement combien il appréhende son absence. Entre eux, c'est une première.

Mais *Permission to Kill* (*La Trahison*), de Cyril Frankel, est un tournage singulier : Nicole Calfan côtoie Ava Gardner, Dirk Bogarde, Timothy Dalton et Frederic Forrest – une palette étourdissante, de la légende historique au bel homme hollywoodien. Dirk Bogarde la prend sous son aile et se proclame son parrain, tandis que Frederic Forrest se révèle être un complice précieux. Ils flirtent un peu, une tendre amitié naît entre eux. Mais quand Forrest vient à Paris, quelque temps après le tournage, le dîner à trois se prolonge très tard dans la nuit par une virée entre hommes de Jean Yanne et de l'acteur américain. Ils ont déposé la petite Nicole à la maison avant de partir chez Régine…

La jeune actrice ressasse aussi les conséquences professionnelles de son départ de la Comédie-Française. Elle est d'autant plus peinée d'avoir quitté le Palais-Royal que *Les Trois Mousquetaires* de Richard Lester n'ont pas lancé sa carrière comme dans les contes de fées de Hollywood. En revanche, Isabelle Adjani vole de succès en succès. Elle est entrée à la Comédie-Française en 1973 parce qu'on manquait d'une jeune ingénue pour *L'École des femmes* (qui sera en outre filmée par la télévision), puis elle a enchaîné *L'Avare* de Molière, *Port-Royal* de Montherlant, et donc *Ondine*, puisque Raymond Rouleau l'a choisie pour remplacer Calfan, qui lui avait donné envie de monter la pièce de Giraudoux... L'ancienne pensionnaire connaît assez l'histoire du Français pour savoir qu'il n'y a jamais deux jeunes premières à la fois dans la maison de Molière. Si Adjani s'est imposée, c'est parce qu'elle lui avait laissé la place.

Nicole Calfan tentera plus tard d'écrire quel est le trouble complexe qui la saisit pendant ces mois du printemps et du début de l'été 1975 : les cheveux gris et les humeurs sombres de son compagnon, la culpabilité de l'avoir trompé, le ressentiment en songeant à l'erreur qu'a été son départ de la Comédie-Française...

Elle achète un petit appartement. Est-ce un hasard s'il est situé boulevard Flandrin, tout près du deux-pièces qu'elle avait loué avant de partir vivre chez Jean Yanne ? Le 4 juillet 1975, elle s'y installe.

Lui non plus n'est pas resté dans l'appartement de Neuilly. Pour ne pas avoir à la chercher dans les pièces vides, il part à l'hôtel. Il a dit qu'il y passera deux jours. Il y reste deux semaines.

Lorsqu'elle lui téléphone pour lui demander son avis sur telle ou telle question professionnelle, il lui fait remarquer qu'elle a voulu le quitter et qu'elle n'a donc pas besoin de ses conseils. Elle le quitte, mais c'est lui qui rompt. Nicole comprend peu à peu qu'il vaut mieux ne pas appeler. Elle mettra quelques années à guérir de la plaie qu'elle a ouverte. Puis elle rencontrera un nouvel amour.

Quant à lui, il vient de subir sa plus violente peine de cœur.

24. – « Il a chaud bibi, chaud bibi »

(*Chobizenesse*, 1974-1975)

Dès que l'éviction de Rassam par Seydoux est connue, le sort de Ciné Qua Non est scellé : il n'y a plus d'argent dans les caisses et la maison de production ne recevra pas les soutiens attendus. Pour Jean Yanne, la chute est d'autant plus rude qu'elle n'est pas la sienne. Ce ne sont pas les films qu'il a réalisés qui ont coulé Ciné Qua Non. Mais il a perdu tout ce que ses deux premiers succès lui avaient rapporté et que l'échec commercial des *Chinois à Paris* n'aurait pas dilapidé. Le duo qui devait conquérir Gaumont et transformer le cinéma français n'a plus les moyens de ses ambitions.

Jean Yanne a néanmoins assez de crédit pour créer Productions Yanne, société personnelle qui lui permettra de réaliser son prochain film, *Chobizenesse*. Le train fou du « 33 » poursuit quand même sa course sur son aire malgré le coup d'arrêt donné aux projets cinématographiques. Yanne et Rassam ont repris le bail du théâtre du Vieux-Colombier à l'automne 1973. La prestigieuse salle créée par Jacques Copeau est devenue pendant la guerre un florissant club de jazz puis a abrité diverses aventures plus ou moins piteuses. La comédienne Marthe Mercadier l'a transformé pendant une saison en théâtre pour enfants et en cabaret « rive gauche » et, depuis octobre 1971, la salle est à l'abandon.

Aucune rénovation d'ensemble n'a jamais été entreprise. Pire, le Vieux-Colombier a toujours été très mal entretenu et chaque bailleur s'est contenté de replâtrages d'urgence et de travaux techniques sommaires. Il faut réparer le toit, rebâtir le système électrique mis hors service par les infiltrations, remplacer tous les fauteuils, consolider des murs zébrés de lézardes…

Peu après la reprise, Jean Yanne explique au *Monde* qu'il aimerait un lieu où le théâtre pourrait réagir à l'actualité sans les délais du cinéma et sans la poussière des cabarets de chansonniers. Il ne veut pas non plus d'un art de la scène intello, ainsi qu'il l'explique dans une interview : « Le seul à avoir compris, réussi, moi je l'admire vraiment, c'est Planchon. Dans ses spectacles, il s'est toujours arrangé pour offrir d'une part un sujet, un thème d'inspiration sociale, de l'autre des gens qui bougent, chantent ou dansent, des couleurs, des lumières, des formes, des choses rigolotes, quoi. Alors le mec qui vient de passer huit heures devant une chaîne de pneus, il pourra dire : "J'ai rien compris, mais c'était beau." Il en aura eu plein la vue. Ce qui ne l'empêchera pas, peut-être, de jeter à la sortie un regard neuf sur le monde. Au fond, c'est exactement ce que j'essaye de faire au cinéma. »

Il pense faire alterner théâtre conventionnel et café-théâtre, formes novatrices et concerts de jazz, accueillir les copains artistes et repérer de nouveaux créateurs… Mais les travaux traînent en longueur. Il nie dans la presse avoir repris le théâtre de Copeau pour l'offrir à Nicole Calfan. Il lance à un journaliste de *France-Soir* : « N'y a-t-il pas des vieux messieurs pour ce genre de cadeau ? » Or l'intéressée raconte elle-même dans ses Mémoires le projet de Jean Yanne et ses propres réticences : « Jean a décidé de racheter le Vieux-Colombier, de le rénover et de m'en faire cadeau. […] Je ne saisis pas ma chance, encore moins le transport de mon Louis Jouvet pour sa nouvelle Madeleine Ozeray, ou bien encore celui d'un Arthur Miller pour sa petite Marilyn. Désabusée je n'y crois guère… et puis tous ces travaux ! […] J'assiste à de vagues réunions de chantier. Surprotégée je deviens écervelée tandis que Jean fait des projets d'avenir. […] Elle boude le Colombier, trop gâtée, la muse. »

Un an et demi après la signature du bail, le Vieux-Colombier n'est pas rouvert. Au cours de l'été 1975 – et après la rupture avec Nicole Calfan –, Jean Yanne explique qu'il transformera le théâtre en « cellule de créativité » : des auteurs, dessinateurs, musiciens, décorateurs, costumiers ou chorégraphes rassemblés non pour travailler pendant quelques semaines à un film avant de se séparer, mais de manière permanente. « Si un auteur ne peut pas travailler à douze films par an, il est capable d'écrire une émission de télévision par mois », confie-t-il notamment. L'entreprise s'appellera Spermato et il ne lui assigne pas la télévision comme seul horizon. Il a plusieurs idées de films en chantier, la scène du Vieux-Colombier accueillera musiciens novateurs et textes sans tabous, il prolongera *Chobizenesse* par la parution d'un gros livre illustré…

Mais tout est déréglé. Avant même la sortie de *Chobizenesse*, il commence à régner un climat de débâcle au « 33 ». Yanne et Rassam se parlent de moins en moins. On n'essaie même plus de donner un semblant d'existence à des projets de plus en plus révolutionnaires et de plus en plus vagues. L'étau de la réalité comptable se resserre autour de créateurs qui vivent depuis plusieurs années dans un état de surchauffe permanente.

Pour *Chobizenesse*, Productions Yanne a pu s'adosser à Gaumont, mais le climat n'est pas d'une extrême sérénité entre le réalisateur et la maison sur laquelle il aurait dû mettre la main. À l'écriture, Jean Yanne persiste dans son idée de ne plus jouer et de se concentrer sur la production et la mise en scène. Mais il doit se rendre à l'évidence : sa présence à l'écran est déterminante pour tout financeur. Et, en l'occurrence, la Gaumont tient à ce que Jean Yanne soit le héros de Jean Yanne.

Plusieurs scénarios ont été développés avec Gérard Sire. Certains se sont inspirés d'événements d'actualité, d'autres des croisades personnelles des deux hommes de radio. Comme il l'explique au *Figaro* à la sortie du film, le travail avec Gérard Sire est un jeu d'allers et retours entre deux manières d'écrire une histoire : « Nous commençons par trouver un thème. Sire l'enveloppe d'une bonne dose d'histoire d'amour. Moi, je coupe les rôles de femmes, je rajoute chansons et musique, et j'étoffe les rôles masculins. »

Pendant plusieurs mois, Jean Yanne parlera dans ses interviews d'un film évoquant les rapports des Français avec la mort. Il n'est pas très clair sur l'intrigue, mais il en livre le titre : *La mort ça fait pas mal*. Puis il s'oriente sur un sujet qui rejoint son obsession du show-business.

Dans ses trois premiers films, Jean Yanne avait donné libre cours à son goût du music-hall en intégrant des extraits de spectacles à l'action. Il procède tantôt au second degré, comme avec la pièce de théâtre intello de *Tout le monde il est beau, tout le monde il est gentil*, tantôt avec une absolue jubilation de créateur, comme avec *Carmeng* dans *Les Chinois à Paris*. En écrivant *Chobizenesse*, Sire et lui ne tournent plus autour du pot : ils construisent un film qui ne parle que de la scène et du spectacle.

Jean Yanne sera Clément Mastard, directeur de l'Orphéon Palace, music-hall dont il réglait jusque-là tous les spectacles à succès avec sa star, Célia Bergson. Or celle-ci le quitte pour rejoindre une compagnie de théâtre d'avant-garde. Après avoir essayé notamment une pathétique Paulette Kant, il la remplace par Gigi Nietsche (*sic*), ancienne danseuse de l'Orphéon Palace tombée dans la dèche. Pour monter sa nouvelle revue, il a besoin de commanditaires et passe sous les fourches caudines d'un quatuor d'industriels, les frères Boussenard. Mastard a découvert un compositeur extraordinaire, Jean-Sébastien Bloch. Il s'attache ses services et utilise son œuvre pour un spectacle pornographique. Mais, quand Bloch se rebelle, il utilise les subsides de ses commanditaires pour créer son austère *Messe en ré* avec orchestre et chœurs classiques plutôt que s'obstiner à prostituer sa musique dans des spectacles médiocres. Le soir de la première, les frères Boussenard font envahir le théâtre par les policiers en armes. Un moment, les hommes casqués restent immobiles et muets devant la splendeur de la musique. Puis, sur l'ordre des hommes d'argent, ils ouvrent le feu. Mastard et Bloch tombent morts sur scène, côte à côte.

Une fois de plus, le scénario est écrit d'une plume de pamphlétaire. De manière plus ou moins flagrante, *Chobizenesse* est semé de références à de multiples débats de société du moment. Il présente Jean-Sébastien Bloch martyrisé par sa femme et sa nombreuse marmaille à la plus grande joie de leurs voisins, comme un symptôme de l'effondrement du patriarcat dans la société française. Les commanditaires de l'Orphéon Palace sont les quatre frères Boussenard, des rois de l'acier et, par contrecoup, de tout ce que l'on en fait, comme les bazookas. Et ils obtiennent ainsi que Mastard évoque le bazooka dans son spectacle avec force jeunes femmes dénudées. Leurs personnages sont assez transparents pour les Français de 1975 : ils sont à la fois Marcel Dassault et les frères Willot. Les armes, c'est évidemment Dassault, qui aime les jolis films et dont les avions participent à toutes les guerres des années 1970. Les frères Willot – Jean-Pierre, Bernard, Régis et Antoine – ont construit un empire industriel et commercial disparate avec les couches-culottes Peaudouce, des filatures, des tissages, des corderies, des entreprises de négoce international de lin et de coton... Quand Jean Yanne tourne *Chobizenesse*, les frères Willot visent déjà l'empire Boussac avec ses dizaines d'entreprises de textile, les magasins du Bon Marché et la maison Dior. Leur retentissante faillite, en 1981, sera le plus imposant dépôt de bilan en France depuis près d'un siècle, conduira à la fermeture de nombreuses usines et donnera naissance au groupe de luxe de Bernard Arnault.

Pour l'instant, les frères Willot apparaissent déjà comme des « Dalton » de l'économie financière et Jean Yanne leur prête l'interventionnisme et l'absence absolue de sens artistique qu'il a entrevus chez Marcel Dassault. L'avionneur lui avait laissé la bride sur le cou pour *Les Chinois à Paris* mais lui a tenu des propos édifiants sur ce qu'il veut et obtient des réalisateurs d'autres films qu'il produit...

Chobizenesse est aussi une satire de l'obsession pornographique du moment, ce qui amènera son interdiction aux spectateurs de moins de treize ans à sa sortie, puisque pour rire de la fesse, il faut en montrer. Il est vrai que la manifestation la plus flagrante de la révolution sexuelle que vivent les démocraties occidentales est l'omniprésence des images plus ou moins explicites de sexualité. Déjà, en 1969, Jean Yanne avait tourné dans *Érotissimo*, comédie fondée sur la vague érotique déferlant sur la société française. Mais quand Sirc et Yannc écrivent *Chobizenesse*, on ne s'inquiète plus de la mode érotique mais du déferlement de la pornographie.

Un des premiers signes tangibles du basculement dans l'ère du porno a été la performance d'un long métrage allemand, *Helga*, présenté comme « film d'éducation sexuelle ». Lorsque, en septembre 1969, *Le Film français* arrête les comptes des films sortis en 1968, *Helga* affiche quatre millions de spectateurs, précédé seulement par *Le gendarme se marie*, *Le Livre de la jungle* et *Le Petit Baigneur*. Puis *Emmanuelle* a été un des plus grands succès de l'année 1974 (et touchera plus de sept millions de spectateurs en quatre ans), avant que son réalisateur, Just Jaeckin, ne place *Histoire d'O* dans le peloton de tête du box-office de 1975. Encore ces films sont-ils des productions à budget et à ambitions élevés... Mais dans toutes les villes, des cinémas se spécialisent dans une production accumulant purement et simplement des scènes d'accouplement, avec un scénario de plus en plus mince. Cette production pornographique de masse s'est installée dans le paysage et, outre qu'elle suscite d'innombrables polémiques et actions en justice, commence à réellement troubler les professionnels du cinéma français. Car pourquoi écrire des films et les tourner du mieux que l'on peut, alors qu'il suffit de filmer des couples faisant l'amour pour remplir des salles ? Ainsi, la semaine de la sortie de *Chobizenesse*, en octobre 1975, le box-office français affiche *Furies porno* en 10e position, *L'Essayeuse* en 11e, *Histoire d'O* en 12e, *Gorge profonde* en 14e, *Lèvres chaudes* en 16e, *La Grande Partouze* en 24e, *Les Tripoteuses* en 25e, *La Pipe au bois* en 30e, *Exhibition* en 36e, *Frénésies sexuelles* en 37e, *Voulez-vous jouir avec moi* en 38e, *Emmanuelle* (sortie seize mois plus tôt) en 40e...

Les pouvoirs publics se sont émus de la situation et, d'une certaine manière, *Chobizenesse* participe d'un vaste mouvement tendant à faire refluer le porno. Pris à l'initiative du Premier ministre, Jacques Chirac, et du secrétaire d'État à la Culture, Michel Guy, le décret du 30 octobre 1975 établit le classement X qui cantonne la pornographie à des salles spécialisées lourdement taxées. Aussitôt se déclenche le scandale d'*Exhibition*, de Jean-François Davy, documentaire sur le cinéma pornographique qui, en raison de scènes explicites, est classé X et banni des salles « normales ». Et les actions judiciaires d'associations de protection de la famille contre *L'Essayeuse*, de Serge Korber, pour « apologie du vice » vont amener à une décision unique : les négatifs du film vont être saisis et brûlés.

Jean Yanne vise la pornographie chic ou intello en écrivant les scènes dans lesquelles Mastard prédit la fin de la gauloiserie à la française au profit d'une pornographie sèche, troublante, déstabilisante. Et c'est ce qu'il montre : une fesse sans joie, une course à la performance et à la transgression pour laquelle il a du mal à cacher son dégoût. Vigoureusement ennemi du puritanisme, il voit dans la pornographie une autre contrainte du corps et un autre conformisme.

C'est le sens de scènes dans lesquelles on voit Célia Bergson et son théâtre d'avant-garde pratiquer un érotisme « politique » ou les frères Boussenard exiger une chair plus explicitement libérée pour le spectacle qu'ils financent. La chanson *Coït* est de la même inspiration. C'est réellement Jean Yanne qui exprime sa nausée dans les couplets : « Je n'sais pas qui tu es/Je n'sais pas d'où tu viens/Je n'connais pas ton nom/Je n'connais rien de toi/Je t'ai rencontrée il y a une heure à peine/Et depuis une heure, sur cette musique/Nous pratiquons le coït. »

On peut trouver curieux, aujourd'hui, que cette chanson soit sur la face A du 45 tours paru à la sortie de *Chobizenesse*, le joyeux *Il a chaud bibi* étant renvoyé en face B. Cette autre chanson, posée sur le générique du film, est écrite et composée par Jean Yanne. Le refrain est particulièrement efficace et facilement mémorisable : « Il a chaud bibi, chaud bibi/Il a chaud partout bibi, chaud bibi, chaud bibi/Chaud du zizi jusqu'aux fesses, chaud bibi, chaud bibi/Car il est dans le show bibi, chaud bibi, chaud bibi, chobizenesse. » Et les couplets sont de la plus pure eau yannesque : « Quand on est dans le chobizenesse/On n'a pas de pudeur, on tapine et c'est tout/On vend sa tête, on vend ses fesses/Tout le monde il est beau, il veut avoir des sous. »

Mastard. – Non ça va pas. C'est n'importe quoi ! Trois semaines de dessins, de maquettes pour en arriver là ! Bravo ! [...] J'ai demandé des phallus énormes sur des costumes. Pas des trucs pour le bal des Quat'z'arts. Qu'est-ce que ça veut dire, ça, des bretelles bleu-blanc-rouge. [...] J'veux pas que ce soit marrant, moi. Vous comprenez jamais ce que je dis. Le porno, c'est le contraire de la rigolade. Je vous ai demandé des sexes obsessionnels, vous m'avez fait des pafs gaulois. Et la gauloiserie, il y a belle lurette que c'est râpé, depuis que les gens ont des complexes.
Pommier. – Pourquoi ? Avant, ils en avaient pas ?
Mastard. – Non, avant ils avaient des vices, monsieur. Dans ce spectacle, je ne veux que des choses qui dérangent, que des choses qui excitent, que des choses qui font bander. Je virerai impitoyablement tout ce qui fera rire, à commencer par ces biroutes de carnaval.
Après une proposition de costume, colère de Mastard (Jean Yanne) contre son équipe, dont Pommier (Georges Beller), dans *Chobizenesse*.

Pour la première fois, Jean Yanne signe toute la musique d'un de ses films, demandant à Raymond Alessandrini et Claude Germain, deux anciens assistants de Michel Magne, d'arranger et d'orchestrer les partitions pour toutes les formations et styles musicaux des spectacles de Mastard et du théâtre de la Commune. C'est évidemment à l'orgue qu'il a composé toutes les musiques de Bloch, et surtout les thèmes de sa *Messe en ré* qui sera jouée à la fin du film par un orchestre symphonique.

La veine d'éditorialiste de Jean Yanne lui fait évoquer dans son scénario le gauchisme, la drogue et diverses tares du temps. Mais aucun de ses scénarios ne contient autant d'éléments de sa vie et de ses combats. Premièrement, il n'est jamais innocent qu'un réalisateur mette en scène sa propre mort. Et ce n'est pas à proprement parler la police qui l'abat, mais les financiers venant prendre possession du théâtre dont ils sont propriétaires puisque Mastard ne peut plus faire face à ses dettes. Le parallèle avec la destinée de Ciné Qua Non est d'autant plus flagrant que l'entreprise de Jean Yanne et Jean-Pierre Rassam aurait pu survivre si elle n'avait pas produit des films d'artistes aussi imprévisibles que Marco Ferreri ou Robert Bresson – tout comme Mastard se condamne en soutenant Jean-Sébastien Bloch jusque dans ses caprices les plus suicidaires.

La rupture avec Nicole Calfan trouve écho dans les destinées des deux premiers rôles féminins de *Chobizenesse* : l'une le trahit pour aller vivre une carrière plus présentable tout en s'inspirant du travail de Mastard, l'autre se suicide après qu'il a tout fait pour en faire une vraie artiste... Plus que dans aucun autre de ses films, les rôles féminins sont inconsistants, pathétiques, méprisables, caricaturaux.

Surtout, la construction du film est en elle-même le miroir des quelques années au cours desquelles Jean Yanne est devenu un personnage important du cinéma français. Le spectateur de *Chobizenesse* commence par voir les productions les plus opulentes, chatoyantes et simples d'accès de Mastard. Puis il assiste à des créations déréglées, bancales et caricaturales avant d'aborder la sévère *Messe en ré* de Bloch. Certes, cette progression est conforme à la trame dramatique du scénario, mais elle contrevient à des usages cinématographiques qui dépassent de loin le seul dogme hollywoodien de l'*happy ending*. Tout *Chobizenesse* est une progression de la lumière vers la nuit, du plaisir vers l'austérité, du rire vers le désespoir. Il n'y a guère de quoi encourager un bouche-à-oreille enthousiaste des amoureux de la comédie...

Dès l'écriture du scénario, Yanne et Sire pensent que Jean-Sébastien Bloch sera Robert Hirsch. L'immense sociétaire de la Comédie-Française portera la démesure des exigences du musicien autant que la détresse du père de famille bafoué. Jean Yanne l'avait côtoyé sur le plateau de *Monnaie de singe* d'Yves Robert, et avait apprécié sa discipline et sa simplicité – toujours le besoin de s'entourer d'acteurs agréables.

Pour incarner Gigi Nietsche, il choisit une personnalité majeure du monde des cabarets parisiens à grand spectacle, Liliane Montevecchi. Danseuse et comédienne, elle est un personnage hors normes. Elle a débuté comme étoile chez Roland Petit, est partie à travers le monde avec la troupe des Branquignols pendant plusieurs années. Puis c'est Las Vegas et Broadway avant qu'elle revienne comme meneuse de revue des Folies Bergère en 1972. Elle ne manque pas d'expérience au cinéma : elle est la danseuse des *Contrebandiers de Moonfleet* de Fritz Lang et a joué dans *King Creole* avec Elvis Presley. Elle vient de passer le cap des quarante ans et elle accepte le défi d'incarner une ratée pathétique que Jean Yanne va enlaidir à l'envi.

Dans l'ensemble, le casting de *Chobizenesse* contient assez peu de compagnons habituels de Jean Yanne. Mais il retrouve Georges Beller, quelques années après *Fantasia chez les ploucs*. Son rôle sera celui de l'administrateur du théâtre, perpétuellement affolé par les impayés, les menaces des huissiers et le je-m'en-foutisme financier de Mastard. Aujourd'hui, l'acteur garde le souvenir d'un tournage enchanté, notamment pendant les presque deux mois au théâtre de la Renaissance, à partir du 5 mai 1975. La scène, la salle, les coulisses et les couloirs sont un décor parfait (en revanche, la façade extérieure est celle du théâtre Édouard-VII). Il nous a raconté : « La folie que l'on voit à l'écran est exactement l'ambiance de tournage. Il y a des castings avec des messieurs déguisés en filles, des garçons maquillés... C'est délirant, joyeux, avec beaucoup d'idées folles très drôles à tourner. L'équipe est très agréable, avec des personnages comme Liliane Montevecchi – excessive, drôle, survoltée, parlant toujours très fort. »

Si le film n'exige pas beaucoup d'extérieurs, le budget est tiré vers le haut par la réalisation des centaines de costumes de scène et des nombreux décors de spectacles. Mais Jean Yanne ne dissimule pas son plaisir en tournant les opulents numéros de music-hall qu'il a conçus.

La sortie est prévue le 22 octobre 1975. Le contexte n'est pas tout à fait favorable, après une série d'événements cinématographiques imposants : au cours des trois semaines précédentes sont sortis *Flic Story* de Jacques Deray avec Alain Delon, *La Course à l'échalote* de Claude Zidi avec Pierre Richard et Jane Birkin, *L'Histoire d'Adèle H* de François Truffaut avec Isabelle Adjani, *L'Incorrigible* de Philippe de Broca avec Jean-Paul Belmondo, et *Le Téléphone rose* d'Édouard Molinaro avec Mireille Darc... *Chobizenesse* est à l'affiche de neuf salles d'exclusivité à Paris intra-muros et de sept autres en banlieue, configuration un peu plus large et flatteuse que l'autre grosse sortie de la semaine, *La Chevauchée sauvage*, western de Richard Brooks avec Gene Hackman et James Coburn.

Dès le premier jour d'exploitation, les chiffres n'ont rien à voir avec ceux de *Tout le monde il est beau, tout le monde il est gentil* ni même avec ceux des *Chinois à Paris*. *Chobizenesse* n'est que la sixième fréquentation de la semaine, sans parvenir à s'imposer face à *L'Incorrigible*, *La Course à l'échalote*, *Le Téléphone rose*, *Flic Story* ou *La Chevauchée sauvage*. Avec 43 609 spectateurs en première semaine à Paris, Jean Yanne a d'autant moins d'espoir de réussir une performance sur la durée que la critique est très mitigée.

Les articles traitant de *Chobizenesse* ressemblent souvent à des diagnostics psychologiques. *Le Point* y voit « une détresse quasi suicidaire », *Valeurs actuelles* évoque « un air de tristesse dans la dérision qui ressemble au désespoir, ou plus simplement à un coup de cafard », *Le Journal du dimanche* parle d'« une sorte de vrai désespoir » et, selon *Le Monde*, « Jean Yanne traverse cette œuvre comme un mauvais rêve ». Et les coups pleuvent : « le plat ne prend pas », selon *Le Figaro* ; « un naufrage », selon *Les Nouvelles littéraires* ; « un mauvais goût laborieux », selon *Le Quotidien de Paris* ; un film « grinçant, déplaisant, trop long et complaisant », selon *Les Échos*... Quelques plumes défendent pourtant le film, comme Robert Monange, de *L'Aurore*, qui voit dans son réalisateur « l'auteur actuel le plus proche de l'esprit de Molière. Le rire qu'il déclenche se fait d'ailleurs aux dépens des mœurs de son époque et les gens qu'il tourne en dérision sont parfois ses propres financiers ».

Télérama, selon une formule qui lui est classique, consacre deux critiques à *Chobizenesse*. L'une exécute « un film terne, ennuyeux, monotone ». L'autre soutient que « le film reste drôle de bout en bout ; et même ceux que sa suffisance exaspère doivent reconnaître que Jean Yanne a bien du talent ». Car sous le compliment pointe un agacement qui va trouver de plus en plus souvent écho dans la presse française : « Comme d'habitude Jean Yanne dans son film est tout beau, tout gentil et surtout très intelligent ; et le monde qui l'entoure est peuplé de vilains, de méchants et surtout d'imbéciles. [...] Son personnage fait figure de justicier hyper-lucide. »

Malgré une deuxième semaine meilleure que la première (avec 51 701 spectateurs), la fréquentation de *Chobizenesse* décroche vite : 8e place à Paris en troisième semaine, puis le film disparaît dans les limbes du classement. Les sept semaines d'exclusivité parisienne n'attireront que 188 647 spectateurs, soit moins que les deux premières semaines de *Tout le monde il est beau, tout le monde il est gentil*. L'échec blesse profondément le scénariste et réalisateur. Il est persuadé d'avoir réalisé là son meilleur film, et celui qui ressemble le plus à ses opinions, à ses envies et même à son désespoir. C'est le film dans lequel entre la plus grande part d'autoportrait et la plus large palette de ses talents créatifs, de l'écriture à la conception de spectacles, du jeu d'acteur à la composition musicale. Dans *Chobizenesse*, Jean Yanne s'est dévoilé comme jamais il n'avait osé le faire. Tito Topin juge aujourd'hui que « c'est sa plus grande déception ». Georges Beller se souvient qu'« il ne comprend pas pourquoi le film ne marche pas ».

Ce n'est pas seulement de l'incompréhension : l'échec critique et commercial de *Chobizenesse* est l'exact reflet de son scénario. Jean Yanne s'était montré fusillé par les CRS, abattu sur scène pour l'amour de l'art. Il a désormais le sentiment de l'être réellement.

Mais si cet insuccès est une blessure profonde pour le créateur, c'est aussi une catastrophe pour le producteur Jean Yanne.

25. – Terreur et imprécations

(*Armaguedon*, *L'Imprécateur*, 1976-1977)

La période est difficile. Jean Yanne a subi coup sur coup la faillite de Ciné Qua Non, son infarctus, le départ de Nicole Calfan et l'échec de *Chobizenesse* – quatre chocs destructeurs. Il lui arrive souvent de broyer du noir, chassant les nuages par les techniques habituelles des mâles blessés, de la beuverie entre garçons à la rencontre féminine tarifée, d'une bruyante misogynie à l'expression désabusée d'un relativisme moral radical.

Au cours de l'été 1976, Jean Yanne est invité dans la villa d'un ami à Saint-Tropez. La piscine est magnifique et accueille une séance de photos. Il admire les deux créatures sculpturales qui posent et finit par lier conversation avec l'une d'elles, grande blonde longiligne lourdement maquillée. Elle s'appelle Dany Coutelier.

Saint-Tropez ne lui est pas familier. Lorsque, le soir, Jean Yanne lui propose de l'accompagner pour le dîner, elle se présente en talons hauts et robe de dentelle, avec toujours sa carapace de maquillage. Elle se trouve en complet décalage avec les jeans et babouches de ses hôtes mais, obstinée, refuse de se changer pour se conformer à l'étiquette tropézienne, résolument détendue. Le cinéaste s'amuse de ce que, juchée sur ses hauts talons, elle le domine nettement. Mais le charme agit.

Ce pourrait être un amour de vacances. Ils vont vivre une douzaine d'années ensemble et il sera, jusqu'à sa mort, son soutien fidèle. Actrice ou costumière de cinéma, la carrière de Mimi Coutelier se fondera en quasi-totalité sur sa relation avec Jean Yanne. Personnage assez transparent mais personnalité plutôt opaque, elle a soigneusement entretenu le flou sur ses origines et son parcours avant leur rencontre.

C'est Jean Yanne qui change son prénom et la baptise Mimi. Selon les récits que l'un et l'autre feront de sa vie auparavant, elle vient d'une famille modeste du Nord, en partie d'origine polonaise. Son père travaille sur le port de Dunkerque et ils sont cinq enfants. Plutôt douée en classe, elle est la plus jeune bachelière de France, cette année-là, lui dit-on. La même année, elle emporte le titre de Miss Flandres, alors qu'elle s'est présentée au concours un peu par hasard, tout en travaillant sur les marchés.

Or il n'est pas question qu'elle fasse les études dont elle rêve – on n'est pas avocat, dans ce milieu-là. Mais elle refuse de faire des marchés toute sa vie. Elle part avec cent francs en poche, s'installe à l'hôtel, trouve un petit boulot, puis un autre… Elle se présente aux présélections pour devenir Miss France. Il faut partir à Paris. En arrivant, gare du Nord, elle voit des publicités pour le Salon du prêt-à-porter de la Porte de Versailles. Elle s'y présente. On l'engage pour présenter des manteaux de fourrure. La voici mannequin. Elle commence une vie curieuse de défilés et de cocktails avant de retourner dormir dans sa mansarde sans lavabo. Le matin, elle descend se maquiller au café. Et elle téléphone aux maisons de couture pour se faire prêter des vêtements de prix. Les quinze jours des sélections finales de Miss France commencent. Elle dissimule ses immenses cheveux sous un chapeau différent chaque jour. Le dernier jour, elle les libère. Effet énorme. Elle est élue même si, comme elle le dira à un journaliste plus tard, elle est « plus tarte que les autres filles ».

Pour elle commencent plusieurs années dans le monde cruel des Miss. Tout se joue sur l'apparence, et l'apparence cache une dureté terrible dans la concurrence entre filles et entre organisations. Dany grimpe peu à peu les échelons : elle devient Miss Europe puis Miss Internationale. Elle y gagne un an de séjour gratuit au Plaza Athénée mais doit verser 30 % de ses gains à l'organisation qui a présidé à son élection. Avec, en plus, les sollicitations sordides de messieurs riches à la recherche de belles jeunes femmes pour les accompagner à un dîner ou beaucoup plus loin…

Sans qu'il soit sûr que toute cette histoire soit fausse, elle n'est pas vraie. On ne peut affirmer qu'il y a dans la réalité moins de

Zola que dans ce qu'elle raconte, mais il y a en tout cas moins de de romance à l'eau de rose. La réalité est beaucoup moins spectaculaire et glorieuse, même si Dany Coutelier a, en effet, frayé dans ce monde des concours de beauté.

Des coupures de presse régionale, début 1973, parlent d'elle comme dauphine d'une certaine Mlle Mostron qui serait Miss France – certainement une manifestation d'un comité dissident organisant des shows en province, mais ce n'est pas la Miss France officielle. Dany Coutelier apparaît encore en avril 1974 à Tenerife, aux Canaries, dans un concours de Miss Europe décerné par le comité officiel et international Miss Europe – un titre dissident. Elle porte les couleurs de Monaco et obtient la troisième place derrière la Norvégienne et l'Espagnole. On entend encore parler de Dany Coutelier dans ce milieu quand elle se présente au concours officiel de Miss France en 1975 avec l'écharpe de Miss Paris. C'est, semble-t-il, son seul titre reconnu dans les archives des comités les plus officiels. Elle n'a été ni Miss France, ni Miss Europe, ni Miss Internationale.

La jeune femme que rencontre Jean Yanne est surtout, donc, une de ces beautés qui gagnent leur vie de podium en séance de photos. Elle a la passion de la mode et elle a pris l'habitude de réaliser elle-même une bonne partie de sa garde-robe, ce qui est sa seule qualification et sa seule autre inclination que l'usage de sa plastique.

Si un certain nombre de proches ou de relations professionnelles de Jean Yanne nous ont fait part du mystère que revêt pour eux cette union, il semble aussi que lui-même ait été bien en peine de l'expliquer – non sur son principe, mais sur sa durée. Car la jeune fille n'éprouve pas pour le cinéma – ni pour les choses de l'esprit en général – la gourmandise volontiers érudite de son compagnon. Mais il semble bien, selon divers témoignages, qu'elle soit une cuisinière particulièrement douée.

* * *

L'imprudence financière de Jean Yanne a des conséquences immédiates : les dettes de sa maison de production deviennent les siennes. Il doit rembourser des prêts et des avances consentis par les banques, auxquels vont s'ajouter ses dettes fiscales personnelles. Ses deux succès, *Tout le monde il est beau, tout le monde il est gentil* et *Moi y'en a vouloir des sous*, ne bénéficient pas de la chronologie d'exploitation des films telle qu'elle existe aujourd'hui, avec une durable traîne de diffusions télévisées et de ventes en vidéo ou sur Internet. Le peu que ces films rapportent encore est immédiatement englouti par les créanciers de Ciné Qua Non.

Jean Yanne doit se résoudre à reprendre le chemin des studios, mais seulement pour apparaître devant la caméra. Ce faisant, il ne cache à personne ses mobiles. Quand un journaliste du *Figaro* vient l'interviewer sur le plateau de son premier film de « mercenaire » depuis *Nous ne vieillirons pas ensemble*, il affirme être là « primo pour gagner l'argent de mon indépendance ». Et il ajoute ne pouvoir « interpréter des personnages dramatiques que dans les films des autres. Dans les miens, les producteurs, les distributeurs, le public exigent que je fasse rire ». Alain Jessua, le premier réalisateur à le faire tourner depuis Maurice Pialat, nous a confirmé que « Jean Yanne ne cachait pas que tout son cachet allait servir à payer des dettes ».

Donc, il reprend le collier avec le premier réalisateur qui l'a fait tourner, une douzaine d'années plus tôt. Alain Jessua est resté un cinéaste hors normes qui cherche ses sujets aux limites du film de genre et avec une passion assumée pour les questions sociales embarrassantes. Il en résulte qu'il tourne peu, mais construit une œuvre respectée. Depuis *La Vie à l'envers*, il n'a réalisé que deux longs métrages, *Jeu de massacre*, avec Jean-Pierre Cassel et Michel Duchaussoy, et *Traitement de choc*, avec Annie Girardot, Alain Delon et Michel Duchaussoy. Pour son quatrième film, il propose à Jean Yanne d'incarner un criminel d'un genre nouveau, tel qu'il pourrait en apparaître dans ces années 1970 accablées par le terrorisme.

Après avoir échoué dans la construction d'une production de science-fiction tournée aux États-Unis, Alain Jessua a décidé de porter à l'écran un best-seller, *Le Plan Armaguedon*, du romancier américain David Lippincott, paru en France en 1974, qui met en scène une sorte de terrorisme individuel. Le propos est singulier mais extrêmement stimulant alors que, depuis plusieurs années, le monde vit au rythme des attentats et des détournements d'avion.

Le terrorisme palestinien a ensanglanté les Jeux olympiques de Munich en 1972, les bombes d'ETA tuent notamment le Premier ministre espagnol, Luis Carrero Blanco, l'Italie est submergée par une vague d'attentats de l'extrême gauche et de l'extrême droite, l'IRA frappe en Grande-Bretagne, l'Asala s'en prend aux intérêts turcs dans toute l'Europe... Et la violence politique frappe partout : de trente-huit avions détournés dans le monde en 1968, on est passé à soixante-dix en 1972 ! La France, qui n'avait guère connu de terrorisme depuis l'attentat du Petit-Clamart contre le général de Gaulle, en août 1962, vit ses années de plomb. Les passions proche-orientales s'invitant sur notre sol s'ajoutent à un sinistre inventaire qui s'amplifie chaque année : plasticages corses et bretons, groupe Charles-Martel à l'extrême droite, Gari et Napap à l'extrême gauche avant la naissance d'Action directe...

Lippincott a imaginé un terroriste solitaire mû non par un but collectif, mais seulement par sa propre rancune contre la société. C'est ajouter le mystère du criminel psychopathe à l'angoisse du crime de masse. Le sujet intéresse forcément Jean Yanne : au moment de la sortie de *Chobizenesse*, il a évoqué auprès de la presse le projet d'un film intitulé *L'Avion* qui raconterait l'histoire d'un Français détournant un Boeing 707 uniquement pour pouvoir se faire entendre...

Dans *Armaguedon*, l'homme solitaire qui menace la paix du monde voit se dresser devant lui un psychiatre aux vues révolutionnaires dont Jessua réserve le rôle à Alain Delon. Il pense rapidement à Jean Yanne pour incarner Louis Carrier, employé d'une société de dépannage d'électroménager à Hénin-Liétard, dans le Pas-de-Calais, qui a toujours vécu une vie de frustrations et de petitesses. Lorsqu'il touche l'assurance décès de son frère, mort dans un accident de voiture, il court voir son seul copain, un colosse très limité intellectuellement, surnommé Einstein, qui nettoie les abords d'un HLM. Carrier lui promet d'abord : « Achète les journaux, on va parler de moi ! » Et il s'enfuit à Paris. Quelques jours plus tard, il revient chercher Einstein : il a un plan. Son comparse le photographie un peu partout en Europe auprès de grandes personnalités (le patron de la Banque d'Italie, le chanteur Mick Jagger, le directeur de Mercedes...) et il inonde les polices du continent de ces clichés et de cassettes audio de menaces en plusieurs langues, annonçant pour le jour d'un sommet de chefs d'État à Paris la venue de l'Armaguedon. Il se donne en effet comme pseudonyme le nom du lieu où, dans l'Apocalypse de Jean, a lieu le combat eschatologique entre le Bien et le Mal – « L'ennemi biblique nº 1 », ricanera *Le Canard enchaîné* à la sortie du film. Le policier chargé de le traquer fait appel à un psychiatre qui décrypte sa personnalité et tente de prévoir ses actions. Tout se resserre autour du théâtre de la Renaissance, à Paris, où a lieu une émission de variétés retransmise en direct à la télévision. Carrier se lance dans un terrible chantage à la bombe pour obtenir son « temps d'expression » sur toutes les chaînes de télévision européennes. Il fait diffuser un film dans lequel il exprime sa frustration de n'avoir jamais eu voix au chapitre, ni dans sa vie de famille, ni dans la société des hommes. Il appelle l'humanité à s'aimer et à vivre dans l'harmonie, mais ses otages, pourtant menacés de l'explosion d'une bombe, rient aux éclats en entendant la naïveté de son message. À ce moment-là, la police surgit dans l'appartement d'où il dirige le plan Armaguedon – le terroriste est abattu, force reste à la loi…

« Vous ne riez plus, vous avez peur hein ? Vous ne comprenez que ça, la peur. Mais moi il me suffit d'appuyer sur un petit bouton, ici à côté de moi. Je ne vous entends plus. Vous m'écoutez, maintenant. Vous m'écoutez parce que vous avez peur. Et vous avez peur parce que vous savez que j'ai tué. Ben oui j'ai tué. J'ai tué, j'ai tué parce que je voulais parler. Mais vous n'avez peut-être pas besoin qu'on vous parle. Ou en tout cas pas comme ça. Vous voulez pas qu'on vous dérange. C'est ça, vous voulez pas qu'on vous dérange. Vous savez pas écouter, vous savez pas voir. On vous a endormis. Des larves, des larves, des grosses larves, des gros insectes, des gros insectes qui courent partout, qui bouffent, qui copulent. Voilà ce que vous êtes. Des grosses larves. Et moi qui voulais vous réveiller. Mais non, vous restez là, dans vos petites cages. Vous rigolez. Vous digérez en rigolant. Et vous osez me juger, moi. Me juger moi avec vos yeux morts. Des morts qui me jugent, moi. Et vous pouvez rester comme ça sans rien faire. Mais moi au moins j'ai essayé de faire quelque chose. J'ai tenté de faire quelque chose et personne n'a pu m'en empêcher. J'ai tué et je tuerai encore peut-être. »
Discours de Louis Carrier (Jean Yanne) à ses otages dans *Armaguedon*.

À la sortie du film, les spectateurs ignorent à quel point le tournage d'*Armaguedon* a été difficile pour le réalisateur. Aujourd'hui, Alain Jessua avoue ce que fut son calvaire : « Il m'arrivait de me cacher dans un coin pour pleurer. Sans Jean Yanne, je n'aurais pas tenu le coup. »

Il faut comprendre le statut d'Alain Delon dans le cinéma français. Depuis que les années 1950 l'ont révélé, son étoile n'a cessé de monter jusqu'à lui valoir un statut singulier au box-office français. Il ne se passe pas une année sans qu'il inscrive son nom parmi les plus grandes fréquentations de l'année : *Borsalino*, *Le Cercle rouge*, *La Veuve Couderc*, *Un flic*, *Le Professeur*, *Traitement de choc*, *Les Granges brûlées*, *Deux hommes dans la ville*, *Borsalino & Co*, *Les*

Seins de glace, *Zorro*, *Flic Story*… Un cinéma populaire et « de qualité », comme on le dit à l'époque, des films construits sur son personnage aux nerfs d'acier et au regard d'une densité unique. Mais Delon ne se contente pas de promener son regard d'aigle et son profil de médaille sur les affiches des cinémas des boulevards : il se rêve beaucoup plus grand qu'en acteur.

Déjà, en 1973, Delon a coréalisé *Les Granges brûlées*, mais sans apparaître au générique. Ce polar rural qui le voit affronter Simone Signoret est signé de Jean Chapot, qui ensuite ne se consacrera plus qu'à la réalisation de téléfilms et de dramatiques télévisées. Mais c'est surtout en tant que producteur que la star développe un flair et un savoir-faire incontestables. La première fois qu'il intervient dans la production d'un film dont il est le héros, les raisons artistiques sont évidentes : *La Motocyclette*, de Jack Cardiff, d'après un roman d'André Pieyre de Mandiargues, est impossible à monter malgré sa présence et celle de la chanteuse Marianne Faithfull au générique. Il investit donc son cachet dans la production.

Delon devient coutumier du fait. Il a déjà coproduit une quinzaine de films quand Alain Jessua lui propose de tourner *Armaguedon*. Les deux hommes sont en confiance depuis *Traitement de choc*, sorti début 1973. Sur un scénario mêlant intrigue horrifique et réflexion sur les dérives de la médecine, Jessua avait fait de Delon un médecin menant de curieuses expériences dans un institut de thalassothérapie où il affrontait la curiosité inquiète d'une patiente, Annic Girardot.

Pour *Armaguedon*, Jessua est précisément confronté à des difficultés qui conduisent Alain Delon à investir financièrement dans le film. Dès lors, beaucoup des décisions artistiques sont orientées selon ses intérêts. Le policier sera Michel Duchaussoy, qui était déjà à ses côtés dans *Traitement de choc*. Einstein sera Renato Salvatori, frère de Delon dans *Rocco et ses frères* en 1960, et qui a épousé Annie Girardot, vedette féminine du film de Luchino Visconti. Mais le tout-puissant acteur et producteur est ravi de tourner avec Jean Yanne, qu'il admire depuis ses films avec Claude Chabrol.

Armaguedon doit être tourné en seize semaines dans cent cinquante lieux différents en France, Belgique, Italie, Allemagne et Grande-Bretagne. Dès les premiers jours, le tournage devient un cauchemar pour Alain Jessua. Il se souvient : « À l'époque, on subissait les conséquences d'une décision de Jean Gabin de ne plus faire qu'une prise quand il tournait. Un certain nombre d'acteurs l'imitaient, persuadés qu'ils connaissaient parfaitement leur métier. Or on ne connaît jamais ce métier et le travail d'un réalisateur est justement de pousser les acteurs à faire autre chose que ce qu'ils font à la première prise. Le début du différend a été un plan où Delon donne un regard. Après la première prise, je lui demande : "Peut-on la refaire avec plus d'intensité dans le regard ?" Il me répond : "Monsieur Jessua, je la refais mais elle sera exactement la même." Et, dès lors, tout a dégénéré. À la fin du film, il ne m'adressait plus la parole et nous communiquions par l'intermédiaire des assistants. »

Le réalisateur diagnostique pourtant très clairement le problème d'Alain Delon, qui ne tient pas, au fond, au nombre de prises tournées. La star comprend trop tard que le rôle principal du film n'est pas le sien. Le personnage du terroriste est imprévisible, complexe, opaque, aussi touchant qu'inquiétant. Celui du psychiatre est classique, lisse, prévisible même lorsqu'il se révolte contre sa parfaite réputation. Dans un film singulier qui porte un regard renouvelé sur le présent, Delon ne s'éloigne pas des clichés de Delon. Il n'a rien à proposer dans *Armaguedon* que le public n'ait déjà vu dans une douzaine de ses films. En revanche, Jean Yanne va présenter un personnage qui, par essence, échappe aux stéréotypes.

Delon a l'habitude d'un certain type de rôle assez ancré dans le réel alors que le parti pris de Jessua est de tourner le dos au réalisme. Ce qui imposait sa stature face à celle de Girardot dans *Traitement de choc* se retourne contre lui quand il est face à Yanne dans *Armaguedon*. « Delon s'était rendu compte qu'il était le faire-valoir de Jean Yanne, résume Alain Jessua. Jean Yanne était très gêné et faisait tout pour ne pas envenimer les choses, tant il voyait que le grand rôle du film était le sien. Mais Delon ne lui en voulait pas du tout. Une de ses forces est justement de ne pas être blasé, d'avoir des enthousiasmes, des tocades. Et il admirait énormément Jean Yanne. Sa colère s'est concentrée sur moi. »

Les journalistes les mieux informés ne sont pas dupes. *L'Express* se réjouit pour eux qu'ils aient eu peu de scènes ensemble : « Tant mieux : l'estime est restée. » Peut-être, en effet, en aurait-il été autrement si les deux acteurs principaux d'*Armaguedon* – dont les noms apparaissent côte à côte au générique – avaient eu plus à tourner ensemble. Mais ils se contentent d'échanger un regard lors de l'échec d'une opération policière contre le terroriste, qui n'a pas encore été identifié. Et ils jouent leur seule vraie scène à la toute fin du film. Après l'intervention des policiers, alors que Carrier agonise sur le sol, le Dr Ambrose se penche sur lui et prend sa main : « Je crois que j'ai gagné. – Oui Louis, vous avez gagné. » C'est tout.

Les relations de Jessua avec Yanne sont en revanche idylliques. Le réalisateur explique : « Il apporte énormément à un metteur en scène. Il est sincère dans le jeu et se donne à 100 % dès la première prise. Pour peu qu'on lui demande quelque chose, il est d'une souplesse extraordinaire. Il me semble qu'il y a deux écoles d'acteurs : le genre Actors Studio ou Stanislavski, avec des acteurs qui se pénètrent longuement du personnage avant de jouer, et l'école commedia dell'arte, dont Jean Yanne fait partie, comme Annie Girardot ou Michel Serrault. Ces acteurs plaisantent dix secondes avant d'être sur le plateau mais ils entrent immédiatement dans le personnage dès la première prise. Cela permet d'aller ensuite plus loin dans le travail. Ainsi, Yanne est capable de faire quelque chose de manuel en même temps qu'il joue une scène dramatique. Il peut changer les plombs ou bricoler un appareil sans que cela le déconcentre dans son jeu, ce qui est très rare chez les acteurs. Il est un de ceux avec lequel j'ai eu le plus de joies. Mais on sent bien qu'il est beaucoup plus passionné par l'écriture et la mise en scène que par le fait d'être acteur. »

Il reste que la performance de Jean Yanne devant la caméra d'Alain Jessua joue d'une belle palette d'expressions, jusqu'à atteindre une complète opacité. Carrier passe de la résolution froide à de subits accès de découragement, d'un féroce sentiment de supériorité à un désarroi presque puéril sans qu'on s'y attende. L'acteur brouille les pistes psychologiques d'un suspense dans lequel les actions du criminel sont limpides, mais ses motifs plus mystérieux. Il prend plaisir à chercher avec Alain Jessua des angles et des rebonds inattendus dans son jeu. Ainsi, alors qu'il incarne un homme qui cherche désespérément à se faire entendre, il apparaît débarbouillé de sa faconde et de sa hâblerie habituelles, sauf dans quelques explosions à la fin du film. Acteur, il ressemble de moins en moins au personnage qu'il se donne dans ses propres films.

Armaguedon sort le 16 mars 1977. Le sujet choisi par Alain Jessua touche avec précision les angoisses du moment. Un critique de *L'Aurore* écrit ainsi : « Il y a beaucoup d'Armaguedon parmi nous. Nous les croisons chaque jour. Demain, leur coup de folie peut entraîner un désastre sans précédent. Il suffirait que l'un d'entre eux s'empare d'une mini-bombe atomique ! »

Mais la critique est assez partagée, le caractère peu conventionnel d'*Armaguedon* désarçonnant beaucoup de journalistes. Par exemple, Robert Chazal, le puissant critique de *France-Soir*, peine à croire au personnage de Louis Carrier. Et il lâche : « Son personnage manque totalement d'humour et c'est dans l'humour que Yanne se sent et nous met le plus à l'aise. » Peut-être quelque chose commence-t-il à devenir manifeste dans l'image de Jean Yanne : il cache de moins en moins la part noire de ses humeurs. Alain Jessua, qui le côtoie forcément des semaines entières pendant la réalisation d'*Armaguedon*, le dépeint aujourd'hui comme « un des êtres les plus désespérés que j'aie vu de ma vie. Même s'il est à l'aise avec les autres, s'il rit, s'il plaisante, c'est un homme revenu de tout qui ne croit en rien. Il me flanque le cafard ». Ainsi, certains critiques notent quelque chose de singulier dans le jeu de l'acteur : « Ce qui surprend vraiment ? » demande *L'Express* à propos d'*Armaguedon*, avant de répondre : « L'œil de Jean Yanne. Presque jamais il ne s'amuse. Chez lui, le verbe, la réplique, l'intonation compensent la tristesse latente. »

Sorti le 16 octobre 1977, *Armaguedon* réussit son démarrage avec une première place des fréquentations parisiennes à 79 170 entrées mais fléchit très vite : quatrième place en deuxième semaine, puis sixième, puis douzième... Il arrive à 243 625 entrées en dix semaines d'exclusivité parisienne et le double en province. Une performance honorable.

En assurant la promotion d'*Armaguedon*, Jean Yanne évoque cependant ses projets les plus immédiats. Il veut évidemment revenir à la réalisation avec plusieurs sujets déjà écrits avec Gérard Sire. Celui qui semble lui tenir le plus à cœur s'intitule *Le pouvoir est au bout du fusil mais le fusil est au bout du couloir*. Il dit avoir emprunté ce titre à une blague suisse et le sujet en est la grande déprime qui semble avoir saisi les Français depuis les débuts, en 1974, d'une crise économique marquée par un chômage important.

Il explique : « Faut-il bouffer zen ou se suralimenter ? Faire pousser des huîtres ou des centrales atomiques ? Baiser ou pas baiser ? Les gens se torturent la cervelle. Certains craquent. » Il pense aussi à un film sur la médecine qui pourrait s'intituler *Nous allons tous mourir guéris.*

Enfin, inspiré par la vague de rapts politiques ou crapuleux qui secouent l'Europe depuis quelques années, Jean Yanne envisage un film dans lequel un animateur de télévision sera enlevé. Ce projet, évidemment, sera *Je te tiens, tu me tiens par la barbichette.* Quand il l'écrit, début 1977, le sujet vient surtout en résonance avec l'enlèvement de Louis Hazan, P-DG de la maison de disques Phonogram, que les policiers ont libéré des truands. Les affaires Empain et Aldo Moro, qui surviendront avant la sortie du film, en accentueront l'acuité. Mais, dans l'immédiat, Jean Yanne est acteur dans un autre long métrage nourri de l'air du temps.

* * *

Aujourd'hui, il est facile de diagnostiquer par quel trouble économique, politique et culturel passe la France de la seconde moitié des années 1970. La crise des prix du pétrole en 1974 amorce un cycle d'évolutions et de révolutions financières et industrielles dont le monde n'est actuellement pas encore sorti. Pour les Français – y compris, parmi eux, les créateurs –, les événements qui se succèdent depuis le quadruplement des prix du brut en 1973-1974 ont deux tonalités majeures : d'une part, surgit la menace d'une catastrophe énergétique qui anéantirait notre système économique et notre mode de vie ; d'autre part, la désindustrialisation entraîne un chômage de masse qui paraît porter en germe, également, un effondrement de la société française. Depuis le dernier trimestre 1974, il est courant d'annoncer cent mille chômeurs de plus en un mois.

Dès lors, romanciers, cinéastes, auteurs de bandes dessinées, chanteurs ou feuilletonistes de la radio investissent le terrain de l'économie, qui n'était guère porteur d'imaginaire pendant la croissance permanente des Trente Glorieuses. La crise de l'entreprise est au cœur de grands succès de librairie comme *L'Imprécateur.* Paru à la rentrée littéraire de l'automne 1974, le roman de René-Victor Pilhes s'est vendu à presque quatre cent cinquante mille exemplaires et a remporté le prix Femina. Presque trois ans plus tard, le cinéaste Jean-Louis Bertucelli va le porter à l'écran avec Jean Yanne dans un des principaux rôles. Le cinéaste a trente-quatre ans et a tourné trois films d'auteur (*Paulina 1880*, *Remparts d'argile* et *On s'est trompés d'histoire d'amour*), ainsi qu'un tribut payé au « système », *Docteur Françoise Gailland*, gros succès commercial et critique.

Bertucelli a été le premier à négocier l'achat des droits d'adaptation du roman au cinéma : il a lu le roman peu après sa sortie, sur le conseil du réalisateur Louis Daquin, alors directeur des études de l'Idhec. Ce livre prétendument impossible à adapter lui apparaît d'emblée en images. Il « voit » son film. Au cours des six mois de négociation avec les éditions du Seuil, Costa-Gavras, Louis Malle et Édouard Molinaro entrent à leur tour dans la compétition. Bertucelli l'emporte : il doit payer 450 000 francs (l'équivalent de presque 300 000 euros) en deux ans.

Or, il n'a pas encore de producteur. Il s'endette, hypothèque son appartement et celui de sa mère pour payer. Pour assumer les traites, il tourne beaucoup de publicités, ce qui lui permet d'approcher le monde des multinationales que, justement, il va décrire dans son film. Mais, à mesure que le bruit se répand qu'il va tourner *L'Imprécateur*, les contrats se raréfient.

Il apprend alors qu'il a été choisi par Annie Girardot pour réaliser le film qui sera tiré du roman à succès de la journaliste Noëlle Loriot *Le Cri*. Après *Érotissimo* avec Jean Yanne, l'actrice a tourné *Elle boit pas, elle fume pas, elle drague pas mais... elle cause !*, comédie à succès de Michel Audiard, ouvrant un cycle de grands films qui font d'elle une des actrices préférées des Français – *Mourir d'aimer*, *La Vieille fille*, *Il faut vivre dangereusement...*

Girardot a aimé l'histoire de cette femme médecin brillante et surmenée qui remet en cause toute sa vie lorsqu'elle est confrontée à son propre cancer. Le film se construit autour d'elle. Bertucelli accomplit sobrement et sans regimber un ouvrage de commande pour financer *L'Imprécateur*. Mission accomplie : *Docteur Françoise Gailland*, sorti en janvier 1976, est un gros succès avec plus de deux millions d'entrées et le césar de la meilleure actrice à Annie Girardot. Bertucelli a la voie libre pour *L'Imprécateur* – et dix millions de francs de budget (environ six millions d'euros).

Les producteurs Yves Peyrot et Yves Gasser, après *Docteur Françoise Gailland*, le suivent dans cette aventure. Ces deux Suisses ont le vent en poupe depuis quelques saisons et prennent le relais financier de Bertucelli, libéré du poids de ses traites à payer au Seuil et aux banques. Le premier scénario aurait donné un film de six heures. Les producteurs posent comme condition que le film ne dépasse pas les cent vingt minutes d'une exploitation commerciale classique.

Car Jean-Louis Bertucelli travaille directement avec l'auteur du roman. René-Victor Pilhes, quarante-deux ans, a été cadre supérieur chez Publicis. Il a d'abord emporté le prix Médicis pour *La Rhubarbe*, avant que *L'Imprécateur* ne lui apporte suffisamment de reconnaissance et de revenus pour pouvoir abandonner ses responsabilités dans la publicité. L'homme est fasciné par le cinéma – tendance *M le Maudit*, de Fritz Lang. Il a littéralement réécrit son roman pour en faire un scénario, ce qui, dit-il, « a exigé deux ans de travail et beaucoup de patience de la part de Bertucelli ».

L'auteur du roman et du scénario explique : « *L'Imprécateur* est une fable sur le paganisme industriel, écrite sur le ton des prophètes. C'est un ballet fantastique, pas une étude de mœurs sur les cadres. Ceux que je mets en scène ne sont pas de vrais personnages, mais les grands prêtres d'une nouvelle religion, les nouveaux croisés de la liberté de vendre et d'acheter. La Gaumont voulait en faire un film satirique mais Bertucelli et moi avons tenu bon. »

Mais y a-t-il beaucoup de films qui soient autant dans l'air du temps ? Quand le réalisateur annonce « J'ai respecté la force politique du roman », il choisit ouvertement son camp. La France de 1977, gouvernée par Valéry Giscard d'Estaing, résonne de virulentes critiques du système économique.

Comme le remarque *Le Monde*, « dans l'esprit du public, les firmes multinationales sont en passe de remplacer les deux cents familles cibles du Front populaire ». On parle en effet beaucoup de ces grandes entreprises industrielles – en général américaines – qui possèdent des activités partout dans le monde et constituent la première incarnation de ce que l'on va bientôt appeler « mondialisation ». Dans la presse comme dans la culture populaire apparaissent souvent les multinationales spécialisées dans un seul secteur, comme Coca-Cola ou IBM, ou exerçant des activités diversifiées comme ITT.

En outre, depuis 1975, le cinéma français se penche très fréquemment sur les patrons et les cadres supérieurs. Mais s'il faut se fonder uniquement sur les succès de box-office, il faut convenir qu'ils ne sont guère aimés en France. On voit sur les écrans des patrons victimes de situations vaudevillesques comme Jean Lefebvre dans *Pas de problème* de Georges Lautner ou Pierre Mondy dans *Le Téléphone rose* d'Édouard Molinaro, des patrons ridicules de naïveté comme Michael Lonsdale dans *Le Diable dans la boîte* de Pierre Lary, des patrons odieux et cyniques comme Michel Aumont dans *Mado* de Claude Sautet ou Bernard Blier dans *Le Corps de mon ennemi* d'Henri Verneuil, des patrons froidement inhumains comme Michel Bouquet dans *Le Jouet* de Francis Veber, des patrons à la malhonnêteté incommensurable comme Julien Guiomar dans *L'Aile ou la Cuisse* de Claude Zidi…

Depuis le choc pétrolier de 1974, il n'est pas une sous-préfecture qui n'ait connu, ces deux dernières années, de fermeture d'usine. L'entreprise est entrée dans une crise de son rôle traditionnel. Après avoir été la « boîte », la « turne » ou le « bagne » pendant des décennies, elle est soudain mise en danger par l'action d'une mécanique dont la logique échappe à la plupart des Français. L'image du patronat n'y résiste pas : jadis stigmatisé comme dictatorial, il est désormais considéré comme incapable.

Les patrons sympathiques du cinéma français de ces années-là sont des exceptions, comme Yves Montand en patron de PME menacé à la fois par la crise cardiaque et par la crise économique dans *Vincent, François, Paul et les autres* de Claude Sautet, ou le patron « idéal » et joyeusement invraisemblable de Jean Yanne dans *Moi y'en a vouloir des sous* – et encore l'entreprise « réelle » est-elle représentée par la rapacité de l'immonde Chouras (Fernand Ledoux dans son fauteuil roulant), qui sera facilement vaincu par son ancien salarié.

Le film que prépare Bertucelli est « une grande métaphore sur la mystique de l'économie », résume le réalisateur. La puissance du style littéraire de Pilhes est transposée sur la force du casting. Michel Piccoli incarne Saint-Ramé, P-DG sarcastique et halluciné dès lors qu'il cesse d'être impénétrable, Jean-Pierre Marielle est Roustev, sous-directeur confit dans une jalousie et un ressentiment qu'il muselle par intérêt, Jean-Claude Brialy est Le Rantée, cadre méchant, arriviste mais dépassé, Michael Lonsdale est Abéraud, ingénieur affichant une froideur appliquée. Jean Yanne est choisi pour incarner le directeur des relations humaines, charge qu'il assume en se taisant ou en prononçant des phrases calibrées avec un mélange de conviction et de lassitude. Son personnage est le seul à n'avoir pas de nom dans le film, René-Victor Pilhes lui ayant donné le sien dans le roman.

Bertucelli voit en Yanne « le personnage le plus vraisemblable pour le rôle d'un directeur des relations humaines dans une société multinationale, avec sa réserve, sa mélancolie cachée ». Puisqu'il est « le seul qui reste lucide alors que les choses deviennent folles autour de lui, il me fallait quelqu'un de gentil, mais qui ait un regard aigu, décapant. Une sorte de Buster Keaton insolent, qui fait rire mais ne rit jamais ». L'action se fixe d'abord sur lui : on le suit arrivant à son bureau de directeur adjoint des relations humaines, sur lequel il découvre un curieux rouleau ceint d'un ruban. Il l'a reçu en même temps que tous les salariés de la tour qu'occupe en plein Paris le siège français de Rosserys & Mitchell – c'est tout simplement la tour Montparnasse, inaugurée en 1973. En même temps que tout le personnel s'émeut de ce message qui s'en prend au fonctionnement et aux ressorts secrets de l'entreprise, on découvre une fissure dans un pilier soutenant l'immeuble. Trois messages du mystérieux « imprécateur » vont se succéder, dénonçant les rapports entre les dirigeants de l'entreprise et la haute politique ou l'opacité des comptes de Rosserys & Mitchell. Pendant que chacun se questionne sur l'identité de l'auteur des messages, également responsable d'une série d'événements mystérieux, la fente dans la structure de la tour s'élargit. L'état-major de Rosserys & Mitchell cède peu à peu à la paranoïa.

Jean Yanne a été le premier acteur engagé par Jean-Louis Bertucelli. Par hasard, le réalisateur se trouve à un festival du cinéma français à Rio de Janeiro en même temps que son potentiel directeur des relations humaines, pendant l'été 1976. Il lui parle du rôle et, sans avoir lu le scénario, Jean Yanne accepte. Il s'en expliquera dans *Le Point* à la sortie du film : « J'avais lu le bouquin. J'avais même eu envie d'en faire un film. Mais je n'aurais pas pu m'empêcher de mettre un ballet devant la tour Montparnasse et d'ajouter quatre ou cinq pastiches de films d'entreprise. Pilhes n'aurait pas rigolé. » Le réalisateur sera reconnaissant à Jean Yanne de sa réserve et de sa discrétion alors qu'il a pensé adapter lui-même *L'Imprécateur.* Mais celui-ci dira avec franchise : « Je ne tourne que les films que je ne saurais pas faire moi-même. »

Jean Yanne est le premier nom au générique, et sera l'acteur le plus souvent interviewé à la sortie du film : « Le roman de Pilhes m'a plu parce qu'il évoque une aventure tout à la fois fantaisiste et plausible. Qu'une sorte de folie collective s'empare des dirigeants d'une grande compagnie parce qu'un grain de sable en a troublé le fonctionnement, c'est très drôle. » Il s'avoue ravi de tourner parmi une pléiade d'acteurs alors que, jusqu'à présent, il a surtout pratiqué le duo ou le face-à-face – Mireille Darc, Stéphane Audran, Marlène Jobert, Alain Delon… Il traverse le film en affichant une sorte de patience effarée, se trouvant presque malgré lui au cœur d'intrigues, de manœuvres et de conspirations censées identifier et vaincre l'« imprécateur ».

« Ô Seigneur qui avez daigné favoriser la naissance, l'épanouissement et la multiplication des sociétés géantes, multinationales et américaines, donnez-nous la force de les préserver ! Grâce à votre bonté divine et à votre infinie puissance, vous avez permis la croissance et l'expansion des sociétés multinationales et géantes qui apportent de l'eau à ceux qui ont soif, du pain à ceux qui ont faim, du froid à ceux qui ont chaud, de la chaleur à ceux qui ont froid et qui permettent que se dressent au milieu des terres arides et des déserts désolés de gigantesques et nombreux immeubles de béton et de verre. Je bois à votre toute-puissance ! »
Discours tenu le directeur des relations humaines (Jean Yanne) au cours d'une réunion de cadres conspirateurs dans *L'Imprécateur.*

Tourner avec Bertucelli est plutôt simple, joyeux, heureux. Même si « avec beaucoup d'acteurs pour des rôles courts, une ambiance n'a pas le temps de s'installer sur le tournage », Marlène Jobert se souvient aujourd'hui d'un réalisateur « détendu et agréable ». Des journalistes sont invités à assister au tournage du discours de Michel Piccoli lors de l'enterrement au cimetière du Montparnasse du directeur du marketing, dont elle est l'épouse éplorée. Dans le film, l'instant est grave mais, lors des prises de vues, les acteurs ont peine à conserver leur sérieux. Ils sont d'autant plus farceurs que, dans la tour Montparnasse, qui les domine et qui est censée être le siège de Rosserys & Mitchell, s'est installé depuis peu l'état-major de Jacques Chirac pour sa conquête de la mairie de Paris. D'ailleurs, Pilhes se présente comme « personnalité de gauche » aux municipales dans le 15e arrondissement. Cet esprit sarcastique ne cache pas son engagement auprès d'une gauche méfiante devant le réformisme et les accommodements avec le capitalisme : chez Rosserys & Mitchell, on répète la maxime « Le profit aujourd'hui, l'investissement demain et l'emploi après-demain ». La citation est pleine de malice : elle est empruntée à Helmut Schmidt, chancelier social-démocrate de la République fédérale d'Allemagne !

Bertucelli dispose d'un imposant budget, qui fait beaucoup parler le milieu du cinéma. *L'Imprécateur* se tourne dans beaucoup d'extérieurs à Paris et en banlieue, mais aussi dans deux studios, dont l'un abrite uniquement le décor spectaculaire de la vaste crypte dans laquelle aura lieu le dénouement de l'intrigue – un décor qui engloutit à lui seul le dixième du budget du film. Les séquences de la révélation de l'identité de l'imprécateur et de l'étrange pandémonium qui emporte les cadres de la Rosserys & Mitchell – et les transforme en bêtes fauves – sont particulièrement spectaculaires.

Cette fin fantastique de *L'Imprécateur* va beaucoup agacer les critiques : « Trop réaliste, trop proche de notre réalité quotidienne pour vraiment préfigurer l'Apocalypse, *L'Imprécateur* sombre dans le grotesque sans parvenir à nous traumatiser vraiment », dit ainsi *La Croix*. Et l'ampleur des moyens, dans la production comme dans la promotion, suscite une ironie âcre, comme dans *L'Express* : « *L'Imprécateur*, long métrage bien fabriqué, bien empaqueté, bien lancé, n'est que l'exact produit d'une société de consommation qu'il prétend fustiger, la caution de ce qu'il prétend combattre. »

Mais une belle unanimité se dégage en ce qui concerne Jean Yanne. Au point même que les hommages peuvent être embarrassants, comme chez Robert Chazal, de *France-Soir* : « Il est difficile de parler d'un jeu d'ensemble, parce que les uns et les autres se défendent individuellement, comme les technocrates qu'ils représentent. [...] Pourtant il faut sortir du lot Jean Yanne dont l'humour discret fait merveille dans le rôle le plus nuancé. Jean Yanne avait d'ailleurs bien voulu mettre en scène cet *Imprécateur*. Dommage qu'il ne l'ait pas fait. Il y aurait mis justement cette folie dont l'absence est aussi grave pour le film que la fêlure du pilier pour l'immeuble. »

26. – Apocalypses

(*L'apocalypse est pour demain*, *La Raison d'État*, 1977-1978)

Lors de la conférence de presse de rentrée de septembre 1977, la direction de Radio France annonce le retour à l'antenne de France Inter de Jean Yanne, ce qui fera le titre de la plupart des rubriques spécialisées. Cette réapparition est une demi-surprise. Après tout, c'est son métier d'origine, mais le cinéma l'avait accaparé depuis des années. Alors qu'une grève des producteurs de France Musique fait parler dans la presse d'une possible disparition de cette antenne, cette annonce est la plus chatoyante de la rentrée.

Jean Yanne interviendra dans une demi-heure décisive de la mi-journée, juste avant l'heure d'informations rituelle de 12 h 30 à 13 h 30. La demi-heure qui précède le journal verra donc s'enchaîner l'animateur Louis Bozon, une chronique de Jean Sas (amuseur dont la spécialité est de bafouiller d'une manière particulièrement drôle) et le feuilleton de Jean Yanne – « une demi-heure de délire sur l'actualité à partir des idées qui structurent le discours ambiant », promet le directeur de France Inter.

En fait, cette demi-heure n'est pas tout entière consacrée à l'actualité du jour. Jean Yanne y reprend son feuilleton *L'apocalypse est pour demain*, créé en 1969. Il n'est plus guidé par l'inspiration du jour, comme à la création des aventures de Robin Cruso, qui étaient parfois écrites le jour même de la diffusion. Le texte est construit en soixante-cinq épisodes, qui vont le mener jusqu'à la fin de l'année. En outre, le célèbre José Artur du « Pop Club », qui vient de créer une collection intitulée « À micro fermé » chez

Jean-Claude Simoën, lui propose d'éditer son feuilleton en livre. Et, pour qu'il soit en librairie pour Noël, le texte doit être « tombé » au moins six semaines plus tôt.

L'auditeur entend d'abord la *Toccata et fugue en ré mineur*, de Jean-Sébastien Bach, à l'orgue, dans une version déformée par des variations de vitesse de la bande. Voix nette et forte, Jean Yanne lit un texte parsemé de petits effets sonores et musicaux sarcastiques.

Huit ans après la diffusion du premier texte de *L'apocalypse est pour demain*, traiter en 1977 de la « civilisation automobile » (selon le titre d'un volume de la célèbre collection didactique « Profil » de Hatier) n'est pas neutre. Après des années d'euphorie dans l'équipement des ménages en véhicules et de la France en autoroutes, la critique de la bagnole déborde maintenant de l'extrême gauche ou du conservatisme le plus furieux. Toute la classe politique commence à s'inquiéter officiellement de la tuerie routière, mais cette prise de conscience est contrebalancée par une réaction vigoureuse contre tout durcissement de la législation routière : ceinture de sécurité, limitations de vitesse et réglementations diverses sont contestées avec virulence et même avec succès. La France se définit elle-même comme un pays d'anarchie routière, dans lequel on fait généreusement « sauter » les PV et tolère gentiment les « petits » excès de vitesse. La crise de l'énergie survenue en 1974 a engendré une dialectique curieuse de « chasse au gaspi » et de défense forcenée du primat de l'automobile, qui illustre bien le paradoxe d'une bagnole contestée au niveau collectif mais impossible à remettre en cause au niveau individuel. La France de 1977 produit plus de trois millions d'automobiles par an et les deux tiers des ménages français en possèdent une. C'est donc à une nation d'automobilistes que s'adresse Jean Yanne avec son feuilleton radiophonique.

Le texte est celui de 1969, torrentueux, halluciné, horrifique, mais çà et là discipliné et peigné. À la toute fin, au dernier chapitre du livre et au dernier épisode de la série radiophonique, diffusé le 30 décembre 1977, Jean Yanne termine sur une vision prophétique – et donc d'actualité. Robin Cruso a vaincu le Grand Maître, l'humanité prisonnière de l'automobile a été anéantie et il en est le premier survivant. Il est vieux et arrive au bout de sa vie. Comme il en avait eu l'intuition au cours de ses aventures, le cœlacanthe était bien le chaînon manquant et la mixture d'accélération – seul héritage qu'il a accepté de la puissance du Grand Maître – lui a permis de faire évoluer le poisson du fond des océans en *Homo sapiens*. Et, contemplant sa créature, il écrit ces derniers mots : « Avant de sombrer dans le néant, ce que je vois me glace d'horreur. Cet homme que j'ai réussi à créer vient de prendre une pierre plate et ronde. Il en a usé le centre, il l'a percé, il vient d'y passer un morceau de bois. Il la fait tourner. Cet imbécile est en train d'inventer la roue. »

Évidemment, une fois de plus, *L'apocalypse est pour demain* agace. Même si c'est une fiction, Jean Yanne traite régulièrement les automobilistes de déchets et de larves... De plus, il incommode régulièrement par des remarques incidentes, par exemple sur ce qu'est devenue la religion dans la civilisation automobile. Ainsi, on peut lire, début novembre 1977, dans le courrier des lecteurs de *Télé 7 jours*, la lettre d'un ingénieur à la retraite : « Des amis, fidèles auditeurs de France Inter, m'avaient dit qu'ils ne pouvaient plus continuer à le prendre avec les interventions scandaleuses de M. Yanne dans son émission *L'apocalypse est pour demain*. Je l'ai écoutée [...]. Elle m'a écœuré. Entre autres répugnantes plaisanteries, M. Yanne évoquait la confusion de Ponce Pilate auquel on avait expliqué qu'une croix de soixante centimètres au-dessus du sol tuait aussi bien qu'une croix de quatre mètres. Et il concluait finement : "Quelle économie de bois j'aurais pu faire !" A midi trente, le speaker nous informait que 87 otages de l'avion détourné de Mogadiscio pouvaient être assassinés à 15 heures par les pirates. Vous jugerez de l'effet que peuvent faire à quelques minutes d'intervalle ces deux écoutes, dont la première est indigne d'un poste national. »

Le procédé est classique, la réponse du plus grand hebdomadaire français ne l'est pas moins : « L'humour de Jean Yanne ne convient pas à tous, c'est le moins que l'on puisse dire, et l'opinion de J.-A. Grégoire (le plus célèbre ingénieur de l'automobile française) est partagée par plusieurs lecteurs. »

L'apocalypse est pour demain rencontre un nouvel élément de la conscience collective française en proclamant « feuilleton salubre et écologique » après les trompettes flamboyantes de l'indicatif emprunté aux films de la 20th Century Fox. Le climat a changé depuis que Jean Yanne a présenté pour la première fois les aventures de Robin Cruso. Les sombres prédictions du Club de

Rome, publiées en 1972 dans le rapport *Halte à la croissance ?*, ont d'autant plus porté dans l'opinion que l'annonce d'un épuisement des ressources naturelles a été rendue plus dramatique encore par la tension sur les prix du pétrole. Le pic de la violence routière a été atteint en 1972 avec seize mille morts en un an en France et, depuis, les chiffres tardent à se réduire notablement. L'engorgement des routes a atteint son maximum d'absurdité lors du week-end de chassé-croisé entre juillettistes et aoûtiens en 1975 : le samedi 2 août, on compte six mille kilomètres de bouchons. En quittant Paris vers le Sud, les conducteurs roulent au pas pendant cent vingt kilomètres sans pouvoir passer en troisième ! Au cours de l'automne suivant, les autorités créent un nouveau dispositif de prévention et d'information, bientôt célèbre sous le nom de sa mascotte publicitaire, Bison futé.

Le livre de Jean Yanne sort au mois de décembre, quelques semaines avant la fin du feuilleton. Il est illustré par le dessinateur Cardon, dont le trait simple convoque des émotions volontiers angoissantes lorsqu'il représente la manière dont l'automobile remodèle l'homme. Sans illustrer directement aucun épisode de *L'apocalypse est pour demain*, Cardon provoque lui aussi un franc malaise devant la décadence mécanique de l'humanité.

Jean Yanne est invité par Bernard Pivot dans l'émission « Apostrophes » le 9 décembre. Sur le plateau, on se délecte de ses inventions les plus terrifiantes pour tuer les automobilistes et Jean Dutourd, venu présenter son roman de politique-fiction *Mascareigne*, affirme qu'il a lu *L'apocalypse est pour demain* avec le même plaisir que s'il s'agissait « du livre d'un romancier professionnel ». Dans l'ensemble, le roman de Jean Yanne a bonne presse. Dans *France-Soir*, le critique Michel Villeneuve avoue avoir lu le livre de Jean Yanne « avec un petit sourire triste et sceptique. Puis une sorte de charme, paradoxalement, opère. On suit avec intérêt, puis sympathie, les efforts de Don Quichotte de ce pauvre et pâlot Cruso ». Beaucoup plus gratifiant pour l'« écrivain » Jean Yanne, les appréciations du *Figaro* (« Un ouvrage remarquable, que tout anti-automobiliste devrait avoir lu et appris par cœur comme la Bible, *Le Petit Livre rouge* et *Le Capital* ») et du *Monde* (« L'avenir que nous promet ce sombre prophète ressemble à une sorte de Disneyland revu et corrigé par Jérôme Bosch »).

La diffusion de *L'apocalypse est pour demain* terminée, Jean Yanne ne rempile pas pour une deuxième saison. Il n'a plus le temps de faire de la radio. Le cinéma est le cœur de son activité. Surtout, il a perdu son complice et ami Gérard Sire. Depuis qu'il avait quitté RTL et « Quand j'entends le mot culture, je sors mon transistor », le fondateur de Pilote Productions était devenu une personnalité majeure de France Inter. Sa phénoménale productivité s'exprime en contes, chroniques et nouvelles dont le ton s'est fait de plus en plus poétique, avec une petite pointe de moralisme mélancolique. Le 25 décembre 1970, il incarne un Père Noël truculent et merveilleux dans une « Radioscopie » historique de Jacques Chancel. Il anime les après-midi de France Inter de 14 à 17 heures, avant de prendre en 1974 les rênes de la matinale de 7 à 9 heures. Sa touche singulière fera école, en apportant à l'actualité du jour un contrepoint souriant et surprenant (on ne dit pas encore « décalé », à l'époque).

Gérard Sire, de cinq ans l'aîné de Jean Yanne, professe un dégoût de la politique au moins aussi grand que le sien. Homme de radio et de télévision novateur, il déteste pourtant l'évolution vers une communication politique modelée par et pour les médias audiovisuels. Il comptera ainsi parmi ceux qui brocardent l'habileté de Valéry Giscard d'Estaing à dire qu'il regarde la France au fond des yeux alors qu'il se contente de braquer le regard vers l'objectif de la caméra dont le voyant rouge est allumé.

Par goût autant que par fonction, c'est un énorme consommateur d'information. Quand il anime la matinale de France Inter, il dit qu'il digère quatre kilos de journaux et de magazines chaque jour pour en tirer quelques interventions au micro qui tiendraient sur vingt grammes de papier. Et le monde qu'il lit tous les jours lui déplaît. Non seulement parce que la langue française y est de plus en plus malmenée, mais aussi parce qu'il est convaincu que la société dans laquelle il vit n'est plus en progrès. Malgré la rondeur de son timbre, Gérard Sire est un grand pessimiste. Et ses propres vues sont parentes, évidemment, de la noirceur affirmée de *L'apocalypse est pour demain*, dans laquelle Jean Yanne annonce non seulement que l'humanité court à sa perte mais aussi que, si elle venait à en réchapper, sa nature la conduirait à entamer une nouvelle fois le même chemin – en réinventant la roue, par exemple.

Depuis la fin des années 1960, il évoque de loin en loin dans ses contes et feuilletons les Compagnons de l'île de Pâques, secte visionnaire dont les membres pressentent l'effondrement de la civilisation industrielle par l'épuisement des ressources énergétiques fossiles et préparent clandestinement les moyens d'y survivre et de fonder une nouvelle civilisation. Une réflexion qui n'est pas économe en cataclysmes consentis et en prédictions terrifiantes sur ce que sera la période de transition d'une civilisation à l'autre – des visions non moins radicales que celles de *L'apocalypse est pour demain*.

Mais Gérard Sire fume volontiers trois paquets de cigarettes par jour et le cancer frappe à la porte. Début juin 1977, il subit l'ablation d'un poumon, quelques semaines après avoir abandonné l'antenne. À l'hôpital, les infirmières guettent les visites de Jean Yanne, qui passe beaucoup de temps avec son ami. Les deux compères en profitent pour tirer sur le fil d'une petite idée venue à Gérard Sire en lisant un journal et écrivent un scénario intitulé *Pas touche à mes organes*. Constatant qu'aucune filière illégale ne rapporte encore assez à un malhonnête homme, un truand monte un business lucratif de trafic d'organes pour fournir le marché en pleine expansion de la greffe…

Quand, à la rentrée 1977, Gérard Sire doit retrouver l'antenne de 7 à 8 heures, il ne parvient pas à se réadapter à l'exigence physique de la tranche matinale. Il s'installe dans une nouvelle tranche de 13 h 30 à 14 heures, baptisée « Nouvelles fraîches », croyant toujours pouvoir vaincre la maladie. Mais, fin octobre, il doit céder. Hospitalisé, il s'éteint le 22 novembre 1977.

La presse célèbre évidemment « le Balzac de la radio », l'homme aux cinq mille émissions et épisodes de feuilletons, également documentariste, producteur et réalisateur de films sur l'industrie, scénariste de feuilletons télévisés et auteur de centaines de contes. Jean Yanne révèle à *France-Soir* qu'il a deux scénarios de Gérard Sire en avance pour des films à venir. Sans compter les projets avortés et refusés, comme « une adaptation, disons plutôt une extrapolation de *Nana*, de Zola » (*dixit* Yanne) qui a été refusée avec constance par tous les producteurs et financiers auxquels les deux complices l'ont présentée. Il est vrai que *Nana Boy* raconte l'histoire d'un homme qui ruine les hommes amoureux de lui.

La mort de Gérard Sire est celle du deuxième père de Jean Yanne, de son maître en invention, de son modèle radiophonique. Bien sûr, il perd son complice en écriture et le compagnon de presque vingt ans de travail et de bonnes bouffes. Mais, fondamentalement, il perd surtout son alter ego. Il perd le seul homme qu'il ait envie d'épater, il perd le seul homme dont l'inspiration lui importe.

La trajectoire du réalisateur Jean Yanne doit désormais se lire ainsi : à partir de la mort de Gérard Sire, personne n'est plus là pour couper ou pour allonger ses scénarios, pour contester ses personnages et ses histoires. Et, surtout, Yanne n'a plus le désir d'avoir quiconque jouant ce rôle à son côté. Il va encore réaliser *Je te tiens, tu me tiens par la barbichette* sur un scénario écrit avec Gérard Sire, mais sans le «peignage» final de son complice. Et *Deux heures moins le quart avant Jésus-Christ* et *Liberté, égalité, choucroute* ne sont dus qu'à sa plume solitaire.

Plus profondément, dans les activités de Jean Yanne, la mort de Gérard Sire amène peut-être l'acteur à prendre peu à peu le pas sur le créateur, à moyen terme. Sans personne dont l'approbation compte vraiment pour lui, il laisse dominer son écriture par le premier jet, par l'inspiration originelle, par le désir brut. Il n'atteindra plus la pertinence insolente et le réalisme cruel de *Tout le monde il est beau, tout le monde il est gentil*, *Moi y'en a vouloir des sous* et *Les Chinois à Paris*, ses trois scénarios les plus «siriens». Ce n'est pas un hasard si, après la mort de Sire, il déserte la radio pendant plusieurs années : il ne va plus écrire avec la même faconde et le même débit. Il a définitivement perdu son aiguillon.

***

Productions Yanne poursuit son petit bonhomme de chemin. Après avoir vu comment procède Alain Delon, Jean Yanne entre aussi en participation comme coproducteur dans un film dont il joue le premier rôle, *Moi, Fleur bleue* d'un jeune réalisateur venu de la télévision, Éric Le Hung. L'histoire est une petite comédie d'époque qui va surtout surprendre par son casting. Un routier de retour de Téhéran (Jean Yanne) s'éprend d'un joli mannequin croisé dans la rue, Blé des champs (Sydne Rome). Celle-ci a une sœur, Fleur bleue (Jodie Foster) qui découvre l'amour romantique avec un poète dont les livres ne se vendent pas et qui gagne sa vie comme détective privé (Bernard Giraudeau). Lassée de l'école, Fleur bleue fugue ; les trois autres partent à sa recherche… L'attention de la presse se porte évidemment sur Jodie Foster, prodige du cinéma qui, depuis *Taxi Driver* de Martin Scorsese et *Bugsy Malone* d'Alan Parker, est considérée comme une des plus grandes actrices du moment. On va s'amuser de ce que Jodie Foster – quinze ans – lance avec un tel naturel : « Ce que je veux, c'est une bite ! » Et on s'extasie derechef qu'elle assure la promotion du film dans un français courant et charmant.

La réalisation mêle la poésie des sentiments et un réalisme centré sur les évolutions les plus saillantes du moment – et notamment des intérieurs qui, rétrospectivement, constituent une belle documentation sur le design et la décoration des années 1970. Même si Jean Yanne est alors à l'antenne de France Inter, la critique note que le film fait discrètement de la publicité pour l'émission « Les routiers sont sympas » de RTL.

Il partage le sommet de l'affiche avec Jodie Foster et la critique est plutôt favorable à sa composition sentimentale, voire romantique. Après avoir souvent été le sévère censeur de ses films, Jacques Siclier, du *Monde*, note que « même Jean Yanne semble transformé par cette philosophie de clair de lune ». Mais la presse n'est toujours aussi tendre avec le film, « tranche de vie taillée dans un loukoum », comme le dit *Le Point* avant de conclure : « Ce n'est plus une distribution, c'est une prise d'otages. »

Avec réprobation, l'hebdomadaire *France catholique* parlait d'un succès « d'avance très calculé, très prévisible ». Erreur. Sorti le 26 octobre 1977, *Moi, Fleur bleue* ne se classe en première semaine que loin des sommets : 37 730 entrées à Paris-périphérie, contre 198 374 pour *La Guerre des étoiles*, alors en troisième semaine. Le film atteindra seulement 98 182 entrées pour ses sept semaines d'exclusivité. À moins de 2 millions de francs de recettes (1,1 million d'euros), c'est une très mauvaise affaire pour le producteur. Il ne perd sans doute pas beaucoup d'argent, mais il ne gagne pas un centime, son cachet étant investi dans le film… C'est la dernière fois qu'il produit un film qu'il ne réalise pas.

Mais l'acteur Jean Yanne est très demandé du côté du cinéma engagé ou didactique. Comme une suite logique à son apparition dans *L'Imprécateur*, le voici dans *La Raison d'État*. Il s'agit de ce que le métier appelle à l'époque un « film-dossier », réalisé par un des spécialistes du genre, André Cayatte. Après avoir souvent dénoncé les atermoiements de la justice et le poids des conformismes sociaux (*Les Risques du métier*, *Mourir d'aimer*, *Verdict*, *Il n'y a pas de fumée sans feu*...), Cayatte aborde la géopolitique en posant des questions sur le commerce de l'armement.

Avec son coscénariste Jean Curtelin, André Cayatte veut porter l'attention de l'opinion sur un paradoxe ignoré : la France, troisième exportateur mondial d'armement, fait gérer son commerce de mort par des hauts fonctionnaires. Ces personnages bardés de diplômes prestigieux et moulés dans le costume strict des grands commis de l'État (le plus souvent décoré de la rosette de la Légion d'honneur) sont de brillants esprits obsédés par les intérêts de la France. Et ces personnages animés des principes les plus respectables pratiquent un métier d'une immoralité absolue. Il place en exergue de son film une citation du biologiste Jean Rostand, qui disait peu de temps avant sa mort, en septembre 1977 : « Si, depuis ma naissance, tous les États du monde avaient consacré à la recherche biologique et médicale les sommes consacrées à l'armement, l'espérance de vie serait aujourd'hui de cent vingt ans et la jeunesse prolongée jusqu'à quatre-vingt-dix ans. » Il est vrai que dans la France de 1978, mille trois cents usines de matériel militaire emploient deux cent soixante-dix mille salariés – autant que la SNCF !

Comme à son habitude, Cayatte dessine à gros traits : Jean Yanne est un directeur de l'armement au cynisme sans nuance ; Michel Bouquet est un chef des services secrets dont le machiavélisme atteint des sommets ; François Périer est un savant pacifiste à la vertu affirmée ; Monica Vitti est la militante innocente et honnête qui sera sacrifiée pour avoir voulu faire éclore la vérité... Donc, Yanne, non content d'avoir vendu pour huit milliards de francs d'armes à l'État africain du Tongo, fait passer des armes au Zana, en conflit avec le pouvoir tongolais, grâce à un mécanisme monté par Bouquet. Lorsqu'un avion de la Croix-Rouge transportant deux cent quarante enfants est abattu au-dessus du Zana, Périer décide de rendre publiques les preuves de ce que la France arme les deux camps. Lorsqu'il est assassiné par des agents des services de renseignements français, sa collègue italienne reprend son combat. Elle perdra. La raison d'État triomphe : la France continue à gagner de l'argent et préserve l'emploi de ses ouvriers, même si des civils meurent par milliers...

Le dialogue de Curtelin a toute la saveur classique qui, de Charles Spaak et Henri Jeanson à Michel Audiard, a fait le bonheur d'un certain cinéma de qualité française. Jean Yanne est le premier bénéficiaire de cette verve cynique qui, par ailleurs, affaiblit la crédibilité du personnage. Mais on savoure ses sorties sur les pacifistes, sur les chefs d'État africains et le feu avec lequel il défend le sort des ouvriers de l'industrie d'armement française. D'ailleurs, le trafic international des armes faisait partie des longues listes de sujets potentiels qu'il avait envisagés avec Gérard Sire. Une fois de plus, Jean Yanne va pouvoir affirmer tranquillement qu'il ne joue que dans des films qu'il ne pourrait pas réaliser lui-même : le sujet est trop grave, trop pessimiste, trop fermé à tout traitement par le music-hall. Encore que les numéros de *Chobizenesse* sur le bazooka...

Donc, à la sortie de *La Raison d'État*, en avril 1978, la critique se divise avec soin : *L'Aurore* tonne que « Cayatte persiste dans ses errements » tandis que *Le Canard enchaîné* salue un « film autant à écouter qu'à voir : il s'y dit des choses importantes et justes ». Et, à mi-chemin, *Le Point* note que « le manichéisme de sa démonstration (d'un côté les crapules, de l'autre côté les purs) risque d'en compromettre l'efficacité ».

Quant à Jean Yanne, la presse note volontiers que jamais un vrai directeur de l'armement ne parlerait avec une telle clarté brutale de son travail, mais aussi que Cayatte a sans doute été mal inspiré de donner ce rôle à un comédien « terriblement percutant, rigolo et par-dessus le marché plein de charme et de sex-appeal », comme le dit *Charlie Hebdo*. Et Robert Chazal dans *France-Soir* remarque que, « comme toujours quand il est dans un mauvais coup, il se réfugie dans un humour ennuyé avec lequel il tire son épingle du jeu ».

L'acteur assure un minimum de promotion pour *La Raison d'État* et les journalistes n'ignorent pas qu'il passe de plus en plus de temps à Los Angeles. Émigration ? Il nie sans nier : « Je n'ai pas la moindre envie de devenir John Yanne », dit-il à *France-Soir*. Mais il explique que, outre *Je te tiens, tu me tiens par la barbichette*, il prépare sa comédie *Les Organes*, qui sera tournée aux États-Unis avec des acteurs internationaux, ce qui explique le temps qu'il passe à Los Angeles.

Ce faisant, il raconte aussi une Amérique qui fascine l'enfant des Lilas, une Amérique aux grandes dimensions rêvées, une Amérique de l'extrême et du fantastique. Lorsqu'il assure la promotion de *L'apocalypse est pour demain*, il explique combien les États-Unis sont en avance sur la France jusque dans la folie automobile : « Aux USA, j'ai vu pire dans le genre. Par exemple, des villes qui vivaient de l'exploitation des automobilistes de passage. Il y en a une qui avait installé sur une voie à grande circulation un tronçon de vitesse brusquement limitée à six kilomètres-heure ! De quoi ramasser tranquillement des millions d'amendes ! »

27. – Mimi Boogie Lady

(*Je te tiens, tu me tiens par la barbichette*, *Asphalte*, 1978-1980)

Jean Yanne et Gérard Sire n'étaient pas allés chercher très loin le scénario du nouveau film que Yanne Productions met en chantier. Pour faire suite à la radio et au show-business à paillettes, ils s'en étaient pris à la télévision. Après la mort de son ami, le réalisateur touche à peine le scénario qu'ils avaient écrit à deux, chacun ajoutant et chacun retranchant selon ses marottes personnelles.

Comme la plupart des gens ayant œuvré un jour ou l'autre dans les coulisses de la télévision, Jean Yanne considère que les choses y empirent d'année en année, et notamment depuis qu'il n'y travaille plus. La vague disco déferle sur tous les pays occidentaux et la France n'y échappe pas. *La Fièvre du samedi soir*, le film qui transforme une mode pour boîte de nuit en un phénomène *mainstream*, sort en France en avril 1978. La télé commence à étaler à longueur de soirée des filles dansant en minishort et de beaux garçons se déhanchant avec énergie. L'éclatement de l'ORTF, décidé en 1974 par Valéry Giscard d'Estaing, a contraint les trois chaînes à une modernisation que l'on peut considérer – si l'on a l'œil chagrin – comme une capitulation devant les pires vulgarités de l'époque. Dans leurs grands shows, TF1, Antenne 2 et FR3 programment de moins en moins de chanteurs poétiques grattant leur guitare sous un faux pont de Paris en contreplaqué, et de plus en plus de chanteurs « américains » dans des décors à néon.

Jean Yanne s'énerve depuis longtemps du snobisme qui consiste à se faire croire natif des États-Unis à seules fins commerciales. Mais ce nouveau phénomène le fascine et lui fait envie. Car il s'agit d'une exception : le public est mondial et, pour une fois, les créateurs ne sont pas seulement américains ou britanniques. La vague disco fait pulluler les stars instantanées venues d'Europe : Patrick Hernandez et Cerrone sont français, Boney M est un groupe allemand, Donna Summer est américaine mais enregistre en Allemagne avec des producteurs allemands…

Or Jean Yanne pense de plus en plus aux États-Unis. Alors qu'il prépare *Je te tiens, tu me tiens par la barbichette*, il s'en ouvre à quelques journalistes, disant par exemple que « le marché américain est difficile à pénétrer mais à peu près personne ne bouge. Il faut oser s'y attaquer ». Et, pour cela, il prend le disco comme cheval de Troie en faisant de son film une comédie saturée de musique – ce qui va provoquer maintes ambiguïtés, nous allons y venir.

La trame du film est simple. L'animateur Patrice Rengain (Michel Duchaussoy), star de la chaîne AF4, a été enlevé par un mystérieux commando gauchiste qui exige, pour le libérer, une rançon d'un milliard (un milliard « ancien », comme on dit à l'époque, c'est-à-dire 10 millions de francs « nouveaux », l'équivalent de 5 millions d'euros). Pour preuve de leur détermination, ils joignent un doigt coupé de l'animateur à une cassette vidéo contenant un appel au secours pathétique de Rengain. Ses supérieurs suspectant une intrigue interne à la chaîne de télévision, l'inspecteur Chodaque (Jean Yanne) est envoyé chez AF4. Tandis qu'il découvre l'envers du décor, la jeune inspectrice qu'on lui a adjointe pour l'enquête (Mimi Coutelier) se fond si bien dans les coulisses de la chaîne qu'elle est engagée pour un show et devient instantanément une star disco. AF4 fait appel à la générosité des téléspectateurs pour récolter l'argent de la rançon au cours d'une émission de variétés animée par une autre vedette de la chaîne, le présentateur du jeu « Je te tiens, tu me tiens par la barbichette » (Jean-Pierre Cassel). Mais le directeur (Jacques François) va détourner l'argent, à la fois pour combler les pertes de la chaîne et pour empêcher le retour de Rengain, dont il voulait se débarrasser…

Évidemment, le scénario est semé de clés que les journalistes et les spectateurs vont s'acharner à décrypter. Il paraît évident que Jean-Pierre Cassel, avec ses grosses moustaches, s'est inspiré de Pierre Bellemare pour régler son emphase et ses trémolos.

Le personnage de directrice financière d'AF4, incarné par Micheline Presle, semble un composite de Jacqueline Baudrier et d'Éliane Victor, qui comptent parmi les premières femmes de pouvoir de l'audiovisuel public. Et le scénario est plein de détails signifiants : le nom de Rengain est, comme le fera remarquer *France-Soir*, « masculin de *rengaine* et cousin de *ringard* » ; le doigt coupé de Rengain fait évidemment penser au rapt du baron Édouard-Jean Empain, enlevé le 23 janvier 1978 et libéré le 28 mars ; le nom de Chodaque est un mot-valise de Shadoks et Kojak, le dessin animé polémique de Jacques Rouxel et l'inspecteur de police américain au crâne rasé, héros d'une série diffusée depuis janvier 1975 par Antenne 2 (les deux adjoints de Chodaque dans son commissariat sont d'ailleurs des sosies du lieutenant Kojak et de l'inspecteur Columbo) ; le logo d'AF4 est notamment composé du A d'Antenne 2 et du F de TF1 ; le générique des écrans de publicité d'AF4 montre une banane stylisée dont la peau glisse doucement et à laquelle se substitue une fleur, alors que, sur Antenne 2, on voit une fleur éclore d'une pomme…

« J'ai été enlevé par un commando révolutionnaire, Vengeance et Liberté, c'est son nom. Je dois confesser publiquement ma participation essentielle à la tentative d'abrutissement des masses laborieuses organisée par les puissances impérialistes, capitalistes et bourgeoises. Cette bande magnétoscopée devra être diffusée aujourd'hui aux journaux de 13 heures et de 20 heures sans la moindre amputation, sinon c'est moi qu'on amputera. On me coupera un autre doigt. Bien sûr, comme dit le commando Vengeance et Liberté, j'ai jamais rien fait pour élever mes semblables. J'ai passé l'essentiel de mon temps à les endormir avec des chansons insipides, des spectacles débiles et des émissions de mauvais goût, mais si ma vie vaut quand même quelque chose aux yeux de la direction d'AF4, voici les conditions : dix millions de francs, un milliard de centimes en coupures usagées de cent francs. Voilà le montant de la rançon. Une prochaine bande magnétique fixera les conditions de remise de cette somme. Mesdames, mesdemoiselles et messieurs, toute l'équipe des ravisseurs et moi-même nous vous souhaitons une agréable fin de soirée sur AF4. »
Premier message vidéo de Patrice Rengain (Michel Duchaussoy) après son enlèvement dans *Je te tiens, tu me tiens par la barbichette*.

D'ailleurs, les fausses publicités réalisées pour *Je te tiens, tu me tiens par la barbichette* vont beaucoup séduire. Tournés avant la réalisation proprement dite du film, cette vingtaine de spots mêlent la caricature de publicités réelles et les habituels délires sarcastiques de Jean Yanne. Ainsi, on propose « Digestiquick, la digestion dans la distinction », « Tubet's, l'insecticide qui monte qui monte », « Podospray Déodorant, pour les doigts de pied comme pour les dents », « Travelot, le magazine de l'homme qui n'oublie pas qu'il est aussi une femme » et le prémonitoire « Travolsex, la protection du samedi soir », publicité pour une marque de préservatifs dont le fond musical imite les Bee Gee's et leurs tubes de *La Fièvre du samedi soir* avec John Travolta. Alors que la France s'est amourachée depuis des années du petit garçon qui sort des toilettes et déroule derrière lui un rouleau de papier hygiénique en criant « Maman ! », une des publicités des programmes d'AF4 montre une vieille dame criant « Gaston ! » Et, aujourd'hui, il est délicieux de voir Arielle Dombasle défendre la pilule Gerbastop contre les nausées.

Les publicités ne constituent pas l'unique chantier de l'imposante préproduction de *Je te tiens, tu me tiens par la barbichette.* Il y a aussi la musique. Pour cela, Jean Yanne fait appel à un musicien qui appartient à la petite aristocratie des Français ayant conquis l'Amérique. En 1975, Jacques Morali a eu l'idée de faire enregistrer une reprise disco de *Brazil*, vieille chanson tropicale de Carmen Miranda, par trois choristes américaines qu'il baptise Ritchie Family. Avec son complice l'auteur et éditeur Henri Belolo, il lance ensuite un groupe constitué de six personnages archétypaux du mâle américain – le flic, le chef indien, le cow-boy, le GI, l'ouvrier du bâtiment, le motard en blouson noir – et Village People va conquérir le monde. Comme Giorgio Moroder ou Frank Farian, ses homologues allemands, Jacques Morali incarne les nouvelles chances qu'offrent aux créateurs européens les mutations culturelles du moment. C'est un entrepreneur autant qu'un artiste, et il intéresse Jean Yanne aussi parce qu'il a échappé aux petitesses et aux lourdeurs françaises.

Installé dans le sud de la France, où il s'est fait provisoirement plasticien avec ses « Musiques à regarder », Michel Magne est atterré par la bande originale de *Je te tiens, tu me tiens par la barbichette*, se souvient sa veuve, Marie-Claude Magne. Le compositeur ne sera pas le seul à soupçonner chez son ami le coupable glissement d'une gourmandise de créativité à un suivisme commercial cynique.

Alors que Michel Magne avait composé dans tous les styles pour *Tout le monde il est beau, tout le monde il est gentil*, Jacques Morali doit au contraire s'en tenir au disco. Dans *Je te tiens, tu me tiens par la barbichette* apparaissent Village People et la Ritchie Family, dont il est le producteur, et il compose en outre de la musique pour tous les programmes d'AF4. De la même façon que les couloirs de Radio-Plus étaient baignés en permanence par la musique de l'« antenne », on va entendre du disco dans la plupart des scènes se déroulant chez AF4, ce qui va produire des décalages curieux entre le son et l'image. Yanne part quelques semaines aux États-Unis suivre le travail de Morali, qui fait chanter à la Ritchie Family la chanson du générique, *La Barbichette*, et produit *Boogie Lady*, le titre que Mimi Coutelier « chante » dans le film.

La compagne du réalisateur est l'héroïne d'une séquence singulière, qui la montre en « stage » de police à Los Angeles. Ce passage de *Je te tiens, tu me tiens par la barbichette* dure à peine deux minutes et aligne quelques cartes postales à la gloire de la Californie. On voit Mimi Coutelier faisant son jogging dans un parc, traversant la rue devant une grande enseigne McDonald's ou pratiquant les arts martiaux avec David Carradine, le héros du populaire feuilleton *Kung-fu*, diffusé à partir d'avril 1974 sur la deuxième chaîne française. Très introduite dans le milieu du cinéma américain, l'attachée de presse Yanou Collart a organisé la rencontre entre le réalisateur et la star américaine. L'accord s'est conclu lors d'un dîner aux Trois Marches, à Versailles. Comme le vin servi est un Pétrus magnifique, Carradine demande comme cachet pour son apparition trois caisses de Pétrus.

Mimi Coutelier fait ainsi ses débuts devant la caméra. Certes, son visage n'est pas inconnu du grand public : elle est apparue dans *Je suis timide mais je me soigne*, comédie de et avec Pierre Richard, dans laquelle elle est l'élue de son cœur. Caissier dans un hôtel, il est foudroyé d'amour pour une cliente riche, belle, jeune et blonde. Il se met en tête de la suivre, tout en soignant sa timidité selon les conseils d'un thérapeute maladroit incarné par Aldo Maccione. Mimi est donc cette femme qu'il va suivre de Vichy à Nice, de Nice à Deauville puis enfin de Deauville à une route de campagne sur laquelle elle se révèle moins inaccessible qu'il n'y paraît – elle est en réalité une petite vendeuse qui a gagné un mois de séjour dans des palaces dans un concours organisé par une marque de pâtes. Pierre Richard, qui avait côtoyé Jean Yanne au temps de la Galerie 55, connaît Mimi Coutelier à la ville et l'engage pour sa seule plastique, sans aucun souci de sa capacité à jouer la comédie, puisqu'elle n'est pour l'essentiel qu'une image presque irréelle. Mais une image vue par 2,5 millions de spectateurs…

Le budget de *Je te tiens, tu me tiens par la barbichette*, sans être démesuré, est dans la moyenne haute des productions françaises, à 7 millions de francs (3,5 millions d'euros). Productions Yanne est associé à Télé-Hachette, société de production de l'énorme groupe de médias, et surtout à la Société nouvelle de cinématographie de Gérard Beytout. La SNC est l'heureux producteur du *Gendarme de Saint-Tropez* et des films de la même série avec Louis de Funès. Le tournage commence le 2 octobre 1978 pour une durée prévue de huit semaines. Jean Yanne a prévu grand et large. Georges Beller, qui jouera le rôle d'un assistant de réalisation sur le plateau de « Disco City », l'émission de Patrice Rengain sur AF4, note que « Jean dépense facilement l'argent des autres. Sur le plateau de ses films, on est loin des cadences infernales : il arrive en retard, il raconte des blagues, on part déjeuner, on répète deux heures puis on tourne la scène le lendemain. Toute plaisanterie mise à part, il n'est pas obsédé par l'horloge mais, quand il tourne une scène, il n'a pas besoin de quinze prises. Mais, pour *Je te tiens, tu me tiens par la barbichette*, il y a l'histoire du TNP... »

En effet, Jean Yanne a besoin d'un grand plateau pour tourner les shows disco d'AF4 et il s'installe au Théâtre national populaire de Chaillot, où est construit l'immense décor du plateau des émissions d'AF4, avec çà et là des statues à l'effigie de la femme-robot de *Metropolis* de Fritz Lang. On commence par tourner les scènes de la fin du film, lorsque Chodaque fait jaillir les dix millions de francs en petites coupures d'une machine à sous géante dans laquelle la rançon était cachée. Les billets pleuvent sur la foule qui danse et sur la Ritchie Family qui chante la chanson du générique. Le rôle du présentateur du show est alors tenu par Jacques Villeret et, le 19 octobre 1978, Jean Yanne s'offre un double plaisir cinématographique et mondain en invitant copains et copains des copains pour une grande fête devant ses caméras. Eddie Barclay, Jean Lefebvre ou Paul Bocuse dansent le disco dans la foule.

Mais, au bout de deux semaines, le tournage s'interrompt. Jean Yanne se rapatrie sur les studios de la SFP de Bry-sur-Marne, où une grève de techniciens fait encore prendre du retard au film. Jacques Villeret n'est plus libre (il va tourner *Un balcon en forêt*, de Michel Mitrani) et il est remplacé par Jean-Pierre Cassel. Rien de ce qui a été tourné au TNP n'est conservé pour le film.

Le casting réunit encore la famille des acteurs yanniens, mais avec cette fois-ci une nouvelle contrainte : « Les faux-culs jouent les gentils », comme dit le réalisateur. Jacques François, Daniel Prévost ou Michel Duchaussoy incarnent des personnages dépassés par les événements et ne deviennent déplaisants que contraints et forcés. En revanche, il propose un contre-emploi radical à deux chanteurs dont l'image est particulièrement sympathique aux Français : Carlos et Mort Schuman vont incarner deux producteurs odieux, vulgaires, grossiers et cyniques. Comme on le pratique parfois à Hollywood, le réalisateur utilise des premiers rôles pour jouer des personnages secondaires. Ainsi, Micheline Presle joue la directrice financière d'AF4, Jean Dessailly est le directeur de la police judiciaire…

Jean Yanne ne se refuse rien. Il use des moyens du cinéma pour tourner des émissions de télévision, dont le jeu « Je te tiens, tu me tiens par la barbichette » qui donne son titre au film. Il s'agit ni plus ni moins du jeu d'enfant (« Si tu ris… ») installé dans un décor grandiose et avec des effets dramatiques outrés. Le champion du jeu est, jusqu'à l'arrivée de l'inspecteur Chodaque, un sinistre proviseur de collège incarné par Jean Le Poulain. Chacune des séquences de télévision que montre Jean Yanne est aussi une charge contre la SFP, héritière de la pléthorique armée de techniciens qui exaspère le réalisateur chaque fois qu'il met les pieds sur un plateau de télévision. S'il s'emporte facilement contre la radinerie des producteurs de cinéma, il considère comme obscène le confort matériel des productions télévisées françaises. Lors de la promotion de *Je te tiens, tu me tiens par la barbichette*, il racontera plusieurs fois avoir vu un camion de la SFP traverser Paris entre un magasin d'accessoires et un studio pour y apporter une paire de bretelles à fleurs. Mais il ne pratique pas lui-même un paradoxe beaucoup plus léger en engageant les meilleurs artistes disco pour tourner avec des moyens imposants et une équipe aguerrie des séquences de télévision dont la vulgarité et la vacuité l'écœurent. Ce ne sera pas compté à son crédit par la critique…

Dans les dialogues, Jean Yanne exprime très explicitement ce qu'il pense de la télévision française d'État. Si les jeux et les variétés ont un tel poids, c'est parce qu'ils exercent un effet de sidération sur le téléspectateur, qui, ensuite, sera plus apte à accepter sans esprit critique le message politique qu'on lui présentera. Si personne ne remet en cause le système de l'intérieur, c'est parce que tout le monde « en croque » malgré la désorganisation et l'incompétence généralisée. Si l'on voit de temps en temps des chanteurs dits « engagés » à la télévision (comme, dans le film, Ladislas Colère, qui chante *La Flicaille*), c'est parce qu'ils servent de paravent à la censure et à la manipulation de l'opinion... Une fois de plus, le constat de fond est d'une noirceur sans grande nuance qui n'épargne ni droite ni gauche, ni classes dirigeantes ni « populo ».

En revanche, l'homme privé est tout à son bonheur. Mimi Coutelier ne montre pas d'étourdissantes dispositions d'actrice, mais elle habite largement l'image. Le script lui épargne des scènes trop complexes. Et, afin que toutes choses soient bien claires, *Je te tiens, tu me tiens par la barbichette* contient une sorte de faire-part. Lorsque leurs deux personnages ont quitté la police et que Mimi Boogie Lady a recommandé à Chodaque de se présenter au jeu vedette d'AF4, elle lui propose de s'entraîner. Ils se saisissent l'un l'autre par le menton et se regardent droit dans les yeux. La caméra zoome lentement en arrière pour les laisser seuls dans l'obscurité du vaste plateau de télévision tandis que résonne un orgue jouant la *Marche nuptiale* de Mendelssohn.

Je te tiens, tu me tiens par la barbichette sort en salles le 4 avril 1979. Par la rumeur des projections de presse, Jean Yanne sait déjà que l'accueil ne sera pas unanimement positif – tant s'en faut. À gauche, on considère que sa charge contre l'audiovisuel d'État n'a pas la cruauté qu'on en espérait. Confusément, la presse aurait attendu que le film soit plus brutalement en rupture avec la télévision. Or, on remarque que, comme pour soutenir *Je te tiens, tu me tiens par la barbichette*, la télévision diffuse, le dimanche précédant sa sortie, *Tout le monde il est beau, tout le monde il est gentil. Minute* trouve même que c'est un drôle de choix pour le dimanche des Rameaux.

Après qu'on lui a souvent reproché sa violence, voire son nihilisme, Jean Yanne se fait accuser de tiédeur. Ainsi, *Le Canard enchaîné* démonte un gag qui survient quand Chodaque arrive dans les bureaux d'AF4 : des figurants habillés en policiers sont envoyés par erreur sur le plateau du journal d'information dont le présentateur s'interrompt aussitôt en disant qu'il refuse de travailler sous l'œil de la police. « Lui prêter l'attitude contraire eût été plus véridique et plus féroce », commente l'hebdomadaire, qui poursuit : « Mais si Jean Yanne attaquait vraiment la télévision, s'il ne faisait pas semblant de pourfendre la servilité et l'imposture, serait-il accueilli comme il l'est à la lucarne pour vanter son film ? [...] Il apparaît surtout comme un persifleur ambigu, un frondeur plus malin qu'insolent, un râleur bidon. »

Un peu de la même manière que les spectacles de *Chobizenesse*, une bonne partie de la critique lui reproche d'avoir réalisé des émissions de télévision dont la vulgarité et la médiocrité sont tellement vraies qu'elles semblent faites pour séduire uniquement le public des émissions réelles qui les ont inspirées. Ainsi, *Le Figaro* s'offre le plaisir du paradoxe en attaquant Jean Yanne sur sa gauche en dénonçant dès le titre de la critique sa « soumission au système » : « Le film est noyé dans une véritable cascade de disco et se laisse emporter avec une satisfaction manifeste dans une ambiance infraculturelle répugnante. La satire ne sort jamais un seul instant du système qui l'a engendrée, elle ne le menace donc pas le moins du monde. »

D'autres critiques goûtent précisément cette ambiguïté : « Ce qu'il dénonce et dont nous nous moquons volontiers à sa suite, n'en sommes-nous pas, après tout, les spectateurs acharnés ? » interroge *L'Express*. Il y a quelques enthousiasmes, comme *Le Point*, qui claironne : « Jean Yanne est redevenu le jeune cinéaste qu'il était à ses débuts : cynique, excessif, drôle. »

Mais, de manière générale, la tonalité de la presse est négative. Deux des critiques les plus lus ont la même conclusion, qui tient en trois mots à la fin de leurs articles. Après avoir noté « la réjouissante imitation de Pierre Bellemare » exécutée par Jean-Pierre Cassel, Georges Charensol des *Nouvelles littéraires* conclut : « C'est peu. » Et Claude-Marie Trémois, dans *Télérama*, se réjouit du « sérieux indéfectible » de Jean Le Poulain avant de laisser tomber : « C'est peu. »

Avant cette formule lapidaire, le critique de *Télérama* avait prédit : « De deux choses l'une : ou son film fera un flop ; ou ceux qui rempliront la salle y prendront le même plaisir qu'aux pires productions télévisées. » Mais *Je te tiens, tu me tiens par la barbichette*, sorti le 4 avril 1979, fait moins recette que la télévision. Pour la deuxième fois, un film réalisé par Jean Yanne ne se classe pas en tête des fréquentations de la semaine à Paris : avec 68 882 entrées, il est en troisième position, loin derrière *Flic ou voyou*, le Belmondo de la saison, qui attire 171 199 spectateurs pour sa deuxième semaine d'exploitation, et la reprise du dessin animé *Bambi*, produit par Walt Disney. La semaine suivante, le score se maintient à 65 739 entrées, ce qui est le signe d'un bon relais de la promotion par le bouche-à-oreille. Mais *Je te tiens, tu me tiens par la barbichette* est dépassé par la comédie *Et la tendresse, bordel ?*, pourtant en septième semaine. La chute vient en troisième semaine : 42 963 entrées. Et, la semaine suivante, le film de Jean Yanne disparaît du classement des quinze meilleures fréquentations. En douze semaines d'exclusivité, il atteindra 276 941 spectateurs – quatre fois moins que *Tout le monde il est beau, tout le monde il est gentil.*

S'il s'agissait d'un film à budget raisonnable, la contre-performance serait surmontable. Mais le budget de départ était de sept millions de francs, grevés au moins de deux millions supplémentaires par les problèmes de studio, les changements de distribution et les multiples retards accumulés sur le tournage. *Le Film français* annonce, au bout des douze semaines d'exploitation, des recettes au box-office de 7,2 millions de francs (3,29 millions d'euros).

Or Yanne Productions a terminé exsangue le tournage de *Je te tiens, tu me tiens par la barbichette.* Tout le monde est payé, mais, dès la fin du tournage, certains fournisseurs ont compris qu'il leur faudrait attendre le bon vouloir d'un administrateur judiciaire, à moins que le public ne manifeste un enthousiasme spectaculaire pour le film.

Le score réalisé en salle aurait permis d'amortir *Je te tiens, tu me tiens par la barbichette* si le budget était resté dans l'épure de départ. Mais le déficit est de 4 millions de francs (1,82 million d'euros). Il en résulte un litige entre Jean Yanne et ses coproducteurs qui va atterrir devant les tribunaux.

* * *

Au « 33 », c'est la seconde débâcle. Après le naufrage de Ciné Qua Non, c'est maintenant celui de Yanne Productions. Comme cela arrive souvent avec les bâtisseurs d'entreprises, le cinéaste est le dernier à comprendre que tout est fini. La saisie des comptes en banque – déjà vides – et de toutes les recettes de sa société de production ne laisse guère de choix. Anny Bartanowsky, en charge de toutes les questions matérielles depuis quelques années, convainc Jean Yanne d'abandonner ses bureaux sur les Champs-Élysées, trop grands et trop chers, pour un tout petit local sur cour, rue Pierre-Charron, à deux pas de là. Si le bureau est minuscule, l'adresse reste prestigieuse. Le cinéaste n'y mettra presque jamais les pieds. Il refuse d'admettre que la fête est finie. Quelques années après Jean-Pierre Rassam, il est lui aussi rattrapé par les comptables, les huissiers et les inspecteurs des impôts. Il doit quitter son appartement de Neuilly et il commence avec Mimi Coutelier une vie nomade à Paris, d'hôtel en hôtel.

C'est une vie de luxe mais une vie à crédit, qui continue à creuser les dettes de Jean Yanne. Il avait déjà été en délicatesse avec le fisc et les années de prospérité de Ciné Qua Non l'avaient largement remis à flot. Son échec en tant que producteur le met en première ligne face aux créanciers et, dès lors, il ne sortira plus d'un enchaînement délétère de procédures et de négociations, d'emprunts dispendieux et d'affrontements avec le fisc. Quand sont vidés les bureaux du « 33 », il a légalement mis à l'abri sa petite maison de Morsains.

Mais la fin du « 33 » est un échec dont les conséquences sont quotidiennes : Jean Yanne n'a plus de secrétaire, n'a plus de comptable, n'a plus d'équipe, n'a plus de compte en banque avec lequel ramasser les additions des soirées entre amis... C'est un changement de vie, mais aussi un changement de statut. Il sait, en outre, qu'il va être désormais soumis à l'attention fidèle du fisc, même s'il conteste une partie des sommes qui lui sont réclamées. Autrement dit, tous ses revenus vont désormais être saisis.

Dans l'immédiat, il porte beau. Il explique aux journalistes que la vie de palace est d'un confort parfait tout en lui dégageant l'esprit de tous les soucis de la propriété. Il évoque aussi son prochain film, dont l'idée lui est venue aux États-Unis, où il a découvert les *health farms*, où les personnes en surpoids viennent perdre quelques dizaines de kilos en une ou deux semaines de régime brutal et de médication hors de prix. « Le prochain Messie, c'est le mec qui dira : "Si vous me suivez, vous serez minces." » Et il promet une satire violente d'une civilisation de la bonne forme et de l'amaigrissement à prix d'or.

Car il s'installe vraiment aux États-Unis. Le pays le faisait rêver depuis longtemps. Il a fait un beau voyage avec Mimi Coutelier avant le tournage de *Je te tiens, tu me tiens par la barbichette* et ils se sont longuement arrêtés à Los Angeles. Ils ont posé quelques questions aux Français qu'ils ont croisés là-bas, dont Jacques Morali et Henri Belolo, les producteurs disco.

À Los Angeles, il peut vivre à l'abri des saisies-arrêts et peut-être même se donner un nouveau métier. Il a souvent parlé de la frilosité des cinéastes et producteurs français face au marché international et il trouve dans les prodiges des Français du disco, sinon un exemple, du moins un espoir. Ne disait-on pas depuis des lustres que jamais les Français ne perceraient sur le marché international de la musique pop ?

À ses amis – comme en témoigne Gilles Durieux dans son livre –, comme aux journalistes, il lance une jolie formule bravache : « Si j'avais fabriqué du nougat, je me serais installé à Montélimar ; si j'avais fait de la porcelaine, j'aurais opté pour Limoges. Je suis dans le show-business, j'ai donc choisi Los Angeles, qui est l'endroit le plus vivifiant que je connaisse pour ce genre d'activité. »

Ils prennent un appartement vers le haut de la Cienega, non loin de Sunset Boulevard. Un quartier et un logement très convenables, sans être pour autant une adresse de star hollywoodienne. Mais, dans l'immédiat, si Jean Yanne a une activité cinématographique, c'est en France.

À l'été 1980, il revient devant les caméras, pour la première réalisation de Denis Amar. Cet ancien assistant de René Clément, José Giovanni, Robert Wise, Pierre Granier-Deferre ou Philippe de Broca est aussi un des plus grands virtuoses du film publicitaire, qui a déjà signé une centaine de spots avant de réaliser ce premier long métrage plutôt ambitieux. Bien que Jean-Luc Godard dans *Week-end* et Luigi Comencini dans *Le Grand Embouteillage* aient déjà filmé le grand cauchemar automobile de leur temps, il s'attaque à la routine du massacre commis régulièrement sur les routes françaises : un week-end de « chassé-croisé » entre juillettistes et aoûtiens ne se solde jamais par moins d'une quarantaine de morts… Pendant trois ans, Amar peaufine le scénario d'*Asphalte* (d'abord titré *Les Grands Départs*) et rassemble d'imposants moyens pour un premier long métrage : 6 millions de francs (l'équivalent de 2,41 millions de nos euros).

Un samedi 31 juillet, Juliette décide de rejoindre à Montpellier son fiancé qui l'a laissée seule à Paris, en lui empruntant sa belle voiture. Elle va plonger dans une aventure à la fois tragique et dérisoire, qui est celle de la route de tous les week-ends en France. Le scénario étale largement la palette des destinées qui se croisent avant et après les accidents de la route. Il montre l'automobiliste à l'imprudence criminelle qui prend la route sans avoir fait réviser ses freins qu'il sait défectueux, uniquement pour ne pas perdre un pari avec des amis. Il montre un couple de petits vieux qui viennent demander au gardien d'un cimetière de voitures de leur montrer la carcasse dans laquelle leur enfant a trouvé la mort. Il montre un chirurgien qui va peu à peu être totalement dépassé par l'afflux de blessés et d'estropiés à mesure que le week-end avance…

Car *Asphalte* est une tragédie polyphonique que traverse Juliette d'incident en accident, comme un résumé en accéléré de toutes les histoires possibles sur l'autoroute des vacances. Une fois dépouillée de sa voiture par l'épouse de son amant, elle rebrousse chemin en auto-stop et prend place dans une Jaguar au côté d'un conducteur bourru qui remonte vers Paris avec son dogue allemand. Le rythme des catastrophes automobiles ne ralentit pas mais l'auto-stoppeuse et son bon Samaritain, le soir venu, font étape dans la même chambre d'un hôtel autoroutier.

Pour le rôle de Juliette, Denis Amar a choisi une Canadienne dont la beauté sombre évoque un lac de montagne. Révélée par *La Menace* d'Alain Corneau avec Yves Montand, elle est alors une actrice en vogue, que l'on voit dans *Préparez vos mouchoirs* de Bertrand Blier ou *Au revoir à lundi* de Maurice Dugowson.

Jean Yanne n'est pas contacté par hasard par Denis Amar, qui fait allusion à *L'apocalypse est pour demain* dans une interview… L'acteur répétera souvent pendant la promotion du film avoir « un vieux compte à régler avec la bagnole ». Comme par un fait exprès, Carole Laure éprouve également une solide répulsion envers les automobiles.

Au cours de l'été 1980, le chantier a de quoi impressionner. Denis Amar convoque deux cents figurants qui viennent à bord de leur propre voiture et l'équipe reste pendant des semaines sur un tronçon d'autoroute en construction qui figurera l'autoroute A6 de tous les drames. Sous la direction de Rémy Julienne, les cascadeurs règlent à la perfection des accidents particulièrement spectaculaires. Pour simuler un accident, Jean Yanne et Carole Laure passent des heures dans une voiture entourée de cercles métalliques qui va tournoyer avec violence. Et il faut reprendre et reprendre la scène jusqu'à ce que le réalisateur et le chef opérateur soient pleinement satisfaits. Puis, une fois la berline ayant roulé-boulé par-dessus le terre-plein central, le conducteur arrache sa passagère inconsciente à la Jaguar, qui commence à brûler. Mais le molosse, furieux que son maître ait d'abord choisi de sauver la femme, se jette sur lui. L'homme ne doit son salut qu'au fusil obligeant d'un autre automobiliste arrêté par le carambolage. Sur le tournage du film, ce sont les réflexes du dresseur et l'embonpoint de Jean Yanne qui lui évitent une morsure grave lorsque le dogue « joue » son attaque avec trop de conviction...

Denis Amar souligne volontiers le décalage entre le spectacle d'apocalypse sur l'autoroute et l'idylle presque ordinaire qui se noue dans l'habitacle de la voiture conduite par Jean Yanne. Il cherche un ton singulier entre le film catastrophe et les comédies dramatiques à la Claude Sautet... La critique saluera ses louables intentions et sa maîtrise de l'image, mais sera plus partagée sur les qualités d'ensemble du film. Les hommages à Carole Laure tiennent beaucoup à sa plastique et, quant à Jean Yanne, *Le Monde* juge qu'il est « une merveille de complexité ». Après avoir exercé son ironie sur la qualité du scénario, le sévère Georges Charensol des *Nouvelles littéraires* voit un Jean Yanne « hilare à son habitude et bien décidé à dédramatiser une situation qui hésite entre le vaudeville et le mélo ».

À la sortie du film, en janvier 1981, la presse est heureuse de le retrouver après presque deux ans d'absence médiatique. Il s'est laissé pousser la barbe, « qui lui donne l'air d'un nounours dont on ne pourrait plus se passer », comme écrit *Le Matin de Paris*. Il aime de plus en plus parler d'autre chose que de promotion dans ses interviews. Son personnage d'*Asphalte* ? « Oh, rien qu'un automobiliste très ordinaire, ni plus ni moins sympathique que les autres. » Il dément avoir quitté la France pour fuir le fisc – « Sinon, j'aurais choisi la Colombie » – et ne pas aimer faire l'acteur : « Ce qui est sûr, c'est que j'aime m'occuper de quelque chose du début à la fin. Lorsqu'on n'est qu'acteur, on prend le train en marche. S'il neige, on attend qu'il ne neige plus. Autant de temps morts qui m'horripilent. Être producteur, réalisateur et producteur de son propre film, c'est plus commode. S'il neige, on s'occupe des accessoires. S'il faut changer quelque chose dans le scénario, pas besoin de téléphoner au dialoguiste, on le fait soi-même. » Et il dévoile un peu de ses activités strictement américaines en disant qu'il est désormais, aussi, « directeur artistique ».

Il a tourné aussi dans son premier film sur le continent américain. Mais c'est un film québécois dans lequel il est français. Robert Ménard lui donne le rôle du chauffeur dans *Une journée en taxi*, histoire d'un prisonnier qui bénéficie d'une permission de sortie de trente-six heures et qui, à la sortie de la prison, engage un taxi pour aller se venger d'un complice qui l'a trahi. Or, le chauffeur est un homme brisé par le deuil. Entre les deux hommes naît une amitié bienfaisante…

28. – Record

(*Deux heures moins le quart avant Jésus-Christ*, 1981-1982)

Jean Yanne vit donc à Los Angeles. Il dit ouvertement, début 1981, que « la pression du fisc a été beaucoup plus forte pour me pousser dehors que celle de mes amis pour me retenir ». Il est en exil fiscal, même s'il va bientôt le nier avec constance : s'il est de nouveau domicilié officiellement en France, il devra passer sous les fourches caudines du fisc, qui lui laissera seulement le strict nécessaire pour vivre en attendant qu'il ait remboursé toutes ses dettes.

Il n'a plus de maison de production, il est lourdement endetté, il est contraint de vivre aux États-Unis, mais son premier objectif est de revenir à la réalisation. Après les deux échecs de *Chobizenesse* et de *Je te tiens, tu me tiens par la barbichette*, on peut imaginer que l'orientation la plus logique serait de bâtir un projet de nature à rassurer un producteur – un film sédentaire à quelques personnages en décor urbain, et dont le charme tiendrait surtout dans le dialogue… Or Jean Yanne va revenir au premier plan avec un film au budget colossal.

Deux heures moins le quart avant Jésus-Christ est un projet qui vient de loin. Jean Yanne en parle déjà à l'été 1979, quelques semaines après l'échec de *Je te tiens, tu me tiens par la barbichette*. Il annonce dans une interview le titre et le fait que le film, se déroulant sous la Rome antique, sera semé d'anachronismes comme la télévision et le téléphone. La distribution à laquelle il pense est prestigieuse, hétéroclite et internationale : Alberto Sordi dans le rôle principal, Teddy Savalas (l'inspecteur Kojak) dans le rôle de

Jules César, Ugo Tognazzi, Annie Girardot, Bernard Blier, Michel Sardou… Il annonce surtout que, pour la première fois de sa carrière, il réalisera un film sans y apparaître. Le tournage est prévu en Tunisie, dans les décors construits par une chaîne américaine pour une série télévisée sur la vie de Jésus.

Puis, début 1981, pendant la promotion d'*Asphalte*, il revient sur le projet, notamment dans *France-Soir* : « Il faut croire que mes histoires plaisent aux Américains puisqu'ils m'ont fait des propositions pour travailler sur deux ou trois scénarios, dont l'un qui s'appelle *Deux heures moins le quart avant Jésus-Christ* et qui raconte la vie quotidienne des Romains avec tous leurs problèmes de plomberie, d'école, de loyer, de circulation et de patron, les mêmes à peu près que de nos jours. »

Quelques mois plus tard, le film devient un projet concret sans partenaire américain et Jean Yanne parle à la presse parisienne en expatrié heureux. Ainsi, en novembre, il se confie longuement au *Figaro*. La France lui semble désormais être le pays des « journées de huit heures qui ne durent que six », des responsables injoignables et des affaires qui n'avancent jamais. Alors qu'en Californie « debout à 7 heures, piscine, exercice et à 8 h 30 au boulot ». Il évoque avec émotion l'université UCLA, où Mimi et lui sont inscrits en art et en littérature pour se perfectionner en anglais, et où les étudiants ordinaires côtoient des adultes qui ont décidé de changer de vie et des vedettes du cinéma qui veulent s'élargir l'esprit… Après cela, Mimi suit un enseignement de *costume designer* qui balaie tout le processus de création et de réalisation des costumes d'un film ou d'une série, du premier croquis au tournage.

Il reste un peu du mythe américain dans la genèse de *Deux heures moins le quart avant Jésus-Christ* que Jean Yanne expose à la presse française : fin mars 1981, il travaillait à un pilote pour la télévision, en contact notamment avec John Belushi (dont le statut à l'époque est indexé sur le succès mondial des *Blues Brothers*, l'année précédente), quand Claude Berri, venu à Los Angeles pour la cérémonie des oscars où *Tess*, de Roman Polanski, est plusieurs fois nommé, lui a demandé s'il n'avait pas un sujet à lui proposer, et qui pourrait s'accorder avec le contrat qui lie le producteur à Coluche. Ils ont signé pour quatre films à réaliser en trente mois pour le compte du distributeur AMLF. Après *L'Aile ou la Cuisse* de

Claude Zidi avec Louis de Funès, *L'Inspecteur la Bavure*, encore de Claude Zidi avec Gérard Depardieu, et *Le Maître d'école* de Claude Berri lui-même, envoyer Coluche dans l'Antiquité paraît une bonne idée au producteur.

Berri s'était tenu à distance de l'ascension comme de la chute de Ciné Qua Non et des rêves de domination sur le cinéma français de son beau-frère. Alors que Jean-Pierre Rassam connaissait une ascension spectaculaire et une chute vertigineuse, Claude Berri s'imposait peu à peu comme un producteur opiniâtre, talentueux et efficace.

À aucun moment ses rapports avec Jean Yanne ne se sont aigris et, en 1981, les deux hommes se rencontrent à Los Angeles avec le naturel de deux vieux copains – l'un jovial, l'autre grave, l'un encalminé, l'autre armé de tous les attributs du pouvoir cinématographique. Mais il n'est pas impossible, non plus, que Berri s'engage avec Yanne précisément parce que Rassam est hors jeu...

Le projet *Deux heures moins le quart avant Jésus-Christ* consiste à raconter une tranche de vie sous l'Antiquité dans une collision permanente avec le présent. Jean Yanne cite volontiers parmi ses sources l'auteur latin Juvénal, qui reproche à César de gaver les Romains de pain et de jeux – preuve donc qu'ils ne fichent rien – et le vieil ouvrage de Jérôme Carcopino, *La Vie quotidienne à Rome à l'apogée de l'Empire*, paru en 1939. C'est d'ailleurs de là que lui est venue l'idée de son film : Carcopino raconte que le centre du monde antique souffrait des embouteillages de chars, de carrioles et de charrettes divers contestant le droit des commerçants à empiéter sur la voie publique. D'ailleurs, la première apparition de Jean Yanne dans *Deux heures moins le quart avant Jésus-Christ* le présente en chauffeur de taxi s'engueulant copieusement avec un livreur ombrageux qui gêne la circulation. Pour les fidèles de Jean Yanne, cela rappelle immanquablement le sketch des embarras de circulation, déjà joué avec le même Paul Mercey.

Il tire sur l'idée que la vie sous l'Antiquité ressemble à notre quotidien. Il n'est certes pas le premier à jouer de l'anachronisme à des fins comiques. D'ailleurs, peu avant lui, Terry Jones et les Monty Pythons ont revisité de cette manière les Évangiles dans *La Vie de Brian*, en 1980, et Mel Brooks beaucoup de chapitres des manuels scolaires dans *La Folle histoire du monde*, en 1981. Mais les professeurs ont aussi souvent pointé du doigt les anachronismes des films les plus sérieux sur l'Antiquité, comme les chameaux du cortège du souverain d'Égypte dans *La Terre des pharaons*, de Howard Hawks, en 1954, alors que ces animaux ne seront introduits par les Perses que cinq cents ans plus tard !

Ben Hur Marcel. - Oh là, qu'est-ce qu'il y a là ? Y a un vent de révolte ?
Premier commerçant. - C'est Paulus qu'arrête pas de nous chambrer. T'as entendu la télé ?
Ben Hur Marcel. - Oui j'ai entendu, comme tout le monde. Eh, on va pas se laisser faire.
Deuxième commerçant. - Parfaitement.
Ben Hur Marcel. - Vous savez ce que je dis, moi ? Je dis que César ne serait pas un loup si les Romains n'étaient pas des agneaux. Je dis que César ne serait pas un lion si les Romains n'étaient pas des biches.
Troisième commerçant. - C'est pas con ce que tu dis. C'est pas con ce qu'il dit.
Paulus. - C'est pas con ce qu'il dit mais qu'est-ce qu'il dit d'autre ?
Troisième commerçant. - C'est pas con ce que tu dis. Qu'est-ce que tu dis d'autre ?
Ben Hur Marcel. - Et je dis qu'on devrait profiter de ce que César est là pour lui faire savoir qu'on en a marre. Il faut désigner un responsable, un homme à poigne, qu'a pas froid aux yeux et qui va aller lui dire que… qui va aller lui dire quoi… qu'on en a marre, quoi qu'on en a gros sur la patate.
Paulus. - Dis donc, le mec c'est toi ?
– Quoi ?
– Ben le responsable, l'homme à poigne.
– Non.
– Ben c'est bien toi le président de l'Union des commerçants ?
Deuxième commerçant. - Paulus a raison. Allons trouver le consul et que Ben Hur Marcel parle en notre nom.
Ben Hur Marcel (Coluche) entre au café alors que trois commerçants (respectivement Paul Mercey, Ibrahim Seck et Maurice Vamby) discutent avec Paulus (Jean Yanne) dans *Deux heures moins le quart avant Jésus-Christ.*

Donc, dans la petite ville proche-orientale de Rahat Loukoum, la révolte gronde alors que les pays producteurs d'avoine ont décidé de porter à dix-huit sesterces le prix du quintal de grain – à ce prix, faire circuler un char tiré par des chevaux devient dispendieux. César doit venir passer des vacances à Rahat Loukoum, au cours desquelles il rencontrera Cléopâtre. Le peuple gronde et les commerçants désignent un garagiste, Ben Hur Marcel, pour porter leurs protestations au consul. Le conseiller de celui-ci propose qu'on utilise Ben Hur Marcel pour monter un faux complot contre César, qui permettrait de démanteler l'opposition. Cléopâtre s'étant égarée avec son char et sa suite dans les rues étroites de Rahat Loukoum, le chauffeur de taxi Paulus la guide jusqu'au garage de Ben Hur Marcel, qui se révèle être le frère disparu de Cléopâtre. Après quelques menues péripéties, dont une course de char truquée, tout est bien qui finit bien dans la concorde retrouvée entre Rome, l'Égypte et les émirs producteurs d'avoine.

Claude Berri est partant. Dès que la question du lieu de tournage est évoquée, le nom de Tarak Ben Ammar s'impose. En 1981, ce neveu du président Bourguiba n'a que trente-deux ans, mais il est déjà à la tête de studios imposants. Son offre est simple : utiliser de grands studios à l'occidentale en même temps que tous les décors extérieurs de Monastir, ville aux portes du désert. Il se fait fort de mobiliser des milliers de figurants mais aussi des centaines d'artisans pour fabriquer costumes, accessoires, armes, sellerie ou verroterie très rapidement et à des coûts très inférieurs à tout ce qui se pratique en Europe ou à Hollywood. Ainsi, c'est grâce à Tarak Ben Ammar que Franco Zefirelli a tourné en Tunisie son *Jésus de Nazareth*, comme Steven Spielberg *Les Aventuriers de l'arche perdue*. Il propose notamment à Jean Yanne, pour ses jeux du cirque, l'amphithéâtre d'El Jem, plus vaste et en meilleur état de conservation que le Colisée de Rome.

Tarak Ben Ammar n'est pas seulement un prestataire de services : il est coproducteur du film. Quand Jean Yanne commence à parler de *Deux heures moins le quart avant Jésus-Christ*, il évoque un budget de 20 millions de francs (7,1 millions d'euros), ce qui est déjà imposant pour le cinéma de l'époque. Le film coûtera le double. L'énorme figuration (onze mille personnes, affirme le dossier de presse du film) a beau être très bon marché en Tunisie par rapport aux tarifs en usage dans les pays occidentaux, l'addition atteint vite des sommets, avec des costumes qui coûtent en moyenne trois cents francs pièce…

Pour la distribution et la logistique, c'est Claude Berri qui signe les chèques. Trois noms sont acquis dès le départ : Coluche sera Ben Hur Marcel, Mimi Coutelier sera Cléopâtre et Jean Yanne se réserve un rôle moins central que dans ses films précédents. Mais il sera quand même une sorte de *deus ex machina* de toute l'intrigue du film, sous les traits du chauffeur de char-taxi Paulus, qui sera désigné comme général en chef par Cléopâtre.

Lors de la préparation du film, on parle de Jeanne Moreau, de Jean Marais, de Peter Ustinov, de Jerry Lewis au générique de *Deux heures moins le quart avant Jésus-Christ…* Finalement, Jean Yanne va rassembler une distribution moins internationale et presque aussi stimulante. Le consul sera le très classique comédien Michel Auclair, dont l'épouse éruptive sera Françoise Fabian, une douzaine d'années après *Êtes-vous fiancée à un marin grec ou à un pilote de ligne ?*, et l'éminence grise, Darry Cowl. César sera Michel Serrault, qui lui donnera toutes les allures efféminées de Zaza dans *La Cage aux folles*. De belles figures du cinéma populaire sont convoquées : André Pousse en chef de la police, Paul Préboist en maître des fauves du cirque, Michel Constantin en *secutor*, Valérie Mairesse en prostituée… Jean Yanne est fidèle :

Paul Mercey, Maurice Vamby, Lawrence Riesner sont de l'aventure, comme Philippe Clay, longtemps après *La Gamberge*, ou José Artur. Dans les écrans de télévision de l'Empire romain, deux personnalités majeures de l'audiovisuel français : Léon Zitrone, qui va commenter la course de chars à la manière de ses commentaires de tiercé, et Yves Mourousi, qui présente le journal d'informations.

Dès lors que Jean Yanne a décidé que son film abolirait les distances temporelles, il suffit de tirer le fil : on fera intervenir contre les manifestants les compagnies romaines de sécurité – les CRS –, on verra dans les bistrots le logo bleu et rouge des alcools Martinius et, sur les stations-service à avoine, le coquillage de Shellus... Dans l'Antiquité selon Jean Yanne, on pratique l'aérobic, les gardes du palais et les gardes de la route ne s'aiment pas, on craint le terrorisme des Brigades pourpres, on drague dans des boîtes de nuit homosexuelles, les émirs de l'avoine fument leur cigare dans des casinos... Ces collisions entre Rome et aujourd'hui sont d'ailleurs utiles au financement du film : il semble que ce ne soit pas uniquement par plaisir que, dans le stade de la course de chars, on voic dc grandcs affichcs « Pancm, vinum, Boursinum », « Bananiam » ou « Poelum Tefalum »...

À la fin du film, Yves Mourousi annonce à la télévision romaine que l'affluence est telle à Bethléem qu'une jeune femme a dû accoucher dans une étable. Coluche s'exclame : « Qu'est-ce qu'y nous mettent comme conneries à la télé. Un gosse qu'est né dans une étable à Bethléem, qu'est-ce que tu veux que ça nous foute ? » Et il répète deux fois, alors que l'on entend les premières notes de la chanson du générique de fin : « Un gosse qu'est né dans une étable à Bethléem, ça va changer la face du monde ? » On n'en remarque presque pas, d'ailleurs, que les paroles qu'écrit et chante Jean Yanne dans *Jouez transistors, résonnez cassettes* sont dépourvues de toute intention sacrilège et

« Il est né le divin enfant
Jouez transistors, résonnez cassettes
Il est né le divin enfant
Magnétoscopons cet événement
Il est né le divin enfant

Le père vivait bien tranquille
Bon ouvrier bon artisan
C'était le meilleur de la ville
Pour faire les tables et les bancs
Tôt le matin dans son échoppe
Avec le bois de l'olivier
Par le rabot, par la varlope
Il ennoblissait son métier
[...]
Dans leur bonheur un ange passe
Et dit à Marie étonnée :
Je vous salue, pleine de grâce
Et vous annonce un héritier
Qui va naître sans toit sans âtre
Sans draps, sans berceau, presque nu
Près d'un bœuf que l'on va abattre
Et d'un âne qu'on a battu. »

Refrain, premier et troisième couplet de *Jouez transistors, résonnez cassettes*, chanson du générique de fin de *Deux heures moins le quart avant Jésus-Christ*.

se contentent d'actualiser le vocabulaire sur un rythme de reggae avec choristes à accent pour raconter la naissance du Christ : « Il est né le divin enfant/Jouez transistors, résonnez cassettes/Il est né le divin enfant/Magnétoscopons cet événement. »

Mimi Coutelier a dessiné les costumes, sauf les robes qu'elle porte et qui sont dues au couturier Erté. Elle joue des oppositions entre les formes antiques et les fonctions contemporaines : des légionnaires romains en tunique et jupette de tissu camouflé, des médailles contemporaines sur la toge du consul, des queues-de-pie avec sandales pour les croupiers de casino...

Comme toujours avec Jean Yanne, l'ambiance est détendue sur le tournage, voire potache. Mais certaines journées sont plus tendues. Quand il s'agit de faire tourner Coluche, il est confronté aux mêmes problèmes que tous les réalisateurs qui l'ont précédé : le fantaisiste, s'il laisse tomber la salopette pour un tournage, n'a pas envie de sortir de son personnage de scène. Jean Yanne, qui n'aime guère multiplier les prises et se comporter en directeur d'acteur autoritaire, essaie la manière douce et les petites phrases discrètes. Mais Coluche n'entend guère et les scènes patinent souvent du fait de son décalage avec ses partenaires sur le plateau. De ce point de vue, Jean Yanne n'a auprès de Coluche ni l'autorité de Claude Zidi ni le prestige de Louis de Funès, qui ont empêché qu'il ressemble trop à ses sketchs dans *L'Aile ou la Cuisse*, quelques années plus tôt.

Au contraire, Coluche joue volontiers de l'affrontement générationnel avec Jean Yanne, qu'il chambre volontiers sur son âge, sur ses fringues ou sur le yorkshire de Mimi. Comme à cette époque le comique se débat contre (ou plutôt avec) une sévère addiction alcoolique et quelques habitudes illégales, les échanges sont souvent vifs et pâteux à la fois. Séparé depuis peu de sa femme et de ses enfants, il traverse une période psychologiquement difficile. Dans la maison que la production lui a louée non loin de Monastir (l'ancienne villa du Premier ministre tunisien), il règne sur une cour de copains déjantés qui ne le retiennent jamais dans ses excès ou son indiscipline. La tension entre le réalisateur et son acteur est parfois embarrassante, et le tournage n'y gagne pas en efficacité.

En revanche, les relations de Coluche avec Michel Serrault sont beaucoup moins tendues, sans doute parce qu'il n'y a guère de conflit d'ego possible entre les deux hommes. Dans un de ses livres de souvenirs (*Vous avez dit Serrault ?*, éditions Florent Massot, 2001), il dit même que Coluche le surprend en lui récitant des sketchs de Poiret-Serrault appris par cœur dans son enfance. Le comique est même si enthousiasmé par cette rencontre qu'il appelle Dino Risi pour lui demander de faire une place à son nouvel ami dans *Le Bon Roi Dagobert*, dans lequel Coluche doit tenir le premier rôle, quelques mois plus tard. Serrault y sera le moine Otarius.

Malgré le confort de moyens assuré par Claude Berri, Jean Yanne doit souvent croiser le fer avec Tarak Ben Ammar. Les raisons sont éminemment concrètes : les hangars des studios sont en mauvais état, l'appel du muezzin de la mosquée empêche plusieurs fois par jour des prises de son convenables, les prix du bois de construction des chars sont quatre fois supérieurs aux devis initiaux, l'aggloméré des colonnes antiques doit être commandé en Italie, les roues des chars doivent venir de France… De plus, il est difficile de faire travailler ensemble ouvriers et techniciens tunisiens et italiens sous les ordres d'un encadrement français. Pour tout arranger, la région subit ses pires précipitations d'été depuis des années, ce qui ralentit la construction des décors et le début des prises de vues. Claude Berri sort rapidement sa calculette : le coût du film dérive d'un tiers, passant de 30 à 40 millions de francs («4 milliards», comme on dit à l'époque, bien que le nouveau franc ait plus de vingt ans d'âge, ce qui représente à peu près 12,7 millions d'euros).

La plus grosse colère de Jean Yanne contre Tarak Ben Ammar est animalière : le scénario prévoit que Cléopâtre arrive à Rahat Loukoum avec un éléphant. Le réalisateur sait bien qu'on ne déplace pas un éléphant sans un minimum de dispositions logistiques et s'étonne que personne n'ait l'air de préparer le lieu où l'animal sera parqué, et surtout qu'on n'en donne aucune autre nouvelle que «pas de problème, on s'en occupe». Finalement, la veille des premières séquences avec le cortège de Cléopâtre, Tarak Ben Ammar avoue qu'il n'a pas d'éléphant. En revanche, il a un singe et deux faucons…

Ce jour-là, on tourne précisément la scène dans laquelle César s'énerve de ce que la reine d'Égypte est introuvable. Jean Yanne prévient André Pousse, qui joue le chef des gardes, qu'il ne faut pas parler de «Cléopâtre et son éléphant» mais de «son singe et ses deux faucons». Mais il n'en avise pas Michel Serrault. Partant dans son texte original et entendant soudain son partenaire faire intervenir d'autres animaux, Serrault répète « un singe et deux faucons » avec une surprise outrée que le réalisateur va conserver dans le montage final de la scène, même si tout le reste provient d'autres prises.

Michel Serrault est tout à fait à l'aise dans l'univers du réalisateur. Il est un de ses plus fidèles acteurs, puisqu'il jouera dans cinq de ses sept films, sans pour autant être de ses amis : « Avec Jean Yanne, tout est question de vibrations, dit-il dans son dernier livre de souvenirs. Je crois que ce qu'il aime en moi, c'est le courant, l'onde que je peux lui adresser, qu'il reçoit et qu'il me renvoie. » Dans un autre de ses livres (*Le Cri de la carotte*, éditions Ramsay, 1997), il cherche à définir très précisément les sentiments qu'il lui inspire : « Yanne est de ces gens qui donnent l'impression de toujours charger sabre au clair, un peu mousquetaire, un peu Don Quichotte. On a l'impression qu'il va vous écorcher vif, et tout d'un coup on découvre un être d'une sensibilité extrême. [...] C'est maladroit ce que je vais vous avouer, mais voici un homme qui a le sens de la fraternité, un mec profondément émouvant. Et le fait qu'il cache ça sous des dehors tonitruants ajoute encore à l'attachement qu'il suscite. »

Sur le tournage de *Deux heures moins le quart avant Jésus-Christ*, Jean Yanne ne manque pas d'amis. Il sait profiter d'un tournage pour faire la fête et pour s'amuser. Il ne s'en prive pas, profitant de ce que, selon les besoins du tournage, les arrivées s'étalent tout au long des quatorze semaines de tournage. Mais sa personnalité est volontiers rugueuse et peut indisposer. Par exemple, le producteur Tarak Ben Ammar.

Au moment de la sortie de *Deux heures moins le quart avant Jésus-Christ*, à la suite des pages de promotion enthousiaste consacrées au film par *Le Figaro magazine*, paraît un encadré inhabituel titré « Tarak Ben Ammar : "Jean Yanne ? Plus jamais !" » Il s'agit d'une charge au vitriol, tout à fait inédite entre un producteur et un réalisateur juste avant la sortie d'un film. Dans les propos longuement cités par l'hebdomadaire, Ben Ammar dit notamment : « Il s'est conduit envers les Tunisiens d'une manière immonde. Alors qu'il tournait près d'une mosquée, ostensiblement, lui et ses amis buvaient de l'alcool, au milieu de figurantes moitié nues. [...] Nous sommes un peuple fier, même si M. Jean Yanne nous prend pour des sous-développés ! Il ne m'est jamais arrivé de rencontrer chez un homme autant de mépris pour une culture, autant de racisme vis-à-vis d'hommes mis à sa disposition. » Et le jeune producteur termine en disant : « Je ne regrette pas cette expérience : elle m'apprendra à ne travailler dans l'avenir qu'avec des créateurs de qualité. »

Quelques jours plus tard, quand Jean Yanne répond aux journalistes de *Libération* dans le bureau de Claude Berri, Tarak Ben Ammar entre dans la pièce, comme par mégarde. Il s'ensuit une conversation rassurante de laquelle il ressort qu'un journaliste a déformé ses propos, qu'il n'a jamais pensé le moindre mal du réalisateur et que, si des gens se sont mal comportés sur le tournage, « ce n'est pas Jean Yanne, ce n'est pas du tout son genre ».

La diplomatie a repris ses droits. Mais il n'y a pas de fumée sans feu : les deux hommes sont loin d'être des amis. L'un déteste les petites manœuvres qui font dériver les devis, l'autre n'aime pas que la climatisation tourne toute la journée dans un appartement pour le confort de Titi, le yorkshire de Mimi Coutelier. Surtout, se heurtent deux tempéraments : d'une part, un homme d'affaires du Maghreb qui n'entend pas supporter la moindre condescendance de la part d'un Français ; d'autre part, une voix forte qui ne s'embarrasse ni de détours ni de pudeurs pour dire haut et fort tout le mal qu'il pense de ses contemporains, de manière contingente comme sur un plan général. Comment imaginer qu'à aucun moment il n'y ait une phrase incomprise ici ou là ? Il en est de Jean Yanne comme d'un certain nombre de gens de sa génération : sa liberté de ton va mal s'accommoder de la montée d'une censure du langage dans la société française. Que l'on invoque le « politiquement correct » (que tout le monde rejette) ou le « respect de l'autre » (dont tout le monde se targue), il devient difficile de tenir certains propos sur les Arabes – surtout en Tunisie devant des Tunisiens –, ce que le réalisateur pratique couramment. Et que Jean Yanne rejette par principe tout racisme n'y change pas grand-chose : l'« affaire » Ben Ammar est révélatrice d'un changement dans les vents dominants.

Mais la promotion de *Deux heures moins le quart avant Jésus-Christ* se passe convenablement. Barbu, fumant ses Peter Stuyvesant bleues à la chaîne, Jean Yanne reçoit nombre de journalistes dans les bureaux de Claude Berri. En amont de la sortie du film, la couverture de presse est abondante. Des magazines peu suspects de yannisme militant le célèbrent par avance, comme *Le Figaro magazine*, qui consacre au film deux doubles pages sous le titre « Un filmus extravagantum, delirantem et provocantam », et ce malgré la charge de Tarak Ben Ammar qu'il publie.

En revanche, la critique ne le rate pas. On attaque le film en gros et en détail sur la vulgarité et la rudesse de ton de Coluche, de Jean Yanne, de Mimi Coutelier, sur les grosses ficelles homophobes du scénario, sur l'épaisseur de certains gags… Dans *Les Cahiers du cinéma*, Serge Daney s'emporte sur la vanité de cette entreprise qui consiste à « dépenser quatre milliards de centimes pour gonfler une revue de cabaret aux dimensions d'une fresque mahousse, traiter un grand sujet (César et Cléopâtre) avec un petit regard et de gros moyens »… *Positif* s'en prend à « l'hypertrophie d'un sketch de café-théâtre un peu vieillot, du cabaret super-huit gonflé en 35 mm ». *Première* stigmatise un « résultat des courses franchement décevant ». La presse généraliste est loin de crier au génie…

Les critiques de cinéma, qui se soucient souvent d'« avoir bon » en anticipant sur le succès, ne sont *a priori* pas très optimistes pour *Deux heures moins le quart avant Jésus-Christ.* Les deux films précédents de Jean Yanne n'avaient pas été de grands succès de fréquentation : *Chobizenesse* avait attiré 188 647 entrées en sept semaines d'exclusivité parisienne en 1975, et *Je te tiens, tu me tiens par la barbichette* 276 941 spectateurs en douze semaines en 1978. La plupart anticipent un score médiocre.

Or *Deux heures moins le quart avant Jésus-Christ* va afficher 396 595 entrées pour sa seule première semaine d'exploitation dans quarante et une salles d'exclusivité à Paris et dans sa périphérie. Tous les journaux se font l'écho de cette performance qui est, jusqu'alors, le record absolu pour la semaine de sortie d'un film à Paris. Le record précédent datait de 1981 et était détenu par *Rien que pour vos yeux*, un film de la série des *James Bond* avec Roger Moore, battu de près de 85 000 entrées. Au passage, le film de Jean Yanne bat aussi le record de la meilleure première journée de fréquentation d'un film, avec 53 966 spectateurs contre 43 919 en 1976 pour *Les Dents de la mer*, de Steven Spielberg. Et il bat aussi de manière spectaculaire l'autre grosse sortie de la semaine du 6 octobre, *Le Gendarme et les Gendarmettes*, sixième film de la série avec Louis de Funès (dont personne ne sait encore qu'il s'agit du dernier long métrage), qui n'a attiré dans trente-cinq salles que 150 246 spectateurs. Au rendement par salle, *Deux heures moins le quart avant Jésus-Christ* est un ogre : 9 673 spectateurs par écran contre 4 292 pour Louis de Funès ou 1 412 pour *Tir groupé* avec Gérard Lanvin, le troisième du classement.

Et, outre ces chiffres ahurissants, des affaires de coulisses entretiennent l'intérêt des médias pour *Deux heures moins le quart avant Jésus-Christ* pendant ses premiers jours d'exploitation. On parle beaucoup de la bobine coupée… Car le montage du film s'est terminé en urgence et il a été coupé à la hache. Il est vrai que la production des « gros » films est souvent dominée par les questions de calendrier. Pour ne pas sortir en même temps que *L'As des as*, la superproduction de Gérard Oury avec Jean-Paul Belmondo, tout en évitant la domination annoncée du box-office français par *ET* de Steven Spielberg, qui sortira pour les fêtes de fin d'année, les producteurs font des croix sur le calendrier. Et pas une image n'est tournée que l'on sait déjà que *Deux heures moins le quart avant Jésus-Christ* sortira le 6 octobre 1982. Mais entre-temps la réalisation prend six semaines de retard…

Dès que résonne le clap de fin, le montage du film est un rush effréné. Jean Yanne a tourné tout le scénario, plus quelques petits à-côtés, travellings et panoramiques qui font que sa version montée arrive à une heure et cinquante-six minutes. C'est onze minutes de plus que les « deux heures moins le quart » promises par le titre. De plus, la pression du distributeur est irrésistible : un film qui dure au-delà d'une heure quarante fait perdre une séance par jour aux exploitants de salle. Ils sont donc plus exigeants sur le taux de remplissage et, mécaniquement, un film long est contraint de quitter les salles d'exclusivité plus rapidement. On exige donc de Jean Yanne de nouvelles coupes, qu'il refuse. Il ne s'agit pas seulement d'une question de principe mais aussi d'une question de temps…

La production fait jouer son pouvoir en la matière et décide de couper autoritairement. Quatorze minutes tombent. Sur quels critères ? Procéder autant que possible à une coupe franche, ne rien perdre de spectaculaire dans l'action. On coupe donc dans la « parlote ». Ce qui fait que, sans excès de mauvaise foi, Jean Yanne pourra dire, quelque temps plus tard : « Les gens ont compris le film. Pas moi. »

Deux séquences expliquant des rebondissements à venir sont supprimées : la manière dont Paulus surprend les conciliabules des vrais comploteurs et peut prévenir Ben Hur Marcel de ce qu'ils cherchent à le joindre ; et surtout l'enchaînement de plusieurs scènes dans lesquelles le fils du consul est condamné à représenter Rome dans la course de chars et Paulus, à la demande de sa mère, réunit conspirateurs, gardes romains et émirs arabes pour truquer la course au profit de Ben Hur Marcel. Pourtant, depuis cette coupe, des millions de spectateurs ont vu *Deux heures moins le quart avant Jésus-Christ* sans souffrir outre mesure de cette lacune dans l'intrigue…

Mais, phénomène rare en France, le réalisateur n'a pas vu la version de son film qui sera présentée aux spectateurs avant l'arrivée de la copie standard destinée aux salles. Cela vaut à Jean Yanne la sollicitude de *Libération*, qui parle de « coupe tragique » et lui dépêche deux grandes plumes spécialisées dans le cinéma, Serge Daney (également signataire de la critique assassine des *Cahiers du cinéma*) et Jean Hatzfeld. Ceux-ci font un portrait singulier du réalisateur, qui s'écarte des platitudes rituelles sur l'affreux jojo de toujours et sa barbe des dernières années. Ils écrivent : « Le regard de Yanne est plus triste que ses paroles qui elles-mêmes sont plus graves que son film qui lui-même est moins drôle que son scénario qui lui-même est moins frais qu'à l'époque où le petit Yanne devait le raconter à ses copains de lycée. »

Réalisée à chaud, le lendemain de la sortie du film, l'interview dévoile un Jean Yanne content « que les gosses rigolent. Alors que je n'ai jamais eu les enfants, ça les fait marrer, les chars, les chevaux, les déguisements ». Il ne cache d'ailleurs pas que cela soit une des qualités demandées à un film « qui devait correspondre à certains impératifs d'exploitation, un peu une "revue Jean Yanne" »…

En même temps, on lève rétrospectivement un voile sur les angoisses des derniers jours avant la sortie du film : les échos des préprojections étaient inquiétants voire franchement désastreux. Film vulgaire, Coluche et Jean Yanne laissant leur poujadisme en roue libre, Michel Serrault refaisant son numéro de *La Cage aux folles* – tout a été dit avant même le verdict de la critique… Le mardi suivant la sortie de *Deux heures moins le quart avant Jésus-Christ*, Robert Chazal analyse dans *France-Soir* ce qui apparaît alors comme la plus grosse surprise de la saison, et il note avec un certain bon sens, à propos des 305 536 spectateurs de *Deux heures moins le quart avant Jésus-Christ* en cinq jours à Paris : « Ils avaient envie de rire et même de rigoler avec leurs comiques favoris. »

Car il en est de ce film comme de l'œuf de Colomb : comme acteurs, Jean Yanne, Coluche et Michel Serrault sont en tout point conformes à l'emploi qui leur a jusqu'à présent apporté le plus de spectateurs, même s'ils sont capables d'autre chose, et même de mieux ; mettre en toge Léon Zitrone, Yves Mourousi ou José Artur n'empêche pas les spectateurs – et même au contraire ! – de retrouver chez eux ce qui leur est le plus familier ; « romanifier » sommairement une voiture de pompiers, un uniforme de para ou un téléphone est un ressort comique peut-être éculé mais efficace… À aucun moment le film ne fouille très loin dans la créativité, mais il est d'un accès immédiat pour le public le plus simplement avide de spectacle. Autrement dit, il a tout pour incarner le fameux divorce de la critique et du public.

Car, dans les salles, la performance tient. En troisième semaine, *Les Misérables* de Robert Hossein ne détrônent pas *Deux heures moins le quart avant Jésus-Christ* de la première place. En revanche, en quatrième semaine, nouveau coup de tonnerre chez les statisticiens du cinéma : *L'As des as* de Gérard Oury avec Jean-Paul Belmondo, bat le record tout neuf détenu par Jean Yanne avec 463 028 spectateurs en sept jours d'exploitation.

Peu importe, au fond : Jean Yanne n'avait pas connu depuis dix ans le frisson des sommets du classement annuel des fréquentations. Parmi les films de 1982, seuls *ET l'extraterrestre* de Steven Spielberg (9,4 millions d'entrées France entière) et *L'As des as* (5,4 millions) font mieux que *Deux heures moins le quart avant Jésus-Christ* (4,6 millions). Le film va également bien fonctionner en Espagne et en Allemagne. Pour la sortie américaine, Jean Yanne sacrifie les séquences avec Léon Zitrone et Yves Mourousi, qui ne peuvent séduire que le public français, et réintègre des scènes coupées pour le montage français, comme un passage délirant sur les machines à sous au temps des Romains. Mais la performance américaine de *Deux heures moins le quart avant Jésus-Christ* est discrète : pas de critique dans le *New York Times* et l'hebdomadaire du cinéma *Variety* ne revient pas sur les termes rugueux de la critique écrite par son correspondant français : « [...] un scénario qui est, au mieux, du sous-sous-Mel Brooks [...] la plupart des gags sont affreux, la mise en scène de Yanne manque d'imagination et de caractère, et un panthéon de talents comiques français sont gâchés. »

Mais, dans son pays, le réalisateur est redevenu *bankable* et devrait bénéficier désormais de la confiance de tous les professionnels de la production. Et, dans ces conditions, la brouille avec Tarak Ben Ammar est presque un atout : puisqu'il est évident que Jean Yanne ne travaillera plus avec lui, les enchères devraient pouvoir s'ouvrir chez les producteurs.

29. – Un certain Marat

(de *Hanna K* à *Liberté, égalité, choucroute*, 1983-1985)

Après le triomphe, le couple rentre au bercail. Enfin, la moitié du couple. Mimi Coutelier entreprend de faire fructifier aux États-Unis son expérience de costumière sur *Deux heures moins le quart avant Jésus-Christ*. Dans des interviews, Jean Yanne parlera d'un contrat liant sa compagne avec une chaîne de télévision américaine, mais il n'y en a de trace tangible nulle part dans les bases de données publiques.

Début 1983, il passe trois mois en Israël pour tourner *Hanna K*, de Costa-Gavras. Le réalisateur de *Z* et de *L'Aveu*, monuments du cinéma engagé, a décidé d'aborder la question palestinienne avec l'histoire d'une avocate juive, américaine d'origine polonaise et mariée à un Français, qui a choisi de partir vivre en Israël par amour pour un autre homme. Elle appelle au secours son mari alors qu'elle est enceinte d'un magistrat israélien et qu'elle éprouve des sentiments ambigus pour un jeune Palestinien qui se bat pour récupérer la maison appartenant jadis à sa famille.

Si Costa-Gavras et une bonne partie de son équipe technique sont francophones, Jean Yanne est le seul Français de la distribution. Il est le mari de Jill Clayburgh et joue en anglais avec accent *frenchy* un homme à la fois sûr de ses convictions et perdu devant les décisions et les contradictions de Hanna Kaufman. Le temps lui semble long : Mimi ne l'a pas accompagné et l'hiver à Jérusalem manque d'autres charmes que le tourisme...

Il enchaîne presque directement sur *Papy fait de la résistance*, de Jean-Marie Poiré. Cette grande fresque loufoque sur les années d'occupation est un film foisonnant dans lequel défilent des dizaines de visages populaires du cinéma français. Adaptation largement amplifiée d'un succès de scène de la troupe du Splendid, le film aurait dû avoir pour héros Louis de Funès, qui devait endosser le rôle de Papy qui n'existe pas dans la pièce originale. Mais l'empereur du film comique français meurt en janvier 1983 alors que le scénario est à peine amorcé. Le réalisateur Jean-Marie Poiré et les deux auteurs-acteurs de la pièce, Christian Clavier et Martin Lamotte, décident que le rôle de Papy, moins imposant que dans leurs visions initiales, sera tenu par Michel Galabru, et qu'ils inviteront tous les comédiens qu'ils aiment à participer à ce grand délire sur l'Occupation. Donc, outre les acteurs historiques du Splendid (Christian Clavier, Martin Lamotte, Gérard Jugnot, Michel Blanc, Josiane Balasko, Thierry Lhermitte), on y croisera une foule de visages célèbres : Jacqueline Maillan, Jean Carmet, Roland Giraud, Jacques Villeret, Jean-Claude Brialy, Dominique Lavanant, Julien Guiomar, Jacques François, Roger Carel…

« Écoutez, je suis français avant tout et je vois les choses comme un Français, hein ? On dit du mal des Allemands mais entre nous ils font beaucoup d'efforts. Et ils sont pas obligés. Ici par exemple, on est nourri, chauffé – trop chauffé, même, j'ai attrapé un rhume. Bon, il semble qu'ils soient là pour un bon moment. Réfléchissez, il vaut mieux être du côté du manche, le temps que la France se remonte petit à petit. Et puis ce que je dis toujours, ceux qui sont pas de mon avis, ils n'avaient qu'à la gagner, la guerre ! Non mais hé, sans rire c'est un peu vrai, hein ? »
Propos de Murat (Jean Yanne) dans *Papy fait de la résistance*.

Jean Yanne n'a qu'une seule scène : il incarne Murat, milicien répugnant installé à la kommandantur, et qu'assassine le prisonnier anglais qui profite de la présence des Bourdelle pour tenter de s'évader. Courte présence à l'écran et au générique (il est le quatorzième nom cité, juste avant le titre *Papy fait de la résistance*), Jean Yanne ne passe pas plus d'un jour ou deux sur le plateau mais apporte au film un instant de réalité historique – et même de la plus veule réalité historique. À la sortie du film, le 23 octobre 1983, la plupart des critiques lui accordent une petite phrase admirative. Car cet homme fait rire tout en provoquant un frisson de dégoût.

* * *

À Los Angeles, Jean Yanne et Mimi Coutelier fréquentent une petite communauté de happy few français. On se reçoit chez les uns ou les autres et il y a un dîner presque chaque soir avec des personnalités de la culture ou des affaires. On voit là l'écrivain Pierre Rey, le chanteur Charles Aznavour, le producteur André Djaoui...

Ce jeune producteur à succès s'est lancé dans le métier en menant de front deux projets, *Au nom de tous les miens* de Robert Enrico, d'après le best-seller de Martin Gray, et *L'Amant de Lady Chatterley* de Just Jaeckin avec Sylvia Kristel. Dans ce milieu étroit des Français célèbres de Los Angeles, Jean Yanne et lui se mettent évidemment à parler boutique quand André Djaoui reçoit chez lui autour d'un plateau de sushis. Il est d'abord extrêmement surpris d'apprendre que, malgré le succès énorme de *Deux heures moins le quart avant Jésus-Christ*, le réalisateur n'a pas de producteur pour monter son prochain film. Celui-ci a déjà un titre : *Liberté, égalité, choucroute.* Tout comme le précédent faisait un sort à l'Antiquité avec force anachronismes et collisions entre l'histoire et l'actualité, ce projet s'en prend à la Révolution française. Le sujet est opportun : après tout, la France aime à croire qu'elle vit des temps presque révolutionnaires depuis l'arrivée au pouvoir de la gauche en 1981, en même temps qu'elle commence à réfléchir au bicentenaire de 1789.

Le producteur est de onze ans le cadet du réalisateur et ils sympathisent facilement. Yanne raconte son scénario et Djaoui rit énormément. Il décide de produire ce film. Le chiffrage du budget ferait peur à la plupart de ses confrères, mais il se lance gaillardement. Il faut environ cinquante millions de francs. Il les trouve. Il faut de grands studios avec de gros moyens techniques. Il ira donc à Cinecitta, le vaste ensemble de studios italiens. Et il trouve les indispensables coproducteurs en Italie.

Lorsque André Djaoui prend l'avion entre Los Angeles et Paris, il rencontre à l'aéroport Tarak Ben Ammar et Norbert Saada. Il passe onze heures de vol assis entre le producteur de *Deux heures moins le quart avant Jésus-Christ* et un ancien directeur artistique des disques Barclay devenu producteur cinématographique. Tous deux le conjurent de renoncer à *Liberté, égalité, choucroute.* « Évidemment, je ne les ai pas écoutés », raconte aujourd'hui, en souriant, André Djaoui.

Tout comme *Deux heures moins le quart avant Jésus-Christ* s'aventurait dans l'Antiquité, *Liberté, égalité, choucroute* transpose les objets, les idées et les soucis de 1984 sous la Révolution française. Les journalistes utiliseront des machines à écrire, les politiciens téléphoneront et on pratiquera en boîte de nuit les danses des années 1980 – hip-hop compris.

Le scénario se centre sur trois couples : le calife de Bagdad (Jean Poiret) et sa Shéhérazade (Catherine Alric), le roi Louis XVI (Michel Serrault) et Marie-Antoinette (Ursula Andress), le journaliste et homme politique Marat (Jean Yanne) et Charlotte Corday (Mimi Coutelier). S'ennuyant ferme, le souverain oriental décide de quitter son palais, son règne impitoyable et la monotonie du pal en compagnie de Shéhérazade et de son âme damnée, le vizir Raymond Ben Mousmoul (Daniel Prévost), pour Paris et son Salon de la torture et de l'équipement de bourreau, où le Dr Guillotin doit présenter une invention révolutionnaire.

Dans la capitale française, en ce printemps 1789, le peuple a faim et gronde pendant que le roi Louis XVI s'amuse à bricoler des serrures et que la reine Marie-Antoinette frise ses moutons. La gauche s'agite sans discontinuer en formules creuses et intrigues oiseuses. Seul Marat, rédacteur en chef du journal *L'Ami du peuple*, veut entreprendre une vraie révolution. Le 14 juillet, alors qu'il vient de conduire la foule dans la prise de la Bastille, Marat part à son bureau chercher la liste des aristocrates à exécuter, qu'il a oubliée. Sur place, il tente d'abuser de Charlotte Corday, qui lui plante un couteau dans la poitrine. Ignorant que son rédacteur en chef va être sauvé par Shéhérazade, la jeune femme court prévenir son amant, Robespierre (Roland Giraud), qui entraîne toute la gauche dans un ralliement précipité au roi. Après une succession de péripéties prenant de larges libertés avec l'Histoire, Louis XVI s'enfuit avec Robespierre, Danton, Mirabeau et Desmoulins à Bagdad et se fait sacrer calife, tandis qu'à Paris une dictature « démocratique » est établie par Marat.

Jean Yanne voit chacun des héros de la Révolution comme une star contemporaine, c'est-à-dire un personnage réduit à un signe, à une singularité : Danton porte un col relevé, Marat travaille dans une baignoire sabot en forme de sabot, Louis XVI est obsédé par les serrures et Marie-Antoinette par ses moutons… Il expliquera dans une interview : « Il y a une vraie troupe de vedettes avec des mots d'auteur en quantité invraisemblable : "Ils veulent du pain, qu'on leur donne de la brioche", "Vous montrerez ma tête au peuple, elle en vaut la peine”... Il faudra attendre près de deux siècles avec “La mano en la mano” et “Je vous ai compris” pour atteindre ce haut niveau dans la phrase historique. Et puis il y a tous les tubes, *Ah, ça ira, ça ira, La Carmagnole, La Marseillaise...* »

Comme il l'avait fait avec *L'Internationale* dans *Moi y'en a vouloir des sous*, Jean Yanne va s'amuser avec ces grands classiques de la culture musicale commune aux Français : *Ah, ça ira, ça ira* apparaît comme découlant directement d'une psalmodie arabe entonnée par les sujets du calife, Rouget de Lisle donne d'abord à *La Marseillaise* la mélodie du *Rondeau du Brésilien* de *La Vie parisienne* de Jacques Offenbach...

Évidemment, le scénario bouscule les biographies célèbres. Ainsi, Marat, rédacteur en chef atrabilaire et braillard, est surtout mû par l'envie de vendre du papier, il publie les contes de Shéhérazade dans *L'Ami du peuple* et il échappe à la mort parce que le couteau était savonneux. Jean Yanne présente un royaume de France se transformant en une démocratie moderne, c'est-à-dire dominée par la collusion entre partis politiques prétendument adversaires. L'ambiguïté foncière du film réside sans doute là : Jean Yanne rêve d'une Révolution qui n'aurait pas fait couler le sang, tout en ricanant sur les magouilles entre courants politiques qui, justement, auraient peut-être permis une autre réalité historique que le fonctionnement frénétique de la guillotine.

Dans *Liberté, égalité, choucroute*, la Bastille n'est pas une prison mais une boîte de nuit où aristocrates et membres du clergé côtoient la canaille pour le plus grand frisson des belles Parisiennes à la mode. Si elle est prise, c'est parce que Marat, s'y étant querellé avec La Fayette, revient avec une escouade de sans-culottes en colère contre la jet-set. Cette extrême gauche du PSCF (Parti des sans-culottes français) est en concurrence avec les Jacobins, ici désignés sous le nom de « socialistes ». Un orateur révolutionnaire évoque « l'état de grâce » et « la rigueur », allusions à l'épopée socialiste depuis 1981. Alors que la France assiste aux débuts de l'ascension électorale du Front national, Jean Yanne montre Louis XVI bricolant une serrure et s'exclamant « J'ai des ennuis avec le pêne ».

Car Jean Yanne ne parle pas de politique comme il en a parlé jusqu'alors, installé là-haut sur son nuage – ou son mirador – d'anar narquois décochant ses flèches avec la même libéralité de l'extrême gauche à l'extrême droite. Certes, il conserve un peu de cette indifférenciation dans l'agressivité, par exemple quand il explique à la presse : « Je viens en France tous les huit mois et j'entends toujours le même discours avec les mêmes gens. Marchais est aussi ridicule que Lecanuet. Ce n'est pas de la politique, ce sont des sketchs. »

Mais, avec *Liberté, égalité, choucroute*, il descend surtout dans l'arène pour régler leur compte aux socialistes au pouvoir. Ses flèches sont donc pointées vers la gauche, le camp adverse étant à peu près absent du film, à l'exception d'un roi de France dépassé et de la fugace présence d'aristocrates falots.

Ce faisant, Jean Yanne n'est plus le virtuose du « ni, ni ». Il fait le plus souvent entendre la parole d'un camp contre celle d'un autre. Et il n'y est d'ailleurs pas d'une pertinence très affinée. Dans le générique de fin, il chante notamment : « Et l'on voit la rose/Qui avait éclose/Dans l'enthousiasme général/Terminer ses jours assez mal/Ses pauvres pétales/S'f'ront bientôt la malle/Écrabouillés, mis en morceaux/Par la faucille et le marteau ! » Belle erreur d'analyse de l'actualité politique...

« On pense à Louis XVI
On est mal à l'aise
On s'dit qu'c'est des ancêtres à nous
Qui lui ont coupé le cou
Le pauvre monarque
N'avait pas d'énarques
Pour le conseiller, comme maintenant
Y en a autour du président
Il perdit la tête
Mais c'est quand même chouette
C'est ça qui a permis qu'on ait
Les bals du 14 Juillet !
Ah ça y va, ça y va, ça y va !
Quand le populo remue les fesses
Ah ça y va, ça y va, ça y va !
Quand le populo fait la java ! »

Premier couplet et premier refrain de la chanson du générique de fin de *Liberté, égalité, choucroute*, paroles de Jean Yanne, musique de Claude Germain.

* * *

Le tournage commence début octobre 1984 à Cinecitta. Jean Yanne voit grand, André Djaoui également. Les équipes de décorateurs italiens accomplissent les prodiges de finition et de précision qui font leur réputation... mais aussi le montant de leurs factures. Les perruques viennent de chez le grand Rocchetti, les chapeaux et les mille cinq cents costumes sont réalisés par les meilleurs ateliers romains après que Mimi Coutelier a assuré pour la seconde fois l'imposant chantier de leur création. Dans le même esprit que l'ensemble du film, elle s'amuse à mêler XVIIIe et XXe siècles. En travaillant sur les gravures d'époque, elle découvre la passion de la fin du XVIIIe pour les soieries orientales et la codification extrêmement précise du costume selon le statut social. Elle s'amuse à rendre visibles les hiérarchies entre tiers état, clergé et noblesse ainsi qu'à l'intérieur de chaque ordre, et elle donne beaucoup de fantaisie visuelle aux confrontations politiques au sein de l'Assemblée. Elle transcrit la conviction de Jean Yanne selon laquelle toutes les parties s'affrontant dans la Révolution française jouent des rôles et, par conséquent, portent des vêtements dont la valeur est semblable à celle de costumes de music-hall – notamment les sans-culottes avec leurs pantalons à rayures et leur bonnet phrygien. La réalisation est luxueuse, clinquante, spectaculaire, à mille lieues de tout réalisme. Même le peuple qui réclame du pain est superbement vêtu. Le morceau de bravoure de Mimi Coutelier sera le défilé de costumes de bourreau, présenté façon podium de haute couture – un nouveau spectacle dans le film, comme Jean Yanne les aime tant.

Pour les décors, il fait appel à Carlo Simi, qui a réalisé les créations spectaculaires et grandioses de maint western spaghetti dont, tout récemment, *Il était une fois en Amérique* de Sergio Leone. Jean Yanne a réclamé une reconstitution de la façade du château de Versailles. La production insiste sur la possibilité de tourner devant un château réel, un quelconque « jumeau » de Versailles que le cinéma utilise souvent. Le réalisateur ne veut rien entendre et la construction d'un immense décor de bois commence au Teatro 5, le studio favori de Federico Fellini. Quand, au bout de six semaines, les équipes italiennes ont construit sur une centaine de mètres la façade demandée, Jean Yanne arrive sur le décor et déclare : « Pas tournable. » Il soutient que le décor n'est pas utilisable en l'état et qu'il ne peut rien en faire. C'est évidemment une catastrophe à plusieurs centaines de milliers de francs. André Djaoui se retourne vers son assurance, qui mandate un expert. Celui-ci affirme que le décor est tout à fait tournable dans des focales normales. Le producteur ne sera donc pas remboursé. On prend quelques photos du décor dans lequel aucune des scènes prévues ne va être tournée. Puis ce château de Versailles est détruit et les scènes seront tournées à Caserta, près de Naples, réplique italienne du château de Versailles – galerie des Glaces comprise – où Marie-Antoinette s'amuse également avec sa bergerie.

Dans sa réalisation, Jean Yanne est plutôt efficace mais ne se simplifie pas la vie. Il ne multiplie pas les prises, mais il construit des plans d'une complexité terrible, dans lesquels le mouvement de la figuration à l'arrière-plan a autant d'importance que le dialogue de deux personnages à l'avant-plan. Tourner deux ou trois prises exige un temps interminable de réglages pour un résultat à l'écran souvent décevant par rapport au scénario écrit.

Ainsi du Salon de la torture et de l'équipement de bourreau, décalque des grands Salons d'informatique et d'équipement de bureau, comme le Sicob à La Défense, où se pressent cadres et ingénieurs avant l'explosion de l'informatique personnelle. Jean Yanne a multiplié les inventions d'appareils sadiques et loufoques comme « Moulimec qui hache le condamné de la tête aux pieds », « Duocrève les tripes à l'air pendant qu'on rêve », « Tortigueule, tord les corps et tord les gueules » ou « Fritos, l'huile spéciale pour tortures »... Malgré l'opulence de la figuration et le luxe de la réalisation, l'image n'est certainement pas aussi drôle que l'énonciation verbale de chacune des inventions. En studio, la réalisation de la visite du salon traîne en longueur. Mais Jean Yanne en est si fier qu'il parle d'exposer à Paris, pour la sortie du film, tous les instruments du Salon de la torture et de l'équipement de bourreau.

Le tournage promettait d'être complexe. Il tourne progressivement au désastre. Des accessoires ne sont pas fabriqués à temps pour le Salon de la torture et trois cent cinquante figurants restent inoccupés pendant plusieurs jours... Les délais de fabrication des décors s'ajoutent aux jours de pluie. Jean Yanne ne fait rien pour accélérer les choses. Il est absolument inflexible : il veut tourner tout le scénario, et pas une phrase de moins. Il refuse de s'adapter aux conditions de l'instant, aux retards ou aux indisponibilités des uns ou des autres... Tant et si bien que le retard s'accumule irrémédiablement. En décembre, à la suite d'une énième discussion tendue, le producteur exécutif italien Manolo Bolognini claque la porte et quitte le tournage. Jean Yanne dit à André Djaoui : « Formidable ! Maintenant, on a le pouvoir. »

Il ne perçoit pas une réalité humaine pourtant simple : Bolognini est chez lui à Cinecitta et, du moindre technicien au plus gros prestataire de services, personne ne va prendre le parti d'un réalisateur français de passage à Rome contre une personnalité puissante du cinéma italien. Ce qui devait arriver arrive : peu avant Noël, le tournage s'interrompt.

André Djaoui a dépensé quarante millions de francs et à peine la moitié du film a été tournée. L'assureur canadien avec lequel il a signé le contrat garantissant la bonne fin du film lui annonce ouvertement sa défection – au producteur de se lancer dans un procès qui n'aboutira pas avant des années... Le laboratoire saisit le négatif. Les costumes et les accessoires sont placés sous séquestre. Les loueurs récupèrent leur matériel de tournage. Les techniciens quittent le plateau. Les acteurs français rentrent chez eux. Jean Yanne, Mimi Coutelier et Ursula Andress repartent à Los Angeles. André Djaoui se souvient de ces jours-là : « Jean Poiret, qui est un ami, m'a dit : "Je veux bien rester avec toi mais, tu sais, je n'ai rien à faire à Rome." Je me retrouve tout seul dans ma chambre d'hôtel. J'ai quarante et un ans, j'ai perdu quarante millions et il faut que je trouve encore dix millions si je veux finir le film. »

Le producteur va les trouver. Il convainc ses partenaires d'augmenter leur participation et rapatrie le tournage en France. Les prises de vues reprennent en février. Par miracle, il n'y a aucune défection parmi les acteurs. Mais l'arrêt du film en décembre n'a pas fléchi Jean Yanne. Il ne veut rien céder du scénario. Alors que tous ses partenaires suggèrent avec insistance que les scènes de désert soient tournées à la mer de sable d'Ermenonville, André Djaoui doit céder à Jean Yanne, qui exige de les réaliser, comme prévu, à Ouarzazate. La conversation a été épique. André Djaoui : « Je me souviens que nous en discutons dans la voiture en allant au château de Chantilly. Je lui dis que la banque veut que l'on tourne à Ermenonville et non à Ouarzazate. Il me répond que, s'il a sauté, je dois sauter moi aussi. »

Il faut donc que quatorze camions partent de Cinecitta vers le Sud marocain avec les costumes et les accessoires après que la production eut payé un milliard de lires (environ 450 000 euros) pour les débloquer. Sur place, on retrouve dans le désert un long mur construit pour le film et son gardien resté à son poste sans être payé depuis trois mois...

30. – Un suicide ?

(*Liberté, égalité, choucroute*, 1984-1985)

L'affrontement d'André Djaoui et Jean Yanne échappe à la rationalité. Aujourd'hui, le producteur assure n'en vouloir en aucune manière au réalisateur. « Personne dans ma carrière ne m'a autant mis en difficulté que Jean Yanne, mais cela n'enlève rien à son charme, à son intelligence ou à son talent. Je ne considère pas que cette catastrophe financière soit seulement sa faute. J'ai été son complice en le laissant m'y entraîner. Tout le temps du tournage, il est très dur avec moi. Et, en même temps, il est épaté par ma résistance. Il ne comprend pas que je résiste à tout ce qu'il me fait. Même Jean-Pierre Rassam, qui devient mon ami à ce moment-là, l'appelle en lui disant : "Arrête d'être méchant avec André." Mais Jean veut voir si je peux tenir. »

Lors d'une visite de journalistes français sur le tournage à Cinecitta, André Djaoui déclare à Odile Grand, l'amie de Jean Yanne écrivant dans *L'Événement du jeudi* : « C'est quelqu'un qui n'attend pas trente secondes pour prendre l'addition. Qui n'attend pas plus longtemps pour être votre copain d'enfance, qui va encore plus vite pour inventer une brouille. » Il ne s'exprimera pas plus dans la presse. Contrairement à Tarak Ben Ammar, il ne portera pas leur différend au grand jour. Il est vrai qu'André Djaoui conserve le souvenir ému d'un fou rire d'enfance : « Dans "1 = 3", il entre dans une boucherie et dit : "Je viens vous demander la main de votre sœur." Le boucher – je crois que c'est Paul Mercey – lui répond : "Avec ou sans os ?" Rien ne peut m'enlever ce moment… »

La partie qui se joue entre les deux hommes est trouble. Dix ans après la déconfiture de Ciné Qua Non, Jean Yanne est confronté à un producteur qui assume sans faiblir toutes ses exigences artistiques. Son vieux rêve d'être Cecil B. DeMille et de manœuvrer d'énormes plateaux trouve à s'incarner grâce à André Djaoui, mais il sait aussi que sa maison de production a été emportée par une semblable liberté laissée à Marco Ferreri ou Robert Bresson. Djaoui lui apparaît comme une sorte de double rêvé : un producteur généreux et indestructible dont l'âge est à peu près celui qu'il avait à la faillite de Ciné Qua Non. André Djaoui analyse le paradoxe de leurs relations pendant le tournage : « Il ressent une terrible injustice à ce que des gens comme Rassam et lui puissent faire faillite. Il n'admet pas l'adversité économique. Et, avec son cynisme, avec la conviction que le succès est toujours une imposture, avec sa tristesse qui vient sans doute de très loin, il est dans une attitude professionnellement suicidaire. Il trouve en moi quelqu'un pour l'accompagner dans son suicide. »

Suicide professionnel conscient ou pas, *Liberté, égalité, choucroute* est un film à la dérive. Plus que dans aucun de ses six films précédents, les rôles de femmes sont particulièrement indigents, entre la niaiserie d'une Marie-Antoinette qui ne pense qu'à dorloter ses moutons, les pépiements gentillets de Shéhérazade et les bougonnements hargneux de Charlotte Corday. Il manque décidément un Gérard Sire pour rendre cœur et tête aux femmes que filme Jean Yanne. Les rôles d'hommes sont dessinés à gros traits, et Jean Yanne pousse ses acteurs à un jeu bruyant, sommaire, épais.

Le jeu même de Jean Yanne est déréglé. Il n'a certes jamais aimé « faire l'acteur » et s'est toujours réservé un rôle qui tient à la fois du héros infaillible et du récitant. Mais là où il était au cœur de l'action dans *Tout le monde il est beau, tout le monde il est gentil* ou *Moi y'en a vouloir des sous*, il se place ici dans une position ambiguë, à la fois moteur et frein. Il raille tout événement survenant dans le cours de cette révolution tout en poussant au mouvement. Il traverse le film en braillant, toujours de mauvaise humeur et toujours acide. Son dialogue est tout entier cantonné entre une virulence narquoise et un relativisme cynique. On finit par ne plus savoir si son Marat est un démagogue grotesque ou s'il exprime la pensée de Jean Yanne, s'il incarne la vérité transcendante de l'Histoire ou le populisme le plus vulgaire… Avec les propos de Marat comme avec le mouvement général du film, il parle d'une France qui suscite son hilarité mais lui est, également, incompréhensible.

Sait-il vraiment où il va ? Au mois de décembre, alors que des journalistes viennent sur le tournage, Jean Yanne assure n'avoir pas encore décidé quelle sera la fin de *Liberté, égalité, choucroute.* Le réalisateur manque parfois d'énergie, comme si l'énorme chantier de *Liberté, égalité, choucroute* lui pesait. Lorsqu'il faut tourner la rencontre des cortèges du calife Shazaman El Rachid et de Louis XVI, l'équipe a le plus grand mal à tenir alignés quatre dromadaires, deux éléphants et des chevaux. Quand elle y parvient, il pleut ; quand il cesse de pleuvoir, les animaux sont indisciplinés. Enfin, il survient une éclaircie alors que le cortège est parfaitement ordonné. On peut tourner, mais Jean Yanne a été appelé dans sa caravane par Mimi Coutelier, qui ne parvient pas à enfiler le pull de son petit chien. Quand le réalisateur a habillé Titi et revient à son poste, la pluie a repris. La journée est perdue…

L'ambiance est dolente, curieusement détachée de toute urgence. Plus que jamais, le réalisateur veille à ce que les acteurs soient traités comme des coqs en pâte. Catherine Alric se réjouit d'un « partenaire qui sait et qui aime vous mettre en valeur », Michel Serrault est heureux d'un « beau film très Hollywood avec décors superbes, dromadaires et jolies femmes ». Les acteurs savent le retard pris par le film mais ne trouvent pas à s'en plaindre. On est très bien sur ce tournage…

Après plus de six mois de prises de vues en Italie, en France et au Maroc, la fête de fin de tournage a lieu le 26 février 1985 au Fouquet's, sur les Champs-Élysées. Évidemment, choucroute au menu. À la longue table, Jean Yanne, Mimi Coutelier, Catherine Alric, Daniel Prévost, Roland Giraud, Gérard Darmon, Georges Beller, Olivier de Kersauson… Ce dernier fait un discours enflammé pour remercier André Djaoui et Jean Yanne de lui avoir fourni un « emploi permanent » avec le tournage de *Liberté, égalité, choucroute.* Il ajoute : « Si la moitié des gens qui ont travaillé sur le film viennent le voir quand il sortira, ce sera un joli succès commercial. »

* * *

Suicidaire ou non, Jean Yanne vit sous l'empire de Saturne. Il n'a jamais caché la radicale noirceur d'un large versant de sa psyché. Politiquement, son anarchisme goguenard a mué en une sorte de doute nihiliste universel. Ses propos dans le privé, s'ils n'étaient pas tenus par un humoriste qui leur donne une forme souvent drôle, pourraient passer pour l'expression d'une dépression profonde. Il ne s'agit pas d'« aquoibonisme » à la Jacques Dutronc, mais d'un franc désespoir qui se dissimule à peine sous l'épicurisme de l'amateur de bonne chère, de gadgets high-tech et de grands hôtels.

Jean Yanne professe volontiers un idéal de vie saine et peinarde au soleil californien tout en manifestant une inaptitude au plaisir qui inquiète nombre de ses amis. Il est vrai qu'il est entré dans le temps des deuils. Il dit souvent : « Un générique, c'est un monument aux morts. » Depuis les disparitions de Jacqueline Allard et de Gérard Sire, d'autres compagnons de sa jeunesse le quittent. Peu après la mort du fondateur de Pilote Productions, en 1977, son ami Bob du Pac lui dit qu'il est aussi atteint d'un cancer du poumon. Il est emporté en quelques mois. Robert Beauvais, le mari de Ginette Garcin, qui lui a donné l'argument des *Chinois à Paris*, s'éteint à son tour en 1982. Et combien d'autres copains ont disparu ? Francis Blanche en 1974, Pierre Dac en 1975, René Goscinny en 1977…

Le 19 décembre 1984, alors que *Liberté, égalité, choucroute* est un film naufragé, survient un drame : Michel Magne se suicide. Cela fait dix ans que les deux anciens complices des premières productions Ciné Qua Non ont vu diverger leurs routes. Ou, plutôt, ils ont vu l'un et l'autre le fond d'impasses séparées.

Alors que Jean Yanne perd sa superbe – et surtout son autonomie – de producteur, le compositeur fait face à une crise non moins dramatique avec la faillite de la SEMM – Société d'enregistrement Michel Magne. En cette année 1974, il appelle au secours le témoin de son mariage. Mais celui-ci se débat dans l'effondrement de Ciné Qua Non, l'échec de la reprise du Vieux-Colombier, la difficile production de *Chobizenesse*… Magne est d'autant plus blessé qu'il a le sentiment que sa faillite ne tient pas à sa gestion mais à un contrat léonin signé avec un associé, et qui le laisse seul et sur ses propres deniers face à tous les créanciers de l'imposant studio d'enregistrement qui a eu jusqu'à une vingtaine de salariés permanents. Car il perd tout : le studio, le château, sa maison et même ses droits d'auteur, qui sont prélevés à la source pour rembourser un passif colossal.

Il s'établit à Saint-Paul-de-Vence avec Marie-Claude et leur fils. Puisque tous ses revenus à la Sacem sont saisis, il rompt avec la musique. Comme pour s'en venger, il réalise des œuvres d'art contemporain en tissant de la bande magnétique – la « musique à regarder ». Les plasticiens César, Arman ou Ben le soutiennent. Il mène une vie heureuse en Provence. Mais il veut reconquérir Hérouville devant les tribunaux, reprendre sa place de compositeur…

En 1978, il revient à Paris. Procédure après procédure, la justice continue à lui donner tort. Comme compositeur et arrangeur, il ne retrouve son statut ni auprès de l'avant-garde ni dans le monde des variétés. Et le cinéma ne pense plus beaucoup à lui. Même Jean Yanne ne l'appelle plus. Pour orchestrer la musique de *Chobizenesse*, il avait fait appel à Raymond Alessandrini, qui a été pianiste dans l'orchestre de Michel Magne, et l'a rappelé pour orchestrer les chansons et composer la musique additionnelle de *Deux heures moins le quart avant Jésus-Christ*. Pour *Liberté, égalité, choucroute*, Jean Yanne fait appel à Claude Germain, autre ancien assistant de Michel Magne. De toute façon, les deux hommes ne se voient plus. Le cinéaste n'est pas allé voir les expositions de son ancien ami…

Depuis son retour à Paris, le compositeur a le sentiment de se battre sur tous les fronts à la fois – contre le monde du cinéma, qui lui tourne le dos, contre le milieu du disque, contre la Sacem qui exécute au centime près toutes les ordonnances des juges… Dans l'interminable procédure concernant la faillite d'Hérouville, une audience est prévue le 19 décembre au tribunal de Cergy-Pontoise. Michel Magne prend une chambre dans un hôtel de la grande ville moderniste. On l'y trouvera mort, avec dans ses affaires le livre *Suicide mode d'emploi*.

À peine six semaines plus tard, dans la nuit du dimanche 27 au lundi 28 janvier 1985, Jean-Pierre Rassam succombe à un accident banal. Depuis six mois, il ne touche plus à l'héroïne, ce qui aggrave ses insomnies. Comme il n'a pas diminué sa consommation d'alcool, la prise de Binoctal exige d'autant plus de précautions qu'il en prend parfois à plusieurs reprises au cours de la nuit, l'effet n'en durant pas plus de quelques heures. D'habitude, son personnel veille à ce qu'il n'ait jamais plus de deux ou trois comprimés dans le tube posé à la tête de son lit. Mais c'est le week-end et, dans son demi-sommeil, le producteur déchu ne réalise pas qu'il avale un tube contenant plusieurs fois la dose maximale. Une tragédie banale…

Lors de la cérémonie mortuaire pour Jean-Pierre Rassam à l'église Saint-Julien-le-Pauvre, qui se déroule quelques jours plus tard selon le rite melkite de son Liban natal, nombre de sommités se croisent, constituant un des plus beaux génériques de l'année : la mère de son fils, Carole Bouquet, et Gérard Depardieu, Catherine Deneuve, Isabelle Adjani, Jacques Villeret, Aurore Clément, Richard Bohringer… Daniel Toscan du Plantier et Nicolas Seydoux serrent toutes les mains, revêtus de leur dignité de duumvirs de la Gaumont. Outre Claude Berri, nombre de producteurs sont là, anciens partenaires ou anciens ennemis de Rassam et souvent les deux à la fois : Alain Sarde, Christian Fechner… Jean Yanne n'a pas fait le voyage. Mais on se murmure le commentaire lapidaire qu'il a laissé tomber en apprenant la mort de son ancien complice : « C'est la nouvelle la moins inattendue de l'année. » Âgé de quarante-trois ans, Jean-Pierre Rassam est enterré à Montfort-l'Amaury, dans le même cimetière qu'Annie, sa fiancée mannequin qui s'était suicidée en 1967.

À ce moment, Jean Yanne sait-il qu'il court au désastre ? Certainement autant que Jean-Pierre Rassam *savait* que Ciné Qua Non allait à la catastrophe. Mais Jean Yanne a la catastrophe railleuse, le cataclysme sardonique. Il a peu parlé dans la presse pendant le tournage de *Liberté, égalité, choucroute*. Mais toujours haut et fort. Le réalisateur, qui prépare la sortie de son film, n'est pas particulièrement amène avec la France : « Je ne veux plus rien avoir à faire avec les clowns qui dirigent ce pays », déclare-t-il sans ambages à *France-Soir*. En revanche, il célèbre abondamment sa vie américaine. Il soigne le paradoxe entre l'ancien Jean Yanne viveur et stressé par sa vie parisienne, et la salubrité du mode de vie californien dans lequel il a écrit son scénario – lever à 7 heures du matin, jus de fruit et jogging. Sa rupture n'est pas seulement géographique : alors qu'il tourne *Liberté, égalité, choucroute*, il refuse d'assurer la promotion de la diffusion à la télévision de *Moi y'en a vouloir des sous*.

Le montage est mené très rapidement pour permettre la sortie de *Liberté, égalité, choucroute* à la date prévue, juste avant le « pont » du 1er mai 1985. Dès les premières projections corporatives de son nouveau film, l'attachée de presse Yanou Collart (qui incarne aussi la patronne de la Bastille dans le film) avertit la production : les premiers retours des journalistes spécialisés augurent d'un tir de barrage de la critique et, sans doute, d'une claire contre-performance en termes de fréquentation. De toute manière, André Djaoui sait à quoi s'en tenir : « Quand Jean Yanne m'avait raconté le film, chez moi à Los Angeles, j'étais mort de rire. En le voyant terminé, je n'ai pas ri une seule fois. »

Heureusement, Jean Yanne bénéficie de quelques réels soutiens dans la presse, à commencer par *France-Soir*, qui, pour être dans les premiers temps de sa décadence, n'en a pas moins un imposant lectorat. Le critique Robert Chazal se met au diapason du partenariat de son quotidien avec *Liberté, égalité, choucroute* et rappelle le prochain « anniversaire de 1989 à la célébration duquel le film de Jean Yanne apporte une contribution essentielle en nous montrant que les révolutions sont rarement à prendre au sérieux ». Le film a même le soutien embarrassant de *Minute*, qui y voit « un pamphlet d'une férocité certes souriante, mais terriblement meurtrière [...] [une] fresque-mystification bien récréative mais qui va aussi faire grincer quelques dents ». Et l'hebdomadaire d'extrême droite voit dans la composition que donne Jean Yanne de Marat une « sorte de Krivine mâtiné de Jospin ».

Marat. - C'est nous qui avons fait tout le boulot, nous la vraie gauche. C'est nous qui avons pris la Bastille et maintenant c'est nous qui allons marcher sur Versailles pour faire sa fête à ce gros sac de Louis XVI et à son Autrichienne emmoutonnée.
Danton. - Citoyen ! Nous aussi on en a marre du roi, nous les représentants officiels de la gauche.
– Représentants officiels de la gauche ? Où t'as vu ça, Danton ? La gauche c'est les travailleurs. La gauche c'est ceux qui se mettent les mains dans le cambouis pour que les riches puissent rouler en carrosse. Parce que n'oublie pas une chose, Danton : c'est avec les mains sales qu'on fait une révolution propre ! Et puis y en a marre de discuter. Dans ce pays, tout va mal parce qu'on passe son temps à discuter.
Affrontement entre Marat (Jean Yanne) et Danton (Olivier de Kersauson) dans *Liberté, égalité, choucroute*.

Mais la plupart des journaux nationaux n'aiment pas *Liberté, égalité, choucroute*. *Le Figaro* parle d'« un délire velléitaire » et de « complaisance à l'égard de nos actuelles préoccupations », *Le Matin de Paris* lui reproche de « raconter n'importe quoi n'importe comment », *Le Nouvel Observateur* a vu « un médiocre spectacle de chansonniers » et *Télérama* « une grande kermesse assez lourde ». Après avoir noté que Jean Yanne n'aime pas les femmes, les rois, les révolutionnaires ou le peuple, *L'Humanité dimanche* s'interroge : « S'aime-t-il vraiment ? Aime-t-il le cinéma ? » *Les Échos* sont moralisateurs : « On ne peut à la fois se vouloir sans-culotte et sans respect, et rêver de fêtes quasi versailleuses où l'insolence, sous les ors de la superproduction, fatalement, s'émousse pour devenir approximative facilité. »

La critique de *Libération* est particulièrement assassine, puisque désolée et presque compatissante sous la plume d'Olivier Séguret, qui pointe « la caractéristique essentielle de son dernier film : il transpire par tous les pores une abrutissante paresse. [...] une sorte de Cocoricocoboy aux dimensions mégalomaniaques pour la forme, une illustration de l'almanach Vermot pour le ton et une allégorie aigre des mœurs politiques françaises (avec force flèches antisocialistes décochées à tout instant) pour le fond. [...] Reste l'énigme Yanne, crédible Marat d'opérette en tant qu'acteur, désolant masochiste du cinéma français en tant que metteur en scène, âme perdue dans l'aigreur et le mépris de soi qui rate une fois de plus son seul but déclaré : faire rire. En échange, il fait des entrées ».

Sur ce dernier point, le journaliste se trompe. *Liberté, égalité, choucroute* sort le 30 avril 1985 et sa première semaine d'exploitation attire 117 927 spectateurs dans soixante-quatre salles. La semaine précédente, *Terminator*, avec Arnold Schwarzenegger, a affiché le double dans cinquante-sept salles avec 238 152 entrées. On pourrait avoir l'impression d'un démarrage honorable, mais le bouche-à-oreille est désastreux : en deuxième semaine, le film n'a que 60 600 spectateurs sur soixante-cinq écrans. Avec ses 55 % de baisse, le film suscite un commentaire lapidaire du *Film français*, qui note que « la production française va devoir procéder à des révisions déchirantes de ses stratégies ». En tout cas, le distributeur réduit la voilure : en troisième semaine, *Liberté, égalité, choucroute* est projeté dans trente-quatre salles seulement et n'attire plus que 20 309 spectateurs – moins que *Les Ripoux* pour une trente-cinquième semaine d'exploitation dans douze salles ! La quatrième semaine est humiliante : le film n'est plus que dans six salles de Paris-périphérie pour 3 684 entrées, aux alentours de la trentième fréquentation de la semaine.

Jean Yanne a manqué sa cible. Tout indique qu'il ne s'agit pas seulement de l'échec d'un lancement. *Liberté, égalité, choucroute* est clairement rejeté par le public. Déjà, le titre incommode manifestement. Jean Yanne en propose à la presse une explication : « La devise est dessinée à la craie sur un mur, à Paris, fin juillet 1789. Il est écrit "Liberté, égalité", et un troisième mot qui est peut-être "choucroute". En tout cas, il a à voir avec la bouffe. »

De fait, la devise de la République française telle qu'il l'a déclinée pour son film existait telle quelle au fronton la mairie du bourg breton de Brezonnec-sur-Arven en couverture de *La langouste ne passera pas*, sa bande dessinée parue en 1969. Tito Topin a d'ailleurs une explication presque spirituelle à l'échec de *Liberté, égalité, choucroute* : « Jean n'a pas compris que, pour les gens, il remplaçait la fraternité par la choucroute. Cela faisait rire après Mai 68, quand tout ce qui était sacrilège passait bien. Mais, en 1985, les gens avaient justement très envie de fraternité. Après tout, c'est l'époque de SOS Racisme. »

L'humoriste n'a pas forcément saisi que, dans cette France-là, certaines plaisanteries n'ont plus cours. Par exemple, quand les « socialistes » Robespierre, Danton, Desmoulins et Mirabeau décident avec Charlotte Corday de s'enfuir parce que les réactions du peuple sont imprévisibles et potentiellement dangereuses pour eux, ils lancent en trinquant un sonore *lechaïm* – le « prosit » hébreu. Comment ne pas soupçonner un petit relent antisémite là-dessous ? De même, quand les sans-culottes de Varennes voient passer la suite du calife, la blague sur « les Arabes qui s'en vont » peut être mal appréciée…

Jean Yanne prend aussi à rebrousse-poil une considération historique que les Français aiment prendre pour argent comptant, selon laquelle la Révolution française a été faite par les Français. Or, comme le note *L'Humanité dimanche*, par nature sensible à cette thématique, « le peuple [apparaît comme] une masse bouffante et avinée qui attend dans l'indécision la plus complète son Poujade de service, en l'occurrence le sanguinaire Marat ». Ce que *La Vie ouvrière*, hebdomadaire de la CGT, traduit en écrivant : « Jean Yanne a cette fois-ci le mépris plus fertile que l'humour. »

Quand, au bout de cinq semaines d'exclusivité, *Liberté, égalité, choucroute* quitte l'affiche, son score n'est pas en lui-même déshonorant, mais sa contrepartie comptable pose évidemment problème : avec à peine plus de 200 000 entrées, le film n'a eu que 8 811 239 francs de recettes de billetterie en exclusivité. Les pertes sont abyssales. Jean Yanne ne le sait pas encore, mais il vient de perdre la confiance du métier.

Le lendemain de la sortie de *Liberté, égalité, choucroute*, il rend visite à André Djaoui dans son bureau. Aucun chiffre n'incite à l'optimisme et la teneur de la presse est sans ambiguïté. Le réalisateur lance au producteur : « Alors, qu'est-ce qu'on va faire de tout cet argent ? » Djaoui esquisse un demi-sourire et fait remarquer à Yanne qu'il a perdu au moins quarante millions de francs. Le réalisateur répond : « Oui, mais le film n'est pas encore sorti aux États-Unis. » André Djaoui commente aujourd'hui : « Il était impossible de lui faire comprendre que les Américains n'allaient pas acheter un film raté sur la Révolution française qui n'intéressait personne, même en France. Mais il croyait toujours en son rêve américain. »

Après cette dernière rencontre, Jean Yanne et André Djaoui ne se reverront plus. Ils se croiseront seulement dans un restaurant, quelques années plus tard, alors que le producteur déjeune avec Jean Poiret. Un bonjour rapide… Le producteur mettra cinq ou six ans à se tirer du gouffre financier dans lequel l'a plongé le film. « Sur mon chemin initiatique, il était une de mes étapes », dit-il aujourd'hui.

Une quinzaine de jours après la sortie de *Liberté, égalité, choucroute*, André Djaoui part au Festival de Cannes, s'attendant à y être traité en pestiféré, comme chaque fois qu'un producteur mord la poussière et semble condamné à la faillite. Après tout, le distributeur UGC a quand même englouti quatorze millions de francs dans l'affaire ! Mais la mésaventure de Djaoui est si spectaculaire qu'elle lui attire des manifestations de compassion. « Normalement, on aurait dû changer de trottoir pour éviter de me croiser. Or je vois Francis Veber traverser la Croisette pour me serrer la main. On me dit que ce que m'a fait Jean est assez moche. Les gens du métier l'aiment toujours, mais ils trouvent qu'il s'est mal conduit avec moi. »

La rudesse des années que va désormais traverser Jean Yanne trouve là une explication : si personne ne conteste son talent d'acteur, il n'est plus considéré comme un réalisateur avec lequel il est possible de travailler.

En outre, il va aggraver la situation par quelques déclarations à l'emporte-pièce contre son producteur. Si ces propos ne font pas nécessairement grand bruit auprès du public, ils n'en sont pas moins entendus par tous les décideurs du cinéma français. Par exemple, début juin, *France-Soir* titre : « Jean Yanne n'a pas ruiné son producteur : "Il continue à faire deux repas par jour." » Le réalisateur revient sur la contre-performance commerciale de *Liberté, égalité, choucroute* : « De là à dire que mon producteur est ruiné, il y a un pas. [...] D'ailleurs, il n'avait investi que quarante millions. Or qui peut dire ce qu'a déjà rapporté la vente préalable au réseau câblé américain et ce que rapporteront les recettes au Canada et aux États-Unis ? »

Et Jean Yanne lance au journaliste des propos triomphants : il monte une version américaine de *Liberté, égalité, choucroute* dans laquelle apparaîtront des esclaves noirs (il parle même de leur faire confectionner « un éléphant à la semoule »), il va se produire lui-même en créant une nouvelle société qui prendra en charge son film suivant, *Marco Popaul*, « puisqu'il y a belle lurette [qu'il a] trouvé les participations et les financements en Inde et en Chine »...

Rien qui dépasse le propos de fin de repas... Il n'y a pas de ventes sur le continent américain. Au Marché du film à Cannes, où était présenté *Liberté, égalité, choucroute*, le critique du magazine américain du cinéma, *Variety*, a été sans nuance. Après avoir massacré les décors, les costumes et le casting, il écrit : « La direction sans esprit de Yanne complète le fiasco. [...] Ce dont ce film a besoin – même si ça ne l'améliorera pas beaucoup –, c'est de coupes sévères, de préférence à la guillotine. »

Et il n'y a pas de nouvelle version du film, pas de nouvelle maison de production, pas de financements indiens ou chinois. Rien n'est vrai. Ce ne sont pas des exagérations promotionnelles ; ce sont des mensonges désespérés. Jean Yanne commence à fuir la réalité, alors que son rêve américain est encalminé et sa position de réalisateur anéantie. Tous les producteurs et distributeurs français connaissent les détails du tournage de *Liberté, égalité, choucroute*, s'ils n'ont pas eux-mêmes eu à mettre la main au portefeuille. Après les incidents entre le réalisateur et Tarak Ben Ammar, le calvaire d'André Djaoui fait peur à tous les partenaires potentiels de Jean Yanne. Il n'en trouvera plus jamais pour monter un film.

31. – Le comédien malgré lui

(du *Paltoquet* à *Cayenne Palace*, 1986-1987)

Jean Yanne est renvoyé à son autre métier – ce métier d'acteur qu'il ne cesse de dévaluer depuis qu'il l'exerce. Comme par ironie, il est pressenti en 1986, dit-il, pour tourner « le prochain Marcel Carné ». Or l'immense réalisateur de *Quai des brumes* et des *Enfants du paradis* va depuis des années de projet avorté en scénario refusé. Deux carrières brisées de cinéastes se croisent brièvement…

Il rate aussi ce qui aurait pu être une belle reconversion, mais sans participer lui-même de très près au combat : la série télévisée *Navarro*. En 1985, le département de la fiction à TF1 – alors chaîne publique – engage Claude de Givray, le réalisateur de *L'Amour à la chaîne*. L'ancien petit dernier de la Nouvelle Vague est devenu un solide analyste de scénarios et d'individualités au service du téléfilm. Il reste en poste après la privatisation de la chaîne, en 1987. À ce moment-là, TF1 commande beaucoup de téléfilms « unitaires », comme on dit dans le métier, et n'a plus de héros récurrent depuis des années, alors que France 2 exploite avec profit le filon des enquêtes du commissaire Maigret et *Les Cinq Dernières Minutes*.

TF1, dans sa recherche d'un nouveau héros récurrent, porte son choix sur un projet de Tito Topin, *Navarro*. Car le dessinateur de *La langouste ne passera pas* a quitté Paris après la déconfiture de Ciné Qua Non. En Provence, il pratique et enseigne la gravure pendant quelques années et, sans préméditation ni vocation particulière, commence à écrire des romans policiers. Il a tant de réussite dans cette nouvelle carrière que, de succès en succès, il finit par intéresser le producteur de télévision Pierre Grimblat. Quand ce dernier présente *Navarro* aux dirigeants de TF1, il annonce avoir deux idées pour incarner le rôle-titre, Jean Yanne et Roger Hanin. Ce dernier rêve d'incarner « un Kojak à la française », comme il l'a dit au producteur. Et Étienne Mougeotte, directeur d'antenne de TF1, a souvenir de s'être rudement fait chambrer par Jean Yanne lorsqu'il était journaliste à la radio. Donc, à la rentrée 1989, le public découvre Roger Hanin pour le premier des cent neuf épisodes de Navarro.

Mais, dans l'immédiat, Jean Yanne revient à l'écran avec un film dont le positionnement est extrêmement éloigné de *Liberté, égalité, choucroute* – un film inclassable, élégant, théâtral, *Le Paltoquet*, de Michel Deville.

L'intrigue se déroule dans un port, sans doute à l'équateur, puisqu'il pleut tous les jours à 17 heures. Dans un espace trop vaste – un hangar, une usine désaffectée ? – sont installés le comptoir d'un bar, une table avec quatre chaises et un hamac. Derrière le comptoir, une tenancière sans âge avec des lunettes noires qu'elle enlève souvent pour se remaquiller, se démaquiller, se remaquiller encore. C'est Jeanne Moreau. À côté d'elle, un homme torse nu sous une blouse grise, les mains chaussées de mitaines noires, des savates aux pieds. Sur le comptoir, un vieil électrophone sur lequel il passe et repasse des disques – *Quatuor n° 1*, de Janacek, *Trio Dumky*, de Dvorak. C'est Michel Piccoli, qui va aussi servir à table les quatre clients du bar. Ce sont eux qui l'appellent le Paltoquet, le rudoient, l'injurient. Les joueurs de bridge sont un professeur un peu cynique (Claude Piéplu), un élégant médecin (Richard Bohringer), « l'honorable commerçant » (Philippe Léotard) et un journaliste local besogneux (Daniel Auteuil). Dans le hamac, à l'écart, l'énigmatique Lotte, tendre, sexy, provocante, énigmatique. C'est Fanny Ardant. On apprend qu'un crime est commis dans une chambre d'hôtel, non loin. Mais tous les personnages arrivent sur les lieux sans sortir au dehors, en marchant simplement dans le noir de l'immense espace. Puisqu'un inconnu a été assassiné, puisque seul un des bridgeurs peut être coupable, un commissaire de police arrive. Il est bourru, vulgaire, hilare. C'est Jean Yanne

Le Paltoquet, de Michel Deville, est sa première apparition sur les écrans français depuis *Liberté, égalité, choucroute*. Le film est virtuose, étrange, chic – l'idéal pour un retour après plus d'un an d'absence des écrans. Le réalisateur et son acteur ne se connaissaient pas quand Deville l'a appelé. Après avoir été un très honnête faiseur de comédies romantiques, celui-ci s'est révélé être un styliste hors pair à partir du *Dossier 51* en 1978. Tout auréolé du succès commercial et critique de *Péril en la demeure*, avec Nicole Garcia et Christophe Malavoy, en 1984, il a eu envie de réaliser un huis clos, ou plutôt, comme il dit lui-même, un « huit clos », puisqu'il n'y a que huit acteurs dans son film (exception faite de l'unique rôle muet, la prostituée assassinée dans la chambre, tenue par la jeune An Luu, qui était l'Eurasienne en patins à roulettes de *Diva* de Jean-Jacques Beineix).

Son point de départ est un objet littéraire hautement singulier, *On a tué pendant l'escale* de Franz Rudolph Falk. L'auteur serait un Autrichien chassé vers les États-Unis par l'Anschluss, et son roman a été publié en 1945 comme étant traduit par un certain Philippe Géry. Dès sa publication, le livre frappe par son climat moite, étrange, morbide, dans lequel se déroule une enquête policière classique digne d'Hercule Poirot. Mais Falk est une supercherie : l'auteur du livre est le comte Philippe de Clinchamps, philosophe et éditeur disparu en 1971 dans un accident de voiture.

Deville a ajouté deux personnages à ceux du roman : la tenancière du bar et le paltoquet. Mais celui-ci a un statut singulier : n'est-il pas le deus ex machina de tout le film ? D'ailleurs, derrière son comptoir, il feuillette régulièrement *On a tué pendant l'escale* de Franz Rudolph Falk... On remarque aussi qu'à chaque disque qu'il met sur son électrophone, apparaît toujours le même personnage. Et que, lorsqu'il arrête le gros ventilateur, tout le monde se fige dans le bar. Par un effet de mise en abyme vertigineux, on découvre dans les derniers instants du film que le paltoquet est le maître absolu de toute l'histoire, qu'il est un capitaine d'industrie et que tous les autres sont ses employés...

Le Paltoquet est un objet cinématographique étrange. La technique de caméra de Michel Deville est éblouissante et le film semble parfois être une pièce de théâtre, ou un jeu musico-littéraire. Et, de fait, les autres arts entrent sur le grand plateau de six cents mètres carrés des studios d'Épinay. Le décor a été réalisé par Thierry Leproust, fidèle scénographe de Roger Planchon, qui travaille pour la première fois au cinéma. L'image est d'André Diot, déjà expérimenté au cinéma, mais qui a aussi réalisé des éclairages pour Johnny Hallyday ou Eddy Mitchell, la plupart des grands opéras européens et des mises en scène de Patrice Chéreau, Roger Planchon ou Jérôme Savary…

La musique est au centre de l'aventure du film : son producteur est Daniel Toscan du Plantier, qui a quitté Gaumont depuis 1985 et a fondé Erato, singulière maison de production pour le cinéma et la musique classique à la fois. Le chef d'orchestre Pierre Derveaux est même venu régler les gestes de Michel Piccoli lorsqu'il mime la musique derrière son comptoir.

Les neuf jours de l'intrigue s'écoulent entre *murder story* à la Agatha Christie et symbolisme métaphysique à la Samuel Beckett, chapelets de calembours et plans-séquences intrigants. Deville n'a pas choisi ses comédiens par hasard. Tous sont des voix, passés aussi par la radio, la chanson, le doublage. Et, à part Michel Piccoli et Jeanne Moreau, qui se sont croisés chez Luis Buñuel quelques lustres plus tôt, ils n'ont jamais travaillé ensemble. Il a commencé à écrire *Le Paltoquet* en pensant à Piccoli et s'est laissé, ensuite, guider par ce qu'il entendait de chacun des personnages. Il a eu ainsi l'idée de Jean Yanne « à qui on ne pense plus comme comédien », comme il le dira à la sortie du film.

Le tournage commence à la mi-mars 1986, pour six semaines et demie, dont cinq semaines uniquement dans le décor du bar. Michel Deville tourne en continuité, du début à la fin de l'intrigue. Jean Yanne ne veut – ou ne peut – rester plus de vingt-quatre jours sur le plateau. Deville est d'accord.

Dans le métier, on dit que les films de Deville sont terminés avant d'être tournés, tant il est précis et méticuleux dans la préparation du dialogue et de chacun des plans. Mais le climat est serein. Pour les acteurs, la configuration du tournage est inattendue : alors qu'en général on se fréquente de manière irrégulière en fonction de la longueur du rôle de chacun et du plan de tournage, les huit acteurs du *Paltoquet* sont toujours présents ensemble dans le champ des caméras – sauf justement le commissaire de police, qui apparaît le dernier mais prend l'habitude de venir chaque soir au bar, comme les autres, jusqu'à la fin de son enquête. Tout se passe un peu comme s'ils étaient une troupe de théâtre. L'atmosphère est détendue, concentrée, amicale. « On boit du thé toute la journée. Enfin, du thé… Selon les goûts de chacun », dit Jean Yanne. Il aime la précision de Deville « qui ne change pas une virgule de son script original. Bref tout le contraire de moi quand je suis metteur en scène ».

Tous prennent plaisir au dialogue, semé de mots d'auteur et de trouvailles incongrues – Maigret, Ionesco et Devos tout à la fois. Le commissaire (Jean Yanne) lance : « Mes pieds de flic dans la flaque, ça fait floc. » Le journaliste (Daniel Auteuil) réplique : « Les pieds d'un flic dans une flaque, ça fait flop. Et il flippe. » Pendant la promotion, Michel Deville expliquera : « Je voulais m'amuser. »

Cette intention n'échappe pas à la critique quand sort *Le Paltoquet*, le 13 août 1986 : « ludique jubilation » pour *L'Express*, « subtile variation sur un délire » pour *Les Échos*, « un vrai régal » pour *France-Soir*, un film « français, pervers et gai » pour *Le Monde*… En salle, il démarre en trombe, avec 62 000 entrées en première semaine, qui représentent 10 % de la fréquentation totale des salles parisiennes cette semaine.

Dans le concert de louanges honorant les acteurs du film, *Le Monde* voit un « Jean Yanne opaque, irrésistible de féroce bonhomie ». Claude Baignères, du *Figaro*, résume à la fois l'acteur et son personnage, « admirable […] avec cette assurance superbe qui ne s'appuie sur rien. Tout l'intérêt repose sur la nerveuse dérive de répliques farfelues qui tisonnent agréablement notre désir généralement inassouvi d'anarchisme intellectuel. »

Quand on lui tend le micro, il raconte un peu d'Amérique – une Amérique qui l'aime et où il s'amuse plus qu'en France à travailler. À la ville, Jean Yanne joue le rôle de l'Américain. Il montre à Michel Deville comment on prononcera là-bas *Le Paltoquet*, pour l'inciter à exporter son film en lui laissant son titre original français, ce qui sera fait en Grande-Bretagne et en Pologne. Il ne cherche plus à défendre *Liberté, égalité, choucroute* devant *Le Parisien* (« Le montage ne me plaisait pas ») et se voit, « dans un futur proche, faire un film où je jouerai pas moi-même ». Mais rien de plus précis. Il évoque çà et là des projets vagues, voire abscons. À *La Tribune de Genève*, il déclare : « J'ai plein de films en vue. Je veux d'abord en tourner un à deux personnages, un deuxième avec un seul personnage et un troisième sans personnages du tout. » Le journaliste demande : « C'est une boutade ? – Mais non. Faire sans, c'est aussi possible. Il suffit d'utiliser des astuces, un jeu bizarre et des images de synthèse. Et j'ai très envie de voir ce que ça donne. »

* * *

Puisqu'il le sait disponible, Claude Lelouch fait appel à Jean Yanne pour incarner le rôle principal de son vingt-neuvième long métrage, *Attention bandits*, qu'il tourne à partir de novembre 1986. Depuis l'époque de Pilote Productions et *La Femme spectacle*, les routes des deux hommes ne se sont guère croisées. L'ancien réalisateur de Scopitone l'explique simplement : « Jean avait un chemin dans lequel je n'avais rien à faire. Il écrivait, il réalisait, il créait. Il faisait le même métier que moi. À l'époque d'*Un homme et une femme*, je crois qu'il avait été jaloux de moi parce que j'étais le premier de la bande de Gérard Sire à quitter la maison et à avoir un tel succès. Mais j'aime ses films. Ils lui ressemblent dans l'inachevé, dans le n'importe quoi, dans leurs contradictions. C'est parfois formidablement réussi, parfois totalement raté. Et c'est vraiment sa personnalité : avec lui, on ne sait jamais sur quel pied danser. »

Le réalisateur ne s'en cache pas : il contacte son ancien « collègue » de Pilote Productions parce qu'Yves Montand refuse le rôle. Claude Lelouch : « Une fois de plus, la contrainte sollicite l'imagination. C'est finalement mieux que le film se fasse avec Jean parce qu'il est vraiment le personnage du film. Il est touchant, fort, violent, je n'aurais jamais fait ça avec Montand. »

Le travail préparatoire est très simple, comme le raconte Lelouch : « Je lui ai dit : "Si je t'engage, c'est parce que Gabin est mort. Je veux que tu me fasses du Gabin. Et il m'a fait du Gabin." Il m'a répondu : "Tu es un bon directeur d'acteurs. – Pourquoi ? – Parce que tu ne t'emmerdes pas à faire des phrases. Tu as raison, je vais faire du Gabin." »

Le vieux maître du cinéma français a disparu en 1976 et il apparaît dès les premières images d'*Attention bandits*, dont l'action commence le jour de sa mort (d'ailleurs, la scripte du film est sa fille, Florence Moncorgé-Gabin). Jean Yanne est l'Expert, un receleur en œuvres d'art que la police n'a jamais réussi à piéger. Il vit dans une magnifique maison avec sa belle épouse et sa fille. Il accepte de travailler avec un jeune virtuose du cambriolage, surnommé Mozart (Patrick Bruel) pour un « coup » historique dont il devra écouler le butin. Le vol accompli, la femme de l'Expert est enlevée et on lui réclame les bijoux volés par Mozart. Lorsque l'Expert apporte la rançon, le ravisseur abat son épouse. Le lendemain, la police retrouve dans sa voiture des bijoux provenant du cambriolage : l'Expert est condamné à dix ans en prison. Pendant tout ce temps, il fait croire à sa fille, qu'il a eu le temps d'envoyer dans un pensionnat en Suisse, qu'il est en voyage lointain. À sa sortie de prison, elle est devenue une princesse romantique (c'est Marie-Sophie L., la nouvelle épouse de Claude Lelouch). Lorsque l'Expert entreprend de se venger avec la complicité de Mozart, elle est embarquée dans l'aventure et découvre qui est vraiment son père. Au bout d'un certain nombre de péripéties tantôt classiques dans l'univers du polar, tantôt typiques de l'univers de Lelouch, l'Expert part trouver refuge à l'étranger tandis que la princesse décide de plaquer son fiancé de bonne famille pour épouser Mozart…

Après les échecs commerciaux d'*Un homme et une femme vingt ans déjà* et de *Partir, revenir*, ses deux précédents films, Lelouch revient à un récit linéaire, limpide, classique, presque prévisible. Il dira même, par boutade, qu'il aurait pu tourner son film en noir et blanc, comme les polars des années 1940 et 1950 qui l'ont fasciné dans sa jeunesse. Les rapports que Jean Yanne et Charles Gérard entretiennent dans *Attention bandits* sont par exemple calqués sur ceux de Jean Gabin et René Dary dans *Touchez pas au grisbi.*

D'ailleurs, le seul moment où Jean Yanne manifestera un désaccord avec le réalisateur pendant le tournage est une scène d'assassinat dans laquelle l'Expert laisse en vie la fille qui est au lit avec le malfrat qu'il abat. Il est convaincu que son personnage, truand endurci et calculateur, ne laisserait pas derrière lui un témoin qui l'a vu à visage découvert. Il affirme que Gabin l'aurait trucidée. Mais Lelouch tient à cette erreur qui permet l'arrestation de l'Expert, son retour en prison et le spectaculaire chantage au terrorisme échafaudé par Mozart pour l'en sortir…

Autrement, les rapports entre le réalisateur et son acteur principal sont idylliques. Il est vrai que, d'une certaine manière, leurs rencontres de jeunesse délimitent l'espace de leurs relations. Claude Lelouch : « Ensemble, on ne triche pas. Jean ne peut pas faire de grimaces avec moi parce qu'on les a apprises ensemble. Il sait qu'il ne peut pas me raconter d'histoires, et moi non plus. »

Jean Yanne est ce que Claude Lelouch appelle « un pensionnaire de rêve. Quand il est acteur, il devient esclave du metteur en scène. D'ailleurs, je ne le reconnais pas. C'est un autre homme. Il faut lui dire une seule chose, ne pas l'embrouiller avec des discours – les discours le font marrer. Quand il joue, il est bon à chaque fois. On refait les prises pour les autres, jamais pour lui ».

Mais cet acteur est bizarrement réticent devant son métier. Claude Lelouch ne croit pas aux affirmations de Jean Yanne prétendant qu'il n'aime pas faire l'acteur. Il est même catégorique : « Je n'y crois pas du tout, pas du tout, pas du tout. Il dit ça parce qu'il a honte de dire qu'il adore ce métier. Il me dit : "Être acteur, c'est un métier de gonzesse." Sa virilité lui semble mise en jeu. Il a honte. Mais, en fait, il adore. Il dit qu'il fait ça pour gagner sa vie ; or c'est la chose pour laquelle il est le plus doué. Sur le plateau, il se concentre sur son rôle mais il fait semblant de ne pas se concentrer. Quand on dit "Coupez !", il fait comme si de rien n'était, comme s'il avait fait quelque chose qui l'emmerdait et qui n'a pour lui aucune importance. Avant et après la prise, il fait croire que c'est un métier qui ne l'intéresse pas. Pendant la prise, il est absolument époustouflant. C'est un immense comédien qui a honte de jouer la comédie. »

Patrick Bruel, qui est son partenaire, est évidemment ravi de travailler avec un acteur qu'il a découvert à l'âge de dix ans dans *Érotissimo* et écouté le dimanche matin sur RTL. Il découvre, nous dit-il, « une nature, un acteur juste tout le temps ». Yanne et Bruel travaillent d'autant plus facilement ensemble qu'ils ont à peu près le même tempo de jeu, atteignent leur maximum dès leur première ou deuxième prise, même s'ils sont loin d'avoir la même expérience : le cadet en est à ses premiers films en haut de l'affiche et la « bruelmania » n'a pas encore pris son rythme de croisière. Il garde un souvenir joyeux d'une scène tournée sur une jetée, dans laquelle Yanne brode sur le dialogue de Lelouch : « Jean a la capacité de ne pas sortir d'une improvisation et nous continuons à marcher sur la jetée, suivis par la caméra. Je ne sais pas comment je me retiens de rire et Lelouch ne dit pas "Coupez !" Il dit même "Continuez !" Le cadreur répond qu'il n'a plus de pellicule dans sa caméra. Lelouch dit : "Pas grave ! Continuez !" Ça, c'est Lelouch :

il continue de tourner sans pellicule pour le plaisir de voir jouer Jean Yanne. »

Ce « pensionnaire de rêve » esquive cependant beaucoup des contraintes de son métier. Claude Lelouch : « Il aime qu'on le traite bien, il veut avoir une belle chambre d'hôtel avec sauna et masseur. Mais il ne veut pas voir les rushes, il ne veut pas voir le montage. Il n'aime pas se voir à l'écran. Quand je lui demande s'il veut voir le film, il me dit "non". Finalement, à l'occasion d'une avant-première au Ciné 13 à Montmartre, je dois presque le pousser dans la salle. En sortant de la projection, il me dit : "Putain, on n'a pas fait un navet." »

Lelouch ne voit pas chez son interprète la moindre nostalgie de réalisateur. Jean Yanne ne se soucie pas de la focale de l'objectif, ne se mêle pas de mise en scène, ne furète pas dans les coulisses du film, contrairement à ce qu'il dit dans une interview donnée à la sortie d'*Attention bandits* : « Quand je débarque sur un tournage, c'est pour faire de l'espionnage industriel. Personne ne se méfie des acteurs. Moi, j'observe les méthodes de mes collègues cinéastes, je repère la costumière dont j'aurais besoin pour mon prochain film… »

À la sortie d'*Attention bandits*, le 3 juin 1987, *Le Monde* juge Jean Yanne « excellent, presque au sommet de son art, qui est grand », *Les Échos* voient en lui « un bandit auquel Bernanos lui-même donnerait le bon Dieu sans confession ». Mais il ne se consacre qu'avec réticence à la promotion du film, salué par la critique avec beaucoup plus de bienveillance que les derniers Lelouch. En termes de fréquentation, c'est un bon cru pour le cinéaste, qui tient pendant deux semaines la première place dans les cinémas parisiens. Avec 224 571 entrées en quinze semaines à Paris, *Attention bandits* peut être considéré comme un succès. Mais Claude Lelouch n'aura plus jamais de rôle à proposer à Jean Yanne.

* * *

Sur le tournage d'*Attention bandits*, Jean Yanne a rencontré un cinéaste attachant qui approche des quarante ans, Alain Maline. Il est le premier assistant de Claude Lelouch, qui a fait appel à lui autant pour ses qualités professionnelles que pour l'épauler dans une mauvaise passe. Il avait été premier assistant réalisateur d'*Édith et Marcel* et de *Viva la vie !*, de Lelouch, avant de tourner son premier long métrage comme réalisateur, *Ni avec toi, ni sans toi.* Puis Maline veut porter à l'écran un scénario de film d'aventures avec deux héros : la Guyane française et un homme à la recherche du trésor que son père aurait caché en un lieu secret.

Le réalisateur commence la préparation de *Cayenne Palace* avec l'envie d'être le premier à tourner entièrement un film en Guyane. Il a son acteur principal, son financement, ses décors qu'une équipe part mettre en état pour un clap de début le 2 décembre 1985. Mais des acteurs font défection, des financeurs ont des doutes, des contretemps font tout patiner puis s'effondrer. Quand, à l'été 1986, Lelouch tourne *Attention bandits*, Maline tente de remonter une distribution et un tour de table. Il hypothèque son appartement (qu'il finira par perdre dans l'affaire) et il convainc Richard Berry d'accepter le rôle principal de Noël le baroudeur. Jean Yanne plonge aussi dans l'aventure. Il sera l'Équateur, patron du Cayenne Palace, taxi occasionnel et prétendu guide touristique. De fait, il est moins hôtelier que trafiquant, receleur et proxénète. D'abord spectateur des efforts de Noël pour retrouver la trace de son père, il bascule du côté de ses ennemis en rêvant lui aussi au trésor. À l'issue d'une épique poursuite dans la forêt amazonienne, il est tué par Noël.

Le casting est inattendu : Anna Karina incarne la « collègue » de l'Équateur dans son hôtel mal famé, Xavier Deluc est un bel ingénieur d'Arianespace, frère de Noël, et la jeune héroïne féminine amoureuse de l'aventurier est Olivia Brunaux, surtout connue pour avoir tourné dans les publicités des confitures Bonne-Maman ou des Taillefine de Gervais.

Le tournage est à hauts risques. L'équipe l'ignore, mais le financement n'est pas bouclé et Maline doit envoyer au plus vite des images à Paris pour convaincre les derniers partenaires. Outre la figuration qui anime les bas-fonds de Cayenne ou les villages indiens, une bonne partie des seconds rôles sont engagés sur place. Orpailleurs, prostituées et mauvais garçons jouent parfois leur propre rôle dans *Cayenne Palace*. De plus, la nature guyanaise est capricieuse et dangereuse : il y aura plusieurs blessures, Richard Berry finissant même le tournage avec une fracture du ménisque.

Le décor de l'hôtel a été construit dans un bâtiment désaffecté de la douane maritime, avec un grand soin de pittoresque équatorial interlope – moiteur, gros ventilateurs, persiennes, couteaux à cran d'arrêt, mauvais alcool, opium... Jean Yanne, arrivé au bout de dix jours de tournage, se glisse dans le décor avec l'autorité d'un bandit sarcastique et âpre au gain. Et, quelques jours plus tard, tout le monde s'envole pour Maripasoula, bourg de la forêt que n'atteint pas la route et dont le territoire communal est aussi vaste que la Région Basse-Normandie tout entière. De l'aérodrome, il faut prendre les pirogues pour remonter un affluent du Maroni et rejoindre le campement où, pendant quinze jours, l'équipe va tourner, coupée du monde. Maline, sans aucun contact avec Paris, ne saura pas pendant tout ce temps si le budget du film est enfin bouclé ou si tout tombe à l'eau.

Techniciens et acteurs s'installent dans des carbets, petites huttes sans murs. On dort dans des hamacs, on s'éclaire à la lampe à pétrole et on se lave dans le fleuve. Jean Yanne aménage son carbet en y ajoutant un meuble : avec des rondins ramassés en lisière de la forêt, il se construit un bureau pour y lire et écrire.

Curieux huis clos que ces deux semaines de tournage en pleine Amazonie. Le statut de Berry et Yanne, vedettes du film, ne leur apporte aucun confort supplémentaire dans cette vie communautaire à la dure. La salle de bains du campement est une série de rochers plats à l'entrée d'une succession de rapides. Chacun se lave dans une eau presque calme. Mais Jean Yanne veut essayer un moyen plus expéditif et astringent de se rincer. En caleçon, couvert de savon, il se laisse dériver jusqu'à l'entrée des rapides. Il pose les mains sur deux rochers, de part et d'autre d'un goulet au courant très violent. Ça rince. Mais il ne tient pas plus de quelques secondes et l'eau l'emporte. En un clin d'œil, il est balloté dans les remous et rejeté de l'autre côté des rapides. Sur la berge, l'équipe rigole après avoir retenu son souffle, rassurée qu'il ne soit rien arrivé de plus grave à l'acteur. On voit alors s'approcher sur l'eau un Boni dans sa pirogue. Les Bonis, descendant d'esclaves fugitifs ayant adopté au XVIIIe siècle la même vie que les Indiens de la forêt, sont la seule population de cette portion du fleuve et chacun se réjouit de voir l'homme venir au secours de Jean Yanne. Mais quand l'acteur tend les bras pour monter à bord de la pirogue, l'homme l'écarte légèrement et montre la rive d'un geste sans réplique. Yanne ne montera pas dans le bateau et doit grimper pieds nus et en caleçon parmi les racines emmêlées pour trouver le sentier qui va le ramener au campement. Une leçon de Guyane…

En ce qui concerne le cinéma, ce séjour à l'écart de la civilisation n'empêche pas de discuter le scénario. L'Équateur, après une série de traîtrises et de mauvais coups pour s'emparer du trésor du père de Noël, se bat à mort avec l'aventurier. Le script original prévoit qu'un coup de poing ou de machette le fasse tomber dans le fleuve et qu'il se noie dans les remous. Mais Jean Yanne n'a guère envie de mourir. Et encore moins dans le fleuve.

Sur le décor, Maline propose que l'Équateur s'écrase contre un mancenillier, arbre mortel. Il s'agit d'une fiction d'aventures, et peu importent les réalités de la botanique : si le fruit du mancenillier peut être un poison létal, on risque seulement quelques brûlures au contact de sa sève. Mais on tourne cette scène dans laquelle Jean Yanne agonise contre un arbre, le visage couvert de lait concentré qui figure la sève mortelle… Cette mort n'est pas la plus brillante qu'il ait tournée, mais elle est improvisée dans les tensions d'un tournage hors normes.

Cayenne Palace doit s'achever au bout de six semaines. Maline tient le planning, improvisant beaucoup au gré des circonstances, des décors et des élans de sa figuration. Le dernier jour de tournage, alors que Jean Yanne est reparti, la scripte du film se tue en avion avec le pilote engagé pour le temps des prises de vues. Elle voulait seulement voir une dernière fois la Guyane du ciel.

À sa sortie, en décembre 1987, *Cayenne Palace* est massacré par la critique, qui y voit « le degré zéro du cinéma » (*La Croix*) ou une accumulation « de clichés, de poncifs et d'invraisemblances » (*L'Express*). L'expérience de tournage était forte, mais l'œuvre d'Alain Maline sera vite oubliée. Cependant, Jean Yanne ne regrette pas le voyage. Il a plusieurs fois exprimé son goût du voyage et une de ses conséquences, exprimée dans un de ses livres de citations (au Cherche-Midi) : « Entre tourner un chef-d'œuvre dans les corons ou aller passer deux mois à Bali pour jouer dans une connerie, je n'hésite pas une seconde… »

32. – Mirages, naufrages

(de *Fucking Fernand* à « Rira, rira pas », 1987-1990)

La Californie ? Jean Yanne y est très heureux, tant est parfaite la combinaison entre les facilités professionnelles et la douceur du climat – « C'est New York en Guadeloupe », assure-t-il.

À la fin de l'été 1986 puis au printemps 1987, il fait le tour des journalistes spécialisés à l'occasion des sorties du *Paltoquet* de Michel Deville, et d'*Attention bandits* de Claude Lelouch, du tournage de *Fucking Fernand* de Gérard Mordillat, ou du passage à la télévision de *Laisse aller, c'est une valse* de Georges Lautner… Les portraits de Jean Yanne se succèdent dans la plupart des grands titres de la presse parisienne auprès de laquelle il a une belle cote d'amour. Il procède toujours aux interviews de la même manière : il consent à quelques phrases sur son actualité et laisse l'entretien s'orienter vers des sujets plus généraux – un peu de politique française, quelques souvenirs de la télévision sous de Gaulle et, invariablement, sa vie aux États-Unis. C'est cela qu'aiment les journalistes : ce grincheux ne cède pas aux extases obligées et aux enthousiasmes de commande de la promotion. Il est incontestablement un « bon client », comme on dit dans les rédactions. S'il ne répond pas scrupuleusement aux questions sur les films dans lesquels il joue, sa liberté de parole va fournir facilement la matière d'un article acide et singulier.

Ainsi, un personnage nouveau se dessine, qui prend la place du réalisateur consentant de temps en temps à faire l'acteur – ce qu'il était depuis *Chobizenesse*. Désormais, Jean Yanne sera un chef d'entreprise qui abandonne sporadiquement ses affaires à Los Angeles pour tourner un film en France à ses heures perdues.

Un article de *Madame Figaro* met en scène la révélation de son nouveau statut : « Ce qu'il fait en Californie ? Il hésite, avoue à mi-voix comme s'il proférait une énormité : "Je suis président d'une compagnie qui s'occupe d'audiovisuel." Président ! Yanne ! Cet iconoclaste ! Ce champion de la dérision ! L'Amérique nous l'a changé ! Ou les années : il arrive à cinquante-quatre ans. »

Il explique qu'avec Mimi Coutelier « nous récupérons des émissions de la télé américaine que les Américains n'ont pas voulues. Nous les adaptons pour la France et maintenant nous allons les présenter aux six chaînes françaises. Il y a de tout : des émissions de jeux, des jeux événements, et des grands reportages ».

Puisque les temps sont à la privatisation de chaînes de télévision en France, il prédit un énorme besoin de programmes nouveaux qui ne peut qu'être favorable à Gag Productions Inc. Depuis quelques années déjà, il parle d'émissions de télévision présentant des images incroyables qu'il fait tourner chez les Anglo-Saxons – le premier championnat cycliste de femmes nues en Floride avec deux cent quatre-vingt concurrentes, des réserves de kangourous en Australie, le recyclage des matériels de la Nasa à Hollywood, un supermarché du sexe de vingt mille mètres carrés, le plus gros avion du monde conçu par le milliardaire Howard Hugues, une boutique de Los Angeles spécialisée dans les articles pour messes noires, l'équivalent de la cérémonie des oscars pour le film pornographique… Cette activité de reportage, d'achat de reportages et d'adaptation de programmes d'*infotainment* américains est décrite plus ou moins en détail dès 1982 dans les interviews de Jean Yanne. Et si l'on ne voit rien de ses productions en France, c'est par exemple, dans un article de *France-Soir* en 1986, à cause de « la révolution audiovisuelle en cours »…

Des journalistes brodent sur son « petit trust », sa « reconversion réussie », sur sa florissante entreprise aux États-Unis. Dans *France-Soir*, on s'enflamme volontiers sur l'ampleur des effectifs de son entreprise : « À Los Angeles, tout le bureau de Jean Yanne, producteur, chef d'entreprise en tout genre concernant le cinéma et la télé a frissonné d'envie : le boss va revoir sa tour Eiffel ! Il part tourner un film… »

Il va évoquer pendant des années ses affaires à Los Angeles et son bonheur de vivre là-bas. Il compare souvent les atermoiements du petit producteur français injoignable et odieux aux magnats de l'audiovisuel américain : « À Los Angeles, on a rendez-vous en vingt-quatre heures avec le patron de la CBS ou de Lorimar. Il vous dit "oui" ou "non" en quatre minutes. »

Il se félicite d'avoir quitté la France pour le vrai pays du show-business, où il se sent comme un poisson dans l'eau. Au printemps 1988, il passe à Paris pour « régler deux ou trois affaires » et assister à quelques matchs de Roland-Garros. Il s'emporte dans *France-Soir* : « J'arrive avec un scénario de série tout écrit et, par-dessus le marché, le financement dans la poche. J'ai frappé à la porte de toutes les chaînes. Le responsable n'était jamais là. Il était à Cannes, au MIP-TV, ou alors en vacances, malade, en voyage. Au bout d'un mois, je suis reparti et le téléfilm s'est tourné à Los Angeles. » Il raconte aussi l'histoire de la cassette du premier épisode d'« une série sensationnelle, pas chère » qu'il est venu proposer à FR3 : « Elle n'était pas en Secam [le standard vidéo analogique créé en France pour la télévision hertzienne], mais en format américain. Ils n'ont pas pris la peine de la faire transcoder, ce qui prend une heure dans le premier laboratoire venu. »

Jean Yanne donne des explications détaillées, répétées, régulières. Il est donc chef d'une entreprise audiovisuelle aux États-Unis, et c'est la raison de son installation là-bas. Dès 1981-1982, Jean Yanne soutient que le plus clair de ses activités professionnelles est installé à Los Angeles et qu'il ne vit pas aux États-Unis pour échapper aux contributions françaises.

Mais, de fait, il n'y a rien. Jean Yanne a bien créé une société, Gag Productions Inc. C'est elle, le « petit trust ». Mais l'inconscient parle : si en français un gag est un effet comique, c'est en anglais un bâillon. Il est curieux pour un anglophone que l'on s'exprime en étant bâillonné…

Au commencement, le nouvel arrivant aux États-Unis veut en faire une société de services pour tournages. En tournant les quelques séquences avec Mimi Coutelier à Los Angeles pour *Je te tiens, tu me tiens par la barbichette*, Jean Yanne a découvert que la location de matériel de tournage est extrêmement chère pour les productions étrangères, mais très bon marché pour les entreprises américaines. Il a l'idée simple de servir d'intermédiaire pour la fourniture de matériel, mais aussi d'effectuer des repérages pour des tournages de publicités ou de fictions sur le sol américain. Il compte aussi transformer en activité régulière les piges sporadiques qu'il a effectuées pour conseiller des productions américaines à propos de décors censés être européens. Il va aussi parler de développer des événements de promotion pour les Français aux États-Unis, par exemple en installant une gigantesque table de banquet de sept kilomètres de long sur Melrose Avenue pour y accueillir les cuisiniers français – une idée immédiatement rejetée par les autorités locales.

Au bout du compte, Gag Productions Inc. n'est pas une entreprise florissante. C'est à peine une entreprise... La majeure partie de son chiffre d'affaires tient à l'usage de prête-nom qu'en font des amis de Jean Yanne pour échapper au protectionnisme américain. Rien qui ressemble à un « petit trust », et surtout rien qui permette à Jean Yanne de vivre uniquement de ses activités américaines. Il est définitivement devenu un acteur.

En France, il a créé une société de production, Productions Yanne, après que Yanne Productions a été emporté par le passif de *Je te tiens, tu me tiens par la barbichette*. Cette société est sa boîte aux lettres à Paris (« Productions Yanne, 37 rue des Mathurins, 75008 ») et n'apparaît que sur la page de garde de ses synopsis. Des synopsis de plus en plus rares, de moins en moins travaillés.

Mais Jean Yanne maquille. Il n'y a que de très humaines raisons à cet écran de fumée sur ses activités réelles aux États-Unis. Jadis réalisateur et producteur tenant le haut du pavé, il n'existe plus dans le cinéma français que comme acteur. Et il a trop souvent professé son mépris pour ce métier pour accepter de bonne grâce d'y être réduit.

Cet ancien boulimique d'activités qui a couru pendant des années de la radio au studio d'enregistrement et de la télévision au cinéma souffre de désœuvrement. Dans une interview, il avouera être une sorte d'« anti-Tapie », facilement rebuté par les difficultés et les obstacles. Il n'a pas le tempérament d'un entrepreneur, il n'a pas l'entregent du visionnaire qui bâtit un tour de table financier. Il n'a plus de Gérard Sire ou de Jean-Pierre Rassam pour l'entraîner et l'aiguillonner. Seul, il ne parvient plus à construire une aventure. Alors, pour la France, il s'invente une autre vie à Los Angeles, la vie d'un Français bien installé dans l'industrie américaine de l'audiovisuel. Mais, en vérité, il est seulement un acteur français qui vit en Amérique.

* * *

Est-ce la bizarrerie du flic dans *Le Paltoquet* ? Est-ce la fièvre de l'automobiliste d'*Asphalte* ? Gérard Mordillat, en tout cas, a débusqué en Jean Yanne le potentiel pour incarner un personnage démesuré et incommodant, qui sera un des deux héros de *Fucking Fernand*, son troisième film, venu après le très respecté *Vive la sociale* et l'ambiguë destinée de *Billy the Kick*. Il s'agit d'une sorte d'anti-*Grande Vadrouille*, de farce grinçante et politiquement incorrecte sous l'Occupation, tirée d'un roman de Walter Lewino paru une vingtaine d'années plus tôt.

Lors des bombardements de l'offensive allemande de juin 1940, deux hommes se croisent dans le chaos : un criminel en fuite, Binet (Jean Yanne), et Fernand (Thierry Lhermitte), un aveugle obsédé par l'envie de perdre enfin son pucelage, après avoir été reclus jusqu'à l'âge de trente ans dans une institution spécialisée. Après de multiples aventures ensemble, ils atteindront la fin de la guerre en liberté, titulaires de décorations obtenues par hasard et sans jamais avoir cessé de penser, l'un, à enfin connaître les plaisirs de la chair, et l'autre, à échapper au policier qui, depuis son évasion, cherche à l'arrêter. Le film est joyeusement immoral et Mordillat titille les limites en installant des scènes de comédie dans des instants par ailleurs dépeints avec un franc réalisme – foules mitraillées, cadavres de femmes et d'enfants jonchant le sol, rafles allemandes…

Un mélange des genres qui laissera perplexe la critique à la sortie du film, en octobre 1987. Mordillat prend une volée

Binet. - J'te dépose quand tu veux, l'aveugle. Moi, j'file dans le Sud, j'ai une amie là-bas.
Fernand. - Une seule ?
- Ben oui, une seule.
- Il n'y a pas d'autres femmes ?
- C'te blague. Évidemment, qu'il y en a d'autres.
- Mon frère, on ne se quitte plus jusqu'à là-bas !
- C'est pas un truc pour toi, où je vais. C'est une pension… Une pension où, enfin, pas un truc pour les malades. Un truc pour les hommes.
- Merci mon Dieu de m'avoir envoyé cette guerre. Je sens que je vais enfin tirer un coup.
- Ça fait si longtemps que t'as pas baisé ?
- Moi ? Mais je n'ai *jamais* baisé.
- T'avais pas d'copine à l'école ?
- Je n'ai jamais fréquenté l'école. J'avais un précepteur, une nurse, un confesseur.
- Merde alors, t'es un rupln !
- Les lunettes Le Bâtard, deuxième fortune de France. Je vivais dans un château.
- Ils t'ont viré ?
- Pour un marchand de lunettes, avoir un aveugle dans la famille, ça la fichait mal. Disons qu'ils m'ont oublié à l'institut du Bon Pasteur.

La rencontre de Binet (Jean Yanne) et Fernand (Thierry Lhermitte) dans *Fucking Fernand*.

de bois vert, tantôt pour avoir pollué de manière sacrilège la mémoire de ces années-là, tantôt pour n'avoir pas maîtrisé la limite entre truculence et vulgarité, ironie et nihilisme – un terrain que Jean Yanne connaît bien. Celui-ci échappe aux tirs, pour sa part. Il « réchappe du désastre », selon *Télérama*, fait « un grand numéro », selon *VSD*.

Il est vrai qu'il passe avec agilité du cynisme du repris de justice au regard perdu de la victime d'un Fernand sans scrupule. Quelques scènes sont particulièrement furieuses, comme le festin servi aux collabos en leur faisant cuire le cadavre d'un officier nazi.

Le rôle a été écrit pour lui. Ancien ouvrier d'imprimerie, Gérard Mordillat est un gosse de Ménilmontant qui, avec seize ans de moins, a le même accent et le même phrasé que l'acteur natif des Lilas. Le tournage, de début mai à la mi-juillet 1987, est un chantier à 20 millions de francs (4,8 millions d'euros) qui installe les scènes de bombardements près de Montpellier et le bordel du Sud-Ouest dans un studio de banlieue parisienne. La maison UGC est fière d'inviter le ban et l'arrière-ban de la presse sur un de ses plus gros tournages de l'année.

Immédiatement après la fin de *Fucking Fernand*, Jean Yanne s'envole pour un autre tournage imposant et pour un autre département d'outre-mer. Mais il ignorait qu'en signant pour tourner en Guadeloupe après l'expérience guyanaise de *Cayenne Palace* il s'engageait dans ce qui sera peut-être la plus longue réalisation d'un film dans toute l'histoire française du cinéma. Il s'agit du *Radeau de La Méduse*.

Chacun connaît le tableau de Théodore Géricault et donc l'histoire du radeau à bord duquel dérivent pendant des jours les survivants d'un naufrage, qui vont jusqu'à s'entre-tuer et s'entre-dévorer pour survivre. On sait moins que *La Méduse* avait un capitaine, et Jean Yanne sera ce capitaine. C'est du choc ressenti en voyant une reproduction du tableau qu'Iradj Azimi a voulu porter cette histoire à l'écran. Iranien arrivé en France à l'âge de dix-neuf ans, il a fait ses études à l'Idhec et commencé une carrière de cinéaste avec *Les Jours gris*, *Utopia* et *Les Îles*, films exigeants et parfois un peu hermétiques. Même si son dernier film n'est pas un succès et lui aliène certains financements, il se lance dans le gigantesque chantier du *Radeau de La Méduse*.

Un certain nombre de producteurs sont embarrassés par l'histoire en elle-même : il ne peut s'agir d'un simple film catastrophe puisqu'il s'agit d'abord de l'histoire de la folie singulière d'un homme, Hugues Duroy de Chaumareys, marin qui ne savait plus naviguer : exilé en raison de ses opinions royalistes ultras, il n'a pas pris la mer depuis seize ans. Après Waterloo, son ami Louis XVIII, qui prend le pouvoir pour la seconde fois, lui confie le commandement de la frégate qui va appareiller pour le Sénégal, que les Anglais rétrocèdent à la France. À bord de *La Méduse*, le futur gouverneur de la colonie, cent cinquante soldats, des fonctionnaires et des scientifiques. Tous sont attachés à l'Empire et à la personne de Napoléon Ier et manifestent immédiatement une franche antipathie envers le commandant du navire. Leurs récits décriront un homme vaniteux, égoïste, inconséquent, fantasque, lâche, alcoolique. La navigation vers l'Afrique de l'Ouest est une épreuve. Chaumareys joue au monarque à bord et fait preuve d'un arbitraire maladif. Quand on lui fait remarquer qu'en calculant sa route il a négligé des hauts-fonds indiqués sur toutes les cartes, il décide d'accorder sa confiance à un passager prétendant connaître les parages.

Ce qui devait arriver arrive : *La Méduse* s'échoue le 2 juillet 1816. Chaumareys réquisitionne les six canots et chaloupes pour sa famille, les officiers et les passagers de marque. Cent quarante-neuf autres passagers du bord sont entassés sans eau douce ni vivres sur un radeau exigu de vingt mètres de long sur sept mètres de large. Le 4 juillet, cap est mis sur la côte, distante de cinquante kilomètres. Le radeau est remorqué par les chaloupes pendant quelques heures puis Chaumareys ordonne de couper les amarres. Le capitaine accoste quatre jours plus tard et envoie un bateau à la recherche non des survivants, mais des tonnelets de pièces d'or et d'argent restés dans *La Méduse*. Les quinze derniers survivants du radeau sont retrouvés après qu'ils eurent dérivé pendant treize jours. Cinq d'entre eux mourront encore à bord du brick qui les a recueillis.

L'affaire de *La Méduse* est politique : dans la France qui découvre quelques mois plus tard toute l'histoire, elle apparaît comme la preuve que les monarchistes se sont partagé les places à la Restauration sans aucune considération de compétence ou de morale publique. La légère condamnation de Chaumareys, assigné à résidence à son domicile pendant trois ans, sera un autre scandale.

Iradj Azimi voit dans cette histoire, qui avait tenté Bertrand Tavernier ou Robert Bresson, une fable sur la vanité des élites de notre temps. Il n'a pas l'intention de raconter seulement une tragédie maritime. Producteurs, distributeurs et diffuseurs télé ont un peu peur… Le réalisateur-producteur parvient néanmoins à rassembler le budget lui permettant de tourner *Le Radeau de La Méduse*, même s'il n'a pas encore bouclé son tour de table.

Il a choisi de tourner en Guadeloupe, où la mer et la lumière sont parfaites pour raconter une histoire survenue au large de l'Afrique de l'Ouest, tout en restant sur le territoire français. D'ailleurs, le conseil régional finance la moitié de la construction du bateau, les producteurs de bois consentant à des efforts de prix et le secteur local des travaux publics lui apportant son aide pour réaliser l'énorme socle de béton sur lequel repose la réplique grandeur nature de *La Méduse* dans le petit port à l'Anse-Bertrand, face à la mer des Caraïbes.

Mais le chantier est interrompu par une longue grève générale. Les ouvriers cessent le travail, le matériel n'arrive plus de France, une partie des matériaux s'égare dans les ports et hangars de la Caraïbe. Les décorateurs rentrent à Paris. La réplique de *La Méduse* mettra dix-huit mois à être terminée. Pendant ce temps, Azimi frappe à toutes les portes : il rassemble quarante-six millions de francs (onze millions d'euros), qui proviennent de quarante-cinq sources différentes !

En août 1987, beaucoup de membres de l'équipe, ayant signé leur contrat un ou deux ans plus tôt, prennent déjà pour un miracle de partir à la Guadeloupe tourner ce film que l'on croyait mort-né. Ils ne se doutent pas que l'aventure du *Radeau de La Méduse* durera encore onze ans !

Jean Yanne est le plus grand nom de la distribution. Iradj Azimi explique qu'il voit en lui un acteur de la famille de Charles Laughton, qui incarnait l'odieux capitaine Bligh dans *Les Révoltés du Bounty*, de Frank Loyd, en 1935 – un parrainage plus que flatteur. À l'Anse-Bertrand, autour de Jean Yanne, ce sont surtout des comédiens de théâtre qui constituent le haut du générique d'Aridj Azimi. Le second de Chaumareys est Daniel Mesguich, le futur gouverneur du Sénégal est Philippe Laudenbach, son épouse est Claude Jade, un musicien qui choisira de se suicider pour échapper à l'horreur du radeau est incarné par Rufus…

Même si le financement a été difficile à monter, *Le Radeau de La Méduse* est une superproduction : une cinquantaine de techniciens, quatre cents costumes, des dizaines de figurants natifs des Saintes – des Guadeloupéens blancs descendants de marins et de pêcheurs bretons et normands, qui vont devenir les marins de *La Méduse*.

Azimi tourne lentement. La lumière crue des tropiques est traître : tôt le matin ou en fin d'après-midi, l'image prend des couleurs clinquantes de carte postale ; quand le soleil est au zénith, regarder l'image sera aveuglant pour le spectateur... Il faut souvent se contenter de ne tourner qu'une seule séquence par jour. Le réalisateur a aussi en tête une tragédie qui survint lors du tournage des *Révoltés du Bounty*, de Lewis Milestone, en 1962, et fit quatre morts. Aussi tient-il à des mesures de sécurité qui ralentissent encore le tournage.

Or la météorologie n'est guère favorable à Azimi. Des jours de pluies diluviennes retardent tout autant le planning que des journées de temps extrêmement changeant qui rendent impossible tout raccord de la lumière. Les six semaines prévues pour les prises de vues sont dépassées alors qu'à peine un cinquième du film a été tourné. Azimi décide de continuer : il espère que montrer les images permettra de trouver des financements nouveaux pour finir le film. Il donne un clap de fin au bout de douze semaines – un dépassement record. Il manque encore les scènes du procès de Chaumareys, des intérieurs à tourner en studio (dont la réalisation du célèbre tableau de Géricault, incarné par Laurent Terzieff), des extérieurs à tourner en Bretagne et surtout les atroces scènes de nuit sur le radeau. Mais Azimi n'a plus un sou.

Quand Jean Yanne quitte la Guadeloupe, il a assez d'expérience du cinéma pour savoir que l'alternative est simple : soit le film reprend dans quelques mois au plus, soit *Le Radeau de La Méduse* sombre définitivement. Il promet à Iradj Azimi d'être là quand le réalisateur l'appellera.

Ce n'est que dans les premiers jours de 1989 qu'il retrouve le plateau d'Aridj Azimi. Canal + et TF1, qui étaient au départ de l'aventure, se sont retirés. Mais, pendant plus d'un an, le réalisateur a remué ciel et terre pour trouver de nouveaux financements et il a trouvé de nouveaux soutiens. Après treize mois d'interruption, le travail reprend donc. Aux studios de la Plaine-Saint-Denis, dans une piscine à remous, on tourne les difficiles scènes de folie collective à bord du radeau. Jean Yanne n'y est pas, mais il retrouve pour quelques semaines l'uniforme de Chaumareys et sa perruque d'Ancien Régime pour ce que l'on croit être la fin du film. Il tourne des scènes à l'intérieur des cabines et des cales de *La Méduse* ou, au fort de Vincennes, le procès du capitaine incapable.

Il reçoit volontiers la presse sur le plateau : « Il n'a pas peur, Azimi ! Il me laisse un mot sur mon répondeur en me disant qu'il m'attend le lendemain à 8 heures pour tourner ! » La réalité est moins brusque, mais le réalisateur n'a pu être sûr qu'au dernier moment de disposer des studios et de la trésorerie nécessaires.

Mais, après les prises de vues en métropole, il n'a plus les moyens de retourner en Guadeloupe tourner les derniers extérieurs à bord de *La Méduse*. Nouvelle interruption. Le tournage ne pourra reprendre qu'à l'automne suivant. Azimi parvient à mobiliser acteurs et équipes pour un départ aux Antilles fin septembre, pour une sortie au printemps 1990. Or, le 17 septembre 1989, survient Hugo, le plus violent ouragan qu'aient connu les Antilles depuis l'apparition des observations scientifiques. La maquette du bateau est totalement détruite. Une fois de plus, tout le monde pense que le film est perdu corps et biens.

* * *

Entre-temps, Jean Yanne mène quelques aventures d'acteur, comme un film de Nicolas Gessner, *Passe-passe*, dans lequel il incarne un commissaire de police confronté à l'assassinat d'un chef d'État africain, dont on soupçonne un illusionniste incarné par Ben Gazzara. *Passe-passe* sortira en juin 1990 et restera une seule semaine à l'écran, pour 891 spectateurs à Paris.

Il touche beaucoup plus de public en revenant à la télévision au sein de la pléthorique distribution d'un objet hors norme, la série *Palace*, de Jean-Michel Ribes. Il s'agit d'un énorme divertissement de music-hall avec une foule de chanteurs, danseurs et acteurs. Le décor est un palace et, avec ses compères en écriture Roland Topor et Georges Wolinski, Ribes s'amuse à tous les étages : le concierge est Claude Piéplu, le standardiste est Darry Cowl, le directeur est Philippe Khorsand, le maître d'hôtel est Jacques

François, le barman est Ged Marlon, un groom mythomane est joué par François Morel... *Palace* inclut aussi des interventions de François Rolin et des *Brèves de comptoir* de Gourio dites par Jean Carmet. Et il y a foule d'invités, acteurs de théâtre ou de cinéma familiers de la bande Ribes-Topor, personnalités hautes en couleur ou protégés du producteur Christian Fechner, magnat du cinéma qui met dans *Palace* des moyens inaccoutumés à la télévision : Jean Yanne, Pierre Arditi, Jacqueline Maillan, André Dussollier, Christian Clavier, Michel Blanc, Pierre Mondy, Les Nuls, Dominique Lavanant, Eva Darlan, Valérie Lemercier...

La série est exceptionnelle : *Palace* sera diffusé en six épisodes de quatre-vingt-dix minutes sur Canal + à partir d'octobre 1988, puis en neuf épisodes de cinquante-deux minutes sur Antenne 2 à partir de fin avril 1989. Le luxe de la réalisation est étourdissant, même pour une époque où la privatisation et l'affrontement de grands groupes dans la télévision ont conduit à une inflation des moyens. Un des coups de génie de Jean-Michel Ribes est de varier les styles et les écritures. Il utilise donc Jean Yanne pour des séquences très différentes. Sa première apparition le montre au lit avec Eva Darlan. Il dit : « Je crois que je vais te faire l'amour. » Elle saute alors du lit et se lance dans une frénétique gestuelle érotique sous les yeux impassibles de Yanne, qui finit par lâcher : « Avec tes conneries, tu m'as coupé l'envie. »

Dans une autre séquence, il pêche une truite dans la baignoire de sa femme. Dans une autre encore, il a vendu sa femme à un Japonais, mais celle-ci se révolte. Il retrouve aussi Jacques François pour un sketch magnifique dans lequel il incarne l'auteur de *Grenouillette et Grenouillot visitent la mare du père Huchot* en panne d'inspiration sur son prochain roman ; le maître d'hôtel venant lui apporter une bouteille de whisky dans sa chambre lui témoigne de son admiration et lui donne des conseils décisifs. Scène drôle mais émouvante qui, comme toutes les interventions de Jean Yanne dans la série, est jouée sans un sourire et le regard éteint, mais avec une densité dramatique saisissante.

Le Jean Yanne provocant et cruel trouve à s'employer dans une courte scène où il retrouve Daniel Prévost. Celui-ci débarque en pleine nuit au bar du palace et épanche sa mauvaise conscience quant à sa vie de privilégié, alors que partout dans le monde des enfants souffrent de la faim. À l'autre bout du comptoir, Jean Yanne renchérit en remarquant que l'on ne parle jamais des souffrances ni des gros ni des riches.

Daniel Prévost. – Je supporte plus ces images de gosses affamés et moi qui bouffe trois, quatre, cinq fois par jour.
Jean Yanne. – Six fois, moi ! Sans compter ça *(il montre son verre)*. Mais ça tout le monde s'en fout, hein. La télé elle vient jamais filmer mon foie ni mon cœur. Y en a que pour les Hindous et le Sahel. Pourtant votre cœur, ça ressemble à une grosse masse de saindoux jaunâtre, il pourrait bien passer de temps en temps au journal télé. Il est dans un plus mauvais état que le Bangladesh, votre cœur. Sans compter les intestins pollués par les crustacés, le bordeaux, les truffes. Et j'parle pas du foie gras ! Le foie gras c'est pire que le napalm, ça fait exploser les artères comme à Beyrouth. Et on n'en parle pas à Médecins sans frontières. Pourtant y pourraient venir les voir, nos artères, aussi, Médecins sans frontières. Y a pas d'frontières sur nos guibolles. Et mes poumons, moi ? Et mes poumons, hein, à qui ça file le bourdon, mes poumons ? Pourtant, deux éponges en goudron, ça pourrait émouvoir, non ? Excusez-moi mais vos petits gniards maigrelets qui meurent en étant propres comme des haricots secs, laissez-moi rigoler. Seulement nous, les riches, les gros, tout le monde s'en fout de notre merde. Nous y a pas de reportage ni de quête. Nous monsieur, on n'a que les palaces. C'est pas énorme, compte tenu de l'état dans lequel on est.
Daniel Prévost et Jean Yanne au bar de *Palace*.

La rencontre avec Christian Fechner à l'occasion du tournage de *Palace* devrait être fructueuse : le producteur de *Papy fait de la résistance* croit à la création d'œuvres ambitieuses dans le domaine du divertissement télévisuel et envisage d'autres séries de l'ampleur de *Palace*. Il commence à collaborer avec Jean Yanne et produit des scènes comiques qui viendraient s'insérer dans un programme plus vaste dont les contours ne sont pas encore définis. L'acteur et auteur joue semble-t-il une demi-douzaine de sketchs avec Christian Clavier, Valérie Lemercier, Darry Cowl, Daniel Prévost, André Gaillard, Dominique Lavanant, Martin Lamotte, Thierry Lhermitte, Jean-Luc Bideau… Les séquences filmées resteront inédites. En lot de consolation, on en lira les textes dans le recueil *Sketches joués, non joués, à jouer ou injouables*, que publiera Jean Yanne en 1999 (chez Plon). On découvre ainsi que Thierry Lhermitte et Dominique Lavanant étaient un professeur d'ornithologie et son élève, passionnés par la vie et le vol des cigognes jusqu'à se jeter d'un nid au sommet d'un toit… pour s'écraser au sol, à l'étonnement de deux Alsaciens joués par Jean Yanne et Martin Lamotte.

Dans un autre sketch, Jean Yanne et Jean-Luc Bideau sont deux clochards. Dans un autre, on voit se succéder des crimes atroces et sanglants quand soudain entre le metteur en scène qui hurle : « Ça vous plairait, hein, ça vous plairait d'en voir encore et encore ? Vous êtes bien des sadiques. Dès qu'il y a du sang, des meurtres, vous n'êtes jamais rassasiés. Et vous croyez qu'on est là pour assouvir votre goût du crime et de la violence ? Mais on n'est pas des malades, nous ! » On reconnaît là un ressort utilisé en 1969 sur France Inter...

Jean Yanne ne joue pas tous les sketchs produits par Christian Fechner. La série *École anticrime* met en scène un chef joué par Daniel Prévost et trois jeunes stagiaires inspecteurs de police incarnés par Christian Pereira, Luis Rego et Olivia Brunaux, rencontrée sur *Cayenne Palace*. Dans chacun des sketchs, un exercice pratique dégénère en bagarre d'ivrognes, en viol... Ailleurs, Jean-Luc Bideau et Stéphane Audran jouent Pierre et Marie Curie. Et on peut se demander si ont vraiment été tournés *Les Martiens*, sketch dans lequel Jean Yanne et Gérard Jugnot se transforment devant les caméras en petites créatures vertes et gluantes.

* * *

Fin 1989, Jean Yanne voit enfin ses espoirs télévisuels se concrétiser. Il ne s'agit pas d'émissions destinées à des chaînes américaines mais de produits bien français réalisés en France pour des chaînes françaises. Car il a vendu deux émissions à la fois. Le milieu de la télévision française n'étant régi ni par la logique ni par la raison, Jean Yanne, qui s'échinait à convaincre les chaînes de lui accorder leur attention, a soudain décroché deux contrats : une émission-jeu quotidienne, « Rira, rira pas », sur la chaîne publique Antenne 2, et une hebdomadaire avec caméra cachée, « Tout le monde il est gentil », à la Cinq.

« Rira, rira pas » est un jeu en plateau dont le principe est très proche du jeu qui donnait son titre à l'émission de TF4 dans *Je te tiens, tu me tiens par la barbichette* : pour gagner, il ne faut pas rire. Il ne s'agit pas de se tenir par le menton en restant imperturbable comme Jean Le Poulain dans son film, mais de résister à l'humour de professionnels du rire. Le candidat sera éliminé au premier rire. Jean Yanne convainc la direction d'Antenne 2.

« Rira, rira pas » est présenté par Georges Beller. Ami de Jean Yanne, le comédien a aussi une certaine expérience des jeux télévisés. Il se souvient aujourd'hui avoir exprimé ses doutes dès le départ : « Cela amuse Jean de ne pas faire rire avec les meilleurs comiques. Je trouve que c'est une très mauvaise idée de départ mais je ne peux rien lui refuser. »

L'émission, qui dure quinze minutes, est coproduite par les deux maisons de Jean Yanne (Productions Yanne et Gag Productions Inc.) et par Antenne 2. Elle dispose de moyens confortables, puisqu'elle est diffusée juste avant le journal de 20 heures – un horaire stratégique. Le journal de 20 heures de TF1, qui atteint en moyenne 35 % d'audience, est précédé par « La roue de la fortune », jeu de hasard et d'argent dont l'audience est comparable. Or le journal d'Antenne 2, qui fait moitié moins d'audience que son concurrent, n'est pas « tiré » par un programme fort. La mission de Jean Yanne est de reconquérir cette tranche.

Parmi ses idées pour « Rira, rira pas », il y a des oiseaux articulés, un arbre animé, un dindon qui fait des commentaires... Le candidat doit tenir une minute et un énorme sablier sera lancé par une créature singulière, la triple championne du monde de bodybuilding Marie-Laure Mahabir. Parmi les comiques auxquels doivent résister les candidats, on trouve des camarades de Jean Yanne comme Daniel Prévost ou Rufus, des efficaces routiers du comique comme Yves Lecoq ou Henri Guybet, et la piétaille du rire télévisé du moment – Virginie Lemoine, Fabien Kachev, Blandine Métayer, Richard Taxy...

La diffusion de « Rira, rira pas » commence pendant les vacances de Noël 1989. Il n'y a pas eu de véritable test d'un pilote de l'émission et, dès les premiers numéros, un problème évident apparaît : si l'on fait se lever et partir le candidat dès qu'il rit, le comique ne peut pas terminer son histoire. Ainsi, Rufus commence trois fois un sketch en sortant des saucisses de sa poche... sans que l'on sache ce qu'il adviendra de ces saucisses. Et si, d'aventure, un candidat parvient à résister, c'est aussi parce que l'histoire est moins drôle que les autres.

Comme il faut enregistrer deux semaines d'émission en une journée, Jean Yanne et son équipe ne peuvent tenter de redresser la barre qu'après quinze jours d'audiences catastrophiques. On choisit de laisser les comiques finir leurs blagues, quelle que soit la réaction du candidat... qui dès lors est hors champ. Le jeu perd alors tout intérêt puisque les candidats défilent l'un après l'autre sans que l'on distingue les « bons » des autres. « Rira, rira pas » devient donc ni plus ni moins qu'une émission de sketchs.

Les tournages sont joyeux mais embarrassants. « C'est bizarre de voir Prévost et des pointures qui se vautrent quand un type a décidé de ne pas rire et pense à sa mère morte quand on fait un sketch», se souvient Georges Beller. Chaque émission accueille un invité surprise, qui est en général un artiste en promotion. Quand vient Marcel Mouloudji, Jean Yanne fait préparer un gag irrésistible avec un automate qui s'adresse à lui. Mais le chanteur est particulièrement dur d'oreille et la voix de l'automate assez faible. Mouloudji regarde, imperturbable, s'agiter l'automate – un vrai bide. Cet épisode de «Rira, rira pas» ne sera pas diffusé, comme une douzaine d'autres qui resteront dans les archives. Car, au bout d'un mois de diffusion, «Rira, rira pas» atteint les abysses de l'audimat avec, certains jours, 7 % d'audience, le pire score de la saison d'Antenne 2 pour cette tranche. La diffusion s'interrompt le 2 février 1990.

Jean Yanne a vendu «Tout le monde il est gentil» à la Cinq, chaîne privée alors en pleines turbulences dans sa recherche d'une identité et d'un public. La première idée du programme découle d'un vieux projet de l'humoriste aux États-Unis : arrêter dans la rue un quidam et lui demander un service pour un dollar; s'il refuse, proposer dix dollars, puis cent, cinq cents et ainsi de suite jusqu'à ce qu'il accepte. Annoncée à la fin octobre comme devant prendre l'antenne à la fin de l'année 1989, l'idée se révèle impossible à acclimater en France. Alors Jean Yanne la renverse : et si l'on demandait aux gens, simplement pour rendre service, de réaliser des choses incroyables ?

Ainsi, «Tout le monde il est gentil» est diffusé à partir du samedi 30 décembre 1989 sur la Cinq à 19 heures. L'émission dure une demi-heure, le présentateur en est l'imitateur Yves Lecoq, et l'émission rassemble une troupe de comédiens spécialistes du canular comme Laurent Baffie, auteur de sketchs pour Jean-Marie Bigard que le public découvrira vraiment l'année suivante dans l'émission «Double jeu», de Thierry Ardisson. Dans le premier numéro de «Tout le monde il est gentil», il arrête un passant et, équipé seulement d'un brassard fluorescent marqué «Police» et d'un mégaphone, il le convainc de négocier à sa place avec un malfrat enfermé dans une Sanisette et tenant en otage un chien. Le quidam répète donc ce que lui souffle Baffie : il faut se rendre, des renforts de police vont arriver et ils seront moins conciliants, il faut laisser la vie sauve à l'otage... Comme le malfrat est censé s'appeler Dédieux, il doit notamment crier : «Allez, pas de caprice, Dédieux !»

D'autres séquences consistent à faire lécher une enveloppe pour la coller après que le comédien a expliqué qu'il n'a pas assez de salive sur la langue à cause d'une maladie contagieuse, à convaincre un passant de courir et de sauter pour se cacher dans une poubelle pour les besoins d'un reportage de télévision, à tremper ses pieds dans une bassine de soupe de légumes pour lui donner le goût de la chair humaine dans le cadre d'une campagne de désintoxication de populations anthropophages… Toutes ces idées sont apportées par Jean Yanne, qui en a livré plusieurs centaines à l'équipe.

Le plateau sur lequel Yves Lecoq présente « Tout le monde il est gentil » est sobre, avec quelques dizaines de spectateurs, mais sans que sa bonne humeur et ses bonnes blagues donnent au divertissement beaucoup de chatoiement. Les tournages en vidéo légère sont assez sommaires et donnent l'impression manifeste d'être réalisés à toute allure. Certains sont propices à de joyeux délires (comme lorsque Baffie, en uniforme, veut essayer une arme bactériologique de l'armée française dans le jardin d'un pavillon de banlieue), mais d'autres sont très laborieux (un passant doit tester avec sa langue l'acidité de l'eau d'un bocal où nage un poisson, un faux Québécois essaie de se faire héberger par une passante…). Le montage, la réalisation, les arguments des sketchs, la présentation, tout devrait être resserré et dynamisé, car « Tout le monde il est gentil » a moins de nerf que « La caméra invisible » vingt-cinq ans plus tôt.

Le producteur ne parvient pas à redresser la barre, notamment parce qu'il ne veut pas s'investir à l'écran. Il essaie de retrouver la facilité de ses années de radio, lorsqu'il écrivait à toute allure des textes d'une puissance unique dans le paysage du moment. Mais Jean Yanne a quitté la radio en 1977 et, entre-temps, l'humour a beaucoup changé en France, même si c'est avec beaucoup d'héritiers ou d'admirateurs de ses émissions historiques que les chaînes ont accompli une révolution en la matière et multiplié les émissions de sketchs, de caméra cachée et de canulars.

Très vite, les relations entre la Cinq et Jean Yanne se dégradent : à part un nom apparaissant à l'écran et des réminiscences de la musique de *Tout le monde il est beau, tout le monde il est gentil* dans le générique de l'émission, rien ne porte la marque de la vedette. L'émission est peut-être produite par Jean Yanne sur une idée de Jean Yanne, c'est une émission sans Jean Yanne. Et, pour les médias, c'est une faute. Le supplément télévision du *Monde* titre : « Une locomotive au rebut ».

Comme « Rira, rira pas » sur Antenne 2, « Tout le monde il est gentil » entre rapidement en agonie. La Cinq découpe gaillardement dans la vingtaine d'épisodes livrés par Yanne Productions et reconstruit à la va-vite quelques émissions un peu plus dynamiques en attendant l'arrivée d'un autre programme pour sa tranche de 19 h 30 qui atteint des scores pathétiques. Ainsi, dans la dernière émission diffusée, le 10 février 1990, on peut voir Yves Lecoq habillé de deux costumes différents en vingt minutes d'émission.

Ces deux émissions ne sont pas des échecs comme la plupart des personnalités des médias en connaissent un jour ou l'autre. C'est un double naufrage qui sonne le glas des ambitions audiovisuelles de Jean Yanne. Il ne parlera plus de revenir à la télévision en tant que producteur.

Pourtant, il connaît encore ce qui pourrait être, au départ, une satisfaction d'homme de la télévision : la Cinq diffuse à partir de la fin août 1990 un jeu dont il a inventé le concept, « Je compte sur toi ». En cette époque où, sur la lancée de « La roue de la fortune » ou du « Juste prix », l'argent est le héros de plus en plus de jeux télévisés, un candidat compte des billets de banque que crache devant lui une machine. Si, à la fin du jeu, le chiffre qu'il annonce est confirmé par une compteuse automatique à billets, il emporte la somme. Mais il a un partenaire qui doit, pendant ce temps, répondre à des questions. Si celui-ci donne cinq bonnes réponses, la machine ne fait plus sortir des billets de cinquante francs mais des billets de cent francs, puis de deux cents francs après encore cinq bonnes réponses et enfin de cinq cents francs. Et, pendant qu'il compte, on essaie de détourner son attention en le bombardant de confettis et de serpentins ou en faisant monter une poule sur la table…

Mais, dans le détail, le jeu n'est pas piloté par Jean Yanne mais par Jacques Antoine, le plus grand créateur de jeux de l'histoire de la télévision en France, déjà producteur de « La tête et les jambes », « Le schmilblick », « Fort Boyard », « La course au trésor », « L'académie des neuf », « Tournez manège » et de dizaines d'autres… Très vite, « Je compte sur toi », présenté par Olivier Lejeune, est considéré comme un des symboles de la pire vulgarité télévisée : des liasses de billets de banque, des filles court vêtues qui font « gouzi-gouzi » au candidat, des questions d'érudition superficielle que plus personne n'écoute… Jean-Luc Lagardère, qui, à la tête d'Hachette, envisage de reprendre la Cinq, évoque même publiquement l'émission avec un franc dégoût. Le 19 octobre, « Je compte sur toi » est diffusé pour la dernière fois. Le 23 octobre, le Conseil supérieur de l'audiovisuel accorde la chaîne à Hachette. La dernière idée télévisuelle de Jean Yanne disparaît sans bruit.

33. – « Si ça arrive, ça arrivera »

(de *Madame Bovary* au *Bal des casse-pieds*, 1990-1991)

Plus de vingt ans ont passé depuis *Le Boucher*. Claude Chabrol est devenu un maître du cinéma. Sans avoir rien perdu de son insolence ni de sa virulence à l'encontre de la société française, il compte parmi les références majeures de son art et, en 1990, il aborde un monument de la littérature, *Madame Bovary*.

Il y pensait depuis au moins vingt-cinq ans. Deux fois, Chabrol avait failli monter son film et avait renoncé. « Il fallait que j'arrive à le faire pour continuer à me regarder dans la glace. C'est une nécessité profonde parce que *Madame Bovary* correspond à mon rêve d'œuvre d'art, où fond et forme ont autant d'importance l'un que l'autre et s'exaltent réciproquement. »

Madame Bovary est déjà un monstre en termes concrets. Le livre est inspiré par la destinée d'une certaine Delphine Couturier, épouse d'Eugène Delamare (protégé du père de Flaubert), qui s'est suicidée en 1848. Gustave Flaubert commence son roman en septembre 1851 et l'achève en mai 1857 : 42 scénarios, 1 788 pages de brouillon pour 490 pages de manuscrit définitif. Dès la prépublication en feuilleton, c'est un scandale. La justice du Second Empire fait à Flaubert un procès retentissant pour « outrage à la morale publique et religieuse et aux bonnes mœurs ». L'acquittement du romancier est une date majeure de l'histoire littéraire.

Dans toute sa vie, Claude Chabrol ne s'est jamais tenu très loin de *Madame Bovary*, dont il a commencé la lecture, à treize ans, le jour de son dépucelage ! Ce qui le fascine dans le roman n'est pas seulement l'histoire de cette fille de riche paysan qui épouse un officier de santé et que l'ennui d'une vie de notable de province conduit à tromper son mari puis à accumuler les dettes et, enfin, à se suicider à l'arsenic. Il aime que Gustave Flaubert ait cherché à disparaître derrière les faits, à effacer ses opinions et ses préférences derrière la description clinique des lieux, des personnages et des événements. Aussi est-ce en flaubertien orthodoxe que Claude Chabrol se dépouille de ce qui a fait sa gloire depuis une trentaine d'années : la cruauté du regard critique, l'acidité du point de vue, la violence des positions éthiques…

Il souhaite explicitement retrouver la manière dont Flaubert fait apparaître la bêtise, la vulgarité, la veulerie, la superficialité des personnages de son roman sans jamais les souligner. Son parti pris est de « tourner le film que Flaubert aurait pu faire ». *L'Événement du jeudi* dira même qu'il porte à l'image *Madame Bovary* « comme le prêtre porte la Bible ». Après des années de lente maturation, il lui faut encore deux ans de travail, dont cinq mois d'écriture du scénario.

Madame Bovary n'est pas un livre vierge pour le cinéma : il a déjà été adapté huit fois, notamment en 1933 par Jean Renoir avec Valentine Tessier et en 1949 par Vincente Minnelli avec Jennifer Jones. Chaque fois qu'il a tenté d'approcher le roman, Chabrol a buté sur la question du rôle-titre. Un temps, il avait pensé à faire de Jeanne Moreau son héroïne. Mais il ne faut pas une vraie héroïne romantique : Emma Bovary est une femme un peu sotte qui se rêve en héroïne romantique. Il faut une actrice qui endosse les fausses notes, les erreurs, les fantasmes d'une femme que Chabrol n'aime pas – « Elle est tout ce que je déteste : une romanesque doublée d'une exaltée. » L'héroïne sera donc Isabelle Huppert, à qui Chabrol donne un troisième grand rôle tragique, après *Violette Nozière* et *Une affaire de femme.*

Le budget est imposant : douze semaines de tournage à partir du début de l'été, cinquante millions de francs (presque onze millions d'euros) dont six millions (1,3 million d'euros) pour les seuls décors. La petite maison de Tostes, la demeure bourgeoise de Yonville et la campagne des alentours, tout est reconstitué avec une minutie résolue. Les journalistes vont donc se succéder sur le tournage le plus minutieux de l'année, à Lyons-la-Forêt, village très préservé du Vexin normand, non loin de Rouen, où

Renoir avait déjà planté ses caméras cinquante-sept ans plus tôt. De la terre battue recouvre le goudron, une mairie à colonnade s'est substituée à la façade de la boucherie, le fleuriste devient pharmacien, le coiffeur devient marchand de tissus... mais l'antiquaire refuse que les décorateurs maquillent sa vitrine. Le tournage est un événement pour la région et les badauds sont nombreux pendant les six semaines de prises de vues dans le petit village. Chabrol refusant de tourner en studio, le hasard veut que la chambre à coucher des Bovary soit la chambre de l'enfance d'Ariane Dollfus, journaliste de *France-Soir* – ce qui est bien utile à la promotion.

Chabrol ne veut pas de lyrisme et les deux heures et vingt minutes de son film seront dessinées au pinceau le plus fin – la garantie absolue du réalisme. La noce campagnarde, les comices agricoles, les boutiques, les rues, l'intérieur des maisons, les costumes, les coiffures, les voitures à chevaux, tout est recréé avec une précision maniaque.

Pas une ligne de dialogue prononcée par les acteurs n'a été écrite par Chabrol : tout est de la main de Flaubert. « L'essentiel de la direction d'acteurs est dans le casting », professe le réalisateur. Il choisit tous les rôles masculins autour d'Isabelle Huppert avec une gourmandise soigneuse. Charles Bovary sera Jean-François Balmer, doué pour incarner autant la balourdise que la bonté. Rodolphe, le gentilhomme campagnard qui se prend pour don Juan, sera Christophe Malavoy et le petit clerc Léon sera Lucas Belvaux. Jean Yanne sera Homais, le pharmacien athée, progressiste, bavard, cynique, doté par Flaubert d'un « robuste aplomb ».

« Et mon dieu à moi, c'est le dieu de Franklin, de Socrate, de Béranger et de Voltaire. Aussi je n'admets pas un bonhomme de Bon Dieu qui se balade en son parterre une canne à la main, qui loge ses amis dans le ventre des baleines, et qui meurt en poussant un cri – ah ! – pour ressusciter trois jours plus tard, chose absurde en elle-même et diamétralement opposée d'ailleurs à toutes les lois de la physique. Ce qui nous démontre en passant que les prêtres ont toujours vécu dans une ignorante turpitude où ils s'efforcent d'engloutir avec eux les populations. »
Première apparition d'Homais (Jean Yanne) dans *Madame Bovary*.

À la sortie du film, le 3 avril 1991, la presse crépite de louanges adressées à Isabelle Huppert. Le pharmacien Homais est lui aussi célébré pour l'évidence de son personnage. Si, dans *Les Échos*, on trouve « Jean Yanne un peu trop Yanne parfois », l'écrivain Jean-Didier Wolfromm exprime bien le sentiment général de la critique dans *L'Événement du jeudi* en notant que, « de peur d'en faire trop, il n'en fait pas assez ».

Sur le tournage, Claude Chabrol se félicitait du choix de Jean Yanne : « Il voit Homais comme un homme de progrès, qui va de l'avant. De nos jours, ce serait un socialiste con. Il n'est pas entièrement antipathique et ne dit pas que des bêtises. Mais il assène ses opinions comme des certitudes, et c'est là que commence la bêtise. La vision qu'a Flaubert de la bêtise m'intéresse beaucoup : au fond, pour lui, l'homme ne se caractérise nullement par son intelligence. Il pensait que l'homme est un être bête qui a des lueurs d'intelligence et non l'inverse. »

C'est là le fond d'une nouvelle entente de Chabrol et Yanne : pour eux, Homais n'apparaît comme un imbécile que parce qu'il est convaincu d'être intelligent. Dans l'œuvre de Flaubert, ce personnage annonce *Bouvard et Pécuchet*, livre révéré par Jean Yanne. Ce n'est pas seulement une complicité artistique qui lie le réalisateur et son acteur : ils sont en communion dans le mépris du lieu commun et des phrases toutes faites. C'est en ne chargeant pas le personnage d'Homais qu'ils lui règlent son compte – et, avec lui, à tous les Homais contemporains. La méthode est moins percutante, mais plus destructrice qu'avec les braillements de *Liberté, égalité, choucroute*.

* * *

La vie de Jean Yanne est de moins en moins américaine. Malgré qu'il a souvent annoncé son mariage avec Mimi Coutelier, leur histoire prend un tour plus lâche. À la fin septembre 1990, il rencontre une jeune femme singulière. Christianne Fugger von Babenhausen lui est présentée chez lui, alors qu'il est de retour à Paris entre deux passages sur le tournage de *Madame Bovary*. Ce n'est pas l'acteur qu'elle vient voir : l'homme de cinéma fait office de conseiller dans des achats de peinture ancienne pour une grande entreprise. C'est une activité que Jean Yanne a développée en marge du cinéma, lorsque les vaches sont devenues très maigres à Los Angeles. Et cette jolie femme portant un nom ronflant de la noblesse allemande travaille pour un courtier en œuvres d'art. Un ami commun les présente l'un à l'autre et les accompagne déjeuner.

Christianne Fugger von Babenhausen racontera, dans un livre paru en 2005 (*Jean Yanne mon amour...*, éditions Favre), la simplicité de leur rencontre. Après ce premier déjeuner dans l'île de la Cité, ils reviennent passer un moment chez lui, 29 quai Saint-Michel, et discutent effectivement quelques minutes de commerce d'œuvres d'art. Puis elle rentre chez elle, près de la Bastille, tout à l'ivresse de l'*Eau du coq* de Guerlain que porte cet homme, et songeant à son charme singulier. En début de soirée, le téléphone sonne : Jean Yanne l'invite à dîner. Après un repas aux Champs-Élysées, ils passent leur première nuit ensemble. Le lendemain matin, il repart vers le tournage de *Madame Bovary*. La jeune femme voit un heureux présage à ce que l'acteur habite au-dessus d'un café appelé Le Départ.

Il serait trop simple de lire dans le futur destin tragique de Christianne Fugger la simple résultante d'une histoire familiale abracadabrante, mais beaucoup de drames sont en germe avant même sa naissance. Sa mère est Maria Leïla Duarta, enfant catholique d'une lignée brahmane du sud de l'Inde ayant gardé de l'époque des comptoirs portugais un patronyme européen. Son père est Rudolf Graf Fugger von Babenhausen, héritier d'une vieille famille du gotha frappé par un coup de foudre pour la belle Indienne lors d'un dîner protocolaire à Genève. Ils se marient quelques semaines plus tard, sans consulter leurs familles respectives. Christianne, première de leurs trois filles, naît en 1960 en Suisse, mais passe son enfance dans un village de Hesse où sa mère répugne à se dépouiller de son sari traditionnel. L'enfant souffre d'une forme particulière de rhumatisme, qui la conduit régulièrement à l'hôpital. Bout à bout, ses séjours représentent plusieurs années entières d'hôpital. Sans une seule visite de ses parents.

Ceux-ci ont vite divorcé. Son père vit aux États-Unis, comme les meilleurs médecins pour son traitement. Elle part vivre avec lui. Il ordonne un jour à ses filles de rassembler toutes les affaires de leur mère en un grand tas dans le jardin et y met le feu. Quand Christianne a neuf ans, sa mère surgit un jour et enlève ses filles pour les ramener en Suisse. Années de pauvreté au milieu d'un océan de richesse : la gamine déjeune souvent chez les Chaplin et l'immense Charlot dit qu'il aimerait la faire tourner... Puis elle passe par un collège huppé britannique avant de vivre avec son père à Dubai. Elle a seize ans et sa vie, dès lors, sera un parcours romanesque et parfois pathétique entre jet-set et débine, entre mouise et salons dorés. Elle vend des voitures de luxe, gère une boutique de fringues, sert de sherpa à des commerciaux… Alors qu'elle a vingt-quatre ans, son père meurt, emporté par la maladie à cinquante-sept ans seulement. Nostalgique de l'Europe quand elle est en Inde, habitée par l'Inde quand elle est en Europe, elle se cherche beaucoup dans les aéroports et les grands hôtels, et cultive des amitiés hors normes sur tous les fuseaux horaires.

Elle fait produire en Inde des sous-vêtements pour hommes et des cravates en soie et, quand elle rencontre Jean Yanne, elle mène une vie presque sédentaire avec sa mère en Suisse, une sœur en Allemagne et une autre à Paris. Malgré ses affaires textiles, il lui arrive de prendre des emplois de bureau où sa maîtrise de plusieurs langues lui est bien utile, mais aussi de jouer les intermédiaires pour un antiquaire. Une existence plus étrange que confortable qui, à trente ans, fait de Christianne Fugger von Babenhausen une personne aussi attirante qu'inquiétante.

Sa rencontre avec Jean Yanne n'est certes pas du calibre ordinaire des conquêtes de l'acteur, mais reste en cohérence avec des goûts étranges en matière de femmes. Tous ses amis ont souvenir, dans ces années-là, de jeunes femmes fantasques, bruyantes, souvent embarrassantes. Les uns et les autres, dans le privé comme dans leurs livres de souvenirs, évoquent plusieurs femmes au comportement erratique, provoquant des scandales dans des lieux publics ou se laissant dominer par l'alcool ou les stupéfiants. Chaque fois, Yanne adresse un sourire désolé aux témoins.

Avec Christianne, les choses commencent à peu près comme un conte de fées ou, du moins, comme une histoire simple. Il fend très vite l'armure. L'Allemande décrit ainsi une scène survenue dans les premiers jours de leur idylle, après un dîner préparé par Jean Yanne devant la cheminée de son appartement : « Lorsque nous sommes rassasiés, il m'emmène dans son bureau et se met à jouer de l'orgue. La musique monte, envahit l'espace, me porte très loin dans l'absolu. Je l'écoute, tantôt en fermant les yeux et tantôt en les ouvrant pour admirer le visage si tendre de mon maharadjah. Soudain, il se met à sangloter tout doucement… Je me lève, prends sa tête entre mes mains. Ses larmes coulent contre moi. Je le saisis par la main et nous retournons silencieusement vers le réconfort des flammes. Il est dans mes bras presque comme un enfant, je lui caresse le visage. Il me dit qu'il pleure tous les êtres chers, ses amis disparus. »

Au quotidien, la dernière femme à avoir vécu avec Jean Yanne décrit un homme soucieux de son confort, et d'un confort qui se voit. À cinquante-huit ans, il a non seulement le goût mais aussi l'expérience du luxe, des vastes hôtels et des crus millésimés. Naviguant pourtant depuis des années dans les hôtels étoilés et les grands restaurants, Christianne découvre le quotidien d'un homme célèbre. Elle s'extasie de ce qu'il soit toujours accueilli par le chef lorsqu'il l'emmène dans un grand restaurant. Elle s'attendrit devant sa gentillesse lorsqu'il signe des autographes, c'est-à-dire n'importe quand et en n'importe quelle circonstance. Une seule fois dans toute leur vie commune, il refuse. Leur fils est alors tout jeune et ils font leurs courses dans un supermarché lorsque survient une admiratrice qui demande à l'acteur un autographe alors qu'il entasse ses achats dans des sacs en plastique : « Ah non, madame, je suis entre les Pampers et mon pinard ! »

Elle prend conscience également de la violence des réactions que peut susciter l'humour de son compagnon lorsqu'un jour deux jeunes gens s'arrêtent à hauteur de la voiture de Jean Yanne, qui conduit avec la vitre baissée. L'un d'eux se tourne vers lui et lui crache à la figure. À la jeune femme médusée, il explique que c'est à cause de ses blagues sur les Arabes…

Dans le quotidien, elle décrit un homme qui tient au blanc immaculé de ses chaussures de sport, qui sait choisir ses cigares, qui multiplie les attentions tendres et les billets doux accompagnés de dessins humoristiques – beaucoup seront publiés en fac-similés dans son livre.

Jean Yanne n'est pas un acteur qui fait peser sur ses proches les affres de la création. Il parle peu de son métier, sauf pour évoquer l'inconfort ou au contraire la douceur de tel ou tel « chantier » – c'est le mot qu'il emploie. Elle note dans son livre : « Je le vois très peu lire un scénario avant de l'interpréter, il passe un coup de stylo-feutre fluo sur ses répliques, et c'est tout. »

Dans ses souvenirs, elle raconte peu d'épisodes cinématographiques qui semblent désagréables à Jean Yanne. Mais, dans les quelques années au cours desquelles elle l'accompagne couramment sur les plateaux, *La Légende* fait semble-t-il exception. Dans ce film de Jérôme Diamant-Berger, Jean Yanne incarne un acteur mort jadis dans l'incendie de son théâtre et qui revient sur Terre. Ce n'est pas le rôle qui l'agace mais l'atmosphère exagérément détendue et désinvolte qui règne sur le tournage. Quand Christianne le rejoint sur le plateau, à Lyon, il lui demande de le vouvoyer pour qu'il se repose du tutoiement général dans l'équipe, qui lui déplaît souverainement.

Mais il prend parfois de saintes colères à Jean Yanne. Ainsi, un jour qu'il revient de déjeuner avec ses parents, il s'arrête sur le chemin du retour devant chez lui, quai Saint-Michel, pour prendre des lunettes qu'il a achetées pour son père à Los Angeles. Lorsqu'il redescend, quelques instants plus tard, un policier a apposé l'autocollant « Enlèvement demandé » sur la vitre de sa voiture garée en double file. Des années après l'affaire des sabots de Denver, il pique une rage spectaculaire contre le policier qui a demandé l'enlèvement alors que des personnes âgées sont à bord de la voiture verbalisée. Il se lance dans une longue diatribe qui ressemble à ses improvisations radiophoniques – l'intention de faire rire en moins – et qui ravit les passants.

Christianne découvre aussi un homme détaché de bien des considérations concrètes, comme de savoir changer une roue de voiture. Et il prend un air absolument effaré, lors d'un voyage aux États-Unis, en la voyant utiliser les machines d'une laverie automatique… Mais il est un compagnon délicat, attentionné, généreux, même s'il affirme ne pas être maître de son temps. Elle va découvrir rapidement qu'il s'absente souvent. Et pas uniquement pour des tournages.

***

Fin novembre 1990, Jean Yanne reprend l'avion pour la Guadeloupe. Il retrouve l'équipe du *Radeau de La Méduse* d'Iradj Azimi pour l'ultime tournage, trois ans et demi après le premier clap. Après que le cyclone Hugo a détruit la maquette grandeur nature de *La Méduse*, Iradj Azimi a obtenu des collectivités locales de la Guadeloupe qu'elles financent une nouvelle maquette, mais cette fois-ci limitée au château arrière du bateau avec ses grands escaliers propices aux scènes romanesques.

Il faut tailler un nouvel uniforme à Jean Yanne, qui a pris un peu de poids depuis les premiers plans tournés en 1987, et le travail reprend. Cet ultime tournage manque de mal tourner lui aussi : au bout de quelques jours, Iradj Azimi est piqué au pied par un mille-pattes particulièrement venimeux. Pendant plusieurs jours, il dirige ses acteurs au porte-voix avec un pied gonflé et de terribles poussées de fièvre…

Quand retentit le clap de fin, le 31 décembre 1990, tous les acteurs pensent que le film est terminé. D'une certaine manière, il l'est. Mais le calvaire du *Radeau de La Méduse* va encore durer sept ans, faisant de ce film une légende noire du cinéma français – le film sur lequel se sont acharnés tous les malheurs…

Début 1991, quand Azimi commence le montage de son film, sa sortie est prévue pour le mois de septembre suivant. Par une heureuse coïncidence, ce sera au moment d'une grande rétrospective Géricault au Grand Palais, à Paris. Or, pour boucler le financement du *Radeau de La Méduse*, le réalisateur a signé un accord avec France 2 : il livrera deux versions de son film, une première pour le cinéma en deux heures trente, une seconde pour la télévision en trois épisodes de quatre-vingt-dix minutes. Or, entre-temps, la direction de la chaîne publique change et ses nouveaux hiérarques refusent d'honorer la signature de leurs prédécesseurs. Ils préfèrent perdre l'argent investi dans le film plutôt que de diffuser celui-ci. Terminé, monté, étalonné, *Le Radeau de La Méduse* ne peut aller à la rencontre du public.

Pendant des années, Iradj Azimi sollicite tous les organismes professionnels du cinéma et tous les décideurs potentiels. Mais son film est maudit et lui-même est pestiféré. Il n'est plus soutenu que par ses acteurs, qui signent lettre après lettre, protestation après protestation. En décembre 1997, accompagné notamment de Laurent Terzieff et Claude Jade, il vient à un rendez-vous au ministère de la Culture. On les fait attendre. Longtemps. À bout, le cinéaste sort un couteau de sa poche et s'ouvre les veines. Panique. Ambulance. Hôtel-Dieu. On n'avait jamais vu cela dans l'histoire du cinéma français.

Émue par le geste du cinéaste tout autant que par les carences ou les incohérences d'organismes ou d'entreprises publics, Catherine Trautmann, ministre de la Culture, entre à son tour en croisade et glisse quelques phrases bien senties çà et là. Enfin, *Le Radeau de La Méduse* sort sur les écrans le 15 juillet 1998 dans une dizaine de salles. Premier acteur au générique, Jean Yanne assure volontiers la promotion du film. Il rend hommage à la ténacité hors norme d'Azimi – « Quels que soient les chiffres d'entrées, le film a déjà triomphé » – et reconnaît volontiers que cette aventure compte parmi celles qui le dissuadent de revenir à la réalisation.

Même si la presse célèbre en général l'opiniâtreté d'Azimi, les critiques ne retiennent pas leurs coups au moment d'écrire. *Le Monde* titre ainsi sur « Un naufrage historique et cinématographique ». Ça l'est également en termes de fréquentation : sorti dans sept salles parisiennes et trois de la périphérie, *Le Radeau de la Méduse* n'attire que 5 147 spectateurs la semaine de sa sortie, le 15 juillet 1998.

* * *

Pendant la dernière partie du tournage du *Radeau de La Méduse* a lieu un événement majeur de la vie de Jean Yanne. Après quelques jours seul en Guadeloupe, il fait venir Christianne. Il la présente à l'équipe du film, elle l'accompagne à l'Anse-Bertrand. Elle choisit de n'être pas une présence envahissante sur le plateau du film. La jeune femme visite les sites touristiques de l'île et, un jour de début décembre, fait un détour par un laboratoire d'analyses où elle réalise un test de grossesse. Le soir même, elle annonce à l'acteur qu'elle attend un enfant. Dans son livre de souvenirs, elle raconte : « Dès le début, je l'ai prévenu que je ne prenais pas de précautions. Notre devise a été, dès le départ au-dessus du café Le Départ : "Si ça arrive, ça arrivera". Et c'est arrivé ! Nous allons devenir parents ! Il est fou de joie et, moi, je me crois dans un conte de fées. »

Après la Guadeloupe, le couple part passer quelques jours à New York puis rentre au 29 quai Saint-Michel. Ils passent Noël en compagnie de la mère, des deux sœurs et du neveu de Christianne, galerie de personnages ballotés de pays en pays et de coup du sort en coup du sort… C'est d'ailleurs la première réunion de famille du gynécée Fugger depuis la mort du père, six ans plus tôt.

Dans l'attente de l'enfant, les amours de Jean Yanne et de Christianne Fugger von Babenhausen ne seront pas de tout repos.

Car il y a Los Angeles. Depuis plusieurs années, Mimi Coutelier et Jean Yanne se disent surtout associés d'affaires – en l'occurrence, principalement les projets dans le prêt-à-porter et la mode de l'ancienne Charlotte Corday. Jean Yanne passe beaucoup plus de temps en France et, lors de ses séjours à Los Angeles, il a cédé sa place dans le grand lit.

Selon le livre de Christianne Fugger, ce n'est pas tant qu'une nouvelle femme ait fait irruption dans la vie de Jean Yanne qui pose problème à son ancienne compagne, mais le fait qu'il lui fasse un enfant. Pas plus qu'aucune autre des femmes de sa vie, Mimi n'avait jamais pu lui arracher le consentement à ce désir-là. Toujours il s'est refusé à avoir un enfant. Alors qu'ils vivent depuis longtemps dans une pleine liberté sexuelle et sentimentale, elle prend cette grossesse pour un casus belli. Mais il est vrai que la splendeur de Christianne, le ventre rond dans son sari indien, peut sembler une vision cruelle lors de l'inauguration de la nouvelle boutique de prêt-à-porter de Mimi Coutelier à Los Angeles...

Dans ses mémoires, Christianne Fugger dit que l'ancienne compagne de Jean Yanne va lui « pourrir la vie ». Elle décrit de longs fax de récriminations parvenant à l'appartement parisien de l'acteur, de nombreux coups de téléphone partout où le couple est en voyage et même quelques scènes incommodantes dont sont témoins des amis parisiens de Jean Yanne. Ainsi, lors d'un dîner au Trianon Palace avec plusieurs familiers de Jean Yanne, Mimi Coutelier surgit soudain, l'œil en feu. Et son ancien compagnon doit partir avec elle, plantant là Christianne et les autres convives...

* * *

Signe d'une popularité considérée comme n'étant pas « clivante », pour employer le langage du marketing, Jean Yanne est engagé pour une publicité de l'assureur Groupe Azur. Le rôle est flatteur, évidemment, mais il révèle aussi que Jean Yanne ne fait plus peur, même s'il incarne un odieux personnage.

Une trentaine d'années après son sketch du permis de conduire, il va donc vendre un contrat d'assurance automobile réservé aux femmes. Car, pour la première fois, un assureur tient compte d'une réalité statistique méconnue : les femmes au volant ont moins d'accidents que les hommes, et des accidents d'une gravité moindre. La campagne d'Azur, confiée à l'agence Saatchi, est réalisée par Jean Becker. Depuis *L'Été meurtrier* en 1983, le fils de Jacques Becker n'a plus rien réalisé au cinéma et compte parmi les grands noms de la publicité en France. Le spot de trente secondes montre Jean Yanne au volant, commençant par s'emporter comme un chauffard ordinaire – « J'suis sûr qu'c'est une gonzesse… Ah ben toi quand tu vois un stop tu stoppes ! »

Une voix off s'élève alors, à laquelle il réagit avec verdeur, derrière son volant :

« Le Groupe Azur crée Azur Femmes, une assurance auto spéciale pour les…

— Patate !

— … pour les femmes dont les prix sont plus bas que pour les hommes.

— Eh, j'ai pas bien entendu, là.

— Une assurance auto moins chère pour les femmes. Appelez votre agent Groupe Azur ou le 37 28 82 82.

— Oui, ben c'est ça, téléphonez ! »

Quelques mois après l'apparition de cette publicité à la télévision, il incarne un autre insupportable butor dans un joli film tourné à partir d'août 1991 et qui sortira sur les écrans français en février 1992, *Le Bal des casse-pieds*. Car, quelques décennies après leur compagnonnage aux Trois Baudets, Jean Yanne est rappelé par Yves Robert. Celui-ci l'engage pour une ou deux journées de tournage dans son nouveau film, œuvre typique d'un réalisateur amoureux des acteurs.

Le rustre. - Pardon monsieur. H33.
Louise. - C'est-à-dire, nous sommes ensemble. Si ça ne vous dérange pas de prendre l'autre place.
– Ben si justement, je choisis toujours le siège du milieu parce que je ne veux pas avoir les pieds dans le boulevard. Les gonfleurs qui font la navette, les morveux qui vous tombent dessus, etc., etc. Alors excusez-moi. H33.
Le steward. - Monsieur, si vous le désirez, vous avez une place centrale là-bas et deux autres au fond, fumeur ou non fumeur.
– Là-bas c'est devant les réacteurs alors merci bien. Et à l'arrière dans les turbulences, l'avion est tellement content qu'y remue la queue et moi j'ai l'estomac qui suit. Pourquoi vous me proposez pas une place en terrasse sur l'aile pendant que vous y êtes ?
Le steward. - Vous ne voulez pas qu'on cherche une solution ?
– Non. Je suis désolé. H33.
Henri. - Ben je vous en prie, cher monsieur. C'est naturel.
La scène de l'avion entre le rustre (Jean Yanne), Louise (Miou-Miou) et Henri (Jean Rochefort) dans *Le Bal des casse-pieds*.

Le scénario d'Yves Robert et Jean-Loup Dabadie est un formidable terrain de jeu pour des professionnels du portrait et de la comédie. Henri (Jean Rochefort) est vétérinaire et il est cerné par les casse-pieds qui encombrent son quotidien ou croisent sa route : Jean Carmet, Odette Laure, Hélène Vincent, Jacques Villeret, Victor Lanoux, Guy Bedos, Michel Piccoli, Jean-Pierre Bacri, Valérie

Lemercier, Véronique Sanson, Claude Brasseur, Didier Gustin, Patrick Timsit… Il a le coup de foudre pour une jeune femme rencontrée par hasard, Miou-Miou, mais la pression des casse-pieds ne se relâche pas. Quand, enfin libre, le couple s'installe dans un avion pour New York, un rustre surgit et exige de s'installer à la place qui les sépare, le siège H33.

Ce casse-pieds, qui est le dernier de la galerie de portraits du film, va le plus impressionner les critiques et les spectateurs du film. Jean Yanne développe un personnage au naturel odieux, sûr de son fait, jaloux de son confort et sans aucun égard pour les autres. Il sépare le couple, incommode ses voisins en tripotant sa veilleuse ou la soufflerie d'air frais, chantonne affreusement quand il écoute de la musique au casque, picore les frites du plateau de Jean Rochefort, boit dans le verre de Miou-Miou et finit par s'endormir sur l'épaule de son voisin… Composition simple, presque prévisible, mais qui deviendra un must des documentaires sur Jean Yanne.

34. – Un enfant

(d'*Indochine* à *Chacun pour toi*, 1991-1993)

Jean Yanne est très demandé. Il tourne beaucoup. *Madame Bovary* a marqué une sorte de nouveau départ dans l'œil des réalisateurs. De 1991 à sa mort, en 2003, il ne va plus tourner moins de deux ou trois films et téléfilms par an. Activité régulière, parfois répétitive, sur laquelle il pose un regard volontairement distancié. Il aime user de la même métaphore depuis les années 1970, qui est celle du tiroir et de la commode, et se revendique artisan du cinéma, un peu dans la veine de l'ébénisterie familiale : « Être acteur n'est pas plus important que ça. Et sans doute par déformation professionnelle, je suis incapable de faire la différence entre un film et un autre. On vous emmène en Pologne ou au pied de la tour Eiffel, on vous dit que vous êtes un médecin criminel qui se fait passer pour un pasteur puis s'engage dans l'armée parce que c'est la guerre : ça peut être le même film ou trois films différents, c'est pareil. Un acteur, c'est un tiroir dans une commode déjà terminée. Je préfère faire le meuble entier. »

Préfère-t-il être réalisateur ? Il n'en a plus la possibilité. D'interview en interview, il raconte avec une certaine candeur le barrage face à toutes ses propositions. Il décrit toujours comme des symptômes d'un mal français les producteurs qui ne répondent jamais et les directeurs de chaîne qui ne rappellent pas pour fixer un rendez-vous. Quelque temps encore, il fait semblant de croire qu'il pourrait revenir derrière la caméra. Il improvise des résumés de scénarios pour les journalistes qui l'interviewent, comme par coquetterie. L'histoire d'un ébéniste oublié par son autocar de touristes au fin fond de l'Afrique et qui s'installe pendant dix ans chez le menuisier du village, l'histoire de sous-officiers qui, dans le Maroc colonial de 1948, se voient confier les fonctions d'officiers absents et se révèlent meilleurs qu'eux, l'histoire d'une transplantation de cerveau…

Sa vie a changé : il n'a plus d'obligations conjugales qui le retiennent toute l'année à Los Angeles. Il est libre de dire « oui ». Et sa nouvelle compagne est une voyageuse. Elle quitte volontiers son port d'attache – pour autant qu'elle soit attachée à un port – pour rejoindre son « maharadjah ». Ainsi, elle est du voyage lorsque Jean Yanne part tourner *Indochine* en Malaisie à l'été 1991.

Le chantier de l'énorme production réalisée par Régis Wargnier a commencé quelques semaines plus tôt pour de magnifiques extérieurs au Vietnam. Le tournage s'est transporté en Malaisie, pays beaucoup mieux équipé pour le cinéma. Car le Vietnam vient à peine de s'ouvrir aux cinéastes français. Et ceux-ci plongent dans l'épopée de l'Indochine française perdue en 1954 : Jean-Jacques Annaud tourne *L'Amant*, qui sort le 22 janvier 1992, et Pierre Schoendoerffer *Diên Biên Phu*, qui sort le 4 mars. *Indochine* sortira le 15 avril.

Ce film est né de l'envie du producteur Éric Heumann, dont la famille vécut là-bas : raconter les années de présence française en Asie du Sud-Est. Il voudrait une histoire romanesque, quelque chose comme un officier français amoureux d'une Annamite – à mi-chemin de *La Petite Tonkinoise* et de *Madame Butterfly*. Mais il laisse carte blanche à Régis Wargnier. Celui-ci n'a jamais encore réalisé de film à gros budget, mais, avec *La Femme de ma vie* et *Je suis le seigneur du château*, ses deux premiers longs métrages, il a prouvé sa capacité à raconter des histoires sentimentales avec du souffle.

Régis Wargnier travaille avec sa coscénariste Catherine Cohen et deux romanciers que la question de la France d'outre-mer passionne : Erik Orsenna a été prix Goncourt pour *L'Exposition coloniale*, et Louis Gardel prix du roman de l'Académie française pour *Fort Saganne*. À quatre, ils construisent une histoire romanesque et romantique, voire mélo, dans l'Indochine des années 1930. Après la mort accidentelle du prince et de la princesse d'Annam, leur petite fille, Camille, est confiée à leur meilleure amie, Éliane, femme de tête qui gère d'une main de fer sa plantation d'hévéas. Veuve,

Éliane n'a d'autre homme dans sa vie que son père, qui vit avec elle, malgré les propositions de plusieurs beaux partis de la colonie, dont Guy, le puissant chef de la police. Elle s'éprend soudain d'un bel officier de marine qui refuse son amour et fond pour Camille, qui, entre-temps, est devenue une jeune femme intelligente, décidée… et nationaliste. Éliane délaissée, les deux tourtereaux seront emportés par un tourbillon d'événements dramatiques.

Dès le scénario, *Indochine* s'annonce comme un fastueux voyage dans des dizaines de décors à travers splendeurs et misères de l'Indochine coloniale : palais princiers, demeures des colons, bagne pour indépendantistes, marchés populeux, plantations, ports, rues… Wargnier fera résonner le vent de l'Histoire, entre cynisme des colons et fanatisme des révolutionnaires. Mais chacune des quatre plumes s'est, d'instinct, concentrée sur une histoire ou un personnage. Wargnier construit l'histoire d'Éliane et Jean-Baptiste l'officier, Gardel et Cohen développent l'aventure de Camille, la princesse pasionaria de la cause nationaliste, tandis qu'Orsenna s'attache à Guy, le chef de la police.

La distribution est évidemment dominée par Catherine Deneuve, qui sera Éliane. L'officier de marine sera Vincent Perez, et Camille, une jeune inconnue, Linh Danh Pham. Pour incarner Guy, Régis Wargnier a fait appel à Jean Yanne. Le personnage est passionnant. S'il s'appelle Guy Asselin dans *Indochine*, il est inspiré de Guy Marty, personnage clé de l'histoire réelle de l'Indochine. Ce chef de la sûreté affronte le Parti communiste vietnamien et les premiers combats anticolonialistes des années 1930 avec une prescience claire de ce qu'il adviendra du pouvoir colonial français. Orsenna parle d'ailleurs de lui consacrer son prochain roman… Cynique, désenchanté, parfois las de la violence mais capable de toutes les brutalités de l'époque, Guy

Guy Asselin. – Z'êtes bien des couilles molles. Ah, les soldes, les primes coloniales, tirer sur le bambou, les petites gongaï bien soumises, ça vous savez. Mais dès qu'il s'agit d'avoir une idée, une seule, plus personne. C'est à cause de veaux dans votre genre que la France va perdre l'Empire et ce ne sera que justice. J'ai vraiment l'impression de me battre seul contre l'Asie. J'suis fatigué. Bon. *(Il montre la carte.)* Des troubles ont éclaté là, là, là, là et jeudi dernier, là. Qu'est-ce que ça veut dire ?
Ça veut dire que quelqu'un se déplace sur cette ligne et allume des incendies sur son passage. D'accord ? Alors, qui circule sur cet itinéraire sans attirer l'attention ? Hein ? Qui passe de village en village depuis des siècles de telle sorte que ça paraisse naturel, aussi naturel que la pluie ou le vent ? Tellement naturel que vous êtes pas foutus de les contrôler. Hein ? Qui ? Les troupes de théâtre.
L'adjoint vietnamien. – Monsieur Asselin, les acteurs chez nous sont des gens libres et neutres depuis des siècles. Il est impossible que les communistes les aient corrompus. Vous n'avez pas le droit de les soupçonner.
– Ben ouais. Dans les huit jours je veux que tous les comédiens, tous les danseurs, tous les chanteurs, tous les marionnettistes qui tournent au Tonkin nord soient bouclés. Nom de code : opération *Molière*.
Colère de Guy Asselin (Jean Yanne) contre ses adjoints dans *Indochine*.

semble ne pas croire lui-même à la finalité de son action. Régis Wargnier l'explique : « Guy est comme beaucoup de Français dans l'Indochine d'alors : un mélange de pugnacité et de lassitude. » Comme le dira Jean Yanne à la sortie du film, « il est le seul à se rendre compte en 1930 que c'est le début de la perte de l'Indochine par la France. Les énarques de l'époque faisaient comme aujourd'hui connerie sur connerie ». Jean Yanne en fait un homme désespéré et tendre, conscient de vivre au bord du gouffre mais obstiné à remplir son devoir.

Il vit aussi une belle aventure de cinéma. Le budget d'*Indochine* est très confortable. Après sept mille kilomètres parcourus en repérages par Régis Wargnier, le tournage commence en avril 1991 pour dix-huit semaines au Vietnam et en Malaisie.

Jean Yanne ne participe pas au tournage au Vietnam et il rejoint l'équipe pour les prises de vues en extérieur et en studio en Malaisie. Il arrive à Penang avec Christianne, dont la grossesse entre dans son neuvième mois. L'hôtel n'est pas loin des studios et ses horaires de travail ne sont pas un obstacle au soin qu'il prend de sa compagne.

L'acteur s'entend à merveille avec la star du film : « Jouer un homme amoureux de Catherine Deneuve, c'est pas dur. C'est plus agréable d'être amoureux d'elle que d'un boudin. En plus, Catherine est le contraire de ce que l'on croit. Elle est marrante, drôle. »

La star du film est au sommet de son prestige et la seule actrice à la tutoyer sur le plateau est Dan Phan Linh, qui joue son premier rôle au cinéma en incarnant sa fille adoptive. Après les semaines parfois spartiates de tournage au Vietnam, elle goûte au luxe et au confort de Penang, où Jean Yanne a évidemment toutes les bonnes adresses de shopping. La méthode de travail de Régis Wargnier est singulière : il travaille sans story-board, construit ses plans sur le plateau, soucieux à la fois de construire le romanesque et de le prendre à contre-pied, puisque les personnages prennent des virages à cent quatre-vingts degrés tout au long de l'histoire. Pour cette manière de tourner, Yanne est un pensionnaire docile, qui prend plaisir à emmêler les fils de son personnage, alternativement déterminé et lâche, retors et candide, amoureux et cynique.

Le film est grandiose. Il dure deux heures quarante, avec toutes les faiblesses formelles et scénaristiques que l'on peut imaginer d'une vaste fresque se promenant en VistaVision de la baie d'Along aux bords du lac de Genève, où se déroulent les dernières scènes du film. La critique prend acte. *Télérama* note ainsi : « *Indochine* n'est que ça : un roman-photo. Mais un roman-photo au romanesque réussi et séduisant. » Et *Les Échos* résument : « Même si *Indochine* a des faiblesses, voire des naïvetés un peu appliquées, on se laisse séduire, on essuie parfois une larme, et l'on rêve. » Le public suit et le film attirera 2,2 millions de spectateurs en France. *Indochine* remporte l'oscar du meilleur film à Hollywood – une récompense qu'aucun film français n'avait obtenue depuis *Préparez vos mouchoirs* de Bertrand Blier, en 1979.

Jean Yanne est régulièrement remarqué par les critiques. Mais ce n'est pas lui qui est distingué par les professionnels du cinéma aux césars. Pour la première fois de sa carrière, il est nommé dans la catégorie du meilleur acteur dans un second rôle. Mais la récompense échoit à André Dussollier pour *Un cœur en hiver* de Claude Sautet. En revanche, Dominique Blanc, qui incarne l'épouse insolente de l'intendant d'Éliane devenant la maîtresse de Guy, emporte le césar de la meilleure actrice dans un second rôle – un des cinq césars du film, dont celui de la meilleure actrice pour Catherine Deneuve.

Malgré la déception – légère, il l'assure –, il y a incontestablement un « effet *Indochine* » dans la carrière de Jean Yanne : il va être de plus en plus souvent pour le cinéma français une sorte de Guy Asselin. Mais plus jamais il ne sera en lice pour un césar.

* * *

Jean Yanne a réussi à quitter quelques jours avant la date prévue le tournage d'*Indochine*. Il rentre à Paris pour la naissance de son enfant. Le 2 août 1991 naît Jean-Christophe. Christianne accouche à la clinique du Belvédère. Le garçon est venu quelques jours après terme, par césarienne. Ses parents sont un peu désarçonnés par les besoins d'un nourrisson, puisque ni l'un ni l'autre n'en a jamais fréquenté de près. Jean Yanne se construit une famille avec la parenté de Christianne, mais il doit renoncer à emmener son fils à son traditionnel réveillon du Jour de l'an à Los Angeles : Mimi Coutelier dit n'être « pas prête » à voir le fils de son ancien compagnon. Christianne et Jean-Christophe le rejoindront dans les premiers jours de janvier en Floride…

Christianne, qui n'est pourtant pas d'une religiosité marquée, décide de faire baptiser son fils lorsqu'il a un an. Étant partie quelques jours en Grande-Bretagne, elle trouve un ecclésiastique complaisant à la chapelle Saint-François-d'Assise de Notting Hill, à Londres. Jean Yanne prend l'avion et la rejoint, sans manifester d'objection de principe quant au fait de présenter son fils à Dieu – qui plus est dans le sein de l'Église catholique romaine, qu'il ne s'est jamais retenu de brocarder, en public comme en privé.

Depuis la naissance de l'enfant, les voyages sur les tournages de Jean Yanne sont un peu plus complexes à organiser, mais tout aussi réguliers. Christianne laisse son « maharadjah » s'installer et prendre ses marques sur place puis, dès qu'il s'est assuré de leur confort, elle arrive avec leur fils et sa nourrice.

Ainsi, la famille se déplace en Bretagne pour le tournage de *L'Affaire Seznec*, d'Yves Boisset, téléfilm produit pour TF1, dans lequel Jean Yanne rase sa barbe pour incarner le conseiller général Quémeneur dont la disparition sera imputée à Guillaume Seznec (Christophe Malavoy).

Puis Christianne le rejoint avec le petit Jean-Christophe et sa nounou à Vichy pour le tournage de *Pétain*, pendant l'été 1992. Outre que le trio, s'égarant sur le chemin des loges, apparaît un jour dans le champ des caméras, le fils de Jean Yanne découvre pour la première fois les joies du poney dans un des parcs de la ville d'eaux.

Pétain est un des films les plus attendus de l'année. Le réalisateur Jean Marbœuf avait au départ l'envie de faire un film autour de la Résistance. Mais le producteur Jacques Kirsner lui propose de s'attaquer à un sujet qui, jusqu'à présent, n'a pas été traité frontalement par le cinéma français : le sommet du régime de Vichy. Kirsner, qui ne cache pas son passé trotskiste, n'est pas rebuté par les grands sujets historiques, puisqu'il a déjà été le producteur de *Diên Biên Phu*, de Pierre Schoendoerffer. En six ans, plusieurs cinéastes, dont Alain Corneau, ont renoncé à l'entreprise. Le film sera fondé sur la biographie particulièrement respectée du maréchal Pétain écrite par Marc Ferro. Sa lecture des événements de 1940-1944 fait plutôt consensus chez les historiens : Vichy n'est pas né d'un coup d'État, mais de la remise des pleins pouvoirs à Philippe Pétain par les parlementaires d'une IIIe République qui, ainsi, s'est sabordée ; l'appareil d'État et une bonne partie des élites françaises ont ensuite suivi la voie choisie par la majorité de la représentation politique, certes préparée et entraînée par un politicien qui croit en la victoire finale de l'Allemagne, Pierre Laval. Ainsi, l'État français de Pétain n'est pas un régime fasciste par nature, mais le fruit d'une trahison des élites ayant sacrifié la République.

Le sujet, particulièrement sensible, est évidemment difficile à aborder. Depuis la fin des années 1960, le cinéma est en première ligne dans la réflexion que mène le pays sur les années de l'Occupation. À partir du documentaire *Le Chagrin et la Pitié* de Marcel Ophuls, en 1971, se sont succédé *Lacombe Lucien* de Louis Malle, *Monsieur Klein* de Joseph Losey, *Section spéciale* de Costa-Gavras, *Uranus* de Claude Berri, *Hôtel du parc* de Pierre Beuchot, ou *L'Œil de Vichy* de Claude Chabrol… Avant même que la première image soit tournée, chacun sait qu'il y aura forcément une « affaire » *Pétain*.

Le film de Jean Marbœuf sera donc en bonne partie l'histoire du duo entre un Maréchal vieux, velléitaire, adulé, ravi d'exercer enfin le pouvoir après avoir passé l'essentiel de sa vie à obéir à des politiciens d'une République qu'il méprise, et un Laval cynique, obstiné, convaincu, terrien, vulgaire, terriblement intelligent et cohérent.

La distribution repose sur deux coups de génie. Le Maréchal sera Jacques Dufilho, qui va lui donner sa fragilité, sa hargne, son feu, sa raideur. Et Pierre Laval sera Jean Yanne. Une fois choisis, les acteurs vont patienter presque deux ans. En effet, avec des dizaines de lieux différents dans lesquels tourner, cent cinquante-sept rôles et quatre mille figurants, le budget est étourdissant : cinquante-huit millions de francs (douze millions d'euros). Le tournage commence le 25 mai 1992 avec des mois de retard par rapport aux premières dates de tournage prévues.

Le maire de Vichy, l'UDF Claude Malhuret, ancien secrétaire d'État aux Droits de l'homme, accepte le tournage de Marbœuf, qui, espère-t-il, aidera la ville à se débarrasser d'une réputation qu'elle ne doit, finalement, qu'à quelques hasards : en 1940, il y avait cinq cents hôtels à Vichy, un standard téléphonique flambant neuf et Pierre Laval avait une propriété dans les environs… C'était aussi parce que Vichy n'avait aucune image politique particulière et n'avait jamais suscité de grand destin national que la sous-préfecture de l'Allier avait été choisie. « C'est comme si aujourd'hui on installait le gouvernement de la France à Saint-Trop' », résume le réalisateur.

Dans son film, Marbœuf veut s'attacher à démontrer comment fonctionne l'association des deux hommes. Pétain est animé de réelles convictions antidémocratiques mais louvoie volontiers pour éviter de décider, jusqu'à être acculé au pire. Et Laval suit avec constance sa ligne de soutien à l'Allemagne nazie sans pourtant avoir de convictions affirmées – pas même quant aux Juifs. Le réalisateur pense d'ailleurs que son époque peut beaucoup apprendre de la conduite de Pétain, Laval ou certains de leurs complices comme Bousquet qui, ayant commencé à céder sur les principes, sont arrivés au pire – la rafle du Vel' d'Hiv', la milice… Ainsi, il tient à la scène montrant Laval décidant de la déportation des enfants juifs pour ne pas les séparer de leurs parents. Et il décrit le dédale d'intrigues, de trahisons, de faux-semblants qui constituent le régime de Vichy, entre politiciens maquignons, fonctionnaires dévoyés, solliciteurs éperdus, idéologues revanchards, opportunistes sans fard…

Mais ce n'est pas un théâtre symboliste que filme Marbœuf. Il reconstitue les fastes et les misères de Vichy, les ministères et les administrations entassés dans les hôtels, les foules idolâtrant le Maréchal, le tourbillon d'agitation qui entoure les gouvernants… Le souci pointilleux de la vérité historique de *Pétain* amène des moments curieux dans les relations avec les Vichyssois. Certaines personnes âgées ne cachent pas leur malaise, d'autres dévoilent une nostalgie parfois embarrassante. Mais c'est une mine d'or pour les décorateurs et les accessoiristes, qui disposent sur place de témoins spontanés pour confirmer tous les choix. L'imposante figuration locale éprouve aussi des moments de flottement, comme lorsqu'il faut hurler à pleine voix des slogans antisémites qui n'ont plus été entendus en France depuis des décennies. Et il y a quelques frictions de départ, notamment quand Jacques Kirsner accuse Claude Malhuret de mettre de la mauvaise volonté à faciliter le film, ce que dément aussitôt et bruyamment Jean Marbœuf.

Pétain contient de grands moments de reconstitution politique, mais aussi beaucoup de petites scènes du quotidien de Pétain et Laval – des discussions à table, dans un couloir, en voiture… Il montre leurs affrontements, leurs complicités, leurs scènes de ménage, même. Il montre aussi des hommes qui se savent confrontés à l'Histoire et qui prennent à bras-le-corps les grands principes en même temps que la réalité qui les environne. Comme le dit Pierre Laval au Maréchal, au début du film : « La politique est un sale métier. La guerre, à côté, c'est propre. »

Marbœuf s'attache donc à l'humanité de ces hommes, humanité dont leurs crimes les ont privés aux yeux de l'Histoire. Il veut faire comprendre que ce sont les fautes commises par Pétain et Laval qui précipitent la France dans l'ignominie. Cette feuille de route plaît à Jean Yanne, qui explique au *Figaro* : « Il faut dire que tout le monde roupillait. Depuis vingt ans, la France était gouvernée par des goinfres et des fêtards. Rien que des gros qui pouvaient à peine arquer, comme Herriot – personnage que j'aime bien d'ailleurs. Au milieu de l'engourdissement général, Laval avait la franchise et la rudesse d'un politicien qui fait de la politique et c'est tout. Roublard mais pas cynique, et cohérent avec sa ligne de conduite. Ce ne serait pas difficile de le rendre sympathique. Au moins, il n'est pas militaire. »

Pétain. – Monsieur Laval, ces derniers temps j'ai vu beaucoup de monde. Des patrons, surtout. Tous m'ont confirmé que la débâcle présente n'a qu'un seul responsable, le Front populaire. Ce que bien entendu nous savons. Nous le savons…
Laval. – Certainement, monsieur le Maréchal.
– Ce que je veux dénoncer, c'est ce goût des loisirs. La dénatalité, aussi. Et puis le fait de faire passer l'intérêt personnel avant celui de la nation.
– En somme : travail, famille, patrie.
– Exactement. Mais ne me croyez pas réactionnaire. Au contraire. Je crois qu'il faut une véritable révolution. Mais une révolution…
– Nationale.
Dialogue de Pétain (Jacques Dufilho) et Laval (Jean Yanne) dans *Pétain*.

Il joue tassé sur lui-même, la moustache grisonnante, le cheveu graissé. Alors qu'il avait enfin cessé de fumer, il grille clope sur clope devant les caméras : « De Niro prend des kilos, moi je fume soixante cigarettes par jour. C'est ça les grands acteurs. » Il ajoute à *Télérama* : « Ce type a existé, je me contente de respecter un dialogue qu'on n'a pas inventé. »

À la notable exception du *Monde*, évoquant un Jean Yanne qui « se contente de donner la réplique », la critique saluera sa performance. On ne le voit plus derrière Laval, il s'est effacé dans un personnage réel. Dans *Le Canard enchaîné* (sous le titre « Maréchal louvoie là »), le satisfecit est limpide : « De Jacques Dufilho, cassant et veule dans le rôle de Pétain, et de Jean Yanne, sournois et retors dans celui de Laval, on craignait de la théâtralité. »

Puisque le tournage de *Pétain* suit la marche de l'histoire et se transporte à Sigmaringen, le château d'opérette où agonisa l'État français exilé en Allemagne, Christianne emmène son compagnon à Babenhausen, où se trouvent le château de famille et la chapelle où fut inhumé son père. Là, l'accueil est glacial. Un domestique appelle au téléphone le chef de famille, cousin de Christianne vivant dans un autre château de la région, qui laisse tomber une consigne conforme à l'étiquette de la noblesse allemande. Rien ne s'oppose à ce qu'elle ou son fils – qui selon la tradition s'appelle Jean-Christophe Graf Fugger von Babenhausen – entrent dans la demeure familiale. Mais il n'est pas question qu'y pénètre un roturier, fût-il le père de l'enfant, puisqu'il n'est pas marié avec sa mère. Largement exprimée dans *Liberté, égalité, choucroute*, la détestation instinctive qu'éprouve Jean Yanne pour l'aristocratie trouve soudain à s'incarner avec feu.

* * *

Jean Yanne donne volontiers sa confiance à des réalisateurs qui ne veulent pas affronter de difficultés dans la direction d'acteurs. On le trouve ainsi dans des « petits » films comme *La Sévillane* de Jean-Philippe Toussaint ou *Fausto* de Rémy Duchemin. Le premier est l'adaptation cinématographique, par l'écrivain lui-même, de son roman *L'Appareil photo*. Yanne incarne dans quelques scènes le père de l'héroïne (Mireille Perrier), laquelle tient une auto-école où le héros (Jean-Claude Adelin) prend des cours. Il apporte à sa fille des bocaux de cornichons, manifeste quelque bonhomie à l'égard du jeune homme et les accompagne dans leur tentative infructueuse pour faire remplacer une bouteille de gaz vide. Un cinéma mi-candide, mi-distancié…

Dans *Fausto*, il devait d'abord incarner un personnage secondaire pour quatre jours de travail. Mais, peu avant le début du tournage, l'acteur pressenti se décommande et le réalisateur offre à Jean Yanne le rôle principal : Mitek Breslauer, un tailleur juif du Sentier, bourru au grand cœur, qui accueille un orphelin comme apprenti, Fausto (Kên Higelin). Celui-ci se révèle magnifiquement doué et invente des costumes extravagants qui apportent à Mitek une clientèle et une prospérité nouvelles. Pour incarner le vieux tailleur dans sa boutique, Jean Yanne se souvient bien des années où il a habité dans le Marais, des gestes de sa mère avec ses ciseaux et son aiguille, mais aussi de ses grands délires avec Francis Blanche, lorsqu'ils improvisaient des dialogues dans un français tavelé d'un accent indéfini d'Europe centrale… La critique le juge convaincant et les spectateurs aussi, puisque le film rencontre un joli petit succès en salles. Mais, lorsque *Le Parisien* lui demande comment il a vécu son rôle de tailleur juif, il répond : « Je ne vis pas les rôles. Je me lève le matin, je prends ma douche, je mets du déodorant, de l'eau de Cologne sous les bras, je prends du linge propre, et puis c'est tout. »

Il passe quatre ou cinq jours sur le plateau de *Profil bas*, de Claude Zidi, dans lequel il joue le rôle d'un commissaire de police. Six ans après *Attention bandits*, il retrouve Patrick Bruel, qui, entre-temps, est devenu une des plus grandes vedettes du cinéma et de la chanson en France. Celui-ci se souvient aujourd'hui que « Jean Yanne, en arrivant, me dit une phrase très chaleureuse sur la notoriété. Il s'en réjouit pour moi, même s'il met par principe de la distance vis-à-vis de la gloire, un peu comme Jacques Dutronc. Il est irrésistible, terriblement drôle, mais une blessure transparaît derrière le cuir ».

Puis Jean Yanne prend le premier rôle de *Chacun pour toi* de Jean-Michel Ribes. Le dramaturge et acteur (ils se sont croisés jadis sur *Laisse aller c'est une valse* de Georges Lautner) affirme lui proposer « un chef-d'œuvre ». Le scénario semble taillé pour un personnage ayant ses yeux et sa silhouette : il sera Georges Flavier, ancien coiffeur mondain brisé par la mort de son fils et par le départ de sa femme, qui tient maintenant un petit salon de quartier ; une nuit, il sauve un jeune désespéré qui se noie dans le canal Saint-Martin ; c'est Gus (Albert Dupontel), à qui il va tenter de redonner goût à la vie ; en retour, celui-ci le pousse à tenter sa chance à un grand concours international de coiffure. La fantaisie du scénario séduit les critiques, le premier grand rôle d'Albert Dupontel est convaincant, le concours de coiffure en Tchécoslovaquie emporté par Georges est un grand moment surréaliste, le personnage du coiffeur bougon, généreux et pudique emporte la sympathie, mais *Chacun pour toi* est loin d'être un succès en salles – 16 847 spectateurs pour toute l'exclusivité française.

35. – Tricard

(du *Ciel pour témoin*
à *Regarde les hommes tomber*, 1993-1994)

Une douzaine d'années après *Asphalte*, le réalisateur Denis Amar travaille de plus en plus pour le petit écran. Alors qu'il devient un excellent praticien du téléfilm, il fait de nouveau appel à Jean Yanne. Il incarnera le maire d'un village de haute montagne en Suisse dans *Le Ciel pour témoin*, diffusé par TF1 en octobre 1993. Dans ce thriller sur fond de neiges éternelles et de chalets pittoresques, son personnage incarne l'hésitation entre les compromissions financières confortables et le désir de conserver intact le mode de vie ancien. Outre Véronique Jannot en justicière improvisée, il a le plaisir de retrouver Danièle Evenou, vingt-sept ans après *Le Saint prend l'affût*.

Au hasard de ses engagements d'acteur, Jean Yanne multiplie les retrouvailles avec de vieux copains, comme un autre personnage du monde des cabarets à l'aube des années 1960, Serge Korber. Quand Jean Yanne chantait *Avec Maria* à la Galerie 55, ce dernier était directeur de plateau au Cheval d'Or, où l'on voyait les premières chansons de Boby Lapointe, Ricet Barrier ou Pierre Perret. Devenu cinéaste, Korber a eu une carrière contrastée et singulière : de gros budgets avec Louis de Funès (*L'Homme-orchestre*, *Sur un arbre perché*), des films d'auteur, du cinéma pornographique… Après son premier long métrage, *Un idiot à Paris*, avec Jean Lefebvre, Dany Carrel et Bernard Blier, beau succès critique et commercial en 1967, il a obtenu de l'auteur de l'histoire originale, René Fallet, une promesse quant à un autre de ses romans, *Au Beau Rivage*.

Il s'agit de l'histoire d'une petite pension de famille qui a réellement existé dans le coin de Villeneuve-Saint-Georges et où René Fallet a séjourné quelque temps dans les années 1940. Le samedi soir, on y jouait de l'accordéon pour guincher. Et Antoine, le tenancier d'*Au Beau Rivage*, n'arrive pas à se faire à l'idée que ces belles années sont révolues. Il se révolte contre le temps qui oublie les plaisirs de son bel après-guerre. Tant et si bien que, peu à peu, il perd pied avec la réalité et se réfugie dans le rêve… Et, pour être sûr de pouvoir vivre dans le rêve du bon vieux temps, il choisit de se faire envoyer en prison.

Dans les années 1970, un premier projet d'adaptation, avec Bernard Blier dans le rôle principal, ne parvient pas à être monté, pas plus que quelques autres tentatives de Serge Korber. Le projet reste dans ses tiroirs jusqu'à ce que, une vingtaine d'années plus tard, l'écrivain Didier Decoin devienne le directeur de la fiction de la chaîne France 2 et fasse savoir qu'il veut tourner des téléfilms à partir d'œuvres littéraires fortes. Korber revient à l'attaque et propose Jean Yanne pour le rôle d'Antoine. « Entre-temps, il avait atteint l'âge du rôle », nous a raconté Serge Korber. « Il avait rejoint le personnage de René Fallet avec son côté extérieurement dur et son incroyable tendresse. Il était vraiment l'anar qui engueule les jeunes et vit avec le rêve qu'il a découvert avec son copain de prison qui lui avait parlé de poésie et l'avait escroqué. » Entre outre, sa pratique de l'orgue permet à Jean Yanne de jouer de l'accordéon de manière crédible devant la caméra.

Les budgets de la télévision française imposent de tourner en République tchèque. Mais la guinguette des bords de Marne est construite sur les bords de l'Elbe avec encore plus d'exactitude qu'elle le serait en région parisienne. « Les studios tchèques vivaient encore sur le faste de leur splendeur des années communistes, raconte Korber. Nous travaillions pour un téléfilm avec le confort des plateaux de cinéma car nous avions vingt électriciens là où nous en aurions eu trois en France. »

Le tournage d'*Au Beau Rivage* dure un mois et demi, sans le moindre nuage. Le naturel de Jean Yanne devant la caméra, sa docilité face au réalisateur et les bons petits restaurants tchèques simplifient la vie. C'est justement lors d'un bon dîner que l'acteur fait part à son metteur en scène d'un projet qu'il porte depuis quelque temps déjà : adapter pour le cinéma la bande dessinée de Christian Binet *Les Bidochon*, qu'il a découverte au consulat français de Los Angeles – « Dans tous les consulats, c'est la première chose qui arrive par la valise diplomatique », dit-il.

D'abord personnages secondaires des aventures du chien Kador (un corniaud qui lit Kant), Robert et Raymonde Bidochon ont pris leur autonomie en 1979, d'abord dans le magazine *Fluide glacial*, puis avec des albums qui comptent parmi les succès de masse de la nouvelle bande dessinée française. Jean Yanne adore les Bidochon et, à la fin des années 1980, en acquiert les droits d'adaptation. Totalement novice en ce qui concerne le cinéma, Binet déjeune avec Yanne pour la signature du contrat de cession. Il est un peu désarçonné quand le cinéaste évoque ouvertement devant lui un film à gros budget. Il nous a raconté : « Je ne comprenais pas très bien ce qu'il comptait faire, parce que *Les Bidochon* se passent en général dans un appartement de HLM, sans décor particulièrement sophistiqué. » Justement, Binet a beaucoup fait rire en choisissant, dans une des premières histoires des Bidochon, de remplacer les meubles par de simples flèches indiquant « fauteuil », « table de nuit », « porte »...

À la fin du repas, les deux hommes se séparent sur le trottoir devant le restaurant et, au moment de fermer la porte de son taxi, Jean Yanne lance à Christian Binet : « Alors, maintenant que c'est signé, tu vas commencer à m'emmerder, hein ? » Ce n'est guère le cas... Le dessinateur n'a aucune nouvelle du projet jusqu'à ce que, plusieurs années plus tard, les éditions Audie lui envoient un nouveau contrat avec Productions Yanne, puisque le premier accord est échu, le film n'ayant pas été réalisé.

De fait, Jean Yanne a toutes les peines du monde à convaincre des partenaires de lui permettre un retour à la réalisation avec *Les Bidochon*. Outre l'échec de *Liberté, égalité, choucroute*, Serge Korber en voit une explication très simple : « Il y avait énormément d'effets spéciaux dans son scénario. Il débordait de l'univers de la bande dessinée originale avec des rêves et des cauchemars de Robert Bidochon, qui allaient coûter une fortune et dont personne ne comprenait l'utilité. » Christian Binet se souvient notamment d'« une scène à la *Jurassic Park* avec une montagne qui s'effondrait ». On est loin du HLM anonyme dans lequel il a planté son décor...

Après le tournage d'*Au Beau Rivage*, Korber et Yanne travaillent ensemble sur ce projet. « C'est pour Jean une période assez chaotique. Il vit à l'hôtel, disparaît, revient, prend un appartement. Il faut que j'appelle Mimi Coutelier à Los Angeles pour qu'elle me dise où je peux le joindre à Paris… Il me propose de réaliser le film avec lui parce qu'il comprend bien qu'il fait peur aux producteurs. Je voudrais qu'il accepte le rôle de Robert Bidochon mais il ne veut pas en entendre parler. Il pense à Jacques Villeret mais personne n'est d'accord. La plupart des gens qui achètent la bande dessinée prennent les Bidochon pour des minables et des abrutis mais, comme Binet, Jean en a une vision très tendre. Je suppose qu'ils lui rappellent un peu sa famille ou ses voisins, pendant son enfance en banlieue. Nous pensons aussi que Ginette Garcin aurait fait une formidable Raymonde Bidochon mais jamais un producteur n'accepterait… Au bout d'un moment, Yanne me dit : "Allez, fais-le tout seul." »

Les Bidochon, réalisés par Serge Korber, sortiront au printemps 1996, sans le nom de Jean Yanne au générique. Le nouveau scénario conserve pourtant une idée qu'il avait eue : le HLM dans lequel vit le couple est construit sans façade, de larges mouvements de caméra permettant au spectateur de suivre ce qui se passe dans tous les appartements de l'immeuble. L'effet est sans doute autant inspiré d'une séquence célèbre du *Tombeur de ces dames*, de Jerry Lewis, en 1961, que d'une gravure du XIXe siècle utilisée notamment en couverture du roman *La Vie mode d'emploi*, de Georges Perec, en 1978. Écrit et réalisé avec une veine poétique et complice proche de celle de Jean Yanne, mais dans une adaptation plus littérale de la bande dessinée de Christian Binet, le film sera un échec commercial.

Depuis *Liberté, égalité, choucroute*, Jean Yanne parle de loin en loin de revenir à la réalisation. Des projets de plus en plus rares, de plus en plus nébuleux. Il caresse ainsi le rêve de faire un film d'une pièce de théâtre écrite par Jules Verne, *Kéraban le têtu*, et évoque un jeune esprit oriental obstiné qui refuse de payer le péage pour passer le Bosphore à Istanbul. Il entreprend donc de faire le tour de la mer Noire. Il s'agirait encore de mettre en images de grands prodiges spectaculaires que l'écrivain avait prévus pour la machinerie sophistiquée du théâtre de la Gaîté lyrique en 1883 : des fleuves en crue, des volcans en éruption, outre tous les brigands, ours sauvages et cosaques semés sur sa route, avant de passer le détroit en funambule sur un fil lancé plusieurs dizaines de mètres au-dessus de l'eau… Verne ayant ensuite transformé *Kéraban le têtu* en roman, Yanne expliquera, quelques années plus tard, qu'il a écrit une adaptation, obtenu l'assentiment de la Cinq en France, des contacts pour tourner en Afghanistan et au Koweït, l'accord de la télévision turque puis des autorités cinématographiques soviétiques qui débloquent les Cosaques du Don, les chœurs de l'Armée rouge et les ours du cirque de Moscou… avant que la guerre du Golfe, l'effondrement de l'Union soviétique puis la faillite de la Cinq n'emportent *Kéraban* dans les limbes. Mais il évoquera aussi *Kéraban le têtu* en 1999 comme un dossier laissé en suspens après divers atermoiements de la télévision française, ce qui est moins gratifiant, évidemment, que l'effondrement d'un vaste échafaudage international.

Outre qu'il a lancé des séries comme *Navarro* et *Julie Lescaut*, Claude de Givray a la haute main sur tous les téléfilms de TF1. Il revoit évidemment son ancien acteur de *L'Amour à la chaîne*, qui lui propose quelques idées dont un film à sketchs tiré d'une image du *Cuirassier Potemkine*, d'Eisenstein : que devient l'enfant couché dans la poussette qui dévale les marches du grand escalier à Odessa après la fusillade ? *Le Landau* proposerait une dizaine de vies possibles pour cet enfant. Jean Yanne imagine un film en costumes évoquant pays, milieux sociaux et événements historiques variés. Givray a un argument infaillible pour refuser : il est impossible de pratiquer la dérision et un humour décalé quand il s'agit d'attirer et de retenir neuf millions de téléspectateurs… *Le Landau* est évoqué çà et là dans des interviews de Jean Yanne puis se perd aussi dans les sables.

À un ancien copain des années 1960, il dit sans détour : « Je n'y arrive plus. » Bien sûr, il ajoute : « Je m'en fous. » Mais le fait est qu'il n'y arrive plus… Depuis les avanies subies par André Djaoui, les portes se ferment. On ne rappelle pas Jean Yanne quand il téléphone pour demander un rendez-vous pour un projet. Il connaît désormais les réponses évasives, le barrage des secrétaires, les synopsis que personne ne lit… Dans un premier temps, il ne semble pas s'en rendre compte. Jusqu'à la seconde moitié des années 1990, il évoque fréquemment un travers français lorsqu'on lui demande son avis de résident américain sur son pays natal : on ne répond pas, on est injoignable, on ne rappelle pas… Aux temps des triomphes de Ciné Qua Non, il ne parlait pas ainsi du milieu du cinéma français. Entre-temps, il y a eu *Deux heures moins le quart avant Jésus-Christ* et *Liberté, égalité, choucroute*, deux films dans lesquels le réalisateur Jean Yanne a affronté avec une certaine hargne ses producteurs. Désormais, personne ne lui accorde sa confiance.

Réalisateur ? Ses deux derniers succès incontestables sont ses deux premiers films, à l'aube des années 1970. Depuis, il n'est jamais parvenu à contenter à la fois le public, la critique et cette censure molle mais implacable que constituent les conversations entre professionnels. Jean Yanne est désormais considéré comme un réalisateur ingérable, passé de mode, inconséquent – tous les prétextes pour qu'il soit tricard…

Car il est vrai que Jean Yanne a pris – et prend toujours – le cinéma français à rebrousse-poil. Ce milieu ne l'aime pas particulièrement. Qu'il n'ait été sélectionné qu'une seule fois aux césars depuis la création de ceux-ci, en 1976, n'est pas un hasard : le show-business n'a pas particulièrement d'affection pour un personnage qui, s'il est bon camarade, vu de près, n'en est pas moins un contempteur régulier de son métier – « Quand on est acteur, on n'est pas là pour penser. » Et il n'en a pas moins à dire sur le compte des réalisateurs et des producteurs. Pendant la promotion de *Je règle mon pas sur le pas de mon père*, en 1999, il avouera, lors d'une interview sur France Inter : « Je n'aime pas les autres, je ne vois pas pourquoi ils m'aimeraient. »

Ainsi, lentement, Jean Yanne finit par comprendre qu'il ne sera plus jamais réalisateur ni producteur d'un film. Il est désormais « une gonzesse », c'est-à-dire un acteur.

* * *

L'acteur atteint la soixantaine. Il intéresse aussi de nouveaux réalisateurs, comme Jacques Audiard. Né en 1952, le fils de Michel Audiard ne se destinait pas au cinéma. Ce n'est qu'à trente ans, après quelques détours, qu'il s'y engage véritablement. Il signe les scénarios de *Vive la sociale* de Gérard Mordillat, de *Mortelle randonnée* de Claude Miller (à quatre mains avec son père), de *Sac de nœuds* de Josiane Balasko ou de *Réveillon chez Bob* de Denys Granier-Deferre. Ce n'est qu'à quarante ans passés, et une quinzaine d'années après avoir cessé d'être assistant réalisateur, qu'il envisage vraiment de devenir réalisateur. Il lui plaît de prendre l'époque à contre-pied : « Aujourd'hui, on est dans un cinéma extrêmement jeune, dit-il à la sortie de *Regarde les hommes tomber*. Les filles sont habillées en Agnès B, les garçons sont soit des rappeurs, soit des types extrêmement studieux. Moi, j'avais envie de parler des cartes Vermeil. »

Simon Hirsch est un VRP ordinaire, qui vend des machines à cartes de visite et faire-part à des grandes surfaces, débitant sans conviction son argumentaire. On comprend dans les premières minutes qu'il a depuis peu un seul ami, Mickey, un tout jeune flic. Un jour que Mickey demande à Simon de l'accompagner dans une planque ordinaire, il est abattu par un tueur. Celui-ci est Johnny, un garçon un peu demeuré, un peu zonard, dont le chemin a croisé celui de Marx, vieux malfrat raté devenu presque SDF. Ce joueur invétéré a perdu la main et ses dettes de jeu le conduisent à exécuter les basses œuvres d'un gros truand. Pour cela, il « forme » Johnny à abattre proprement et efficacement ses victimes. C'est ainsi qu'il tire sur Mickey, pour ne pas laisser de traces après un assassinat. Le jeune policier est en coma dépassé et Simon passe beaucoup de temps à son chevet avant sa mort. Puis il part à la recherche de ses assassins. La traque est longue mais victorieuse : Simon abat Marx ; et Johnny repart avec lui…

Marx. – Et le petit ?
Simon. – T'inquiète pas, il est là. Je m'en occupe. Il est à moi maintenant.
– *(il lui murmure à l'oreille)* Je veux pas mourir.
– Je sais. Bon. Je crois que c'est fini pour toi maintenant. Va falloir que tu y ailles. Tu n'as plus rien à foutre ici. Allez c'est fini *(il claque des doigts)*. Dodo *(il lui ferme les yeux)*.
L'agonie de Marx (Jean-Louis Trintignant), blessé à mort par Simon (Jean Yanne) dans *Regarde les hommes tomber*.

La trame est celle d'un roman de la « Série noire », *Triangle* de Teri White. Dans le livre, elle est présentée de manière linéaire, dans l'ordre chronologique : la rencontre de Marx et Johnny, le meurtre de Mickey, la traque de Simon puis enfin le dénouement. Or Jacques Audiard confesse : « Je me sens très éloigné du réalisme. » Avec son coscénariste et coproducteur, Alain Le Henry, il a choisi une narration morcelée et alternée, qui reste assez longtemps opaque pour le spectateur. Les deux histoires parallèles ne vont pas au même rythme : l'histoire de Marx et Johnny dure à peu près deux ans et celle de Simon quelques mois, avant qu'elles ne se rejoignent pour les dernières minutes du film, peu avant la mort de Marx.

Audiard s'intéresse à la manière dont les sentiments évoluent sans qu'aucun événement marque la frontière entre la répulsion et l'attirance, entre l'agressivité et la tendresse. *Regarde les hommes tomber* est aussi l'histoire d'un garçon passant de la coupe d'un homme à celle d'un autre, dans une optique très éloignée des mythologies viriles du polar. Il le dit ouvertement dans une interview : « Sous le film noir, il y a un film d'éducation, et une évolution morale du personnage de Simon. » Tout le mystère du film finit par tenir dans le comportement de Simon, à la fois transparent dans ses actions et difficilement compréhensible dans son geste final : il tue Marx, qui avait armé la main de Johnny, et l'amène avec lui alors qu'il est le coupable de la mort de Mickey. Sur le plan des sentiments, on pourrait réduire le film à la rencontre d'un homme privé du fils qu'il s'était choisi et d'un jeune homme qui va perdre son père d'adoption. Mais Audiard va plus loin et densifie l'opacité de *Regarde les hommes tomber*, notamment en s'appuyant sur Jean Yanne.

Quelque part entre les clochards métaphysiques de Samuel Beckett et le fatum du film noir classique, le film s'éloigne du réalisme psychologique dominant dans le cinéma français des premières années 1990. Il parle d'amour, mais d'un amour dans lequel entre plus de désarroi que de désir, plus de panique que de force. Une des sources de *Regarde les hommes tomber* est un instant de *Touchez pas au grisbi*, de Jacques Becker, lorsque le truand Jean Gabin passe la main dans les cheveux de René Dary, son associé. Il y a là du sentiment, et aucune question quant à l'éventuelle homosexualité de l'un ou l'autre. Jacques Audiard écrit et réalise un film sans femmes (on remarque à peine que Simon est marié et quitte son épouse), un film dans lequel les hommes explorent la palette tout entière des sentiments sans cesser d'être des hommes et sans pouvoir jamais espérer le repos – ils tombent, seulement, comme le dit le titre du film. Jean-Louis Trintignant est un Marx aussi pitoyable qu'abject, avec son cynisme fourbu, sa brutalité qui tourne à vide, sa tendresse livide. Mathieu Kassovitz incarne un Johnny à la fois tendu et malléable, innocent mais amoral – une amoralité d'ignorance, une amoralité animale. Il est alors, à vingt-six ans, aux débuts d'une prometteuse carrière de réalisateur-interprète, notamment avec *Métisse*. À la sortie de *Regarde les hommes tomber*, il prépare *La Haine*, le premier de ses grands films.

En étant Simon Hirsch, Jean Yanne incarne le personnage qui ressemble le plus à Jacques Audiard, de l'aveu même du réalisateur. Il est le plus mystérieux à l'écran, mais aussi le plus mystérieux dans les ressorts du jeu. « Capter son regard a été pour moi une chose abyssale », dira Audiard. C'est sans doute cela même qu'il est allé chercher : à un mois du début du tournage, fin 1993, il a demandé à ses deux interprètes d'échanger leurs rôles. Car Trintignant aurait dû être le représentant de commerce fauché par le deuil décidant de partir sur la route pour se venger, et Yanne le flambeur en bout de course. En inversant les rôles, Audiard se complique la tâche pour sa première réalisation, mais il précipite ses interprètes dans un flot d'interrogations fécondes. Avec un rien de malignité, il expliquera, plus tard : « En fait, tout se résume à une simple question : "Est-ce que la vie va me permettre de faire encore un tour et, si Dieu existe, est-ce que je vais encore bander ?" »

Trintignant reconnaîtra avoir eu beaucoup de mal à devenir Marx. Mais Jean Yanne affiche le même détachement que d'habitude en évoquant son rôle : « Je ne peux jouer que des rôles dans lesquels je suis crédible. Je peux être médecin, notaire, truand. Mais pas jeune premier. »

Ce « polar noir, très noir, drôle, très drôle, et déchirant », selon *Les Échos*, est sélectionné au Festival de Cannes 1994, en ouverture de la Semaine de la critique. Il y fait grosse impression, le passage à la réalisation de Jacques Audiard étant salué comme un peu plus qu'une confirmation de ce que bon sang ne peut mentir. Il va aussi obtenir le césar 1985 de la première œuvre, et Mathieu Kassovitz le césar du meilleur espoir masculin.

36. – Grands rôles et petits films

(du *Hussard sur le toit*
à *Je règle mon pas sur le pas de mon père*, 1994-1999)

En 1993, Jean Yanne quitte le 29 quai Saint-Michel – le départ du Départ. Il déménage avec son fils alors que Christianne est partie en Inde concevoir et faire fabriquer une nouvelle collection de vêtements de soie. Les deux « garçons » restent quelque temps ensemble à Morsains puis commence une succession de déménagements et de retrouvailles assez confus. Jean Yanne ne vit plus durablement avec la mère de son fils, partageant son temps entre les tournages, de fréquents séjours à Los Angeles et sa maison de campagne. Sporadiquement, il loue à Paris des appartements meublés où la vie commune reprend pour quelques semaines ou quelques mois. La vie de Jean-Christophe est singulière, entre palaces à travers le monde et fréquentes séparations d'avec ses parents. Il assiste dans la loge de RTL au concert de Johnny Hallyday au Stade de France en 1998... Pendant plusieurs années, l'enfant vit avec sa mère, qui déménage au moins une fois par an, même s'il a toujours une chambre chez son père – quand son père a un appartement à Paris.

Le domicile officiel de Jean Yanne est toujours situé à Los Angeles et le fisc français ne lui pardonnerait pas de passer plus de 183 jours par an en France. Il part régulièrement aux États-Unis, ce qui n'est évidemment pas sans semer des nuages dans son couple avec Christianne Fugger. Celle-ci adresse d'ailleurs du courrier d'avocat à Mimi Coutelier pour lui enjoindre de ne pas chercher à entrer en contact avec son fils.

Car la persistance des liens entre Mimi Coutelier et Jean Yanne constitue une pomme de discorde. Christianne Fugger peine à admettre – et même à comprendre – la nature de ces liens. Son compagnon lui dit que tout irait bien s'il ne lui avait pas fait un enfant, privilège qu'il avait refusé à Mimi. Dans son livre de souvenirs, Christianne raconte que, lorsqu'elle demande à Jean pourquoi il lui a donné un fils, il répond : « Parce qu'avec vous, tout est naturel, y compris les enfants. »

La maison de Morsains devient un lieu central des relations entre Jean Yanne et son fils. Il reste attaché à cette terre champenoise où, année après année, il plante le sapin de Noël dans le vaste jardin. Pour le premier anniversaire de son fils, il plante quatre cents arbres ! Et, comme des dizaines de milliers de Français, il pleurera en voyant ses arbres massacrés par les tempêtes qui traversent le pays les 26 et 27 décembre 1999.

Un soir à Morsains, alors que le petit et ses grands-parents paternels sont au lit, Christianne et Jean s'attardent au salon à écluser une bouteille de whisky. Au moment d'aller se coucher, le maître des lieux annonce qu'il va aller accomplir un besoin naturel au jardin et, comme il le fait couramment depuis trente ans, il enjambe l'appui de la fenêtre du salon, situé au rez-de-chaussée. Est-ce le passage de ces trente ans ou seulement la responsabilité du dernier verre ? Il se reçoit mal et se casse la cheville. Pendant des semaines, il va se déplacer avec des béquilles, jurant aux journalistes croisés alors qu'il s'est blessé en faisant son jogging.

À l'automne 1995 triomphe sur les écrans *Le Hussard sur le toit* de Jean-Paul Rappeneau d'après l'œuvre de Jean Giono (2,5 millions de spectateurs). Dans cette fresque romanesque menée par Olivier Martinez et Juliette Binoche, Jean Yanne incarne un colporteur qui vend un remède contre le choléra, qui fait rage dans la région – un personnage lâche, fourbe, immédiatement suspect, comme il les aime.

L'hiver venu, Christianne Fugger emmène son compagnon et son fils dans un long voyage à travers l'Inde en passant par Dubai, où son père a longtemps travaillé. Au cours du voyage, le cinéaste se réveille : Jean Yanne prend beaucoup de photos et de notes pour son projet *Marco Popaul*, parodie des voyages de Marco Polo qu'il aimerait tourner en Inde. Il obtient l'accord de principe du maharadjah de Jaipur pour tourner dans son palais et sur ses terres. Il est vrai que le prince est ami d'enfance de Christianne...

Ce voyage en Inde s'insère dans le calendrier surchargé d'un acteur dont les réalisateurs connaissent bien le répertoire. Au printemps 1996, il ne quitte pas l'écran. Édouard Molinaro l'a appelé pour *Beaumarchais l'insolent* (sorti le 20 mars avec 1 932 320 spectateurs en exclusivité France entière). Il y incarne un magistrat véreux, le conseiller Goezman, victime de la révolte de Beaumarchais contre l'« institution qui se soucie beaucoup moins de la vérité que de la protection de ses privilèges ». Dans une éblouissante scène de prétoire, il est haché menu par l'éloquence et l'insolence du dramaturge – il hurle « Monsieur, je vous défends ! », Beaumarchais répond « Et moi, monsieur, je vous attaque ! » ; et la foule rit...

Tonie Marshall lui a donné le premier rôle d'*Enfants de salaud* (sorti le 3 avril 1996, 178 340 spectateurs pour l'exclusivité France entière). Il est Julius, criminel jugé aux assises et qui, à cette occasion, rencontre ses enfants dispersés tout au long de sa vie, et qui ne se connaissaient pas. La réalisatrice règle un ballet compliqué de révélations, de prises de conscience, d'arnaques et de coups de foudre qui s'achève par la mort de Julius et une scène surréaliste au cimetière : ses enfants (Nathalie Baye, Anémone, François Cluzet et Molly Ringwald) sautent à pieds joints sur son cercueil, trop grand, pour le faire entrer dans la tombe.

Bernard Murat l'a appelé pour quelques scènes de *Désiré* (sorti le 10 avril, 134 431 spectateurs pour l'exclusivité France entière), film tout à la dévotion de Jean-Paul Belmondo, dans lequel Jean Yanne reprend le rôle de Corniche, qui fut celui de Saturnin Fabre dans le film original de Sacha Guitry en 1937. Époux de Dominique Lavanant, il vient de gagner une fortune au casino et propose à Fanny Ardant de fuir avec lui avant de filer vers d'autres aventures.

Didier Le Pécheur lui a demandé d'être Dieu dans *Des nouvelles du Bon Dieu* (sorti le 12 juin, 101 799 spectateurs pour l'exclusivité France entière). Le film est un objet déjanté méditant sur la création littéraire, le caractère illusoire de la réalité et la puissance (ou l'impuissance) de l'imagination. Jean Yanne est confronté à une bande hétéroclite menée par Marie Trintignant avec Christian Charmetant et Marie de Medeiros, qui viennent l'interroger sur les fins dernières de l'homme. Il est Louis Albert Dieu, romancier à court d'inspiration, en vieille casquette sudiste, pull tricoté et grosse écharpe, qui doute de tout et d'abord de sa propre existence – « Y a sans doute quelqu'un au-dessus de moi qui m'écrit. »

Grands rôles dans des petits films, petits rôles dans des grands films… En rentrant d'Inde, pendant que ces longs métrages sortent sur les écrans, il tourne *Fallait pas !*, de Gérard Jugnot, près de Chambéry. Le film est ouvertement inspiré des folies de l'Ordre du temple solaire, dont quarante-huit membres ont été retrouvés morts en Suisse en octobre 1994. Il sera Magic, le gourou d'une secte sur laquelle tombe par hasard un couple innocent composé de Gérard Jugnot et Michèle Laroque. *Fallait pas !* sort fin novembre 1996. Loin d'être le succès escompté, le film quitte les écrans au bout de six semaines d'exclusivité et avec seulement 140 629 entrées, pour un score de 763 838 spectateurs pour toute l'exploitation en France.

Magic. – Vous aimez la logique.
Constance. – Mais oui, et c'est pour ça que je m'entends avec Bernard.
– Mais Bernard n'a pas toujours été rationnel. Nous l'avons même connu mystique. Hein Solo ?
Solo. – Oh putain oui. *(à Magic)* Fais-lui tes yeux, bon Dieu !
Magic. – Nous pourrions en parler mais ça prendrait toute la nuit.
Constance. – Vous pouvez y aller, j'ai pas sommeil, ça fait trois semaines que je dors plus.
Magic. – Pauvre petit ange, il faut dormir. Et Magic dit que vous allez dormir.
Solo. – Et profondément.
Magic. – Vous allez dormir. Profondément. Et lorsque vous vous réveillerez, vous ne vous souviendrez plus de rien.
Constance. – Vous pouvez me faire vos gros yeux de merlan frit à la Dominique Webb, je ne suis absolument pas cliente.
– Vous allez dormir, dormir. Vous allez dormir. Dormir. Coton, coton, coton.
– Vous avez de beaux yeux mais je suis chef d'orchestre. C'est moi qui dirige tout le monde à la baguette. *(Elle s'effondre.)*
Magic (Jean Yanne), assisté de Solo (Martin Lamotte), hypnotise Constance (Michèle Laroque) dans *Fallait pas !*

Mais c'est mieux qu'avec *Mo'*, film d'anticipation métaphysique d'Yves-Noël François mêlant réflexion sur les pouvoirs de l'image télévisée et paradoxes classiques sur les zombies. Jean Yanne est un acteur de western se prenant pour un vrai shérif, pris au cœur d'une machination extravagante… Le film n'a que 3 291 spectateurs en tout et pour tout. Son réalisateur ne reviendra pas à la réalisation – un réprouvé du cinéma de plus dans la carrière de Jean Yanne.

Et que dire de *Victory*, film de Mark Peploe d'après un roman de Joseph Conrad, tourné en Indonésie et en Malaisie en 1995 avec Willem Dafoe et Irène Jacob dans les premiers rôles ? Jean Yanne y est un propriétaire d'hôtel à Surabaya en 1913, un peu trafiquant et beaucoup proxénète, avec toutefois un peu plus de standing que l'Équateur dans *Cayenne Palace*. Le film ne sortira en France qu'au creux de l'été 1998. Dans une seule salle et pour 468 spectateurs.

Il a plus de succès avec *Tenue correcte exigée*, de Philippe Lioret, gentille petite comédie de consommation courante – 282 960 spectateurs. Il incarne le directeur d'un grand hôtel affolé car un auditeur vient examiner sa gestion (il prendra Jacques Gamblin pour celui-ci). Or son établissement exploite trente-quatre prostituées. Il entraîne dans sa panique son cauteleux concierge (Daniel Prévost), mais son petit business va s'effondrer à cause d'une fille fantasque et obstinée (Elsa Zylberstein). Il déploie sa panoplie de brutalité verbale et de regards aux abois, bien soutenu par Daniel Prévost, qui retrouve ses automatismes de *yes-man* soumis, empressé et maladroit.

Jean Yanne avoue volontiers ne jamais refuser un rôle. Il se dit surchargé de travail et ajoute : « Quand je ne pourrai plus jouer, je pourrai recommencer la mise en scène, assis sur mon petit fauteuil devant mon écran vidéo comme les autres réalisateurs. » Autant dire « jamais »... Il se fait à n'être plus qu'acteur, si cet acteur est désiré : sept rôles en 1993, trois en 1994, cinq en 1995, huit en 1996, quatre en 1997, trois en 1998, trois en 1999...

Brucker. – Combien on lui doit, à cette ordure ?
Bardon. – 4 500.
Lucie. – Ah non. Ça c'est le tarif femme de ménage. Votre pourcentage de maquereau c'est terminé. Fini. Plus de commission. Maintenant, c'est 9 000.
Brucker. – Donne-lui, Gérard. Paye-la et qu'elle foute le camp. Mais je te conseille pas de traîner dans les parkings parce que si je te croise un jour dans un coin calme, toi, je te fais la tête façon cubiste. Rasoir et acide chlorhydrique. Allez, gicle !
Brucker (Jean Yanne) et Bardon (Daniel Prévost) face à Lucie (Elsa Zylberstein) dans *Tenue correcte exigée*.

Il navigue entre aventures impossibles et routine commerciale, cinéma d'avant-garde et téléfilm de grande série... Pour lui, la crise n'existe pas. Il y a toujours un rôle pour lui. Comme il le dit avec rondeur dans une interview à *Libération* pour *La Dame du jeu*, d'Anna Brasi (il est un marquis vénitien au cœur d'une intrigue sensuelle, mais le film a une diffusion plus que confidentielle) : « Dans les films d'aujourd'hui, dès qu'on attrape soixante piges, on fait le commissaire et plus du tout l'inspecteur. Le jeune inspecteur, lui, se farcit les étages quatre à quatre, il passe par la fenêtre, redescend par la gouttière, se pend à l'hélicoptère. Le commissaire, lui, fait quatre apparitions, s'extrait de sa bagnole, lâche "le ministre m'a téléphoné" et il engueule l'inspecteur. » Dans une autre interview, il transgresse une pudeur en général respectée par les acteurs, en disant au *Journal du dimanche* : « Le fait est que, parmi les acteurs de mon âge, le choix se rétrécit. J'ai hérité de deux ou trois propositions qui, au départ, avaient été faites à Jean

Carmet. » Ce dernier s'est éteint en avril 1994 et les réalisateurs français manquent en effet de braves sexagénaires pour leurs films.

À deux semaines d'intervalle, le 24 février et le 10 mars 1999, Jean Yanne apparaît dans deux films dont l'écart est typique de sa carrière à ce moment, *Hygiène de l'assassin* et *Belle-maman*. Dans le premier, il est Prétextat Tach, prix Nobel de littérature. Sachant sa mort prochaine à cause d'une maladie incurable, il accepte de répondre à une jeune journaliste (ce sera Barbara Schultz) pour lui délivrer son testament littéraire et spirituel – en fait, un flot d'imprécations misanthropiques et misogynes. Or, le lendemain, il est retrouvé assassiné. Est-ce la journaliste qui a commis le crime ?

Hygiène de l'assassin, en 1992, a lancé la carrière de la romancière Amélie Nothomb. Quand le film se met en chantier, elle est déjà cinq romans plus loin et compte parmi les vedettes de chaque rentrée littéraire. L'auteure belge a parlé d'un livre « librement trahi » par François Ruggieri, dont c'est la première réalisation. Venu de la publicité (d'où s'échappe aussi le chanteur Richard Gotainer pour un rôle de policier), le cinéaste a choisi de clarifier la trame en ajoutant des personnages : un secrétaire, une infirmière, des policiers... Hélas, la mise en scène accumule les maniérismes, la magie originelle s'effiloche. Échec cuisant en salles, volée de bois vert de la critique. Ce qui aurait pu être un beau premier rôle n'apporte à Jean Yanne qu'un ravissant jeu de mots du *Canard enchaîné*, qui, dans sa critique, juge qu'il « lance loin le bougon ». Et 3 313 spectateurs d'exclusivité dans toute la France.

Il a enchaîné aussitôt sur *Belle-maman*, de Gabriel Aghion. Tout auréolé du succès de son premier film, *Pédale douce*, qui a attiré quatre millions de spectateurs en salles, celui-ci poursuit son exploration comique des mutations et des faux-semblants de la famille, des genres et des sexualités. Ici, il fait de Catherine Deneuve la séduisante mère d'une avocate (Mathilde Seigner) qui va se marier avec un jeune homme bien sous tous rapports (Vincent Lindon), n'était que la mère de celui-ci est une libraire alcoolique (Danièle Lebrun) portée sur l'interprétation débridée de la chanson *Marcia Baïla*, des Rita Mitsouko, dans les toilettes des garçons. La jeune mariée est enceinte, sa grand-mère (Line Renaud) est une lesbienne dont le langage tient plus de la salle de garde que du confessionnal, et qui paraît au bras d'une compagne qui perd la boule (Stéphane Audran).

Et donc sa mère est jusque-là en compagnie d'un Apollon noir (Idriss Elba)… jusqu'à ce que le gendre se sente irrésistiblement attiré par elle. Parmi tous ces personnages qui ont largué les amarres avec les traditionnels schémas amoureux et sexuels, Jean Yanne est l'ancien mari de Catherine Deneuve, qu'il quitta quand leur fille avait un an. Il incarne le mâle de droite se tenant vent debout face aux mutations du monde, un avocat amateur de prostituées pestant contre les « pédés » et les « gouniottes ». Pour quelques scènes savoureuses, il se glisse avec facilité dans une comédie de mœurs volontiers outrancière. Et le film attire 1 247 635 spectateurs dans les salles d'exclusivité.

Jean Yanne tourne pour la télévision avec une fréquence soutenue : il joue dans *Maigret et l'écluse n° 1*, un épisode de la longue série de téléfilms avec Bruno Cremer dans le rôle-titre, dans la laborieuse comédie fantastique *L'Amour en prime* de Patrick Volson, dans *L'Année du certif* de Jacques Renard (il est le grand-père), dans *La Fine Équipe* d'Yves Boisset (leur troisième rencontre avec une histoire d'enlèvement d'enfant sur fond de conte social banlieusard), *Jamais sans toi* de Daniel Janneau (il est le maire d'une petite commune, soupçonné d'avoir renversé un enfant), dans *L'Enfant des terres blondes* d'Édouard Niermans (où il incarne un patriarche rural dont l'autorité plane au-dessus d'un drame villageois)…

On le voit régulièrement dans des téléfilms écrits par l'ami Tito Topin, comme *Ils n'ont pas vingt ans* et *Le Cheval de cœur* de Charlotte Brandström, deux aventures policières et sentimentales dans le milieu du tiercé, dans lesquelles il incarne un ancien chroniqueur hippique désabusé qui retrouve goût à la vie en aidant de jeunes gens qui se battent contre les magouilles et les fatalités du monde des courses. Dans *Balade en ville* de Marc Angelo, il est un flic de La Ciotat qui résout une affaire délicate à la veille de son départ à la retraite.

Tito Topin a aussi écrit *La Belle Vie*, téléfilm en deux parties qui raconte l'aventure de Julius et Linda, vieux couple qui peine à joindre les deux bouts avec un cabanon-restaurant sur une plage camarguaise. Quand ils gagnent le gros lot de la loterie nationale, Julius décide d'acheter un château et son vignoble. Mais tout n'est pas si simple…

Jean Yanne sera Julius, Danièle Evenou sera Linda. Le tournage a lieu au Portugal, sous la direction de Gérard Marx, réalisateur aux états de service déjà imposants dans la fiction télévisée, notamment avec une demi-douzaine d'épisodes de *Navarro*. Les deux héros s'entendent très simplement, alternent les bons petits plats qu'ils cuisinent amoureusement et les découvertes de bistrots lisboètes. Mais Jean Yanne prend en grippe son réalisateur. Il va rompre avec ses manières de tiroir dans la commode, donner en bougonnant des conseils techniques – ce qu'il ne fait jamais. Le dernier jour du tournage, il quitte la traditionnelle fête de l'équipe parmi les premiers, pour aller se promener dans la ville avec Tito Topin. Ils parlent longuement des amis disparus – Michel Magne, Jean-Roger Caussimon… Rentrés à l'hôtel, ils éclusent tranquillement une bouteille de scotch dans le hall. Par petits groupes, toute l'équipe du film revient peu à peu de la fête et passe près de Yanne et Topin. Quand, très tard dans la nuit, le réalisateur arrive, le règlement de comptes commence. Tito Topin nous a dit que « cela a été très dur, très violent, très long. Jean a la colère froide. Il domine très bien son langage. Il a une voix qui semble accélérer la portée des mots ». Autrement, cet acteur à l'air bougon est un des plus agréables à diriger sur un tournage…

* * *

Le théâtre fait évidemment les yeux doux à Jean Yanne. On lui propose notamment la pièce de Jean-Claude Carrière *La Controverse de Valladolid*, qui met en scène le débat de 1550 entre le dominicain Bartolomé de Las Casas et le chanoine Sépulvéda à propos du sort fait aux Indiens dans les colonies espagnoles d'Amérique. Le roman, devenu téléfilm en 1993, est porté à la scène sous la direction de Jacques Lassalle en février 1999. Jean Yanne avouera quelque temps plus tard la raison pour laquelle il refuse : après avoir reçu le texte, qui le tente énormément, il réalise le dimanche suivant vers 13 heures que, s'il acceptait la pièce, il devrait à ce moment être en train de se préparer à quitter sa maison et son fils pour aller jouer en matinée au théâtre. Il refuse. Le rôle de Las Casas sera donc tenu par Jacques Weber.

Peu à peu, les relations de Jean Yanne et de Christianne Fugger se dégradent. Il passe moins de temps en France. À la sortie de *Je règle mon pas sur le pas de mon père*, au printemps 1999, il affirme dans *Le Parisien* : « Je fais partie d'un groupe de gens qui s'occupent de l'installation de sites sur Internet. La boîte est aux États-Unis parce que je m'y suis posé il y a quelques années pour monter une société de logistique de tournage.» La société s'appelle même Multi Media Innovation, affirme-t-il à *France-Soir*. L'habituel écran de fumée des «activités américaines», mais aussi des absences régulières : tournages, un reliquat d'«affaires» à Los Angeles, mais pas seulement...

Il lui arrive de prendre l'avion pour partir quelques jours faire du shopping à l'autre bout du monde. En 2000, il raconte qu'un tournage ayant fini deux jours plus tôt que prévu, il file à Roissy et prend le premier avion pour Hong Kong. «Les voyages sont mon seul luxe : je demande toujours un fauteuil près du hublot et je peux rester pendant des heures à regarder le monde. Il n'y a rien de plus formidable que d'être dans un avion dont le pilote vous dit : "À la gauche de l'appareil, vous voyez le mont Kenya", ou les îles Sanguinaires au large de la Corse, ou la ville de Grenoble, et d'atterrir parmi les petits lapins. Je ne m'en lasse jamais.»

Une bonne partie du temps, Jean Yanne est un homme seul. Il ne vit plus en couple. Mais quand meurt la mère de Christianne, pendant l'été 1999, il accourt aussitôt pour l'accompagner en Suisse et assister à la crémation selon le rite hindouiste. Quand Rani – c'est son prénom indien – veut partir disperser les cendres dans les eaux du Gange, elle doit attendre son tour : Jean Yanne est parti à Bali assister son «ancienne» compagne dans un nouveau projet de magasin qu'elle compte implanter là-bas. Ce n'est que quelques semaines plus tard qu'il est enfin libre pour accompagner Christianne dans ses dévotions dernières à sa mère.

Jean-Christophe est dans un pensionnat en Suisse. Au bout de quelques mois, sa mère décide d'aller vivre près de lui. Jean Yanne la rejoint et s'installe quelque temps à Genève, où il participe même à des activités caritatives, comme le Téléthon suisse ou le Bal du printemps en faveur des enfants paraplégiques... Mais leur histoire est à bout de souffle. Christianne Fugger n'accompagne plus Jean Yanne sur les tournages. L'acteur a d'autres aventures féminines, qui parfois sont assez hautes en couleur mais ne s'installent pas. Il dit sans fard qu'il ne veut plus dormir avec personne – un privilège et une pudeur de son âge.

***

En 1998, Rémi Waterhouse, le scénariste de *Ridicule*, passe à la réalisation avec un road movie qui pourrait sembler être l'envers optimiste et heureux de *Regarde les hommes tomber.* Il raconte l'histoire de Bertrand, vieil escroc au petit pied qui se trouve soudain confronté à un fils qu'il ne connaissait pas, Sauveur. Celui-ci, apprenti cuisinier, a appris l'identité de son père à la mort de sa mère. Il l'approche d'abord incognito et se fait embarquer comme comparse dans une de ses arnaques minables. Bertrand va voir les familles de personnes décédées récemment dans des accidents et prétend qu'on lui a greffé leur cœur. N'ayant aucun héritier, il propose de léguer toute sa fortune à la famille de la victime qui lui a sauvé la vie. Quelque temps tard, la famille apprend sa « mort » et des frais notariaux imprévus doivent être payés pour débloquer l'héritage…

Quand Bertrand découvre que Sauveur est son fils, il commence par le rejeter puis accepte de continuer avec lui sa route, et d'autant plus qu'il monte une arnaque dont la victime, une jeune photographe boiteuse, n'est pas indifférente au charme du jeune homme. Il se révélera que la jeune femme n'est pas non plus d'une honnêteté exemplaire, ce qui finit par conduire Sauveur derrière les barreaux, sans qu'aux dernières images du film on soit tout à fait convaincu de l'éclosion du sens de la famille chez Bertrand.

Bertrand. – Ça te dirait cinq cents balles par jour ?
Sauveur. – Pour faire quoi ?
– La même chose.
– Tu payes l'essence ?
– Super, sans plomb. Millésimée. T'as pas la radio dans ton carrosse ? Parce qu'on va peut-être faire beaucoup de route et moi je n'ai pas de conversation. *(il tend la main)* Bertrand.
– Sauveur.
– Remarque, tu t'appellerais secouriste ou maître nageur, ça changerait rien pour moi. […]
– C'est malin ton truc mais pourquoi tu te fais pas payer un billet de train ? Après tu te le fais rembourser, c'est plus sûr que la thune.
– En tandem, je veille toujours à être le plus intelligent mais ça te laisse de la marge.
Dialogue de Bertrand (Jean Yanne) et Sauveur (Guillaume Canet) dans *Je règle mon pas sur le pas de mon père.*

Bertrand sera évidemment Jean Yanne, et Sauveur, Guillaume Canet. Celui-ci a été révélé au théâtre par *La ville dont le prince est un enfant* d'Henry de Montherlant, au côté de Christophe Malavoy, puis au cinéma par *Ceux qui m'aiment prendront le train* de Patrice Chéreau, et, juste après *Je règle mon pas sur le pas de mon père* tournera *La Plage* de Danny Boyle, en compagnie de Virginie Ledoyen et de Leonardo Di Caprio. Et, à la sortie du film, il aura été nommé pour le césar du meilleur espoir masculin 1999 pour *En plein cœur* de Pierre Jolivet. La photographe sera Laurence Côte, pour la première fois dans un rôle de comédie, et

Yves Rénier incarnera un vieux beau sur le retour avec un solide sens de l'autodérision.

Jean Yanne ne joue pas particulièrement « comique ». Les dialogues de Rémi Waterhouse lui donnent l'occasion d'égrener un certain nombre de jolies phrases au cynisme ciselé sur l'argent, l'honnêteté, les femmes et l'amour, sans que son personnage perde sa pathétique humanité – un amoureux médiocre, un père médiocre, un escroc médiocre. Les spectateurs de *Regarde les hommes tomber* ont l'impression de voir dans ce film les derniers temps de Marx avant qu'il ne rencontre Johnny – un arnaqueur minable à la limite de la clochardisation. C'est d'ailleurs ce que dit explicitement Bertrand à Sauveur : s'il ne réussit pas un dernier gros coup, il finira SDF. Et c'est ce qu'il répète, pieds nus sous la pluie, en caleçon et tee-shirt sur le parking d'un hôtel Ibis, lorsqu'il essaie de retenir son fils qui le plaque.

L'humanité de l'escroc de comédie et de ses rapports avec son fils sont des atouts énormes pour *Je règle mon pas sur le pas de mon père*. Toute la comédie fonctionne parce que Jean Yanne et Guillaume Canet sont absolument crédibles en père réticent et en fils qui – selon l'expression même de son interprète – se comporte comme « un bâtard de la SPA qui attend qu'un maître vienne l'adopter ».

À la sortie de *Je règle mon pas sur le pas de mon père*, en avril 1999, Jean Yanne a l'âge de son personnage : « Soixante-cinq ans, bientôt soixante-six ». Même si quelques articles estiment que le film ressemble aux comédies du temps de Fernand Gravey, la critique est globalement très élogieuse. *Le Canard enchaîné* tranche : « À défaut de verser dans le genre drôlement honnête, une comédie honnêtement drôle. » On salue évidemment la performance de Jean Yanne. *Le Nouvel Observateur* écrit qu'« il crève l'écran. En escroc à la petite semaine, incapable d'états d'âme, de compassion ni de tendresse, il est irrésistible ».

Ses intimes savent que son personnage de *Je règle mon pas sur le pas de mon père* semble aller à la rencontre du vrai Jean Yanne. Un journaliste du *Parisien* lui demande : « Si, un jour, comme dans le film, on frappe à votre porte en vous disant : “Je suis votre enfant”, vous réagissez comment ? » Jean Yanne répond : « Dans la vie d'un mec du spectacle, ce genre de truc, ça peut arriver dix fois. On ne se rappelle pas tout, vous savez. *(Rires.)* J'essaierais d'évaluer le plausible. Je crois que je sentirais de sacrés frissons me parcourir l'échine. J'ai beau m'en donner l'image, mais je suis loin de me foutre de tout. » Il est vrai qu'il lui est arrivé une aventure de ce genre-là.

37. – Un généreux pensionnaire

(des *Acteurs* aux « Grosses têtes », 1999-2001)

Jean Yanne n'est pas le père inconséquent de *Je règle mon pas sur le pas de mon père*, mais il a nié longtemps être père. Il savait évidemment qu'il avait « laissé » un enfant quelque part. L'histoire de son premier enfant ne ressemble pas à celle de son personnage de cinéma, géniteur au hasard des routes. Au contraire, même... Lorsqu'il s'installe en 1966 dans le studio de RTL avec sa nouvelle émission, beaucoup de messages publicitaires de sa tranche horaire sont lus par Sophie Garel. Récemment engagée rue Bayard, cette jeune voix vient de TMC, où elle avait trouvé une place à son « rapatriement » d'Algérie, où, à dix-huit ans, elle avait commencé en 1960 sa carrière d'animatrice à Télé Oran.

L'humoriste la fait rire aux éclats à l'antenne comme hors du studio. Elle est belle, il est séduisant et, peu à peu, la camaraderie de station se transforme en une amitié amoureuse. Jean Yanne est marié et, par ailleurs, ne rechigne pas à d'autres aventures, mais, pendant trois ans, leur couple est d'une certaine régularité, au point même de vivre ensemble. Ces deux caractères bien trempés s'affrontent parfois, et notamment sur l'idée d'avoir un enfant ensemble. L'humoriste n'en a pas eu avec Jacqueline et il professe en privé comme en public une sévère détestation des enfants. Il dit tout droit, dans ses interviews : il ne veut pas d'enfant.

Il le répète quand Sophie Garel « tombe » enceinte. Il ne veut pas de cet enfant, même s'il accepte d'assumer ses responsabilités. La grossesse est une séparation : c'est à ce moment qu'il jette son dévolu sur Annie Philippe. Sophie Garel accouche pendant que Jean

Yanne est en Italie pour le tournage de *Fantasia chez les ploucs*, à l'été 1970. S'il consent à voir l'enfant et soutient financièrement la mère, il refuse de l'élever et de vivre sous le même toit. La situation reste quelque temps ambiguë : il est solidaire mais lointain, se prend sporadiquement de l'envie de suivre la croissance du petit Thomas…

C'est la mère qui prend la décision définitive : elle se marie et son époux donne son nom à l'enfant – le nom d'un grand peintre –, qui devient Thomas Gromaire. Quand, adolescent, celui-ci manifeste l'envie de rencontrer enfin son père biologique, qu'il n'a jamais vu, celui-ci refuse. Des amis proches insistent, comme Georges Beller, par ailleurs partenaire professionnel de Sophie Garel. Jean Yanne n'a jamais refusé de soutenir matériellement son fils, mais il refuse obstinément de le rencontrer. Jusqu'à ce que, à dix-huit ans, Thomas fasse enfin la connaissance de son géniteur. En octobre 1998, ils déjeunent face à face dans un bon restaurant. La glace est rompue.

Dès lors, Jean Yanne a vraiment deux fils. Père et fils ont une frappante ressemblance physique, des caractères assez voisins. Une fois qu'ils se sont retrouvés, ils ne se séparent plus. Thomas Gromaire est superbement doué pour la guitare jazz et a décidé très tôt d'en faire son métier. Il aime aussi beaucoup le rap, musique qui agace Jean Yanne, ce qui suscite les nécessaires disputes d'un père et de son fils. L'ami Georges Beller organise un concert au Petit Journal Montparnasse et le père ne quitte guère l'œilleton de sa caméra vidéo, fier comme Artaban du talent de Thomas. Sur le tard, Jean Yanne voit s'agréger une famille autour de lui. Mais, quelques mois avant ces retrouvailles, en février 1998, André Gouyé, son père, s'est éteint chez lui, aux Lilas, à quatre-vingt-huit ans.

* * *

Chacun ignore évidemment que l'escroc de *Je règle mon pas sur le pas de mon père* sera le dernier grand rôle de Jean Yanne au cinéma. Mais il ne cesse de tourner. Un critique parle de lui comme du « Serrault du film d'auteur ». Bertrand Blier l'appelle pour le film le plus étrange de sa carrière pourtant déjà baroque et aventureuse, *Les Acteurs*, qu'il tourne de mi-août à octobre 1999. Le scénariste de *Laisse aller c'est une valse*, presque trente ans plus tôt, réunit un casting unique de talents et d'amis. Le film s'achèvera sur quelques mots que le réalisateur dit à son père au téléphone – des mots d'amour à Bernard Blier et à tous ses semblables, les acteurs. Son film est un vaste paradoxe sur la notoriété, le désir des réalisateurs, les rides, le public, la critique… De nombreuses vedettes françaises jouent leur propre rôle dans un délire mi-Pirandello, mi-cabaret : Pierre Arditi, Jean-Pierre Marielle, André Dussollier, Jacques Villeret, Claude Rich, Jean-Claude Brialy, Jean-Paul Belmondo, Alain Delon, Michel Piccoli, Claude Brasseur, Sami Frey, Michel Galabru, Jacques François, Michel Serrault, Michael Lonsdale… Brialy crie « Il n'y a qu'un rôle que je n'accepterai jamais, c'est un rôle de pédé », Villeret parle de sa réputation d'alcoolique, Depardieu plaisante sur ses accidents de moto, Delon dit « J'ai une gueule à silences »…

Josiane Balasko joue un sosie d'André Dussollier et d'autres acteurs jouent de vrais rôles de quidams, de policiers, d'infirmiers – François Berléand, Maria Schneider, Dominique Blanc, Albert Dupontel, François Morel, Frank de la Personne, Jean Topart, Ticky Holgado… Parmi ceux-ci, Jean Yanne joue le Dr Belgoder, le médecin des artistes. Le verbe brutal, chaleureux, direct, il se fait gifler par Balasko, que, comme tout le monde, il prend pour Dussollier. Il recommande à Marielle de tuer quelqu'un pour aller mieux. Décousu et brillant, fantasque et mélancolique, le film surprend beaucoup critique et public à sa sortie, en avril 2000. Mais c'est ce que l'on peut appeler un « succès d'estime », à 388 977 spectateurs.

Dr Belgoder. – Bonjour Dussollier, comment va cette prostate ?
Dussollier. – Ben parfois elle me chagrine.
– Ben il va falloir l'enlever. C'est pas cancéreux d'accord mais sans être pessimiste, mais ça a toutes les chances de le devenir. Les acteurs sont incroyables. Ils veulent pas se laisser soigner. Ils attendent de leur toubib qu'il leur dise « Vous êtes magnifique, je vous trouve en pleine forme, comment vous faites pour rajeunir ? » Si vous leur dites tout ça, évidemment, vous êtes un bon toubib. Par contre si vous leur dites « Écoutez mon petit vieux, il faudrait regarder ça d'un peu plus près, faire une petite écho, vos résultats sont pas fameux, et puis cette douleur à l'examen c'est quand même inquiétant, honnêtement je me fais du souci », alors là il faut les voir. « Quel sale con ce Belgoder ! » […] Tenez, pas plus tard que la semaine dernière, comment elle s'appelle cette actrice, euh comique, une fille assez connue, elle a débuté au café-théâtre avec la bande à Jugnot, Blanc, Lhermitte…
– Une grosse ?
– Oui, assez grosse, assez vulgaire.
– Balasko ?
– Oui Josiane Balasko.
– Oh je l'ai jamais aimée celle-là.
– Oh si, elle est sympathique.
– Oh, une pute !
– Oui, c'est une pute. Mais après tout on n'est pas là pour juger.
Dialogue entre le Dr Belgoder (Jean Yanne) et André Dussollier (Josiane Balasko) dans *Les Acteurs*.

La grande affaire de son année 1999 n'est pas devant les caméras mais rue Bayard. Car Jean Yanne est devenu un pensionnaire régulier des « Grosses têtes » de son ami Philippe Bouvard. En septembre 1998, lorsqu'il va voir Johnny Hallyday au Stade de France, il croise dans la loge de RTL le patron de la radio,

Philippe Labro, qu'il connaît depuis des décennies. L'échange est simple et rapide. Pourquoi ne pas revenir aux « Grosses têtes » ? Pourquoi pas.

Quelques jours plus tard, c'est fait. Ce retour à RTL va lui apporter une popularité certes moins scandaleuse qu'à l'époque de « Quand j'entends le mot culture, je sors mon transistor », mais un auditoire au moins aussi vaste : entre 16 et 18 heures du lundi au vendredi, cette émission écrase toute la concurrence sur les ondes françaises.

Le principe des « Grosses têtes » est simple : un groupe d'invités plus ou moins réguliers répondent à des questions de culture générale posées par des auditeurs. Les participants se font remarquer non seulement par leur érudition mais aussi par leur sens de la repartie, leur fantaisie ou – au contraire – leur balourdise assumée. Pour tous les Français de la génération de Jean Yanne, cela rappelle évidemment « Les incollables », qu'a animés Robert Beauvais pendant des lustres.

Au printemps 1977, « Les grosses têtes » naissent d'une discussion de Philippe Bouvard et Jacques Martin. Le premier est un personnage étonnant, forcené de travail dont le travail consiste à s'amuser. Passé par le Centre de formation des journalistes en 1948, Bouvard entre par la petite porte au *Figaro* en 1953, à vingt-trois ans. Il en dirigera les pages d'échos et de nouvelles parisiennes de 1962 à 1973, avant d'entrer à *France-Soir*, qu'il ne quittera qu'en 2003. Entré à RTL, il y est un des pionniers du mélange entre divertissement et actualité. En 1977, une demande de Jean Farran, le patron de la station, rencontre donc l'admiration de Bouvard pour la phénoménale culture de Martin. Et ce dernier perçoit immédiatement quel extraordinaire terrain de jeu peut être un enchaînement de « colles » posées par les auditeurs.

Dès les premières émissions des « Grosses têtes », l'alchimie fonctionne. Philippe Bouvard pose ses questions sur la bataille de Pavie ou sur le Popocatépetl et Jacques Martin brode, chante, déclame des vers… et répond à la question. Autour d'eux se constitue une famille de célébrités hilares : l'académicien Jean Dutourd, qui sait tout, le comédien Jean Lefebvre, qui ne sait rien et fait mourir de rire ses comparses, Roger Pierre, Jacques Balutin, Sophie Desmarets, Thierry Le Luron, Jacques Chazot… et Jean Yanne. Il est d'abord un sociétaire sporadique puis, à partir de 1982, se fait plus régulier aux « Grosses têtes », sans pour autant en être un pensionnaire permanent. Mais Los Angeles fait son effet, et aussi les combats du réalisateur et de l'acteur, qui ne va plus participer aux « Grosses têtes » entre 1990 et 1998.

L'émission est enregistrée en public puis resserrée au montage. Philippe Bouvard tient aux émissions en différé, qui permettent évidemment de couper tous les « dérapages » éventuels mais surtout de redonner du nerf aux dialogues avec ses pensionnaires. Et Jean Yanne gagne beaucoup à cette discipline appliquée en coulisses. Comme le dit aujourd'hui Philippe Bouvard, « il est un avion gros porteur. Il faut le laisser se lancer. Et alors son humour est très original. À partir du même postulat fourni à tout le monde par l'actualité ou par les questions, il fait tout autre chose que les autres ».

Jean Yanne intègre donc cette bande informelle et aux contours variables réunissant comédiens, humoristes, écrivains, sportifs ou personnalités du Tout-Paris : Olivier de Kersauson, Patrick Sébastien, Carlos, Sim, Gérard Jugnot, Jackie Sardou, Philippe Castelli, André Gaillard, Alice Sapritch, Claude Sarraute, Léon Zitrone, Bernard Mabille...

Avec Jacques Martin ou Olivier de Kersauson, il se lance dans des improvisations interminables et éblouissantes, fait assaut d'érudition littéraire avec Jean Dutourd en finissant toujours par lâcher une remarque salace, joue au rustre avec les dames, lance des énormités de « beauf » assumé... Derrière leur poste, les auditeurs bichent : Jean Yanne pourfend non seulement les grands principes et les vieilles gloires, mais aussi tout ce que personne ne songeait à accabler d'ironie. Ainsi, il lance un jour : « C'est très pratique à faire, la nourriture chinoise, parce que quand vous voulez faire, par exemple, des langoustines vous mettez des langoustines avec du bœuf et du poulet. Quand vous voulez faire du poulet, vous mettez du poulet avec du bœuf et des langoustines. Et quand vous voulez faire du bœuf, vous mettez du bœuf avec des langoustines et du poulet. Avec un peu de riz. » Ou quand Philippe Bouvard demande à quelle condition une écrevisse femelle peut être fécondée, il lance : « À condition qu'elle soit jolie. »

Mais il s'en prend aussi au Dieu des catholiques, des juifs et des musulmans, avec une liberté très incorrecte politiquement. Quand Bouvard demande qui a révélé le Coran à Mahomet, Jean Yanne délire sur l'archange Gabriel : « Vous voyez pas qu'il annonce un enfant à Mahomet et qu'il file le Coran à Marie. Quel merdier là-haut ! »

Jean Yanne. – Moi, le Créateur, je doute de sa santé mentale. Est-ce que vous trouvez normal un mec qui crée un homard ? Ça vous viendrait à l'idée de créer un homard ? Celui-là, il dit : « Tiens, je vais faire un animal… » Bon, il fait un petit mouton. Ça va, c'est joli. Un petit chien, je sais pas, moi… À la rigueur un poisson. Mais un homard ! Et allez, je vais lui mettre des pinces, je vais lui mettre des antennes… Et pour inventer l'huître, il faut être fou à lier !
Philippe Bouvard. – On ne va quand même pas faire le procès de toute la création.
– Bien obligé ! Personne ne le fait. Je suis bien obligé !
Jean Yanne aux « Grosses têtes » de RTL.

Et, très souvent, il se laisse aller à raconter n'importe quoi, bougonne contre tout et tous, s'enflamme à propos de détails infimes et hausse les épaules devant les plus grands sujets de la réflexion humaine. Là, personne ne l'interrompt, car, au fil de ses improvisations hâbleuses et grasseyantes, ce généreux pensionnaire des « Grosses têtes » lâche des mots d'auteur géniaux et des pets de l'âme, de vastes blagues nihilistes et des clins d'œil au désespoir, des brouillons de réflexion politique et des maximes morales paradoxales. Il est certes humoriste dans ce rôle radiophonique mais, comme le remarque Philippe Labro dans une interview au *Monde*, « c'est un génie comique dont la voix provoque le rire mais aussi une vraie réflexion ». Et, comme nous le dit Philippe Bouvard, « tous les grands humoristes sont des désespérés. Il y a chez lui une délectation morose, il semble prendre du plaisir dans le déplaisir. Au quotidien, il survit grâce à une raillerie désespérée : il rappelle systématiquement que si on se tape la cloche aujourd'hui, on finira demain au cimetière. Le fait qu'il fasse rire fausse son image mais Jean Yanne est un vrai désespéré ».

Philippe Bouvard. – Qu'est-ce que vous avez contre Pasteur, qui est une de nos gloires nationales, une de nos gloires scientifiques ?
Jean Yanne. – J'aime pas La Marseillaise, j'aime pas les paroles. J'vous l'dis tout de suite.
– Qu'est-ce qu'il vient faire là-dedans, Pasteur ?
– C'est pas Pasteur qui a écrit La Marseillaise ? J'suis un con ? J'dis des conneries ? Dites-moi si je dis des conneries.
– Je ne me le permettrais pas. Mais enfin il y a un petit doute.
– Enfin, c'est un nom comme ça.
Jean Yanne aux « Grosses têtes » de RTL.

C'est aussi ce désespoir qui transmue l'humour vachard et anarchiste de l'humoriste des années 1960-1970 en une sorte de nihilisme qui occupe toute la palette, de la franchouillardise de bistrot à une sorte de vertige métaphysique. Sa présence profite aux « Grosses têtes » qui, sans perdre leur capacité à faire rire tous les publics – et surtout le grand public – s'offrent de surprenantes lucarnes sur l'infini. D'ailleurs, pour la première fois de sa carrière radiophonique, Jean Yanne reçoit plus de lettres « pour » que de lettres «contre». Sans guère avoir changé de discours, l'ancien trublion s'est glissé dans la peau de l'ami public numéro 1.

Il est naturel de prolonger ailleurs le plaisir des auditeurs. En octobre 1999, Jean Yanne publie aux éditions du Cherche midi son premier livre, *Pensées, répliques, textes et anecdotes.* Deux cents pages qui sont de sa plume et de sa voix, et qui ont été ordonnées par son fidèle ami Gilles Durieux.

Poète, journaliste, *public-relation*, ordonnateur de fêtes et de réjouissances, Durieux est un talent éminemment français qui navigue entre mélancolie lettrée et hédonisme viril. C'est par Mireille Darc, qu'il a rencontrée dans leur enfance commune à Toulon, que ce Breton sportif a connu Jean Yanne. Et, outre ses qualités d'amitié au jour le jour, c'est un bon archiviste. Armé de centaines d'interviews données par son ami dans la presse ou dans les médias audiovisuels, de ses notes prises au hasard de conversations ou d'enregistrements des «Grosses têtes», mais aussi de textes radiophoniques et de brouillons conservés par Yanne, il construit un livre de souvenirs et de confidences, d'anecdotes et de textes d'humoriste. On y trouve des jeux de mots surgis dans les échanges chez Philippe Bouvard («Le beurre demi-sel, c'est celui qu'on trouve dans les livres de messe, non?»), des réflexions personnelles douces-amères («On m'a traité de tous les noms : anarchiste, gauchiste, poujadiste; on m'a même traité d'acteur»), une douzaine de textes parus dans *L'Os à moelle* en 1964-1965, des sketchs joués avec Daniel Prévost sur RTL ou France Inter...

Au passage, de boutade en confession, Jean Yanne dresse un autoportrait narquois, rugueux et noir. «Je passe pour être indiscipliné, c'est faux. Je suis très obéissant, mais je n'obéis qu'à mes instincts les plus bestiaux», «Par amour, ça m'étonnerait beaucoup que je change quoi que ce soit. Même ma cravate», «Vivre seul, c'est prendre plaisir à manger du céleri rémoulade dans du papier d'emballage», «La solitude, c'est l'impossibilité

Haround. – Oh, dis donc, vizir, qu'est-ce que c'est que cette musique?
Vizir. – Mais ce sont les préparatifs dont je t'ai parlé, puissant calife, pour empaler cet émeutier.
– Mais pourquoi qu'il y a de la musique?
– Ce sont les flonflons du pal.

Princesse. – Ô mon père, laissez-moi épouser le sahib, il est beau.
Haround. – Jamais! Cet homme cherche à t'abuser, il ment. Le sahib est beau, donc il n'est pas né en France.
– Mais pourquoi, mon père?
– Mais parce que : un beau sahib n'est pas français.
Deux chutes de sketchs radiophoniques publiés dans *Pensées, répliques, textes et anecdotes.*

de vivre seul »... Les mots ne dissimulent rien. Seule sa position d'humoriste le protège de l'impudeur.

Au même moment paraît un autre recueil de Jean Yanne : *Sketches joués, non joués, à jouer et injouables*, chez Plon. Il contient quelques textes célèbres (*Le Permis de conduire*, *Les Routiers*, *La Circulation à Rome*) et les textes des scènes dont l'enregistrement a été produit en 1989 par Christian Fechner.

La presse est heureuse. « Yanne, ça soulage et ça détend », note *L'Express*. *Le Figaro magazine* parle d'« un homme-orchestre de l'éphémère en passe de devenir un classique ». Dans les libraires, ça embraie. « Le Yanne » est un succès, que les éditions du Cherche midi annonceront à cent mille exemplaires, quelques mois plus tard, quand l'auteur est couronné par le prix Alphonse-Allais.

Jean Yanne est redevenu humoriste. Le cinéma était depuis longtemps au centre de sa vie et de sa renommée. Voici qu'il retrouve l'image de l'esprit frondeur, libre et abrasif qui fit sa première gloire. Car la sortie de ses deux livres n'est pas seulement couplée à ses passages quasi quotidiens aux « Grosses têtes ». Philippe Labro a convaincu l'ancienne star de la station de retourner en studio : il est aussi vedette des matins de RTL avec une chronique de deux minutes, à 8 h 30 du lundi au vendredi, intitulée « 100 ans de conneries ».

Il s'agit de traquer ni plus ni moins que la connerie au cours du dernier siècle, jusqu'à l'aube de l'an 2000. Mais quand il se lance dans les recherches pour nourrir sa chronique, il décide de négliger ce qui peut sembler la préhistoire de la connerie – les décisions administratives idiotes des années 1920 ou les âneries du président Deschanel... Chaque jour, donc, il raconte ou commente un événement qui prouve que la connerie est polymorphe et universelle. Il s'amuse de l'histoire du criminel américain condamné à la pendaison et qui, pendant des années, s'empiffre en prison jusqu'à peser deux cents kilos et être trop lourd pour être pendu sans que sa tête soit arrachée par le poids de son corps... ce qui reporte l'exécution. Il revient pendant plusieurs jours de suite sur la ridicule affaire des avions renifleurs en 1976, fait entendre un joli bêtisier de lapsus et de bafouillages de journalistes de RTL et recycle quelques vieilles vannes comme celle qui vise l'inspecteur général Macon, qui, en 1964, a proposé de constituer une réserve de trente jours de nourriture pour toute la population française en cas de guerre atomique : « L'inspecteur général Macon, on devrait prononcer son nom au masculin. »

L'expérience « 100 ans de conneries » dure quatre mois seulement, mais contribue à réenraciner Jean Yanne dans le paysage de l'humour, même si ses chroniques ne sont pas aussi acérées que d'autres textes que l'on entend désormais sur les ondes françaises. Lui-même a été effaré par l'exigence chronophage d'une chronique quotidienne – un exercice qu'il n'avait plus pratiqué depuis 1977.

Quelques mois plus tard, coup de tonnerre : la nouvelle direction de RTL décide de la fin des « Grosses têtes ». Il faut rajeunir l'antenne et Christophe Dechavanne va rassembler une nouvelle troupe pour remplacer Philippe Bouvard et ses vieux pensionnaires. Le 27 juin 2000 a lieu la dernière… Et à la rentrée, Jean Yanne suit Philippe Bouvard pour une émission sœur avec Laurent Ruquier sur Europe 1. Pendant ce temps, rue Bayard, c'est un désastre. La greffe Dechavanne ne prend pas et la station enregistre des pertes d'audience historiques. RTL mange son chapeau et « Les grosses têtes » de Philippe Bouvard reviennent à l'antenne en janvier 2001… sans Jean Yanne.

Mais ses éditeurs n'ont aucune raison de se passer du plaisir de le publier. Un nouveau volume d'aphorismes et textes courts est publié par les éditions du Cherche midi en 2001, *Je suis un être exquis*, un an après que Plon a publié un livre dont l'humoriste annonçait déjà la sortie prochaine dix ans plus tôt : *Dictionnaire des mots qu'il y a que moi qui les connais*. Il explique : « J'ai imaginé un dictionnaire qui, contrairement aux autres, puisse être ouvert à n'importe quelle page pour y trouver ce qu'on n'y cherche pas ! C'est un livre écrit dans les avions. Il est fait pour être parcouru dans ces engins où il est impossible de lire de façon suivie. » D'ailleurs, explique-t-il au *Figaro magazine*, c'est la fréquentation assidue des sanitaires sur les vols transatlantiques d'Air France qui lui a inspiré le terme « habisconique » – « C'est autrement chic et culturel de dire "les toilettes sont habisconiques" que "les chiottes sont salingues" ! »

Il avait publié ses premières définitions dans une série intitulée « Le Petit Yanne » dans le magazine *Lui*, une vingtaine d'années plus tôt, et il a terminé sa moisson en 2000. En deux cent cinquante-deux pages, son dictionnaire va de *aaba* à *zzyz*. À la première page, on trouve l'*abadrouillage*, « technique consistant à diviser le gras double en deux pour obtenir du gras simple, puis à supprimer le gras pour ne plus avoir que du maigre ». À la dernière page, on apprend que la *zylitonnnie* est la « mode consistant à féminiser des noms d'ecclésiastiques célèbres pour en faire des prénoms féminins. "Cette soirée réunissant toutes les jeunes femmes écrivains du moment était très réussie. Il y avait Mazarine, Richelieuse, Curédarse, Jeanvingtroise, Pidouze. La jeune Jeanpauldeuze s'était fait excuser (*Le Figaro madame*)." » On découvre le *glamuche*, « caleçon en zinc porté par les hommes grenouilles de la direction générale des services de renseignements » ou l'*harzinographe*, « appareil qui mesure la force du vent dans les narines lorsqu'on se mouche ».

Si le succès n'est pas le même qu'avec ses livres de pensées, Jean Yanne fait le tour des radios avec ses définitions inattendues et il a même l'honneur d'un « Bouillon de culture » de Bernard Pivot en compagnie, notamment, du linguiste Claude Hagège.

38. – La dernière des choses à faire

(du *Pacte des loups* à *Gomez et Tavarès*, 2001-2003)

Jean Yanne continue à faire ses valises, aussi régulièrement. « Du linge propre » pour les tournages, selon l'expression un peu désuète qu'il continue à employer. Quelque chose s'érode, peut-être. Les rôles sont moins larges, les propositions moins inattendues. Déjà, dans *Les Acteurs*, Bertrand Blier ne lui demandait pas, comme à Jean-Pierre Marielle, Claude Rich, Jacques Villeret ou André Dussollier, de passer de l'autre côté du miroir. Il jouait une scène à la Jean Yanne, avec son mélange habituel de rudesse et de tristesse.

Gabin gabinait, Ventura venturait, Yanne yannise. Comédien immuable, il est toujours surprenant de justesse, de trouble, de spleen. Dans ses scènes, il apporte une présence, une vérité, mais aussi un repère. Il ne surprend plus. Il se laisse consommer par le cinéma et la télévision sans sortir de ce que l'on attend de lui. Il se ressemble de plus en plus. Il reste un acteur immense mais devient peu à peu un monument historique. Comme avant lui Jules Berry ou Fernand Gravey, il est reconnu pour ses services passés rendus à son art, mais convoqué sans qu'on lui demande plus le moindre effort de création. Il joue le Jean Yanne.

Ainsi, il tient d'autres petits rôles dans de gros films, comme dans *Le Pacte des loups*, de Christophe Gans. À sa sortie le 31 janvier 2001, ce grand spectacle attire 405 261 spectateurs en une semaine sur 726 écrans dans toute la France. Après treize semaines d'exclusivité, le compteur s'arrêtera à 5 176 280 entrées. Le réalisateur mêle les genres : le film de cape et d'épée, le western, le film d'arts martiaux. Et il épice le tout de jolis anachronismes moraux entre le

XVIIIe siècle et les temps contemporains. Mais pas de scènes d'aventures pour Jean Yanne, à part quelques plans à cheval : il incarne le comte de Morangias, un aristocrate hostile à la venue sur ses terres du chevalier Grégoire de Fronsac (Samuel Le Bihan), envoyé par le roi Louis XV pour chasser une bête monstrueuse qui terrorise le Gévaudan depuis deux ans ; le héros est accompagné d'un Indien d'Amérique, Mani (Mark Dacascos), et va tenter de séduire la fille du comte (Émilie Dequenne) tout en affrontant son fils (Vincent Cassel), dont on découvre qu'il est l'instigateur d'une machination diabolique. Le tournage dure presque tout le premier semestre 2000 dans le Gers, en Gironde, dans les Pyrénées et les studios de la région parisienne. La seule escrime que pratique Jean Yanne dans le film est la conversation XVIIIe siècle, dans son versant le plus accommodant et avec une perruque poudrée trop étroite posée de manière amusante sur le sommet de son crâne.

Il sera un autre patriarche un peu ridicule dans *Vertiges de l'amour* de Laurent Chouchan, comédie sentimentale sortie en décembre 2001 dans laquelle Philippe Torreton oscille entre sa future épouse (Sophie-Charlotte Husson) et une jeune femme rencontrée dans son quartier (Julie Gayet). Seul plaisir de Jean Yanne : il surgit dans une scène de cauchemar de son gendre, une tronçonneuse à la main et hurlant « Sus à l'infâme ! »

Il est de nouveau comte dans *Adolphe* de Benoît Jacquot, adaptation du chef-d'œuvre de Benjamin Constant avec Isabelle Adjani et Stanislas Mehrar. Ce que le réalisateur appelle un « bulletin météo des sentiments » est un film tout entier centré sur ses deux héros, incarnés par des acteurs qui vont enthousiasmer la critique sans qu'elle accorde une ligne aux rôles secondaires, qu'ils soient Jean Yanne ou Romain Duris. Destiné à être une métaphore de baron à qui Ellénore est d'abord soumise avant de le quitter pour vivre avec Adolphe, il est un personnage à la fois vulgaire et falot, campé dans ses certitudes et fugitif dans l'intrigue. Une fois de plus, il est un petit rôle dans un grand film, acclamé par la critique et relativement discret dans les salles – la quatorzième fréquentation pour sa première semaine d'exploitation, à partir du 30 octobre 2002.

* * *

En revanche, la télévision lui propose toujours des rôles imposants. S'il compte parmi les acteurs aimés de la majorité des Français, il fait aussi partie de ces vieux routiers du tournage qui se plient de bonne grâce aux exigences de productivité des chaînes. Même les téléfilms les plus luxueux sont réalisés deux fois plus vite que les films de cinéma et l'efficacité de Jean Yanne en fait une recrue de choix pour ces productions.

Il tourne deux téléfilms en 2000. Il devient un pied-noir fort en gueule, aussi fier de son argent que de son autorité de mâle dominant dans *Les Déracinés*, téléfilm en deux parties de Jacques Renard qui évoque l'arrivée en Corse des Européens d'Algérie chassés par l'indépendance en 1962. Il est un personnage secondaire mais déterminant dans l'affrontement entre la volonté des pieds-noirs de reconstruire leur vie et les méfiances de Corses qui, à ce moment-là, posent les premiers jalons du nationalisme. Puis, dans *Le Temps perdu* de Frédéric Roullier-Gall, il est encore un personnage secondaire indispensable, un vieil homme surgissant du futur pour inciter un jeune homme docile de bonne famille à choisir le chemin de vie qu'il souhaite au fond de lui, et non ce que sa famille décide pour lui. Son personnage boit du champagne dans l'escarpin de l'héroïne et lance des maximes fantasques. Et Jean Yanne retrouve Nicole Croisille, côtoyée aux temps des cabarets et qui est devenue comédienne sur le tard.

En 2001, l'acteur rencontre Hervé Baslé. De quelques années cadet de Jean Yanne, c'est un athlète complet du téléfilm, scénariste, dialoguiste et réalisateur. Il a beaucoup filmé la vie des Français de jadis – des paysans, des cordonniers, *Les Maîtres du pain*, des marins… Les deux hommes rient des mêmes choses, ont la même capacité à faire joyeusement des films tristes. Baslé a écrit *Le Champ Dolent – Le roman de la terre*, qui est l'histoire sur quatre générations d'une famille de paysans autour d'un champ en pente, au bout duquel se dresse un menhir. Drames des deux guerres mondiales, tragédies et secrets de famille, bouleversements des mœurs et de l'économie, crise contemporaine de la ruralité : il décrit un siècle en six heures et quatre épisodes pour France 2.

Jean Yanne en est le héros, Jean-Baptiste Le Reculou, paysan breton qui assiste aux mutations de son monde, de la modernisation des années 1950 à la prospérité des années 1960 et 1970 puis à l'interminable crise structurelle des années 1980-1990. Il voit sa fille et son fils refuser de reprendre la terre, mais anime des fêtes agraires qui montrent l'ancien matériel et les anciennes techniques aux citadins. Ce personnage est résolument actuel dans ses angoisses écologiques ou dans sa manière de vivre le troisième âge, mais il tient à transmettre la mémoire en même temps que la terre – ce qu'il parvient à faire au quatrième épisode avec sa petite-fille.

Le Champ Dolent est un gros chantier, non seulement pour parvenir à reconstituer costumes, techniques et habitats sur un siècle, mais aussi pour dégager une sorte de romanesque « ordinaire » dans l'histoire de cette famille. Un entrelacs de flash-back s'emmêle au récit de la vie de Jean-Baptiste Le Reculou et Jean Yanne s'amuse de ce que son père soit joué par un comédien plus jeune que lui, Jacques Bonnafé. La série peint violence et solidarités de cette société rurale dure au mal avec précision, et le casting est superbe : Maurice Bénichou bouleversant en vacher orphelin, Yolande Moreau en paysanne patiente… Devant surveiller son propre cœur, Jean Yanne incarne un homme de son âge qui subit les signes avant-coureurs de l'infarctus qui l'emporte dans son champ, sous une belle averse bretonne.

« Plus le temps passe et plus je deviens comme toi. Je me minéralise. J'ai les pieds gelés comme en hiver. C'est le sang qui essaie de rentrer dans la terre pour se réchauffer. Quand je me serai enfoncé autant que toi, il en restera moins haut à dépasser, j'ai la tête moins haute que la tienne. J'aimerais ne pas disparaître complètement pour garder les yeux dehors et voir ce qui se passe autour. Ça va être bientôt le mois des naissances. Voir les petits veaux se hisser sur leurs pattes et courir tout tremblants après leur mère, c'est beau. C'est tellement beau. »
Devant le menhir, les derniers mots de Jean-Baptiste (Jean Yanne) dans *Le Champ Dolent*.

Le tournage a lieu dans les environs de Dol-de-Bretagne, en Ille-et-Vilaine et, même si Jean Yanne est d'origine bretonne et a connu l'enfance au village, il n'a pas accepté *Le Champ Dolent* par nostalgie ou amour de la terre. Il dit à longueur d'interview que seul l'avenir l'intéresse et qu'il n'a pas la fibre agricole : « Ce qu'il y a de paysan en moi, ce n'est pas l'amour de la campagne, c'est le dégoût de la ville. »

Par un hasard curieux, Jean Yanne est engagé pour une autre incursion dans la ruralité. Dans *Une preuve d'amour*, réalisé pour France 2 par Bernard Stora, une infirmière (Anouk Grinberg) rencontre un paysan (Éric Elmosnino) formant avec son père (Jean-Paul Roussillon) un curieux duo asocial et revêche. Mais elle découvre que le jeune homme, devenu son amant, est un surdoué qui, en cachette, dévore livres et revues et s'est constitué une étonnante culture. Elle voudrait le convaincre de faire des études et embarque dans l'aventure son père, professeur de lettres à la retraite. Ce dernier est Jean Yanne et ce téléfilm singulier sera diffusé en même temps qu'une émission sur les intelligences hors normes.

Toujours en 2002, la télévision offre un autre rôle imposant à Jean Yanne. Après une première adaptation télévisée en 1972, France Télévisions entreprend de porter *Les Thibault* à l'écran. Cette somme romanesque de Roger Martin du Gard, commencée en 1920 et dont le huitième volume a paru en 1939, est un monument de la littérature européenne, et lui a apporté le prix Nobel de littérature dès 1937.

Si le cycle s'intitule *Les Thibault*, il raconte l'histoire de deux familles bourgeoises parisiennes entre 1905 et 1918 : les Thibault, catholiques, et les Fontanin, protestants. Les Thibault occupent le premier plan, dans le roman comme à l'écran. La famille vit sous le joug d'Oscar Thibault, homme ostensiblement pieux, d'une inflexible sévérité et animé de tenaces convictions conservatrices – pour son pays comme pour sa famille. Ses deux fils sont très dissemblables : Antoine, jeune médecin, est obsédé par son travail, tandis que Jacques, son cadet de neuf ans, est militant socialiste et pacifiste. Mme Fontanin a été quittée par son mari, homme volage qui lui a laissé le soin de ses deux enfants, Daniel et Jenny.

Les Thibault sont une tragédie, avec le conflit frontal entre Jacques et son père, la maladie et la mort de celui-ci, la fin de Jacques, grièvement blessé lors d'une action pacifiste et achevé par un gendarme, la naissance posthume de l'enfant qu'il a eu de Jenny, le suicide d'Antoine, qui sait qu'il ne se relèvera pas d'un gazage lors des combats du Chemin des Dames en 1917…

Roger Martin du Gard expose avec ferveur son idéal pacifiste (« Je ne peux pas admettre la violence, même contre la violence », dit Jacques) mais aussi l'horreur effarée que lui laisse la boucherie de 14-18 et un franc pessimisme quant au monde à venir – il est vrai qu'il achève le cycle à l'orée de la Seconde Guerre mondiale.

Dans le premier feuilleton en six épisodes de quatre-vingt-dix minutes, Charles Vanel incarnait Oscar Thibault. Trente ans plus tard, France Télévisions commande à Jean-Claude Carrière, Joëlle Goron et Jean-Daniel Verhaeghe une adaptation en quatre films seulement – deux mille pages et soixante-dix personnages en six heures.

Octave Thibault. – À quand Antoine Thibault professeur ?
Antoine Thibault. - Je n'ai pas pour objectif d'être médaillé.
– L'orgueil, mon ami, préserve de la médiocrité. Un peu d'ambition aide mieux à vivre.
– Mon ambition, c'est de participer à l'évolution de la médecine. Lui faire faire des progrès.
– Seul Dieu est juge des progrès à faire sur cette Terre. Et ce n'est pas parce que ce siècle matérialiste a inventé le métropolitain qu'il faut en faire une philosophie. Le progrès ! Le progrès vers quoi, tu peux me le dire ?
Dialogue entre Octave Thibault (Jean Yanne) et son fils Antoine (Jean-Pierre Lorit) dans *Les Thibault*.

Charles Vanel était cassant et tyrannique sans guère de faille. La nouvelle adaptation semble aussi guidée par les découvertes faites dans les papiers d'Oscar Thibault à sa mort, et qui révèle un homme à la fois plus aimant et plus complexe qu'il ne le paraissait à ses fils. Jean Yanne est donc aussi choisi pour être mieux qu'un despote. Sa présence dans la série est due à la rencontre de deux désirs : il s'est manifesté lui-même auprès de Jean-Daniel Verhaeghe, qui attendait que le scénario de l'adaptation soit terminé pour le contacter.

D'août 2002 à janvier 2003, Verhaeghe dirige un énorme tournage à dix millions d'euros dans cent quatre-vingts décors en France, Belgique, Suisse et Portugal, cent vingt comédiens et cinq mille figurants. Jean Yanne incarne magnifiquement ce tyran domestique aux maximes sans réplique (« Le XXe siècle sera celui de la paix et j'en remercie Dieu tous les jours ») et à la raideur implacable.

À soixante-neuf ans, il tourne encore une fois la mort de son personnage. Roger Martin du Gard n'a pas été tendre avec Oscar Thibault, qui agonise interminablement et que son fils soulage de la vie par une piqûre après lui avoir beaucoup menti sur la gravité de son état. Jean Yanne tourne avec une grande sobriété les longues scènes des souffrances d'Oscar Thibault, de son agonie et de ses mots de remords adressés à son fils Jacques. Les téléspectateurs les découvriront sur l'antenne de France 2 le lundi 3 novembre 2003, lors de la diffusion du troisième épisode des *Thibault*. Jean-Pierre Lorit et Malik Zidi, qui jouent ses fils, raconteront alors combien Jean Yanne est détendu, blague entre les prises et fait l'idiot sur son lit de mort dès que c'est coupé. Eux gardent la larme à l'œil.

* * *

Aimée, sa mère, a été hospitalisée à l'automne 2001. Elle décline lentement, s'exprime de moins en moins. Elle s'éteint en juin 2002, pendant le tournage d'*Une preuve d'amour*. Jean Yanne est dévasté. Mais il plaisante sur la chance de n'être orphelin qu'à presque soixante-huit ans.

Il entre dans le temps où la solitude ne pèse plus de la même manière. Il goûte la quiétude des week-ends à Morsains avec son fils. Il entreprend encore et toujours de mettre en ordre ses archives. Et, de façon tout aussi répétitive, il affronte des tracas fiscaux. Il soutient qu'il est résident américain et paie ses impôts à Los Angeles. Le fisc estime que l'essentiel de son activité professionnelle et de sa vie se déroule sur le territoire français et qu'il doit payer ses impôts en France.

Après avoir passé une bonne partie de l'été devant les caméras dans le costume sévère d'Oscar Thibault, Jean Yanne se réattelle au combat quotidien. Il soutient financièrement Mimi Coutelier dans la création d'un restaurant à Bali, assume l'éducation de son fils, affronte les turbulences fiscales. Il tourne pendant quelques jours de l'automne 2002 dans *Gomez et Tavarès*, un film mettant en scène de jeunes flics ripoux à Marseille, inspiré des personnages inventés dans un titre des rappeurs Eben et Dadoo. Le réalisateur Gilles Paquet-Brenner a écrit son scénario en pensant au rappeur Stomy Bugsy et à l'humoriste Titoff, avec qui il avait déjà travaillé. Spectaculaire, immoral, sardonique mais avec une happy end savoureuse, *Gomez et Tavarès* mêle dans un joyeux vacarme vrais truands, gros ripoux et petits magouilleurs. Jean Yanne y est Tonton, oncle de Tavarès-Titoff et expert en petites arnaques traditionnelles. Il ne participe pas aux impressionnantes scènes d'action mais apporte son indispensable touche de gouaille cynique et ronde.

En mars 2003, il est contacté pour un film de cinéma. Le projet est singulier : il serait le père de Vanessa Paradis dans *Atomik Circus, le retour de James Bataille*. Scénario et réalisation sont endossés par deux frères, Didier et Thierry Poiraud, dont le premier film raconte l'histoire d'une chanteuse, Concia (Vanessa Paradis), vivant dans une ville déglinguée qui tient de la province française comme du bourg sudiste américain. Alors que l'impresario Allan Chiasse (Benoît Poelvoorde) débarque pour la voir, son fiancé, James Bataille (Jason Flemyng) s'évade de prison. Mais des extraterrestres surgissent…

Le rôle de Jean Yanne sera donc Bosco, le père de Concia. Il rencontre à Paris sa partenaire Vanessa Paradis. Sympathie mutuelle.

Il se prépare à tourner un nouveau film d'auteur, mais il est toujours dans l'œil du grand public. En novembre 2002, *Le Champ Dolent* est diffusé en quatre soirées sur France 2. Belles audiences, presse élogieuse. Le 9 avril 2003, France 2 diffuse *Une preuve d'amour*, de Bernard Stora. Presque sept millions de téléspectateurs et 34,5 % de part de marché. *Gomez et Tavarès* sort le 7 mai 2003 sur cinq cents écrans. Démarrage tonitruant : 445 103 spectateurs en première semaine. Toute l'exploitation en exclusivité cumulera seulement 902 844 entrées : la production française s'aligne de plus en plus sur la consommation des blockbusters américains, précédés par un marketing obsédant et touchant la quasi-totalité de leur public en trois semaines. Même l'économie de *Deux heures moins le quart avant Jésus-Christ* semble dépassée…

Tavarès. – Et puis d'abord qu'est-ce que t'en fais de tout cet argent que je rapporte à la maison ?
Tonton. – Quoi t'es pas bien ici ?
– Si, mais…
– Mais quoi ? Tu m'accuses moi qui t'ai sauvé de la déchéance, qui t'ai ramassé dans la boue alors que tu étais un petit délinquant ? Oui monsieur, de la fripouille, de la racaille. Et maintenant que mes organes me lâchent les uns après les autres, monsieur Tavarès, mon presque fils me déchire le cœur et m'insulte par son manque de confiance. Ah, j'me sens pas bien, là. Marie-Thérèse, ma piqûre.
Marie-Thérèse. – Nounours, tu vois bien que je suis occupée.
Tavarès. – Allez, ça va arrête-toi tonton.
Tonton. – Qui est-ce qui t'a récupéré quand tu es sorti de la maison de correction ?
– C'est toi.
– Qui est-ce qui a payé pour que tu deviennes lieutenant ?
– C'est toi.
Conversation entre Tavarès (Titoff), Tonton (Jean Yanne) et Marie-Thérèse (Sophie Zhang) dans *Gomez et Tavarès*.

Jean Yanne passe avec succès la visite médicale de l'assurance avant le tournage d'*Atomik Circus*, qui débute au Portugal à la mi-mai. Après son infarctus de 1974, son cœur l'a laissé à peu près tranquille pendant des années. Puis il a été opéré à cœur ouvert en mars 1995 et par deux fois depuis a été hospitalisé pour des examens et des traitements poussés. Malgré sa fatigue, il est déclaré bon pour le service. Le 17 mai, il est à Lisbonne. Il tourne une journée puis rentre en France. Il doit rester quelques jours à Morsains avant de repartir tourner.

Le vendredi 23 mai, au début de la matinée, la mère de son fils s'inquiète qu'il n'ait pas appelé à Genève, comme d'habitude, avant l'heure de l'école. Elle tente plusieurs fois de le joindre. Il décroche finalement, la voix faible. « Peux pas bouger. » Christianne appelle le médecin de Morsains et demande à une amie à Paris de prévenir le Samu. C'est une crise cardiaque, vingt-neuf ans après l'infarctus de 1974. Elle fait revenir Jean-Christophe de l'école et, ensemble, ils prennent le TGV pour Paris. Dans le train, elle apprend sur son téléphone portable la mort de Jean Yanne, vers 13 heures.

***

Le rituel « urgent » de l'AFP ne tombe que le surlendemain. Jean Yanne sera en grand dans les quotidiens du lundi.

Il est enterré le vendredi suivant, au cimetière des Lilas. Des amis sont surpris qu'il ait des obsèques religieuses, lui qui bouffa du curé avec une gaillarde gourmandise pendant toute sa vie d'adulte. Mais c'est la religion des siens, dans laquelle il a fait baptiser son fils. Le jeune prêtre qui conduit l'office dans l'église des Lilas contourne l'obstacle : « Jean ne niait pas Dieu, mais il cherchait à comprendre son silence. » Gilles Durieux a obtenu du curé que, malgré quelques vers impies, on entende à la fin de l'office la plus déchirante de ses chansons, celle qui fut enregistrée en 1957 et n'avait pas été mise sur disque, *Du pain aux oiseaux* :

> « Moi, je donnais du pain pour les oiseaux
> Je ramassais le chien qui buvait au ruisseau
> J'étais riche d'amour beaucoup plus que d'argent
> Mais je riais de tout et n'avais pas vingt ans
>
> Si je refusais Dieu qui me refusait tout
> C'est sûr qu'entre nous deux, je tenais le bon bout
> Lui qui ne donnait rien mais voulait qu'on le prie
> Moi qui donnais l'amour sans rien d'autre en retour. »

Pour un seul défunt, il y a là beaucoup de femmes qui pleurent. Mais les journalistes notent que le « métier » n'est pas venu en masse. *Le Parisien* énumère, mêlant amis et amours : « Michel Serrault, Gérard Jugnot, Daniel Prévost, Mireille Darc, Nicole Calfan, Jean-Michel Ribes, Dominique Besnehard, l'agent des stars, Georges Beller, Philippe Clay, Sophie Garel, Ludmila Mikaël, Bernard Haller, Yves Boisset… »

Aucune chaîne de télévision ne bouleverse ses programmes pour diffuser un film du cher disparu. Il faudra attendre le mois d'août pour que France 3 propose une soirée avec *Laisse aller c'est une valse* de Georges Lautner, et *Le Saut de l'ange* d'Yves Boisset – deux films de l'acteur, aucun film du réalisateur. Les 26 et 27 octobre et les 3 et 4 novembre, France 2 diffuse *Les Thibault*. Le troisième épisode, *La Mort du père*, est le dernier dans lequel apparaît Jean Yanne – sa dernière première, en quelque sorte. La chaîne publique affiche une part de marché de 30,3 %, contre 29,8 % pour TF1 avec la série *Femmes de loi*. Avec plus de six millions de téléspectateurs qui assistent à l'agonie d'Oscar Thibault, cela s'appelle un succès.

Jean Yanne disait avoir remplacé Jean Carmet dans quelques projets. Au pied levé, Jean-Pierre Marielle reprend son rôle dans *Atomik Circus*.

Quelques jours avant sa mort, Jean Yanne avait mis la dernière main à un troisième livre de textes et d'aphorismes pour les éditions du Cherche midi, *J'me marre*. Celui-ci paraît le 9 octobre. Sous une dédicace à l'ami Gilles Durieux, la phrase en exergue est une sorte de dernier autoportrait : « La justice, la planète, la vérité, la guerre, le pouvoir, l'amour du prochain, tout ça ne m'intéresse pas. Ce que je veux, c'est juste qu'on me foute la paix. Et rien ne dit qu'un rocking-chair, un bon cigare et un verre de vin ne soient pas encore les meilleurs moyens de sauver le monde. »

Une fois de plus, on grappille des bribes de vérité personnelle sous l'humour bravache, à commencer par cet aveu : « Je n'ai pas le sens de l'humour, j'ai le sens du ridicule. » Et, page quatre-vingt-treize : « Mourir, c'est vraiment la dernière des choses à faire. »

Dans le cas du contribuable Jean Gouyé, c'est vrai. Quand on lui demandait ce qu'il aimerait laisser derrière lui, il répondait : « Des dettes ! » C'est en effet ce qu'il laisse. Les sommes que lui réclame le fisc empêchent que, raisonnablement, ses enfants acceptent sa succession. Dès lors, ses succès éditoriaux posthumes, les rééditions de ses chansons, les droits d'auteur sur ses films ne profitent pas à ceux qui devraient être ses héritiers. Situation complexe mais très bien organisée par la loi – au profit de l'État, notamment.

Pire, sa famille se délite. L'état de Christianne ne lui permet plus d'assumer la charge de son fils. Elle sombre. L'enfant lui est retiré. Quelques mois après la mort de Jean Yanne, elle est sans domicile fixe et dort sous des porches d'immeuble. Gravement malade, elle parvient à se redresser après des mois d'hôpital mais ne retrouvera pas la garde de son fils. Elle publie à Genève un livre touchant, *Jean Yanne mon amour...*, mais meurt accidentellement à Dubai le 24 avril 2009. Jean-Christophe a dix-huit ans quelques mois plus tard.

Pendant ce temps, Jean Yanne flotte quelque part entre gloire posthume et nostalgie des seventies, respect pour l'acteur et connivence avec l'humoriste. Ses films sont plus ou moins bien réédités, ses chansons deviennent rares chez les disquaires. Mais les bandes originales de Michel Magne sont enfin exhumées, Gilles Durieux publie un imposant livre de souvenirs sur son ami, avant d'éditer *On n'arrête pas la connerie*, gros recueil de citations et de textes qui fait un superbe succès de librairie en 2010. Philippe Bouvard ne perd jamais une occasion de rappeler le souvenir de son « pensionnaire préféré », dont beaucoup de grands moments aux « Grosses têtes » ont été rassemblés en livre deux ans après sa mort...

Et Jean Yanne manque toujours. On peine à lui trouver un équivalent, même s'il ne devait pas avoir d'héritier direct. On cherche un aventurier de ce genre, naviguant d'un terrain d'expression à l'autre, d'une révolte à l'autre, d'un public à l'autre. On a beau chercher, on ne trouve pas qui parvient à prendre la France aussi longtemps et aussi continûment à rebrousse-poil.

On lui avait demandé un jour : « Vous voyez-vous un successeur ? » Il avait répondu : « Quand on a un successeur, quel que soit le domaine, c'est qu'on est fini. »

Alors, Jean Yanne n'est pas fini.

Filmographie

Voici tous les films (en maigre) et téléfilms (**en gras**) dans lesquels a joué Jean Yanne. Les dates correspondent aux sorties en salles des œuvres de cinéma et à la diffusion des films destinés à la télévision.

1964 : *La Vie à l'envers*, d'Alain Jessua
1964 : *Jaloux comme un tigre*, de Darry Cowl
1965 : *La Femme spectacle*, de Claude Lelouch
1965 : *L'Amour à la chaîne*, de Claude de Givray
1965 : *Dis-moi qui tuer*, d'Étienne Périer
1965-1968 : *Les Saintes Chéries* (plusieurs épisodes de la série), de Jean Becker
1966 : *Monnaie de singe*, d'Yves Robert
1966 : *Le Saint prend l'affût*, de Christian-Jaque
1966 : *La Ligne de démarcation*, de Claude Chabrol
1966 : *Le vicomte règle ses comptes*, de Maurice Cloche
1967 : *Deux Romains en Gaule*, de Pierre Tchernia
1967 : *Ces messieurs de la famille*, de Raoul André
1967 : *Bang Bang (Les aventures de Sheila !)*, de Serge Piolet
1967 : *Max le débonnaire*, série réalisée par Yves Allégret et Jacques Deray
1967 : *Le Lapin de Noël*, de Roland Topor
1967 : *Week-end*, de Jean-Luc Godard
1968 : *Un drôle de colonel*, de Jean Girault
1969 : *Érotissimo*, de Gérard Pirès
1969 : *Que la bête meure*, de Claude Chabrol
1970 : *Le Boucher*, de Claude Chabrol

1970 : *Fantasia chez les ploucs*, de Gérard Pirès
1971 : *Êtes-vous fiancée à un marin grec ou à un pilote de ligne ?*, de Jean Aurel
1971 : *Laisse aller, c'est une valse*, de Georges Lautner
1972 : *Le Saut de l'ange*, d'Yves Boisset
1972 : *Nous ne vieillirons pas ensemble*, de Maurice Pialat
1972 : *Tout le monde il est beau, tout le monde il est gentil*, de Jean Yanne
1973 : *Moi y'en a vouloir des sous*, de Jean Yanne
1974 : *Les Chinois à Paris*, de Jean Yanne
1975 : *Chobizenesse*, de Jean Yanne
1977 : *Armaguedon*, d'Alain Jessua
1977 : *L'Imprécateur*, de Jean-Louis Bertucelli
1977 : *Moi, fleur bleue*, d'Éric Le Hung
1978 : *La Raison d'État*, d'André Cayatte
1979 : *Je te tiens, tu me tiens par la barbichette*, de Jean Yanne
1980 : *Asphalte*, de Denis Amar
1981 : *Une journée en taxi*, de Robert Ménard
1982 : *Deux heures moins le quart avant Jésus-Christ*, de Jean Yanne
1983 : *Hanna K*, de Costa-Gavras
1983 : *Papy fait de la résistance*, de Jean-Marie Poiré
1985 : *Le téléphone sonne toujours deux fois !*, de Jean-Pierre Vergne
1985 : *Liberté, égalité, choucroute*, de Jean Yanne
1986 : *Le Paltoquet*, de Michel Deville
1986 : *Attention bandits !*, de Claude Lelouch
1987 : *Cayenne Palace*, d'Alain Maline
1987 : *Gauguin. Le loup dans le soleil*, de Henning Carlsen
1987 : *Fucking Fernand*, de Gérard Mordillat
1988 : *Passe-passe* (*Quicker Than the Eye*), de Nicolas Gessner
1988 : *Palace* (plusieurs épisodes de la série), de Jean-Michel Ribes
1991 : *Madame Bovary*, de Claude Chabrol
1991 : *Le Bal des casse-pieds*, d'Yves Robert
1991 : *Indochine*, de Régis Wargnier
1991 : *Les Secrets professionnels du Dr Apfelglück*, d'Hervé Palud, Alessandro Capone, Mathias Ledoux, Stéphane Clavier et Thierry Lhermitte
1992 : *La Légende*, de Jérôme Diamant-Berger

1992 : *La Sévillane*, de Jean-Philippe Toussaint
1993 : *Pétain*, de Jean Marbœuf
1993 : *Profil bas*, de Claude Zidi
1993 : *Chacun pour toi*, de Jean-Michel Ribes
1993 : *Fausto*, de Remy Duchemin
1993 : *L'Affaire Seznec*, d'Yves Boisset
1993 : *Au beau rivage*, de Serge Korber
1993 : *Le Ciel pour témoin*, de Denis Amar
1994 : *Regarde les hommes tomber*, de Jacques Audiard
1994 : *Maigret et l'écluse nº 1*, d'Olivier Schatzky
1994 : *Ils n'ont pas vingt ans*, de Charlotte Brandström
1995 : *Victory*, de Mark Peploe
1995 : *Des nouvelles du Bon Dieu*, de Didier Le Pêcheur
1995 : *Le Hussard sur le toit*, de Jean-Paul Rappeneau
1995 : *L'Amour en prime*, de Patrick Volson
1995 : *Le Cheval de cœur*, de Charlotte Brandström
1996 : *Beaumarchais, l'insolent*, d'Édouard Molinaro
1996 : *Désiré*, de Bernard Murat
1996 : *Enfants de salaud*, de Tonie Marshall
1996 : *Mo'*, d'Yves-Noël François
1996 : *Fallait pas !...* de Gérard Jugnot
1996 : *L'Année du certif*, de Jacques Renard
1996 : *Balade en ville*, de Marc Angelo
1997 : *Tenue correcte exigée*, de Philippe Lioret
1997 : *La Dame du jeu*, d'Anna Brasi
1997 : *La Fine Équipe*, d'Yves Boisset
1997 : *La Belle Vie*, de Gérard Marx
1998 : *Le Radeau de La Méduse*, d'Iradj Azimi
1998 : *L'Enfant des terres blondes*, d'Édouard Niermans
1998 : *Jamais sans toi*, de Daniel Janneau
1999 : *Hygiène de l'assassin*, de François Ruggieri
1999 : *Belle maman*, de Gabriel Aghion
1999 : *Je règle mon pas sur le pas de mon père*, de Rémi Waterhouse
2000 : *Les Acteurs*, de Bertrand Blier
2000 : *Les Déracinés*, de Jacques Renard
2001 : *Le Pacte des loups*, de Christophe Gans
2001 : *Vertiges de l'amour*, de Laurent Chouchan
2001 : *Le Temps perdu*, de Frédéric Roullier-Gall

2002 : *Adolphe*, de Benoît Jacquot
2002 : *Petites coupures*, de Pascal Bonitzer
2002 : *Le Champ Dolent*, d'Hervé Baslé
2003 : *Gomez et Tavarès*, de Gilles Paquet-Brenner
2003 : *Une preuve d'amour*, de Bernard Stora
2003 : *Les Thibault*, de Jean-Daniel Verhaeghe

Remerciements

L'auteur tient à remercier les témoins cités dans ce livre, et notamment Georges Beller, Christian Binet, Christophe Bourseiller, Philippe Bouvard, Patrick Bruel, Yanou Collart, Mireille Darc, André Djaoui, Claude de Givray, Alain Jessua, Marlène Jobert, Serge Korber, Claude Lelouch, Marie-Claude Magne, Gérard Pirès, Maurice Risch, Tito Topin, Pierre Vassiliu, Marina Vlady, ainsi que plusieurs proches de Jean Yanne qui ont éclairé son travail avec une acuité inattendue – et discrète.

Merci au fidèle complice Stéphane Lerouge, pour cette aventure-ci et pour beaucoup d'autres.

Merci à ces gardiens de notre mémoire collective qui, à la Bibliothèque de France, à la Cinémathèque française, à Radio France, à l'Institut national de l'audiovisuel ou aux Archives nationales, consacrent leur vie à conserver, classer et préserver une culture populaire que leurs institutions méprisent encore trop souvent.

Merci aux camarades chez Universal pour des explorations stimulantes de leur patrimoine.

Merci à France Info d'être une maison aussi riche professionnellement et humainement.

Merci à Benjamin Arranger, éditeur fidèle et stimulant, et aux efficaces équipes de First.

Merci à Arthur et Maxime, merci à Constance et Hermance, qui respectent obligeamment d'encombrantes piles de vieux papier et font gentiment semblant de n'avoir pas entendu mille fois les mêmes chansons.

Merci à Anne-France pour son inépuisable patience à Paris, pour son inépuisable patience en Bretagne, pour son inépuisable patience partout.

Index

H

Table

CET OUVRAGE
A ÉTÉ ACHEVÉ D'IMPRIMER
SUR ROTO-PAGE
PAR L'IMPRIMERIE FLOCH
À MAYENNE EN OCTOBRE 2012

N° d'impr. : 83406
D.L. : novembre 2012
Imprimé en France